이해 중심 교육과정을 위한

UbD
(Understanding by Design)

백워드 설계의 이론과 실천

3판

교실 혁명

BACKWARD DESIGN (3rd ed.)

강현석 · 이지은 · 유제순 공저

학지사

3판 머리말

주지하다시피 최근 교육과정을 비롯한 교육의 문제들은 빠르게 변화하고 있으며 각국은 전 세계적으로 변화의 물결에 매우 적극적으로 대응하고 있다. 한 나라의 교육과정이 과거와는 다르게 한 국가의 지역에서 머무르지 않고 국가 간의 소통과 경쟁을 아우르면서 학습자의 진정한 성장을 위해 다각도의 혁신 노력을 경주하고 있다. 과거 특정 정부의 산물로 여겨지던 교육의 문제는 이제 그리 단순하지 않으며, 매우 복잡한 이슈들을 종합적으로 다루어야 하는 복잡계의 문제가 된 지 오래다. 이제 한국에도 새로운 2022 개정 교육과정이 본격적으로 적용되고 있으며, 특히 고교 학점제나 이해 중심 교육과정의 심화 실행과 더불어 국제 공인 교육과정들의 경쟁적인 혁신 노력들을 시도하고 있다.

현재 새로 적용 중인 2022 개정 교육과정의 큰 흐름은 진정한 이해를 추구하는 교육과정이라고 볼 수 있다. 학습자들이 교육의 상황에서 진정한 이해를 성취할 수 있도록 하는 방법에는 수많은 방법이 있을 수 있다. 필자들이 추구하는 방법은 백워드 설계를 통해 진정한 교과 교육을 설계하고 구현하는 것이다. 동서양적으로 교과 편제는 늘 역사적으로 부침을 거듭해 오고 있다. 교과 편제가 향후 어떻게 변화할지는 알 수 없으나 분명한 점은 현실적으로 교육과정은 교과를 교과답게 가르치는 것으로 성패가 결정된다는 사실이다. 교과를 제대로 가르치는 일이야말로 교과교육의 범주를 넘어서서 교과 외 교육에까지 중요한 영향을 미친다. 필자들은 교과를 진정으로 교과답게 가르치는 일이야말로 교실 혁명의 핵심이라고 보고, 수년 전부터 이 일을 지속적으로 연구, 실천하고 있다.

교과를 교과답게 가르치는 일을 통해서 교실 혁명을 추구하는 일은 중요하지만, 매우 단계적이고 전략적으로 접근할 필요가 있다. 필자들은 이 책의 내용을 연구, 집필, 실천하면서 이러한 점을 크게 깨닫고 있는 중이다. 이 책을 활용하여 전국적으로 강의, 세미나, 연수, 워크숍 등을 하면서 많은 교육 전문가들의 창의적인 아이디어와 조언들을 경청하면서 이 책을 보다 새롭게 보강할 필요성을 느꼈다. 교육 현장에서 학습한 내용들과 집필진이 새롭게 연구하고 고민한 부분들을 여러 독자분과 빨리 공유하고 싶은 마음에 이번 개정 작업을 서두르게 되었다.

이번에 세 번째로 개정판을 내놓으면서 2판의 내용들을 점검, 검토하고, 더욱 많은 내용을 수정, 보강하였다. 그 변화된 내용들을 몇 가지 소개하면 다음과 같다.

첫째, 기존 목차를 변경하여 백워드 설계 관련 내용을 체계적으로 이해할 수 있도록 시도하였다. 각 설계 단계별로 직면하는 문제들을 설계의 실습 편에 이어 바로 내용을 배치하여 독자들이 쉽게 이해할 수 있도록 하였다.

둘째, 새롭게 적용 중인 2022 개정 교육과정 관련 내용들을 대폭 반영하였다. 2판까지는 2015와 2022 개정을 일부분 다루었으나 이번 3판에서는 2022 개정을 본격적으로 반영하였다. 교육과정 기준과 내용 체계표, 설계 사례에서도 적극 반영하고자 시도하였다.

셋째, 백워드 설계 단계를 비교적 자세히 설명하고 내용을 대폭 보강하였으며 설계 사례들도 대폭 수정하였다. 각 단계별로 독자들이 충분히 이해하기에는 미진했던 부분들을 보강하여 제시하였다. 아울러 설계 사례들도 수정하였고, 학교급별로도 다양하게 보강하였다.

넷째, 백워드 설계의 2단계인 평가 설계에서 루브릭 관련 부분을 충분히 보강하였다. 학교 현장에서 요청한 이 부분에 대한 분명하고 구체적인 사항들을 최대한 반영하고자 하였다. 특히 부분적인 평가 준거를 다양한 유형의 준거들로 보강하였다.

다섯째, 이해 중심 교육과정 파트에 국제바칼로레아(IB) 교육을 추가하여 백워드 설계와의 관련성을 보다 구체적으로 제시하였다. 이전 판에서는 부분적으로 다루었으나 이번에는 보다 본격적으로 관련 내용들을 반영하고자 노력하였다. 백워드 설계 템플릿과 IB Unit Planner와의 관련성 등을 보강하였다.

여섯째, 부록 내용을 추가하여 백워드 설계를 보다 풍부하게 이해할 수 있도록 하였다. 새로운 백워드 설계 방식(10단계 단원 구성 절차)과 내러티브와의 관련성(백워드 설계와 내러티브 통합)을 제시하여 현장에서 보다 쉽게 이해, 적용할 수 있도록 하였다.

이상과 같은 몇 가지의 변화를 시도하면서도 집필진이 추구하는 철학에는 변함이 없다. 그것은 바로 깊이 있는 지식 교육을 통하여 질 높은 학습 경험을 추구한다는 점이다. 지식과 경험을 온전히 제대로 통합하는 일, 그리고 바로 이 일을 교육 실천의 맥락에서 실효적으로 실행 가능한 방안이 백워드 설계에 담겨 있다는 점이다. 지금으로부터 20여 년 전, 백워드 설계를 처음 접했을 때는 모르던 사항들이 시간이 지나면서 새롭게 해석되고 그 진가가 드러난다는 점에서 발견의 기쁨을 실감하고 있다.

백워드 설계의 숲속에 숨겨진 교육적 아이디어들에는 교 · 수 · 평 · 기 일체화, 과정 중심 평가, 개념 기반 탐구 학습, 서-논술형 평가의 혁신, 구조 발견의 탐구 학습, 지식 이론(TOK), 질문 기반 학습, 내러티브 학습, 신경과학 이론 등이 숨어 있다. 이 소중한 아이디어들을 구현하는 매체가 바로 백워드 설계가 될 수 있다. 필자들은 이 점을 과거 브루너가 혁신을 주도한 학문 중심 교육과정의 귀환이라고 부르고 싶다. 지식과 삶이 통합되도록 하는 소위 신학문 중심 교육과정이 새롭게 도래했다고 볼 수 있다.

모쪼록 이번 3판도 한국의 공교육 혁신과 교육과정의 정상화에 기여할 수 있는 촉매제가 되기를 기대해 본다. 이를 위해서 현장 교사들과 교육 전문가들의 입장에 서서 늘 소통하고 경청하면서 한국 교육과정-수업-평가의 문제 개선을 위해 최선의 노력을 다하고자 한다. 그럼에도 불구하고 3판의 필요성을 조급하게 반영하려고 서둘렀기에 내용에 오류는 없는지 우려가 크다. 독자 여러분의 질정을 바라면서 앞으로 많은 교육 동지들의 질책과 조언을 기대하고자 한다. 3판을 내는 번거로움을 마다하지 않고 새로 신속하게 출간에 도움을 주신 학지사 김진환 사장님 이하 편집부에도 감사를 전한다.

저자 일동

1판 머리말

교과의 진정한 이해를 강조하는 신(Neo)학문 중심 교육과정의 부활을 꿈꾸며

학교교육의 요체인 교육과정의 성패는 교사의 수업에 의해 결정된다고 해도 과언이 아니다. 그만큼 교사가 수행하는 수업의 중요성은 실로 크다. 특히 최근에 교사의 수업 전문성에 대한 강조가 두드러진다. 과거에도 이 문제에 대한 강조와 현장 독려가 있어 왔지만, 최근의 강조는 몇 가지 특징을 보이고 있다.

첫째, 단순히 수업 방법의 강화나 수업 기법의 보급을 집합적 교육 방식에 국한하지 않는다는 점이다. 과거에는 당대에 유행하는 수업 방법을 집단연수를 통해 교사들에게 교육시키고 보급시키고자 하였지만, 최근에는 기존의 강압적 집체 연수 방식이 아니라 전문적 자율성에 기반하여 수업 전문성을 강화시키는 방식을 채택하고 있다.

둘째, 단순히 수업만을 별도로 강조하지 않고 교육과정 개발이나 교육과정 재구성의 틀 안에서 수업 전문성을 다루고 있다. 수업은 교육과정의 실행 국면으로서, 교육과정에 제시된 성취기준에 근거하여 수업이 이루어져야 한다. 따라서 교사들은 교실에서 교과서를 가지고 수업을 하고 있지만, 그 중심을 교육과정의 성취기준이 수업을 이끌어 가야 한다는 것에 둔다.

셋째, 교사는 교과서를 가르치는 것이 아니라 교육과정을 가르쳐야 하며, 교육과정에 제시된 성취기준을 달성하기 위하여 노력해야 하는 것이다. 교과서는 교육과정을 구현하기 위한 수많은 자료 중에서 하나일 뿐이다. 물론 우리나라의 상황에서는 교과서를 너무 목적시하므로 교사들은 교과서 내용 위주로 수업을 하는 형편이다. 하지만 교육과정의 개발이나 재구성을 통하여 성취기준 달성에 수업을 집중해야 한다는 점이 상당 부분 널리 공유되고 있다.

넷째, 전국의 수많은 교사가 이제는 학교 교육과정 변화나 교실 수업 개선에 능동적으로 임하고 있다는 점이다. 소규모 학습 공동체를 형성하거나, 관심 있는 연수를 적극적으로 찾아 나서거나, 전문가를 직접 방문하여 컨설팅을 받거나, 자문을 의뢰하는 모습에서 내일의 희망을 보고 있다. 확실히 교사들이 달라지고 있다. 이 시점에서 우리 사회나 전문가들이 많은 도움을 제공해야 한다.

이 책은 이상의 변화 움직임에 부응하기 위한 도움 장치일 뿐이다. 특히 학생들을 무기력한 학습과 무의미한 학습으로부터 해방시켜서 자신의 꿈과 희망, 진로를 적극적으로 개척하는 밝고 건강한 아이들로 자라나게 해 주고 싶은 마음이 간절하다. 교사들을 매일매일 진도 나가기에 바쁜 일상과 교과서 집중 수업의 강박과 덫으로부터 자유롭게 하여 진정으로 가르침의 위대함을 맛보게 해 주고 싶다. 교과서에 있는 모든 것을 가르치는 현행 수업이 지속된다면 우리 교육은 미래가 없다. 단연코 교육은 본디 그런 것이 아니다. 교육의 위대함은 단순함에 있다. 그 단순한 것이 생성력 있는 학습으로 나아갈 때 우리 학생들과 교사들은 적은 양의 학습으로 보다 심층적인 학습의 맛(Less is more)을 느끼게 될 것이다.

이 책은 필자들이 수년간 백워드 설계와 관련된 번역 작업과 특강, 연수, 강의들을 다니면서 현장의 독자들로부터 청취한 반성의 목소리, 요구 사항들을 반영하고자 하였다. 현재 백워드 설계에 대한 번역서나 연수 자료집, 학술 논문, 석·박사 학위논문들이 나와 있다. 하지만 현장 교사들의 목소리를 들어 보면 대체로 이해하기가 어렵고 설명이 체계적이지 못하다는 것이다. 뼈아픈 소리라 생각하고 반성하고 있다. 이러한 교사들의 불평과 원망을 하루빨리 반영하여 쉽고 사례가 풍부한 자료를 출간해야겠다고 마음먹은 지는 오래되었지만, 이러저러한 형편상 오늘까지 지체되었다. 그래도 오늘에야 체계적이고 쉬운 백워드 설계 이론과 실천서를 낼 수 있게 되어서 다행이다.

이 책은 크게 서문, I부, II부로 이루어져 있으며, 서문에서는 현행 학교 학습의 문제를 반성해 보고, 백워드의 가치를 생각해 보았다. I부는 총 6개 장으로 나누어 이론적 차원에서 백워드를 소개, 설명하고 있으며, II부에서는 8개 장으로 실천적 차원에서 설계를 수행하는 문제를 다루었다. 그리고 특징적으로, 부록으로 백워드 설계 사례와 다양한 템플릿 양식, Q & A를 포함시키고 있다. 백워드를 처음 접하는 교사들이나 교육자들을 위해서 자료를 풍부하게 싣고자 하였다.

이 책을 집필하게 된 배경에는 앞에서도 언급한 것처럼 현장 교사들의 요구도 있었지만, 대구광역시교육청 동부교육지원청의 도움도 있었다. 본 교육지원청의 도움으로 2015년 초등 · 중등 교사들의 1박 2일 15차시 2회 연수와 2016년 교과부장(사회, 과학, 수학) 1박 2일 지명 연수를 거치면서 많은 자료와 아이디어가 공유되고 수정되어 이 책의 출판이 가능했다. 이 연수에 도움을 주신 손병조 교육장님, 우병영 중등교육지원과장님, 실무를 담당한 윤문희 장학사님께 깊은 감사를 드린다. 이 책에 포함된 내용들은 연수에서 다룬 내용들을 근간으로 조직되었으므로 동부교육지원청 역시 공동 저자의 자리에 오를 만하다. 이 자리를 빌려 동부교육지원청의 발간등록 자료집을 인용하였음을 밝힌다. 또한 저서 집필 내용을 수정하고 편집해 준 석사과정 이지은, 백지연 선생님에게도 감사를 표하며, 책을 멋지게 출간해 주신 학지사 사장님 이하 관계자 여러분에게도 감사를 드린다.

모쪼록 이 책이 학교 교실 수업의 개선과 교육과정 재구성 노력에 촉매제가 되기를 갈망한다. 이번 집필 내용을 필두로 하여 보다 많은 현장을 찾아다니면서 현장의 목소리와 선진 외국의 사례들, 업그레이드된 2.0 버전들을 발전시켜서 보다 나은 책으로 발전시켜 나갈 것을 약속드린다. 우리 학생들에게 진정한 이해를 가져다주는 학교교육이 자리 잡을 수 있도록 이 책이 조그마한 불씨가 되기를 바라는 마음이 간절하다.

책임 저자 강현석

차례

제2부 백워드 설계의 실천

서론

교실 혁명의 서막: 깊이 있는 지식 교육과 질 높은 학습 경험 추구

오늘날 학교에서 이루어지는 학생들의 학습 문제는 매우 심각한 지경이다. 그 심각한 문제를 몇 가지로 설명해 보기로 하자.

첫째, 양의 학습에 짓눌려 있다. 우선 학생들이 학습해야 할 내용이 너무 많다. 이수해야 할 교과가 너무 많고, 교과서 부피가 너무 커지고, 수업에서 배워야 할 내용이 너무 많고, 시험 공부해야 할 내용이 너무 많다. 교육과정이 개정되면서 내용 적정화를 기하였다고 공언해 오고 있지만, 학생들의 학습 부담 체감 정도는 전혀 변하지 않고 있다.

둘째, 속도의 학습에 허덕이고 있다. 우리 학생들은 많은 양의 내용을 정해진 시간에 마스터해야 한다. 자신이 제대로 이해하고 있는지 스스로 점검할 겨를도 없이 이 내용 저 내용을 학습하기에 무척 바쁘다. 교사들이 진도 나가기에 급급한 나머지 정해진 시간 안에 커버해야 할 내용을 학생들에게 투하한다. 소위 암기 과목이라고 인식되는 교과나 고등학교 수업으로 올수록 사정은 더욱 심각해진다.

셋째, 수업에서 활동이 넘쳐 나고 있다. 활동이 범람하는 수업에서 우리 학생들도, 교사들도 방향을 상실하고 있다. 왜 특정 활동을 수업에서 하고 있는지, 그 활동을 통하여 어떠한 의미를 음미하고 해석하고 구성할 것인지가 빠져 있다. 학생들은 활동에 단순히 참여하는 것을 자신들이 할 일이라고 생각하는 듯하다. 활동은 수업의 목표를 달성하는 수단임에도 불구하고 이미 목적시되고 있다. 교육이나 수업은 활동 그 자체가 아니다. 수업의 목적이자 교육이라는 것은 활동 속에 내재한 의미를 음미하고 해석하고 구성하는 능력을 길러 주는 일이지 단순하게 활동에 참여하는 것이 아니다. 오락적이고 유흥적인 활동은 수업의 관심을 잠깐 환기할 수는 있으나 오래 못 간다. 반성적인 활동이 없다면 수업의 목적은 이미 상실한 셈이다. 무목적적이고 무의미한 활동의 범람 속에서 우리 아이들이 표류하고 있다.

넷째, 배움과 삶이 분리되고 있다. 수업 시간에 많은 양의 내용을 신속하게 배우지만 그 내용이 지니는 의미를 잘 알지 못하며, 학교에서 배우는 내용의 약효는 학교에서만 국한된다. 학교에서 습득한 내용은 학생들의 이후 삶에 크게 연계되지 못하고 있다. 학생들의 배움이 자신들의 생생한 실제적 삶과 연계되지 못한 채 겉도는 공부를 반복적으로 하고 있다. 그 결과, 자신들의 학습으로부터 소외당하고 있다. 역설적으로 보면 학생들은 이미 셀프 소외를 경험하고 있는 셈이다. 배움과 삶이 겉도는 교육은 무서운 질병을 옮긴다. 학습된 무기력감, 낮은 자존감, 눈치 보는 공부, 외적 가치를 달성하는 순간에 공부를 중단해 버리는 습관, 학교 공부와 실제 사회 삶의 괴리를 당연시하는 상실감 등에 감염되고 있다.

이러한 심각한 학교 학습의 악순환을 방치함으로써 초래되는 심각한 문제는 교사나 학생들이나 피상적 학습을 당연시한다는 점이다. 왜 이러한 문제들이 교육과정 실행이나 교실 수업에서 발생하고 있는가? 그 이유는 무엇인가? 여기에는 다양한 견해가 있을 수 있으나 이 책에서는 그 이유를 교육과정 설계 방식에서 찾고자 한다.

우리는 지금까지 교육과정과 단원, 그리고 수업의 수준에서 이루어지는 설계에서 전통적인 방식에 의존하고 있었다. 그 전통적인 방식이란 일련의 교육활동에 목표－내용－방법－평가로 이어지는 절차를 적용하는 것이었다. 이 방식은 매우 합리적인 것으로 정평이 나 있다. 왜냐하면 목적적이고 의도적인 인간 만사의 운행에서 그 흐름이 다음과 같이, 즉 목표를 먼저 설정하고 난 후에 목표 달성의 수단을 강구하고 그 수단의 효과를 알아보는 평가를 시행한다는 점에서 체계적이고 효율적이기 때문이다. 교육 활동을 이러한 방식, 즉 목표－내용－방법－평가로 이어지는 절차로 진행되는 설계 방식을 포워드 설계(Forward Design)라고 부른다. 이 방식은 얼핏 합리적이고 효율적인 것 같지만, 사실은 목표와 평가가 괴리되어 그 중간에서 벌어지는 일, 즉 무슨 내용을 어떻게 가르칠 것인가 하는 문제인 내용과 방법이 목표와 평가로부터 연계성이 떨어진다는 문제를 안고 있다. 이 문제는 앞에서 제시한 양의 학습 문제, 속도의 학습 문제, 활동 범람의 문제를 초래한다.

만약 무슨 내용을 어떻게 가르칠 것인가 하는 문제인 내용과 방법을 설계하는 문제를 평가 계획을 세운 다음에 하면 어떨까? 즉, 목표를 세우고 그와 연계된 평가 계획과 기준을 수립한 다음에 학습 경험이나 수업 활동을 설계하면 경험이나 활동들은 매우 알차게 꾸려질 가능성이 높을 것이다. 불필요하고 무의미한 내용이나 수업 방법과 활동들이 상당 부분 구조 조정될 가능성이 높다. 소위 수업, 즉 내용을 가르치기 위하여 동원되는 방법과 활동들이 매우 슬림화될 것이다. 전통적인 포워드 설계로 인해 불필요한(목표와 평가 기준과 연계되지 않는) 내용, 방법, 활동이 많아져서 수업에 안 좋은 지방질이 끼기 때문에 교사나 학생들을 위협하는 지경에 이른다. 이 방식에서는 피상적 학습이 불가피하게 발생할 수밖에 없다.

자, 그렇다면 피상적 학습을 어떻게 극복할 것인가? 피상적 학습을 극복하고 우리 학생들이 수업 내용을 진정으로 이해하는 길을 모색하는 일이 시급한 과제로 등장하고 있다. 어떻게 우리 학생들이 진정한 학습을 이룰 수 있도록 도와줄 수 있는가? 이러한 문제를 개선하고 진정한 학습을 이루기 위하여 등장한 것이 백워드 설계(Backward Design) 방식이다.

요컨대, 학교교육의 성패는 학생들의 진정한 학습으로 결정된다. 우리가 학교에서 가르치는 무수한 내용이 과연 학생들의 삶에 어떠한 영향을 주고 있을까? 학생들이 수업에서 전달받는 내용들을 어느 정도, 어떻게 이해하고 있는가? 어떤 내용을 진정으로 이해한다는 것은 어떤 상태를 의미하는가? 진정으로 이해하기 위해서는 무엇을 알고 무엇을 할 수 있어야 하는가? 우리나라 한국의 교사들은 자신들이 매일 전개하는 수업에서 학생들의 이해 정도를 어느 정도 확인하고 있는가? 학교교육에서 핵심이 되는 일련의 교육과정을 실천하는 과정에서 교육자로서 우리는 무엇을 가장 고민해야 하는가?

이 책은 교육자로서 우리가 학교 교육과정 혹은 교육 프로그램을 계획하고 실천하는 데에 있어서 가장 중요한 의문을 품게 하고 그 의문에 답하는 방식을 가르쳐 주는 데 필요한 자료다.

앞에서도 설명하였듯이 목표를 세우고 그와 연계된 평가 계획과 기준을 수립한 다음에 학습 경험이나 수업 활동을 설계하는 백워드 설계 방식에서는 '진정한 이해(authentic understanding)'를 강조한다. 이런 점에서 '설계를 통한 이해(Understanding by Design: UbD)'라고도 부른다. 즉, 설계를 통해서 진정한 이해를 강조한다는 점에서 이해 중심 교육과정의 성격을 지닌다. 백워드 설계를 통하여 학생들에게 진정한 이해를 심어 준다는 의미다.

진정한 이해를 강조한다는 점에서 2015 개정 교육과정과 관련성이 높다. 아니 총론이나 특히 각론 개발이 이해 중심 교육과정에 기반하고 있다는 점에서 이 설계 방식에 대한 중요성은 크다. 따라서 교사들은 2015 개정 교육과정을 그야말로 진정으로 이해하려면 백워드 설계 방식에 유념할 필요가 있다. 2022 개정 교육과정에서도 마찬가지다.

이 백워드 설계 방식에 따르면, 교사들의 전문성은 내용을 단순히 잘 전달하는 '전달 전문성'에서 변화가 일어나야 한다. 그 변화는 내용 전달에서 내용의 이해 여부를 확인하는 전문성으로 이루어져야 한다. 자신이 가르친 내용을 학생들이 진정으로 이해하고 있는지의 여부를 판단하는 전문성을 의미한다. 다시 말하면, 목표로 설정한 진정한 이해가 교육과정이나 수업 설계에서 바라는 결과가 되는데, 이 결과를 평가하는 전문성으로 나아가야 한다. 즉, 이 바라는 결과가 달성되었다는 사실을 수용하려면, 즉 진정한 이해에 도달했다고 간주하기 위해서는 어떠한 다양한 증거를 수집하여 판단을 내려야 하는지에 대한 전문성이다. 이것을 '평가의 전문성'이라고 부르고 싶다.

따라서 이제 교사의 전문성은 내용 전달의 전문성에서 평가의 전문성으로 변화해야 한다. 이 경우, 평가는 통념적인 의미의 평가가 아니라 진정한 이해 여부를 식별해 내는 교사의 안목을 의미한다. 그런 점에서 Eisner의 심미안의 평가와 맥을 같이한다.

이와 동시에 학생들에게 진정으로 가르치고자 하는 것이 무엇이어야 하는가를 파악하는 전문성이다. 수업을 하다 보면 학생들에게 가르쳐야 하는 내용에도 우선순위가 있다. 그 내용에는 학생들이 이해하려면 친숙하게 잘 알 필요가 있는 내용들(사실, 정보, 용어, 기호 등)이 있는가 하면, 그다음으로는 중요하게 알아야 하고 할 수 있어야 하는 내용들(지식과 기능)도 있다. 하지만 정말로 중요한 내용은 소소한 것들을 다 잊어버려도 절대 망각해서는 안 되는 내용, 즉 오랜 시간이 지나도 우리 마음속에 지속적으로 남아 있는 그러한 내용들이다. 이것을 Bruner는 '지식의 구조'라고 불렀으며, 그것은 전이 가능성이 높아서 학생들이 학교에서 제대로 배우기만 한다면 이후 실제 사회적 삶을 살아가는 데에 지속적으로 영향을 미치게 된다. 이제 교사들은 이러한 내용들을 잘 정선하여 가르치는 전문성을 구비해야 한다.

이러한 내용들을 제대로 가르친다면 학생들은 진정한 이해에 도달하게 될 것이다. 진정한 이해라는 것이 무엇인가? 단편적인 사실을 많이 알고 기억을 많이 하는 것이기보다는 지적 안목을 획득하는 것, 사고 방식을 내면화하는 것에 다름 아닐 것이다. 지금까지 우리는 교육을 통하여 학생들에게 많은 것을 가르치려고 악착같이 노력해 왔지만, 학생들의 진정한 이해는 점점 줄어들었다(More is Less). 이제 수업은 많은 것을 가르치기보다는 소수의 지식의 구조를 심층적으로 가르쳐서 진정한 이해가 많이 나타나도록 해야 한다(Less is More).

교실 혁명과 학교교육의 복원은 이제 백워드를 통하여 학생들에게 진정한 이해를 심어 주고 자신들의 지식을 삶과 일치되도록 해 주는 학습 혁명으로부터 시작할 수 있다. 학교교육 회복의 열쇠는 이제 백워드 설계 방식이 쥐고 있는 셈이다. 이 책은 그것이 어떻게 가능한지를 책 전체를 통하여 보여 주고자 하는 시도다. 자! 이제 백워드로 설계하는 방식을 공부하는 여행을 포워드적으로 해 보기로 하자! 1843년에 키에르케고르가 말하기를 "우리의 삶은 오로지 백워드로만 이해될 수 있다. 그러나 실제 삶은 포워드로 살아내야 한다."라고. 교실 혁명의 닻을 올리자!

제1부

백워드 설계의 이론

제1장

백워드 설계란 무엇인가

학습목표

- 전통적인 설계의 문제점을 설명할 수 있다.
- 백워드 설계의 필요성을 설명할 수 있다.
- 백워드 설계의 특징을 설명할 수 있다.

1 백워드 설계 도입 배경

1) 교사의 기존 수업 습관에 대한 변화 모색

우리가 이 책에서 공부하게 될 백워드 설계 방식은 최우선적으로 교사(교육자)들에게 변화를 요구하고 있다. 그 변화란 지금까지 해 오고 있는 안이하고 편안한 수업 방식과의 결별이다. 수업에 대한 기존의 습관을 반성해 보고 그 옛날 습관으로부터 과감한 결별을 선언하고 실천해야 한다. 교사 자신들도 모르게 이미 체득되어 있는 기존의 습관에는 다음과 같은 것들이 있다.

첫째, 내용과 방법 중심의 수업관에서 목표와 평가 중심으로 수업에 접근해야 한다. 수업을 구상하고 계획할 때 교사들은 흔히 자신이 가르쳐야 할 내용과 그 내용을 가르치는 방법에 상대적으로 많은 시간과 노력을 투자한다. 대부분의 교사는 매우 상식적으로 자신의 교과 내용과 교수 방법을 중심으로 수업을 생각하고 있다. 이것은 너무나 당연한 생각이다. 그러나 이제는 생각을 바꾸어야 한다. 내용과 방법 위주의 수업관에서 목표와 평가 중심의 수업관으로 변화를 모색해야 할 때다. 물론 이 네 가지 요소들(목표, 내용, 방법, 평가)은 전부 관련되어 있지만, 그 중심 초점을 어디에 두고 수업에 접근할 것인가 하는 문제를 지적하고자 하는 것이다. 수업에서 내용과 방법에 과도하게 집중하면 가르쳐야 할 내용이 점점 많아지게 되고, 당연히 가르치는 방법에 지나친 관심을 두거나 활동들이 많아져서 수업에 초점이 없어지게 된다. 따라서 이제는 수업에서 중요하게 달성해야 할 목표(진정한 이해란 무엇인가)가 무엇이 되어야 하며, 목표의 달성 정도를 진정으로 알아보는 평가 방식은 어떠해야 하는지를 숙고해 보아야 한다.

둘째, 학습에 대한 생각을 제대로 할 필요가 있다. 이제는 학생들에게 지식을 단순히 전달하고 암기시키는 수업에서 벗어나야 한다. 학습의 관점에서 보면, 교육과정은 학생들이 학습을 잘할 수 있도록 해 주는 학습 도로인 셈이다. 이 학습 도로를 잘 만들고 제대로 된 지식은 학습하도록 해야 한다. 제대로 된 지식이란 학교를 졸업하고도 망각하지 않고 머리와 가슴 속에 오랫동안 남아 있게 되는 중요한 것이다. 수업에서 학생들에게 많은 지식을 전달하기에 바쁜 시간을 보내고, 그 지식을 이해하고 통찰하는 것은 학생의 몫이라고 넘겨 버려서는 안 된다. 수업은 학생들이 진정한 학습을 하도록 하는 것이다. 따라서 가르치는 교사로서 학습에 대한 생각을 진지하게 할 필요가 있다. 내가 부지런히 가르치면 학생들은 잘 이해하고 잘 따라오겠지 하는 안이한 생각을 거두어야 한다.

셋째, 흥미 위주의 활동 중심 수업에 너무 집착하지 말자는 것이다. 물론 수업에서 학생들의 흥미를 고려해야 하는 것은 너무나 당연한 일이다. 흥미를 유발하기 위하여 다양한 활동을 이용하는 것도 권장할 만한 일이다. 그러나 이 지점에서 우리가 조심해야 할 것이 있다. 교육이나 수업에서 중요한 것은 활동 그 자체가 아니라 활동을 통하여 학생들이 탐구하도록 하는 것이다. 활동에 참여하기만 하고 탐구를 하지 않는다면 아무 소용이 없게 된다. 활동을 하면서 활동 속에 들어 있는 의미나 가치를 해석하고 구성하는 것이 교육의 목적이다. 이런 점에서 볼 때, 현재 우리 교실 수업은 과장해서 말하면 활동은 넘쳐 나는데 탐구는 없는 기현상을 보이고 있다. 그리고 흥미란 기술적인(descriptive) 개념으로 보면 학습자의 마음속에 들어 있는 어떤 내적인 실체로 볼 수도 있지만, 학생이 학습할 과제와의 상호작용이나 과제와의 관련성 속에서 구성되는 것이다. 따라서 흥미는 교사가 유발해야 할 그 무엇이 아니라 학습자가 좋아하고 관심 있어 하는 바와 학습 과제를 연관시켜 줌으로써 학습자들이 스스로 구성해 내는 것이다. 이런 점에서 보면 교사들은 학습자들의 흥미를 유발하기 위하여 무리하게 무의미하고 무목적인 활동들을 남발하지 않아야 한다.

넷째, 시험 범위를 커버하기 위한 진도 나가기 식의 수업에서 벗어나야 한다. 교실 수업의 일상적인 모습은 한 시간에 나가야 할 분량이 정해져 있어서 그 분량을 전달하는 것이다. 하지만 이 전달이 늘 학습자들의 진정한 이해를 보장해 주지는 못한다. 이해시키지 못하면서 정해진 분량의 내용을 전달하는 수업과, 정해진 분량은 채우지 못하지만 하나라도 제대로 이해시키는 수업 중에서 우리는 어느 방식을 선택해야 하는가? 학습에서 생성력이 있는 소수의 내용을 제대로 가르쳐서 진정한 이해를 돕는 수업을 통하여 나머지 여타의 내용들을 이해하게 하는 방식은 어떠한가? 진도 나가기에 급급한 수업에서 이제 벗어나야 한다. 진도는 달성하지만 진정한 이해는 달성하지 못하는 수업을 극복해야 한다.

다섯째, 교육과정은 가르쳐야 할 내용 목록이 아니라 우리가 의도하는 학습 성과라는 점에 주목할 필요가 있다. 신중하게 의도하는 성취기준의 정신이 중요하다. 전통적으로 보면 교육과정은 내용의 목록이다. 달려야 할 길 혹은 학습해야 할 특정 코스이기도 하다. 목표 성취를 위해 사용할 경험을 의미하기도 한다. 그러나 교육과정을 보는 관점이 내용 목록에 그쳐서는 안 된다. 이제 교육과정은 내용과 활동의 목록이 아니라 바라는 결과(의도된 학습 성과, 성취 목표, 수행 기준 등)와 그것을 성취하는 데 필요한 수단을 상세히 제시해야 한다. 따라서 백워드에서는 교육과정을 바라는 결과, 즉 내용(기준)과 수행 기준에서 도출되는 학습을 위한 청사진으로 이해한다.

요컨대, 백워드 설계는 교육과정과 수업의 새로운 설계 방식이지만 새로운 설계 방식을 아는 것보다 우리의 기존 습관, 안이하고 편안함을 주는 낡은 습관과의 결별을 우선해야 한다. 내용과 방법보다는 목표와 평가를, 기계적 학습보다는 이해를 보장하는 진정한 학습을, 흥미 위주의 활동보다는 진정한 탐구를, 진도 나가는 방식보다는 생성력 있는 소수의 내용을 제대로 이해시키는 수업을, 내용과 활동 목록으로서의 교육과정이 아니라 의도하는 학습 성취기준으로서의 교육과정을 지향해야 한다.

교사의 기존 습관에 대한 변화의 방향

① 내용과 방법 중심의 수업관 → 목표와 평가 중심의 수업관
② 지식을 단순히 전달하고 암기시키는 수업 → 진정한 학습에 대한 진지한 생각
③ 학생의 탐구가 없는 흥미 위주의 활동 중심 수업에 집착 → 활동 속에서 진정한 탐구가 강조되는 수업
④ 진도 나가기 방식의 수업 → 생성력 있는 소수의 내용을 이해시키는 수업
⑤ 교육과정은 가르쳐야 할 내용 목록이라는 인식 → 교육과정은 의도하는 학습 성과라는 인식

2) 전통적 설계의 문제점

학교교육에서 교육과정에 부합하는 수업 내용 구조화의 중요성은 아무리 강조해도 지나치지 않다. 교육과정은 학교교육의 실체를 나타내며, 그 존재 이유를 의미하기 때

문이다. 수업 내용을 어떻게 구조화할 것인가 하는 문제는 과거보다는 많이 발전된 형태를 보이고 있으며 그 어느 때보다 많은 개선 노력들이 진행되고 있다. 그런데 이러한 상황 속에서도 현장 교사에게는 교육과정과 수업의 본질적인 문제에 대한 민감성이 부족해 보인다. 즉, 교육과정과 수업 측면에서 살펴보면 오늘날 학생들은 학습해야 할 내용에 대해 진정한 이해(authentic understanding)에 실패하고 있다(강현석, 2006). 학생들이 진정한 이해에 도달하기 위해서는 수업 내용을 어떻게 구조화할 것인가? 이와 동시에, 그렇다면 학교 현장에서 이러한 심층적인 이해를 가로막는 원인은 무엇에 있을까? 그 근본적인 이유를 세 가지로 볼 수 있다.

첫째, 우리는 교실 수업에서 활동 위주의 수업을 만병통치약으로 생각하면서 시간을 보내고 있다는 점이다. 학생들이 활동을 왜 하고 있는지, 그 활동에 들어 있는 지적인 의미에 대한 성찰적인 사고 없이 단순한 흥미를 가지고 재미있게 시간을 보내도록 하는 교육과정과 수업 내용 설계는 재고될 필요가 있다. 목적이 분명하지 않은 활동 중심 설계(activity-based design)는 학습의 중요한 아이디어와 적절한 증거에 초점을 맞추지 못한다.

일반적으로 교사들은 학급에서 수업을 할 때, 한 단원의 전반적인 흐름을 파악하고 단원을 설계하여 지도하기보다는 해당 차시의 교과서 내용을 보고 '어떤 활동을 할까?' '어떤 활동을 해야 재미있을까?'를 먼저 고려하기도 한다. 이러한 관점에서 출발한 활동 중심 수업 내용 설계에서 학습자들은 자신들의 일을 단순히 참여하는 것이라고 생각한다. 놀이나 게임 위주의 활동 중심 수업에서는 학습자의 명확한 목표 인식이 결여되고 학습이 활동의 의미를 탐구하는 것으로부터 나온다고 보는 대신에, 학습이 곧 활동에 참여하는 것이라는 생각을 하도록 만든다는 점이다.

둘째, 교사들이 일정하게 주어진 시간에 학습 내용을 무목적적으로 전달하는 상황에서 발생하는 문제다. 이러한 예는 오늘날 우리 교실 현장에서 '진도 나가기'에 급급한 단면을 잘 드러내 준다. 이러한 무목적성의 형태는 정해진 시간 안에 교과서 내용을 모두 다루어야 한다는 입장에서 수업을 진행해 나가는 접근이다.

전통적인 교육과정은 학생들이 배우고 알아야 할 학습 내용인 교과목을 중심으로 개발되어 왔다. 이 전통이 오늘날까지 이어져 현행 교육과정도 학생들이 알아야 할 내용, 즉 교과목을 매우 중시하는 경향이 있다. 그런데 현재 이루어지고 있는 내용 위주의 교육과정 개발은 교과목의 논리적인 체계보다는 다양한 학습 내용, 주제 등을 바탕으로 이루어지고 있다. 지식이 폭발적으로 증가하고 있는 현대 사회에서 모든 지식을 학습자에게 전달하고자 한다면 학습자의 학습량이 매우 증가하여 학습 부담이 과중될 것이다.

하지만 교사의 입장에서는 많은 교과 내용을 수업에 모두 포함시켜서 정해진 시간에 모두 가르치려고 하다 보니까 '진도 나가기'에 급급하여 학습자 개개인의 목표 도달 여부나 진정한 이해 정도를 파악하지 못하는 문제점이 발생한다. 교육과정이나 교과서에 포함된 내용을 모두 전달해야 한다는 부담과 압박, 정해진 시간에 진도를 못 나가면 이후 진도에 지장을 주고 시험 범위까지 못 마친다는 인식, 내용을 재구성하고 발전적으로 통합해서 가르치기보다는 교과서에 제시된 내용을 항목 위주로 가르쳐야 좋은 수업이라고 이해하는 잘못된 생각 때문에 내용 전달 방식이 개선되지 못하고 계속적인 악순환이 초래된다.

셋째, 학생의 심층적 이해를 고려하지 않은 교육과정 개발이 이루어졌다는 점이다. 교육과정이 구현된 교과서를 분석해 보면 학생들의 심층적 이해를 향상시키기보다는 단순 지식을 전달하는 주제나 사실적 지식을 나열하는 수준에서 학생들이 해결해야 하는 활동을 중심으로 구성되어 있다. 교육과정 문서에서도 사실적 지식이 교육과정 내용의 많은 부분을 차지한다.

교과서만 본다면 지식의 중요도를 구분하기 어렵고 의미의 연결 고리를 찾기 어렵다. 특히 교과서에 의존하는 교사는 모든 차시가 동일한 형식과 쪽수로 구성되어 있는 교과서를 통해 지식의 우선순위 및 의미의 형성 과정을 파악하지 못하면서, 가르쳐야 할 지식의 중요성을 동일하게 설정하고 수업을 한다. 이때 학생들은 교사로부터 전달받은 모든 지식을 중요하게 여기고 하나도 빠짐없이 암기하려고 노력한다. 학습자들은 전이 가능성을 지닌 심층적 이해가 아닌 피상적 이해를 위한 학습을 하고 있다.

Dewey(1916)는 직접적인 피상적 교수법을 통해서는 어떤 진실한 아이디어도 가르칠 수 없다고 했다. 심층적 이해가 고려되지 않은 교육과정으로는 학습자들이 학습 내용을 제대로 이해하지 못하게 되는 문제가 발생한다.

이 세 가지 수업 내용 설계 때문에 학습자들은 진정한 이해에 도달하는 데 실패하고 있다. 우리가 지금까지 학교교육 전개 과정을 면밀히 성찰할 때 이 세 가지 과실이 전혀 없다고 부인하기는 어려울 것이다. 이 문제는 어찌 보면 전통적인 설계의 한계이기도 하다.

전통적 설계의 문제점

① **활동 위주의 수업**
활동에 들어 있는 지적인 의미에 대한 성찰적인 사고 없이 단순한 흥미를 가지고 재미있게 시간을 보내도록 하는 교육과정과 수업 내용 설계

② **진도 나가기식 수업**
교사들이 일정하게 주어진 시간에 학습 내용을 무목적적으로 전달하는 수업

③ **학생의 심층적 이해를 고려하지 않은 교육과정 개발**
교과서를 통해 지식의 우선순위 및 의미의 형성 과정을 파악하지 못하며 가르쳐야 할 지식의 중요성을 동일하게 설정함

3) 백워드 설계의 등장 배경

이론적으로 보면 그 첫 번째 배경으로, 백워드 설계는 먼저 Tyler의 교육과정과 수업 계획의 절차를 본래 의도에 부합되게 목표와 평가의 연계성을 강조하였다. 그리고 두 번째로, 교실에서 무엇을 가르칠 것인가 하는 문제에서 Bruner의 '지식의 구조'에 대한 중요성을 다시 복원했다. 이 지식의 구조는 영속적 이해를 가져다주는 것이다.

이와 동시에 미국에서는 학생들의 학력 저하 문제의 심각성을 깨닫고 저학년 때의 문맹 극복이 모든 교육 문제를 해결하는 지름길임을 인식하여 국가 차원에서 「NCLB(No Child Left Behind)법」을 제정하였다. 이 법률의 제정으로 교육의 주체인 학교나 교사에게는 강한 책무성을 요구하게 되었고 평가는 미국 학교교육의 화두로 떠올랐다(조재식, 2005: 63).

「NCLB법」의 주요 특징 중 하나는 효율적인 것으로 증명된 교수방법을 강조한 점이다. 즉, 효율적인 교수방법에 초점을 두고 학습자들의 학습 결과에 대한 주의 책무성을 강조한다(염철현, 2005: 65). 또한 이 시기에 미국에서는 교수-학습 개선을 목표로 한 성취기준 중심의 학교 교육 개혁이 일어났다. McTighe와 Wiggins(1998)는 성취기준에서 비롯되는 빅 아이디어(big ideas)와 이해의 여섯 가지 측면을 활용하여 수업을 설계하는 연구를 진행하였고, 학생들의 목표 도달 여부를 확인하기 위해 평가를 중요하게 고려한 백워드 설계 모형을 개발하였다. 즉, 백워드 설계는 교육의 수월성이 강조되던 상황에서 학생들의 학력 향상을 위해 효율적인 교수방법이 필요했던 학교 현장 교사들의

요구와 맞물려 교사들이 교육과정을 개발하고 실행할 수 있는 틀로서 개발되었다.

이러한 시대적 상황, 교사의 요구에 따라 백워드 설계는 미국 장학 및 교육과정 개발 협회(Association for Supervision and Curriculum Development: ASCD)의 후원을 받고 미국 교육 현장과 교사 교육 기관에 광범위하게 도입되어 활용되고 있다.

지금도 ASCD 홈페이지(www.ascd.org)의 백워드 설계 메뉴에서 관련 자료들을 안내·제공하고 있다. 또한 McTighe의 홈페이지가 운영되고 있으며, 교사, 교육자, 학자 등이 이 홈페이지를 통해 백워드 설계에 대한 의견을 교류하고 교육 공동체를 형성하고 있다. 이러한 적극적인 지원과 자발적인 교육 공동체 형성으로 인해 백워드 설계가 광범위하게 활용되며 지속적으로 개선되고 있다.

2 이해에 대한 이해

교육 내용에 대한 이해(understanding)란 무엇인가? 학생들이 이해하기를 바랄 때 교사가 추구하는 것은 무엇인가? 우리는 항상 '이해'에 목적을 두고 있지만 이해가 지닌 복합적인 특징으로 인해 그것을 명확하게 정의 내리기 어렵다.

이해에 대한 모호함은 Bloom의 『교육목표분류학: 인지적 영역』에서도 찾아볼 수 있다. Bloom의 교육목표분류학은 지식, 이해, 적용, 분석, 종합, 평가까지 각 유목의 독립성과 계열성을 전제로 하고 있다. 그러나 유목의 구분이 명확하지 않고, 이해란 무엇이며 이해가 분석, 적용과 논리적으로 어떻게 구분되는지 명확하게 설명하지 못하고 있다(강현석, 2006).

'이해'라는 것은 어떤 것을 '아는 것'과는 다르다. 외국어 문장을 번역하였지만 그 문장이 무엇을 나타내는 것인지 의미를 파악하지 못하는 경우, 수학 공식은 알고 있지만 생활 속 상황에 수학 공식을 활용하여 문제를 해결하지 못하는 경우, 기계의 작동 원리는 알지만 고장 난 기계를 수리하지 못하는 경우처럼, 앞에서 제시한 상황은 외국어 단어, 수학 공식, 기계의 작동 원리를 안다고는 할 수 있지만 정말로 그것들을 이해했다고 할 수 있을까? 아마도 그렇지 않을 것이다. 이처럼 이해라는 것은 단편적인 지식을 기억하고 회상하는 것과 다르며, 이러한 분절되고 단편적인 지식들을 이해하기 위해 인간 마음에 의해 형성되는 정신 구조라고 할 수 있다.

Wiggins와 McTighe(2005)는 '이해'의 의미를 유의미 추론으로서의 이해의 관점, 전이 가능성의 관점, 전문가의 맹점의 관점의 세 가지 측면에서 정의하고 있다.

첫째, 유의미 추론으로서의 이해의 관점에서 살펴보면 Dewey(1933)는 『사고하는 방법』에서 이해는 학습자들에게 의미를 습득하게 해 주는 사실들의 결과라고 요약함으로써 지식과 이해의 차이를 밝혔다. 다음 〈표 1-1〉과 〈표 1-2〉는 지식과 이해라는 용어 사이의 유용한 구분을 보여 준다.

〈표 1-1〉 지식 대 이해

지식	이해
• 사실	• 사실의 의미
• 일관된 사실의 체계	• 그러한 사실들에 일관성과 의미를 제공하는 이론
• 증명할 수 있는 주장	• 오류를 범하기 쉽고 정확하지 않은 형성 과정 중의 이론
• 옳거나 그른 것	• 정도 혹은 정교성의 문제
• 어떤 것이 진실임을 안다.	• 그것이 왜 진실한지를, 무엇이 그것을 지식으로 만드는지를 이해한다.
• 알고 있는 것을 가지고 단서에 반응한다.	• 알고 있는 것을 이용할 때와 그렇지 않을 때를 판단한다.

〈표 1-2〉 사실적 지식과 이해의 구별

사실적 지식	이해
• 사실(2×4=8)과 기본적인 개념(하늘)으로 구성된다.	• 일반화된 형식으로 빅 아이디어(big idea)를 반영한다.
• 전이되지 않는다. 기본 개념은 전이의 범위가 제한된다(새라는 개념은 상이한 품종으로 전이된다).	• 상황과 장소와 시간에 따라 전이가 가능하다.
• 이해 없이 기계적인 방법으로 학습될 수 있다.	• 반드시 탐구 추론, 재사고의 과정을 거치고 수행을 통해 획득된다(학생의 마음에 내재화되어야 한다).
• 객관식 검사/진위형 퀴즈를 통해서 평가될 수 있다.	• 하나 또는 그 이상의 이해의 측면을 요구하는 수행과제를 통해서 가장 적절하게 평가되어야 한다.

비유를 통해서 살펴보면 지식과 이해의 차이를 확인하기 쉽다. 이해와 지식의 유의미 추론에 관한 예로 검고 흰 타일로 벽을 장식하는 것을 들 수 있다. 검은색 타일과 흰색 타일로 장식한 벽을 전체적인 맥락에서 살펴보면 검은색과 흰색 타일의 배열을 통해 어떤 특정한 패턴을 발견할 수 있다. 즉, 각각의 타일은 사실을 의미하며 이해는 여러 타일을 넘어서서 볼 수 있고 추론을 통해 파악할 수 있는 특정한 패턴을 의미한다(강현석 외, 2008c: 61).

학생이 제시된 글을 읽는 경우, 각 단어의 뜻을 모두 알고 있으며 문장을 소리 내어 자연스럽게 읽을 수 있지만 그것이 어떤 의미인지, 어떤 사건이 왜 일어났는지, 주인공이 왜 그렇게 행동하게 되었는지를 이해하지 못하는 경우가 있다. 즉, 단편적인 사실, 각각의 타일에 해당하는 단어의 뜻은 알고 있지만 전체적인 맥락에서 의미를 추론하지 못했기 때문에 이해하지 못한 것이다. 이러한 측면에서 이해는 효과적인 적용, 분석, 종합, 평가를 통해서 기능과 사실을 현명하고 적절하게 처리하는 능력이다. 이해한다는 것은 올바른 방식, 즉 특정한 기능, 접근법 혹은 지식의 체계가 특수한 상황에서 왜 적절한지 아닌지를 설명할 수 있는 상태에 흔히 반영되는 방식으로 그것을 수행하고 완성하는 것이다.

둘째, 이해를 전이 가능성의 관점에서 살펴보면, 전이 능력을 개발하는 것은 훌륭한 교육의 핵심이며, 필수적인 것이다. 핵심 아이디어들은 전이의 기초를 제공하고, 어떤 특별한 상황에서 단순히 기억으로부터 제한적으로 연결하는 것이 아니라 이 아이디어들을 수정하고 조절하며 적응하게 한다. 지식과 기능은 이해의 필수 요소이고, 어떤 지식과 기능이 중요한지를 이해하고 특별한 상황에 적용하는 것이 전이다. Bruner(1960)가 언급한 것처럼, 이해는 "주어진 정보를 뛰어 넘어서는 것"이다. 우리가 어떤 핵심 아이디어와 전략을 이해하면서 학습한다면 새로운 지식을 창조하고 더 나은 이해에 도달할 수 있을 것이다.

교육에서 전이는 필수적인 능력이다. 오늘날의 사회는 매우 빠르게 변화하고 있으며 지식의 양도 기하급수적으로 증가하고 있다. 이러한 상황에서 모든 지식을 교육을 통해 학생에게 가르칠 수 없다. 『How People Learn』의 저자인 Bransford, Brown과 Cocking(2000)도 "보다 폭넓은 지식의 구조에서 맥락이나 상황을 분명하게 하지 않고 구체적인 토픽과 기능을 가르치는 것은 비경제적이다."라고 언급하였다. 즉, 교사는 학생들이 학문의 모든 분야에서 비교적 적은 수의 아이디어, 사례, 사실, 기능들을 학습하도록 할 수 있다. 그래서 교사는 학습자들이 제한적으로 학습한 것을 여러 가지 상황, 문제들에 전이할 수 있도록 도와야 한다.

전이는 Bloom이 교육목표분류학에서 제시한 적용의 본질에 해당된다. Bloom과 그의 동료들(1981)은 "학생들이 수업에서 유사한 문제를 해결하는 정확한 방법이나 해결책을 기억하는 것으로는 새로운 문제나 상황을 해결할 수 없다. 새로운 수량이나 기호가 사용되지 않고, 다른 사람들이 수업에서 해결한 것과 같다면, 그것은 새로운 문제나 상황이 아니다. 만일 학생에게 주어진 문제에 관한 수업이나 도움이 없고, 다음의 것을 해야 한다면 그것은 새로운 문제나 상황이다."라고 하였다.

초등학교 1학년 학생이 수학 수업 시간에 수를 세는 다양한 방법을 학습하였다. 그 후 통합교과 시간에 콩 주머니 옮기기 놀이를 위해 모둠별로 콩 주머니 100개씩을 가지고 가도록 했을 때, 학생들이 콩 주머니를 쉽게 세기 위해 10개씩 모아 두는 모습을 발견할 수 있었다. 즉, 수학 시간에 학습한 수 세기를 다른 상황 속에서 적용하여 문제를 효과적으로 해결한 것이다. 이처럼 단순히 지식을 아는 것과 이해하는 것은 다르다. 즉, 이해한다는 것은 알고 있는 것을 단지 회상, 재생하는 것이 아니라 다른 맥락에서 지식과 기능을 효율적으로 활용할 수 있는 능력이다.

셋째, 전문가의 맹점의 관점이란 '교육자가 학습 내용을 분명하게 모두 다룬다면 학생들은 그것을 이해할 것이다. 교사가 자세하게 다루면 다룰수록, 학생들은 더욱더 많이 배울 것이다.'라고 생각하는 것이 잘못되었다는 것이다. 피상적인 학습 상황에서는 대부분의 학생이 교사가 이야기하는 것을 무기력하게 받아들이고 이해하지 못하게 된다.

예를 들어, 교사가 수업 시간에 교과서에 있는 내용을 빠짐없이 모두 자세하게 설명하였다. 교사는 학생들의 이해 정도를 확인하기 위해 수업 시간 중에 학생들에게 "이해했나요?"라는 질문을 던졌고 학생들은 "네."라고 대답을 했다. 하지만 다음 수업 시간에 전 시간의 학습에 관한 것을 학생들에게 질문했을 때, 학생들은 처음 듣는 내용인 듯한 반응을 보이는 경우를 종종 볼 수 있다. 즉, 모든 학습 내용을 다룬다고 학생들이 모두 이해하는 것은 아니며, 이런 경우 교과서에 제시된 모든 지식을 기억하는 것이 이해하는 것이라는 오해를 불러일으킬 수 있다. '교수증진을 위한 카네기센터(CCAT)'의 의장인 Shulman이 말하였듯이, 전통적인 교수는 잘못된 학습의 세 가지 병리 현상(pathology of mislearning)을 부추긴다. 우리는 잊어버린다. 우리는 잘못 이해한 것을 이해하지 못한다. 우리가 배운 것을 활용할 수 없다. 이 세 가지 사실을 기억상실(amnesia), 환상(fantasia), 무기력증(inertia)이라고 부른다(Shulman,1999).

따라서 전문가의 맹점을 통해서 이해의 의미를 파악해 보면, 이해는 피상적인 지식을 습득하는 것이 아니라 학생 자신의 지적인 홍분을 통해 큰 개념을 영속적으로 획득하는 것이라고 할 수 있다. 이해는 교육과정 속에서 핵심 개념을 파악하여 큰 그림을 찾고 의미를 만드는 것이며 학습자들이 학습한 것을 실생활에 적용할 수 있도록 지식과 기술을 효과적으로 사용할 수 있는 것이다(Wiggins & McTighe, 2011).

앞에서 살펴본 '이해'의 세 가지 의미를 종합해 보면 이해는 아는 것의 단순한 회상을 넘어서 알고 있는 지식과 기능을 다른 맥락에서 적절하게 적용, 분석, 종합, 평가할 수 있는 능력이며, 큰 개념 속에서 영속적으로 드러날 수 있음을 의미한다. 특히 이해의 가장 큰 특징은 '전이 가능성'이라고 할 수 있다.

이해의 의미

① **유의미 추론으로서의 이해**
효과적인 적용, 분석, 종합, 평가를 통해서 기능과 사실을 현명하고 적절하게 처리하는 능력

② **전이 가능성으로의 이해**
알고 있는 것을 단지 회상, 재생하는 것이 아니라 다른 맥락에서 지식과 기능을 효율적으로 활용할 수 있는 능력

③ **전문가의 맹점으로부터 도출한 이해**
피상적인 지식의 습득이 아닌 학생 자신의 지적인 홍분을 통해 큰 개념을 영속적으로 획득하는 것

3 2015 개정 교육과정과 백워드 설계

2015년 9월 23일, 2015 개정 교육과정(교육부 고시 제2015-74호)이 고시되었고 2017년 초등학교 1, 2학년을 시작으로 연차적으로 학교 현장에 적용되었다. 개정 교육과정에서는 '창의융합형 인재'를 추구하는 인간상으로 제시한다. 이는 2009 개정 교육과정의 '창의적인 인재'와 맥락을 같이하면서 융합적 사고력이 강조되는 오늘날의 상황을 반영한 것이다. 2015 개정 교육과정은 2009 개정 교육과정과 큰 맥락은 같이하면서 지식 위

주의 암기식 교육에서 배움을 즐기는 행복교육으로의 전환, 핵심 개념 · 원리를 중심으로 한 학습 내용 적정화, 학생 중심의 교실 수업 개선, 공통과목 신설을 통한 문 · 이과 통합교육 기반 마련, 국가직무능력표준(NCS)을 토대로 한 산업현장 직무 중심의 직업교육 체제 구축 등을 큰 특징으로 하고 있다. 구체적인 내용을 살펴보면 다음과 같다.

1) 2015 개정 교육과정의 방향

2015 개정 교육과정은 국가 · 사회적 요구 및 2009 개정 교육과정이 추구하는 인간상을 기초로 창조사회가 요구하는 핵심 역량을 갖춘 '창의융합형 인재'상을 제시하고 현행 교육과정에서 제시된 문제점을 개선하기 위해 이루어졌다. 2015 개정 교육과정의 기본 방향은 다음과 같다. 첫째, 모든 학생이 인문 · 사회 · 과학기술에 대한 기초 소양을 함양하여 인문학적 상상력과 과학기술 창조력을 갖춘 창의융합형 인재로 성장할 수 있도록 우리 교육의 근본적인 패러다임을 전환하고자 하는 교육과정을 개발한다. 이를 위해, 기초 소양 함양을 위해 '공통과목'을 도입하고 통합적 사고력을 기르기 위해 '통합사회' '통합과학' 과목을 신설하였다. 둘째, 미래 사회가 요구하는 핵심 역량을 기를 수 있는 교과 교육과정을 개발한다. 이를 위해, 각 교과는 단편적인 지식보다 핵심 개념과 원리를 제시하고, 학습량을 적정화하여 토의 · 토론 수업, 실험 · 실습 활동 등 학생들이 수업에 직접 참여하면서 역량을 함양할 수 있도록 하였으며 과정 중심의 평가가 확대되도록 구성하였다. 셋째, 대학입시 중심으로 운영되어 온 고등학교 문 · 이과 이분화와 수능 과목 중심의 지식 편식 현상을 개선한다. 어느 영역으로 진로 · 진학을 결정하든 문 · 이과 구분 없이 인문 · 사회 · 과학기술에 관한 기초 소양을 갖출 수 있으며, 진로와 적성에 따라 다양한 '선택과목'을 이수할 수 있도록 하였다. 넷째, 새로운 교육과정이 학교 현장에 안착될 수 있도록 교과서, 대입제도, 교원 양성 및 연수 체제 등 교육제도 전반을 개선하고자 하였다.

즉, 현재 문제점으로 지적되고 있는 과다한 학습량으로 인해 진도 나가기 방식의 수업이 이루어지는 상황에서 학생들이 PISA 등 국제학업성취도 평가에서는 높은 학업성취도를 나타내지만, 이에 비해 학업 흥미도 및 행복감이 매우 낮은 문제를 개선하고 창의융합형 인재 양성을 위해 핵심 개념 중심으로 학습 내용을 구성하며 진도 나가기에 급급하기보다 학생 참여 중심의 수업을 통해 학생들의 학습 흥미도를 높일 수 있도록 교육과정을 개발하고자 하였다.

2) 총론 주요 개정 내용

2015 개정 교육과정은 2009 개정 교육과정이 추구하는 인간상을 기초로 창의융합형 인재상을 정립하였다. 창의융합형 인재는 인문학적 상상력, 과학기술 창조력을 갖추고 바른 인성을 겸비하여 새로운 지식을 창조하고 다양한 지식을 융합하여 새로운 가치를 창출할 수 있는 사람을 의미한다. 이를 토대로 추구하는 인간상으로 자주적인 사람, 창의적인 사람, 교양 있는 사람, 더불어 사는 사람으로 제시하였다. 이를 구체적으로 살펴보면 다음과 같다.

- 자주적인 사람 – 전인적 성장을 바탕으로 자아정체성을 확립하고 자신의 진로와 삶을 개척하는 사람
- 창의적인 사람 – 기초 능력의 바탕 위에 다양한 발상과 도전으로 새로운 것을 창출하는 사람
- 교양 있는 사람 – 문화적 소양과 다원적 가치에 대한 이해를 바탕으로 인류 문화를 향유하고 발전시키는 사람
- 더불어 사는 사람 – 공동체 의식을 가지고 세계와 소통하는 민주 시민으로서 배려와 나눔을 실천하는 사람

또한 2015 개정 교육과정에서는 추구하는 인간상과 더불어 창의융합형 인재가 갖추어야 할 핵심 역량 여섯 가지를 국가 교육과정에서 처음으로 제시하였다. 구체적인 내용은 다음과 같다.

- 자기관리 역량 – 자아정체성과 자신감을 가지고 자신의 삶과 진로에 필요한 기초 능력과 자질을 갖추어 자기주도적으로 살아갈 수 있는 능력
- 지식정보처리 역량 – 문제를 합리적으로 해결하기 위하여 다양한 영역의 지식과 정보를 처리하고 활용할 수 있는 능력
- 창의적 사고 역량 – 폭넓은 기초 지식을 바탕으로 다양한 전문 분야의 지식, 기술, 경험을 융합적으로 활용하여 새로운 것을 창출하는 능력
- 심미적 감성 역량 – 인간에 대한 공감적 이해와 문화적 감수성을 바탕으로 삶의 의미와 가치를 발견하고 향유할 수 있는 능력
- 의사소통 역량 – 다양한 상황에서 자신의 생각과 감정을 효과적으로 표현하고 다른 사람의 의견을 경청하며 존중하는 능력
- 공동체 역량 – 지역 · 국가 · 세계 공동체의 구성원에게 요구되는 가치와 태도를 가지고 공동체 발전에 적극적으로 참여하는 능력

총론에서 설정하고 있는 추구하는 인간상, 핵심 역량 등은 결국 교육과정 개발을 통해 구현된다. 2015 개정 교육과정에서는 구성의 중점을 다음과 같이 밝히고 있다.

> 이 교육과정은 우리나라 교육과정이 추구해 온 교육 이념과 인간상을 바탕으로, 미래사회가 요구하는 핵심 역량을 함양하여 바른 인성을 갖춘 창의융합형 인재를 양성하는 데에 중점을 둔다. 이를 위한 교육과정 구성의 중점은 다음과 같다.
>
> - 인문 · 사회 · 과학기술 기초 소양을 균형 있게 함양하고, 학생의 적성과 진로에 따른 선택학습을 강화한다.
> - 교과의 핵심 개념을 중심으로 학습 내용을 구조화하고 학습량을 적정화하여 학습의 질을 개선한다.
> - 교과 특성에 맞는 다양한 학생 참여형 수업을 활성화하여 자기주도적 학습 능력을 기르고 학습의 즐거움을 경험하도록 한다.
> - 학습의 과정을 중시하는 평가를 강화하여 학생이 자신의 학습을 성찰하도록 하고, 평가 결과를 활용하여 교수–학습의 질을 개선한다.
> - 교과의 교육 목표, 교육 내용, 교수–학습 및 평가의 일관성을 강화한다.
> - 특성화 고등학교와 산업수요 맞춤형 고등학교에서는 국가직무능력표준을 활용하여 산업사회가 필요로 하는 기초 역량과 직무 능력을 함양한다.

교육과정이 개정되었어도 학교 현장에서 제대로 실행하지 않는다면 개정 교육과정의 취지를 구현하기 어렵다. 국가수준 교육과정에서는 학교 교육과정을 편성 및 운영할 때 고려해야 할 기본 사항과 교수–학습의 과정에서 중점을 두어야 할 사항에 대해 제시하고 있다. 2015 개정 교육과정에서 교수–학습 부분을 살펴보면, 이전 교육과정과 다른 점을 쉽게 발견할 수 있다. 2015 개정 교육과정에서는 핵심 개념과 일반화된 지식을 통해 학생들의 심층적인 이해에 중점을 두고 있음을 분명하게 밝히고 있다. 교수–학습 부분에 대한 구체적인 내용을 살펴보면 다음과 같다.

> 가. 학교는 교과목별 성취기준에 따라 다음과 같은 사항에 중점을 두고 교수–학습이 이루어지도록 한다.
>
> 1) 교과의 학습은 단편적 지식의 암기를 지양하고 핵심 개념과 일반화된 지식의 심층적 이해에 중점을 둔다.

2) 각 교과의 핵심 개념과 일반화된 지식 및 기능이 학생의 발달 단계에 따라 그 폭과 깊이를 심화할 수 있도록 수업을 체계적으로 설계한다.
3) 학생의 융합적 사고를 기를 수 있도록 교과 내, 교과 간 내용 연계성을 고려하여 지도한다.
4) 실험, 관찰, 조사, 실측, 수집, 노작, 견학 등의 직접 체험 활동이 충분히 이루어지도록 한다.
5) 개별 학습활동과 함께 소집단 공동 학습활동을 통하여 협력적으로 문제를 해결하는 협동 학습 경험을 충분히 제공한다.
6) 학생이 능동적으로 수업에 참여하고 자신의 생각을 표현하는 기회를 가질 수 있도록 토의 · 토론 학습을 활성화한다.
7) 학생에게 학습 내용을 실제적 맥락 속에서 적용하고 활용할 수 있는 기회를 충분히 제공한다.
8) 학생이 스스로 자신의 학습 과정과 학습 전략을 점검하고 개선하며 자기주도적으로 학습할 수 있도록 지도한다.

앞의 내용을 종합해 보면, 2015 개정 교육과정은 과도한 학습량으로 인한 단편적 지식 위주의 교육, 학업성취도에 비해 낮은 학습 흥미도 등의 우리 교육의 문제점을 개선하기 위해 학생의 이해에 초점을 두고 교육과정을 개발하였다는 점을 확인할 수 있다. 특히 역량을 교육과정 문서상 처음으로 제시한 것으로 보아 학생이 학습한 것을 이해하고 이를 적용할 수 있는 능력을 중요하게 고려하고 있음을 알 수 있다. 개정 교육과정의 중점이 학교 현장의 교실 수업에서 구현될 수 있도록 교수-학습 부분에서도 학생들의 심층적인 이해를 위해 수업 설계, 융합적 사고 지도 방안, 학습 내용의 실제적 사용 등에 대한 지침을 함께 제시하고 있다. 이러한 2015 개정 교육과정의 의도를 적극적으로 반영하기 위해 교과 교육과정을 개발할 때, 핵심 개념을 중심으로 학습 내용을 구조화하는 백워드 설계의 아이디어를 반영하였다.

그리고 이러한 총론의 정신을 반영하여 각 교과에서는 교과 역량을 설정하였다. 총론에서 제시한 여섯 가지 핵심 역량을 달성하기 위한 교과에서의 역량, 즉 교과 역량을 설정하도록 하고 있다. 이들 교과 역량은 추후 수행 평가나 과정 중심 평가에서 제대로 평가되어야 한다. 그러나 2015 개정 교육과정을 구현하는 과정에서 교과마다 교과 역량에 대한 인식의 차이가 커서 많은 난점이 발생하고 있다. 교과마다 핵심 역량과 교과 역량 사이의 관계의 차이가 존재하며, 역량들 간의 위상 문제, 수준 문제, 수행 평가와의 괴리 문제 등이 거론되기도 하였다.

3) 2015 개정 교육과정과 백워드 설계

2015 개정 교육과정은 구성의 중점에서 살펴보았듯이 학습량의 적정화, 학생 참여형 수업의 활성화, 과정 중심 평가, 목표-내용-평가의 일관성을 추구하고 있다. 사실, 교육과정 개정 시기마다 학생의 학습량이 많다는 것은 항상 지적되었으며, 그 해결 방안으로 교육 내용의 적정화가 논의되었다. 주로 적정화의 방안으로 학습 내용을 최소 필수 학습 내용으로 조정하는 방식을 취해 왔다. 하지만 최소 필수 학습 내용을 국가수준 교육과정에서 선정하였더라도 각 교과의 교과서 개발 결과를 살펴보면 교과서의 분량이 이전과 크게 다르지 않으며, 이로 인해 교사와 학생들은 학습량 감축을 체감하지 못하는 경우가 많았다. 즉, 학습량 적정화 문제를 해결하기 위해서는 이전과 다른 방안이 필요할 것이다.

이에 2015 개정 교육과정에서는 적게 가르치되 철저하게 가르치면 오히려 학생들이 더 잘 이해한다는 Less is more의 원리에 기반하여 교과의 핵심 개념을 중심으로 학습 내용을 구조화하는 전략을 활용하였다. 이는 각 교과 교육과정 개발에 반영되었으며 구체적인 반영 모습은 내용 체계표를 통해 확인할 수 있다. 각 교과의 내용 체계표에는 교과의 영역별 하위 범주로 영역, 핵심 개념, 일반화된 지식, 학년군별 내용 요소, 기능의 순으로 제시되어 있다. 이러한 차이는 2009 개정 교육과정의 내용 체계표와 비교해 보면 더욱 분명하게 드러난다. 〈표 1-3〉은 2009 개정 교육과정의 사회과 내용 체계표로 학년군과 영역별 내용 요소만을 제시하고 있는 것을 확인할 수 있다. 반면, 〈표 1-4〉는 2015 개정 교육과정의 사회과 내용 체계표로 앞에서 언급했던 영역, 핵심 개념, 일반화된 지식, 학년군별 내용 요소, 기능이 제시되어 있음을 확인할 수 있다.

〈표 1-3〉 2009 개정 교육과정의 사회과 내용 체계표

학년	지리 영역	일반 사회 영역	역사 영역
초등학교 3~4학년	• 우리가 살아가는 곳 • 달라지는 생활 모습 • 촌락의 형성과 주민 생활 • 민주주의와 주민 자치	• 이동과 소통하기 • 우리 지역, 다른 지역 • 경제생활과 바람직한 선택 • 지역사회의 발전	• 사람들이 모이는 곳 • 도시의 발달과 주민 생활 • 다양한 삶의 모습들 • 사회 변화와 우리 생활

(계속)

초등학교 5~6학년	• 살기 좋은 우리 국토 • 환경과 조화를 이루는 국토 • 우리 이웃 나라의 환경과 생활 모습 • 세계 여러 나라의 환경과 생활 모습	• 우리 경제의 성장 • 우리나라의 민주 정치 • 우리 사회의 과제와 문화의 발전 • 정보화, 세계화 속의 우리	• 우리 역사의 시작과 발전 • 세계와 활발하게 교류한 고려 • 근대 국가 수립을 위한 노력과 민족 운동 • 대한민국의 발전과 오늘의 우리

〈표 1-4〉 2015 개정 교육과정의 사회과 내용 체계표

영역	핵심 개념	일반화된 지식	내용 요소			기능
			초등학교		중학교	
			3~4학년	5~6학년	1~3학년	
정치	민주주의와 국가	현대 민주 국가에서 민주주의는 헌법을 통해 실현되며, 우리 헌법은 국가 기관의 구성 및 역할을 규율한다.	민주주의, 지역사회, 공공 기관, 주민 참여, 지역 문제 해결	민주주의, 국가 기관, 시민 참여	정치, 민주주의, 정부 형태, 지방 자치 제도	조사하기 분석하기 참여하기 토론하기 비평하기 의사결정하기
	정치 과정과 제도	현대 민주 국가는 정치 과정을 통해 시민의 정치 참여가 실현되며, 시민은 정치 참여를 통해 다양한 정치 활동을 한다.		생활 속의 민주주의, 민주 정치 제도	정치 과정, 정치 주체, 선거, 시민 참여	
	국제 정치	오늘날 세계화로 인해 다양한 국제 기구들이 활동하고 있으며, 한반도의 국제 질서도 복잡해지고 있다.		지구촌 평화, 국가 간 협력, 국제 기구, 남북통일	국제 사회, 외교, 우리나라의 국가 간 갈등	
법	헌법과 우리 생활	헌법은 국민의 기본권을 보장하고, 국가 기관의 구성 및 역할을 규정한다.		인권, 헌법, 기본권과 의무, 국가 기관의 구성	인권, 헌법, 기본권, 국가 기관의 구성 및 조직	조사하기 분석하기 구분하기 적용하기 존중하기 참여하기
	개인 생활과 법	민법은 가족 관계를 포함한 개인 간의 법률 관계와 재산 관계를 규율한다.		법, 법의 역할	법, 법의 구분, 재판	
	사회생활과 법	우리나라는 공동체 질서 유지를 위한 형법과 사회적 약자 보호를 위한 사회법을 통해 정의로운 사회를 구현한다.				

2015 개정 교육과정에서는 각 교과의 핵심 개념을 중요하게 여기는데, 이 핵심 개념은 Bruner(1960)가 주장한 지식의 구조인 해당 학문의 핵심 개념, 원리, 아이디어와 일맥상통한다고 볼 수 있다. 즉, 핵심 개념을 중심으로 철저하게 가르쳐 학생들이 심층적으로 이해한다면 학생들은 학습한 내용을 자신의 삶 속에 전이할 수 있게 될 것이다. 즉, Bruner가 주장한 지식의 구조의 이점을 가지게 될 것이다.

사실, 교육과정이 어떻게 개정되든 학교 현장의 교사가 자신의 수업 방식을 변화시키지 않으면 교육과정 개정의 의도가 학교 현장에 반영되기 어렵다. 교육 내용 적정화의 방안으로 핵심 개념 중심의 교과 교육과정과 교과서를 개발하였다고 하더라도 여전히 교과서 중심으로 수업하여 이전 교육과정처럼 실행한다면, 학생들은 학습량의 적정화를 체감하지 못하게 될 것이다. 이제는 성취기준 중심의 수업이 이루어져야 한다. 또한 2015 개정 교육과정 구성의 중점처럼 학생 참여형 수업, 과정 중심 평가, 목표-내용-평가의 일관성을 동시에 구현해야 한다. 교사는 학생이 스스로 사고하고 탐구할 수 있도록 수업을 계획해야 한다. 또한 상대적 서열에 따라 '누가 더 잘했는지'를 평가하는 것에서 벗어나 '학습하는 과정에서 학생이 무엇을 어느 정도 성취하였는지'를 평가하는 과정 중심 평가로 전환하고 즉시 피드백하여 학생의 학습을 개선할 수 있도록 도와주는 평가가 요구된다. 더불어 성취기준 중심의 수업을 통해 목표-내용-평가의 일관성을 강화하여 학습 및 평가의 부담을 줄여 줄 필요가 있다.

앞에서 살펴보았듯이 Less is more의 원리, 핵심 개념 중심의 학습량의 적정화, 학생 참여형 수업의 활성화, 과정 중심 평가, 목표-내용-평가의 일관성을 추구하고자 하는 2015 개정 교육과정 구성의 중점은 백워드 설계에 반영된 기본 아이디어와 유사하다. 백워드 설계는 교육 내용의 우선순위를 분석하여 핵심 개념과 원리인 빅 아이디어에 설계의 초점을 두고 있다. 즉, 적게 가르치되 철저하게 가르치는 것이 중요하다는 원리에 기반하고 있다. 또한 빅 아이디어를 통해 학생들이 도달해야 하는 영속적인 이해를 분석한 후, 이해 도달 여부를 판단할 수 있는 평가과제인 수행과제를 개발한다. 수행과제는 현재와 같은 단순한 선택형 지필 평가가 아니라 스스로 탐구하고 수행하여 해결해야 하는 문제 형태의 과제로 제시된다. 이 과정에서 목표와 평가의 일치도가 확보된다. 즉, 학생들은 교과서에 제시된 순서에 따라 학습하는 것이 아니라 교사가 개발한 수행과제를 직접 수행을 통해 탐구하는 과정에서 교과의 핵심 원리를 깨닫고 전이할 수 있게 된다. 이 과정에서 학생들에게 학습에 대한 내적 흥미가 생성된다. 또한 수행과제는 별도로 제시되는 것이 아니라 수업 시간에 해결되는 과제이기 때문에 과정 중심 평가가 동시에 이루어지게 된다. 그러므로 2015 개정 교육과정 개정 의의를 살려 학교 현장에 정착시키는 방안으로 백워드 설계를 고려할 필요가 있다.

4 2022 개정 교육과정과 백워드 설계

2022년 12월 22일, 2022 개정 교육과정(교육부 고시 제2022-33호)이 고시되었고 2024년 초등학교 1, 2학년을 시작으로 2027년까지 연차적으로 학교 현장에 적용되고 있다. 2022 개정 교육과정은 '국민과 함께하는 교육과정 개정'이라는 체계를 도입하여 정책연구 외 교육부, 국가교육회의, 시도교육감협의회를 통해 다양한 교육 주체들의 현장 의견을 수렴하여 교육과정 개발을 추진한 것이 특징적이다.

2022 개정 교육과정은 '포용성과 창의성을 갖춘 주도적인 사람'이라는 비전 아래, ① 미래 사회가 요구하는 역량 함양이 가능한 교육과정, ② 학습자의 삶과 성장을 지원하는 교육과정, ③ 지역 · 학교 교육과정 자율성 확대 및 책임교육 구현, ④ 디지털 · AI 교육환경에 맞는 교수-학습 및 평가 체제 구축의 네 가지에 중점을 두고 개정이 이루어졌다. 구체적인 내용을 살펴보면 다음과 같다.

1) 2022 개정 교육과정의 방향

2022 개정 교육과정의 비전은 '포용성과 창의성을 갖춘 주도적인 사람'이다. '포용성'은 더불어 살아가는 공동체적 소양이나 서로를 존중하고 배려하는 성숙한 인격 등의 가치를 포함하고 있고 '창의성'은 미래 사회가 요구하는 다양한 역량과 국제적으로 경쟁력 있는 인재가 갖추어야 할 능력과 소양 등 교육의 사회적 가치를 포함하고 있다. '주도성'은 자주성, 자기관리 역량, 자율성 등의 개념에 더하여 공적인 책임 의식까지 포함하는 개념이다. 따라서 주도적인 사람은 자신의 삶을 스스로 설계하고 성찰하여 개척해 나가며 책임감 있게 행동하여 세계를 바람직한 방향으로 변화시킬 능력과 의지를 가지고 있는 사람이다. 이러한 주도적인 사람은 자신의 역량과 자질의 성장을 위해 끊임없이 배우고 익힌다는 특성이 있다(교육부, 2022b).

2022 개정 교육과정의 기본 방향은 다음과 같다. 첫째, 미래 사회의 변화에 대응하기 위해 교과 학습과 자기 주도 학습의 기반이 되는 기초소양 함양을 강조하였다. 기존에

는 3R's로 읽기, 쓰기, 셈하기의 언어와 수리 소양만 강조했다면 2022 개정 교육과정에서는 디지털 기초소양이 추가되어 언어 · 수리 · 디지털 소양의 함양을 강조하고 있다. 둘째, 학생의 삶과 성장을 지원하기 위해 학습자 맞춤형 교육을 강화하였다. 이는 교육과정 개정 시기마다 꾸준하게 추구해 온 개정의 방향이기도 하다. 2022 개정 교육과정에서는 고등학교에 고교학점제를 도입한 것이 특징적이다. 셋째, 지역 · 학교 교육과정 자율성 확대 및 책임교육 구현을 위해 초 · 중학교에 학교자율시간을 도입하였다. 학교자율시간은 지역과 학교의 여건, 학생의 필요 등을 반영하여 교육과정에 제시되어 있는 교과 외 새로운 과목이나 활동을 개설하여 특색 있는 교육과정을 편성 · 운영할 수 있는 시간이다. 넷째, 디지털 · AI 교육환경에 맞는 교수 · 학습 및 평가 체제 구축을 위해 디지털 원격교육, 수업용 소프트웨어 활용 등 에듀테크 활용을 지원하고 교사의 에듀테크 활용 역량과 평가 전문성 함양을 위한 연수 지원을 강조하였다.

2) 총론의 주요 개정 내용

추구하는 인간상은 초 · 중등 교육을 통해 학생이 갖출 것으로 기대하는 특성을 제시한 것이다. 2022 개정 교육과정은 '포용성과 창의성을 갖춘 주도적인 사람'이 비전이기 때문에 이를 토대로 인간상이 제시되었다. 2022 개정 교육과정에서는 이전의 인간상을 유지하는 방향으로 개발되어 추구하는 인간상이 2015 개정 교육과정과 유사하지만 2015 개정 교육과정의 '자주적인 사람'이 2022 개정 교육과정에서 '자기주도적인 사람'으로 변경된 것이 특징이다. 이는 주도성의 개념과 교육과정 비전의 가치를 반영하여 자주적인 사람으로 확장한 것이라고 볼 수 있다. 이를 구체적으로 살펴보면 다음과 같다.

- 자기주도적인 사람–전인적 성장을 바탕으로 자아정체성을 확립하고 자신의 진로와 삶을 스스로 개척하는 사람
- 창의적인 사람–폭넓은 기초 능력을 바탕으로 진취적 발상과 도전을 통해 새로운 가치를 창출하는 사람
- 교양 있는 사람–문화적 소양과 다원적 가치에 대한 이해를 바탕으로 인류 문화를 향유하고 발전시키는 사람
- 더불어 사는 사람–공동체 의식을 바탕으로 다양성을 이해하고 서로 존중하며 세계와 소통하는 민주시민으로서 배려와 나눔, 협력을 실천하는 사람

또한 2022 개정 교육과정에서는 추구하는 인간상과 더불어 학교 교육 전 과정을 통해 중점적으로 기르고자 하는 핵심 역량 여섯 가지를 제시하고 있다. 2022 개정 교육과정의 핵심 역량은 2015 개정 교육과정의 핵심 역량과 유사하지만, 2015 개정 교육과정에서의 '의사소통 역량'이 2022 개정 교육과정에서는 나와 나 사이, 나와 우리 사이의 소통과 배려, 협력 등을 강조하기 위해 '협력적 소통' 역량으로 명칭이 변경된 것이 특징적이다.

- 자기관리 역량–자아정체성과 자신감을 가지고 자신의 삶과 진로를 스스로 설계하며 이에 필요한 기초 능력과 자질을 갖추어 자기주도적으로 살아갈 수 있는 능력
- 지식정보처리 역량–문제를 합리적으로 해결하기 위하여 다양한 영역의 지식과 정보를 깊이 있게 이해하고 비판적으로 탐구하며 활용할 수 있는 능력
- 창의적 사고 역량–폭넓은 기초 지식을 바탕으로 다양한 전문 분야의 지식, 기술, 경험을 융합적으로 활용하여 새로운 것을 창출하는 능력
- 심미적 감성 역량–인간에 대한 공감적 이해와 문화적 감수성을 바탕으로 삶의 의미와 가치를 성찰하고 향유하는 능력
- 협력적 소통 역량–다른 사람의 관점을 존중하고 경청하는 가운데 자신의 생각과 감정을 효과적으로 표현하며 상호협력적인 관계에서 공동의 목적을 구현하는 능력
- 공동체 역량–지역 · 국가 · 세계 공동체의 구성원에게 요구되는 개방적 · 포용적 가치와 태도로 지속 가능한 인류 공동체 발전에 적극적이고 책임감 있게 참여하는 능력

총론에서 설정하고 있는 추구하는 인간상, 핵심 역량은 교육과정 개발을 통해 구현된다. 2022 개정 교육과정에서는 구성의 중점을 다음과 같이 밝히고 있다.

이 교육과정은 우리나라 교육과정이 추구해 온 교육 이념과 인간상을 바탕으로, 미래 사회가 요구하는 핵심역량을 함양하여 포용성과 창의성을 갖춘 주도적인 사람으로 성장하게 하는 데 중점을 둔다. 이를 위한 교육과정 구성의 중점은 다음과 같다.

가. 디지털 전환, 기후 · 생태환경 변화 등에 따른 미래 사회의 불확실성에 능동적으로 대응할 수 있는 능력과 자신의 삶과 학습을 스스로 이끌어가는 주도성을 함양한다.

나. 학생 개개인의 인격적 성장을 지원하고, 사회 구성원 모두의 행복을 위해 서로 존중하고 배려하며 협력하는 공동체 의식을 함양한다.

다. 모든 학생이 학습의 기초인 언어 · 수리 · 디지털 기초소양을 갖출 수 있도록 하여 학교 교육과 평생 학습에서 학습을 지속할 수 있게 한다.

(계속)

> 라. 학생들이 자신의 진로와 학습을 주도적으로 설계하고, 적절한 시기에 학습할 수 있도록 학습자 맞춤형 교육과정 체제를 구축한다.
> 마. 교과 교육에서 깊이 있는 학습을 통해 역량을 함양할 수 있도록 교과 간 연계와 통합, 학생의 삶과 연계된 학습, 학습에 대한 성찰 등을 강화한다.
> 바. 다양한 학생 참여형 수업을 활성화하고, 문제 해결 및 사고의 과정을 중시하는 평가를 통해 학습의 질을 개선한다.
> 사. 교육과정 자율화 · 분권화를 기반으로 학교, 교사, 학부모, 시 · 도 교육청, 교육부 등 교육 주체들 간의 협조 체제를 구축하여 학습자의 특성과 학교 여건에 적합한 학습이 이루어질 수 있도록 한다.

국가 교육과정에서 제시하는 기준과 지침은 학교 교육으로 얻게 되는 학생 경험의 질과 밀접하므로 매우 중요하다. 2022 개정 교육과정에서는 학생들이 미래 사회에 능동적으로 대응할 수 있는 역량을 함양하기 위한 교수–학습에서 깊이 있는 학습을 강조하고 있다. 이는 2015 개정 교육과정에서 역량이 선언적으로 도입되었다는 비판에 의해 역량 함양을 위한 구체적인 방안을 제시하였다는 점에서 의의가 있다. 깊이 있는 학습은 학습자가 학습 내용을 익히고 이를 새로운 상황에 적용할 수 있도록 핵심적인 내용을 내면화하는 학습을 의미한다(교육부, 2022b). 국가 수준 교육과정의 교수–학습에서는 학습의 일반적 원리에 근거하여 수업을 설계하고 운영할 때 고려해야 할 주요 원칙들을 제시한다. 구체적인 내용은 다음과 같다.

> 가. 학교는 학생들이 깊이 있는 학습을 통해 핵심역량을 함양할 수 있도록 교수–학습을 설계하여 운영한다.
> 1) 단편적 지식의 암기를 지양하고 각 교과목의 핵심 아이디어를 중심으로 지식 · 이해, 과정 · 기능, 가치 · 태도의 내용 요소를 유기적으로 연계하며 학생의 발달 단계에 따라 학습 경험의 폭과 깊이를 확장할 수 있도록 수업을 설계한다.
> 2) 교과 내 영역 간, 교과 간 내용 연계성을 고려하여 수업을 설계하고 지도함으로써 학생들이 융합적으로 사고하고 창의적으로 문제를 해결하는 능력을 함양할 수 있도록 한다.
> 3) 학습 내용을 실생활 맥락 속에서 이해하고 적용하는 기회를 제공함으로써 학교에서의 학습이 학생의 삶에 의미 있는 학습 경험이 되도록 한다.
> 4) 학생이 여러 교과의 고유한 탐구 방법을 익히고 자신의 학습 과정과 학습 전략을 점검하며 개선하는 기회를 제공하여 스스로 탐구하고 학습할 수 있는 자기주도 학습 능력을 함양할 수 있도록 한다.

(계속)

> 5) 교과의 깊이 있는 학습에 기반이 되는 언어 · 수리 · 디지털 기초소양을 모든 교과를 통해 함양할 수 있도록 수업을 설계한다.

앞의 내용을 종합해 보면, 2022 개정 교육과정은 2015 개정 교육과정에서 도입된 역량 함양을 위한 교육과정을 기조를 그대로 유지하고 있는 것을 확인할 수 있다. 다만, 미래 사회의 불확실성에 대응하기 위해 비전과 추구하는 인간상에서 주도성을 강조하였다. 교과 교육과정에서는 2015 개정 교육과정에서 도입된 역량 함양을 위한 교과 교육과정의 교수-학습을 더욱 구체화하여 '깊이 있는 학습'으로 제시하였다. 깊이 있는 학습은 올바른 학습 상태를 의미하며 교과 간 연계와 통합, 학생의 삶과 연계한 학습, 학습 과정에 대한 성찰 등이 중요한 요소로 작동한다. 즉, 역량 함양을 위한 깊이 있는 학습이 가능하기 위해서는 단순한 지식 습득이 아니라 학생들이 사고와 탐구를 중심으로 심층적인 학습을 통해 핵심 아이디어를 구성할 수 있어야 한다.

3) 2022 개정 교육과정과 백워드 설계

2022 개정 교육과정은 구성의 중점에서 살펴보았듯이 미래 대응 능력과 주도성 함양, 개인의 인격적 성장과 공동체 의식 함양, 언어 · 수리 · 디지털 기초소양 함양, 학습자 맞춤형 교육과정, 깊이 있는 학습 등을 추구하고 있다. 2022 개정 교육과정은 2015 개정 교육과정에서 한 발 더 나아가 역량 함양을 위한 교수-학습 방법으로 깊이 있는 학습을 제시하였다는 것에 의의가 있으며 핵심 아이디어 중심의 수업 설계와 실행을 강조하고 있다.

이러한 강조점은 교과 교육과정을 개발할 때 반영되었으며 내용 체계표의 개선으로 이어졌다. 2022 개정 교육과정의 내용 체계표는 영역별로 개발되었으며, 핵심 아이디어, 내용요소(지식 · 이해, 과정 · 기능, 가치 · 태도)를 제시하고 있다. 이러한 구조는 모든 교과 교육과정에 반영되어 있다. 내용 체계표를 살펴보면 다음과 같다.

〈표 1-5〉 2022 개정 교육과정 사회과(자연환경과 인간생활 영역) 내용 체계표

<table>
<tr><td colspan="2">핵심 아이디어</td><td colspan="3">• 지표상에는 다양한 기후 특성이 나타나며, 기후 환경은 특정 지역의 생활 양식에 중요하게 작용한다.
• 우리나라와 세계 각지에 다양한 지형 경관이 나타나고, 해당 지역의 인문 환경과 인간생활에 중요한 영향을 미친다.
• 인간은 자연환경에 의존하고 적응하며, 자연환경을 변형시키기도 한다.</td></tr>
<tr><td colspan="2" rowspan="3">범주</td><td colspan="3">내용 요소</td></tr>
<tr><td colspan="2">초등학교</td><td>중학교</td></tr>
<tr><td>3~4학년</td><td>5~6학년</td><td>1~3학년</td></tr>
<tr><td rowspan="3">지식·이해</td><td>기후 환경</td><td>• 우리 지역의 기온과 강수량
• 사례 지역의 기후환경</td><td>• 우리나라의 계절별 기후
• 세계의 기후</td><td>• 우리나라의 계절별, 지역별 기후 특성과 변화 양상
• 세계 각 지역의 기후 특성</td></tr>
<tr><td>지형 환경</td><td>• 사례 지역의 지형환경</td><td>• 우리나라의 지형
• 세계의 지형</td><td>• 우리나라 주요 지형의 위치와 특성, 지형 경관
• 세계 각 지역의 지형 특성</td></tr>
<tr><td>자연-인간의 상호 작용</td><td>• 이용과 개발에 따른 환경 변화</td><td>• 다양한 자연환경과 인간 생활
• 기후변화
• 자연재해</td><td>• 기후변화에 대한 지역별 대응 노력
• 자연재해의 지리적 특성과 대응 노력</td></tr>
<tr><td colspan="2">과정·기능</td><td colspan="2">• 자료를 바탕으로 다양한 자연환경과 생활모습 조사하기
• 자료를 바탕으로 우리나라의 계절별 기후 특징 탐구하기
• 지도, 기후 그래프, 사진 등을 활용하여 세계의 다양한 기후 비교하기
• 사진, 기록물, 영상자료 등을 활용하여 다양한 지형의 사례 조사하기
• 자연재해 대비 노력 조사하기</td><td>• 지도상에서 세계와 우리나라의 주요 자연환경 요소의 위치 파악하기
• 다양한 지리 정보와 매체를 활용하여 지리적 시각화하기
• 지리적 특성이나 문제를 지도로 표현하기
• 자연환경과 인간생활 간 상호 연계성 파악하기
• 일상생활에서 자연재해에 적극적으로 대처하기</td></tr>
<tr><td colspan="2">가치·태도</td><td colspan="2">• 개발과 보전에 대한 균형 있는 관점
• 자연환경에 대한 감수성
• 기후변화 대응에 대한 관심</td><td>• 세계와 우리나라의 자연경관에 대한 호기심과 소중히 여기는 태도
• 자연환경 보호 활동의 참여 및 실천
• 기후변화 문제 해결을 위한 생활 속 실천과 참여</td></tr>
</table>

〈표 1-6〉 2022 개정 교육과정 과학과(과학과 사회 영역) 내용 체계표

<table>
<tr><td colspan="2">핵심 아이디어</td><td colspan="3">• 과학 탐구를 통해 얻은 과학기술은 질병의 발생 원인 규명과 예방법 마련 등 인류 복지에 기여하고, 인류가 처한 여러 가지 재난 상황 극복에 활용된다.
• 과학기술은 자원과 에너지 등의 효율적 이용 방안을 제공하여 지속가능한 사회에 기여한다.
• 과학기술의 발달은 미래 사회의 모습과 직업에 영향을 미치며, 개인은 이러한 미래 사회의 모습과 새로운 진로를 탐색하며 자신의 삶을 준비한다.</td></tr>
<tr><td colspan="2" rowspan="3">구분 / 범주</td><td colspan="3">학년(군)별 내용 요소</td></tr>
<tr><td colspan="2">초등학교</td><td>중학교</td></tr>
<tr><td>3~4학년군</td><td>5~6학년군</td><td>1~3학년</td></tr>
<tr><td rowspan="3">지식·이해</td><td>과학과 안전</td><td>• 질병과 예방
• 감염병과 건강한 생활</td><td></td><td>• 재해·재난
• 재해·재난에 대한 과학적 대처 방안</td></tr>
<tr><td>과학과 지속가능한 사회</td><td>• 기후변화 사례
• 기후위기 대응</td><td>• 자원의 종류
• 자원의 효율적인 이용
• 지속가능한 에너지 이용</td><td>• 과학적 탐구 방법
• 과학기술의 영향
• 과학과 지속가능한 사회</td></tr>
<tr><td>과학과 진로</td><td></td><td>• 진로와 과학의 관련성
• 진로 계획</td><td>• 과학 관련 진로와 직업
• 진로 계획 실천 방안</td></tr>
<tr><td colspan="2">과정·기능</td><td colspan="2">• 자연과 일상생활에서 과학과 기술 및 사회의 상호작용과 관련된 문제 인식하기
• 문제를 해결하기 위한 탐구 설계하기
• 신뢰성 있는 출처를 활용하여 자료를 수집하고 정리하기
• 융합적 사고와 수학적 사고, 컴퓨터 및 모형 활용하기
• 결론을 도출하고, 과학·기술·사회의 문제 해결 상황에 적용·설명하기
• 자신의 생각과 주장을 과학적 언어를 사용하여 다양한 방식으로 표현하고 공유하기</td><td>• 자연과 일상생활에서 과학과 기술 및 사회의 상호작용과 관련된 문제를 찾아 정의하고 가설 설정하기
• 문제를 해결하기 위해 변인이 포함된 탐구 설계하기
• 다양한 도구를 활용하여 자료를 수집하고 변환하기
• 융합적 사고, 수학적 사고와 컴퓨터 등을 활용해 자료를 분석·평가·추론하기
• 결론을 도출하고, 결론의 사회적 가치를 판단하여 과학·기술·</td></tr>
</table>

(계속)

		사회의 문제 해결 상황에 적용 · 설명하기 • 타당한 근거에 기초하여 자신의 주장을 펼치고 실천적 대안 마련하기
가치 · 태도	• 과학의 심미적 가치 • 과학의 사회적 가치 • 과학 유용성 • 자연과 과학에 대한 감수성 • 과학 창의성 • 과학 활동의 윤리성 • 과학 문제 해결에 대한 개방성 • 과학 문제 해결의 학문 간 융합적 접근 • 안전 · 지속가능 사회에 기여 • 과학 문화 향유	

앞에서 제시한 내용 체계표의 구성요소를 살펴보면 다음과 같다. 핵심 아이디어는 교과(목)의 근본으로 영역을 아우르면서 해당 영역의 학습을 통해 일반화할 수 있는 내용을 핵심적으로 진술한 문장이다. 내용 요소는 교과(목)에서 배워야 하는 필수 학습 내용으로, 첫째, 지식 · 이해는 과목 학습을 통해 알아야 할 구체적인 내용과 그것에 대한 이해를 포함해야 하며 알고 이해해야 할 내용 요소를 제시한 것이다. 둘째, 과정 · 기능은 지식을 습득하는 데 활용되는 교과 고유의 사고 과정, 탐구 과정, 기능을 명료하게 제시한 것이다. 마지막으로, 가치 · 태도는 교과(목)의 활동을 통해 학생들이 기르기를 기대하는 고유한 가치와 태도를 제시한 것이다. 2015 개정 교육과정에서는 핵심 개념, 일반화된 지식, 내용 요소, 기능이 내용 체계표의 요소였다. 2022 개정 교육과정에서는 내용 요소를 세분화하여 분명하게 제시하려고 노력했으며 그동안 내용 체계표에는 명시되지 않았던 가치 · 태도를 제시한 것이 특징적이다.

2022 개정 교육과정에서는 학생들의 역량 함양을 위한 방안으로 핵심 아이디어 중심의 수업 설계를 강조한다. 개정 교육과정에서의 핵심 아이디어는 교과 학습에서 학생들이 궁극적으로 내면화해야 하는 아이디어로 백워드 설계의 영속적 이해와 닿아 있다. 백워드 설계에서는 학생들의 심층적인 이해를 통해 삶으로의 전이를 최종 목표로 두고 평가 계획과 학습 경험을 설계한다. 특히 수행과제는 실제성이 있는 과제로 학생

들이 각 교과의 중요한 탐구 기능을 습득하고 이를 활용하여 수행과제를 해결할 수 있도록 개발하고 수업을 실행한다. 이러한 백워드 설계의 교육과정 설계 과정과 실행 과정은 학생들에게는 능동적 수업 참여를 통해 삶과 연계한 의미 있는 학습 경험을 제공해 줄 수 있다. 이러한 과정을 통해 학생들은 핵심 아이디어를 구성할 수 있게 된다. 따라서 2015 개정 교육과정에 이어 2022 개정 교육과정에서도 역량 함양을 위한 깊이 있는 학습의 한 가지 방안으로 백워드 설계는 여전히 중요하다.

5 백워드 설계의 특징

Wiggins와 McTighe에 의해 개발된 백워드 설계 모형은 성취기준을 기반으로 한 교육과정 개발 모형이며, 교수 설계 및 평가의 전문성을 개발하여 학생들의 성취를 향상시키기 위한 틀이다. 백워드 설계 모형은 독창적인 교육과정 개발 모형이 아니다. 전통적인 Tyler의 교육과정 개발 모형과 Bruner의 내용 모형에 기반을 두고 발전시켰으며, 목표 달성을 위해 목표와 평가를 함께 고려하는 교육과정 설계 모형으로 평가받고 있다.

Wiggins와 McTighe(2005)는 좋은 수업의 일곱 가지 설계 조건을 다음과 같이 제시하였다.

- 목적을 염두에 두고 계획하라.
- 명확한 준거를 가진 수행 평가를 개발하라.
- 학생의 경험, 준비성, 시작점에 기초하여 학생의 학습 과정을 지원하라.
- 학생들의 흥미, 노력을 자극할 수 있는 질문과 경험을 제공하라.
- 효과적인 연결을 제공할 수 있도록 다양한 교수 전략을 이용하라.
- 안내된 실천과 적용을 통합함으로써 추상적인 개념들이 실제적이며 지식을 이용하게 하라.
- 교수-학습 과정을 안내하기 위해 형성 평가나 피드백을 전략적으로 이용하라.

앞에서 제시한 좋은 수업 설계의 조건은 백워드 설계에 반영되었다. 백워드 설계의 특징은 크게 다음과 같이 세 가지 측면에서 제시할 수 있다. 첫째, 교육과정 설계 절차상의 획기적인 변화를 포함하며 목표 성취를 위해 평가를 강조한 모형이다. 둘째, 전이 가능성이 높은 빅 아이디어에 초점을 둔다. 셋째, 학습자의 진정한 이해를 강조한다.

구체적인 특징을 살펴보면 다음과 같다.

첫째, 백워드 설계는 목표 성취를 위해 평가를 강조한 모형이다. 일반적으로 1949년 『교육과정과 수업의 기본 원리』에서 제시한 Tyler의 논리는 지금까지도 교육과정 개발의 기초로 활용되고 있다. Tyler는 교육 목표를 기대하는 학습의 결과를 행동의 형태로 기술해야 한다고 주장하였고, 교육과정 개발은 수업 목표를 설정하고 학습 경험을 선정·조직하며 마지막으로 평가를 계획하는 단계로 이루어진다고 하였다. 그러나 백워드 설계는 평가를 수업 설계의 출발점으로 삼는다. 따라서 교육과정 개발의 절차상 순서를 변경하여 수업 목표 다음 단계에 학생들이 학습한 결과의 증거로 인정할 수 있는 평가에 대한 내용을 먼저 설정해 두고 학습 경험을 선정한다. 즉, 평가를 학습 경험 선정의 앞부분에 위치시켜 평가의 역할을 강화하였다. 수업 후에 평가를 고려하였던 종전의 수업 설계와 비교했을 때 역순이라는 점에서 '백워드(backward)'라는 용어를 사용한다. 조재식(2005)은 백워드 설계는 학습 경험 혹은 학습 내용 선정에 앞서서 매우 구체적인 평가 계획안이 마련되어야 한다는 점에서 종래의 방식과 비교할 때 매우 획기적인 방법이라고 하였으며, 이제 학교에서 교사는 수업 설계 시 내용과 활동을 먼저 고려하기보다는 평가자의 입장에서 생각해 보는 자세가 필요하다고 제안하였다.

둘째, 백워드 설계는 전이 가능성이 높은 빅 아이디어에 초점을 둔다. 백워드 설계의 빅 아이디어는 Bruner의 '지식의 구조'에서 그 근원을 찾을 수 있다. Bruner는 지식의 구조를 '학문의 기저를 이루고 있는 '일반적인 아이디어' '기본 개념' '일반 원리'와 동의어로 사용하고 있다. 학문을 구성하고 있는 기본 구조와 관련 없는 특수한 사실을 가르치는 것은 비경제적이며 따라서 학습자가 이해할 수 있고, 기억하기 쉽고, 학습 이외의 사태에도 활용할 수 있도록 구조를 학습해야 한다고 한다. 이것은 어떤 상황이나 현상의 심층부에 있는 핵심적인 아이디어, 개념, 혹은 원리를 이해시키는 것이 교수의 효율성과 학습의 경제성을 높일 수 있다고 보는 것이다.

이경섭(1999: 87)은 일반 원리나 태도도 전이된다고 하였다. 지식의 구조 맥락에서 보면 이는 전이의 범위가 넓은 일반 원리 또는 태도들은 동일한 교과, 혹은 상이한 교과에 속해 있는 기본 내용들을 하나로 묶을 수 있는 근거가 된다. 하나로 묶인 기본 내용들을 동일성과 유사성, 일상생활에서 학습될 수 있는 가능성 등에 따라 세밀히 검토한다면 기본 내용들이 상당히 많이 중복되어 있거나 학교 교과에서 가르칠 필요가 없는 내용들이 발견된다. 이와 같이 중복된 기본 내용이나 학교에서 가르칠 필요가 없는 것을 삭제한다고 하면 그것이 전이에 의한 지식의 단순화 방안이 될 것이다. Wiggins와

McTighe(2005)도 교과 내용의 우선순위를 명료화하여 빅 아이디어를 선별해야 한다고 제안하였다.

셋째, 백워드 설계는 학습자의 진정한 이해를 강조한다. Wiggins와 McTighe는 다양한 의미를 지니는 함축하고 있는 이해를 여섯 가지 측면—설명(explanation), 해석(interpretation), 적용(application), 관점(perspective), 공감(empathy), 자기지식(self-knowledge)—으로 구분하여 제시하였다. 이는 교육과정의 목표를 '이해'라는 용어로 제시한 것으로 볼 수 있다. 또한 학습자의 진정한 이해를 위해서는 여섯 가지 측면을 모두 개발하도록 노력해야 한다고 제안하였다.

Wiggins와 McTighe는 이해에 도달하는 관문으로 본질적 질문(essential question)을 제안한다. 본질적 질문은 빅 아이디어를 가리키거나 암시하는 질문으로 학생들의 흥미를 유발한다. 또한 아이디어들을 하나의 상황에서 다른 상황으로 전이되도록 촉진하는 질문이다.

백워드 설계의 특징

① 목표 성취를 위해 평가를 강조한 모형
② 전이 가능성이 높은 빅 아이디어에 초점을 둔 모형
③ 학습자의 진정한 이해를 강조한 모형

세 가지 주요 특징 이외에도 McTighe와 Sief(2003: 1)는 백워드 설계가 가지는 일반적인 특징을 다음과 같이 여섯 가지로 제시하였다.

- 교육의 첫째 목적은, 학생들이 심층적인 이해를 하는 데 있다.
- 학생들이 이해했다는 증거는 그들이 실제적 맥락 속에서 지식과 기능을 적용했을 때 나타난다.
- 효율적인 교육과정 개발은 '백워드 설계'라 불리는 3단계 설계 과정을 반영한다. 이 과정은 분명한 우선순위와 목적이 나타나지 않는 피상적인 수업(textbook coverage)과 활동 중심 수업(activity-oriented)의 두 가지 문제점을 해결하도록 돕는다.
- 일반적인 설계상의 실수와 기대하는 결과에 어긋나는 결과를 피하기 위해 설계 기준에 근거한 교육과정과 평가 설계의 질 관리가 필요하다.

(계속)

- 교사는 학생들에게 설명, 해석, 적용, 관점, 공감, 자기지식에 이르도록 기회를 제공한다. 이 '여섯 가지 측면(six facets)'은 학생들이 그들이 이해한 것을 나타내기 위한 개념적 안목을 제공한다.
- 백워드 설계에서는 단원을 동료들과 공동으로 설계하고 논의하는 과정을 통해 더 나은 설계를 할 수 있게 된다.

즉, 백워드 설계는 교사들로 하여금 교육과정 내용에서 빅 아이디어를 확인하여 선택하고 학생들이 진정한 이해에 도달하도록 학습 목표 설정 → 평가 계획 수립 → 학습 경험 선정의 순으로 수업을 설계하며 평가에 많은 역점을 두는 교육과정 설계 방법이다.

요약

교육과정과 수업 측면에서 살펴보면 활동 위주의 수업, 진도 나가기식 수업, 지식의 중요도가 동일하게 설정된 수업 등 전통적 설계로 인해 나타나는 문제점 때문에 오늘날 학생들은 학습해야 할 내용에 대한 진정한 이해에 실패하고 있다. 이러한 전통적 설계의 한계를 극복하고 학생들의 심층적인 이해를 위한 교수방법으로 McTighe와 Wiggins는 성취기준에서 비롯되는 빅 아이디어와 이해의 여섯 가지 측면을 활용하여 수업을 설계하는 연구를 진행하였다. 그리고 그들은 학생들의 목표 도달 여부를 확인하기 위해 평가를 중요하게 고려한 백워드 설계 모형을 개발하였다.

2015 개정 교육과정은 핵심 개념 중심의 학습량의 적정화, 학생 참여형 수업의 활성화, 과정 중심 평가, 목표-내용-평가의 일관성을 추구하고 있다. 이러한 2015 개정 교육과정 구성의 중점은 적게 가르치되 철저하게 가르치는 것이 중요하다는 원리에 기반하고 있는 백워드 설계에 반영된 기본 아이디어와 유사하다.

2022 개정 교육과정은 학생들의 역량 함양을 위해 교과 교육과정에서 깊이 있는 학습을 추구하는 특징이 있다. 이를 위해 각 교과목의 핵심 아이디어를 중심으로 교수-학습을 설계할 것을 강조하는데, 이는 백워드 설계의 목적인 영속적 이해와 닿아 있다. 따라서 2022 개정 교육과정에서도 깊이 있는 학습의 한 가지 방안으로 백워드 설계는 여전히 주목을 받고 있다.

백워드 설계는 크게 세 가지의 특징을 가지고 있다. 첫째, 목표 성취를 위해 평가를 강조한 모형이다. 백워드 설계는 평가를 수업 설계의 출발점으로 삼는다. 따라서 교육과정 개발의 절차상 순서를 변경하여 수업 목표 다음 단계에 학생들이 학습한 결과의 증거로 인정할 수 있는 평가에 대한 내용을 먼저 설정해 두고 학습 경험을 선정한다. 둘째, 전이 가능성이 높은 빅 아이디어에 초점을 둔다. 어떤 상황이나 현상의 심층부에 있는 핵심적인 아이디어, 개념, 혹은 원리인 빅 아이디어를 이해시키는 것이 교수의 효율성과 학습의 경제성을 높일 수 있을 것이다. 셋째, 학습자의 진정한 이해를 강조한다. Wiggins와 McTighe는 사실과 다른 이해의 의미를 분명히 하였으며 다양한 의미를 함축하고 있는 이해를 여섯 가지 측면—설명, 해석, 적용, 관점, 공감, 자기지식—으로 구분하여 제시하였다.

토론 과제

1. 학교 수업에서 쉽게 볼 수 있는 문제점을 제시하고 백워드 설계의 관점에서 해결 방안을 제시하시오.
2. 2022 개정 교육과정과 백워드 설계와의 관련성을 설명하시오.
3. 백워드 설계의 특징을 설명하시오.

제2장 백워드 설계의 단계와 템플릿

학습목표

- 백워드 설계의 단계를 설명할 수 있다.
- 백워드 설계의 단계와 관련하여 백워드 설계라 불리는 이유를 설명할 수 있다.
- 백워드 설계 템플릿을 구체적인 설계 장면에 적용할 수 있다.

1 백워드 설계의 단계

백워드 설계는 개념적으로는 오래전부터 사용되어 왔으나 실체가 있는 구체적인 설계 모형으로서는 1998년에 Wiggins와 McTighe에 의해 단원 수준에서 교육과정을 개발하고 실행하는 틀로 제시되었다. Wiggins와 McTighe는 백워드 설계의 개발 원리를 세 단계로 제시하였다. 1단계는 '바라는 결과 확인하기(Identify desired results)'로 목표를 설정하는 단계이다. 2단계는 '수용 가능한 증거 결정하기(Determine assessment evidence)' 단계로 목표를 설정하고 난 후, 다음 단계로 평가를 상세하게 계획한다는 점에서 다른 설계 방법과 구별되는 백워드 설계의 가장 특징적인 단계이다. 3단계는 '학습 경험 계획하기(Plan learning expriences and instruction)'로 1, 2단계에서 설계한 내용에 근거하여 학습 경험과 수업을 계획하는 단계이다. 각 단계를 도식화하면 [그림 2-1]과 같다(Wiggins & McTighe, 2005: 18).

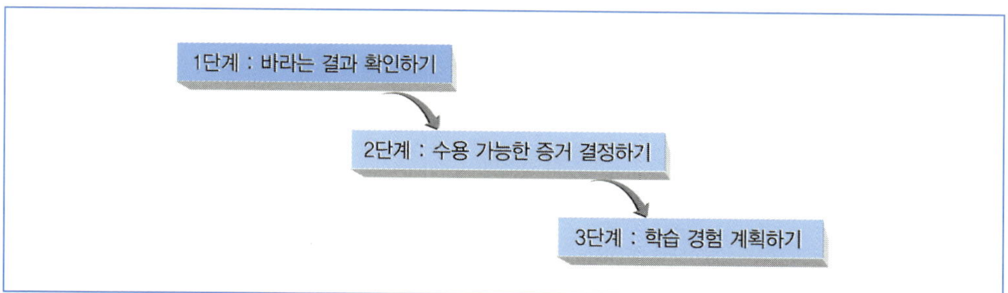

[그림 2-1] 백워드 설계의 단계

백워드 설계 모형의 각 단계는 하위 요소를 포함하고 있다. 1단계는 목표 설정, 영속적인 이해, 본질적 질문, 지식과 기능을 포함하고 있다. 2단계는 학습자의 이해를 평가할 수 있는 수행과제와 루브릭, 그 외 다른 증거를 포함하고 있다. 마지막 3단계는 학습 경험 및 교수 계열을 하위 요소로 포함하고 있다.

백워드 설계 모형의 단계별 중요한 특징을 중심으로 단계별 내용을 구체적으로 살펴보면 다음과 같다.

1) 1단계: 바라는 결과 확인하기

- 학생들이 이 단원을 통해 성취해야 하는 목표는 무엇인가?
- 학생들이 영속적으로 이해할 만한 가치가 있는 것은 무엇인가?
- 학생들의 이해와 탐구를 촉진하는 본질적 질문은 무엇인가?
- 학생들이 무엇을 알고, 할 수 있어야 하는가?

백워드 설계 모형은 목표 지향적인 특징을 지닌다. 1단계는 단원을 개발할 때, 중요한 구성 요소를 고려하는 단계로 바라는 결과를 설정한다. 1단계에서 설정하는 바라는 결과는 단원 수준의 목표로 단시 수업에 해당하는 단기적인 목표에 합리적인 근거를 제공하는 본래의 영속적이고 장기적인 목표를 의미한다.

일반적으로 교사는 정해진 수업 시간 안에 합리적으로 다룰 수 있는 것보다 더 많은 내용을 가르쳐야 한다고 생각하기 때문에 항상 선택을 해야만 하고, 가르칠 내용을 선택하기 위해서는 기준이 필요하다. 즉, 성취기준, 교육과정 문서, 교육 내용 등을 검토하여 교육과정의 우선순위를 분명하게 밝히는 과정이 필요하다.

2) 2단계: 수용 가능한 증거 결정하기

- 학생들이 바라는 결과를 성취했는지 어떻게 알 수 있는가?
- 학생들의 이해와 숙달의 증거로서 무엇을 받아들일 것인가?
- 학생들의 이해 정도를 결정할 수 있는 평가과제와 다른 증거는 무엇인가?

2단계는 1단계에서 설정한 이해, 지식, 기능을 성취했다는 것을 확인할 수 있는 증거,

즉 평가를 상세하게 계획한다는 점에서 다른 설계 방법과 차별화되는 백워드 설계 모형의 가장 특징적인 단계이다. 이때 교사는 평가자처럼 생각하는 것이 매우 중요하다. 학생들이 바라는 이해를 획득했다면 어떻게 그것을 확인할 수 있을지 고려해야 한다.

Wiggins와 McTighe는 학습자들의 이해의 증거가 무엇인지를 상세히 할 필요가 있음을 강조한다. 특히 이해는 학생들의 수행 속에서 드러나기 때문에 수행과제를 통해 이해의 증거를 수집하는 것을 중시하고 있다.

3) 3단계: 학습 경험 계획하기

- 학생들이 바라는 결과를 성취하는 데 어떤 지식과 기능이 필요한가?
- 학생들이 필요한 지식과 기능을 갖추기 위해서는 어떤 활동을 해야 하는가?
- 학습되고 안내될 필요가 있는 것은 무엇이며, 그것은 수행 목표에 따라서 최상으로 학습되어야 하는가?
- 목표를 성취하는 데 필요한 가장 적절한 자료는 무엇인가?
- 전반적으로 설계는 일관되고 효과적인가?

3단계는 1, 2단계에서 설계한 내용에 근거하여 학습 경험과 수업을 계획하는 단계이다. 백워드 설계는 바라는 결과 확인하기(1단계)와 수용 가능한 증거 결정하기(2단계), 학습 경험 계획하기(3단계)가 서로 연관성과 일관성이 있어야 한다. 빅 아이디어를 바탕으로 활동의 구조를 만들고, 그러한 아이디어를 기초로 학습 전이가 가능하도록 조직해야 한다. 교사는 학생 개인이나 집단이 과제를 성공적으로 수행하고 질적으로 우수한 결과물을 만들어 낼 수 있도록 도와주는 방식으로 학습활동을 계획해야 한다. 학생들이 학습활동에서 재미만 느끼는 것이 아니라 자신의 수행에서 실제로 빅 아이디어를 경험하게 하여 지적인 깨달음을 얻어 희열을 느낄 수 있도록 매력적이고 효과적인 수업을 설계해야 한다.

백워드 설계의 단계

1단계(바라는 결과 확인하기) → 2단계(수용 가능한 증거 결정하기) → 3단계(학습 경험 계획하기)

2 백워드 설계 템플릿

Wiggins와 McTighe(2005)는 백워드 설계의 논리인 '바라는 결과 확인하기–수용 가능한 증거 결정하기–학습 경험 계획하기'에 따라 실제 단원을 개발할 때 활용할 수 있는 설계 템플릿을 구조화하였다. 설계 템플릿은 백워드 설계의 아이디어를 구현하기 위한 단원 설계의 틀로서 학습 단원을 개발하거나 개선할 때, 교육과정 개발 시에 발생할 수 있는 일반적인 문제점을 피하고 백워드 설계의 다양한 요소를 적용하여 효과적인 단원 개발의 조직을 돕는 개념적인 지침을 제공한다. 즉, 교사들이 목적과 의미가 불분명한 활동 중심 수업과 진도 나가기 방식의 수업을 극복하고 학생들이 학습해야 하는 이해를 고려하여 설계할 수 있도록 구성되었다.

설계 템플릿의 각 항목은 설계자가 백워드 설계를 할 때 초점을 두어야 할 질문을 포함하고 있어 단원을 개발하는 과정을 안내하는 기능을 한다. 이와 더불어 개발한 단원 설계안을 동료들과 검토하고, 타인과 공유하기 위한 형식을 제공하는 역할을 한다.

〈표 2–1〉은 각 항목별 질문을 포함하고 있는 1쪽 설계 템플릿 양식이다.

〈표 2–1〉 백워드 설계 템플릿

1단계 – 바라는 결과 확인하기	
목표 설정 • 설계에서 초점을 두는 목표(예: 성취기준, 코스나 프로그램 목표, 학습 성과)는 무엇인가?	
이해 • 빅 아이디어는 무엇인가? • 빅 아이디어와 관련된 바라는 구체적인 이해는 무엇인가? • 예상되는 오해는 무엇인가?	**본질적 질문** • 탐구와 이해, 학습의 전이를 유발시키는 질문은 무엇인가?

핵심 지식 **기능**

- 이 단원의 결과로 학생들이 획득하게 될 핵심 지식과 기능은 무엇인가?
- 학생들은 지식과 기능을 습득하여 무엇을 할 수 있어야 하는가?

2단계 - 수용 가능한 증거 결정하기

수행과제

- 학생들은 어떤 수행과제를 통해 바라는 이해를 증명할 것인가?
- 이해의 수행을 어떤 준거로 평가할 것인가?

다른 증거

- 학생들의 바라는 결과의 성취를 증명하기 위한 다른 증거(퀴즈, 시험, 학문적 단서, 관찰, 숙제, 저널)는 무엇인가?
- 학생들은 어떻게 자신의 학습을 자기 평가하고 반성할 것인가?

3단계 - 학습 경험 계획하기

학습활동(WHERETO)

학생들이 바라는 결과를 성취할 수 있도록 하는 학습 경험과 수업은 무엇인가? 어떻게 설계할 것인가?

- W = 단원이 어디로 향하며 무엇을 기대하는지 학생들이 이해하도록 돕는가?
  학생의 사전 지식과 흥미를 교사가 알 수 있도록 돕는가?
- H = 모든 학생의 동기를 유발하고 흥미를 유지하는가?
- E1 = 학생들을 준비시키고 학생들이 빅 아이디어를 경험하고 이슈를 탐구하도록 돕는가?
- R = 학생들의 이해와 학습을 재고하고 수정하기 위한 기회를 제공하는가?
- E2 = 학생들에게 자신의 학습과 학습의 의미를 평가하도록 하는가?
- T = 학습자의 서로 다른 요구와 흥미, 능력에 맞추도록 하는가?
- O = 효과적인 학습뿐만 아니라 처음부터 일관된 학습 참여를 최대화하도록 조직하는가?

1쪽 템플릿은 구체적인 세부 사항을 모두 제공하지는 못하지만 다음과 같은 장점을 지니고 있다.

- 백워드 설계의 전반적인 형태를 제공함.
- 백워드 설계의 기초적인 설계 구성을 제공함.
- 평가와 학습활동이 설정된 목표와의 일치도 여부를 빠르게 확인할 수 있도록 함.

템플릿의 구성 요소를 살펴보면, 1단계 템플릿은 학생들이 이해하기를 원하는 것이 무엇인지, 몇 개의 질문을 통해 그러한 이해를 형성하는 것이 무엇인지 고려하기를 요구한다. 즉, 학생들이 단원이 내포하고 있는 이해와 본질적 질문을 확인하도록 한다. 2단계 템플릿은 1단계에서 설정한 바라는 이해를 학생들이 단원 학습을 통해 성취하도록 하기 위해 평가 계획을 구체화하기를 요구한다. 단원에서 바라는 충분한 학습의 증거를 수집하기 위해 가장 적합하고 다양한 평가 방법을 구체화하고 고려하도록 한다. 3단계 템플릿은 학습활동과 단시 수업들의 목록을 요구한다. 설계자가 학생의 흥미를 유지하면서 학생들이 바라는 이해를 개발하는 것을 잘 돕고 수행을 할 수 있도록 학습활동과 수업을 계열화하기를 요구한다. 즉, 설계자가 학생들의 학습 경험을 계획할 때 'WHERETO' 요소를 고려하도록 하고 있다.

백워드 설계 템플릿이란

- 백워드 설계의 논리에 따라 구조화되었음.
- 백워드 설계의 아이디어를 구현하기 위한 단원 설계의 틀
- 단원 설계안을 동료들과 검토하고 타인과 공유하기 위한 형식을 제공함.

Wiggins와 McTighe(2005)는 백워드 설계에 근거하여 실제 단원을 개발할 때 틀로 활용할 수 있는 설계 템플릿을 구체성의 정도에 따라 1, 2, 3, 6쪽 등 다양한 양식으로 구안하였다. 설계자는 다양한 양식의 템플릿을 수업 상황과 설계의 구체성 정도에 따라 적절하게 선택하여 활용할 수 있다.

1) 1쪽 템플릿

1쪽 템플릿은 백워드 설계의 전 과정을 가장 간결하게 나타내는 템플릿 양식이다.

1단계 - 바라는 결과 확인하기

목표 설정
- 설계에서 초점을 두는 목표(예: 성취기준, 코스나 프로그램 목표, 학습 성과)는 무엇인가?

이해
- 빅 아이디어는 무엇인가?
- 빅 아이디어와 관련된 바라는 구체적인 이해는 무엇인가?
- 예상되는 오해는 무엇인가?

본질적 질문
- 탐구와 이해, 학습의 전이를 유발시키는 질문은 무엇인가?

핵심 지식 **기능**
- 이 단원의 결과로 학생들이 획득하게 될 핵심 지식과 기능은 무엇인가?
- 학생들은 지식과 기능을 습득하여 무엇을 할 수 있어야 하는가?

2단계 - 수용 가능한 증거 결정하기

수행과제
- 학생들은 어떤 수행과제를 통해 바라는 이해를 증명할 것인가?
- 이해의 수행을 어떤 준거로 평가할 것인가?

다른 증거
- 학생들의 바라는 결과의 성취를 증명하기 위한 다른 증거(퀴즈, 시험, 학문적 단서, 관찰, 숙제, 저널)는 무엇인가?
- 학생들은 어떻게 자신의 학습을 자기 평가하고 반성할 것인가?

3단계 – 학습 경험 계획하기

학습활동(WHERETO)

학생들이 바라는 결과를 성취할 수 있도록 하는 학습 경험과 수업은 무엇인가? 어떻게 설계할 것인가?

- W = 단원이 어디로 향하며 무엇을 기대하는지 학생들이 이해하도록 돕는가?
  학생의 사전 지식과 흥미를 교사가 알 수 있도록 돕는가?
- H = 모든 학생의 동기를 유발하고 흥미를 유지하는가?
- E1 = 학생들을 준비시키고 학생들이 빅 아이디어를 경험하고 이슈를 탐구하도록 돕는가?
- R = 학생들의 이해와 학습을 재고하고 수정하기 위한 기회를 제공하는가?
- E2 = 학생들에게 자신의 학습과 학습의 의미를 평가하도록 하는가?
- T = 학습자의 서로 다른 요구와 흥미, 능력에 맞추도록 하는가?
- O = 효과적인 학습뿐만 아니라 처음부터 일관된 학습 참여를 최대화하도록 조직하는가?

2) 2쪽 템플릿

2쪽 템플릿은 1쪽 템플릿에서 2단계의 핵심 준거가 추가된 양식이다. 1, 2단계의 내용은 첫째 쪽에 제시하고, 둘째 쪽에서 3단계의 내용을 설계하게 되어 있다. 수행과제를 개발할 때 평가 준거인 루브릭을 함께 개발해야 하는데 수행과제와 루브릭을 한 페이지에 보여 준다는 장점이 있으며, 백워드 설계의 핵심적인 과정을 모두 포함하고 있다.

단원명:		교과:
주제:	학년:	지도교사:

1단계 - 바라는 결과 확인하기

목표 설정

이해

본질적 질문

핵심 지식

기능

2단계 - 수용 가능한 증거 결정하기

수행과제(GRASPS)

평가 준거

다른 증거

3단계 - 학습 경험 계획하기

학습활동(WHERETO)

3) 6쪽 템플릿

6쪽 템플릿은 백워드 설계를 가장 구체적으로 구현하는 양식이다. 단원의 기본적인 정보를 기록하는 단원 개관 페이지와 차시별 학습 계획을 작성할 수 있는 단원 학습 계획 양식이 추가되어 있다. 특히 2단계의 평가과제 청사진 페이지가 추가되어 수행과제에 대한 설명과 산출이나 수행을 판단할 준거를 기록하여 평가 계획을 정교화할 수 있는 장점이 있다.

단원 개관(Unit Cover Page)

단원명: 학년:

교과/주제 영역: 수업 시수:

핵심어:

지도교사:

단원의 개요(교육과정 맥락과 단원 목표 포함)

단원 설계 상태

□ 완성된 템플릿 페이지–1 · 2 · 3단계

□ 각 수행과제를 위해 완성된 청사진 □ 완성된 루브릭

□ 학생과 교사의 유의 사항 □ 자료 및 자원 목록

□ 권고 사항

상황

□ 동료 평가 □ 내용 평가 □ 현장 검사 □ 타당도

1단계 - 바라는 결과 확인하기

목표 설정

이해

본질적 질문

핵심 지식

기능

2단계 - 수용 가능한 증거 결정하기

수행과제(GRASPS)

다른 증거

학생 자기 평가와 반성

2단계 - 수용 가능한 증거 결정하기(계속)

수행과제 청사진

평가 목표

평가과제 및 이해의 정도

수행과제 개관

수행과 결과물

평가 준거
- 효과
- 내용
- 질
- 과정

3단계 - 학습 경험 계획하기

교수–학습 경험 계획

교수–학습 경험(WHERETO)

3단계 - 학습 경험 계획하기(계속)

단원 학습 계획

요일 〈 / 〉	요일 〈 / 〉	요일 〈 / 〉	요일 〈 / 〉	요일 〈 / 〉
요일 〈 / 〉	요일 〈 / 〉	요일 〈 / 〉	요일 〈 / 〉	요일 〈 / 〉
요일 〈 / 〉	요일 〈 / 〉	요일 〈 / 〉	요일 〈 / 〉	요일 〈 / 〉

3 기존 단원 설계안과 백워드 설계 템플릿[1)]

백워드 설계의 아이디어를 구현하기 위한 설계의 틀로 백워드 설계 템플릿이 활용되는 것처럼 학교 현장에서는 소위 교수-학습 지도안이라고 불리는 형식으로 구현된다. 지도안은 설계 템플릿과 마찬가지로 다양한 요소를 포함하고 있어 교사가 설계를 할 때 고려해야 할 지침으로 작용한다. 이러한 지도안은 모든 학교급에서 수업 연구를 위해 활용될 뿐만 아니라 전국의 예비 교사들의 교육 실습 현장에서도 사용된다. 학교급 및 지역과 관련 없이 거의 대부분 서로 유사한 항목으로 지도안을 구성하여 사용하고 있다.

1) 일반적으로 사용하고 있는 기존 설계안

일반적으로 사용하고 있던 기존 설계안 양식은 크게 두 가지로 세안과 약안이 있다. 교사가 교육과정을 설계할 때는 상황에 따라 세안과 약안의 양식을 활용한다. 세안은 단원의 개관, 단원의 구성, 단원의 목표, 단원의 지도 계획, 학생의 실태 분석, 지도 시 유의점, 단원의 평가 계획, 본시 교수-학습 과정안을 포함하여 주로 단원 수준으로 계획할 때 사용하는 양식이다. 약안은 한두 차시 정도의 수준에서 교육과정을 설계할 때 주로 사용하는 양식으로 해당 차시의 교수-학습 과정안을 포함하며, 필요에 따라 차시 평가 계획이나 판서 계획이 포함되기도 한다. 구체적인 세안과 약안의 사례를 살펴보면 다음과 같다.

(1) 국어과 사례

다음은 국어 1학년 1학기 6단원 '문장을 바르게'를 세안으로 작성한 사례다. 국가수준 교육과정 문서에서 제시된 이 단원의 영역 성취기준과 내용 성취기준은 〈표 2-2〉와 같다.

---

1) 이지은, 강현석(2010). 「백워드 설계의 초등 수업 적용 가능성 탐색」의 일부를 보완한 것임을 밝힘.

〈표 2-2〉 국가수준 교육과정 문서에 제시된 성취기준

영역 성취기준	내용 성취기준
[쓰기] 글자를 익혀 자신의 생각과 느낌을 간단한 글로 표현하고, 쓰기가 자신을 표현하는 유용한 방법임을 안다.	(2) 자신의 생각을 문장으로 정확하게 표현한다.
[문법] 우리 말글의 소중함을 알고 낱말과 문장을 올바르게 이해 · 표현하는 초보적 지식을 익히며 국어에 대한 관심과 호기심을 갖는다.	(1) 한글 낱자(자모)의 이름과 소릿값을 알고 정확하게 발음하고 쓴다.
[문학] 발상과 표현이 재미있는 작품을 다양하게 접하면서 문학이 주는 즐거움을 경험하고, 일상생활의 경험을 문학적으로 표현한다.	(2) 말의 재미를 느끼고 재미를 주는 요소를 활용하여 자신의 경험을 표현한다.

단원을 설계할 때 국가수준 교육과정 문서를 통해 해당 단원의 성취기준을 확인하고 성취기준이 의미하는 것이 무엇인지 확인하는 것이 가장 선행되어야 하는 절차이지만, 일반적으로 교사용 지도서에 제시되어 있어 그것을 참고하여 단원의 개관을 작성한다. 특히 국어과 지도서에는 단원의 개관, 단원의 계열, 교육과정의 성취기준, 학습 목표와 학습 요소의 체제가 작성되어 있어 교사는 큰 고민 없이 해당 내용을 참고하여 설계안의 '1. 단원 개관의 교재관과 지도관' '2. 단원 학습의 계열' '3. 단원의 학습 목표' '4. 단원의 지도 계획' '6. 단원 지도상의 유의점'을 작성할 수 있다. 다만, 단원 개관 중 학생관 및 '5. 본시 학습과 관련한 학생의 실태 및 지도 대책'은 해당 학급의 학생 특성을 고려하여 작성한다. 즉, 교사는 세안의 앞부분에 해당하는 1~6까지의 항목을 교사용 지도서에 근거하여 작성한다.

이후 '8. 본시 수업의 실제'를 작성할 때도 교사용 지도서에 제시된 교수-학습 활동의 절차를 기본적으로 따르며 차시의 주안점이나 수업 운영 방안 등을 고려하여 계획하게 된다. 이 사례 역시, 창의 · 인성 개발 요소를 추가하였지만 음식 이름 쓰기, 알맞은 낱말을 골라 문장 완성하기, 완성한 문장 읽기, 그림을 보고 문장 말하여 보기 등 지도서에 제시된 활동과 순서에 따라 계획되었음을 확인할 수 있다. 즉, '8. 본시 수업의 실제'를 계획할 때도 교사는 교사용 지도서의 많은 부분을 따르고 있다.

〈표 2-3〉 기존 설계안 사례(세안): 초등학교 1학년 국어과

1. 단원의 개관

가. 교재관

이 단원의 근거를 이루는 교육과정의 성취기준은 '[쓰기]-(2) 자신의 생각을 문장으로 정확하게 표현한다.' '[문법]-(1) 한글 낱자(자모)의 이름과 소릿값을 알고 정확하게 발음하고 쓴다.' '[문학]-(2) 말의 재미를 느끼고 재미를 주는 요소를 활용하여 자신의 경험을 표현한다.'이다.

이 단원은 같은 성취기준을 반영하고 있는 2단원 '재미있는 낱자'와 학습 내용의 위계를 두어 한글 낱자 중에서 쌍자음자와 여러 가지 모음자를 학습하도록 구성되어 있어 한글의 기본 자음자와 모음자 학습에 이어지는 심화학습의 성격을 가지고 있다.

이 단원은 그림에 어울리는 낱말을 알아보고, 문장의 순서를 익혀 문장으로 말하고 쓰는 활동을 통하여 여러 가지 문장을 쓰는 기초 능력을 기르는 데 목적이 있다. 단원의 학습 내용을 구체적으로 살펴보면, 첫째, 그림을 보고 어울리는 낱말을 찾아 연결하는 과정을 통하여 문장의 개념을 알고 여러 가지 문장을 만들어 말하는 활동으로 구성되어 있다. 둘째, 일상생활 장면에서 흉내 내는 말을 찾아보고 흉내 내는 말을 넣어 문장을 쓰는 활동으로 구성되어 있다. 즉, 이 단원에서 학습한 여러 가지 자음자와 모음자가 들어 있는 흉내 내는 말을 활용하여 그림에 어울리는 문장을 말하고 쓰는 능력을 기를 수 있도록 구성되어 있다.

나. 학생관

초등학교 1학년 학생은 한글 학습 능력에 많은 차이를 보이고 있다. 한글 학습 능력은 읽기의 측면과 쓰기의 측면으로 구분할 수 있다. 읽기의 경우, 유창하게 글을 읽을 쓸 수 있는 학생이 있는 반면, 한 글자 한 글자를 손으로 짚어 가면서 읽는 학생도 있다. 쓰기의 경우, 필순과 자형에 맞게 바르게 글씨를 쓰는 학생이 있는 반면, 필순, 자형 등이 바르지 못하고 지나치게 작은 글씨로 쓰는 학생들이 있다. 이러한 개인별 차이에도 불구하고 받아쓰기나 긴 글을 쓰는 활동에는 전체적으로 어려움을 나타낸다. 하지만 글자를 쓰지 못하는 학생도 그림을 보고 낱말을 말하는 활동, 그림을 보고 떠오르는 생각을 이야기하는 활동에는 즐겁게 참여한다.

1학년 학생은 아직까지 자기중심성이 강하여 수업 활동 중, 모든 학생이 친구의 의견과 동일한 경우라도 자신의 생각을 발표하기를 좋아한다. 또한 활동적인 성향을 지닌 학생들이 많아 신체 표현 활동을 선호하는 경향이 있다.

다. 지도관

이 단원은 심화학습의 성격을 지니고 있어 적용 학습부터 시작하게 된다. 따라서 한글 낱자를 활용하여 글자를 만드는 것을 배운 학생들이 그림에 어울리는 낱말을 찾고 문장을 만들어 표현하는 활동부터 지도하게 된다. 처음으로 문장에 대한 학습이 이루어지기 때문에 본

(계속)

단원에서는 일상생활에서 사용하는 여러 가지 방식의 문장을 접하고 표현하여 보는 것이 중요하며 여러 가지 활동을 통하여 자연스럽게 문장의 구조를 익힐 수 있도록 지도해야 한다.

또한 문장 쓰기 지도 초기부터 긴 문장을 쓰게 하면 학생들이 쓰기 활동에 부담을 느낄 수 있다. 완벽한 문장을 쓰기 전에 다양한 내용의 그림 자료를 보면서 충분히 말하는 연습을 하게 한 뒤에 조금씩 단계별로 쓰기를 연습하여 궁극적으로 한 문장 쓰기를 완성할 수 있도록 체계적으로 지도한다. 더불어 흉내 내는 말에서 쌍자음자와 여러 가지 모음자의 쓰임을 지도하는데, 이때 흉내 내는 말이 많이 들어 있는 시나 노래를 활용하여 학습한 내용을 확장할 수 있도록 지도한다.

2. 단원 학습의 계열

선수 학습		본 학습		후속 학습
국어 1–가		국어 1–나		국어 3–가
2. 재미있는 낱자 3. 글자를 만들어요		6. 문장을 바르게		4. 생각을 전해요 8. 보고 또 보고
• 한글의 자음자 알기 • 한글의 모음자 알기 • 여러 가지 낱말에서 같은 낱자 찾기	→	• 문장에 어울리는 낱말 넣기 • 그림을 보고 문장으로 말하기 • 흉내 내는 말에 대해 알고 흉내 내는 말을 넣어 문장 쓰기	→	• 생각을 문장으로 표현하는 방법 알기 • 문장 부호를 사용하는 방법 알기 • 정확한 낱말을 사용하여 문장 완성하기

3. 단원의 학습 목표

구분	내용
내용 성취 기준	• 쓰기(2): 자신의 생각을 문장으로 정확하게 표현한다. • 문법(1): 한글 낱자(자모)의 이름과 소릿값을 알고 정확하게 발음하고 쓴다. • 문학(2): 말의 재미를 느끼고 재미를 주는 요소를 활용하여 자신의 경험을 표현한다.
단원 목표	• 문장을 바르게 쓸 수 있다.

(계속)

구분		내용
차시 학습 목표	국어	• 문장에 어울리는 낱말을 넣을 수 있다. • 그림에 어울리는 문장을 완성할 수 있다. • 그림을 보고 문장으로 말할 수 있다. • 흉내 내는 말에 대하여 안다. • 흉내 내는 말을 넣어 문장을 쓸 수 있다. • 글을 읽고 문장을 만들 수 있다.
	국어 활동	• 문장의 순서를 생각하며 문장 만들기 놀이를 할 수 있다.

4. 단원 지도 계획

구분	차시	지도 내용	쪽수	자료
국어	1 (본시)	• 단원 도입 • 문장에 어울리는 낱말 넣기	188~191	▸ 그림 자료 ▸ 낱말 카드
	2~3	• 그림에 어울리는 문장 완성하기	192~193	▸ 낱말 카드
	4~5	• 그림을 보고 문장으로 말하기	194~197	▸ 그림 자료
	6	• 흉내 내는 말에 대하여 알기	198~202	▸ 플래쉬 자료 ▸ 그림 카드
	7	• 문장에 어울리는 흉내 내는 말 쓰기	203	▸ 노래 자료 ▸ 쌍자음자 카드
	8~9	• 흉내 내는 말을 넣어 문장 쓰기	204~208	▸ 모음자 카드
	10~11	• 글을 읽고 문장 만들기 • 단원 정리	209~213	▸ 문장 카드
국어 활동	12	• 문장의 순서를 생각하며 문장 만들기 놀이하기	116~117	▸ 낱말 카드

(계속)

5. 본시 학습과 관련한 학생의 실태 및 지도 대책

1. 학생 실태 분석

가. 읽기 능력 실태

N=23

구분	자연스럽게 읽고 의미를 이해한다.	읽을 수 있고 의미를 이해한다.	더듬더듬 읽으며 의미를 알지 못한다.
인원 수(명)	14	6	3
비율(%)	60.8	26.1	13.1

시사점

- 학생의 60.8%(14명)는 글을 자연스럽게 읽을 수 있으나 39.2%(9명)는 자연스럽게 읽기가 아직 어색하며 특히 그중 4명은 의미 파악에 어려움을 나타내고 있다.
  ⇨ 낱말을 넣어 문장으로 완성하고 읽는 활동에서 교사가 자연스럽게 읽는 시범을 보인 후 학생들이 따라 읽도록 지도하여 읽기 능력이 부족한 학생들을 배려해야겠다. 또한 새롭게 등장한 낱말은 의미를 알아보는 시간을 확보하여 지도해야겠다.

나. 맞춤법에 맞게 글자 쓰기에 대한 자신감 정도

N=23

구분	맞춤법에 맞게 글자를 쓸 자신이 있다.	그저 그렇다.	맞춤법에 맞게 글자를 쓸 자신이 없다.
인원 수(명)	10	7	6
비율(%)	43.5	30.4	26.1

시사점

- 대부분의 학생은 글자를 쓸 수 있으나 56.5%(13명)는 맞춤법에 맞게 글자를 쓰는 것에는 부담을 느끼고 있다. 자신이 쓴 글자가 틀릴까 봐 불안해하고 자신감이 낮은 것을 확인할 수 있었다.
  ⇨ 1학년 학생들이 맞춤법에 맞게 글자를 쓰는 것에 어려움을 느끼는 것은 당연하다. 따라서 모르는 낱말을 불러 주어 듣고 받아쓰도록 하기보다는 낱말을 제시하여 보고 쓸 수 있도록 지도해야겠다.

다. 그림 보고 문장으로 말하기 실태

N=23

구분	문장으로 말할 수 있다.	낱말로 말할 수 있다.	문장이나 낱말로 말하지 못한다.
인원 수(명)	17	5	1
비율(%)	73.9	21.8	4.3

(계속)

시사점	• 1명의 학생을 제외하고 대부분의 학생은 그림을 보고 알 수 있는 사실을 낱말이나 문장으로 말하는 것에 전혀 어려움을 느끼지 않는다. ⇨ 그림을 보고 문장으로 말하는 것에 어려움을 느끼지 않으므로 그림을 통해 더 많은 문장을 생성해 낼 수 있도록 확산적 발문을 통해 지도해야겠다.

6. 단원 지도상의 유의점

가. 여러 가지 활동을 통해 자연스럽게 문장의 구조를 익히도록 한다.

나. 생활 장면에서 흔히 사용하는 낱말을 문자로 시각화하여 의미를 구성하도록 한다.

다. 문장 생성을 위해 다양한 상황을 나타내는 그림을 제시하여 문장의 내용을 만들어 보는 연습을 충분히 하도록 한다.

라. 생성한 문장을 말하여 보게 하는 데 중점을 두는 활동에서는 말한 문장을 모두 쓰게 하거나 불러 주는 문장을 받아쓰는 활동은 하지 않는다.

마. 소리를 흉내 내는 말, 모양을 흉내 내는 말로 종류를 구분하지 않도록 한다.

바. 흉내 내는 말을 지도할 때는 학생들이 일상생활에서 흔히 접할 수 있는 친숙한 것에 중점을 두어 지도한다.

사. 사물의 모습이나 흉내 내는 말은 듣거나 본 사람의 느낌에 따라 제각기 다르게 표현될 수 있음을 이해시키고 다른 친구들과 다르게 표현하도록 격려한다.

7. 단원 평가 계획

구분	평가 내용	평가 방법	
		지필	관찰
국어	문장에 어울리는 낱말을 넣어 말할 수 있는가?		○
	그림을 보고 어울리는 문장을 완성할 수 있는가?	○	
	흉내 내는 말을 넣어 그림에 어울리는 문장을 쓸 수 있는가?	○	○
국어 활동	문장의 순서를 생각하며 문장 만들기 놀이를 할 수 있는가?		○

(계속)

8. 본시 수업의 실제

국어과 교수-학습안

단원	6. 문장을 바르게	주제	문장에 어울리는 낱말 넣기		
대상	23명(남 13명, 여 10명)	교과서	188~191	차시	1/12
일시	○○.○○.○○.(수) ○교시	장소	1-○ 교실	지도교사	○○○

학습 주제	문장에 어울리는 낱말 넣기	교수-학습 모형	지식 탐구 학습 모형
학습 목표	• 문장에 어울리는 낱말을 넣어 문장을 완성할 수 있다. • 완성한 문장을 읽을 수 있다. • 그림을 보고 문장을 말할 수 있다.		
창의 · 인성 계발 요소	• 창의: 그림을 보고 문장을 말하는 활동을 통해 민감성과 유창성을 기를 수 있다. • 인성: 학습활동에 적극적으로 참여하면서 협력과 경청하는 태도를 기를 수 있다.		

학습 단계	학습 요항 (형태)	교수-학습 활동	시량 (분)	자료(□) 유의점(※) 창의 · 인성 요소(★) 평가(?)
문제 확인하기	공부할 문제 생각하기 (전체)	▣ 공부할 문제 생각하기 • 글자를 만들려면 무엇이 있어야 하는지 말하여 봅시다. - 자음자와 모음자가 있어야 합니다. • 자음자 노래(자료 [1])를 불러 봅시다. • 뜻이 있는 글자를 무엇이라고 하는지 말하여 봅시다. - 낱말입니다. • 교과서 189쪽 그림을 살펴봅시다. · 누가 나오나요? - 토끼, 호랑이, 새입니다.	6	[1] 자음자 노래 자료 ※ 선수 학습 내용을 바탕으로 문장이라는 용어

(계속)

		· 새가 무엇을 물고 있나요? – 낱말 카드 '호랑이가' '엉엉' '웁니다'를 물고 있습니다. · 낱말 카드를 모두 모아서 읽어 봅시다. – 호랑이가 엉엉 웁니다. · 이렇게 낱말들이 모여서 완성된 뜻을 가지는 것을 문장이라고 합니다.		를 간단히 설명한다.
	학습 문제 확인하기	▣ 학습 문제 확인하기 • 오늘 무엇에 대해 공부하면 좋을까요? – 문장을 만들어 보는 공부를 하고 싶습니다. ♣ 문장에 어울리는 낱말을 넣어 보자.	2	
	학습활동 순서 확인하기	▣ 학습활동 순서 확인하기 〈활동 1〉 낱말 찾아 쓰기 〈활동 2〉 낱말을 넣어 문장 완성하고 읽기 〈활동 3〉 문장 말하기 놀이		
자료 탐색 하기	낱말 찾아 쓰기 (전체) ↓ (개별) ↓ (전체)	▣ 〈활동 1〉 낱말 찾아 쓰기 • 그림(자료 2)을 보고 떠오르는 낱말을 말하여 봅시다. – 딸기, 과자, 곰, 토끼, 원숭이, 고깔모자, 김밥, 피아노, 선물, 거북이, 리본, 케이크입니다. • 떠오르는 낱말 중에서 음식에 해당하는 낱말을 찾아봅시다. • 선생님과 함께 낱말을 허공에 써 봅시다. – 손가락을 들어서 허공에 해당하는 글자를 쓴다. • 빈칸에 알맞은 낱말을 쓰고 읽어 봅시다. – 과자, 김밥, 수박 • '음식 이름 대기' 놀이를 해 봅시다. – 짝짝 과자 / 짝짝 김밥 / 짝짝 수박 / 짝짝 케이크	9	2 확대 그림 ※ 음식 이름 대기 놀이를 할 때 학생이 동일한 음식 이름을 말하여도 허용한다. ★ 유창성 ★ 존중, 협동

(계속)

<table>
<tr><td>지식
발견
하기</td><td>문장
완성하기
(개별)</td><td>▣ 〈활동 2〉 낱말을 넣어 문장을 완성하고 읽기
• 제시하는 낱말(자료 [3])을 읽고 무슨 뜻인지 알아봅시다.
– 춤은 몸을 움직여서 율동하는 것입니다.
– 딸기는 과일 이름입니다.
– 노래는 목소리로 부르는 음악입니다.
– 피아노는 악기입니다.
• 그림을 보면서 (1)~(4)까지 □ 안에 알맞은 낱말을 골라서 써 봅시다.
· 재훈이는 무엇을 먹고 있나요?
– 딸기입니다.
· 빈칸에 딸기를 찾아 써 넣고 문장을 소리 내어 읽어 봅시다.
– 재훈이가 [딸기]를 먹습니다.
· (2)번부터 (4)번까지도 □ 안에 알맞은 낱말을 골라 써 넣고 소리 내어 읽어 봅시다.
– 곰이 [노래]를 부릅니다.
– 원숭이가 [피아노]를 칩니다.
– 동물들이 즐겁게 [춤]을 춥니다.</td><td>8</td><td>[3] 낱말 카드

※ 문장 성분을 가르치는 활동이 아니므로 그림에 어울리는 문장을 만드는 데 초점을 둔다.
? (관찰 평가)</td></tr>
<tr><td>지식
적용
하기</td><td>문장
말하기
(전체)
↓
(개별)</td><td>▣ 〈활동 3〉 문장 말하기 놀이
• 그림(자료 [2])을 보면서 주인공을 바꾸어서 문장을 만들고 발표해 봅시다.
– 원숭이가 딸기를 먹습니다.
– 재훈이가 노래를 부릅니다.
– 호랑이가 피아노를 칩니다.
• 그림(자료 [2])을 보면서 여러 가지 문장을 말하여 봅시다.
– 재훈이가 생일잔치를 합니다.
– 토끼와 거북이가 춤을 춥니다.
– 식탁에 맛있는 음식이 많이 있습니다.
– 풀밭에 선물이 있습니다.
• 실제 여러분이 경험한 내용을 문장으로 말하여 봅시다.
– 나는 할리갈리를 했습니다.
– 나는 김밥을 먹었습니다.
– 나는 무궁화를 그렸습니다.</td><td>10</td><td>※ 문장의 구조를 학습하는 것은 아니지만 문장의 구조를 경험적으로 알 수 있도록 다양하게 문장을 만들어 보도록 한다.
★민감성

★유창성</td></tr>
</table>

(계속)

정리하기	학습 내용 정리하기 (전체)	▣ 학습 내용 정리하기 • 오늘 어떤 공부를 하였는지 말하여 봅시다. – 문장에 어울리는 낱말을 넣는 공부를 했습니다. • 이번 시간에 잘 공부했는지 문제를 해결해 봅시다(자료 [4]). – 악어가 [사과]를 먹습니다. – 악어가 [수박]을 먹습니다. ▣ 차시 예고하기 • 다음 시간에는 그림에 어울리는 문장을 완성하는 공부를 하겠습니다.	5	[4] 악어 그림 ★문제 해결

9. 본시 평가 계획

구분	성취기준	평가 기준			평가 시기	평가 방법	피드백 방안
		상	중	하			
인지적	문장에 어울리는 낱말을 넣을 수 있다.	문장에 어울리는 낱말을 넣어 다양한 문장을 자연스럽게 완성한다.	문장에 어울리는 낱말을 넣어 문장을 완성한다.	문장에 어울리는 낱말을 넣어 문장을 완성하지 못한다.	수업 중	관찰	• 평가 결과는 심화·보충 학습의 판단 자료로 활용하여 학생 능력별 과제를 제시하도록 한다.
심동적	문장에 어울리는 낱말을 쓸 수 있다.	문장에 어울리는 낱말을 자형에 맞게 바르게 쓴다.	문장에 어울리는 낱말을 쓴다.	문장에 어울리는 낱말을 쓰지 못한다.			
정의적	학습활동에 적극적으로 참여할 수 있다.	친구들과 협력하여 학습활동에 적극적으로 참여하며 친구의 말을 경청한다.	학습활동에 적극적으로 참여한다.	학습활동에 적극적으로 참여하지 않는다.			

(계속)

10. 판서 계획

♣ 문장에 어울리는 낱말을 넣어 보자.

〈활동 1〉 낱말 찾아 쓰기
〈활동 2〉 낱말을 넣어 문장을 완성하고 읽기
〈활동 3〉 문장 말하기 놀이

(2) 사회과 사례

다음은 사회 4학년 1학기 2단원 '도시의 발달과 주민 생활' 단원의 한 차시를 개발한 차시 수준의 사례다. 국가수준 교육과정 문서에서 제시된 이 단원의 내용 성취기준은 〈표 2-4〉와 같다.

〈표 2-4〉 국가수준 교육과정 문서에 제시된 성취기준

(6) 도시의 발달과 주민 생활
이 단원은 우리나라의 도시 지역의 입지 조건과 기능적인 특징에 대해 알기 위해 설정하였다. 사례 지역을 토대로 도시 생활과 관련해서 우리나라 도시 분포와 발전 과정, 도시 문제와 그 해결 방법을 탐구한다.
① 우리 지역의 도시의 위치를 지도나 인터넷을 통해 찾아보고, 그 위치적 특성을 말할 수 있다.
② 우리 지역의 도시 분포와 도시의 발달 과정을 이해할 수 있다.
③ 신도시 개발의 사례를 소개하고, 신도시가 개발된 이유와 문제점에 대해 이해할 수 있다.
④ 도시 문제(예: 주택 문제, 환경 문제, 교통 문제 등)의 성격을 이해하고, 그 해결 방법을 제시할 수 있다.

위 성취기준 중에서 해당 차시는 ①, ②의 성취기준과 관련이 있으며 도시의 생활 모습과 도시의 입지 조건을 살펴보는 소단원 중 한 차시다. 이러한 차시 수준에서 수업을 설계할 때는 일반적으로 교사용 지도서에 제시된 단원의 지도 계획 순서를 그대로 따른다. 〈표 2-5〉의 설계안도 교사용 지도서에 제시된 차시 구분을 그대로 따르고 있으며 교수-학습 과정도 지도서에 제시된 과정과 매우 유사하다. 심지어 학습 자료도 지도서에서 제시한 세연이의 사례를 그대로 사용하고 있다. 즉, 단원을 전체적인 안목에서 살펴보는 과정 없이 분절적으로 차시 중심의 접근을 하고 있음을 확인할 수 있다.

〈표 2-5〉 기존 설계안 사례(약안) 2: 초등학교 4학년 사회

1. 본시 학습활동

언제 어디서	누가(배움 공동체)			무엇을			어떻게
	학반	학생	교사	단원(차시)	주제(쪽)	역량	(수업 모형)
○○. ○○. ○○. ○교시	4-1	23명 (남 12, 여 11)	○○○	2.도시의 발달과 주민 생활 (3/15)	도시에 발달한 여러 시설 알아보기 (사회 70~73쪽)	사회적 역량 (소통) 정서적 역량 (긍정, 도전) 지적 역량 (통합, 창조)	개념 학습 모형
학습 목표	▸ 성취기준: 도시에는 여러 가지 시설이 잘 갖추어져 있고 교통이 발달했음을 안다. • 지식: 도시에는 여러 가지 시설이 잘 갖추어져 있고 교통이 발달했음을 알 수 있다. • 기능: 도시에 발달한 여러 가지 시설을 분류할 수 있다. • 태도: 소통과 긍정, 도전의 자세로 모둠 학습에 참여할 수 있다.						

학습 단계	학습 요항 (학습 형태) (분)	인성교육 중심 배움 활동	※유의점 □자료 (?) 평가 ♡역량(가치) ♥협력
학습 문제 확인	동기 유발 (전체) 학습 문제 정하기 (전체)	◉ 세연이의 일기(①) -세연이의 일기를 들어 보기 -세연이가 둘러본 곳 발표하기 -세연이가 둘러본 곳의 명칭 정리하기(도시 시설) ◉ 학습 문제 정하기 ♣ 도시에 발달한 시설들을 알아보고, 도시를 설계해 봅시다.	① 세연이의 이야기, 교과서 70쪽, 형광펜 ♡사회적(소통) ※세연이의 입장이 되어 생각해 보도록, 학습 문제와 연결지어 생각하도록 안내한다. ※초성 힌트를 참고하여 학생 스스로 학습 문제를 찾도록 한다.

(계속)

<table>
<tr><td></td><td>활동과 순서 정하기
(전체)
(8′)</td><td>◉ 활동과 순서 정하기
활동 1. 도시 시설 찾아보기
활동 2. 도시 시설 분류하기
활동 3. 살기 좋은 도시 설계하기</td><td></td></tr>
<tr><td>속성 제시 및 정의</td><td>도시 시설 찾아보기
(전체)
(7′)</td><td>활동 1. 도시 시설 찾아보기
◉ 세연이네 동네 도시 시설 찾아보기(1)
–세연이가 이동한 경로를 순서대로 표시하기
–세연이가 무엇을 알고 느끼게 되었을까 발표해 보기
◉ 우리 동네 도시 시설 찾아보기(2)
–우리 동네 지도를 살펴보며 도시 시설을 찾아 표시하기
–우리 동네에는 어떤 시설들이 있는지 발표하기
–우리 동네에서 어떤 교통 시설을 이용해 보았는지 발표하기</td><td>2 우리 동네 지도 학습지 우리 동네 지도 (플로터)
♡정서적(긍정)
※내가 찾은 우리 동네 도시 시설을 학생들이 발표하면서 도시 시설 그림 카드를 하나씩 칠판에 부착한다. 자연스럽게 〈활동 2〉로 연결한다.</td></tr>
<tr><td>개념 분석</td><td>도시 시설 분류하기
(모둠)
(10′)</td><td>활동 2. 도시 시설 분류하기
◉ 도시 시설 분류하기(3)
–도시 시설 분류 기준 짚어 보기
–도시 시설을 기능에 맞게 분류하기
–모둠별 분류 내용 발표하기
–이 밖에 우리 지역(북구와 대구)에서 볼 수 있는 도시 시설을 좀 더 발표하기
–도시 시설 이용 경험 발표하기
–도시 시설을 이용하며 느낀 점, 알게 된 점 발표하기
–도시 시설 내용 정리하기</td><td>3 도시 시설 분류판, 도시 시설 그림 카드
※도시 시설 그림 카드를 분류판에 분류한다. 학습 목표 도달을 위해 분류의 정확성보다는 분류 활동 후 도시에는 여러 시설이 발달되어 있음을 알도록 한다.
?구술, 관찰 평가
♥원탁토의
※도시 시설과 관련하여 자유롭게 의견을 발표하도록 허용한다.</td></tr>
</table>

(계속)

적용	살기 좋은 도시 설계하기 (모둠) (10′)	**활동 3. 살기 좋은 도시 설계하기** ◉ 살기 좋은 도시 설계하기(④) –우리 동네를 좀 더 살기 좋은 도시로 만들려면 도시 시설들을 어느 곳에 배치하면 좋을지, 살기 좋은 도시 설계하기 –모둠 친구들과 의논하여 우리 동네의 도시 설계하기 –우리 모둠의 도시 설계 발표하기	④ 도시 설계 모둠 학습지 ※도시 시설과 사람들의 생활 모습을 연관 지어 사고할 수 있도록 한다. ※④는 ②에서 도시 시설들만 삭제하고 도로, 거주지, 팔거천 같은 기본 환경 그대로 제시하여 도시 시설을 쉽게 재배치할 수 있도록 한다. ?자기, 상호 평가 ♡정서적(도전) ♡지적(통합, 창조) ♥돌아가며 말하기, 원탁토의
정리	학습 내용 정리하기 (전체) (5′)	◉ 학습 내용 정리하기(⑤) –오늘 배운 내용들을 플래시 단어 찾기 놀이로 확인하기 –오늘 공부한 내용을 정리하기 ◉ 차시 예고하기 –다음 시간 주제(도시에서 일어나는 문제) 알아보기	⑤ 플래시 단어 찾기 ※학습 문제와 〈활동 2〉를 참고하여 이번 시간에 배운 내용을 정리하도록 한다.

2. 판서 계획

2. 도시의 발달과 주민 생활

♣ 도시에 발달한 여러 시설들을 알아봅시다.
활동 1. 도시 시설 찾아보기
활동 2. 도시 시설 분류하기
활동 3. 살기 좋은 도시 설계하기

자료 ③→④→⑤

3. 과정 중심 평가

역량	영역	평가 내용	평가 방법
사회적 역량(소통) 정서적 역량(긍정, 도전) 지적 역량(통합, 창조)	지식	도시에는 여러 가지 시설들이 잘 갖추어져 있음을 아는가?	구술 평가 관찰 평가
	기능	도시에 발달한 여러 가지 시설들을 분류할 수 있는가?	구술 평가 관찰 평가
	태도	소통과 배려, 도전의 자세로 모둠 학습에 참여하는가?	자기 평가 상호 평가
피드백	• 도시 시설 분류 활동을 한 후 도시 시설을 이용해 본 경험을 자유롭게 발표하되, 도시에는 공공 기관, 편의 시설, 문화 시설, 교통 시설이 발달해 있음을 정리 · 확인한다. • 일상생활의 경험을 활용하여 도시 시설과 사람들의 생활 모습을 연관 지어 사고하도록 하며 살기 좋은 도시 만들기 활동을 한다.		

(3) 도덕과 사례

다음은 중학교 도덕 II−1단원 '가정생활과 도덕' 단원의 한 차시를 개발한 차시 수준의 사례다. 국가수준 교육과정 문서에서 제시된 이 단원의 영역 성취기준과 내용 성취기준은 〈표 2−6〉과 같다.

〈표 2−6〉 국가수준 교육과정 문서에 제시된 성취기준

(가) 가정생활과 도덕
가정의 의미와 중요성을 알고, 좋은 부모와 좋은 자녀가 되기 위한 의사소통의 방식을 이해한다. 노인들을 공경하는 마음과 자세를 갖고, 우애 있는 형제자매 관계를 형성하기 위해 노력하는 태도를 지닌다. 이를 위해 나의 삶에 가정의 화목이 중요한 이유를 제시하고, 바람직한 가정을 만들기 위해 극복해야 할 문제들을 부모의 관점과 자녀의 관점에서 비교 · 분석한다.
① 가정생활에서 발생하는 도덕적 문제
② 바람직한 가정을 위한 구성원의 역할
③ 노인 공경

〈표 2−7〉의 설계안은 가족 간의 의사소통 방식을 이해하기 위한 방안 중 가족 간의 갈등 해결 방법을 알고 대화법을 실천하는 것을 목표로 하고 있다. 앞의 성취기준에서

살펴보면, 이러한 문제를 해결하기 위해 부모의 관점과 자녀의 관점에서 비교 · 분석하는 데 초점을 두고 있으나 설계안에서는 갈등 현상과 문제점을 파악하고 학생들끼리 발견한 문제점을 비교하는 데 초점을 맞추고 있다. 즉, 성취기준에서 요구하고 있는 해당 교과의 주요 기능이 반영되지 못하고 있다. 또한 갈등을 해결하기 위한 바람직한 자세가 왜 필요한지, 왜 대화법을 개선해야 하는지 등 학생이 학습을 통해 도달해야 하는 이해보다는 대화하는 방법을 찾는 활동에 중점을 두고 있음을 확인할 수 있다.

〈표 2-7〉 기존 설계안 사례(약안) 2: 중학교 도덕과

일시	○○.○○.○○.	대상	○학년 ○반	장소	교실	지도 교사	○○○
대단원	II.1. 가정생활과 도덕	소단원명	(4) 가족 간의 갈등과 대화법	교과서	114~119	차시	7/10

수업 목표	가족 간의 갈등 해결 방법을 알고, 대화법을 실천할 수 있다.	
창의 · 인성 목표	가족 간의 갈등을 해결하기 위한 바람직한 자세를 지닌다.	
수업 매체	교사	학생
	교과서, 본시 학습 지도안, PPT 자료, 포트폴리오	교과서, 포트폴리오

단계	교수-학습 과정	시간	교수-학습 활동: 교사 활동	교수-학습 활동: 학생 활동	수업 형태	도달점 및 유의 사항
도입	출석 확인	7	• 인사하고 출석을 확인한다.	• 인사하고 대답한다.		• 학습 환경 조성
			• 가족의 특징과 중요성에 대하여 질문한다.	• 가족의 특징과 중요성을 말한다.	일제 학습	
	전시 학습 확인 학습 동기 유발		• '생각 열기'를 통하여 가족 간의 갈등 사례를 발표하게 한다.	• 자신의 경험이나 주위의 사례를 자유롭게 이야기한다.		• PPT 자료 제시 • 동기 유발
	수업 목표 제시		• 수업 목표를 제시하여 배울 내용을 확인한다.	• 수업 목표를 소리 내어서 읽는다.		• 수업 목표 인지

(계속)

전개	가족 간의 갈등 현상의 사례와 문제점 탐구	20	• 지난 시간 과제로 제시된 가족 간의 갈등 현상과 문제점에 대하여 모둠별 발표를 시킨다.	• 가족 간의 갈등 현상과 문제점에 대하여 모둠별 토의 및 발표한다.	모둠 학습	• 산만하지 않도록 지도한다.
			• 모둠별 발표를 정리해 준다.	• 학생들의 발표를 들으면서 여러 가지 갈등 현상과 문제점에 대하여 정리하고 자신과 비교하여 반성해 본다.	모둠 학습	• 가족 간의 갈등에 따른 문제점 발표
	가족 간의 갈등을 해결하기 위한 방안 탐색		• '생각 넓히기'를 통해 가족 간의 갈등을 해결할 수 있는 방안을 생각해 보도록 한다.	• 모둠 친구들과 비교하여 살펴본다.	모둠 학습	
			• 모둠별로 가족 간의 갈등을 해결하기 위한 방법을 토의하여 발표하도록 한다.	• 가족 간의 갈등을 해결하기 위한 방법을 모둠별로 토의하여 모둠별 방법을 발표한다.	모둠 학습	• 순회 지도
	내면화	10	• 가족 간의 대화의 중요성에 대해 발표하게 한다.	• 가족 간의 갈등을 해결하기 위한 대화법에 대해 생각해 보고 발표한다.	개별 학습	• 시청각 매체 활용
정리	학습 내용 정리	8	• 학습 내용을 정리한다. • 스스로 '해 보기'를 제시	• 오늘 학습 내용을 정리한다. • '스스로 해 보기'를 작성해 본다.	개별 학습	• 학습 정리 및 평가
	평가하기		• 평가 문제 제시	• 평가 문항을 작성하고 발표한다.		
	차시 예고		• 차시 학습을 예고한다.	• 차시 과제를 확인한다.		

평가 요소	• 가족 갈등의 문제점을 말할 수 있는가? • 가족 갈등을 해결하기 위한 바람직한 자세를 제시할 수 있는가?
판서 계획	수업 목표 1. 가족 갈등 현상과 문제점에 대해 말할 수 있다. 2. 가족 갈등을 해결하기 위한 바람직한 자세를 지닌다.
형성 평가	1. 효도를 법으로 강제할 때 나타날 수 있는 문제점은 무엇인지 말해 봅시다. 2. 효도를 개인의 양심에만 맡겼을 때 나타나는 문제점이 무엇인지 말해 봅시다.

앞에서 초등학교 국어과 세안과 사회과 약안, 중학교의 도덕과 약안을 살펴보았다. 세 가지 설계안을 살펴보면 지도안의 내용은 교과서 내용에 기초하고 있으며 지도서에 제시하고 있는 내용과 매우 유사하다는 것을 발견할 수 있다. 또한 초등학교 지도안을 살펴보면 한 차시에 활동 3개로 구성되어 각 활동에 10분 정도의 시간이 배정되어 있음을 확인할 수 있다. 학생들은 이 활동을 왜 하는지 이해하며 심도 있는 학습활동이 이루어지기 어려워 보인다.

즉, 현재 이루어지고 있는 설계 사례를 통해 교사가 수업 설계 시 저지르는 다섯 가지 문제를 발견할 수 있다. 첫째, 큰 고민 없이 교사용 지도서나 지도서에 제시된 성취기준과 차시 목표를 답습하도록 한다. 둘째, 차시별 지도안에 초점을 두다 보니 차시 간의 연계성 확보에 어려움이 있다. 셋째, 학생이 탐구하도록 하는 질문이 아니라 암기한 지식을 확인하는 질문이 주를 이룬다. 넷째, 학습자의 학습이 아니라 교사의 교수 관점에서 작성된다. 다섯째, 학생이 왜 이 단원을 배워야 하는지에 대한 설명이 없어 학생들의 지적 호기심을 자극하기에 어려움이 있다.

이러한 현상은 교사들이 단원을 설계할 때, 단원의 기저에 놓여 있는 빅 아이디어, 핵심 개념이 무엇인지 고민하기보다는 교과서와 지도서에 기초하며 항상 습관처럼 해 오던 지도안 작성의 문법을 그대로 따르고 있기 때문에 나타난다고 분석된다.

2) 교사의 기존 단원 설계 습관으로 살펴본 두 설계안의 차이점

기존 설계안과 백워드 설계안의 구성 항목과 교사들이 설계안을 작성한 과정을 통해서 두 설계안의 차이점을 살펴보고자 한다. 이들 설계안의 구성 항목을 비교해 보면 〈표 2-8〉과 같다.

〈표 2-8〉 기존 단원 설계안과 백워드 설계안의 비교

기존 단원 설계안(세안) 구성 항목	백워드 설계안 구성 항목
1. 단원의 개관 – 교재관 – 학생관 – 지도관	1. 단원의 개관 – 일반적 사항 – 성취기준 – 단원의 개요 – 확인 사항 (학생의 오개념, 지도 시 유의점, 학습 자료)

(계속)

2. 단원의 구성 – 단원의 계열 (선수 학습–본시 학습–후속 학습) 3. 단원의 목표 4. 단원의 내용과 지도 계획 – 단원 내용 – 차시별 계획 5. 학생 실태 분석 6. 지도 시 유의점 7. 단원의 평가 계획 8. 본시 교수–학습안 – 단원 중 한 차시 계획안	2. 바라는 결과 확인하기 – 목표 설정 – 바라는 이해 – 본질적 질문 – 학생들이 성취해야 할 핵심 지식과 기능 3. 수용 가능한 증거 결정하기 – 학생들의 이해 정도를 파악하기 위한 과제 – 다른 증거 – 학생의 자기 평가와 반성 – 수행과제 청사진 · 평가 목표 · 평가과제 및 이해의 정도 · 수행과제 개관 · 수행과 결과물 · 평가 준거 4. 학습 경험 계획하기 – 교수–학습 경험 계획 – 단원 학습 계획

교사들은 보통 단원 설계를 위해 주로 교사용 지도서와 교과서를 참고한다. 사실, 단원의 개관, 단원의 목표, 구성, 교수–학습 방법 등을 파악하기 위해서는 국가수준 교육과정 문서를 살펴보고 성취기준을 확인하며 성취기준 해설을 통해 성취기준이 의도하는 바를 정확하게 파악하는 것이 선행되어야 한다. 그러나 대개의 경우, 국가수준 교육과정의 문서를 찾아보고 참고하지 않는 경향이 있다. 이미 교사용 지도서에 설계할 때 고려해야 하는 요소들이 항목별로 기술되어 있기 때문에 지도서와 교과서를 보고 지도안의 형식에 맞추어 단원을 개발하는 것이다.

기존 단원 설계안의 구성 항목을 살펴보면, 단원의 내용이 가장 구체적으로 나타나 있는 것이 단원의 지도 계획 항목이다. 이 항목에서는 교과서에 제시된 단원의 내용을 차시, 교과서 쪽수, 주요 학습 내용 및 활동으로 제시하고 있다. 이는 차시 간의 연계성이나 학습자의 특성을 고려하기보다는 교과서에 제시된 학습 내용을 나열한 것에 지나지 않는다. 즉, 단원 내용 중 무엇이 중요하고 중요하지 않은지에 대한 우선순위는 나타나지 않으며 모든 활동이 동등하게 중요한 것처럼 다루어지고 있다. 평가 계획 항목에서는 평가 문제를 '인물의 말과 행동을 통하여 성격을 파악할 수 있는가?'와 같이 한 문장의 질문 형식으로 제시한다. 평가 준거는 상, 중, 하 3단계로 제시하거나 제시하지 않는 경우도 있다. 이는 단원 설계 시 상대적으로 평가의 위치가 축소되어 있음을 단적으로 보여 준다. '본시 교수-학습 과정안' 항목에서는 본시 학습, 즉 차시 중심으로 학습 경험을 계획하고 있음을 보여 준다. 이때는 교사의 발문과 예상 답변까지 매우 구체적으로 계획하여 이전 단계의 단원 전반에 대한 계획과는 구체성의 측면에서 큰 차이를 보인다.

이와 같이 교사들의 단원 설계 습관에 의해 작성된 기존 단원 설계안 항목을 살펴보면, 단원 설계가 Tyler 모형의 목표-학습 경험-평가의 순으로 이루어지는 것을 확인할 수 있다. 또한 단원 설계안이지만 단원의 전반적인 계획보다는 차시를 위주로 계획되고 있고 평가 계획이 추상적으로 제시되어 있어 실질적으로 단원 목표 도달 여부를 확인하기 어렵다는 단점이 있다. 또한 이 단원의 빅 아이디어, 개념이 무엇인지, 어떤 내용이 더 중요한 내용인지에 대한 충분한 고려를 하지 않고 있다. 하지만 차시 계획은 학습 단계, 발문, 시수 등 매우 상세하게 이루어지고 설계가 구체적이다.

한편 백워드 설계안을 살펴보면, 바라는 결과 확인하기에서는 성취기준으로부터 본질적 질문과 바라는 이해를 분석하여 선정하도록 하고 있다. 또한 수용 가능한 증거 결정하기의 하위 항목이 매우 상세화되어 있는 것을 볼 수 있다. 학생들의 이해 정도를 파악하기 위한 평가 목표, 평가과제 및 이해의 정도, 수행과 결과물, 평가 준거 등 구체적으로 평가 계획을 수립할 수 있도록 항목이 구성되어 있다. 이는 설계의 구성 요소에서 평가가 매우 강조되고 있음을 단적으로 보여 준다. 상대적으로 학습 경험 계획하기에서는 WHERETO 요소를 고려하여 단원 전반에 걸쳐 학습 경험을 계획하기 때문에 단원 수준에서 각 차시의 흐름을 파악할 수는 있지만 차시 수준에서는 구체적이지 않은 단점이 있다.

백워드 설계안에서는 단원 설계가 Tyler 모형을 변형한 목표-평가-학습 경험 순으로 이루어지는 것을 볼 수 있다. 성취기준을 고려하여 목표 풀기 과정을 거쳐 단원 전체의 목표를 설정하고 본질적 질문을 제시한다. 평가와 학습 경험을 계획하는 항목에서도 실질적인 목표 도달 여부를 확인할 수 있는 수행과제 및 다른 평가과제를 제시하는 것이 특징이라고 할 수 있다.

기존의 설계안과 백워드 설계안의 특징을 살펴보면, 기존 단원 설계는 목표-학습 경험-평가의 순으로 설계되고 평가의 위치 및 역할이 축소되어 있다. 또한 단원의 빅 아이디어나 핵심 개념, 내용의 우선순위에 대한 고려가 미흡하며 차시 중심의 설계라는 특징이 있다. 차시 중심의 설계에서도 기존 교육과정 설계 시 습관처럼 해 오던 방식을 그대로 따르고 있는 경향이 있다. 반면, 백워드 설계는 목표－평가－학습 경험 순으로 설계되며 목표 도달 여부, 학생들의 진정한 이해 여부를 확인하기 위한 평가가 구체적으로 계획되어 평가가 매우 중요한 위치를 차지하는 특징을 보이고 있다.

백워드 설계는 단원 수준에서 수업을 일관성 있게 계획하여 전개할 수 있는 장점이 있다. 또한 실제적인 수행과제 활동을 통해서 평가가 이루어진다는 점에서 학습자의 진정한 이해 여부를 확인할 수 있는 점이 큰 특징이다. 목표와 평가가 일치되어 학습 결손을 즉시 해결할 수도 있다. 또한 백워드 설계는 단원 전반에 걸쳐 하나의 목표, 빅 아이디어를 심도 있게 탐구할 수 있도록 설계되어 학생들의 진정한 이해를 높인다는 점에서 기존의 설계 방법보다 단원 수준의 설계에서 더욱 효과적이고 적합한 방법이라고 할 수 있다.

요약

Wiggins와 McTighe는 백워드 설계를 세 단계로 제시하였다. 1단계는 '바라는 결과 확인하기'로 목표를 설정하는 단계다. 2단계는 '수용 가능한 증거 결정하기' 단계로 평가를 상세하게 계획한다는 점에서 다른 설계 방법과 구별되는 백워드 설계의 가장 특징적인 단계다. 3단계는 '학습 경험 계획하기'로 1, 2단계에서 설계한 내용에 근거하여 학습 경험과 수업을 계획하는 단계다. 이러한 백워드 설계는 전통적인 설계 방식인 Tyler의 방식과 비교했을 때 평가가 목표 바로 다음에 위치하는 절차상의 변화를 보이고 이러한 특징으로 인해 백워드 설계라 불린다.

백워드 설계 템플릿은 백워드 설계의 아이디어를 구현하기 위한 단원 설계의 틀로 백워드 설계의 다양한 요소를 적용하여 효과적인 단원 개발의 조직을 돕는 개념적인 지침을 제공한다. 또한 설계 템플릿은 단원을 개발하는 과정을 안내하는 기능을 한다. 더불어 개발한 단원 설계안을 동료들과 검토, 타인과 공유하기 위한 형식을 제공하는 역할도 함께한다. 이러한 설계 템플릿은 다양한 양식이 있으며 수업 상황과 설계의 구체성 정도에 따라 설계자가 적절하게 선택하여 활용할 수 있다.

기존의 학교 현장에서는 세안과 약안의 두 가지 지도안 형태를 사용하고 있다. 기존의 설계안과 백워드 설계안을 비교 · 분석하여 특징을 찾아보면, 기존 단원 설계는 목표－학습 경험－평가의 순으로 설계되었고 평가의 위치 및 역할이 축소되어 있다. 또한 단원의 빅 아이디어나 핵심 개념, 내용의 우선순위에 대한 고려가 미흡하며 차시 중심의 설계가 주가 되었다. 반면, 백워드 설계는 목표－평가－학습 경험 순으로 설계되며 목표 도달 여부, 학생들의 진정한 이해 여부를 확인하기 위한 평가가 구체적으로 계획되어 평가가 매우 중요한 위치를 차지하는 특징을 보이고 있다.

토론 과제

1. 백워드 설계의 단계를 설명하시오.
2. 백워드 설계 템플릿 양식의 분량과 다양성의 차이를 설명하시오.

제3장

바라는 결과 확인하기

학습목표

- 백워드 설계 1단계의 핵심 설계 요소를 설명할 수 있다.
- 내용의 우선순위를 명료화하는 방법을 설명할 수 있다.
- 본질적 질문의 유형을 알고, 단원을 개발할 때 적합한 본질적 질문을 구성할 수 있다.

백워드 설계는 목표 지향적인 특징을 지니고 있다. 교사는 가장 먼저 목표를 명확히 하고 백워드 설계를 시작해야 한다. 1단계에서 설정한 바라는 결과는 2단계의 수용 가능한 증거를 계획할 때 수행과제 선정 및 평가 방법 결정에 영향을 미치고, 3단계의 학습 경험을 계획할 때 적절한 학습 경험의 유형을 정하는 데에도 영향을 준다.

물론 지금까지도 교사들은 목표를 고려하여 수업을 설계하고 실행해 왔다. 하지만 이러한 목표가 백워드 설계에서 의미하는 학생들의 심층적 이해에 목적을 두었는지 숙고해 볼 필요가 있다. 교과서에 제시된 모든 내용을 전달함으로써 학생들이 그 내용을 기억하도록 하는 것에 목표를 두지는 않았는지, 그 속에서 학생들이 학습 후에 얻게 된 것은 무엇이었는지 돌이켜 생각해 볼 필요가 있다. 구체적인 목표에서 출발하여 교수나 평가를 계획하고 실행하는 것은 타당해 보이지만 매 차시 모든 내용을 학생에게 가르칠 만큼 모든 학습 목표가 중요했는가? 다시 말해, 모든 성취기준이 동등한 가치를 지니고 있는가? 그렇지 않다. 이제 우리는 모든 학습 목표가 동등한 가치를 가지고 있지 않다는 것을 깨달을 필요가 있다. 학습 목표들은 각각 기술의 명세성, 교수와 평가에 대한 함축적 의미 측면에서 서로 상이하기 때문이다. 따라서 성취기준을 통해 목표를 명확히 밝히는 것은 백워드 설계의 전 과정에서 교사가 해야 할 가장 중요한 과업이라고 할 수 있다.

백워드 설계의 1단계에서는 목표를 고려한다. 1단계는 단원을 개발할 때 중요한 구성 요소를 고려하는 단계로 바라는 결과가 무엇인지 정한다. 이때 설정하는 목표는 단원 수준의 목표로서 단시 수업에 해당하는 단기적인 목표를 위한 합리적인 근거를 제공하는 영속적이고 장기적인 목표를 의미한다.

1단계에서는 성취기준을 검토함으로써 빅 아이디어를 확인하여 선정한 후, 바라는 이해가 무엇인지 결정하고, 본질적 질문을 도출한다. 첫째, 국가수준에서 제시하는 성취기준을 바탕으로 기준을 자세히 밝히는 과정을 거쳐 빅 아이디어를 선정한다. 둘째,

바라는 영속적 이해를 설정한다. 이해는 구체적으로 여섯 측면—설명, 해석, 적용, 관점, 공감, 자기지식—으로 구분다. 셋째, 1단계에서 빅 아이디어에 초점을 맞추기 위해 본질적 질문을 도출하게 된다. 그런데 본질적 질문은 정해진 정답을 요구하는 단순한 질문이 아니다. 학생들의 이해, 탐구, 심층적인 학습을 촉진시킬 수 있는 질문을 의미한다. 이런 정답이 없는 질문은 학생들의 학습력을 향상시키고, 다양한 고차원적 사고를 유발한다. 즉, 본질적 질문은 기존의 생각을 자극하고, 정보를 얻게 하며, 그 질문에 답하는 과정에서 학습자 스스로를 설득하고 목표를 향해서 움직이게 하는 중요한 역할을 한다.

1단계의 핵심 설계 요소는 다음과 같다.

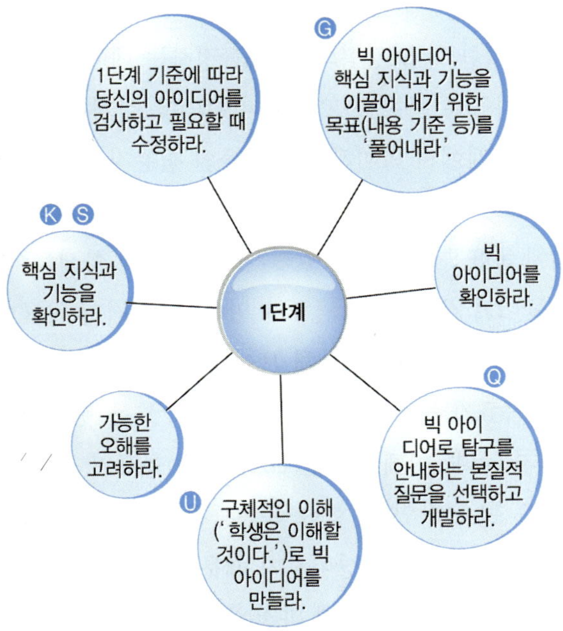

[그림 3-1] 1단계 하위 설계 요소

1 바라는 결과로서의 영속적 이해

교육과정을 살펴보면 성취기준과 학습 목표는 학생들에게 모두 중요한 것으로 제시되어 있다. 그런데 교사가 모든 목표를 동등하게 중요한 것으로 여기고 수업을 실행하다 보면 정해진 수업 시간보다 가르칠 내용이 항상 더 많기 때문에 늘 시간이 부족하다고 느낀다. 반면에, 학생들은 종종 쓸모없는 지식을 너무 많이 배운다고 불평을 한다. 따라서 교사들은 가르칠 내용의 우선순위를 정해야 하고 이를 바탕으로 수업을 설계하고 실행해야 한다.

1) 빅 아이디어[1]와 영속적 이해

교사들은 무엇에 초점을 맞추어 수업을 설계하고 진행해야 하는가? 백워드 설계에서는 빅 아이디어에 기초한 영속적 이해에 초점을 두고 있다. 빅 아이디어(big idea)는 교육과정, 수업, 평가의 초점으로 제공되어야 하는 핵심 개념, 원리, 이론을 의미한다. 이러한 빅 아이디어는 학습자들이 학습의 우선순위를 설정하는 것에 따라 단편적인 사실과 관련지어 결론을 도출한다. 또한 빅 아이디어는 특정한 단원을 초월하여 전이 가능한 것이며, 이는 이해라는 건축물의 재료가 되고 하나의 지식을 다른 지식과 연결할 수 있도록 하는 의미 있는 패턴이라고 할 수 있다.

전이 가능한 빅 아이디어에 해당하는 개념의 사례는 〈표 3-1〉과 같다.

〈표 3-1〉 전이 가능한 빅 아이디어의 사례

ㅁ 풍요 또는 결핍	ㅁ 용기
ㅁ 승인 또는 거절	ㅁ 창의성
ㅁ 적응	ㅁ 문화

(계속)

1) 빅 아이디어(big idea)는 1판에서는 '주요 아이디어'라는 용어로 사용함. 3판에서는 원어 그대로 빅 아이디어나 핵심 아이디어로 사용하고자 함. 2015 개정 교육과정에서는 '일반화된 지식', 2022 개정 교육과정에서는 '핵심 아이디어'로 부르고 있음.
빅 아이디어는 기본적으로는 핵심 개념과 원리, 일반화를 의미함. Wiggins와 McTighe는 영속적 이해라고도 부름. 영속적 이해는 원리와 일반화를 포함. 빅 아이디어는 학생들이 습득해야 하는 것이 아니라 학생들이 탐구를 통해서 구성하고 내면화하는 것임.
- 빅 아이디어는 교과 내 영역 간, 교과 간 아이디어를 연결함. Drake의 저서에서도 빅 아이디어를 통합의 조직자로 삼고 있으며, 타 교과에서도 이것이 잘드러남.
- 여러 나라에서도 교과별로 다른 용어로 사용하고 있는바, 과학과의 경우 싱가포르는 주제(themes), 캐나다 온타리오주는 근본 개념(fundamental concepts), 호주는 핵심 아이디어(key ideas)로 부르고 있으며, 사회과의 경우에는 각각 핵심 주제(key themes), 학문적 사고 개념(concepts of disciplinary thinking), 간학문적 사고 개념(concepts of interdisciplinary thinking)으로 부르고 있음.

- □ 성숙
- □ 균형
- □ 도전
- □ 변화
- □ 특성
- □ 공동체
- □ 충돌
- □ 관련성
- □ 협동
- □ 상호관련
- □ 상호의존
- □ 발명
- □ 정의
- □ 자유
- □ 충성
- □ 생산 혹은 소비
- □ 리듬
- □ 질서
- □ 순환
- □ 민주주의
- □ 발견
- □ 다양성
- □ 환경
- □ 공평
- □ 우정
- □ 조화
- □ 명예
- □ 상호작용
- □ 패턴
- □ 관점
- □ 생존
- □ 과학기술
- □ 상징
- □ 반복
- □ 평형

이러한 빅 아이디어는 다음과 같은 네 가지 역할을 한다.

첫째, 빅 아이디어는 내용의 우선순위를 결정하는 '개념 렌즈'를 제공한다. 빅 아이디어는 교육과정, 수업, 평가의 초점으로서 핵심 개념, 원리, 이론을 의미한다. 따라서 빅 아이디어는 영속적인 이해를 반영하고 학문 분야의 탐구, 발견, 논쟁을 야기하는 것이며, 이것은 가장 의미 있는 내용에 초점을 두는 교육과정의 우선순위 설정을 위한 기초를 제공한다.

둘째, 빅 아이디어는 중요한 사실, 기능과 행동을 연결하는 조직자의 역할을 한다. 빅 아이디어는 사실적 지식과 기능을 더 큰 지적 프레임과 연결시키고 특정 사실과 기능을 연결하는 다리의 역할을 한다. 보다 큰 아이디어에 초점을 두면, 학생들은 내용의 목적과 관련성을 이해하는 데 도움을 받는다.

셋째, 빅 아이디어는 다른 맥락으로 전이시킨다. 단편적인 사실은 전이가 불가능하다. 빅 아이디어는 전이 가능한 아이디어를 구체화시키고, 다른 주제, 탐구, 맥락, 문제에 전이가 가능하다. 교사는 단원의 교수를 통해 단원의 주제와 관련된 모든 지식을 학생들에게 가르칠 수 없기 때문에, 빅 아이디어에 집중하여 가르치면, 많은 양의 단편적인 사실 전달 위주의 수업을 예방할 수 있다.

넷째, 빅 아이디어는 추상적이기 때문에 심층적 학습을 필요로 한다. 빅 아이디어는 본래부터 추상적이다. 이것의 의미는 늘 학생들에게 분명하지 않고, 교과서를 통해 피상적으로 학습하는 것은 학생들의 이해를 확실하게 하지 못할 것이다. '피상적 학습'은 진정한 통찰을 불가능하게 한다. 이해는 획득되어야 하며, 빅 아이디어는 심층적으로 학습되어야 한다. 즉, 잘 설계된 학습 경험과 교사의 도움으로 그 의미가 발견되고 학습자에 의해 추론되거나 구성되어야 한다.

빅 아이디어의 네 가지 역할

① 내용의 우선순위를 결정하는 '개념 렌즈'를 제공
② 중요한 사실, 기능과 행동을 연결하는 조직자의 역할
③ 전이 가능한 아이디어를 구체화하며 다른 맥락으로 전이
④ 심층적 학습이 가능하도록 함.

영속적 이해는 앞에서 언급한 빅 아이디어에 기초하고 있고, 학문의 핵심적인 것이며, 새로운 상황에 전이 가능한 것으로 교사나 학생에게 보다 명확하게 제시하기 위해 일반화된 문장으로 진술하도록 하고 있다. 즉, 학생들이 교실에서 수업을 마친 후, 또한 졸업을 한 후에도 그들의 삶 속에서 지속적인 가치를 지니고 있는 것을 의미한다. 그리고 바라는 이해를 일반화된 문장으로 진술하는 것은 제시한 이해를 위해 어떤 특정한 지식, 활동, 평가가 필요한지 교사에게 보다 쉽게 알려 주는 역할도 한다.

Wiggins와 McTighe(1998)는 빅 아이디어를 중심으로 우선순위를 결정하는 데 유용한 조직자를 [그림 3-2]처럼 세 개의 동심원을 통해 제시하고 있다.

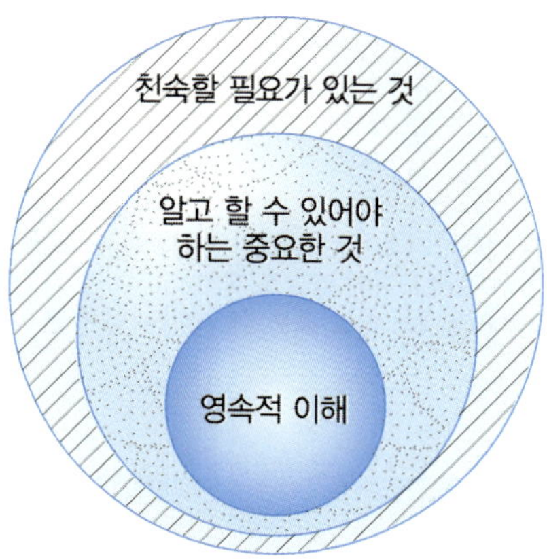

[그림 3-2] 내용의 우선순위 명료화하기

첫째, 가장 바깥의 원은 '친숙할 필요가 있는 것'으로 단원을 학습하는 동안 학생들이 읽고, 보고, 조사하기를 바라는 것과 관련된다. 둘째, 중간에 있는 원은 '알고 할 수 있어야 하는 중요한 것'으로 관련성과 전이력을 가지고 있는 중요한 지식, 기능, 개념을 분명하게 하는 것이다. 이 원은 이해의 핵심적인 수행을 성공적으로 달성하기 위해 학생들이 꼭 알아야 하는 필수적인 지식과 기능을 확인시키는 역할도 한다. 셋째, 가장 안쪽에 있는 원은 '영속적 이해'로 교과의 핵심에서 전이과제를 명확히 하고 교과나 단원이 내포하고 있는 빅 아이디어를 확인할 수 있다.

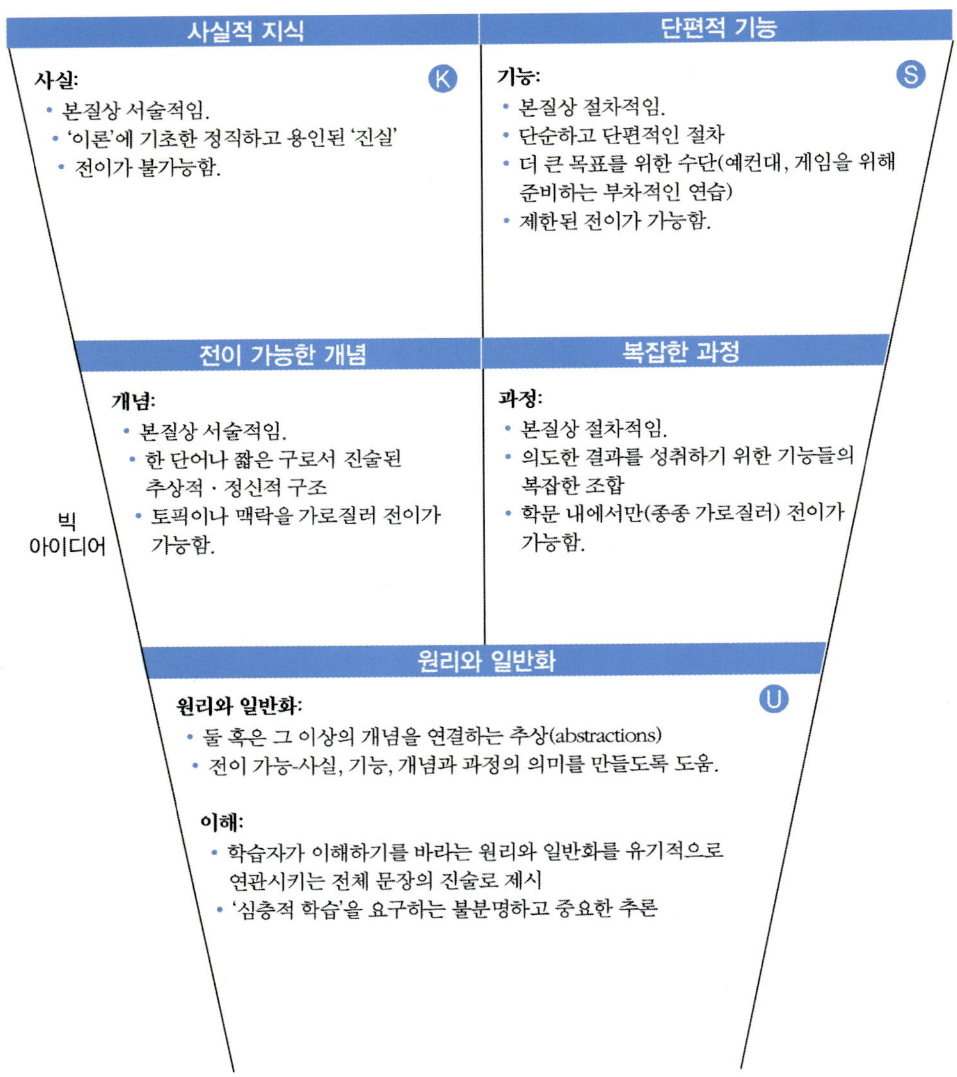

[그림 3-3] 지식의 구조-요소들의 정의

이상과 같이 학생들이 학습해야 하는 사실과 정보, 중요한 지식과 개념, 기능을 확인하고 전이 가능한 빅 아이디어들을 확인하는 일이 중요하다. 그런데 이들 간의 관계를 이해하는 일도 중요하다. 이들 간의 관계를 알아보는 데 참고가 될 만한 것은 '지식의 구조'이다([그림 3-3] 참조).

이상에서 설명한 빅 아이디어와 영속적 이해를 보다 쉽게 알아보기 위해서는 빅 아이디어, 이해, 본질적 질문과의 관련성을 파악하는 것이 중요하다. 이 3자 간의 관련성을 제시하면 [그림 3-4]와 같다. 이 그림은 빅 아이디어, 이해 그리고 본질적 질문 사이의 상관관계를 보여 준다.

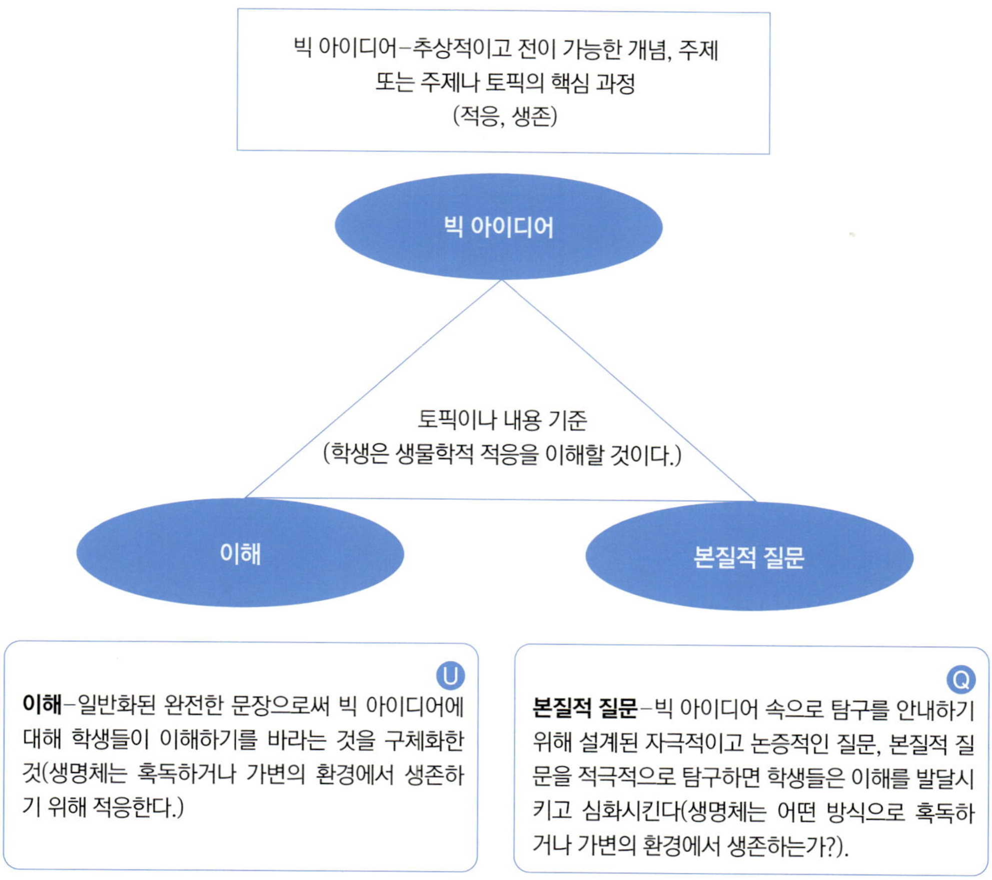

[그림 3-4] 빅 아이디어, 이해, 본질적 질문 사이의 상관관계

2) 목표 풀이하기를 통한 영속적 이해의 개발

앞의 동심원을 활용하여 빅 아이디어를 찾기 위해서는 목표 풀이하기(unpacking) 전략을 활용할 수 있다. 일반적으로 교육과정에 제시된 성취기준을 백워드 설계에서 제시하는 영속적 이해와 혼동하는 경우가 많다. 처음 백워드 설계를 해 보는 교사들은 목표 설정에 이 성취기준을 그대로 옮겨 진술해야 한다고 생각하기 쉽다. 하지만 국가수준에서 제시하고 있는 성취기준을 분석해 보면 교과나 단원에 따라 다르겠지만, 세 가지의 문제인 ① 성취기준의 수가 지나치게 많은 경우, ② 성취기준에서 제시한 범위가 너무 넓거나 좁은 경우, ③ 성취기준으로 진술된 문장의 의미가 너무 모호한 경우가 있다는 것을 쉽게 발견할 수 있다. 〈표 3-2〉는 2022 개정 교육과정 교과별 3~4학년군에 제시된 성취기준의 일부다.

〈표 3-2〉 2022 개정 교육과정의 교과별 성취기준

국어(듣기 · 말하기)

[4국01-01]	중요한 내용과 주제를 파악하며 듣고 그 내용을 요약한다.
[4국01-02]	원인과 결과의 관계를 고려하여 내용을 예측하며 듣고 말한다.
[4국01-03]	상황에 적절한 준언어 · 비언어적 표현을 활용하여 듣고 말한다.
[4국01-04]	상황과 상대의 입장을 이해하고 예의를 지키며 대화한다.
[4국01-05]	목적과 주제에 알맞게 자료를 정리하여 자신감 있게 발표한다.
[4국01-06]	주제에 적절한 의견과 이유를 제시하고 서로의 생각을 교환하며 토의한다.

사회(사회 · 문화)

[4사03-01]	최근 사회 변화의 양상과 특징을 파악하고, 그로 인해 나타난 생활모습의 변화를 탐색한다.
[4사03-02]	우리 사회에 다양한 문화가 확산되면서 나타나는 긍정적 효과와 문제를 분석하고, 나와 다른 사람이나 집단의 문화를 존중하는 태도를 기른다.
[4사04-01]	옛날 풍습에 대해 알아보고, 오늘날과 비교하여 변화상을 파악한다.
[4사04-02]	옛날부터 오늘날까지 교통의 변화에 따른 이동과 생활 모습의 변화를 이해한다.
[4사04-03]	옛날부터 오늘날까지 통신수단의 변화에 따른 정보 교류와 의사소통 방식의 변화를 설명한다.

(계속)

수학(도형과 측정)

[1] 도형의 기초

[4수03-01] 직선, 선분, 반직선을 이해하고 구별할 수 있다.

[4수03-02] 각과 직각을 이해하고, 직각과 비교하는 활동을 통하여 예각과 둔각을 구별할 수 있다.

[4수03-03] 직선의 수직 관계와 평행 관계를 이해한다.

[2] 평면도형의 이동

[4수03-04] 구체물이나 평면도형의 밀기, 뒤집기, 돌리기 활동을 통하여 그 변화를 이해한다.

[4수03-05] 평면에서 점의 이동에 대해 위치와 방향을 이용하여 설명할 수 있다.

과학(생명)

[4과04-01] 동물의 한살이를 직접 관찰하고, 관찰한 내용을 글과 그림으로 표현할 수 있다.

[4과04-02] 식물이 자라는 데 필요한 조건을 찾는 실험을 설계하여 수행할 수 있다.

[4과04-03] 생물의 한살이 과정을 조사하여 생물에 따라 한살이의 유형이 다양함을 소개하는 자료를 만들어 공유할 수 있다.

〈탐구 활동〉

• 곤충의 한살이 관찰하기

음악(연주)

[4음01-01] 바른 자세와 주법을 익혀 노래 부르거나 악기로 연주한다.

[4음01-02] 기초적인 음악 요소를 살려 노래 부르거나 악기로 연주하고 느낌을 이야기한다.

[4음01-03] 노래와 악기 연주에 어울리는 신체표현이나 놀이를 하며 음악을 즐긴다.

[4음01-04] 생활 속에서 음악을 경험하며 연주에 관심을 가지고 참여한다.

미술(미적 체험)

[4미01-01] 자연물과 인공물을 탐색하는 데 다양한 감각을 활용할 수 있다.

[4미01-02] 주변 대상을 체험하며 떠오른 느낌과 생각을 다양한 방법으로 나타낼 수 있다.

[4미01-03] 미적 탐색에 호기심을 갖고 참여하며 자신의 감각으로 대상의 특징을 이해할 수 있다.

[4미01-04] 생활 속에서 활용되는 미술에 관심을 가지고 미술의 특징과 역할을 발견할 수 있다.

영어(이해)

[4영01-01] 알파벳과 쉽고 간단한 단어의 소리를 듣고 식별한다.

[4영01-02] 알파벳 대소문자를 식별하여 읽는다.

[4영01-03] 쉽고 간단한 단어, 어구, 문장을 듣고 강세, 리듬, 억양을 식별한다.

[4영01-04] 소리와 철자의 관계를 이해하며 쉽고 간단한 단어, 어구, 문장을 소리 내어 읽는다.

[4영01-05] 쉽고 간단한 단어, 어구, 문장의 의미를 이해한다.

[4영01-06] 자기 주변 주제에 관한 담화의 주요 정보를 파악한다.

> [4영01-07] 적절한 전략을 활용하여 담화나 문장을 듣거나 읽는다.
> [4영01-08] 다양한 매체로 표현된 담화나 문장을 흥미를 가지고 듣거나 읽는다.
> [4영01-09] 시, 노래, 이야기를 공감하며 듣는다.
> [4영01-10] 자기 주변 주제나 문화에 관한 담화나 문장을 존중의 태도로 듣거나 읽는다.

앞에 제시한 성취기준을 살펴보면, 음악이나 미술과 같은 예술 교과는 생활 속에서의 음악 경험, 자연물과 인공물 탐색처럼 성취기준에서 제시하고 있는 범위가 너무 넓은 경우가 있다. 영어과 성취기준의 경우에는 자기 주변 주제에 관한 담화가 무엇을 의미하는지 문장의 의미가 모호하여 구체화할 필요가 있다. 반면에, 수학과나 과학과처럼 교과 내용 지식을 기반으로 성취기준을 작성한 경우, 그 범위가 너무 좁은 것을 발견할 수 있다.

즉, 현재 우리나라 국가수준 교육과정에 제시된 성취기준을 무조건 그대로 활용하여 단원을 설계하는 것은 부적절하다. 따라서 백워드 설계에서는 목표 풀기의 과정을 통해 학습으로부터 가져오게 되는 특정한 이해를 확인하고 목표를 구체적이고 일반화된 명제 형태로 구조화해야 한다. 즉, 목표 풀이하기는 성취기준을 풀어서 자세히 밝히는 과정으로, 앞에서 제시한 성취기준이 가지고 있는 세 가지 문제를 해결하기 위해 필요한 과정이다.

교사들은 이러한 목표 풀이하기의 과정을 통해 빅 아이디어와 핵심 과제를 포함하는 넓은 개념적 우산 아래 구체적인 것들을 모아 둠으로써 방대한 양의 내용들, 특히 단편적인 실제적 지식과 기초적인 기능들을 다룰 수 있게 된다. 실제적으로 교사들은 제한된 시간과 내용 전달의 부담 때문에 모든 사실과 기능을 다룰 수는 없다. 그렇지만 본질적 질문과 수행과제를 위주로 한 설계를 통해 이전보다 각 교과에서 빅 아이디어와 핵심 과제에 초점을 맞추어 수업을 실행하게 될 것이다. 즉, 성취기준에 의해 확인된 구체적인 사실, 개념, 기능들은 보다 큰 아이디어와 능력을 탐구하는 맥락에서 가르칠 수 있다.

목표 풀이하기

- 성취기준을 풀어서 자세히 밝히는 과정으로 이는 성취기준이 가지고 있는 세 가지 문제(성취기준 수의 과다, 성취기준에서 제시하고 있는 범위의 과대 및 과소, 성취기준의 애매모호함)를 해결하기 위해 필요한 과정이다.

Wiggins와 McTighe(2005)는 목표 풀이하기의 조직자를 [그림 3-5]와 같이 제시하고 있다.

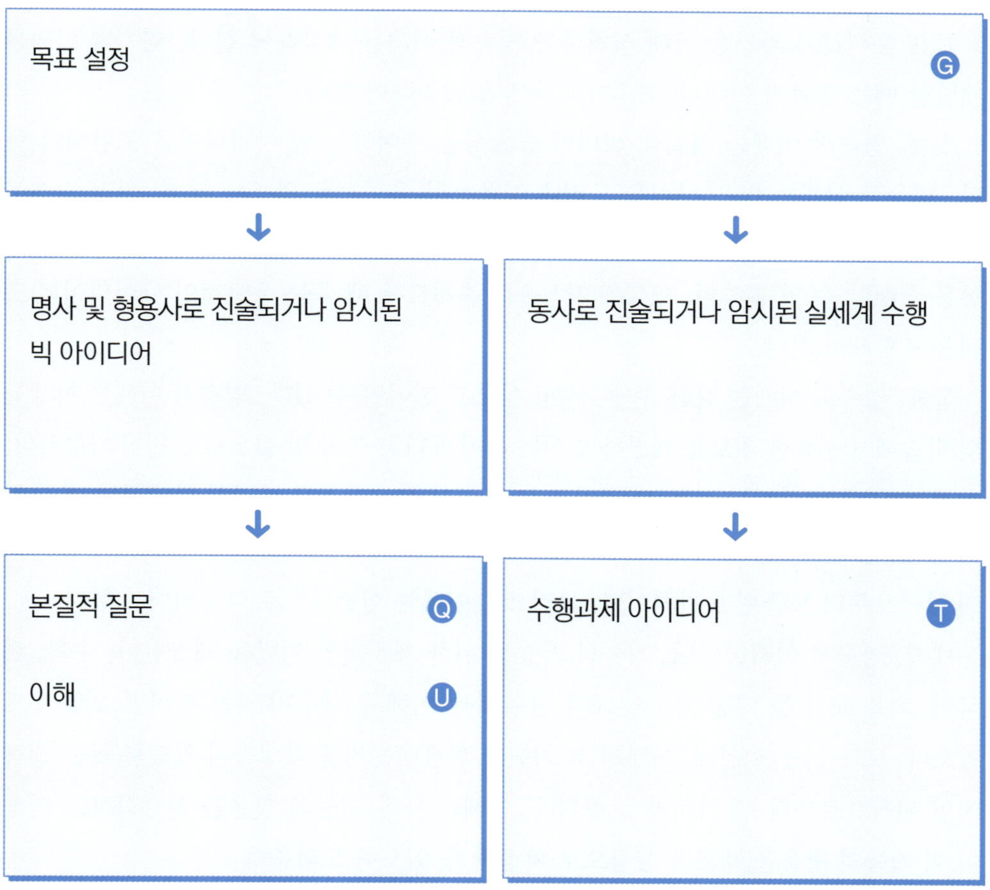

[그림 3-5] 목표 풀이하기

빅 아이디어를 찾기 위한 목표 풀이하기의 과정은 다음과 같다. 첫째, 성취기준을 자세히 살펴봐야 한다. 대부분의 성취기준은 빅 아이디어를 나타내고 있기 때문이다. 둘째, 성취기준이 제시된 문서에서 반복되는 주요 명사, 형용사 그리고 핵심 과제를 확인하기 위해 반복되는 동사를 확인해야 한다. 주요 명사와 형용사를 통해서는 지식 및 빅 아이디어를 확인할 수 있고, 동사를 통해서는 요구되는 수행을 확인할 수 있다. 셋째, 전이 가능한 개념이 무엇인지 확인해야 한다. 넷째, 주제나 내용 기준에 관해 다음과 같은 질문을 해 보아야 한다. "~을 왜 공부해야 하는가?" "~의 과정이나 기능에 함축된 '빅 아이디어'는 무엇인가?" "~에 들어 있는 보다 큰 개념, 이슈 혹은 문제가 무엇인가?" "~이 보다 큰 세상에서 어떻게 적용되고 사용되는가?" "~에 관한 '현실적인' 통찰은 무엇인가?" "~을 공부하는 가치는 무엇인가?" 다섯째, 흡수/반사와 같이 관련 있고 연상되는 짝을 고려하여 빅 아이디어를 생성해야 한다.

목표 풀이하기 과정을 통해 설계자는 영속적 이해를 개발해야 한다. 영속적 이해를 개발할 때는 영속적 이해의 다섯 가지 특징을 고려해야 한다.

첫째, 영속적 이해는 사실에 의미와 중요성을 부여하는 빅 아이디어를 포함해야 한다. 영속적 이해는 많은 사실을 드러내고 유용한 유형으로 만드는 개념, 원리 그리고 이론으로 구성된다. 따라서 학생들이 수업을 이해할 수 있도록 해 주고, 현재의 탐구활동을 수행할 수 있게 하며, 새로운 지식을 창출하도록 해 주는 우선적인 아이디어의 조직을 포함해야 한다.

둘째, 영속적 이해는 다른 주제, 분야, 삶으로 전이될 수 있다. 영속적 이해는 학생들의 학습에서 중요한 정보를 제공하며 이는 동시에 다른 분야 및 삶으로도 전이 가능하다.

셋째, 영속적 이해는 보통 그 의미 또는 가치가 학습자에게 분명히 파악되는 데 난점이 있고, 반직관적인 성격을 지니고 있어 오해하기 쉽다. 이해는 사실이 아니라 추론이며 탐구로부터 도출된 통찰력이다. 그러므로 이해는 심층적으로 학습되어야 한다.

넷째, 영속적 이해는 기초 기능의 학습을 위한 개념적인 기반을 제공한다. 수학, 외국어, 체육 교과 등 기능 기반의 교과 단원에서 '이해'를 다루지 않는 것처럼 보일 수도 있으나, 모든 기능은 언제, 어떻게 그 기능을 활용하는지를 학생들이 알도록 돕는 전략적인 원칙으로부터 그 가치가 도출된다. 이해는 또한 기능의 활용을 정당화하고 학생이 이 기능의 활용을 새로운 상황으로 확장할 수 있도록 도와준다.

다섯째, 영속적 이해는 일반화로서 구조화된다. 이해는 탐구로부터 도출되는 일반화이다. 이것은 단지 단원의 주제를 진술하는 것이 아니라 단원의 학습으로부터 추론되어야 하는 구체적인 통찰력이다. 한 단원의 영속적 이해는 합의된 단 한 가지 이해를 말하는 것이 아니며 주제, 사실 그리고 교육 내용을 어떻게 이해할지에 대하여 모두가 동의해야 하는 것도 아니다.

영속적 이해의 특징

① 사실에 의미와 중요성을 부여하는 빅 아이디어를 포함함.
② 다른 주제, 분야, 삶으로 전이됨.
③ 보통 분명히 파악하는 데 난점이 있고, 반직관적인 성격을 지니고 있어 오해하기 쉬움.
④ 기초 기능의 학습을 위한 개념적인 기반을 제공함.
⑤ 일반화로서 구조화됨.

이러한 과정을 거쳐 개발한 교과별 이해의 사례는 다음과 같다.

- 국어: 소설가는 허구를 통해 인간의 경험에 대한 통찰력을 제공한다.
  제대로 읽기를 하는 독자는 본문을 더 잘 이해하기 위해서 구체적인 전략을 활용한다(예컨대, 문맥에 있는 단서를 살피거나, 작가를 살펴보거나, 어떤 사건이 벌어질지 예측하거나, 다시 읽거나, 요약한다).
- 수학: 수는 사람들로 하여금 수량, 순서, 그리고 비율을 나타낼 수 있게 하는 개념이다.
  때때로 '정확한' 수학적 해답이 실세계의 문제에 대한 최선의 해답이 아닌 경우도 있다.
- 사회: 한 지역의 지형, 기후 및 천연 자원은 그곳에 사는 주민들의 문화, 경제 그리고 생활 양식에 영향을 미친다.
  역사의 해석은 해석하는 사람의 관점에 따라 달라진다.
  자유 시장 경제에서의 상품 가격은 주로 공급과 수요에 따라 결정된다.
- 과학: 과학기술의 진보로 새로운 가능성과 문제점이 나타난다.
  과학적 주장은 독립적인 조사를 통해 타당화되어야 한다.
- 체육: 공으로부터 멀어져 공간을 만들게 되면 방어가 느슨해지고 득점 기회가 증대된다(예: 축구, 농구).
- 예술: 가장 위대한 예술가들은 자신이 보고 느낀 것을 표현하기 위해 기존의 전통과 기법을 탈피한다.
  동작은 아이디어와 느낌을 소통시킬 수 있다.
- 외국어: 다른 언어와 문화에 대한 학습은 자신의 언어와 문화에 대해 통찰력을 제공한다.

2 본질적 질문으로 단원 구성하기

1) 본질적 질문

본질적 질문은 교과의 중심에 놓이거나 교과의 탐구와 심층적 학습을 촉진시키는 질문이다. 그래서 본질적 질문은 간단한 문장으로 직접적인 대답을 요구하거나 정해진 하나의 결론을 갖는 것이 아니라 학생들의 사고와 탐구를 자극하며, 더 많은 질문을 이끌어 내어 학습자들의 탐구 관문으로 작용하는 질문을 의미한다.

Bruner(1996)는 딜레마를 내포하고 있고, 명백하거나 규범적인 '진실'에 의문을 갖게 하거나, 모순적이거나 부적합한 것에 관심과 주의를 기울이게 하는 질문이 좋은 질문이라고 언급하였다. 즉, 좋은 질문은 단지 그 질문에 대한 답이 정답인지 오답인지 판별하기 위한 질문이 아니라, 흥미를 유발하고 대안적인 관점들을 이끌어 내며, 질문에 대하여 어떤 추론을 요구하는 것이다. 좋은 질문은 교실 수업에서 배운 내용과 생활 경험을 의미 있게 연결하도록 해 주는 것이기도 하다. 이러한 질문들은 학생들이 이해했다고 생각하는 것을 재고(rethinking)하도록 하며, 하나의 상황에서 다른 상황으로 아이디어를 전이하게 한다. 다시 말해, 좋은 본질적 질문은 주제나 단원 내용에 대한 이해만 증진시키는 것이 아니라, 관련성을 야기하고 하나의 상황에서 다른 상황으로 아이디어들이 전이되도록 촉진한다. 따라서 학생들은 이러한 본질적 질문에 대한 탐색을 통해 주제나 단원이 지니고 있는 실질적인 풍부함을 심층적으로 학습할 수 있게 된다.

일반적으로 교사들은 수업을 진행할 때 질문을 사용하기 때문에 수업 시간에 사용하는 질문을 본질적 질문으로 오해하는 경우가 있다. 백워드 설계에서의 본질적 질문은 매 수업에서 학생의 대답을 이끌어 내기 위한 교사의 질문이 아니다. 단원의 활동 가치를 알려 주는 질문을 통해서 단원의 수업을 설계하는 데 활용하는 질문을 의미한다. 이러한 의미를 지니고 있는 본질적 질문은 한 단원에서 습득한 지식을 확인하기 위한 질문과는 다른 것이다. 즉, 본질적 질문은 질문을 통해 단원을 설계하도록 하는 것이며, 이는 학습을 만드는 활동, 수업 전략, 시퀀스, 자료 등을 선택하는 단원 전반에 강력한 영향을 미친다.

본질적 질문

- 교과의 중심에 놓이거나 교과의 탐구와 심층적 학습을 촉진시키는 질문으로, 학생들의 사고와 탐구를 자극하며 더 많은 질문을 이끌어 내어 학습자들의 탐구 관문으로 작용하는 질문

2) 본질적 질문의 특징

좋은 본질적 질문은 학생을 특별한 주제나 해당 학문 분야의 핵심으로 이끈다. 이러한 질문은 학문 분야를 대표하는 상징적인 의미에 그치는 것이 아니라, 질문이 학생들에게 의미 있고 관련이 있는 것처럼 보여 학생이 질문에 몰두할 수 있도록 돕는다. 이를 바탕으로 학생들이 체계적이고 심층적인 이해에 도달한다면, 결국 본질적 질문은 교과 속에서 생생하게 살아 움직이게 된다.

학생들을 심층적 학습으로 이끄는 본질적 질문에서 본질적이라는 것은 다음과 같은 네 가지 의미를 포함하고 있다(부록 4 참조).

첫째, 우리의 삶 속에 반복하여 지속적으로 제기되는 중요한 질문을 포함한다. 본질적 질문은 끊임없는 논쟁의 여지를 가지고 있으며 질문의 폭이 넓고 본질적으로 영원한 성격을 지닌다. '정의는 무엇인가?' '과학은 종교와 양립할 수 있는가?'와 같은 질문에 대한 이해에 도달할지 모르겠지만, 곧 그러한 질문에 대한 답변은 늘 잠정적인 것이며, 우리는 살아가면서 그러한 질문과 관련된 반성과 경험을 통해 마음의 변화를 가져오게 된다. 즉, 학생의 삶 속에서 의미 있는 교육은 이처럼 평생 동안 제기되는 질문에 기반을 두어야 한다.

둘째, 학문 내의 핵심 아이디어를 가리키고, 그것의 탐구를 추동한다. 이러한 의미에서의 본질적 질문은 어떤 한 교과에서의 빅 아이디어의 핵심과 최신의 전문 지식을 가리키는 질문들이다. 이러한 질문은 역사적으로도 중요하며 해당 학문 분야에서 매우 실질적인 질문이다. '건강에 좋은 음식은 무엇인가?' '역사는 그것을 쓴 사람의 사회적이고 개인적인 역사를 벗어나는 것이 가능한가?'와 같은 질문은 해당 분야의 전문가 및 일반인 사이에서도 지속적으로 논쟁을 초래하고 있다.

셋째, 핵심 내용을 학습하는 데 요구되는 것이다. 어떤 질문이 학생이 중요한 아이디어를 효과적으로 탐구하고 의미를 파악하는 데 도움이 된다면, 그 질문은 본질적 질문

이라고 할 수 있다. '어떤 방법으로 빛은 파동처럼 작용하는가?' '작가들은 어떻게 독자의 주목을 받는가?'와 같은 질문을 적극적으로 탐구하는 것은 내용 지식과 기능에서 보다 큰 일관성이나 정합성을 지닐 뿐만 아니라 학생들이 중요한 이해에 도달하도록 돕는다.

넷째, 다양한 학습자를 가장 잘 몰두시킬 수 있는 질문을 의미한다. 어떤 질문은 전체적인 의미에서 중요할 수도 있지만, 학생들의 흥미를 유발시키지 못할 뿐만 아니라 그 적절성이 문제가 될 수도 있다. 이러한 측면에서 학생의 주의를 환기시키는 질문이라면 본질적 질문이라고 할 수 있다. 물론 빅 아이디어가 추상적인 경우가 있으므로 학생들이 질문을 처음 들었을 때는 그 질문이 지니는 의미를 파악하지 못할 수 있다. 따라서 본질적 질문을 학생들이 이해하기 쉽고 사고를 자극하며 도전적으로 만들 필요가 있다.

본질적 질문의 네 가지 의미

① 우리의 삶 속에 반복하여 지속적으로 제기되는 중요한 질문
② 학문 내의 핵심 아이디어를 가리키고 그것의 탐구를 추동하는 질문
③ 핵심 내용을 학습하는 데 요구되는 질문
④ 다양한 학습자를 가장 잘 몰두시킬 수 있는 질문

앞에서 살펴본 본질적이라는 의미를 통해 본질적 질문이 갖는 공통적 특징을 살펴볼 때, 만일 질문이 다음과 같은 의미를 지니고 있다면 본질적 질문이라고 할 수 있다.

① 빅 아이디어와 핵심 내용의 탐구로 이끈다.
② 깊은 사고, 생동감 있는 토론, 지속적인 질문 그리고 새로운 이해를 자극한다.
③ 학생들로 하여금 대안을 고려하고, 증거를 평가하며, 아이디어를 지지하고, 대답을 정당화하도록 요구한다.
④ 빅 아이디어, 가정, 선행 수업에 대하여 중요하고 지속적인 재고를 하도록 자극한다.
⑤ 다른 상황이나 교과에 전이 기회들을 자연스럽고 반복적으로 창안하도록 한다.

기능 영역에서도 본질적 질문이 존재한다. 본질적 질문을 통해 도달할 빅 아이디어

는 모든 기능 숙달의 기초가 되며, 이러한 질문을 고려하는 것은 유창하고 탄력적인 수행을 위한 주요한 과정이다. 특히 기능 영역의 본질적 질문은 핵심 개념, 목적과 가치, 전략과 전술, 맥락의 사용을 중심으로 효과적으로 구성된다. 즉, 실제 수행의 맥락 내에서 계속되는 판단을 요구하는 질문이 본질적 질문이라고 할 수 있다. 기능은 수단일 뿐이며, 최종 지향점은 기능을 활용하여 유창하고 유연하며 효과적으로 수행하는 것이다. 즉, 기능은 복잡한 수행에 직면했을 때 왜, 언제, 어떻게 사용해야 하는지에 대한 이해력을 의미한다.

3) 본질적 질문의 유형

본질적 질문은 질문이 포함하고 있는 범위에 따라 두 가지 유형으로 구분할 수 있다. 첫째, 포괄적 본질적 질문이다. 이 질문은 일반적인 이해를 강조하는 질문으로 주제나 단원을 초월하는 빅 아이디어를 언급한다. 이러한 질문은 특정한 단원을 넘어서 빅 아이디어와 영속적 이해로 나아간다. 또한 한 주제의 특수한 측면을 다른 주제나 교과와 관련지어 탐구와 연계시킨다. 이러한 특성으로 포괄적 질문은 빅 아이디어나 교과를 구성하는 데 활용될 수 있다. 이 질문은 빅 아이디어로 여러 학년에 걸쳐 의미 있는 질문이며, 이로 인해 각 학년별 교과 교육과정은 더욱 긴밀하게 연결될 수 있을 것이다.

둘째, 제한적 본질적 질문이다. 이 질문은 한 주제의 범위 내에 있는 질문이다. 이것은 하나의 주제에 대한 심층적 탐구의 결과로 대답을 할 수 있는 질문으로 각 교과 내의 빅 아이디어와 그 과정의 탐구를 안내하며 학습 단원의 틀을 구성한다. 따라서 제한적 본질적 질문은 종종 정답을 추구하는 것처럼 보여 본질적 질문이 아닌 것 같을 수도 있다. 하지만 질문에 사용된 어휘만으로 중요성을 판단하는 것은 무리가 있다. 단순한 사실의 재생이나 재인을 요구하는 것이 아니라, 학생의 사고를 유발하고 탐구가 반영된 질문이라면 본질적 질문으로 볼 수 있기 때문이다.

가장 좋은 단원은 이러한 두 가지 유형의 본질적 질문이 모두 연결되어 구축된 것이다. 다음 〈표 3-3〉은 본질적 질문의 유형의 특징을 구분하여 제시한 것이다.

〈표 3-3〉 본질적 질문의 두 가지 유형

포괄적 본질적 질문	제한적 본질적 질문
• 교과의 일반적 성격을 드러냄. • 일반적이고 전이 가능한 이해를 강조함. • 빅 아이디어를 언급함. • 국가수준이나 학교수준에서 교육과정을 개발할 때 사용함.	• 구체적이고 제한적인 이해를 강조함. • 정답을 요구하는 것은 아니며 탐구를 요구함. • 학년이나 수업 수준에서 단원을 구성할 때 사용함. • 내용을 구체화시키고 초점을 제공하는 역할을 함.

〈표 3-4〉 본질적 질문의 예

포괄적 본질적 질문	제한적 본질적 질문
[예술] • 예술은 어떤 방식으로 문화를 형성할 뿐만 아니라 그것을 반영하는가? • 예술가들은 그들의 생각을 표현하기 위해 어떻게 도구, 기술, 재료를 선택하는가?	[탈에 관한 단원] • 탈은 다양한 문화에서 어떠한 역할을 하는가? • 탈과 그것의 이용은 한 문화에 관해서 무엇을 보여 주는가? • 다른 문화에서 어떠한 도구, 기술, 재료들이 탈의 창작에 이용되는가?
[문학] • 무엇이 위대한 이야기를 만드는가? • 작가는 독자들을 어떻게 효과적으로 사로잡는가?	[추리 소설에 관한 단원] • 추리 소설 장르에 관해서 특이한 점은 무엇인가? • 위대한 추리 소설 작가가 그들의 독자를 어떻게 사로잡는가?
[과학] • 유기체의 구조가 거칠거나 변화무쌍한 환경에서 어떻게 살아남을 수 있게 하는가? • 유기체는 거칠거나 변화무쌍한 환경에서 어떻게 생존하는가?	[곤충에 관한 단원] • 곤충의 구조와 행위는 곤충의 생존을 어떻게 가능하게 하는가? • 곤충은 그들의 환경이 변할 때 어떻게 생존하는가?

4) 본질적 질문 만들기

본질적 질문은 '이해에 도달하기 위한 관문'이라는 별칭을 가지고 있다. 따라서 본질적 질문은 설계자가 추구하는 이해와 밀접하게 관련이 되며 1단계에서 확인된 영속적 이해로부터 본질적 질문을 도출할 수 있다. 예를 들어, '생물은 변화하는 환경이나 위험 속에서 살아남기 위해 적응한다.'는 이해로부터 '어떤 방법으로 생물은 생존하기 위해 적응하는가?'라는 본질적 질문을 자연스럽게 만들 수 있다.

[그림 3-6]은 이해의 여섯 측면, 특히 설명의 측면으로 육하원칙에 근거하여 본질적 질문을 작성하기 위한 질문의 형식들이다. 본질적 질문을 만들 때는 본질적 질문 유발자(question starters)를 활용할 수 있지만, 빈칸에 해당하는 교육 내용을 단순히 삽입하기보다는 유발자를 활용하여 본질적 질문 개발을 위한 브레인스토밍을 한 후, 본질적 질문을 정교하게 다듬을 필요가 있다.

[그림 3-7]은 본질적 질문을 생성하기 전에 본질적 질문과 바라는 이해를 확인하기 위해 설계자가 고려해야 할 질문을 나타낸 설계 조직자와 음악과 사례다. 주제나 빅 아이디어와 관련하여 이러한 질문을 해 봄으로써 학생들이 이해하길 바라는 것이 더욱 명확해진다.

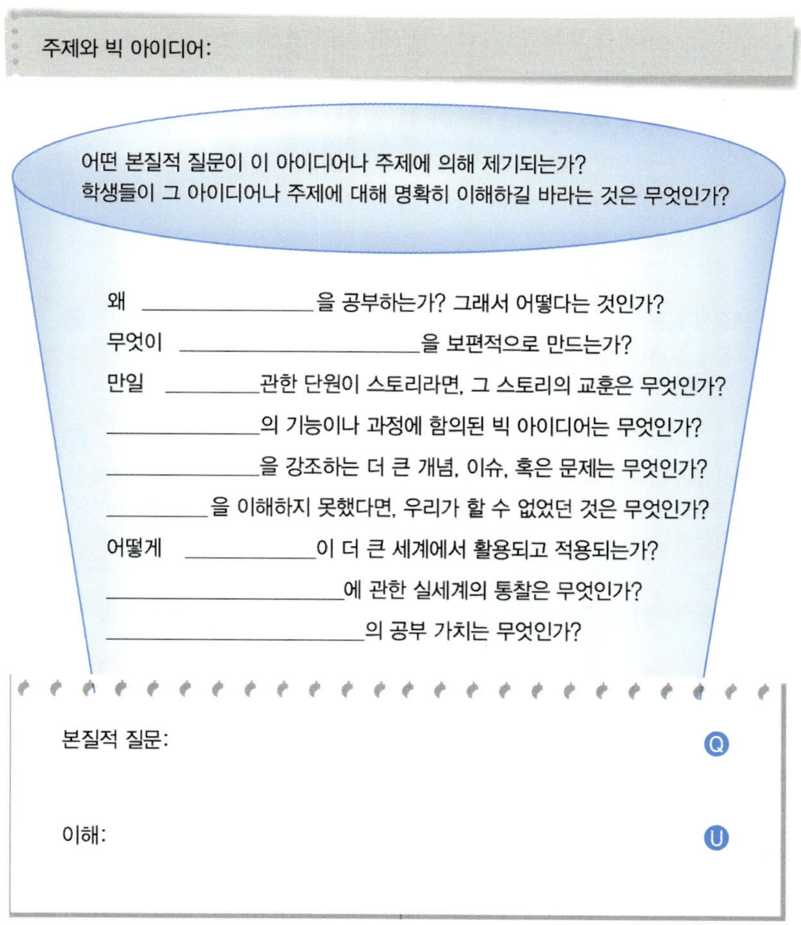

[그림 3-6] 본질적 질문을 만들기 위한 조직자

주제와 빅 아이디어: **음악 이론**

어떤 본질적 질문이 이 아이디어나 주제에 의해 제기되는가?
학생들이 그 아이디어나 주제에 대해 명확히 이해하길 바라는 것은 무엇인가?

왜 음악 이론을 공부하는가? 그래서 어떻다는 것인가?
무엇이 음악 이론의 공부를 보편적으로 만드는가?
만일 음악 이론에 관한 단원이 스토리라면, 그 스토리의 교훈은 무엇인가?
음악 이론의 기능이나 과정에 함의된 주요 아이디어는 무엇인가?
음악 이론을 강조하는 더 큰 개념, 이슈, 혹은 문제는 무엇인가?
음악 이론을 이해하지 못했다면, 우리가 할 수 없었던 것은 무엇인가?
어떻게 음악 이론이 더 큰 세계에서 활용되고 적용되는가?
음악 이론에 관한 실세계의 통찰은 무엇인가?
음악 이론의 공부 가치는 무엇인가?

본질적 질문: Q
- 음악을 매력 있게 만드는 것은 무엇인가?
- 어떻게 음악은 느낌을 전달하고 감정을 불러일으키는가?

이해: U
- 신중히 침묵의 간격을 두면 보다 드라마틱한 음악을 만든다.
- 친숙한 멜로디, 하모니, 리듬, 그리고 진행 속에서의 놀람은 음악에서 창의성의 핵심에 있다.

[그림 3-7] 본질적 질문을 만들기 위한 조직자를 활용한 음악과 사례

앞에 제시된 본질적 질문을 만들기 위해 사전에 고려해 보아야 할 질문 형식을 바탕으로 브레인스토밍할 때, 다음의 사항을 고려해야 한다.

① 명확한 정답을 갖지 말라.

질문들은 꼭 맞는 대답을 산출하도록 의도하지 않는다. 질문은 초점을 가지고 있지만 활발한 토론, 탐구, 조사로 나아가는 관문으로 작용하며 탐구로부터 이해가 도출될 수 있도록 한다.

② 종종 교과 영역의 경계들을 교차해서 다른 중요한 질문을 제기하라.

질문은 특정 주제와 관련된 질문뿐만 아니라 다른 본질적 질문을 이끌어 낸다. 예를 들어, '자연계에서 강한 것만이 살아남는가?'라는 질문은 '강하다'는 것이 무엇을 뜻하는지, '그들이 살아남았기 때문에 곤충이 강한 것인가?'와 같은 질문을 유발한다. 또한 이러한 질문은 인간 생물학과 생리학에 관한 탐구로 이어질 수 있다.

③ 학문의 철학적이고 개념적인 기초들을 다루어라.

이것은 하나의 탐구 분야에서 역사적으로 가장 중요한 이슈, 논쟁 그리고 문제에서 발견할 수 있다. 예를 들어, '역사는 불가피하게 편향적인가?'는 이 경우에 해당된다.

④ 자연스럽게 순환 · 반복하라.

동일하게 중요한 질문이 한 사람의 학습과 한 분야의 역사에 걸쳐서 제기되고, 또다시 제기된다. 예를 들어, '위대한 책을 훌륭하게 만드는 것은 무엇인가?'라는 질문은 대학생뿐만 아니라 중학교 1학년 학생들에 의해서도 검토될 수 있는 것이다.

⑤ 학습과 최종 수행에 초점을 두면서 학생들의 흥미를 유발하고 유지하도록 구성하라.

질문들이 학생들로 하여금 사고를 불러일으키고 학생들이 지속된 탐구 환경에 참여할 수 있는 능력을 가지도록 설계되었을 때, 질문들에 초점을 둔 단원들이 최상으로 작용한다. 이러한 질문은 종종 반직관적인, 논쟁의 여지가 있는 것들을 포함한다. 예를 들어, '인터넷은 아이들에게 위험한가?' '당신의 건강에 좋은 음식은 맛이 없어야 하는가?' 등이다.

앞에서 살펴본 것처럼 단원의 본질적 질문을 생성하기 위해서는 이해의 여섯 측면을 활용할 수 있다. [그림 3-8]은 주제나 성취기준에 대한 본질적 질문을 생성하기 위한 이해의 여섯 측면을 활용한 조직자다. [그림 3-9]는 이해의 측면별로 본질적 질문을 생성할 때 활용할 수 있는 질문을 제시한 것이다. 관련되는 이해의 측면에서 해당하는 질문 형식에 개발하고자 하는 단원의 내용을 넣어 질문을 만들어 보면 쉽게 본질적 질문을 만들 수 있게 된다. 즉, 이는 본질적 질문 유발자의 역할을 한다.

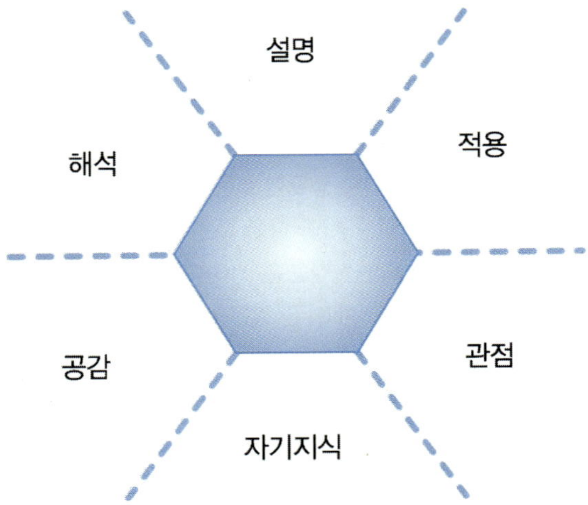

[그림 3-8] 본질적 질문 생성을 위한 여섯 측면의 렌즈

설명

누가________? 무엇을________? 언제________? 어떻게________? 왜________?

________________________에 있어 주요 개념/아이디어는 무엇인가?

________________________의 예들은 무엇인가?

________________________의 특징/주요 요소는 무엇인가? 이것은 왜 그러한가?

________________________을 어떻게 증명/확인/정당화할 수 있는가?

________________ 이 어떻게 ________________과 연결되어 있는가?

만일 ________________________하다면 무슨 일이 일어나는가?

________________________에 관한 일반적인 잘못된 인식은 무엇인가?

해석

________________________의 의미는 무엇인가?

________________에 관해 ________________이 가리키는 것은 무엇인가?

________________이 ________________과 얼마나 비슷한가?(유추/비유)

________________이 어떻게 나/우리와 관련되어 있는가? 왜 그런가? 왜 그것이 문제인가?

(계속)

적용

어떻게 그리고 언제 우리가 이(지식/과정)_______________을 이용할 수 있는가?
_______________이 어떻게 더 큰 세계에 적용될 수 있는가?
우리는 _______________을 극복하기 위하여 _______________을 어떻게 이용할 수 있는가?

관점

_______________에 관한 다른 관점은 무엇인가?
이 견해가 _______________의 관점으로부터 어떻게 나왔는가?
_______________이 어떻게 _______________와 비슷한가/다른가?
_______________에 대한 다른 가능한 반응은 무엇인가?
_______________의 강점과 약점은 무엇인가?
_______________의 한계는 무엇인가?
_______________의 증거는 무엇인가? 그 증거는 믿을 만한가? 충분한가?

공감

_______________의 입장이라면 어떻게 될까?
_______________에 관하여 _______________는 어떻게 생각할까?
_______________에 관한 이해에 우리가 어떻게 도달할 수 있는가?
우리가 느끼도록/알도록 만들기 위해 노력하는 _______________것은 무엇인가?

자기지식

내가 _______________을 어떻게 아는가?
_______________에 관한 나의 지식의 한계는 무엇인가?
_______________에 관한 나의 맹점은 무엇인가?
내가 _______________을 어떻게 가장 잘 보여 줄 수 있을까?
_____(경험, 가정, 습관, 편견, 스타일)에 의해 만들어진 나의 _____에 관한 견해는 어떤가?
_______________에 관한 나의 강점과 약점은 무엇인가?

[그림 3-9] 이해의 여섯 측면에 기초한 본질적 질문 유발자

이해의 여섯 측면을 활용하여 본질적 질문을 브레인스토밍하는 방법과 더불어 단원에서 목적으로 설정한 이해와 성취기준에 근거하여 탐구를 촉진하고 단원을 안내해 주는 포괄적 본질적 질문과 제한적 본질적 질문을 브레인스토밍할 수 있다. [그림 3-10]은 본질적 질문의 두 가지 유형을 생성하기 위한 조직자다.

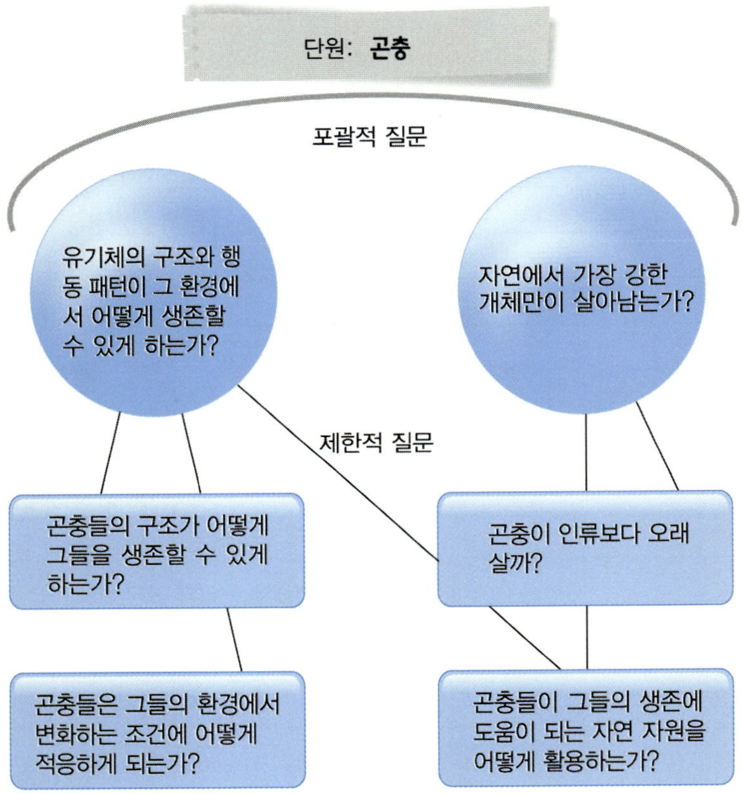

[그림 3-10] 포괄적 질문과 제한적 질문 생성 조직자

5) 기능 영역에서의 본질적 질문

일반적으로 '수학이나 체육 교과 같이 기능 영역에 초점을 두고 있는 교과의 경우에 백워드 설계가 가능한가?'라는 질문을 던지는 경우가 있다. '학생들의 정확하고 효율적인 기능 수행을 위해 필요한 것이 무엇인가?' 즉, 기능과 관련된 개념이나 원리를 정확하게 이해했을 때 어떤 상황에서 정확하고 효율적인 기능 수행이 가능하게 된다. 따라서 이러한 기능 영역의 본질적 질문은 다음의 네 가지 범주를 활용하여 생성할 수 있다.

① 핵심 개념: 효과적인 기능 수행을 강조하는 빅 아이디어는 무엇인가?
② 목적, 가치: 왜 기능이 중요한가?
③ 전략, 전술: 숙련된 수행자는 어떤 전략을 사용하는가? 기능 수행이 어떻게 더 효율적이고 효과적으로 될 수 있는가?
④ 맥락: 기능이나 전략을 언제 활용해야 하는가?

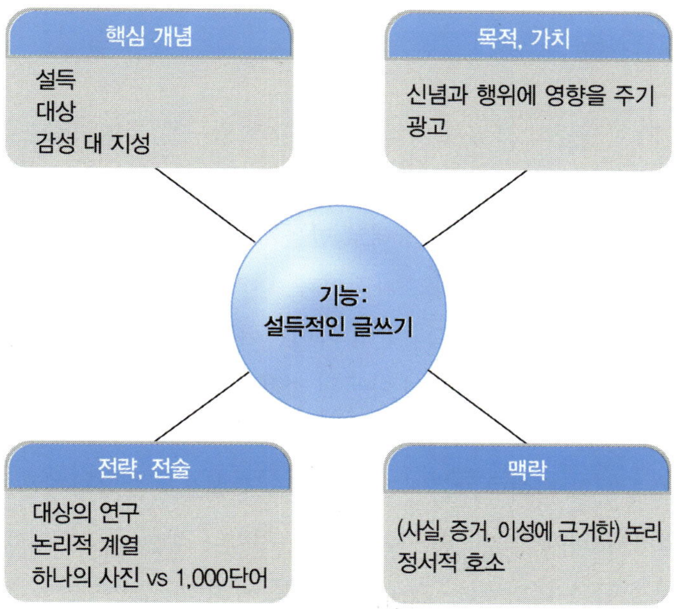

[그림 3-11] 기능 영역에서의 본질적 질문 생성 조직자

이러한 과정을 거쳐 만들 수 있는 교과별 본질적 질문의 예시는 다음과 같다.

- 국어: 효과적으로 글을 쓰는 작가는 어떻게 독자의 주의를 환기시키고 흥미를 유발하는가?
  허구는 진실을 드러낼 수 있는가?
- 수학: 모든 것이 수량화될 수 있는가?
  수는 무엇인가? 우리는 왜 수를 갖는가?
- 사회: 우리가 사는 곳은 우리가 사는 방법에 어떻게 영향을 미치는가?
  훌륭한 시민은 어떤 사람인가?

(계속)

- 과학: 생물학에서 형태와 기능은 어떻게 관련되는가?
  공학은 표현과 의사소통을 어떤 방식으로 강화시킬 수 있는가?
- 체육: 운동 경기의 진보를 위해 고통은 필연적인가?
  동작은 감정을 어떤 방식으로 불러일으킬 수 있는가?
- 예술: 예술은 어떻게 형태뿐만 아니라 문화를 반영하는가?
  소리와 침묵은 어떻게 다양한 음악적 형태로 조직되는가?
  화가들은 아이디어를 어디에서 얻는가?
- 외국어: 다른 문화나 언어의 학습으로부터 우리의 문화와 언어에 대해 무엇을 배울 수 있는가?

본질적 질문은 학생들의 사고를 자극하고 심층적 탐구를 촉진시킴으로써 단원의 학습을 심화시키는 데 활용된다. 따라서 교사가 설계를 보다 초점 있게 하고, 학생들의 역할을 보다 더 지적이고 활동적인 상태로 만들기 위해서는 포괄적 본질적 질문과 제한적 본질적 질문을 혼합하는 것이 효과적이다. 이러한 설계상의 초점이 없다면, 학생은 관련성 없는 활동을 주로 하게 되며 빅 아이디어를 파악하지 못하게 될 것이다. 설계의 본질로서 탐구를 하는 데 내용이 아무런 소용이 없다면, 질문을 수행할 필요가 없다면, 학생들은 소극적이 될 것이며, 이는 '듣고, 읽고, 회상하거나 배운 것에 끼워 맞춰라.'라는 메시지를 전할 뿐이다. 즉, 본질적 질문을 중심으로 교육과정을 설계하지 않고서는 교사가 얼마나 재미있는지, 개인의 수업이 얼마나 생동감 있는지에 상관없이, 목적 없는 피상적 학습과 의미 없는 활동이라는 두 가지 과오만이 남을 것이다. 본질적 질문은 단지 어떤 것을 가르치는 것에 대한 전략이 아니라 목표를 구성하는 것이다. 기능 영역에서의 본질적 질문은 기능 관련 교과가 단순히 기능만을 가르치고 습득하는 수준으로 전락하는 것을 방지하기 위해서 매우 중요한 부분이다. 본질적 질문을 통하여 기능 교과가 학습된다면, 기능 교과는 매우 중요한 역할과 가치를 확보할 수 있게 된다.

본질적 질문을 사용할 때는 다음을 고려해야 한다.

■ 본질적 질문 사용 시 고려 사항
- 질문을 중심으로 단원을 조직하라.
- 질문과 명확하게 관련되는 평가과제를 설계하라.

(계속)

- 각 단원에 적당한 개수의 질문을 사용하라. 일반적으로 2~5개 정도가 적당하다. 만약 본질적 질문을 여러 개 작성했다면 그 질문들이 자연스럽게 연결되어 계열화되도록 개발하라.
- 학생이 질문을 이해할 수 있도록 학생의 언어로 진술하라.
- 각각의 질문은 구체적이고 탐구적인 활동과 탐구를 이끌어 내도록 만들어라. 즉, 의미 있는 활발한 활동과 관련되는 것만 본질적 질문으로 만들어라.
- 학생들이 질문을 개별화할 수 있도록 도와라.

■ 본질적 질문을 만드는 팁: 질문 설계 전략

- 성취기준에서 도출하기
- 염두에 두는 '이해' 측면에서 도출하기
- 질문 유발자 활용하기
- 예측 가능한 오해, 오개념을 역으로 활용하여 진술하기

3 핵심 지식과 기능을 통해 이해로 나아가기

핵심 지식과 기능은 단원에서 학생들이 학습하기를 바라는 명제적 지식(핵심 지식)과 절차적 지식(기능)이다. 이러한 핵심 지식과 기능의 습득은 그 자체가 목적이 아니라 이를 통해 학생이 이해에 도달하도록 하는 것이 목적이다. 즉, 지식과 기능은 이를 활용하여 학생들이 효과적으로 학습하게 되고 이러한 수행을 통해 이해에 도달하기 위한 필수적인 도구로 활용된다. 따라서 핵심 지식과 기능은 이것이 바탕이 되어 이해에 도달하게 되는 징검다리의 역할을 한다.

1) 핵심 지식을 통해 이해로 나아가기

핵심 지식은 주로 '무엇을 알 수 있다.'로 표현되는데, 이것은 명제적 지식을 의미하며 학문의 핵심 개념을 뜻한다. 개념은 사실적 지식 그 자체를 의미하는 것이 아니라 사실적 지식들 간의 관계를 뜻한다고 볼 수 있다. 일반적으로 교과서나 지도서에 가르쳐야 할 지식을 단어나 어절 순으로 제시하고 있는데, 그것이 핵심 개념인지 단순한 사실적 지식인지 판단해 보아야 한다. 핵심 지식은 성취기준에서 명사나 형용사로 진술되거나 암시된 빅 아이디어에서 도출할 수 있는데, 교과가 기반하고 있는 학문에 대한

지식을 포함하고 있어야 한다. 즉, 지식의 습득을 통해 학습자의 이해에 도달할 수 있도록 한다.

백워드 설계를 할 때 교사들은 단원에서 학생들이 습득해야 할 핵심 지식을 매우 정확하고 쉽게 찾는다. 이는 교사들이 교과별 내용 지식에 친숙하기 때문이며 국가수준 교육과정 문서나 지도서에 제시되어 있는 경우도 많기 때문이다.

국가수준 교육과정 문서를 살펴보면, 내용 체계표에 교과의 기초 개념이나 원리를 나타내는 핵심 개념이 제시되어 있고, 지식의 측면은 학습 요소 부분에서 확인할 수 있다. 학습 요소는 성취기준에서 학생들이 배워야 할 학습 내용을 핵심어로 제시한 것이다. 구체적인 과목별 사례는 〈그림 3-5〉와 같다.

〈표 3-5〉 과목별 학습 요소 사례

◆ 국어
한글 자모의 이름과 소릿값 알기, 소리와 표기의 관계 이해하기, 문장 부호 바르게 사용하기, 글자 · 낱말 · 문장에 흥미 갖기

◆ 수학
합동, 대칭, 대응점, 대응변, 대응각, 선대칭도형, 점대칭도형, 대칭축, 대칭의 중심, 직육면체, 정육면체, 면, 모서리, 밑면, 옆면, 겨냥도, 전개도, 각기둥, 각뿔, 원기둥, 원뿔, 구, 모선

◆ 사회
사회 변화 양상, 지도의 요소, 도시의 특징, 지역문제

◆ 과학
식물의 생김새, 특징에 따른 식물 분류, 다양한 환경에 서식하는 식물, 동물의 한살이

◆ 음악
음악 요소, 음악과 놀이, 생활 속의 음악, 음악 문화유산

◆ 미술
자연물, 인공물, 감각, 조형 요소, 표현 재료와 용구

앞의 학습 요소 사례를 살펴보면 과목에 따라 지식을 제시한 경우도 있고 그렇지 않은 경우도 있음을 쉽게 발견할 수 있다. 따라서 1단계에서 설계한 이해에 도달하기 위해 필수적으로 알아야 하는 명제적 지식이 무엇인지 다시 한번 숙고한 후, 선정해야 할 것이다.

〈표 3-6〉은 학생들이 핵심 지식의 습득을 통해 도달할 수 있는 이해를 나타낸 사례이다.

〈표 3-6〉 핵심 지식에서 도출한 이해

핵심 지식	이해
우정	진정한 우정은 힘든 시기에 드러난다.
식물의 생활 방식	식물은 생존하기 위해 다양한 자연환경에 적응하며 살아간다.
자유 시장 경제	자유 시장 경제에서의 가격은 주로 공급과 수요의 함수관계로 결정된다.

2) 기능을 통해 이해로 나아가기

기능은 '무엇을 할 수 있다.'로 표현되는데, 이것은 절차적 지식을 의미하며 각 학문의 고유한 탐구 기능을 뜻한다. 국어과의 경우, 듣기, 말하기, 읽기와 같은 의사소통을 위한 것이 기능이 되며, 과학과의 경우, 실험을 설계하고 변인을 통제하여 실험하는 과정이 기능이 된다. 사회과의 경우, 자료를 조사하여 그것의 타당성을 검증하고 자료를 종합하여 의사결정을 내리는 과정이 중요한 기능이 된다. 이처럼 각 교과마다 고유한 탐구 기능이 있으며 이것이 백워드 설계에서 말하는 기능이다. 이러한 기능은 수행과제를 수행할 때에 적절하게 구현되도록 잘 연계시키는 것이 중요하다. 즉, 수행과제 해결 시에 학생들이 기능을 잘 사용해야 한다. 기능은 성취기준에서 동사로 진술되거나 암시된 실세계 수행에서 도출할 수 있다. 실제 국가수준 교육과정 문서에서는 과학과의 경우 '탐구 기능' 항목에서 제시하고 있지만, 그 외 교과에서는 기능을 제시한 항목이 없어 교과의 성격, 학문적 특성 등을 토대로 밝혀내야 한다.

〈표 3-7〉은 학생들이 기능의 습득을 통해 도달할 수 있는 이해를 나타낸 사례이다.

〈표 3-7〉 기능에서 도출한 이해

기능	이해
텍스트 읽기	스토리에서 저자의 의미는 명백하지 않기 때문에, 우리는 행간의 의미를 읽어 내야 한다.

(계속)

축구에서 득점 기회를 만들기	가능한 넓고 깊게 펼쳐진 방어를 위한 공간을 만들 필요가 있다.
청중들에게 설득적으로 말하기	종종 설득은 주장의 논리성과 합리성에 상관없이 바람, 필요, 희망, 청중의 두려움에 대해서 감정적으로 호소하는 것과 관련이 있다.

교사들은 기능을 선정할 때 지식을 선정할 때보다 상대적으로 어려움을 느끼며 일반적으로 학생의 단순한 활동을 기능으로 오해하는 경우가 많다. 왜냐하면 교과에 따라 기능인 경우, 활동인 경우가 있기 때문이다.

예를 들어, '알게 된 것 발표하기'에서 발표하기는 기능이 아니라 활동이다. 과학과라면, 무엇인가를 알게 되기까지 관찰, 실험 설계 등의 기능을 활용하였으며, 발표하기는 이러한 기능을 사용하여 알게 된 것을 타인에게 전달하는 활동이 된다. 사회과라면 무엇인가 알게 되기까지 자료 조사, 지도 읽기, 해석하기 등의 기능을 활용하였으며, 발표하기는 이러한 기능을 사용한 것을 다른 사람에게 전달하는 활동이 된다. 이처럼 '발표하기'는 해당 교과의 탐구활동을 위한 절차적 지식이라기보다는 학습자들이 학습하는 과정에서 나타나는 단순한 활동이기 때문에 기능으로 적절하지 않다. 다만, '발표하기'도 국어과, 외국어과에서는 의사소통을 위한 '말하기'이므로 해당 교과의 중요한 기능이 될 수 있다. 따라서 학생들의 움직임이 있다고 해서 무조건 '무엇인가를 할 수 있다'로 표현되는 기능이 되는 것은 아니므로 기능을 선정할 때는 해당 교과의 성격과 특성, 해당 교과의 탐구 기능인지 반드시 검토하는 과정이 필요하다.

4 1단계 설계 사례

1) 과학과 사례

초등학교 과학과 '식물의 생활' 단원에서 교육과정 풀기를 통해 1단계를 개발한 사례이다. 먼저 '식물의 생활' 단원의 국가수준 교육과정 문서의 성취기준을 확인해야 한다. 국가수준 성취기준을 통해서 이 성취기준의 설정 의도, 유의점 등을 파악할 수 있다. 〈표 3-8〉은 교육부 고시 제2022-33호 과학과 교육과정에 '식물의 생활' 단원과 관련된 성취기준 내용이다.

〈표 3-8〉 국가수준 교육과정 문서의 내용

(3) 식물의 생활

[4과03-01] 여러 가지 식물을 관찰하여 특징에 따라 식물을 분류할 수 있다.
[4과03-02] 다양한 환경에 서식하는 식물을 조사하여 식물의 생김새와 생활 방식이 환경과 관련되어 있음을 설명할 수 있다.
[4과03-03] 식물의 특징을 이용하여 일상생활에서 활용할 수 있는 생활용품을 설계하여 협력적으로 소통할 수 있다.

〈탐구 활동〉
- 식물 분류 기준 정하기

(가) 성취기준 해설
- [4과03-01] 여러 가지 식물의 잎을 채집해 생김새 등과 같은 외형적 특징에 따라 기준을 세워 분류하는 활동을 하며 생물학적 분류 체계는 다루지 않는다.
- [4과03-02] 서식지에 따른 식물의 생김새와 생활 방식의 다양성을 다루고, 적응 개념은 다루지 않는다.

(나) 성취기준 적용 시 고려 사항
- 초등학교 3~4학년군 '생물의 한살이' '생물과 환경', 5~6학년군 '식물의 구조와 기능'과 중학교 1~3학년군 '생물의 구성과 다양성' '식물과 에너지'와 연계된다.
- 여러 가지 식물을 줄기, 잎, 꽃 등으로 분류 활동을 할 수 있으나, 주변에서 쉽게 구할 수 있는 식물의 잎을 대상으로 활동하도록 한다.
- 초등학교 5~6학년군 '식물의 구조와 기능'에서 각 부위의 구조와 기능을 이해하는 데 중점을 두고 다루므로 '식물의 생활'에서는 여러 가지 식물의 잎을 중심으로 관찰, 분류 활동을 한다.

교육과정 문서를 통해 성취기준과 관련된 내용을 살펴본 후, 교과서와 교사용 지도서의 내용을 확인해야 한다. 2015 개정 교육과정의 성취기준에서는 식물의 생김새와 생활 방식이 어떻게 다른지를 설명하면서 '적응'의 개념을 도입하도록 했지만, 2022 개정 교육과정에서는 '적응'의 개념을 다루지 않는다고 성취기준 해설에서 밝히고 있다. 이는 교육과정 설계 과정에서 목표를 설정할 때 매우 중요한 부분이다. 교과서만 비교해 본다면 2015 개정 교육과정과 2022 개정 교육과정의 차이를 발견하기 어렵다. 그뿐만 아니라 과학과는 검정 교과서를 사용하고 있기 때문에 출판사별로 구성의 측면만 조금씩 다를 뿐 내용에서는 거의 유사하다. 즉, 교육과정이 개정될 때 기존 교육과정과 유사한 성취기준이더라도 해당 성취기준의 방향은 앞의 사례처럼 달라질 수 있기 때문에 성취기준과 함께 성취기준 해설, 성취기준 적용 시 고려사항까지 설계 전에 꼼꼼하게 확인하는 것이 필요하다. 〈표 3-9〉는 교사용 지도서에 제시된 단원 학습 체계를 통해 살펴본 내용이다. 이를 통해 교과서에서 제시하고 있는 지식을 확인할 수 있다.

〈표 3-9〉 지도서에 제시된 단원의 학습 체계

단계	차시명	학습목표
단원도입 열려라 과학	식물 이름을 불러주세요.	우리 주변에 다양한 식물이 있음을 알고 식물에 흥미와 호기심을 가질 수 있다. 주변의 식물을 관찰하여 식물 이름을 알아볼 수 있다.
과학 탐구	1. 식물 탐험대, 식물을 분류하라.	여러 가지 식물이 잎을 관찰할 수 있다. 잎의 특징에 따라 분류 기준을 세워 식물을 분류할 수 있다.
	2. 우리 주변에는 어떤 식물이 살까?	우리 주변에 사는 식물의 생김새와 생활 방식을 조사해 설명할 수 있다.
	3. 물에는 어떤 식물이 살까?	부레옥잠을 관찰하고 특징을 설명할 수 있다. 물에 사는 식물의 생김새와 생활 방식을 조사해 설명할 수 있다.
	4. 사막이나 높은 산에는 어떤 식물이 살까?	알로에를 관찰하고 특징을 설명할 수 있다. 사막이나 높은 산에 사는 식물의 생김새와 생활 방식을 조사해 설명할 수 있다.
	5. 우리가 만든 식물원에 놀러 오세요.	다양한 식물이 살기에 알맞은 식물원을 만들 수 있다.
	6. 식물의 특징을 이용한 생활용품을 찾아라!	식물의 특징을 이용한 생활용품을 조사해 조사 결과를 공유하고 설명할 수 있다.
창의가 팡팡	식물의 특징을 이용한 생활용품 설계하기	식물의 특징을 이용한 생활용품을 설계할 수 있다.
과학이 톡톡	식물이 준 아이디어, 씨를 심어 주는 로봇	식물의 특징을 이용해 만든 로봇에 관해 설명할 수 있다.
마무리하기	식물의 생활 마무리하기	"식물의 생활" 개념을 스스로 정리하고 정리한 내용을 평가할 수 있다.

* 출처: 박일우 외(2025). 3-1 과학 교사용 지도서. 아이스크림, p. 252.

〈표 3-10〉 교과서에 제시된 지식

중단원명	지 식
식물의 생활	• 식물의 잎은 전체적인 모양, 가장자리 모양, 잎자루의 유무, 잎맥 모양 등의 생김새를 기준으로 분류할 수 있다. • 식물은 대부분 땅에 뿌리를 내리고, 줄기와 잎이 있다. • 씀바귀와 같은 풀은 키가 작고 줄기가 가늘다. • 벚나무와 같은 나무는 키가 크고 줄기가 굵다. • 강이나 연못에 사는 식물은 물에 떠서 살거나 몸의 일부나 전체가 물속에 잠겨서 산다. • 물에 떠서 사는 부레옥잠은 잎에 공기가 들어 있는 부분이 있다. • 물속에 잠겨서 사는 검정말은 줄기가 물의 흐름을 따라 잘 휜다. • 사막에 사는 식물은 잎이 두껍거나 줄기가 굵어 많은 양의 물을 저장할 수 있다. • 한라산처럼 높은 산에 사는 식물은 대부분 키가 작거나 줄기가 누워서 자라므로 세게 부는 바람을 견딜 수 있다. • 우리는 식물의 다양한 특징을 이용해 생활에 필요한 여러 가지 용품을 만들어 사용하고 있다.

1단계를 설계하기 위해 국가수준 교육과정 문서, 교과서와 교사용 지도서를 통해 관련 내용 지식을 확인하였으면, 주요 개념의 우선순위를 결정하고 교과서에 감추어진 이해를 밝혀내는 과정이 필요하다. 이해를 도출하기 위해 이 단원과 맞닿아 있는 학문 영역이 무엇인가를 살펴봐야 한다. 2022 개정 교육과정에서는 교과별로 교육과정 설계의 개요 부분에서 교과의 구조를 이미지로 도식화하여 제시하였으므로, 내용 체계표와 함께 살펴보면 해당 성취기준이 포함된 영역을 쉽게 확인할 수 있다. '식물의 생활' 단원은 과학과의 '생명' 영역으로 생물학과 관련되어 있다. [그림 3-12]는 조직자를 통해 우선순위를 명료화한 것이다.

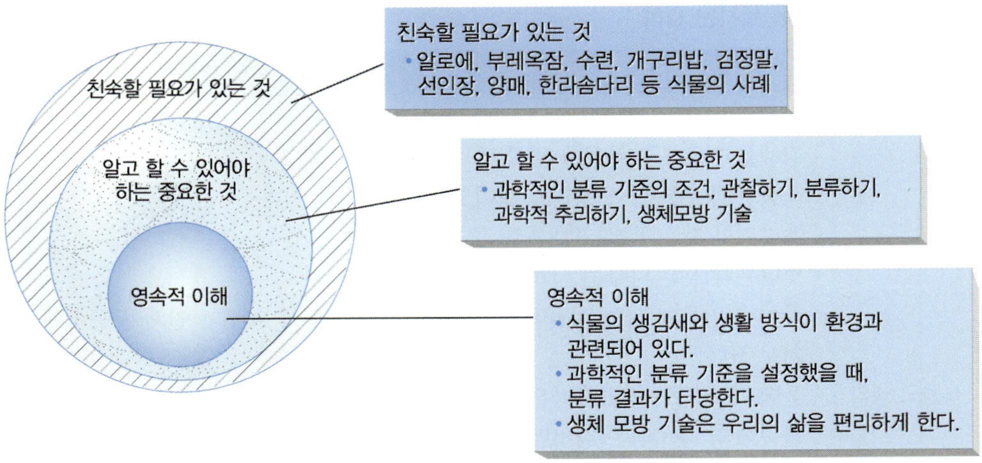

[그림 3-12] 내용의 우선순위

우선순위 명료화 과정을 통해서 성취기준과 관련된 내용 중에서 중요도를 구분할 수 있다. 이러한 과정을 통해 도출한 이해는 〈표 3-11〉처럼 일반화된 문장으로 진술해야 한다.

〈표 3-11〉 '식물의 생활' 단원의 이해

- 식물의 생김새와 생활 방식이 환경과 관련되어 있다.
- 과학적인 분류 기준을 설정했을 때, 분류 결과가 타당하다.
- 생체 모방 기술은 우리의 삶을 편리하게 한다.

이해를 설정하고 난 이후에는 본질적 질문을 설정해야 한다. 본질적 질문은 포괄적 본질적 질문과 제한적 본질적 질문의 두 가지 유형으로 구분될 수 있다. 이러한 본질적 질문은 교과의 탐구와 심층적 학습을 촉진시키는 역할을 하는데, 학습자의 상황에 따라 적합한 유형의 본질적 질문을 선택하여 설정하면 된다. 초등학생의 경우, 지나치게 포괄적 질문을 제시하면 학생들은 탐구의 방향을 잃어버리기도 하여 질문을 제한하는 것이 필요한 경우도 있다. 따라서 학생들의 상황에 적합하게 학생의 용어로 제시하는 것이 바람직하다. 단, 제한적 본질적 질문을 많이 개발하는 경우, 본질적 질문이라기보다는 단순한 사실을 묻는 질문이 될 가능성이 크기 때문에 교사는 항상 '이 질문이 학생의 탐구를 자극하는가?' '다른 질문을 유발하는가?' '정답이 정해져 있지 않은가?'를 검토해 보는 과정을 거쳐야 한다. 〈표 3-12〉는 이 단원에서 설정한 본질적 질문이다.

〈표 3-12〉 '식물의 생활' 단원의 본질적 질문

- 식물의 생김새와 생활 방식은 사는 곳과 어떤 관련이 있을까?
- 우리는 식물에서 어떤 유용한 아이디어를 얻어 생활에 활용할 수 있을까?

이 단원에서는 본질적 질문 두 가지를 설정하였다. 단원에서 본질적 질문의 개수는 일반적으로 다섯 개 이내가 적당하나 단원의 성격이나 범위, 내용에 따라 본질적 질문의 개수는 다양할 수 있다. 앞의 질문을 받은 학생들은 '식물의 생김새와 생활 방식은 사는 곳과 어떤 관련이 있을까?' '식물이 살 수 있는 곳은 어디지?' '그곳에는 어떤 식물들이 살고 있지? 식물의 생김새는 어떠하지?' '다른 곳과 비교하여 그곳에 사는 식물은 왜 이런 생김새를 하고 있을까?' '이러한 식물의 특징에 대한 아이디어를 삶과 연계시킬 수 없을까?' 등 탐구를 위한 질문을 생성하며 이를 통해 의문을 가지고 탐구를 하며 과학적 추리 과정을 통해 결론을 도출할 것이다.

학생들이 단원의 학습을 통해 일반화된 이해에 도달하도록 하기 위해서는 핵심 지식(명제적 지식)과 기능(절차적 지식)의 습득이 필요하다. 지식은 성취기준의 명사나 형용사에서 도출할 수 있으며 기능은 동사에서 확인할 수 있다. 성취기준의 동사 영역은 2단계의 수행과제 선정을 위한 과정에도 고려된다. 교사들은 교과 내용 지식에 해당하는 명제적 지식은 쉽게 찾는다. 하지만 기능에 해당하는 절차적 지식은 활동과 혼동하는 경우가 많다. 백워드 설계에서의 기능은 해당 단원과 관련된 교과의 고유한 탐구 기능으로 이러한 지식과 기능의 습득을 통해서 이해에 도달할 수 있도록 해야 한다. 과학과의 경우, 국가수준 교육과정 문서에 성취기준 외 탐구활동을 제시하고 있어 해당 탐구활동을 하는 데 꼭 필요한 기능이 무엇인지 고려해 본다면 기능을 파악하는 데 도움이 된다. 이때 과학과 교육과정의 내용 체계표의 과정 · 기능을 참고할 수 있다. 이 단원에서의 학문과 맞닿아 있는 과학과의 주요 탐구 기능은 관찰, 분류, 추리이다.

앞에서 단계적으로 설명한 목표 풀이하기 과정을 조직자로 나타내면 [그림 3-13]과 같다. 개발자가 일반적으로 거치는 이러한 사고 과정에 익숙해지면 목표 풀이하기 조직자를 활용하여 1단계 설계가 이루어질 수 있다.

과학과 목표 풀이하기

목표 설정 G

- [4과05-01] 여러 가지 식물을 관찰하여 특징에 따라 식물을 분류할 수 있다.
- [4과05-02] 다양한 환경에 서식하는 식물을 조사하여 식물의 생김새와 생활 방식이 환경과 관련되어 있음을 설명할 수 있다.
- [4과05-03] 식물의 특징을 이용하여 일상생활에서 활용할 수 있는 생활용품을 설계하여 협력적으로 소통할 수 있다.

↓

명사 및 형용사로 진술되거나 암시된 빅 아이디어

- 식물의 생김새
- 식물의 생활 방식
- 과학적인 분류 기준의 조건

↓

본질적 질문 Q

- 식물의 생김새와 생활 방식은 사는 곳과 어떤 관련이 있을까?
- 우리는 식물에서 어떤 유용한 아이디어를 얻어 생활에 활용할 수 있을까?

이해 U

- 식물의 생김새와 생활 방식이 환경과 관련되어 있다.
- 과학적인 분류 기준을 설정했을 때, 분류 결과가 타당하다.
- 생체 모방 기술은 우리의 삶을 편리하게 한다.

↓

동사로 진술되거나 암시된 실세계 수행

- 식물 관찰하기, 식물 분류하기, 식물 조사하기→ 식물을 채집, 조사하여 관찰하고 과학적인 분류 기준을 정해 분류하기
- 설명하기 → 생김새와 생활 방식이 환경과 관련되는지 관찰한 결과(증거)를 통해 과학적 추리하기
- 설계하기 → 식물의 특징에서 얻은 아이디어를 바탕으로 우리 생활에 활용할 수 있는 발명품 구상하기

↓

수행과제 아이디어 T

- 식물을 채집하고 관찰한 후, 과학적인 분류 기준을 정해 분류한다. 이때 환경과 관련하여 사는 곳에 따른 분류를 통해 식물의 생김새와 생활 방식이 환경과 어떤 관련성이 있는지 밝혀내도록 한다.

[그림 3-13] 과학과 목표 풀이하기

1단계의 개발 결과를 백워드 설계 템플릿으로 구체화하면 〈표 3-13〉과 같다.

〈표 3-13〉 '식물의 생활' 단원의 1단계 설계 템플릿

1단계 – 바라는 결과 확인하기	
목표 설정 [4과03-01] 여러 가지 식물을 관찰하여 특징에 따라 식물을 분류할 수 있다. [4과03-02] 다양한 환경에 서식하는 식물을 조사하여 식물의 생김새와 생활 방식이 환경과 관련되어 있음을 설명할 수 있다. [4과03-03] 식물의 특징을 이용하여 일상생활에서 활용할 수 있는 생활용품을 설계하여 협력적으로 소통할 수 있다.	
이해 • 식물의 생김새와 생활 방식이 환경과 관련되어 있다. • 과학적인 분류 기준을 설정했을 때, 분류 결과가 타당하다. • 생체 모방 기술은 우리의 삶을 편리하게 한다.	본질적 질문 • 식물의 생김새와 생활 방식은 사는 곳과 어떤 관련이 있을까? • 우리는 식물에서 어떤 유용한 아이디어를 얻어 생활에 활용할 수 있을까?
핵심 지식 • 식물의 생김새 • 식물의 서식 환경과 생활 방식 • 과학적인 분류 기준의 조건	기능 • 여러 가지 식물 관찰하기 • 기준을 정해 식물 분류하기 • 과학적 추리하기

2) 사회과 사례

사회과 '지역문제를 해결하고 지역을 알리는 노력'의 교육과정 풀기를 통해 1단계를 개발한 사례다. 먼저, 개발하고자 하는 '지역문제를 해결하고 지역을 알리는 노력' 단원의 국가수준 성취기준을 확인한다. 백워드 설계를 활용하여 단원을 설계할 때는 대단원, 소단원 등 다양한 단원의 범위로 설계할 수 있다. 따라서 단원에 제시된 성취기준을 전반적으로 살펴보고 개발하고자 단원의 범위를 결정짓는 과정이 필요하다. 2022 개정 교육과정에는 성취기준과 해설과 성취기준 적용 시 고려사항도 함께 제시되어 있기 때문에 이 부분도 확인해야 한다. 〈표 3-14〉는 교육부 고시 제2022-33호 사회과 교육과정 '지역문제를 해결하고 지역을 알리는 노력' 단원에 제시되어 있는 성취기준이

다. 앞에서 제시하였듯이 성취기준과 함께 성취기준 해설과 성취기준 적용 시 고려사항도 살펴보면, 성취기준의 설정 의도를 조금 더 구체적으로 파악할 수 있다.

〈표 3-14〉 국가수준 교육과정 문서의 내용

〈지역문제를 해결하고 지역을 알리는 노력〉

[4사09-01] 생활 주변에서 찾을 수 있는 여러 가지 문제를 파악하고, 그 문제를 합리적으로 해결하는 능력을 기른다.

[4사09-02] 지역의 자연환경, 역사, 문화, 생산물 등을 알리려는 지역사회의 노력을 알고 관심을 갖는다.

(가) 성취기준 해설

- [4사09-01]은 각 지역에서 발생하는 문제를 민주적 방식으로 해결하는 과정과 방법을 습득하도록 설정한 것이다. 지리적 문제, 환경 문제, 사회적 문제, 역사적 문제 등 다양한 문제를 찾아서 토론을 통해 합리적으로 해결하는 방법과 능력을 배우는 데 초점을 맞춘다.
- [4사09-02]는 지역의 자연환경, 역사, 문화, 생산물 등을 알리기 위한 여러 활동을 조사하면서 지역을 이해하도록 설정한 것이다. 여기서는 지역의 자연환경, 역사, 문화, 생산물 등을 살펴보고, 지역에 관심을 가지며, 지역사회에 참여하는 태도를 기르는 데 주안점을 둔다.

(나) 성취기준 적용 시 고려 사항

- 학생이 경험할 수 있는 문제를 선정하고, 그 문제가 발생한 배경과 이유, 과정을 살펴보고 문제와 관련된 사실과 가치 부분을 구분하고 객관적인 자료와 근거에 의거해 문제를 합리적으로 해결하는 능력과 태도를 기르는 데 중점을 둔다.
- 학생들이 문제 해결을 위해 관련 자료를 분석하고 토론하는 과정을 평가하고, 문제를 해결하기 위해 서로 협력하고 합리적인 해결 방안을 선택하는 능력과 태도를 형성하는 과정을 평가하도록 한다.
- 지역의 자연환경, 역사, 문화, 생산물 등이 지역의 단순한 홍보나 자랑거리가 아닌, 지역을 깊이 이해하는 내용임을 알고 수업을 구성한다.
- 역사와 관련 있는 축제, 문화 관광, 역사적 연원이 있는 생산물 등을 통해 지역의 역사를 어떻게 해석하여 활용하고 있는지를 오늘날 시각으로 파악한다.
- 지역의 지리적 환경 이해를 바탕으로 지역의 관광, 축제, 생산물 등의 특성을 파악하고, 지역에 대한 관심을 가지도록 한다.
- 지역사회의 노력을 조사할 때 지역의 누리집이나 사회 관계망 서비스(SNS), 소식지, 관광 안내 자료 등을 활용할 수 있다.

'지역문제를 해결하고 지역을 알리는 노력' 단원의 성취기준을 보면 크게 지역의 문제를 민주적 방식으로 해결하는 과정과 방법 습득에 초점이 있는 지역문제 해결과 지역에 관심을 가지고 지역을 이해하는 데 초점이 있는 지역을 알리는 노력으로 구분된다. 일반적으로 사회과의 경우, 2~3개의 성취기준으로 한 단원이 개발되어 있고 포함된 성취기준의 수에 비례하여 15차시에서 25차시 정도로 구성되어 있다. 한 단원의 범위가 지나치게 넓을 경우나 내용 요소의 특성이 구분될 때는 1~2개의 성취기준을 활용하여 소단원별로도 백워드 설계를 할 수 있다. 따라서 본 사례에서는 '[4사09-01] 생활 주변에서 찾을 수 있는 여러 가지 문제를 파악하고, 그 문제를 합리적으로 해결하는 능력을 기른다.'의 하나의 성취기준을 선정하여 지역문제 해결에 초점을 둔 단원을 설계하였다.

국가수준 교육과정 문서의 내용을 확인한 후, 교과서와 교사용 지도서의 내용을 확인해야 한다. 교사용 지도서에 제시된 단원의 지도 계획을 정리하면 〈표 3-15〉와 같다. 교과서에 제시된 설명글을 분석하면 단원에서의 지식을 쉽게 확인할 수 있다. 〈표 3-16〉은 교과서를 분석하여 확인한 단원에서 제시한 지식의 내용이다.

〈표 3-15〉 지도서에 제시된 소단원의 학습 체계

주제	주요 내용	차시별 학습 활동
1. 우리가 해결하는 지역문제	주제 학습 내용 예상하기	1. 생각이 활짝
	생활 주변의 여러 가지 문제를 파악하고, 그 문제를 합리적으로 해결하는 능력 기르기	2. 지역문제의 의미 알아보기
		3. 지역문제의 해결 과정 알아보기
		4. 지역문제의 원인 조사하기
		5. 지역문제의 해결 방안 탐색하고 결정하기
		6. 지역문제의 해결 방안 실천하기
		7. 주제 마무리

* 출처: 전종환 외(2025). 4-2 사회 교사용 지도서. 미래엔, p. 176.

〈표 3-16〉 교과서에 제시된 지식

소단원명	지 식
우리가 해결하는 지역문제	• 지역에는 다양한 사람이 함께 살기 때문에 여러 가지 문제가 발생한다. • 갈등은 개인이나 집단 사이에서 생각이나 의견 등이 달라 서로 충돌하거나 대립하는 일이다. • 지역문제는 지역 주민의 생활에 불편을 주거나 지역 주민들 사이에 갈등을 일으켜 여러 사람이 해결해야 한다고 생각하는 문제이다. • 지역문제에는 공간 및 시설 부족 문제, 안전 문제, 환경 문제 등이 있다. • 지역문제를 해결하려면 여러 과정이 필요하다. • 지역문제를 해결하는 과정은 ① 지역문제 확인, ② 문제 발생 원인 확인, ③ 문제 해결 방안 탐색, ④ 문제 해결 방안 결정, ⑤ 문제 해결 방안 실천이다. • 지역문제의 원인을 정확하게 파악하면 문제 해결 방법을 찾는데 도움이 된다. • 문제 해결 방안을 결정할 때 다양한 해결방안의 장단점을 비교해봐야 한다. • 지역문제는 주민 모두가 관심을 가지고 문제를 해결하기 위해 꾸준히 노력해야 한다.

* 출처: 전종환 외(2025). 4-2 사회 교과서. 미래엔, pp. 52-73.

교과서에 제시된 지식을 보면 단순한 사실적 지식이 나열된 것을 확인할 수 있다. 이러한 사실적 지식이 학생들이 진정으로 이해해야 하는 것인가? 그렇지 않을 것이다. 하지만 사실적 지식을 통해 이러한 지식이 관련된 학문 영역을 확인할 수 있다. 이 단원에 해당하는 사회과 영역은 일반사회의 정치 영역이다. 해당 성취기준이 포함된 영역은 교육과정 문서에 제시된 교육과정 설계의 개요와 내용 체계표를 확인하면 쉽게 파악할 수 있다. 정치 영역에서 제시된 공통 교육과정의 최종적인 핵심 아이디어는 다음의 세 가지이다. 첫째, 민주주의의 이념과 원리를 실현하기 위해서는 제도와 의식의 개선이 필요하다. 둘째, 다양한 정치 주체가 정치과정에 참여하며, 민주주의는 여러 제도와 시민 참여를 통해 실현된다. 셋째, 국제 사회에는 여러 행위 주체가 활동하며, 우리나라를 비롯한 국제 사회의 행위 주체는 다양한 국제 문제 해결을 위해 노력한다. 이 단원은 정치 영역의 핵심 아이디어 중에서 둘째와 관련이 있는 것으로 이러한 맥락을 고려하여 학생들이 지역에서 발생하는 문제를 찾고 민주적인 방식으로 해결하는 방법과 능력을 배우도록 구성된 것을 확인할 수 있다. [그림 3-14]는 조직자를 통해 우선순위를 명료화한 것이다.

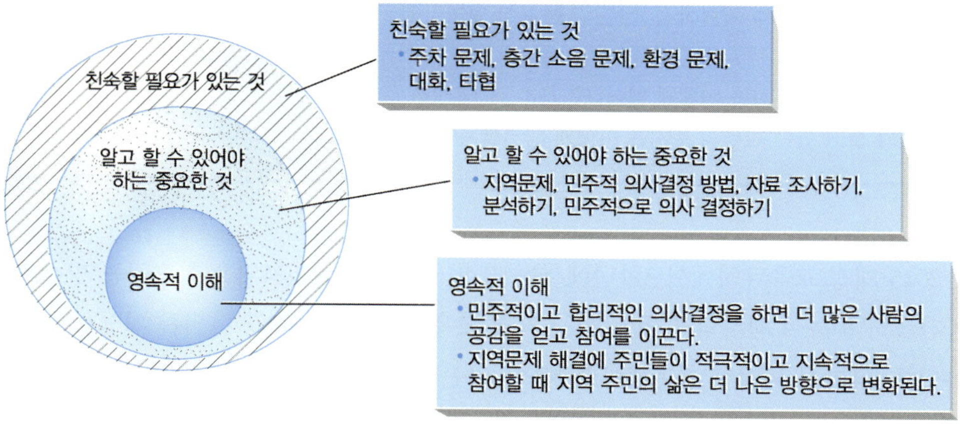

[그림 3-14] 내용의 우선순위

이러한 과정을 거쳐서 이해를 도출할 수 있는데 이해는 〈표 3-17〉처럼 일반화된 문장으로 진술해야 한다. 이해를 단어, 구나 어절의 형태로 작성하면 성취기준과 관련된 가르칠 교육 내용과 사실적 지식의 형태에 머무르기 때문이다. 일반화 문장을 작성할 때 범위에 따라서 깊이가 달라진다. '~관계가 있다.' '~영향을 미친다.' 등의 일차원적 동사를 사용하기 보다는 '왜 그러한가?' '그래서 어떻다는 건가?' 등의 질문을 통해 일반화를 정교화하는 것이 필요하다. 정교화된 일반화가 설정되었을 때, 교과의 특성이 잘 반영되어 학습의 깊이가 있어진다.

〈표 3-17〉 '지역문제 해결하기' 단원의 이해

• 민주적이고 합리적인 의사결정을 하면 더 많은 사람의 공감을 얻고 참여를 이끈다. • 지역문제 해결에 주민들이 적극적이고 지속적으로 참여할 때 지역 주민의 삶은 더 나은 방향으로 변화된다.

이해를 설정하고 난 이후에는 본질적 질문을 설정해야 한다. 좋은 본질적 질문은 단원 내용에 대한 이해만 증진시키는 것이 아니라 관련성을 야기하고 하나의 상황에서 다른 상황으로 아이디어들이 전이되도록 촉진하는 역할을 한다. 따라서 본질적 질문에 대한 최종적인 탐구 결과가 이해와 닿아 있도록 설정해야 한다. 이 단원에서 설정한 본질적 질문은 〈표 3-18〉과 같다.

〈표 3-18〉 '지역문제 해결하기' 단원의 본질적 질문

- 우리 지역의 변화는 어떻게 일어나는가?
- 내가 살고 있는 지역의 문제를 어떻게 해결할 수 있을까?

2015 개정 교육과정에서 3학년에서는 고장, 4학년에서는 지역을 학습하는 방식으로 공간을 구분하여 제시되었지만, 2022 개정 교육과정에서는 공간 단위를 지역으로 통합하였다. 따라서 본질적 질문에서도 지역이라는 용어를 사용하여 개발해야 하며 이때의 지역은 학생이 직접 경험하는 공간(주변)에서부터 우리 지역 등 탄력적으로 공간의 범위를 구성할 수 있다. 따라서 성취기준에는 생활 주변에서 찾을 수 있는 여러 가지 문제라고 제시되었지만 본질적 질문에서는 지역의 문제로 제시하였다.

앞에 제시된 본질적 질문을 살펴보면 첫 번째 질문이 더 포괄적임을 알 수 있다. 지역의 변화를 야기하는 다양한 요인이 있을 수 있기 때문이다. 따라서 이 단원에서는 지역문제라고 제한해 줌으로써, 지역의 변화를 지역문제 해결과 관련지어 탐구할 수 있도록 해 주었다. 그뿐만 아니라 학생들은 '내가 살고 있는 지역의 문제를 어떻게 해결할 수 있을까? 우리 지역의 문제는 무엇이지? 이런 문제가 왜 생겼을까?' 등 지역문제 발생의 배경과 이유, 과정 등으로 다른 상황으로 사고를 확장하고 지역의 다양한 문제에 관심을 가지고 민주적이고 합리적인 해결 방안 모색을 위한 노력을 이어 갈 것이다.

다음으로, 학생들이 단원의 학습을 통해 일반화된 이해에 도달하도록 하기 위해서는 핵심 지식(명제적 지식)과 기능(절차적 지식)의 습득이 필요하다. 지식은 주로 성취기준의 명사나 형용사에서 도출할 수 있으며 기능은 동사에서 확인할 수 있다. 교과마다 교과의 특징을 반영한 주요한 탐구 기능을 가지고 있다. 학생들이 교과의 주요한 탐구 기능을 활용하여 학습할 때, 그 교과의 의미를 제대로 깨달을 수 있기 때문이다. 이 단원과 관련된 사회과의 탐구 기능은 사회 현상에 관심을 가지며 관련 자료를 조사하고 분석하여 의사결정을 내리는 것이다.

앞에서 단계적으로 설명한 목표 풀이하기 과정을 조직자로 나타내면 [그림 3-15]와 같다. 개발자가 일반적으로 거치는 이러한 사고 과정에 익숙해지면 목표 풀이하기 조직자를 활용하여 1단계 설계가 이루어질 수 있다.

사회과 목표 풀이하기

목표 설정 G

- [4사09-01] 생활 주변에서 찾을 수 있는 여러 가지 문제를 파악하고, 그 문제를 합리적으로 해결하는 능력을 기른다.

↓ ↓

명사 및 형용사로 진술되거나 암시된 빅 아이디어

- 지역문제
- 합리적 의사결정 방법

동사로 진술되거나 암시된 실세계 수행

- 파악한다. → 문제를 파악하기 위해서는 문제를 선정하고 그것과 관련된 배경, 원인 등을 조사하고, 분석하는 과정이 필요하다.
- 합리적으로 해결하는 능력을 기른다. → 민주적인 의사결정 방법을 활용하여 직접 문제를 해결하는 과정에 참여하는 기회 제공이 필요하다.

↓ ↓

본질적 질문 Q

- 우리 지역의 변화는 어떻게 일어나는가?
- 내가 살고 있는 지역의 문제를 어떻게 해결할 수 있을까?

이해 U

- 민주적이고 합리적인 의사결정을 하면 더 많은 사람의 공감을 얻고 참여를 이끈다.
- 지역문제 해결에 주민들이 적극적이고 지속적으로 참여할 때 지역 주민의 삶은 더 나은 방향으로 변화된다.

수행과제 아이디어 T

- 자료 조사를 통해 지역문제와 그 문제의 발생 원인을 분석하고 문제 해결을 위한 대안을 제시하도록 한다.
- 학생들과 지역문제를 해결하기 위해 의견을 나누는 기회를 제공하여 민주적이고 합리적인 의사결정 과정을 경험해 보도록 한다.

[그림 3-15] 사회과 목표 풀이하기

1단계의 개발 결과를 백워드 설계 템플릿으로 구체화하면 〈표 3-19〉와 같다.

〈표 3-19〉 '지역문제 해결하기' 단원의 1단계 설계 템플릿

1단계 - 바라는 결과 확인하기	
목표 설정 • [4사09-01] 생활 주변에서 찾을 수 있는 여러 가지 문제를 파악하고, 그 문제를 합리적으로 해결하는 능력을 기른다.	
이해 • 민주적이고 합리적인 의사결정을 하면 더 많은 사람의 공감을 얻고 참여를 이끈다. • 지역문제 해결에 주민들이 적극적이고 지속적으로 참여할 때 지역 주민의 삶은 더 나은 방향으로 변화된다.	본질적 질문 • 우리 지역의 변화는 어떻게 일어나는가? • 내가 살고 있는 지역의 문제를 어떻게 해결할 수 있을까?
핵심 지식 • 다양한 지역문제 • 민주적 의사결정 방법	기능 • 지역문제 조사하기 • 지역문제 발생 원인 분석하기 • 지역문제 해결을 위한 정보 조사하기 • 민주적이고 합리적인 의사결정하기

3) 통합교과 사례

초등학교 1학년 통합교과(바른 생활, 슬기로운 생활, 즐거운 생활) '학교' 단원을 개발한 사례이다. 2015 개정 교육과정에서의 통합교과는 봄, 여름, 가을, 겨울이라는 시간과 학교, 가족, 마을, 나라의 공간을 축으로 영역이 설정되었다(교육부, 2018). 반면, 2022 개정 교육과정에서는 '우리는 누구인가' '우리는 어디서 살아갈까' '우리는 지금 어떻게 살아갈까' '우리는 무엇을 하며 살아갈까'의 네 가지 탈학문적 질문을 영역으로 설정하고 경험 중심 교과로 교과의 성격을 분명히 하였다. 즉, 통합교과는 지금-여기-우리 삶에 통합적으로 접근하는 경험 중심 교과이다.

1단계에서는 통합교과의 특징을 반영하여 목표 설정, 이해, 본질적 질문, 핵심 지식, 기능을 개발한다. 단원 설계를 할 때 가장 먼저 개발하고자 하는 교과의 영역과 성취기준, 성취기준 해설, 성취기준 적용 시 고려사항을 살펴보아야 한다. '학교' 단원은 우리는 누구로 살아갈까 영역에 포함되며 바른 생활, 슬기로운 생활, 즐거운 생활의 세 교과

에 모두 해당 성취기준이 4개씩 개발되어 있음을 확인할 수 있었다. 〈표 3-20〉은 교육부 고시 제2022-33호 바른 생활, 슬기로운 생활, 즐거운 생활과 교육과정에 제시되어 있는 '우리는 누구로 살아갈까' 영역의 관련 내용이다.

〈표 3-20〉 국가수준 교육과정 문서의 내용

[바른 생활]

(1) 우리는 누구로 살아갈까

[2바01-01] 학교 생활 습관과 학습 습관을 형성하여 안전하고 건강하게 생활한다.
[2바01-02] 나를 이해하고 존중하며 생활한다.
[2바01-03] 가족이나 주변 사람을 배려하며 관계를 맺는다.
[2바01-04] 생태환경에서 더불어 살기 위해 노력한다.

(가) 성취기준 해설

- [2바01-04]의 '생태환경'은 자연, 사람을 포함한 생명체들이 더불어 살아갈 수 있는 환경을 의미한다. 이 성취기준에서는 이를 위한 여러 가지 방법을 알고 알아낸 것을 소통하며 서로 공감하고 실천하는 활동들을 포함한다.

(나) 성취기준 적용 시 고려 사항

- 이 영역의 모든 성취기준을 적용할 때 학교라는 새로운 생활의 장에서 학생이 마주하는 다양한 사회적 관계에 심리적으로 안정을 느끼며 적응할 수 있도록 하고, 무엇보다 학교에서 안전하게 생활할 수 있도록 생활 안전 교육, 교통 안전 교육과 연계할 수 있다. 또 교육 내용으로 '나'를 다룰 때는 내 몸이 소중하다는 인식을 바탕으로, 성폭력, 실종, 유괴 등 폭력예방 및 신변보호 교육도 병행할 수 있다.
- [2바01-01] 초등학교 적응 활동에 초점을 맞춘다. 그리고 안전 교육이 필요할 때 바른 생활과 모든 성취기준과 함께 적용할 수 있다.
- [2바01-02] 진로 교육과 연계할 수 있다.
- [2바01-03] 자신이 속해 있는 가족의 형태를 이해하고, 주변에서 만나는 다양한 형태의 가족을 존중할 수 있도록 안내한다. 여기에 다문화 교육을 연계할 수 있다.

[슬기로운 생활]

(1) 우리는 누구로 살아갈까

[2슬01-01] 학교 안팎의 모습과 생활을 탐색하며 안전한 학교 생활을 한다.
[2슬01-02] 나를 탐색하여 나에 대해 설명한다.
[2슬01-03] 가족이나 주변 사람에게 관심을 갖고 함께 살아가는 모습을 탐구한다.
[2슬01-04] 사람과 자연, 동식물이 어우러져 사는 생태를 탐구한다.

(계속)

(가) 성취기준 해설

- [2슬01-03]의 '주변 사람'은 물리적으로 가까운 사람뿐만 아니라 오가며 지내는 사람, 마음을 나누는 사람 등을 포함한다.
- [2슬01-04]의 '생태'는 지금, 여기에서 우리와 함께 살아가며 상호작용하는 생물과 영향을 주고받는 환경을 모두 아우르는 개념이다.

(나) 성취기준 적용 시 고려 사항

- 이 영역의 모든 성취기준을 적용할 때 학교 안팎을 탐색할 때는 교실, 복도, 학교 공공시설, 특별실 등에서 지켜야 할 안전 수칙을 다룬다. 나의 몸과 마음을 다루면서 아팠던 경험을 바탕으로 어떻게 대처할지 혹은 특정 증상(심폐소생술이 필요한 상황 등)에 대한 응급 처치는 구체적으로 어떻게 할지 등을 다루면서 안전 교육과 연계할 수 있다.
- [2슬01-01] 유 · 초 연계 강화 일환으로 입학 초기 적응 활동 중심으로 다룬다. 그리고 안전 교육이 필요할 때 슬기로운 생활과 모든 성취기준과 함께 적용할 수 있다.
- [2슬01-02] 내가 좋아하는 것, 잘하는 것, 흥미를 갖는 것이 무엇인지 찾아보고 자기를 이해하는 경험을 가짐으로써 진로 교육의 자기 이해 부분을 다룰 수 있다.
- [2슬01-03] 다문화 교육이나 인권 교육과 연계할 수 있다.

[즐거운 생활]

[2즐01-01] 즐겁게 놀이하며, 건강하고 안전하게 생활한다.
[2즐01-02] 놀이하며 내 몸의 움직임이나 감각을 느낀다.
[2즐01-03] 가족이나 주변 사람과 소통하며 어울린다.
[2즐01-04] 우리를 둘러싼 자연의 아름다움을 감상한다.

(가) 성취기준 해설

- [2즐01-01], [2즐01-02]의 '놀이'는 일정한 규칙이나 방법에 따라 노는 좁은 의미의 놀이 활동뿐만 아니라 학생이 자발적으로 참여하고 몰입함으로써 자유로움과 즐거움을 느낄 수 있는 모든 활동을 의미한다.

(나) 성취기준 적용 시 고려 사항

- 영역 내 모든 성취기준을 다룰 때는 놀이를 통한 기본 움직임 활동과 안전하게 생활하는 데 필요한 안전 교육을 주제 학습과 연계한다. 놀이할 때는 놀이 장소의 안전 상황을 살피고 안전하게 놀 수 있도록 한다. 놀이터에서 놀이하는 사람들의 밀집도, 놀이 도구 사용상의 안전성, 놀잇감의 유해성 등과 관련해서 구체적인 안전 교육을 할 수 있다.
- [2즐01-01] 초등학교 적응 활동에 초점을 맞춘다. 놀이를 하며 몸을 움직임으로써 학생의 신체 활동 욕구를 충족시켜 주고 감각, 정서, 사회성 발달 등을 도모할 수 있다. 그리고 안전 교육이 필요할 때 즐거운 생활과 모든 성취기준과 함께 적용할 수 있다.
- [2즐01-02] 움직임이 큰 신체 놀이, 감각 체험 놀이, 다양한 방법의 표현 놀이 등 신체를 이용한 여러 놀이에 참여함으로써 학생이 건강하고 즐겁게 생활하는 데 초점을 둔다.
- [2즐01-03] 학생들이 소통할 가족, 친척, 친구, 이웃 등 주변 사람의 배경에 따라 다양한 지역이나 국가의 문화 예술 활동과 연계할 수 있다.

이 영역에서 '학교'와 관련된 성취기준은 [2바01-01], [2슬01-01], [2즐01-01] 이다. 다음으로 해당 성취기준과 관련된 교과서와 교사용 지도서의 내용을 확인해야 한다. 〈표 3-21〉은 교사용 지도서에 제시된 단원 학습 체계를 통해 살펴본 내용이다. 이를 통해 교과서에서 제시하고 있는 지식을 확인할 수 있다.

〈표 3-21〉 지도서에 제시된 단원 계획

수업 묶음		수업 번호	수업명	관련 교과		
				바	슬	즐
열기		*	우리반 배움지도			
		1	지금 여기 우리 이야기		1	
함께 준비해요		1	괜찮아, 우리 모두 처음이야		1	
		2	두근두근, 학교가 궁금해요		1	
		3	화장실은 이렇게	1		
		4	급식은 이렇게		1	
		5	실내에서는 이렇게	1		
		6	자리 정리는 이렇게	1		
		7	가방 정리는 이렇게	1		
		8	여러 가지 선을 그려요			1
		9	그려 봐요			1
		10	색칠하고 오리고 붙이고			1
		11	앉을 때, 설 때			1
		12	발표는 이렇게	1		
	안전	1	안전하게 사용해요	1		
		2	안전하게 놀아요			1
		3	안전하게 확인해요		1	
		4	안전하게 건너요			1
함께 배워요	놀이	1	나란히 놀이			1
		2	따라 하기 놀이			1
		3	훌라후프 놀이			1
		4	짝 체조 놀이			1
		5	균형 잡기 놀이			1

(계속)

		6	한 발 술래잡기			1
		7	얼음땡 놀이			1
		8	열 발 뛰기 놀이			1
	주제	1	어깨동무 내 동무			2
		2	짝꿍이 생겼어요			1
		3	모여라, 우리 반			1
		4	친구가 좋아			1
		5	이렇게 말해요	1		1
		6	귀를 기울여 봐		2	
		7	학교를 소개해요		1	1
		8	학교 나들이		1	
		9	도서관에 가 볼까요	1	1	
		10	접어서 만든 우리 학교		1	1
		11	모두 제자리	1		1
		12	함께 약속해요			2
		13	알쏭달쏭 우리 학교		1	
		14	진짜 1학년이 되었어요		1	1
맺기		1	지금 여기 나의 이야기		1	

2022 개정 교육과정의 교과서는 플랫폼형 교과서와 모듈형 교과서로 개발되었다. 플랫폼형 교과서란 교사와 학생이 함께 수업을 만들 수 있는 공간으로 배움 지도가 제시된 것이다. 모듈형 교과서란 한 단원을 구성하는 수업을 묶음으로 제시한 것이다. 주제, 놀이, 안전 묶음으로 구성되며 이들은 단원의 예시 수업들로 교사는 묶음의 수업을 활용하여 주제 단원을 만들 수 있도록 하였다(교육부, 2024). 다만, 놀이는 최소 8시간, 안전은 최소 4시간을 운영하도록 되어 있다. 따라서 이러한 교과서 개발의 취지를 살려 학생들이 생활하는 학교라는 공간과 그곳에서의 생활에 적응과 관련된 교과서와 교사용 지도서의 내용을 확인해야 한다. 〈표 3-21〉은 교사용 지도서에 제시된 단원 학습 체계를 통해 살펴본 내용이다. 이를 통해 교과서에서 제시하고 있는 지식을 확인할 수 있다.

〈표 3-22〉 교과서에 제시된 지식

단원명	지식
학교	• 학교에는 화장실, 급식실, 교무실, 교실, 운동장, 도서관, 복도 등이 있다. • 미끄럼틀의 계단을 오를 때는 손잡이를 잡고 한 칸씩 올라간다. • 그네가 완전히 정지한 후 타거나 내린다. • 학교에 가면 교장 선생님, 보건 선생님, 사서 선생님, 친구 등이 있다. • 수업 시간에 발표할 때 큰 소리로 발표한다. • 급식실에서 급식을 받을 때는 차례로 줄을 서서 받는다. • 복도에서 선생님을 만났을 때는 고개를 숙여 인사하고 알맞은 인사말을 한다.

1단계의 설계를 위해 국가수준 교육과정 문서, 교과서와 교사용 지도서를 통해 관련 내용 지식을 확인하였으면 이제는 주요 개념 우선순위를 결정하고 교과서에 감추어진 이해를 들추어내는 과정이 필요하다. 2022 개정 통합교과의 취지에 따라 단원을 구성할 때, 주제, 놀이, 안전이 포함될 수 있도록 한다. [그림 3-16]은 조직자를 통해 우선순위를 명료화한 것이다.

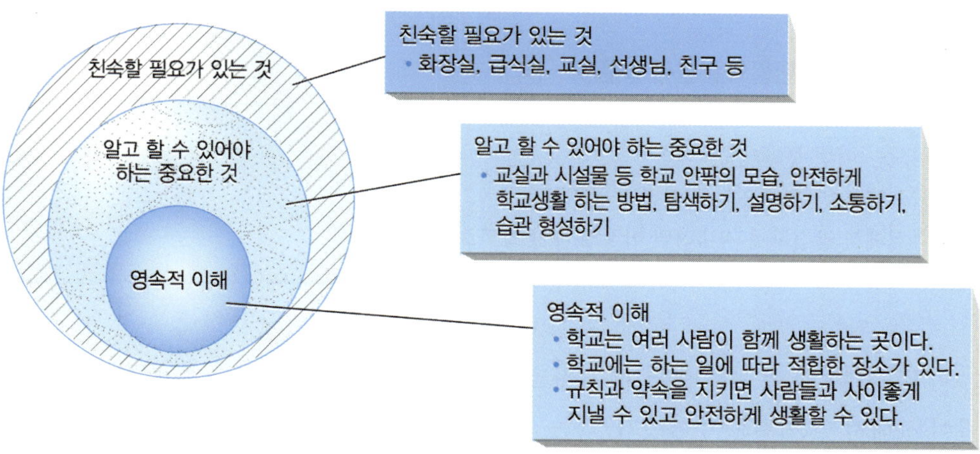

[그림 3-16] 내용의 우선순위

이러한 과정을 거쳐서 이해를 도출할 수 있다. 2022 개정 교육과정에서는 백워드 설계에 해당하는 이해인 핵심 아이디어를 국가수준 교육과정에 제시하였으며, 이를 단원 개발 과정에 활용할 수 있다. '학교' 단원의 핵심 아이디어는 '우리는 내가 누구인지 생각하며 생활한다.'로 제시되어 있으나 이는 1학년 수준에서 범위가 너무 넓다고 판단되어 이해의 범주를 좁혀 학교라는 공간에서 학생들이 어떻게 생활해야 하는지와 관련된 이해를 〈표 3-23〉과 같이 일반화된 문장으로 진술하였다.

〈표 3-23〉 '학교' 단원의 이해

- 학교는 여러 사람이 함께 생활하는 곳이다.
- 학교에는 하는 일에 따라 적합한 장소가 있다.
- 규칙과 약속을 지키면 사람들과 사이좋게 지낼 수 있고 안전하게 생활할 수 있다.

이해를 설정하고 난 이후에는 본질적 질문을 설정해야 한다. 본질적 질문은 학생들을 탐구로 이끌어 주는 질문으로 1단계 템플릿의 구성 요소 중에서 수업을 할 때, 학생들에게 직접 제시하는 유일한 요소이다. 따라서 본질적 질문은 학생들이 이해할 수 있도록 '학생의 언어'를 활용해서 작성해야 한다. 교사에게는 흥미롭고 의미 있는 본질적 질문이더라도 학생들이 질문을 듣고 무슨 내용인지 이해하지 못한다면 소용이 없기 때문이다. 〈표 3-24〉는 이 단원에서 설정한 본질적 질문이다.

〈표 3-24〉 '학교' 단원의 본질적 질문

- 학교는 어떤 곳인가요?
- 학교에서 만날 수 있는 사람은 누구인가요?
- 학교에서 안전하게 지내려면 어떻게 해야 할까요?

이 단원에서는 본질적 질문 세 가지를 설정하였다. 앞에서 제시한 본질적 질문은 '정답이 정해져 있는 질문이 아닌가?'라는 의문이 들 수도 있다. 하지만 이 질문들은 1학년에게 제시하는 것임을 고려해야 한다. 타 학년 수준에서 당연한 사실적 지식이라고 여겨질 수 있으나 1학년 학생의 수준에서 탐구를 통해 밝혀내야 한다면 본질적 질문이 될 수 있다. 가만히 생각해 보면 타 학년 학생들도 이러한 이해들이 원래 그런 것이라고 생각할 수 있겠지만, 이는 이전 학년에서 탐구 과정을 거친 결과인 이해가 내면화되었기 때문이라는 것을 기억해야 한다.

본질적 질문을 받은 학생들은 '학교는 어떤 곳이지?' '학교에는 어떤 교실들이 있지?'

'학교에서 누구를 만날 수 있을까?' '학교에서 만나는 사람과 어떻게 지내야 할까?' '학교에서 어떻게 해야 내가 안전하게 생활할 수 있을까?' 등 탐구를 위한 질문을 생성하며 이를 통해 의문을 가지고 탐구를 하며 추리 과정을 통해 결론을 도출할 것이다.

학생들이 단원의 학습을 통해 일반화된 이해에 도달하도록 하기 위해서는 지식과 기능의 습득이 필요하다. 지식은 성취기준의 명사나 형용사에서 도출할 수 있으며 기능은 동사에서 확인할 수 있다. 통합교과에서 기능을 선정할 때는 바른 생활, 슬기로운 생활, 즐거운 생활의 고유한 성격을 고려해야 한다. 따라서 이 단원에서는 '탐색하기와 설명하기(슬기로운 생활), 소통하기(즐거운 생활), 습관 형성하기(바른 생활)'로 설정하였다.

앞에서 단계적으로 설명한 목표 풀이하기 과정을 조직자로 나타내면 [그림 3-17]과 같다. 개발자가 일반적으로 거치는 위의 사고 과정에 익숙해지면 목표 풀이하기 조직자를 활용하여 1단계 설계가 이루어질 수 있다.

통합교과 목표 풀이하기

목표 설정 G

- [2바01-01] 학교 생활 습관과 학습 습관을 형성하여 안전하고 건강하게 생활한다.
- [2슬01-01] 학교 안팎의 모습과 생활을 탐색하며 안전한 학교 생활을 한다.
- [2즐01-01] 즐겁게 놀이하며, 건강하고 안전하게 생활한다.

↓ ↓

명사 및 형용사로 진술되거나 암시된 주요 아이디어

- 학교의 다양한 장소
- 학교의 여러 가지 시설물
- 학교에서 지켜야 할 규칙

동사로 진술되거나 암시된 실세계 수행

- 안전하고 건강하게 생활하기 → 학교생활에 필요한 규칙을 스스로 결정하고 실천 의지를 다지도록 한다.
- 탐색하기 → 학교의 다양한 교실을 살펴보도록 한다.
- 놀이하기 → 정한 규칙을 지키면서 안전하게 놀이하도록 한다.

↓ ↓

본질적 질문 Q

- 학교는 어떤 곳인가요?
- 학교에서 만날 수 있는 사람은 누구인가요?
- 학교에서 안전하게 지내려면 어떻게 해야 할까요?

이해 U

- 학교는 여러 사람이 함께 생활하는 곳이다.
- 학교에는 하는 일에 따라 적합한 장소가 있다.
- 규칙과 약속을 지키면 사람들과 사이좋게 지낼 수 있고 안전하게 생활할 수 있다.

수행과제 아이디어 T

- 1학년 학생들에게 낯선 곳인 학교의 다양한 공간과 시설물, 그곳과 관련된 사람들에 대해 살펴보는 과정을 통해 학교에 대한 이해를 높이고 각 공간에서 안전하고 건강하게 생활하기 위해 지켜야 할 규칙을 모색하고 실천하게 한다.

[그림 3-17] 통합교과 목표 풀이하기

1단계의 개발 결과를 백워드 설계 템플릿으로 구체화하면 〈표 3-25〉와 같다.

〈표 3-25〉 '학교' 단원의 1단계 설계 템플릿

<table>
<tr><th colspan="2">1단계 - 바라는 결과 확인하기</th></tr>
<tr><td colspan="2">목표 설정
[2바01-01] 학교 생활 습관과 학습 습관을 형성하여 안전하고 건강하게 생활한다.
[2슬01-01] 학교 안팎의 모습과 생활을 탐색하며 안전한 학교 생활을 한다.
[2즐01-01] 즐겁게 놀이하며, 건강하고 안전하게 생활한다.</td></tr>
<tr><td>이해
• 학교는 여러 사람이 함께 생활하는 곳이다.
• 학교에는 하는 일에 따라 적합한 장소가 있다.
• 규칙과 약속을 지키면 사람들과 사이좋게 지낼 수 있고 안전하게 생활할 수 있다.</td><td>본질적 질문
• 학교는 어떤 곳인가요?
• 학교에서 만날 수 있는 사람은 누구인가요?
• 학교에서 안전하게 지내려면 어떻게 해야 할까요?</td></tr>
<tr><td>핵심 지식
• 학교의 다양한 교실
• 학교의 여러 가지 시설물
• 학교에서 지켜야 할 규칙</td><td>기능
• 다양한 교실과 시설물 탐색하기
• 습관 형성하기
• 소통하기</td></tr>
</table>

4) 중학교 사회(일반사회 영역) 사례

중학교 사회과 '일상생활과 법' 단원에서 교육과정 풀기를 통해 1단계를 개발한 사례이다. 먼저 '일상생활과 법' 단원의 국가수준 교육과정 문서의 성취기준을 확인해야 한다. 국가수준 성취기준을 통해서 이 성취기준의 설정 의도, 유의점 등을 파악할 수 있다. 〈표 3-26〉은 교육부 고시 제2022-33호 사회과 교육과정에 '일상생활과 법' 단원과 관련된 성취기준 내용이다.

〈표 3-26〉 국가수준 교육과정 문서의 내용

(5) 일상생활과 법

[9사(일사)05-01]	법의 의미와 특징을 설명하고, 일상생활에서 접하는 법의 사례를 통해 법의 목적을 도출한다.
[9사(일사)05-02]	우리의 일상을 규율하는 다양한 법을 탐색하고, 국내외 사례를 통해 사회법이 필요한 이유에 대해 토의한다.
[9사(일사)05-03]	재판의 의미와 종류를 설명하고, 공정한 재판의 중요성에 대해 토의한다.

(가) 성취기준 해설

[9사(일사)05-01]에서는 우리 주변에서 찾아볼 수 있는 법들을 살펴보면서 법의 의미와 특징에 대해 논의한다. 그리고 자신이 일상생활에서 경험한 법의 사례들을 살펴보면서 법의 목적이 정의 실현에 있음을 추론한다.

[9사(일사)05-02]에서는 우리 생활과 관련된 다양한 법들(예: 헌법, 민법, 형법)을 찾아보고, 국내외 사례를 통해 사회법이 도입된 배경과 필요성에 대해 논의한다.

[9사(일사)05-03] 일상생활이나 미디어에서 접한 재판의 사례들을 통해 재판의 종류를 민사재판과 형사재판으로 구분하고, 재판 사례를 토대로 공정한 재판의 의미와 중요성에 대해 논의한다. 이 과정에서 공정한 재판이 이루어지기 위해 필요한 요건들에 대해 살펴본다.

(나) 성취기준 적용 시 고려 사항

법이 무엇이며 어떤 특징을 띠는가, 우리가 일상에서 접하는 법에는 어떤 것들이 있는가, 법적 권리는 재판을 통해 어떻게 실현될 수 있는가에 대해 질문하면서, 학생들이 현실 맥락과 사례를 통해 법의 목적, 사회법이 필요한 이유, 공정한 재판의 요건을 이해하도록 한다.

학생들이 구체적으로 경험할 수 있는 법의 사례를 통해 법의 의미, 특징, 목적에 대해 논의하면서 준법의식을 함양하도록 한다.

일상생활을 규율하는 다양한 법들을 헌법, 민법, 형법 중심으로 찾아보도록 안내한다. 현대 사회에서 가장 특징적인 법인 사회법의 성격에 대해서는 국내외 사례를 토대로 도입 배경과 이유를 살펴보도록 돕는다.

민주적 기본 가치(인간 존엄성, 자유, 평등 등)와 연계하여 공정한 재판의 필요성을 인식하도록 돕는다. 이때 현실 혹은 가상(영화, 드라마 등)의 재판 사례를 분석하여 법관의 독립적인 판단이 제도적으로 보장되었는지, 판단에 개입된 사회적・문화적 편견은 없었는지, 판단을 통해 민주적 기본 가치가 충분히 보장되었는지 등을 토의하는 활동을 통해 비판적 사고력의 함양을 촉진한다.

법적 사례와 공정한 재판에 대하여 토의하는 과정에서 법을 균형 있게 바라보는 태도를 기르도록 돕는다.

교육과정 문서를 통해 성취기준과 관련된 내용을 살펴본 후, 교과서와 교사용 지도서의 내용을 확인해야 한다. 〈표 3-27〉은 교사용 지도서에 제시된 단원 학습 체계를 통해 살펴본 내용이다. 이를 통해 교과서에서 제시하고 있는 지식을 확인할 수 있다.

〈표 3-27〉 지도서에 제시된 단원의 학습 체계

중단원명	소단원명	주요 학습 내용
1. 법의 의미와 목적	• 법의 의미와 특징은 무엇일까?	• 일상생활 속에서 만나는 법 • 법의 의미와 특징
	• 법을 통해 실현하는 것은 무엇일까?	• 법의 목적 • 법의 기능
2. 생활 속의 다양한 법	• 공법과 사법은 어떻게 다를까?	• 국가 생활과 관련한 공법 • 개인 생활과 관련한 사법
	• 사회법은 누구를 위한 법일까?	• 사회법의 등장 배경 • 사회법의 종류
3. 재판의 의미와 공정한 재판	• 재판이란 무엇일까?	• 재판의 의미 • 민사 재판 • 형사 재판
	• 공정한 재판이 이루어지기 위해 필요한 조건은 무엇일까?	• 사법권의 독립 • 공개 재판주의와 증거 재판주의 • 심급 제도

* 출처: 손영찬 외(2025). 중학교 사회① 교사용 지도서. 미래엔, p. 189.

〈표 3-28〉 교과서에 제시된 지식

중단원명	지 식
1. 법의 의미와 목적	• 사회 규범은 갈등과 분쟁을 해결하고 사회 질서를 유지하기 위해 사회 구성원들이 합의하여 만든 규칙이다. • 법은 정의를 실현하기 위해 사회 구성원의 합의를 바탕으로 국가에서 정한 규범이다. • 법은 위반하면 국가에 의해 제재를 받는 강제성을 가지고 있으며, 구체적 행위와 그 결과를 중시한다. • 정의는 우리가 마땅히 지켜야 하는 원칙으로서 옳고 그름을 판단하는 근거로 작용한다. • 법은 개인의 권리 보호, 분쟁 해결, 사회 질서 유지의 기능을 가지고 있다.

(계속)

2. 생활 속의 다양한 법	• 공법은 국가와 개인 간 또는 국가와 국가기관 상호 간의 공적인 관계를 다루는 법이다. • 사법은 개인과 개인 사이의 사적인 생활 관계를 규율하는 법이다. • 사회법은 사회적 · 경제적 약자의 권리 보호와 모든 국민의 최소한의 인간다운 삶을 보장하는 것을 목적으로 하는 법이다. • 사회법은 국가가 개인 간의 관계에 개입함으로써 공법과 사법의 중간적 성격을 가진다.
3. 재판의 의미와 공정한 재판	• 재판은 법원이 구체적 분쟁에 법을 적용하여 옳고 그름을 판결하는 과정을 의미한다. • 재판은 사람들 사이의 분쟁을 해결하고, 범죄자에게 형벌을 부과함으로써 사회 질서를 유지하는 기능을 한다. • 민사 재판은 개인과 개인 사이에서 발생한 분쟁 해결하는 데 목적이 있다. • 민사 재판의 과정은 원고의 소장 제출, 피고의 답변서 제출, 변론 절차, 판사의 판결 순으로 이루어진다. • 형사 재판은 범죄 행위의 유무죄 판단, 형벌의 종류와 형량을 결정하는 데 목적이 있다. • 형사 재판의 과정은 피해자의 고소, 검사의 수사 및 기소, 공판, 판사의 판결 순으로 이루어진다.

1단계를 설계하기 위해 국가수준 교육과정 문서, 교과서와 교사용 지도서를 통해 관련 내용 지식을 확인하였으면 주요 개념 우선순위를 결정하고 교과서에 감추어진 이해를 밝혀내는 과정이 필요하다. 이해를 도출하기 위해 이 단원과 맞닿아 있는 학문 영역이 무엇인가를 살펴봐야 한다. 이 단원에 해당하는 사회과 영역은 법 영역이며, 일상생활 속 경험하는 다양한 법들과 재판이 인간의 권리를 보장하는 중요한 수단임을 이해하는 데 목적이 있다. [그림 3-18]은 조직자를 통해 우선순위를 명료화한 것이다.

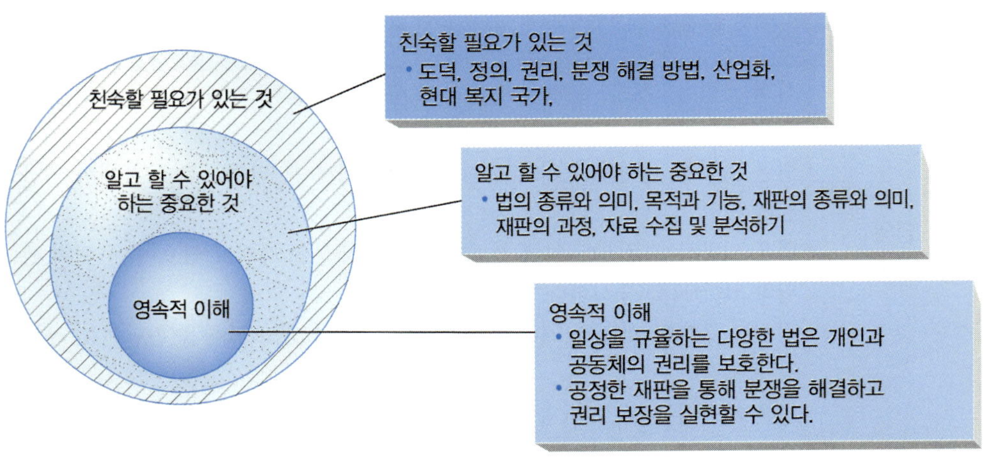

[그림 3-18] 내용의 우선순위

이러한 과정을 거쳐서 도출한 이해는 〈표 3-29〉처럼 일반화된 문장으로 진술해야 한다.

〈표 3-29〉 '일상생활과 법' 단원의 이해

- 일상을 규율하는 다양한 법은 개인과 공동체의 권리를 보호한다.
- 공정한 재판을 통해 분쟁을 해결하고 권리 보장을 실현할 수 있다.

이해를 설정하고 난 이후에는 본질적 질문을 설정해야 한다. 본질적 질문 설정에 어려움이 있다면, 이해의 여섯 측면에 기초한 본질적 질문 유발자를 활용할 수 있다. 본질적 질문 유발자는 질문 형식으로 제시되어 있어 빈 공간에 단원의 주제, 핵심 개념, 빅 아이디어를 넣어 문장을 완성해 보면 쉽게 본질적 질문을 만들 수 있다. 물론 본질적 질문 유발자를 활용하여 생성한 질문은 정교화하는 과정을 거칠 필요가 있다.

본 단원에서는 학생이 단원의 이해를 증명하는 것을 '설명'의 차원으로 선정하고, 설명의 측면에 제시된 질문 형식을 활용하였다. '__________의 예들은 무엇인가?' '__________의 특징/주요 요소는 무엇인가?' '__________을 어떻게 증명/확인/정당화할 수 있는가?'의 문장을 활용하여, '일상을 규율하는 다양한 법의 예는 무엇인가?' '다양한 법의 특징은 무엇인가?' '법은 개인과 공동체의 권리를 어떻게 보호할 수 있는가?' '공정한 재판의 특징은 무엇인가?' '공정한 재판이 어떻게 분쟁을 해결하고 권리를 보장할 수 있는가?'로 초기 문장을 만들었다.

'일상을 규율하는 다양한 법의 예는 무엇인가?'와 '다양한 법의 특징은 무엇인가?'의 경우 예를 조사하는 것은 필연적으로 특징을 파악하는 과정이 수반되므로 두 질문을 하나로 묶어서 '일상생활과 관련된 법의 종류와 특징은 무엇인가?'로 통합하였다. 이 질문은 일상생활과 관련된 법의 예와 의미에 대한 이해를 강조하고 있으므로, 본질적 질문의 두 유형 중 제한적 본질적 질문에 가깝다고 볼 수 있다. 다음으로 '법은 개인과 공동체의 권리를 어떻게 보호할 수 있는가?'와 '공정한 재판의 특징은 무엇인가?'라는 질문은 결국 공정한 재판을 통해 권리를 보장할 수 있음을 이해하는 데 목적이 있으므로 '공정한 재판이 어떻게 분쟁을 해결하고 권리를 보호할 수 있는가?'라는 질문으로 통합하였다. 이 질문은 공정한 재판의 역할에 대한 심층적 학습이 요구되므로 앞서 제시한 본질적 질문보다는 좀 더 포괄적인 질문이라 볼 수 있다. 〈표 3-30〉은 이 단원에서 설정한 본질적 질문이다.

〈표 3-30〉 '일상생활과 법' 단원의 본질적 질문

- 일상생활과 관련된 법의 종류와 특징은 무엇인가?
- 공정한 재판이 어떻게 분쟁을 해결하고 권리를 보호할 수 있는가?

단원에서 본질적 질문은 이해와 반드시 1:1 대응이 되도록 개발할 필요는 없다. 단원 전반과 관련되는 본질적 질문을 제시하고 이러한 본질적 질문에 대한 나름의 답을 찾아가는 과정에서 학생들은 설정한 이해에 도달하게 될 것이다. 이 단원에서 '일상생활과 관련된 법의 종류와 특징은 무엇인가?'라는 본질적 질문을 받은 학생들은 자신의 직·간접적으로 경험한 일상생활 속 사례를 통해 관련 법을 탐색하고, 그 속에서 법의 특징을 이해하는 과정을 거치게 된다. 또한 '공정한 재판이 어떻게 분쟁을 해결하고 권리를 보호할 수 있는가?'라는 질문을 통해 학생들은 공정한 재판의 의미, 재판을 통해 분쟁 해결과 권리 보장을 할 수 있는 방법에 관해 탐구하게 된다.

학생들이 단원의 학습을 통해 일반화된 이해에 도달하도록 하기 위해서는 핵심 지식(명제적 지식)과 기능(절차적 지식)의 습득이 필요하다. 지식은 성취기준의 명사나 형용사에서 도출할 수 있으며 기능은 동사에서 확인할 수 있다. 1단계 개발을 위한 목표 풀이하기 과정을 조직자로 나타내면 [그림 3-19]와 같다.

사회과(일반사회 영역) 목표 풀이하기

목표 설정하기 G

- [9사(일사)05-01] 법의 의미와 특징을 설명하고, 일상생활에서 접하는 법의 사례를 통해 법의 목적을 도출한다.
- [9사(일사)05-02] 우리의 일상을 규율하는 다양한 법을 탐색하고, 국내외 사례를 통해 사회법이 필요한 이유에 대해 토의한다.
- [9사(일사)05-03] 재판의 의미와 종류를 설명하고, 공정한 재판의 중요성에 대해 토의한다.

↓ ↓

명사 및 형용사로 진술되거나 암시된 주요 아이디어

- 법의 종류와 의미, 특징
- 재판의 의미와 종류
- 공정한 재판의 중요성

동사로 진술되거나 암시된 실세계 수행

- 탐색한다. 설명한다. 도출한다. → 다양한 법(헌법, 민법, 형법, 사회법 등)과 재판의 의미와 특징 설명하기 위해서는 일상생활에서 접하는 법이나 재판의 사례를 조사하고 분석하는 과정이 필요하다.
- 토의하기 → 재판의 사례를 통해 공정한 재판의 의미와 중요성에 대해 실제로 학생들 간의 상호 논의하기

↓ ↓

본질적 질문 Q

- 일상생활과 관련된 법의 종류와 특징은 무엇인가?
- 공정한 재판이 어떻게 분쟁을 해결하고 권리를 보호할 수 있는가?

이해 U

- 일상을 규율하는 다양한 법은 개인과 공동체의의 권리를 보호한다.
- 공정한 재판을 통해 분쟁을 해결하고 권리 보장을 실현할 수 있다.

수행과제 아이디어 T

- 일상생활 속에서 발견할 수 있는 다양한 법(공법 · 사법) 사례나 분쟁 상황을 조사하고, 그 법이 어떤 목적 · 기능을 하는지 분석한 뒤, 공정한 재판의 원리에 따라 해결 방안 도출하기

[그림 3-19] 사회과(일반사회 영역) 목표 풀이하기

1단계의 개발 결과를 백워드 설계 템플릿으로 구체화하면 〈표 3-31〉과 같다.

〈표 3-31〉 '일상생활과 법' 단원의 1단계 설계 템플릿

<table>
<tr><th colspan="2">1단계 - 바라는 결과 확인하기</th></tr>
<tr><td colspan="2">목표 설정하기
• [9사(일사)05-01] 법의 의미와 특징을 설명하고, 일상생활에서 접하는 법의 사례를 통해 법의 목적을 도출한다.
• [9사(일사)05-02] 우리의 일상을 규율하는 다양한 법을 탐색하고, 국내외 사례를 통해 사회법이 필요한 이유에 대해 토의한다.
• [9사(일사)05-03] 재판의 의미와 종류를 설명하고, 공정한 재판의 중요성에 대해 토의한다.</td></tr>
<tr><td>이해
• 일상을 규율하는 다양한 법은 개인과 공동체의 권리를 보호한다.
• 공정한 재판을 통해 분쟁을 해결하고 권리 보장을 실현할 수 있다.</td><td>본질적 질문
• 일상생활과 관련된 법의 종류와 특징은 무엇인가?
• 공정한 재판이 어떻게 분쟁을 해결하고 권리를 보호할 수 있는가?</td></tr>
<tr><td>핵심 지식
• 법의 종류와 의미, 특징
• 재판의 의미와 종류
• 공정한 재판이 이루어지 위한 요건</td><td>기능
• 조사하기
• 분석하기
• 의사결정하기</td></tr>
</table>

요약

백워드 설계의 1단계에서는 목표를 고려한다. 1단계는 단원을 개발할 때, 중요한 구성 요소를 고려하는 단계로 바라는 결과를 선정한다. 이때 설정하는 목표는 단원 수준의 목표로 단시 수업에 해당하는 단기적인 목표를 위한 합리적인 근거를 제공하는 본래의 영속적이고 장기적인 목표를 의미한다. 그 후 성취기준 검토를 통해 내용의 우선순위를 결정하여 빅 아이디어를 선정하고 이해와 본질적 질문을 선정한다.

빅 아이디어는 교육과정, 수업, 평가의 초점으로 제공되어야 하는 핵심 개념, 원리, 이론을 의미한다. 이러한 빅 아이디어는 특정한 단원을 초월하여 전이 가능한 것이며, 이는 이해라는 건축물의 재료가 되고 하나의 지식을 다른 단편적 지식과 연결할 수 있도록 하는 의미 있는 패턴이라고 할 수 있다.

다음으로, 이해를 선정한다. 이해는 사실에 의미와 중요성을 부여하는 빅 아이디어를 포함하며 다른 주제, 분야, 삶으로 전이될 수 있다. 또한 기초 기능을 위한 개념적인 기반을 제공하고 일반화된 문장으로 진술하여 구조화해야 해야 한다.

본질적 질문은 교과의 중심에 놓이거나 교과의 탐구와 심층적 학습을 촉진시키는 질문이다. 그래서 본질적 질문은 간단한 문장으로 직접적인 대답을 요구하거나 정해진 하나의 결론을 갖는 것이 아니다. 학생들은 본질적 질문에 대한 탐색을 통해 주제나 단원이 지니고 있는 실질적인 풍부함을 심층적으로 학습할 수 있게 된다.

마지막으로, 핵심 지식과 기능은 단원에서 학생들이 학습하기를 바라는 명제적 지식(핵심 지식)과 절차적 지식(기능)이다. 지식과 기능은 이를 활용하여 학생들이 효과적으로 학습하게 되고, 이러한 수행을 통해 이해에 도달하기 위한 필수적인 도구로 활용된다.

토론 과제

1. 백워드 설계 1단계의 핵심 설계 요소를 설명하시오.
2. 단원 하나를 정하여 내용의 우선순위를 정해 보시오.
3. 자신의 전공 교과에서 성취기준을 선정하고 목표 풀이 과정을 거쳐 이해와 본질적 질문을 개발하시오.

제4장 수용 가능한 증거 결정하기

학습목표

- 백워드 설계 2단계의 핵심 설계 요소를 설명할 수 있다.
- 이해의 여섯 측면을 설명할 수 있다.
- 학생의 이해를 평가할 수 있는 수행과제와 루브릭을 개발할 수 있다.

백워드 설계의 가장 큰 특징은 목표 성취를 위해서 평가를 매우 강조한 모형이라는 점이다. 즉, 수업 목표를 설정한 후에 다음 단계에서 Tyler(1949)가 제안한 목표 중심의 설계 모형과 달리, 학생들이 학습한 결과의 증거를 개발하는 평가에 대한 내용을 먼저 정하고, 마지막으로 학습 경험을 선정하는 것이다.

Wiggins와 McTighe(2005)는 학습자들의 이해의 증거가 무엇인지를 상세히 할 필요가 있음을 강조한다. 즉, 이해를 평가하기 위해 학생이 무엇을 수행해야 하는지를 상세히 제시하는데, 이것은 학생들에게 이해가 단지 포괄적으로 진술된 단원의 목적으로서 남겨진다면 놓치게 될 기능들을 개발하고 연습할 기회를 제공하기 때문이다. 따라서 2단계를 개발할 때, 교사는 평가자처럼 생각을 해야 한다.

2단계의 '수용 가능한 증거 결정하기'는 학습 경험 계획 이전에 평가를 고려한다는 점에서 다른 설계 방법과 차별화되는 백워드 설계의 가장 핵심적인 단계다.

이 단계의 기본적인 세 가지 질문은 다음과 같다.

> ① 이해 목표에 부합하는 증거의 종류 결정하기
> 이해의 측면을 포함한 목표의 특징을 찾아내기 위하여 우리가 필요로 하는 증거의 종류가 무엇인가?
>
> ② 준거, 루브릭, 모범 사례(앵커링) 결정하기
> 바라는 결과가 성취되는 정도(준거, 루브릭)를 결정하기 위하여 우리는 학생의 어떤 반응, 결과물 혹은 수행의 구체적 특징을 검사해야 하는가?
>
> ③ 평가의 타당도와 신뢰도
> 제시된 증거는 학생의 지식, 기능 또는 이해를 추론할 수 있는가? 증거는 목표와 일치하는가? 결과는 분명한가?

즉, 어떻게 학생들이 목표를 성취하였고 기준에 충족하는지를 알 수 있을 것인가? 학생들의 이해와 숙달의 증거로서 무엇을 받아들일 것인가? 백워드 설계는 의도된 학습이 이루어졌는지를 기록하고 증명하는 데 필요한 평가의 증거 측면에서 한 단원이나 수업을 계획하도록 제안한다. 이러한 백워드 설계는 교사와 교육과정 설계자들이 특정한 단원이나 수업을 설계하기 전에 평가자처럼 생각하도록 하여 학생들이 의도된 이해를 성취했는지에 대해 어떻게 결정할 것인가를 미리 고려하도록 한다.

첫째, 수행과제를 선정한다. 수행과제는 학생들이 이해했다는 가장 명확한 기준이 된다. 수행과제는 학생들이 실생활에 적용할 수 있는 상황(Situation)에서 어떤 목표(Goal)를 가지고 구체적인 대상(Audience)을 고려하면서 특정한 역할(Role)과 기준(Standards)에 따라 수행(Performance)하고 결과물을 만들어 내는 것을 의미한다.

둘째, 학생의 이해를 확인할 수 있는 다른 평가 증거를 고려해야 한다. 교육과정 우선순위에 따라 관찰, 검사, 퀴즈, 학생의 학습 결과물 등 다양한 방법을 활용할 수 있다. 평가가 효과적으로 이루어지기 위해서는 평가의 유형과 형태 및 측정하고자 하는 성취 대상을 관련지어야 한다.

셋째, 평가 준거를 결정한다. 준거는 1단계에서 설정한 목표와 이해의 여섯 측면과의 일치도를 고려하여 마련해야 한다.

2단계의 핵심 설계 요소는 [그림 4-1]과 같다.

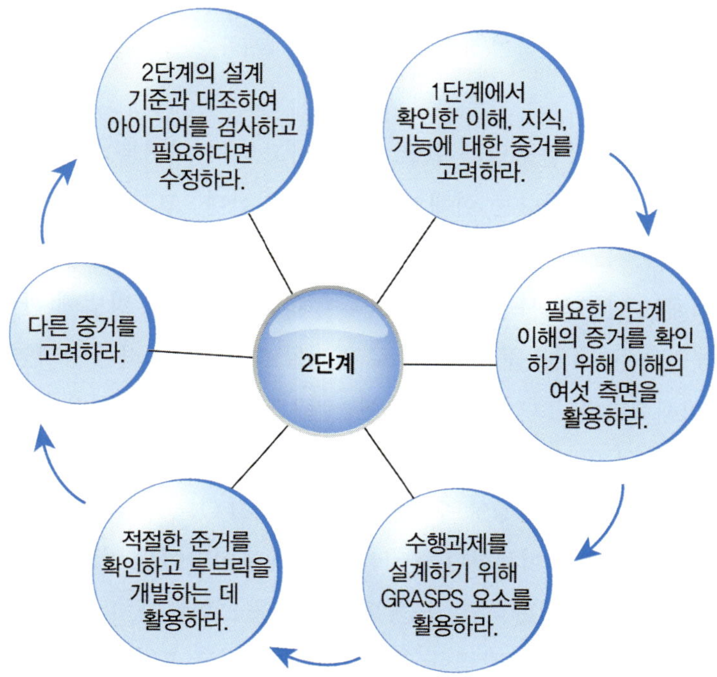

[그림 4-1] 2단계 하위 설계 요소

1 이해의 여섯 측면과 증거

1) 이해의 여섯 측면

이해라는 말은 다양한 의미를 지니고 있고 이해의 사용은 한 가지가 아닌 여러 가지 성취를 가리키며 동시에 여러 종류의 증거를 통해 이해의 사용 여부가 드러난다. 이해는 늘 정도의 문제이고 전형적으로 반성, 토의, 아이디어의 이용에서 발생하는 질문과 탐구 방향에 의해 심화된다. Wiggins와 McTighe(2005)는 이러한 이해를 다음과 같이 여섯 측면으로 제시하였다.

(1) 측면 1: 설명

• 정의: 사건, 행위, 아이디어에 대하여 정당하고 타당한 근거를 가지고 말할 수 있는 능력이고, 그러한 근거에 기반하여 정교하고 적절하게 체계화된 이론과 증명을 이해하는 능력

측면 1은 명확한 이론, 불투명한 현상, 감정, 사고, 아이디어를 이해하는 설명 그 자체를 포함하고 거기서 나타나는 이해의 종류를 포함한다. 그것은 무엇을 암시하는지, 무엇과 관련을 맺는지, 왜 일어나는지를 설명하는 수행과 산출물을 통한 이해이다.

측면 1의 이해는 단순히 사실에 관한 지식이 아니라 이유와 방법에 관한 지식이다. 우리는 동학농민운동의 내용을 연대순으로 열거할 수 있다. 그러나 동학농민운동에 대하여 참으로 이해했다면, '그것이 왜 발발했는가? 그것이 미친 영향은 무엇인가?'를 설명할 필요가 있다. 한편, 수증기, 물, 얼음이 표면적으로 다르다 하더라도 왜 똑같은 물질인지를 설명하는 학생은 설명할 수 없는 학생보다 H_2O를 더 잘 이해하고 있다고 말할 수 있다. 이런 의미에서 이해한다는 것은 사실과 아이디어를 연결하는 것이고, 이론 내에서 이상한, 그리고 반직관적인, 또는 모순된 것을 포함한다. 더욱 심층적인 이해는 다양한 사건이나 자료가 더욱 강력한 원리 아래 연결되고 포함되는 곳에서 더욱 통찰적이고 체계적인 설명을 내포한다.

측면 1은 문제 중심 학습과 과학 프로그램에서 발견되었던 것과 같은 이론들과 설명들을 학생들에게 요구하는 본질적 질문, 논점, 문제 등을 고려하여 단원을 만들도록 요구한다. 수업과 평가에서는 단순한 지식의 재생이나 재인이 아니라 학생들이 스스로 설명하기, 빅 아이디어로 특별한 사실을 관련짓고 그 관계를 정당화하기, 그들의 결론을 지지하기 등을 학생들에게 요구하는 수행과제, 프로젝트, 단서, 검사 등을 사용해야 한다.

(2) 측면 2: 해석

• 정의: 의미 있는 해석, 내러티브(이야기 구성) 능력, 번역 능력

해석의 대상은 단순히 그럴듯한 설명이 아니라 의미다. 해석은 해석의 통찰을 위해 추상적인 이론이 아니라 강력한 스토리 구성과 관련된다. 스토리는 모든 사건, 자료 혹

은 경험에 속하는 것으로 생각하는 의미와 패턴들은 특정 사실에 대한 우리의 이해와 지각을 전환시킨다. 즉, 해석은 개인, 사회, 문화, 그것들이 일어나는 맥락에 따라 영향을 받는다. 이런 이해를 가지고 있는 학생은 사건의 중요성을 보여 줄 수 있고, 생각의 중요성을 드러낼 수 있으며, 반향을 불러일으키고, 깊은 심금을 울리는 해석을 제공할 수 있다.

이러한 측면에서 설명과 해석은 서로 관련이 있지만 한편으로는 서로 다르다. 설명은 일반적인 것이며, 해석은 맥락적이고 특수한 것이다. 우리는 관련 있는 사실과 이론적 원리들을 알지만 여전히 그것이 모두 무엇을 의미하는지, 그것의 중요성이 무엇인지를 물을 수 있고 물어야만 한다. 아동 학대의 경우를 이해하기 위해 애쓰는 배심원은 이론적 학문이나 과학에서의 일반화가 아닌 그것의 중요성과 의도를 찾는다. 이론가들이 학대라고 불리는 현상에 대하여 객관적이고 일반적인 지식을 설정하지만 법률가, 증인 혹은 저널리스트들이 말한 이야기는 보다 많은 통찰을 부여한다.

수업에서 교사는 학생들이 성인과 같이 지적으로 사고할 수 있도록 교육하기 위해 학생들이 공식적으로 수용되는 것을 단순히 수동적으로 받아들이게 하기보다는 이야기와 해석을 구성하는 것을 학습하게 해야 한다.

설명과 해석의 차이

구분	설명	해석
의미	적절하고 체계적인 이론에 근거하여 설명하고 증명하는 것	의미 있는 해석, 이야기 구성 능력, 번역 능력
특징	인과관계, 근거에 비추어 설명, 주로 과학자	흥미 있는 이야기, 있을 법한 이야기 구성, 내러티브 구성, 문학-역사-예술 교과
성격	일반적이고 보편성을 추구, 객관주의 지향	특수하고 맥락성을 추구, 구성주의 지향
Bloom 목표	분석, 종합에 해당	특정 수준과 무관

(3) 측면 3: 적용

• 정의: 지식을 새로운 상황이나 다양하고 실제적인 맥락에 효과적으로 사용하는 능력

Gardner(1991)는 이해라는 것은 현재 자신의 능력이 어떠한 방식으로 충분한 것인지, 그리고 새로운 기능이나 지식을 어떤 방식으로 요구할 수 있는지를 결정하면서 새로운 문제와 상황에 그것들을 가지고 와서 관련지을 수 있도록 개념, 원리나 기능을 충분히 파악하는 것을 의미한다고 했다.

즉, 이해한다는 것은 지식을 사용할 수 있는 것이다. 하지만 일반적으로 교실에서 쉽게 볼 수 있는 제한적 관련짓기, 빈칸 메우기는 백워드 설계의 적용과는 거리가 먼 것이다. 백워드 설계에서의 적용은 실세계를 반영해야 한다.

이해는 우리의 맥락에 아이디어, 지식, 실천을 연결하는 것을 포함한다. 우리가 무엇인가를 이해한다는 것을 보여 주기 위해서, 우리는 지식을 판에 박힌 방식으로 단순히 끼워 넣는 것이 아니라 그것을 사용하고 적응하여 개인에게 맞추는 능력을 보여 주어야 한다.

수업에서는 실세계와 관련된 참 평가과제에 초점을 두는 수행 중심의 학습을 강조해야 한다.

(4) 측면 4: 관점

• 정의: 비판적이고 통찰력 있는 시각

측면 4에서 이해한다는 것은 냉철하고 공평한 관점을 가지고 대상을 바라보는 것이다. 이러한 이해는 어떤 학생의 특별한 견해에 대한 것이 아니라, 복잡한 질문에 관한 응답이 관점을 포함한다는 성숙한 인식에 대한 것이다. 그러므로 어떤 응답은 종종 많은 가능성 있는 그럴듯한 설명들 가운데 하나이다. 관점을 가진 학생은 연구나 이론에서 당연시되고, 가정되고, 그럴듯한 설명에 대하여 경계한다. 즉, 관점은 아이디어들을 다른 이점에서 바라보는 방법에 대하여 얻게 된 이해다.

관점은 나무가 아니라 숲 전체를 바라보는 능력, 거리를 두고 볼 수 있는 안목을 암시한다. 이러한 관점은 강한 통찰로 이끌 수 있다. 사람들은 관점의 전환과 새로운 입장

을 가지고 친숙한 아이디어를 검토함으로써 새로운 이론, 이야기, 적용을 만들 수 있다. 학생이 관점을 갖게 되면, 조심성이 덜하거나 덜 신중한 사고자들이 가지는 습관적이거나 반사적인 신념, 감정, 이론, 호소들로부터 비판적 거리를 둘 수 있다. 인간은 자신의 관점을 전환할 수 있으며 새로운 인식의 방법을 시도할 수 있고, 새로운 이론과 해석을 발견할 수 있다.

수업에서는 학생들이 빅 아이디어에 관한 대안적 이론이나 다양한 견해를 다룰 수 있도록 구체적인 기회들을 제공해야 한다. 특히 단원 설계 시 내용이나 텍스트를 비판적으로 통찰할 수 있는 능력을 함양하는 것을 고려할 필요가 있다. 또한 비판적으로 큰 그림을 볼 수 있는 능력을 길러 주는 것도 염두에 두어야 한다.

(5) 측면 5: 공감

• 정의: 타인의 감정과 세계관을 수용할 수 있는 능력

공감은 타인의 입장에서 사고하는 능력, 타인의 입장을 이해하기 위해 자신의 감정적 반응을 회피하는 능력이다. 일반적으로 타인, 사람, 문화를 이해하려고 할 때 우리는 공감하기 위해 애쓴다. 공감은 누군가의 관점에서 세계를 이해하기 위해 학습된 능력이다. 그것은 타인이 보고 느끼는 것처럼 보고 느끼기 위해 상상을 사용하는 훈련이다. 공감은 단순한 연민이 아니며, 관점에서 보는 것처럼 차가운 입장과는 다르다. 관점은 비판적인 거리에서 보고 좀 더 객관적으로 보기 위해서 우리 자신을 냉철하게 분리한다. 반면에, 공감을 통해서는 타인의 세계관을 들여다볼 수 있다. 관점이 차갑고 분석적이고 자신의 감정과 분리된 초연함과 공평함이라면, 공감은 타인의 생각과 행위에서 그럴듯하고 분별력 있으며 의미 있는 것을 찾으려고 노력하는 신중한 행동, 그리고 따뜻함이다.

공감은 통찰의 형식으로 이상하고 낯선 의견 혹은 표면적인 것들을 뛰어넘어 의미 있는 것을 찾으려는 능력으로, 일상의 사람들을 잘 살피고 헤아리고 그것을 뛰어넘는 능력을 포함하고 있다. 학생들은 더욱 친숙한 것과의 관련성과 그것의 가치를 이해하려면 이상하고 접근하기 어려울 것 같은 아이디어, 경험, 텍스트 등을 열린 마음으로 받아들이는 방법을 학습해야 한다. 또한 대인관계 측면의 공감은 단순히 마음의 지적인 변화가 아니라 심정의 중요한 변화를 시사한다. 공감은 자신과 다른 사람에 대한 존

중을 요구하고 타인이 나와 다를 때, 신중하게 타인의 관점을 고려하도록 한다.

수업에서는 추상적인 아이디어들의 이해를 확실히 하기 위해, 학생들은 교과서 위주의 학습보다는 훨씬 더 직접적이고 가상적인 경험들을 해야만 한다. 학습은 보다 경험적일 필요가 있으며 학생들에게 사고, 이론, 문제들의 효과, 감정에 직접적으로 직면할 수 있는 힘을 길러 줄 수 있도록 해야 한다.

(6) 측면 6: 자기지식

- 정의: 자신의 무지를 아는 지혜, 그리고 자신의 사고와 행동을 반성하는 능력

심층적 이해는 궁극적으로 지혜라는 것의 의미와 관련되어 있다. 세계를 이해하기 위해서 우리는 모두 우리 자신을 이해해야만 한다. 자기지식을 통해서 우리가 이해하고 있는 것이 종종 우리가 알고 믿기를 기대하는 것과 관련된 것임을 이해해야 하며, 한편으로는 우리가 이해하지 못했던 것을 이해해야 한다. 일반적으로 메타인지는 어떻게 사고하는지와 왜 사고하는지에 대한 자기지식과 관련이 있다.

자기지식은 이해의 핵심이다. 왜냐하면 우리가 우리 자신을 더 잘 이해하려면 세계를 바라보는 방법을 자의식적으로 질문할 것을 요구하기 때문이다. 그것은 우리에게 불가피한 맹점, 편견 혹은 우리의 사고에서 간과하는 점을 찾거나 추구하기 위해, 그리고 효과적인 습관, 순진한 자신감, 강한 신념, 세계관 속에 잠재되어 있는 불확실성과 불일치에 직면하여 용기를 가지도록 훈련할 것을 요구한다.

교사는 실제적으로 수업에서 자기지식에 대하여 많은 주의를 기울임으로써 더 넓은 의미에서 자기반성과 성찰을 가르치고 평가해야 한다. 학교 교육에서 대부분의 프로그램과 전략들이 학생 자신의 학습 양식과 메타인지의 발전을 돕도록 계획되고 운영되어야 한다. 이와 더불어, 학생들이 자신의 지적 수행에 대하여 지속적인 자기 평가를 할 수 있도록 해야 한다.

이해의 여섯 측면과 정의

측면	정의
설명	사실, 사건, 행위에 대해 타당한 근거를 가지고 말할 수 있는 능력
해석	의미를 파악, 형성하고, 이야기를 구성하며, 번역하는 능력
적용	지식을 다양한 상황이나 실제적인 맥락에서 효과적으로 사용하는 능력
관점	비판적인 시각으로 대상을 조망하고 통찰할 수 있는 능력
공감	타인의 입장에서 감정과 세계관을 수용하는 능력
자기지식	자신의 무지를 알고 자신의 사고와 행위를 반성할 수 있는 메타인지 능력

앞에서 살펴본 백워드 설계의 여섯 가지 이해의 측면을 보면 Bloom의 교육목표분류학의 인지적 영역이 떠오른다. Bloom(1956)의 교육목표분류학은 교육 목표가 구체적일수록 교육활동의 내용과 이해를 통해 달성해야 할 것을 분명히 밝혀 준다는 점에서 평가를 위해 학습 목표를 분명히 하려고 한 것이었다. 오늘날에도 학교 현장에서는 학업성취도 평가 문항을 출제할 때 이러한 목표 분류학을 많이 활용하고 있다.

Bloom은 복잡성의 원칙에 의해 인지적 영역의 목표를 지식, 이해, 적용, 분석, 종합, 평가로 위계적으로 제시하였다. 각 하위 유목을 살펴보면 다음과 같다. 첫째, 지식은 이미 학습한 내용, 사실, 개념, 원리, 방법, 구조 등에 대한 기억으로, 교과 영역 속에 담겨 있는 특정 요소의 상기나 재생 또는 재인을 의미한다. 둘째, 이해는 이미 배운 내용에 관한 의미를 파악하는 능력으로, 자료의 의미를 파악하고 해석하며 추론하는 능력을 의미한다. 셋째, 적용은 이미 학습한 개념, 규칙, 원리, 이론, 기술, 방법 등을 구체적인 또는 새로운 장면에서 응용하는 능력을 의미한다. 넷째, 분석은 조직, 구조 및 구성 요소의 상호 관계를 이해하기 위해 주어진 자료의 구성 및 내용을 분석하는 능력을 의미한다. 다섯째, 종합은 비교적 새롭고 독창적인 형태, 원리, 관계, 구조 등을 만들어 내기 위해 주어진 자료의 내용 및 요소를 정리하고 조직하는 능력을 뜻한다. 여섯째, 평가는 어떤 특정한 목적과 의도를 근거로 하여 주어진 자료 또는 방법이 갖고 있는 가치를 판단하는 능력을 말한다(강현석, 2011).

Wiggins와 McTighe(2005)는 설명, 해석, 적용, 관점, 공감, 자기지식의 여섯 가지 이해는 서로 위계적이지 않다고 밝히고 있으나, Bloom의 교육목표분류학과 유사한 부분이 있어 둘 사이의 관련성을 살펴보고자 한다.

백워드 설계에서 설명의 측면은 정교하고 적절한 이론과 증명, 타당한 근거에 비추어 사건, 행동, 아이디어를 설명하는 능력을 의미한다. 이는 Bloom(1956)이 제시한 분석과 종합에 해당한다고 볼 수 있다. 적용의 측면은 지식을 새로운 상황이나 다양한 맥락에 효과적으로 사용하고 적용하는 능력으로, 이는 Bloom의 적용과 같다. 자기지식의 측면은 메타인지적 차원으로 자신의 무지를 아는 지혜, 그리고 자신의 사고와 행위를 반성할 수 있는 능력으로 알고 있는 것의 타당성을 따져 보는 것을 의미하여 Bloom의 평가에 해당된다. Bloom이 제시한 지식과 이해는 백워드 설계에서 제시한 이해 능력을 습득하기 위한 소재의 성격을 가진다고 볼 수 있다.

백워드 설계의 이해와 Bloom의 교육목표분류학과의 관계

Bloom	백워드 설계
지식	이해 능력을 습득하기 위한 소재(초보적 능력)
이해	
적용	적용
분석	설명
종합	
평가	자기지식

앞에서 살펴본 이해는 각각의 측면에 해당하는 속성에 따라 적절한 평가의 방향을 가지고 있다. 2단계에서 평가를 계획할 때는 1단계에서 설정한 이해의 특성에 적합한 평가를 개발해야 한다. 이와 관련하여 이해의 여섯 측면별 평가 방향은 〈표 4-1〉과 같다(조재식 2005: 78, Wiggins & McTighe, 2005).

〈표 4-1〉 이해의 측면과 평가 방향

이해의 측면	평가 방향
설명	• 대화 혹은 상호작용 • 반복적인 중핵적 수행과제 • 오개념의 활용 • 이해의 정교성을 수직선상에서 평가

(계속)

설명	• 중요한 이론과 관련된 본질적 질문에 초점 • 큰 그림을 잘 유추하는 통제력 • 학생들의 질문 • 폭과 깊이를 따로 측정
해석	• 좋은 글을 여러 각도에서 해석하는 능력 • 글의 저변에 깔린 이야기의 이해
적용	• 실제적 목적, 상황 그리고 청중을 고려한 적용 • 루브릭을 사용 • 피드백에 대한 자기수정 능력 • 반드시 이해하고 수행하는지 확인
관점	• 가치 있고 중요한 것에 대한 질문 • 대답의 충실도와 완곡한 표현의 정도를 평가에 반영 • 비판적 관점 • 저자의 의도
공감	• 타인의 심정을 헤아릴 수 있는 능력 • 성향이 매우 극단적인 인물들을 공부하면서 다양한 세계관과 감정을 이해하는 능력 • 변증법적인 대화를 통해서, 또는 다양한 생각을 가진 사람들 앞에서 특정한 세상의 아이러니나 공감을 직접 가르쳐 봄.
자기지식	• 과거와 현재의 작품을 자기 평가 • 소크라테스가 말한 것처럼 '자신이 무엇을 모르는지를 아는 지혜가 있는가?'에 대한 평가

2) 이해의 다양한 증거

피상적인 이해나 초보적인 이해에 반대되는, 심층적인 이해의 증거는 무엇인가? 우리는 학생의 이해 정도를 확인하기 위해서 어디를 보고, 무엇을 보아야 하는가? 어떤 종류의 평가 유형이 우리의 교육과정 단원들을 고정하고 우리의 교수를 안내하게 될 것인가?

종종 교사들은 평가를 학생들의 점수를 산출하기 위한 수단으로 여기는 경향이 있다. 이러한 생각을 가지고 있을 때, 교사는 학생들을 평가하기 위해 간편한 한 가지 또는 두 가지 평가 유형에 의존하게 되고, 선다형이나 단답형 항목을 통해서 쉽게 테스트되는 교육과정 양상들에 집중하게 된다. 즉, 단원 전체에서 평가를 계획하기보다는 단원의 일부 내용 중 평가 항목으로 선정한 단편적인 부분에 초점을 두게 된다. 이러한 평가는 학생들의 전이 가능성에 대한 이해의 증거를 수집하기보다는 지식과 기능의 정확성에 초점을 맞추는 경향이 있다.

백워드 설계에서의 평가는 학생들이 1단계에서 설정한 이해에 도달했는지를 판단하기 위한 다양한 평가의 증거를 수집하는 것이다. 이렇게 하기 위해 목표에서부터 목표가 함의하고 있는 관련된 평가까지 일치되고 조정하여 관련성을 기반으로 해야 한다. 사실상, 이해를 목표로 삼는 것에서의 큰 실수는 수집된 증거의 주요한 매개물이 되는 형식적인 테스트를 가정하는 것이다. 대조적으로, '이해를 확인하는' 용어로서 계속적인 형성 평가와 비공식적인 평가는 학생들이 이해를 달성하고 오해를 피하도록 하는 데 절대적으로 필요하다.

이러한 측면에서 2단계에서는 백워드 설계를 하는 설계자에게 평가자처럼 사고하기를 요구하고 있다. 평가자처럼 생각하는 것은 많은 교사에게는 부자연스럽고 쉽게 다가오지 않는 일이다. 그동안 교사들은 수업을 설계할 때 가르치는 데 필요로 하는 수행과 결과물에 대해 스스로 의문을 가지기보다는 단시 수업 및 활동을 계획하는 데 더욱 집중하였다. 이는 목표를 가지고 평가자처럼 생각하기보다는 활동 설계자처럼 생각한 경우가 더욱 많았기 때문이다. 평가에 대한 사고의 두 가지 접근은 〈표 4-2〉와 같다.

〈표 4-2〉 평가에 대한 사고의 두 가지 접근

평가자처럼 사고할 때	활동 설계자처럼 사고할 때
• 무엇이 이해의 증거를 분명하게 드러내도록 하는가?	• 이번 주제에서 재미있거나 흥미로운 활동은 무엇인가?
• 목표가 주어졌을 때 어떠한 수행과제가 단원에 적합하고 수업과제에 집중하도록 하는가?	• 어떠한 프로젝트가 학생들이 이번 주제에서 하려고 하고 바라는 것인가?
• 단계 1에서 '바라는 결과'에 따라 요구되는 증거 유형에서 차이점은 무엇인가?	• 내가 가르쳤던 내용에 기초하여 어떠한 검사를 제시해야 하는가?
• 어떠한 준거가 우리에게 일을 적합하게 고려하게 하고, 질적 수준을 평가하도록 하는가?	• 학생들의 등급을 어떻게 매길 것인가? (그리고 학부모에게 그것을 어떻게 정당화할 수 있는가?)
• 평가자들은 단지 이해하는 것처럼 보이는 사람들과 진정으로 이해한 사람들을 드러내고 구별할 수 있는가? 학생이 실수를 저지르는 것의 이면에 있는 이유를 명백히 할 수 있는가?	• 활동들은 얼마나 잘 이루어졌는가? • 학생들은 검사에서 어떻게 수행하였는가?

평가자처럼 사고할 때의 질문은 바라는 결과에서 도출된 것이고, 궁극적으로 활동과 수업 전략을 적절한 평가로 나아가게 하기 위한 것이다. 반면에, 활동 설계자처럼 사고할 때의 질문은 교수와 활동 설계의 관점에서 질문의 대답을 찾을 수 있을지라도 평가가 적절하게 사용되지 않는다. 효과적인 평가는 한 장의 스냅 사진보다 기념품이나 사진들을 스크랩한 것에 더욱 가깝다. 교수 활동의 마지막 시점에 하나의 검사 유형을 가지고 한 번의 검사를 하는 것보다 오히려 평가자로서 다양한 방법과 형식을 이용하여 많은 증거 자료를 수집하는 것이 훨씬 낫다.

이해의 증거를 수집하기 위해 계획할 때 교사들은 [그림 4-2]에서 보여 준 평가 방법의 범위를 고려해야 한다. 이러한 연속체는 구두 질문, 관찰, 대화, 학생의 일지, 자기평가, 동료 평가와 같이 이해를 점검하는 것들을 포함한다. 이해는 지속적인 탐구와 재고의 결과로 발전되기 때문에, 이해에 대한 평가는 종종 현재의 실행에서 발생하는 것으로 수업의 마지막에 이루어지는 한 번의 검사 결과 대신에 수업 시간 전체에서 수집되는 다양한 증거물들로 평가해야 한다.

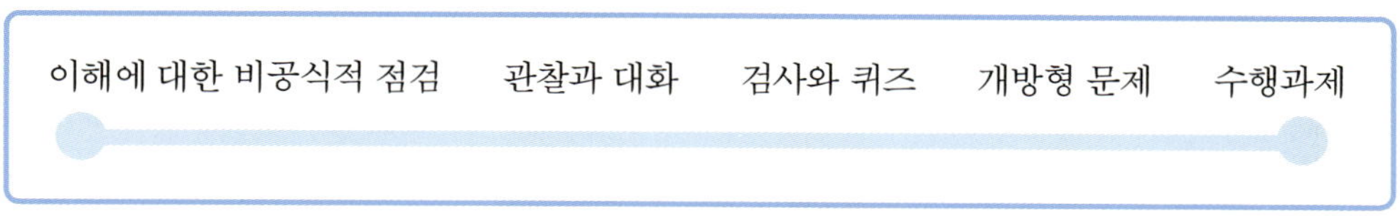

[그림 4-2] 평가의 연속체

3) 증거의 다양한 유형

(1) 수행과제

수행과제는 장차 우리 학생들이 성인이 되어 직면하게 될 이슈와 문제들을 반영하는 복잡한 도전들이다. 그 범위로는 단기간 과제에서 장기간 과제로 다양하게 설정이 가능하며, 다단계식 프로젝트들도 포함된다. 이 과제들은 하나 이상의 보다 많은 다양하고도 명백한 결과나 수행 결과를 낳게 한다. 그들은 다음의 방법에서 학문적 단서들과 구분된다.

- 실제 또는 가상의 환경, 제한의 종류, 어려움, 동기 그리고 성인들이 유사한 상황에서 찾을 수 있는 기회들을 포함하는가(즉, 그것들은 진실한 과제다)?
- 학생들에게 확인된 청중에게 말하도록 전형적으로 요구하는가(실제 또는 가상의)?
- 청중들과 관련된 뚜렷한 목적에 기초하고 있는가?
- 학생들에게 과제를 개별화하는 더 좋은 기회를 허용하는가?
- 확실하지 않은가: 과제, 평가 준거, 그리고 수행 기준은 앞서 알려져 있고, 학생들의 수행을 돕는가?

(2) 개방형 질문: 학술적 단서들

개방형 질문들 혹은 문제들은 학생들이 단지 지식을 상기시키는 것이 아니라 비판적으로 생각하도록 요구하며, 특정한 학술적 응답, 결과, 수행을 준비하도록 요구한다. 질문과 문제들은 다음과 같다.

- 학교와 시험 조건 아래에서 구체적인 단서들에 구성된 응답을 요구하는가?
- 단 하나의 가장 좋은 대답이나 문제들을 풀기 위해 기대되는 전략 없이, '개방적'인가?
- 전략의 발전을 요구하는 것이 종종 '비구조화된' 것인가?
- 분석, 종합, 평가를 포함하는가?
- 전형적으로 주어진 대답과 이용된 방법의 설명 혹은 방어를 요구하는가?
- 준거와 수행 기준에 기초한 판단 중심 채점을 요구하는가?
- 확실한 것인가, 아닌가?
- 학교에서 학생들에게 요구했던 전형적인 질문들을 포함하는가?

(3) 퀴즈와 검사 문항

단순하고, 내용 중심 문항으로 구성된 평가 체제에 친숙할 필요가 있다.

- 사실적 정보, 개념, 단편적 기능들을 평가하는가?
- 선택형 문항(예: 선다형, 진위형, 연결형) 또는 단답형을 사용하는가?
- 수렴적인, 전형적인, 하나의 가장 좋은 대답을 가지고 있는가?
- 정답의 핵심이나 장치를 사용하여 쉽게 점수를 얻을 수 있는가?
- 전형적으로 확실한가? (즉, 항목들은 미리 알려지지 않았다.)

(4) 이해를 위한 비공식적 점검

지속적인 평가는 수업 과정의 일부로서 사용된다. 그 사례들은 교사의 질문, 관찰, 학생 작업에 대한 시험, 그리고 숙고하는 것을 포함한다. 그러한 평가들은 교사와 학생들에게 피드백을 제공한다. 그것들은 전형적으로 점수와 등급을 매기는 것이 아니다.

또한 효과적인 평가를 위해서는 다양한 평가 방법 중에서 교육과정 우선순위에 따라 알맞은 평가 방법을 선택해야 한다. 만일 학생들이 기본적인 사실과 기능을 학습하는 것이 목표라면 지필 평가나 퀴즈가 적절할 것이다. 반면, 심층적인 이해가 목표일 경우에는 목표 달성 여부를 확인하기 위해 복잡한 수행에 의존해야 하며 수행과제나 프로젝트 학습이 더욱 적절할 것이다. 따라서 우리는 평가 목표에 맞는 평가 방법을 선택해야 한다. [그림 4-3]은 교육과정 우선순위와 평가 방법을 나타낸 것이다.

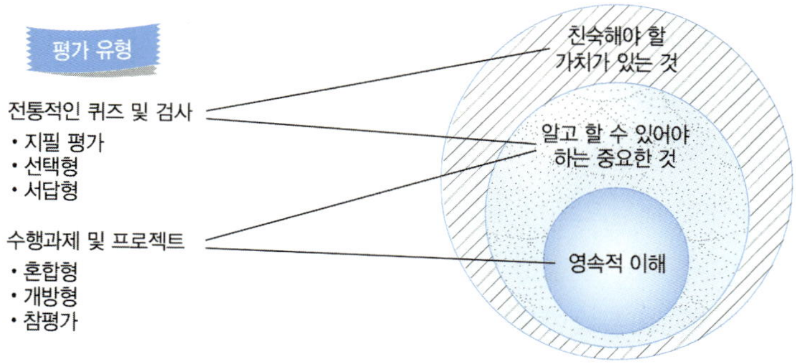

[그림 4-3] 교육과정상의 우선순위와 평가 방법

출처: Wiggins & McTighe (1998). *Understanding by design* (1st ed.), p. 15.

2 이해를 수행으로 변형하고 수행과제 설계하기

1) 이해를 수행으로 변형하기

이해는 직접적으로 관찰하거나 측정이 불가한 것이다. 그렇다면 교사들은 어떻게 학생의 이해에 대한 증거를 확보할 수 있을까? 교사들은 학생들이 실제적인 수행을 통해 그들의 이해를 증명하게 되는 과정에서 이해의 도달 여부를 확인하는 방법을 고려해야 한다. 백워드 설계에서 제시한 이해의 여섯 측면은 타당한 이해의 측정을 위해 필요로 하는 수행 유형을 나타낸다. 일반적으로 사실적 지식과 사실적 지식에 대한 이해를 성공적으로 구별하는 데 필요한 수행 유형을 구체적으로 제시할 수 있다. 따라서 이해에 대한 평가를 개발하기 위한 실제적인 방법은 이해되어야 할 일반화(이해)를 적절한 동사로 결합시키는 것이다. 동사들은 볼 수 없는 것을 볼 수 있도록 만듦으로써 이해를 드러내도록 하는 데 필요한 수행, 즉 진정한 수행과제의 종류를 구체화한다.

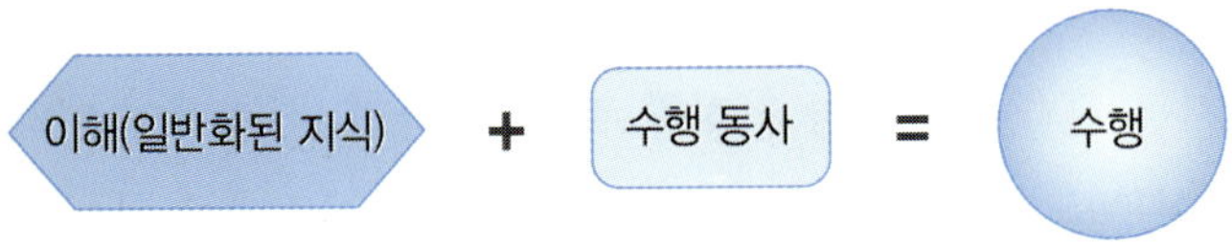

[그림 4-4] 이해를 수행으로 변환하기

학생들의 이해를 증명할 수 있는 과제를 설계할 때 활용할 수 있는 수행 동사를 이해의 여섯 측면과 관련하여 제시하면 〈표 4-3〉과 같다. 따라서 단원의 이해 여부를 확인하기 위해 학생의 수행을 고려할 때, '특정한 이해를 가장 잘 드러내는 적절한 수행은 무엇인가?' 그리고 '학생들은 이해의 증거를 제공하기 위해서 무엇을 해야 하는가?'와 관련한 질문들에 대한 대답으로서 적절한 동사를 활용해야 한다.

하지만 주제나 내용 기준을 수행 동사와 단순히 연결 짓는 것은 적절하지 않다. '학생들은 문학작품을 읽을 때 등장인물들을 비교하고 대조하는 방법을 이해해야 한다.'라는 문장은 수업을 통해 획득되는 특정한 통찰에 관해서 대수롭지 않게 이야기하고 있다. 따라서 교사들은, 첫째, 구체적인 이해를 확인하고 이해를 일반화된 문장으로 구성해야한다. 둘째, 교사는 목표로 하는 이해를 적절하게 나타내는 이해의 측면들을 고려해야 한다. 이러한 과정을 거쳐 선정한 수행 동사들은 이해의 수행들을 위한 아이디어들을 일반화하는 데 이용될 수 있다.

이해의 여섯 측면은 1단계에서 설정한 이해를 타당하게 평가할 수 있는 평가과제 개발의 아이디어를 도출하는 데 유용하게 활용할 수 있다. 이해의 여섯 측면은 각각에 알맞은 수행 동사가 있기 때문에 이를 활용하면 학생들의 이해의 범위를 나타내는 데 필요한 평가 유형을 쉽게 확인할 수 있다. 〈표 4-4〉는 수행 동사와 관련하여 실제 수업 장면 속에서 진정으로 이해한 학생들이 할 수 있는 수행을 나타내고 있다. 이러한 이해에 따른 학생의 수행 사례는 설계자가 평가과제를 수립할 때 아이디어의 출발점으로 사용할 수 있다. 따라서 이해의 여섯 측면은 2단계의 수용 가능한 증거 결정하기 단계에서 평가의 청사진으로 사용해야 한다.

〈표 4-3〉 이해의 여섯 측면에 기초한 수행 동사

설명	해석	적용	관점	공감	자기지식
논증한다	유추한다	적용한다	분석한다	역할을 가정한다	알아챈다
도출한다	비평한다	구축한다	주장한다	믿는다	파악한다
기술한다	문서로 증명한다	창조한다	비교한다	~와/과 같다	인식한다
설계한다	평가한다	고친다	대조한다	열려 있다	반성한다
공개한다	설명한다	결정한다	비평한다	고려한다	자기 평가한다
표현한다	판단한다	공개한다	추론한다	상상한다	
권유한다	의미를 만든다	발명한다		관련짓는다	
수업한다	뜻이 통한다	수행한다		역할 놀이를 한다	
정당화한다	비유한다	산출한다			
모형을 만든다	행간을 읽는다	제안한다			
예측한다	대표한다	해결한다			
증명한다	이야기를 말한다	검사한다			
보여 준다	번역한다	사용한다			
종합한다					
교수한다					

* 국제바칼로레아(IB) MYP의 command terms와 유사한 구조를 지닌다.

〈표 4-4〉 이해의 여섯 측면을 활용하여 평가 아이디어 생성하기

이해의 측면	진정으로 이해한 학생에게 요구되는 수행
설명	정교하게 설명할 수 있는 능력과 통찰력을 보여 준다. • 어떤 사건, 사실, 텍스트, 아이디어를 설명하기 위해 통찰력 있고 충분한 증거와 주장에 기초한 이론과 원리들을 활용하여 확실한 근거를 제공하라. • 일반적인 오해와 표면상의 혹은 극단적으로 단순화된 견해들을 피하라. • 교과에 대한 개별적이고, 사려 깊으며, 일관된 이해를 드러내라. • 올바른 논쟁과 증거에 기초하여 자신의 생각을 입증하거나 정당화시켜라.

(계속)

해석	숨겨진 의미를 도출하는 능력을 보여 준다. • 텍스트에서 행간을 읽는 것처럼 텍스트, 자료, 상황들을 효과적이고 섬세하게 해석하라. • 복잡한 상황이나 인물의 행동에 대해 인물이 왜 그렇게 행동했는지 쉽게 이해할 수 있도록 맥락을 제시하는 등의 의미 있는 설명을 제공하라.
적용	지식을 다양한 상황이나 실제적인 맥락 속에서 사용하는 능력을 보여 준다. • 다양하고 실제적으로 복잡한 맥락 속에서 자신의 지식을 효율적으로 적용하라. • 새롭고 효과적인 방법이라고 알고 있는 것을 확장시키거나 적용하라.
관점	비판적인 시각으로 바라보는 능력을 보여 준다. • 입장을 비평하고 정당화하라. • 맥락 속에서 사실과 이론을 확인하라. • 어떤 아이디어나 이론에 기초한 가정들을 추론해 보아라. • 어떤 아이디어의 한계에 대해서 잘 알아 두어라. • 아이디어의 중요성이나 가치에 대하여 보고 설명하라. • 비판적인 태도를 취하라.
공감	타인의 입장에서 감정과 세계관을 수용하는 능력을 보여 준다. • 자신을 다른 이의 상황, 영향, 관점에 대입시켜 인식하고 느껴 보라. • 불완전하거나 오류가 있는 관점들일지라도 그럴듯하고 통찰력 있을 때가 언제인지 살펴보라. • 어떤 아이디어나 이론이 타인에 의해 얼마나 쉽게 오해될 수 있는지 살펴보고 설명하라. • 다른 사람들이 알아차리지 못하는 것을 지각하도록, 주의 깊게 보고 민감하게 들어라.
자기 지식	자신의 무지를 알고 자신의 사고와 행위를 반성할 수 있는 능력을 보여 준다. • 자신이 어떤 입장에서 이해하는지를 인식하라. • 자신의 지적 스타일과 장점 및 약점을 인식하라. • 자신의 신념에 대해 스스로 자문하라. • 정확하게 자기 평가를 하고 효율적으로 자기 통제를 하라. • 방어하지 말고 피드백과 비평을 수용하라. • 스스로의 학습과 경험에서 의미를 정기적으로 반추해 보라.

〈표 4-5〉는 이해의 여섯 측면을 활용하여 경제 단원에서 평가 아이디어를 생성하는 사고 과정을 나타낸 것이다(강현석 외, 2008c; Wiggins & McTighe, 2005).

〈표 4-5〉 이해의 여섯 측면을 활용한 평가 아이디어 생성 과정

1단계	2단계	
바라는 결과가 학습자가 ~하는 것이라면	당신은 ~하기 위한 학생 능력의 증거를 필요로 한다.	그래서 평가는 다음과 같은 것을 포함할 필요가 있다.
다음을 이해하는 것이라면	• 설명 유사한 품목이 공급과 수요에 기초하여 팔리는 이유를 설명한다.	• 공급과 수요의 함수관계로, 특수 품목의 가격이 다양한 이유에 대한 구두 및 서면 설명을 제공한다.
• 가격은 공급과 수요의 함수관계이다.	• 해석 가격에 관한 자료(시간 경과에 따른 동일한 품목의 가격 변화 등)를 해석한다.	• 시간 경과에 따른 가격(휘발유, 주택 등)의 함수관계를 설명하기 위한 PPT를 만든다.
	• 적용 품목을 팔기 위해 적절한 가격을 정하는 것을 적용한다.	• 학교 매점이나 기금 모금자를 위한 가격을 정하기 위해 소비자 조사 연구를 수행한다.
사려 깊게 다음 질문을 고려한다.	• 관점 동일한 상품에 대한 구매자와 판매자의 관점을 안다.	• 가격에 대한 서로 다른 관점을 설명하기 위해 벼룩시장, 중고품 판매 시장에서의 구매자와 판매자 간의 흥정을 역할극 한다.
• 물건의 가격을 결정하는 것은 무엇인가? • '상품'의 가격은 무엇인가?	• 공감 신상품 개발자가 가격을 정하려고 노력하고 있는 것에 공감한다.	• 소비자, 개발자, 상인으로서 상거래에 관한 생각과 느낌을 나타내기 위해 가상의 저널을 쓴다.
	• 자기지식 상품이 고유 가치나 고정 가격을 가지고 있다는 소박하거나 편향된 생각을 극복한다. 구매 습관에 대한 '세일 가격'의 영향을 반성한다.	• 당신이나 누군가가 각각의 상품은 고유의 가치나 고정 가격을 가지고 있지 않다는 것을 이해하게 된 구체적인 경우를 기술한다.

앞에서 살펴본 것처럼 평가를 수립하기 위해 이해의 여섯 측면을 활용하는 것은 매우 유용하다. 〈표 4-5〉의 2단계 마지막 칸은 어떤 유형의 과제가 1단계에서 설정한 바라는 이해와 학생들에게 적합할 것인가를 질문함으로써 더욱 구체화할 수 있다. 다음

은 이해의 여섯 측면을 활용한 과목별 구체적인 평가 유형의 사례를 제시하고 있다.

① 설명: 학생들이 자신의 언어로 빅 아이디어를 말하고 관련짓고, 추리를 설명하도록 요구한다.
- 국어: 높임말은 언제 사용해야 하고 언제 사용하지 않아야 하는지를 안내하는 소책자를 만들어 보시오.
- 수학: 덧셈이 무엇인지 사례를 통해 자신의 말로 재정의해 보시오.
- 과학: 전구에 불이 켜지는 것을 보고 작동 방법을 설명하시오.

② 해석: 학생들이 이야기, 자료, 상황, 주장을 이해하도록 요구한다.
- 국어: 〈마당을 나온 암탉〉이라는 동화를 읽고 동화가 독자에게 말하고자 하는 것이 무엇인지 보고서를 쓰시오.
- 사회: 학기 초 실시한 학급 선거 결과가 무엇을 의미하는지를 제시하는 글을 쓰시오.
- 예술: 춤이 무엇을 표현하고 있는지 설명하시오.

③ 적용: 학생들이 지식과 기능을 새로운 상황에 사용하도록 요구한다.
- 과학: 도화지 한 장으로 무게를 많이 견딜 수 있는 튼튼한 다리를 만드시오.
- 사회: 지도의 구성 요소를 활용하여 전학 온 친구가 쉽게 길을 찾을 수 있도록 학교 주변을 지도로 나타내시오.

④ 관점: 학생이 관점을 전환하거나 상이한 관점으로 사물을 볼 수 있고 사건의 다른 측면을 명료화할 수 있으며 큰 그림을 볼 수 있고 비판적인 자세를 가지도록 요구한다.
- 국어: 『우리들의 일그러진 영웅』을 읽고 토의하시오.
- 사회: 국회의원 선거에서 정치인들이 제시한 공약을 분석하시오.
- 수학: 소수, 분수, 백분율로 표현된 동일한 양의 상이한 관점에 대해 비교하시오.

⑤ 공감: 학생이 타인의 방식을 수용하는 것이 아니라 다양한 사고와 감정을 이해하도록 요구한다.
- 국어: 『심청전』에서 당신이 심청이라고 생각하고 인당수에 빠지는 장면에서 무엇을 생각하였을지 심청의 입장에서 말하시오.
- 도덕: 인터넷 악성 댓글을 쓰는 사람과 그 악성 댓글을 읽는 사람은 어떤 감정을 느끼는지에 관해 보고서를 작성하시오.
- 사회: 농민들이 동학농민운동을 왜 일으켰을지 생각하고 글로 표현하시오.

⑥ 자기지식: 학생이 가지고 있는 편향된 생각을 알고 자신의 사고 과정이나 행동 패턴을 인식하도록 요구한다.
- 국어: 상대방에게 정보를 제공하기 위한 설명문을 작성할 때 어떤 방식으로 내용을 조직했는지 발표하시오.
- 사회: 토의 과정을 돌이켜 보고 자신의 참여와 수행을 자기 평가하시오.
- 수학: 분수에 대해 자신이 가지고 있던 오개념이 무엇이었는지 밝혀 보시오.

2) 수행과제의 특성

이해는 지식과 기능 그 이상의 것이다. 이해는 지식을 활용한 훌륭한 판단을 요구하며 다양한 맥락에서 여러 종류의 수행을 통해서 드러난다. 그래서 이해의 평가는 가능한 실제적인 수행 기반 과제와 프로젝트를 기초로 한다. 독립적인 사실이나 기능을 주로 평가하는 것은 의미가 거의 없다. 왜냐하면 그러한 평가는 단지 탈맥락화된 질문들에 대한 반응을 제한적으로 관련짓는 것으로, 증명될 수 있는 이해를 함축하고 있기 때문이다. 따라서 이해를 증명할 수 있는 참 과제를 개발해야 한다.

참 과제는 다음과 같은 특성을 가지고 있다.

- 실제적으로 맥락화되었다면, 참 과제이다.
  과제는 한 사람의 지식과 능력이 실제 세계의 상황에서 검사되는 방법을 모방하거나 흉내 내는 시나리오를 통해 설정된다.
- 판단과 혁신을 요구한다면, 참 과제이다.
  학생들은 비교적 구조화되지 않은 문제들을 풀거나 도전을 해결하기 위해 지식과 기능을 지혜롭고 효과적으로 사용해야만 한다. 단편적 지식을 검사하는 특정한 단서 또는 암시보다는, 실제적 도전들이 학습자가 문제의 본질을 이해하도록 요구한다.
- 학생들에게 각 교과에서 '실천하도록' 한다면, 참 과제이다.
  배웠거나 이미 알고 있는 설명을 통한 암기, 다시 말하기나 모방하기 대신, 학생들은 과학, 역사, 그 외의 다른 학문들을 탐구하거나 연구할 수 있도록 해야 한다. 학생들의 노력은 그 분야의 사람들에 의해 연구된 것을 닮아 가고 흉내 낸다.
- 성인들의 일터, 도시에서의 삶, 개인적 삶에서의 진정한 '평가'를 받는 주요한 도전적 상황을 모방한다면, 참 과제이다.
  진정한 도전은 복잡하고 의미 있는 목표를 가진 구체적 상황을 포함한다. 일반적으로 학교의 평가는 맥락적 상황을 거의 포함하지 않고 있으나 현실 세계에서는 학교에서 제공하는 평가와 같지 않다. 학생들은 현실적 삶의 맥락에 있는 것과 같거나 매우 유사한 과제들을 수행해 보는 경험이 필요하다.
- 복잡한 과제를 잘 처리하기 위해서 지식과 기능의 목록을 효과적이고 효율적으로 사용하는 학생의 능력을 평가한다면, 참 과제이다.
  대부분의 전통적이고 형식적인 검사 문항은 독립되고 동떨어진 수행의 요소들이다. 이것은 운동 경기에 출전하지 못하고 사이드라인에서 반복 훈련하는 것과 유사하다. 비록 반복 훈련과 검사가 적절히 적용되어도, 수행은 항상 반복 훈련의 총합 이상이다.

(계속)

- 숙달하며, 연습하고, 수단을 찾고, 계속적으로 피드백을 하거나, 수행과 결과를 다듬기 위한 적절한 기회들을 허용한다면, 참 과제이다.
  교사는 학생들이 질 좋은 산출물을 제시하도록 하기 위해서 수행–피드백–수정–수행의 순환 과정에 학습의 초점을 두어야 한다. 즉, 교사들은 실제적인 맥락에서 학생들이 효과적으로 수행하기 위해서는 정보, 자원, 지식을 활용하여 학습하도록 도움을 주어야 하며, 이미 알고 있는 과제에 대한 평가와 병존해야 한다.

Eisner 역시 평가는 참 수행에 기초한 과제에 근거를 두어야 한다고 하였으며, 참 평가의 여덟 가지 기준을 다음과 같이 제시하였다(Eiener, 1993: 226–231).

① 학생들이 알고 있는 것, 할 수 있는 것을 평가하기 위한 과제는 학교 내에만 국한된 것이 아닌 학교 밖의 세계에서 부딪힐 수 있는 것이어야 한다.
② 학생들을 평가하기 위해 사용된 과제는 결과뿐만 아니라 문제를 해결하는 과정도 보여 줄 수 있는 것이어야 한다.
③ 평가에 사용된 과제는 그 과제를 만든 지적 공동체의 가치를 반영하는 것이어야 한다.
④ 평가과제는 한 사람의 활동에만 국한될 필요는 없다. 우리가 부딪히는 많은 과제는 집단의 노력을 필요로 한다.
⑤ 평가과제는 문제나 질문에 대한 해결책 또는 답이 한 가지 이상이 되도록 구성되어야 한다.
⑥ 평가과제는 수업 시간에 배운 것을 그대로 측정하는 것이어서는 안 되고 학생으로 하여금 배운 것을 새로운 상황에 적용하도록 요구하는 것이어야 한다.
⑦ 평가과제는 학생들이 단편적인 사실과 함께, 보다 전체적인 맥락에 신경을 쓰도록 하는 것이어야 한다.
⑧ 평가과제는 학생들이 배운 것을 표현하기 위해 사용되는 제시 형태를 선택할 수 있도록 허용하는 것이어야 한다.

학생의 이해 도달 여부를 판단하기 위해서는 위에서 제시한 것처럼 참 수행과제를 개발해야 한다. 이러한 수행과제는 맥락에서 벗어나 단순한 훈련을 다루어야 하는가? 평가가 실제적 이슈, 요구, 제약, 기회 등의 문제가 되는 맥락에서 지식과 기능을 가지고 학생들이 정말 지혜롭게 수행하도록 요구하는가? 진정한 이해의 증거는 학생들이 단순히 재생과 재인하는 것을 요구하는 단서에 얼마나 쉽고 빠르게 반응하는가를 보는 것이 아니라, 학생들이 과제를 통해 진정한 수행이 이루어지는 동안 학습자의 이해 도달 여부를 판단하는 것이다. 따라서 수행과제를 설계할 때는 맥락에서 벗어난 반복 중심 연습이 아니라 맥락 속에서 학습자가 직면하는 많은 선택과 도전에 대한 사고를 요구하는 문제(problem) 중심의 수행과제를 개발해야 한다. 연습(exercise)은 충분한 수행의 개발에서는 필요조건이지 충분조건은 아니며 항상 수행 능력을 신뢰할 수 있는 지표는 아니다. 〈표 4-6〉은 문제와 연습의 차이를 제시해 준다.

〈표 4-6〉 문제 vs. 연습

구분	문제	연습
과제의 구성	문제 진술이 명백하지만, 암시나 단서가 문제를 구성하거나 해결하는 데 가장 좋은 방법을 제공하는 경우는 거의 없다.	과제란 도전의 본질이나 도전을 충족시키는 방법의 측면에서 단순화되거나 구체적 암시나 단서들에 따라 단순화된다.
접근	다양한 접근법이 가능하다. 어떠한 종류의 문제인지 아닌지를 이해하는 것은 도전의 주요한 관점이다. 즉, 전략이 요구된다. 시행착오를 거친 논리적 방법의 조합은 요구될 수 있다.	여기에는 단 하나의 가장 좋은 접근법(비록 진술되지는 않았을 수 있지만)이 있고, 그것은 연습이 구성되는 방법에 따라 제안된다. 올바른 전략을 인지하고 사용하는 학습자의 능력은 연습의 주요한 목표다.
상황	현실적으로 '요란'하고 복잡하다. 상황은 일반적으로 청중, 목적, 일을 판단하기 위한 준거와 관련되거나 그 이상의 어떤 것과 연관된 가변성을 포함한다.	유일한 변인은 목표로 삼은 기능이나 지식이라는 것을 확실히 하기 위해 단순화된다(운동에서 사이드라인 훈련 또는 음악에서의 손가락 연습과 유사하다).
해결책	목적은 다양한 요구를 염두에 두는 적절한 해결 방법이다. 그리고 경쟁적인 가변성과 비용/편의 또한 고려한다. 그것이 정답이 될 수 있지만 타당한 이유와 입증된 논쟁 또는 접근을 받아들인다.	목표는 정답이다. 연습은 설계에 따라 오직 하나의 정답만이 있다는 것을 보장하기 위해 형성된다. 비록 복잡한 도전이 될지라도 수정이 거의 없는 선수지식의 상기와 끼워 맞추는 것을 통하여 찾을 수 있는 절대적인 정답이 존재한다.
성공의 증거	단순한 대답의 유무가 아니라 접근과 해결 방식이 과연 정당한가의 유무다.	대답이 정확한지 올바른 접근법을 선택했는지의 문제다.

3) GRASPS를 사용하여 수행과제 설계하기

이해는 맥락화된 수행을 통해 가장 잘 드러날 수 있다. Wiggins와 McTighe(1998)도 맥락적인 적용이 영속적인 이해를 불러일으키고 평가하는 적절한 수단임을 주장한다.

왜냐하면 수행과제는 학생들이 그들의 지식을 맥락적으로 사용할 수 있는 증거를 제공하고 동시에 학생들을 참여적으로 만들기 때문이다. 선다형 검사처럼 옳은 답을 선택하도록 하는 것은 단순히 정보의 기억 정도를 측정하는 것이지 이해의 여부를 확실하게 판단하지 못한다. 따라서 참 수행과제는 과제가 지니는 특수한 특징에 의해 평가의 다른 유형과 구분된다. 수행과제는 실제 세계의 목표, 도전과 가능성에 대한 실제적인 맥락에서 청중을 위해 실재하는 수행을 요구하는 문제를 제시하며, 평가 준거는 수행기준에 적절하게 개발해야 한다.

Wiggins와 McTighe(2005)는 백워드 설계에서 수행과제를 개발할 때 도움이 되는 설계 도구로 GRASPS를 제시하였다. GRASPS의 각각의 철자는 과제 요소－목표(Goal), 역할(Role), 청중(Audience), 상황(Situation), 수행과 결과물(Performance, Product), 기준(Standards)－들에 해당한다. 〈표 4-7〉은 설계자들이 GRASPS를 보다 쉽게 활용할 수 있도록 각 요소별 단서를 제시한 것이다. 하지만 모든 수행과제가 GRASPS를 활용하여 개발되어야 하는 것은 아니며, 수행과제는 필요하다면 전통적인 검사와 퀴즈 등 다른 유형의 평가 증거로 보충되어야 한다. GRASPS 설정 시 유의할 것으로는 G는 수행과제를 해결하는 목표에 해당하며, R은 해당 교과의 진로 직업과 관련한 역할 설정으로, A는 실제 혹은 가상의 대상으로, S는 학생들의 삶의 맥락과 유사한 상황으로 설정하고, P는 해당 교과의 역량과 연계되도록 하며, 특히 수행 시에는 1단계에서 설정한 기능을 구사하면서 수행하도록 유의하면 좋다. 마지막 S는 성공을 판단하는 기준으로 1단계의 목표를 평가하기 위한 타당한 준거를 설정해야 하며 이 준거는 루브릭에 반영된다. 특히, 학생들의 수행과 수행과제의 설정 의도에 초점을 두지 않고 교사들이 쉽게 관찰할 수 있는 것을 준거를 설정하는 것은 바람직하지 않기 때문에 유의해야 한다. 무엇보다 이해의 측면과 목표, 수행의 연계성을 잘 고려해야 하는 바, 목표(G)는 이해의 측면을 고려하고 이것이 수행(P)의 유형과 연결되며, 수행은 목표를 좀 더 구체적으로 상세화한 과제(task)의 성격을 지닌다고 볼 수 있다.

GRASPS 조직자

요소	내용	관련성
목표(Goal)	수행과제의 목표	역량
역할(Role)	학생들이 하게 될 의미 있는 역할	진로
청중/대상(Audience)	실제적 혹은 가상의 대상	몰입
상황(Situation)	실세계 적용을 요구하는 상황	몰입
수행(Performance, Product)	학생들이 하게 되는 수행과 최종 결과물	역량
기준(Standards)	성공을 판단할 수 있는 준거	루브릭

〈표 4-7〉 GRASPS 과제 설계 단서

목표
당신의 과제는 ____________________이다. 목표는 ____________________하는 것이다. 문제나 도전은 ____________________이다.
역할
당신은 ________________________이다. 당신은 _______________을/를 요구받았다. 당신의 일은 ____________________이다.
청중/대상
당신의 고객은 __________________이다. 대상은 ________________________이다.
상황
당신 자신을 발견하는 맥락은 ________________이다. 도전은 ________________을/를 다루는 것을 포함한다.
수행
당신은 ______________하기 위해 _____________을/를 만들 것이다. 당신은 ______________하기 위해 _____________을/를 개발할 필요가 있다.
기준
당신의 수행은 ____________________할 필요가 있다. 당신의 작품은 _______________에 따라 판단될 것이다. 성공적인 결과는 _______________________할 것이다.

수행과제는 실세계 맥락을 고려했을 때 학생들에게 더욱 현실적이고 의미 있게 다가와서 학습을 삶과 연결시킬 수 있게 된다. 따라서 GRASPS를 고려하여 설계할 때 R이나 A 요소에서는 현재 다양한 사람이 실제 세계에서 수행하고 있는 직업을 고려하는 것이 효과적이다. 해당 직업군의 사람들은 그 일을 하기 위한 고유한 방식을 가지고 있으며, 이는 곧 관련 직업군의 핵심적인 이해와 맞닿아 있기 때문이다. 그리고 상황(S)을 잘 설계해야 학생들이 몰입하고 흥미를 느낄 수 있다. 이 상황은 PBL의 문제와 연계시킬 수 있고, 프로젝트 기반 학습에서의 프로젝트의 의미와 연계된다. 따라서 수행과제 설계 시에 상황과 과제를 잘 설계하면 PBL, 프로젝트 학습, 협동학습과 협력학습 등을 백워드 설계에서 모두 구현할 수 있게 된다. 〈표 4-8〉은 수행과제를 설계할 때 고려할 수 있는 역할과 대상의 사례들이다.

〈표 4-8〉 학생 역할과 대상

○ = 역할, □ = 대상

○□ 배우
○□ 광고주
○□ 삽화가
○□ 저자
○□ 전기 작가
○□ 임원
○□ 사장
○□ 보이/걸 스카우트
○□ 사업가
○□ 후보자
○□ 목수
○□ 만화 캐릭터
○□ 만화가
○□ 요리사
○□ 유명인
○□ CEO
○□ 의장
○□ 주방장
○□ 경찰관
○□ 여론 조사원
○□ 라디오 청취자
○□ 독자
○□ 리포터
○□ 연구원
○□ 평론가
○□ 선원
○□ 교직원
○□ 과학자
○□ 선장
○□ 사회과학자
○□ 사회사업가
○□ 통계학자
○□ 만담가

○□ 안무가
○□ 코치
○□ 공동체 구성원
○□ 작곡가
○□ 고객
○□ 건설 노동자
○□ 댄서
○□ 디자이너
○□ 탐정
○□ 편집자
○□ 선출직 공무원
○□ 대사관 직원
○□ 엔지니어
○□ 전문가
○□ 목격자
○□ 가족
○□ 농부
○□ 영화 제작자
○□ 학생
○□ 택시 운전자
○□ 교사
○□ 여행 안내원
○□ 트레이너
○□ 여행사 직원
○□ 여행자
○□ 가정 교사
○□ TV 시청자
○□ TV 또는 영화 인물
○□ 방문객
○□ 웹 사이트 디자이너
○□ 동물원 사육사
○□ 공원 관리인
○□ 펜팔 친구

○□ 소방관
○□ 삼림 감시원
○□ 친구
○□ 지질학자
○□ 정부 공무원
○□ 역사가
○□ 역사상의 인물
○□ 삽화가
○□ 인턴
○□ 면접 시험관
○□ 발명가
○□ 심판
○□ 배심원
○□ 변호사
○□ 도서관 고객
○□ 도서관 비평가
○□ 로비스트
○□ 기상학자
○□ 사진가
○□ 비행사
○□ 극작가
○□ 시인
○□ 관찰자
○□ 토론자
○□ 부모
○□ 뉴스 캐스터
○□ 소설가
○□ 영양학자
○□ 박물관장/큐레이터
○□ 박물관 관람객
○□ 이웃

〈표 4-9〉의 목록은 수행과 결과물의 사례이다. 교사는 어떤 산출물과 수행이 학생의 이해의 적절한 증거를 제공하게 될 것인지 고려해야 한다. 학생의 산출물과 수행은 명확한 목적과 확인된 대상에 의해 틀이 구성되기 때문이다. 또한 수행과제에서 요구하는 산출물에 의해 학생들이 수행하는 과정이 달라진다. 예를 들어, 최종 수행과제의 산출물이 신문 기사라면 학생들은 관련 사실을 조사하고 육하원칙에 의거하여 기사문을 작성하게 될 것이다. 반면에, 최종 산출물이 사설이라면 학생들은 조사한 현상에 대한 어떤 관점을 가지고 자신의 주장을 논리적이고 설득적으로 작성할 것이다.

〈표 4-9〉 수행과 결과물의 예

쓰기	구두	시각
• 광고	• 녹음 자료	• 광고 영상
• 전기	• 대화	• 깃발
• 보고서	• 토론	• 만화
• 팸플릿	• 논의	• 콜라주
• 수집	• 낭독	• 컴퓨터 그래픽
• 설명문	• 각색	• 자료 전시
• 논설문	• 인터뷰	• 그림
• 에세이	• 구두 보고서	• 다이어그램
• 실험 기록	• 시 낭송	• 디오라마
• 역사적 허구	• 인형극	• 광고지
• 저널	• 라디오 대본	• 전시
• 실험 보고서	• 랩	• 동영상
• 편지	• 역할극	• 그래프
• 일지	• 노래	• 포스터
• 잡지 기사	• 연설	• 스크랩북
• 메모		• 지도
• 뉴스 방송		• 모형
• 신문 기사		• 사진
• 연극		• PPT
• 시		• 스토리보드
• 성명서		• 설문지
• 제안서		• 조각물
• 연구 보고서		
• 대본		
• 이야기		

이상과 같은 사항들을 고려하여 수행과제를 잘 설계해야 한다. 이 경우, 특히 GRASPS를 통하여 살아 있는 평가를 강조해야 한다. 즉, 수업과 평가에서 학습자들이 소외되지 않고 적극적으로 학습의 주체가 되기 위해서는 평가인 수행과제를 잘 만들어 학생들에게 제시해야 한다. 학습자 자신이 학습의 주인공이 되는 과제를 만들어 제시해야 하며, 여섯 가지 GRASPS 요소가 삶의 맥락을 반영해야 한다. 그렇게 하면 학습이 삶의 맥락과 괴리되지 않게 된다. 그리고 여섯 가지 요소가 전체적으로 보면, 우리가 아는 이야기(story) 요소와 유사하다. 여기에는 상황과 행동 주체가 존재하고 해결해야 할 과제가 있다. 그리고 성패의 기준이 있으며, 무엇을 해결해야 할지 분명한 목적과 목표가 존재하므로 이야기 요소를 모두 갖추고 있다. 이 점을 잘 고려하여 수행과제를 설계해야 한다.

4) 수행과제 초안의 설계 단계

다양한 워크시트는 학생의 이해를 제공하는 수행 평가과제를 설계하는 데 도움을 주어 왔다. 다음의 과정은 하나의 초안 과제를 개발하는 다양한 UbD 워크시트를 활용하기 위한 계열을 설명한 것이다.

필요한 증거를 고려하라.	1. 하나 또는 그 이상의 워크시트를 활용하여 이해를 논증하는 데 필요한 증거를 고찰하라. • 이해가 함의하고 있는 것은 무엇인가? • 이 기준이 평가를 위해 함의하고 있는 것은 무엇인가? • 기준 충족을 위한 충분한 증거 수집하기 • 마음에 있는 오해로 설계하기
여섯 측면을 활용하여 이해의 증거를 브레인스토밍하라.	2. 이해의 증거를 제공하는 수행과제를 위한 아이디어를 브레인스토밍하기 위해 하나 또는 그 이상의 국면들의 워크시트를 활용하여 아이디어를 정렬하라. • 가능한 수행으로 이해를 변형시키기 • 여섯 측면에 근거한 수행 동사 • 그 측면들을 통해서 평가 아이디어를 브레인스토밍하기 • 이해를 평가하기—측면들의 워크시트 • 그 기준(국면)이 평가를 위해 함의하고 있는 것

(계속)

GRASPS를 활용하여 과제 시나리오의 틀을 구성하라.	3. GRASPS 워크시트를 이용하여 수행과제 시나리오를 보다 충분히 개발하라. • 수행과제 시나리오(GRASPS)의 구조 만들기
수행과제 청사진을 완성하라.	4. 수행과제 청사진을 활용하여 수행과제 구성 요소—목적으로 삼은 기준이나 이해, 함의된 준거, 과제 시나리오, 산출물과 수행 그리고 평가 준거—를 충실하게 하라.
타당도 및 일치도를 점검하라.	5. 수행과제 청사진을 활용하여 과제 요소 간의 과제 타당도와 일치도를 점검하라. • 타당도 점검
준거를 고려하라.	6. 목적으로 삼은 이해와 수행이나 결과물을 기반으로 가장 적절한 준거를 고려하라. • 준거: 소박한 이해 대 정교한 이해 • 준거 및 루브릭 아이디어
채점 루브릭을 개발하라.	7. 다음을 활용하여 하나 또는 그 이상의 채점 루브릭을 개발하라. • 분석적 채점 루브릭 • 평가의 모범 사례(앵커링)
동료 검토와 현장 검사를 통해 수정하라.	8. 적절한 동료 검토와 현장 검사를 통하여 수정하라.

3 평가 준거와 채점 루브릭 설계하기

이해를 평가하기 위해 필요한 개방형 단서와 수행과제의 종류가 단 하나의 정확한 대답이나 해결 과정을 가지는 것이 아니기 때문에, 학생들의 활동에 대한 평가는 준거에 기초해야 한다. 분명하고 적합한 준거는 우리가 이해의 정도를 결정하기 위해서 무엇을 살펴보아야 하는지 구체적으로 기술하고, 판단에 기초한 과정에 일치하고 정당성을 부여한다(Wiggins, 1998). 적합한 준거란 단순히 관찰되기 쉽고 점수받기 쉬운 활동의 일부가 아니라, 그 활동이 주어진 목적들의 가장 중요한 측면을 강조하는 것이다.

많은 교사가 수행과 의도에 중심을 두지 않고 단순히 쉽게 관찰되는 준거에 의존하는 실수를 저지르게 된다. 일반적으로 학교 현장에서 수행 평가 기준표를 작성한 사례를 보면, 이러한 경향 및 평가 준거가 분명하지 않음을 쉽게 파악할 수 있다.

〈표 4-10〉 과학과 수행 평가 기준표

평가 항목	만점	반영 비율	평가 기준		배점
정의적 평가	100	10%	1. 과학 신문 만들기 및 과제 수행하기 2. 수업 내용을 성실하게 기록하고 관리하기 3. 실험 수행 및 결과 분석이 잘됨. 4. 동료 평가에서 좋은 평가를 받음. 5. 수업 시간에 적극적으로 참여하기	90% 이상이 수행됨.	100점
				80% 이상이 수행됨.	90점
				70% 이상이 수행됨.	80점
				60% 이상이 수행됨.	70점
				50% 이상이 수행됨.	60점
				50% 미만으로 수행됨.	50점

〈표 4-11〉 과학과 자유탐구 평가 기준표

성취기준	평가 내용	핵심 역량	평가 기준	
과9051~과9076	성취기준 과9051~과9076 중 탐구 주제 한 가지를 자유롭게 정하여 • 탐구 과정 설계하기 • 탐구 과정 수행하기 • 탐구 결과 서술하기	■ 자기관리 능력 ■ 의사소통 능력 □ 정보 처리 능력 □ 공동체 의식 ■ 창의 · 융합 능력 □ 심미적 감성 능력	상	탐구 과정 설계, 탐구 과정 수행, 탐구 결과 서술 수준이 높고 독창적이다.
			중	탐구 과정 설계, 탐구 과정 수행, 탐구 결과 서술 수준이 보통이다.
			하	탐구 과정 설계, 탐구 과정 수행, 탐구 결과 서술 수준이 초보적이다.

〈표 4-10〉과 〈표 4-11〉의 두 가지 사례는 평가 기준이 명확하지 않음을 보여 주고 있다. 첫 번째 사례는 평가 요소가 다섯 가지이나 각 요소별 기준이 명확하게 제시되어 있지 않다. 따라서 평가 기준 각각의 수행 정도를 반영하는 것인지, 다섯 가지 요소를 종합하여 수행 정도를 판단하는 것인지 모호하다. 두 번째 사례는 평가 기준에 평가 요소 세 가지가 혼합되어 이 역시 불분명하다. 예를 들어, 중의 수준에서도 탐구 과정 설계와 탐구 과정 수행은 보통 수준으로 잘했으나 탐구 결과 서술이 부족할 수도 있기 때문이다. 또한 이 평가 요소가 단원에서 반드시 학생들이 이해해야 하는 것을 평가하고

있는가도 의문이다. 수업 내용을 성실하게 기록하고 관리하는 것이 과학과의 핵심 지식과 기능에 적합한가? 이 요소는 주로 포트폴리오 형식으로 평가가 이루어지는데, 10개 중 누락된 것이 몇 개인가에 의해 점수가 부여된다. 목적에 가장 부합해서 평가를 하는지, 점수 부여가 쉬워서 평가를 하는지 설계자는 스스로 자문해 볼 필요가 있을 것이다.

이렇게 단순히 관찰하기 쉬운 평가 요소와 준거의 설정, 목표와 일치도가 낮은 평가 요소를 평가하는 현상을 방지하기 위해 우리는 목표와 이해로부터 평가를 도출할 필요가 있고, 목표로부터 준거를 끌어내야 한다.

일반적으로 수행평가의 핵심 요소는 준거와 기준이다. 준거는 수행되는 과제의 목표와 성질을 고려하여 설정하고, 기준은 성공과 실패에 대한 합격의 판정 잣대를 말하며 수행의 수월성을 나타낸다.

1) 루브릭

루브릭(rubric)은 주요한 어떤 것을 표기하기 위해서 붉은 흙을 사용한 것에서 인용한 라틴어 rubrica에서 비롯되었다. 루브릭은 산출물이나 수행의 질을 평가하기 위한 도구로, 학생의 이해를 평가하기 위한 구체적인 준거, 교사들 사이에서 평가의 일관성을 증

항목 / 등급	자료 조사의 정확성	전시물 제작의 유의미성	전시회 제목의 명료성	
가중치	40%	40%	20%	
상	주제에 매우 적합한 자료를 수집함.	조사한 자료가 내포하고 있는 중요한 의미를 도출하여 설명하는 글을 작성함.	전시회의 의도가 명확히 드러나도록 제목을 작성함.	
중	주제에 알맞은 자료를 수집함.	조사한 자료가 내포하고 있는 의미를 찾아 설명하는 글을 작성함.	전시회의 주제만을 활용하여 제목을 작성함.	
하	수집한 자료가 주제에 맞지 않음.	조사한 자료가 겉으로 드러내는 현상 그대로 설명하는 글을 작성함.	전시물의 종류를 나열하는 정도로 제목을 작성함.	

(표 주석: 항목 행 → 평가 준거; 상·중·하 열 → 등급; 각 칸의 기술 → 서술적 용어)

[그림 4-5] 루브릭의 구성 요소

가시키기 위한 도구, 그리고 수업에 대한 명확한 대상을 제공해 준다. 또한 루브릭은 학생들에게 분명한 수행의 대상들, 가장 중요한 것에 관한 기대, 그리고 그들 자신의 활동을 평가하고 향상시키기 위한 준거를 제공한다. 이러한 루브릭은 세 가지 요소로 구성되는데, 첫째, 이해, 숙달 혹은 특성의 상이한 정도 사이를 구별하기 위한 평가 준거, 둘째, 상 · 중 · 하, A · B · C · D · E와 같은 일정한 등급, 셋째, 해당 등급의 특성을 기술한 서술적인 용어들로 구성된다.

루브릭

- 학생들의 산출물이나 수행을 평가하기 위한 도구이며, 평가 준거, 등급, 서술적 용어로 구성됨.
- 일반적으로 ① 수행의 판단 준거 혹은 차원, ② 준거나 차원을 판정하기 위한 수준의 수나 척도, ③ 수행 판단 기준 등 세 가지 핵심 요소로 구성된다.

2) 루브릭의 유형

루브릭은 총체적 루브릭과 분석적 루브릭의 두 가지 유형이 있다. 각 유형별 루브릭의 특징과 장단점을 살펴보면 다음과 같다. 첫째, 총체적 루브릭(holistic rubric)은 학생의 활동에 대한 전체적인 인상을 제공한다. 총체적 루브릭은 산출물이나 수행을 위한 단 하나의 점수나 평점을 산출한다. 총체적 루브릭은 개방형 검사의 단서에 대한 학생들의 반응과 같이, 단순한 산출물이나 수행을 판단하는 데 적합하다. 이것은 전체적인 질이나 성취의 신속한 스냅샷(snapshot)을 제공하고, 따라서 다수 학생의 반응을 평가하려는 큰 규모의 평가 맥락(국가, 지역 단위)에서 종종 사용된다. 총체적 루브릭은 '이 에세이는 어느 정도로 설득력이 있는가?'와 같이 산출물이나 수행의 효과를 판단하는 데 효과적이다.

반면에, 총체적 루브릭은 산출물이나 수행의 장점과 단점의 상세한 분석을 제공하지 못한다는 한계를 가지고 있다. 왜냐하면 단 하나의 점수는 학생들이 무엇을 잘해 왔는지, 부족한 점을 개선하기 위해 필요한 것이 무엇인지를 학생들에게 전달하기에 충분하지 않고 구체적인 피드백을 제공하기가 어렵기 때문이다. 〈표 4-12〉는 조사한 자료를 그래프로 나타내는 수행과제에 대한 총체적 루브릭의 사례이다.

〈표 4-12〉 총체적 루브릭 사례

등급	내용
3	모든 자료가 그래프로 정확히 표현된다. 이 그래프의 모든 부분(측정 단위나 열)은 정확히 표시된다. 이 그래프는 자료가 보여 주는 것을 알려 주는 제목을 포함한다. 이 그래프는 매우 간결하고 읽기가 쉽다.
2	자료가 그래프로 정확히 표현되거나 그래프에 사소한 과실이 있다. 이 그래프의 모든 부분이 정확히 표시되거나 그래프에 사소한 부정확함이 있다. 이 그래프는 자료가 보여 주는 것을 일반적으로 알려 주는 제목을 포함한다. 이 그래프는 일반적으로 간결하고 읽을 수 있다.
1	자료가 부정확하게 표현되고, 다수의 과실이나 실수가 포함되어 있다. 단지 이 그래프의 일부분이 정확하게 표시되어 있거나, 표시가 잘못된 것도 있다. 제목은 이 자료가 보여 주고자 하는 것을 반영하지 못하거나, 그 제목이 잘못되어 있다. 이 그래프는 조잡하고 읽기가 어렵다.

둘째, 분석적 루브릭(analytic rubric)은 하나의 산출물이나 수행을 뚜렷한 특성이나 차원으로 나누고 각각을 분리하여 판단한다. 왜냐하면 하나의 분석적 루브릭이 각각의 확인된 특성을 독립적으로 평가하기 때문에, 하나의 분리된 점수는 각각에게 제공된다. 분석적 루브릭은 몇 가지 중요한 차원을 포함하는 복잡한 수행을 판단하는 데 더 적합하다. 교사들은 필요한 특정 영역에서 수업의 분석적 평가를 제공하는 데 이 정보를 활용할 수 있다. 한 수업 관점으로부터, 분석적 루브릭은 학생들이 과업 특성의 본질을 더 잘 이해하도록 돕는다. 반면에, 분석적 루브릭은 총체적 루브릭보다 적용하는 데 더 많은 시간이 소비된다. 왜냐하면 여러 가지 특성이 고려되기 때문에 분석적으로 점수를 매기는 것은 총체적으로 채점하는 것보다 더 낮은 상호 평가 신뢰도를 초래할 수 있다. 따라서 분석적으로 점수를 매기는 것은 속도와 신뢰도가 필요한 대규모 평가 맥락에서 활용할 때는 바람직하지 않을 수 있다. 〈표 4-13〉은 조사한 자료를 그래프로 나타내는 수행과제에 대한 분석적 루브릭의 사례이다.

〈표 4-13〉 분석적 루브릭

등급 \ 특성/비중	제목의 시사성	라벨의 정확성	정확성	간결성
	10%	20%	50%	20%
3	이 그래프는 자료가 나타내는 것을 분명히 알려 주는 제목을 포함한다.	이 그래프의 모든 부분(측정 단위나 열)은 정확히 표시된다.	모든 자료가 그래프로 정확히 표현된다.	이 그래프는 매우 간결하고 읽기가 쉽다.
2	이 그래프는 자료가 보여 주는 것을 일반적으로 알려 주는 제목을 포함한다.	이 그래프의 일부는 부정확하게 표시된다.	자료 제시에 사소한 과실이 포함되어 있다.	이 그래프는 일반적으로 간결하고 읽을 수 있다.
1	제목은 이 자료가 보여 주고자 하는 것을 반영하지 못하거나, 제목이 잘못되어 있다.	단지 이 그래프의 일부분이 정확하게 표시되어 있거나, 표시가 잘못된 것도 있다.	자료가 부정확하게 표현되고, 다수의 과실이나 실수가 포함되어 있다.	이 그래프는 조잡하고 읽기가 어렵다.

앞에서 살펴보았듯이, 루브릭의 두 가지 유형은 학생들의 결과물과 수행들을 판단하는 데 이용된다. 총체적 루브릭은 단일한 점수를 산출하거나 결과나 수행에 등급을 매겨 학생들의 활동에 대한 종합적인 인상을 제공해 준다. 분석적 루브릭은 결과나 수행이 독립적으로 확인된 특징들을 평가하고, 각각에 분리된 점수를 제공한다. 수행과제에 대한 전반적인 인상이 필요할 때는 총체적인 루브릭이 적절한 평가도구이지만, Wiggins와 McTighe (1998)는 백워드 설계에서 이해의 평가자로 분석적 루브릭을 사용할 것을 제안한다.

총체적 루브릭 vs. 분석적 루브릭

구분	총체적 루브릭	분석적 루브릭
특징	종합적인 인상을 제공함.	독립적으로 확인된 특징들을 평가함.
점수	하나의 점수나 평점을 산출함.	특성별 각각의 점수를 산출함.
적합한 수행의 종류	단순한 산출물이나 수행을 판단하는 데 적합함.	복잡한 수행을 판단하는 데 적합함.
한계	산출물이나 수행의 장점과 단점에 대한 상세한 분석을 제공하지 못함.	적용하는 데 많은 시간이 필요함.

셋째, 발달적 루브릭이다. 이 루브릭은 학습자의 수행을 발달적 관점에서 평가하는 것이다. 학습자의 수행이 어떻게 발달적으로 변화고 발전하는지를 규명하여, 학생의 수행이 몇 개의 단계에서 어느 단계에 해당되는지를 평가한다. 이 루브릭은 종단적 루브릭과도 관련된다. 학습자 개인의 수행의 발달 정도를 종단적으로 평가할 수 있기 때문이다.

넷째, 주제 루브릭이다. 김영천(2007)에 따르면, 이것은 교과의 단원이나 내용에 기초하여 루브릭을 만드는 것이다. 교과서의 한 단원이 종료되고 난 후에 평가할 경우에 교사들이 쉽게 사용 가능한 방법이다.

3) 루브릭의 준거

백워드 설계에서 루브릭을 개발할 때 이해의 여섯 측면을 활용할 수 있다. 〈표 4-14〉는 이해의 여섯 측면과 관련되는 준거의 목록을 제시한 것이다. 예를 들어, 측면 1은 이해의 측면 중에서 설명에 해당하는 것이다. 설명은 '정교하고 적절한 이론과 예증으로서 사건, 행위, 아이디어에 대해 식견이 있고 타당한 근거를 가지고 말하는 것이다.'라고 정의 내릴 수 있다. 이러한 설명이 학생들의 수행을 통해 드러나는 경우를 생각해 보면, 설명도 다양한 유형이 있음을 알 수 있다. 평가하고자 하는 것이 설명의 과정에서 드러나는 설명의 정확성인지, 설명의 일관성인지, 설명할 때 사용된 근거의 정확성인지 구분할 수 있기 때문이다.

〈표 4-14〉 이해의 여섯 측면과 관련된 준거

측면 1 설명	측면 2 해석	측면 3 적용	측면 4 관점	측면 5 공감	측면 6 자기지식
• 정확한 • 일관된 • 정당화된 • 체계적인 • 예언적인	• 의미심장한 • 통찰력 있는 • 중요한 • 해석적인 • 설명적인	• 효과적인 • 효율적인 • 유창한 • 실제적인 • 품위 있는	• 신뢰할 만한 • 뜻이 깊은 • 통찰력 있는 • 그럴듯한 • 색다르고 특이한	• 민감한 • 개방적인 • 수용적인 • 지각력 있는 • 재치 있는	• 자기인식의 • 메타인지적인 • 자기적응의 • 반성적인 • 현명한

〈표 4-14〉에서 제시한 이해의 여섯 측면과 관련된 준거를 구체적인 서술적 용어를 활용하여 제시한 것이 〈표 4-15〉이다.

4) 준거에서 루브릭으로

〈표 4-14〉에 제시된 이해의 여섯 측면 각각의 하단에 제시된 형용사들(정확한, 의미심장한, 효과적인, 민감한 등)은 루브릭에 포함되는 준거들이다. 예를 들어, 설명 측면에서 정확한 설명의 정도(설명의 정확성)를 평가하고 싶다면 '정확한'이라는 준거를 〈표 4-15〉를 활용하여 5등급으로 만들 수 있다. 즉, 세련되고 포괄적인 정확성–체계적인 정확성–면밀한 정확성–발전된 정확성–초보적인 정확성 등으로 말이다.

〈표 4-15〉 이해의 여섯 측면의 루브릭

설명적인	의미심장한	효과적인	관점을 가지고	공감하는	반성적인
세련되고 포괄적인: 드물게 완벽하고, 명쾌하고 또는 독창적인 설명(모델, 이론, 설명); 충분히 지원된, 증명된 · 정당화된, 깊고 넓은; 주어진 정보를 넘어서서 잘 진행된	*통찰력 있는:* 강력하고 해명적인 이해나 중요한 것, 의미, 의미심장에 관한 분석; 풍부하고 통찰력 있는 이야기 말하기; 드러난 역사나 맥락 제공하기	*능수능란한:* 지식과 기능을 사용할 수 있는 유창한, 탄력적인, 능률적인 그리고 다양하고 상이한 맥락에서 이해를 잘 조정하는 것–전이시킬 수 있는 능수능란한 능력	*통찰력과 일관성:* 사려 깊고 신중한 관점, 효과적인 비평, 그럴듯한 견해 수용하기, 이슈를 포함하고 있는 장기적이고 공평한 비평적인 관점	*심사숙고한:* 훈련된, 다른 사람들이 보고 느끼는 것들을 보고 느끼려고 하는 것, 그리고 그럴 수 있는 것, 이상하고 신기하며 다른 것을 찾아내려고 하는 것, 그리고 그런 것에 개방적인 것, 다른 사람들에게 이상한 텍스트, 경험, 사건들을 이해할 수 있는 것	*현명한:* 자신과 다른 사람과의 이해의 경계를 깊이 인식하는 것, 자신의 편견과 심상을 인식할 수 있는 것, 이해를 행동으로 옮길 수 있는 완성성과 의지를 가지는 것
체계적인: 틀에 박히지 않고 뜻이 깊은 설명, 무엇이 분명하거나 명백한 가르침 내에서의 진행; 치밀하게 관련짓기; 논쟁과 증거에 의한 잘 지원된; 참신한 사고의 제시	*뜻이 깊은:* 생각이 깊은 그 중대성, 의미, 중요성의 해석이나 분석; 통찰력 있는 이야기 말하기; 유용한 사실이나 맥락을 제공하는 것	*숙련된:* 지식과 기능의 사용, 그리고 적절하게 요구된 맥락의 다양성에서의 이해를 적합하게 하는 능숙함	*철저한:* 비판적인 관점에서 충분히 개발되고 조정된, 다른 사람들의 관점에서 그럴듯한 관점 만들기, 정당한 숙고에 의해 자신의 보다 그럴듯한 관점 만들기, 적절한 비판, 차별화, 그리고 정당화	*민감한:* 다른 사람들이 보고 느끼는 것을 보고 느끼려고 하는 것, 친숙하지 않은 것과 다른 것에 개방적인, 다른 사람이 보지 못한 일과 가치에 대해서 볼 수 있는	*신중한:* 나와 다른 사람의 무지를 아는 것, 자기 자신의 편견을 아는 것

(계속)

면밀한: 깊이 있고 개인화된 아이디어를 반영하는 설명; 학생들은 그 활동을 자신의 것으로 만들고 주어진 것 안에서 진행한다; 지지하는 이론이 있지만 증거나 논의가 불충분하고 부적당하다.	*지각하는:* 중대성, 의미, 혹은 중요성의 이치에 맞는 이해나 분석; 분명하고 교훈적인 이야기; 뜻이 깊은 사실이나 맥락을 제공하는 것	*능력 있는:* 제한되어 있지만 지식과 기능의 사용에 혁신적이고 적합하게 될 수 있는 능력을 기른다.	*신중한:* 그녀 자신의 맥락에서 관점의 주요한 부분에 대한 합리적인 비평과 포괄적인 안목, 다른 사람의 입장에서 그럴듯하다는 것을 분명히 알고 있는 것	*인식하는:* 다른 사람들이 다르게 보고 느끼는 것과 다른 사람들이 강조한 것들을 알고 지각하는 것이다.	*사려 깊은:* 그가 이해하고 이해하지 못하는 것에 대한 일반적인 인식·지각 없이 어떻게 편견과 심상이 생기는지에 대한 인식
발전된: 불완전한 설명이지만 적절하고 통찰력 있는 아이디어, 학습되어야 하는 것에 대해 확장시키고 깊이를 더하는 것, 행간의 의미를 읽는 것, 설명은 지지, 논의, 데이터로 제한되고 대강의 일반화로 한정된다. 제한된 검사와 증거에 관련된 이론이 있다.	*해석된:* 중대성, 의미, 혹은 중요성에 비추어 그럴듯한 이해나 분석, 이야기를 가지고 의미를 만든다. 역사 말하기나 의미를 제공하는 것	*노련한:* 일상적인 것들의 한정된 레퍼토리에 의존하고, 조금 친숙하거나 단순한 맥락에서 잘 수행할 수 있고, 피드백이나 상황에 대한 판단이나 반응의 사용이 한정되어 있다.	*인식하는:* 관점의 상이한 점을 알고 자신의 견해를 조망할 수 있다. 그러나 각각의 관점의 가치를 고려하거나 비평하는 데는 약점이 있다. 특히 자신의 관점의 경우 그러하다. 암묵적인 가정에 무비판적이다.	*탈중심적인:* 다른 사람의 입장에서 생각할 수 있는 능력이나 자기 훈련이 있지만 자기 자신의 반응이나 태도에 주로 제한되고, 다른 지각이나 태도에 대해서는 당혹스러워하거나 포기한다.	*지각 없는:* 자기 자신의 구체적인 무지에 대해 일반적으로 인식하지 못하는, 편견이 이해에 어떤 영향을 주는지 일반적으로 이해하지 못하고 있다.
초보적이고 서투른: 추상적인 설명, 분석적이나 창의적인 것보다도 기술적인, 사실·아이디어의 분해된 혹은 개략적인 설명, 그럴듯한 일반화, 흑백논리의 설명, 검사되지 않은 예감이나 모방된 아이디어보다도 덜 이론화된 것	*글자 그대로의:* 극단적으로 단순화한 혹은 추상적인 읽기, 기계적인 번역, 미흡한 혹은 해석이 없는 풀이, 폭넓은 중대성이나 중요성에 대한 지각이 없는, 무엇이 가르쳐져야 하는지 혹은 읽혀야 하는지에 대한 재진술	*초보적인:* 기술, 절차 혹은 방법들에서 단 하나의 시험답안지인 '플러그인'(알고리즘과 기계적인)에 의존하거나 코치를 통해서만 수행한다.	*무비판적인:* 다른 사람들의 의견들을 대충 훑어보거나 무시하는 경향이 있고 관점의 차이를 알지 못한다. 사물을 보는 다른 방식을 상상해 보는 것이 어렵다. 그 사람에 대한 개인적인 비평을 하는 경향이 있다.	*자기 중심적인:* 다른 사람들의 지적인 인식의 범위를 넘어서서 공감하지 못한다. 자신의 아이디어와 감정을 통해서만 사물을 보는 것, 다른 사람의 감정, 관점 때문에 혼란스러워 하거나 다른 사람의 감정, 태도 등을 무시한다.	*단순한:* 이해하기 위한 의견과 시도들에서 편견과 심상의 역할과 자신의 이해의 경계를 완벽하게 인식하지 못한다.

지금까지 많은 교사들이 사용해 온 준거는 '내용'과 '과정' 준거이다. 그런데 복잡한 수행은 내용과 과정이라는 준거뿐만 아니라 다양한 유형의 준거를 포함한다. 여기에는 네 가지 범주의 유형이 있다. 효과, 내용, 질, 과정 등이다. **효과**는 주어진 목적과 청중에 대한 수행의 성공 혹은 효과성이고, **내용**은 사용된 이해, 지식, 기능의 적절성과 이와 관련한 세련된 정도이며, **질**은 전체적인 질, 솜씨, 활동의 철저함이고, **과정**은 수행

이해의 정도

- 철저하고 완전한
- 기본적인
- 부분적이거나 완전하지 않은
- 오해나 심각한 오해

빈도의 정도

- 항상 또는 지속적으로
- 빈번히 또는 일반적으로
- 때때로 또는 가끔
- 좀처럼 또는 결코

효과성의 정도

- 아주 효과적인
- 일반적으로 효과적인
- 다소 효과적인
- 비효과적인

자율성의 정도

학생은 성공적으로 과제를 완수한다.

- 자주적으로
- 최소한의 필수 지원으로
- 보통의 필수 지원으로
- 상당한 필수 지원으로

정확성의 정도

- 완전히 정확한; 모든 것들(사실, 개념, 계산)이 정확한
- 일반적으로 정확한; 전체적인 결과에 영향을 미치지 않는 최소한의 부정확성
- 부정확한; 결과를 손상시키는 수많은 과실
- 다수의 부정확성; 전체적으로 중요한 실수들

명료성의 정도

- 예외적으로 분명한; 따르기 쉬운
- 일반적으로 분명한; 따를 수 있는
- 분명함이 부족한; 따르기 어려운
- 분명하지 않은; 따르기에 불가능한

[그림 4-6] 다양성의 정도를 나타내는 용어

전체 과정에 사용된 절차, 방법, 접근의 질과 적절성을 말한다.

이해의 여섯 측면과 더불어 학생의 수행이나 산출물을 평가하기 위한 기준이 되는 루브릭을 개발할 때, 구분한 척도에 대한 정도의 차이를 기술할 때 일반적인 용어를 활용할 수 있다. [그림 4-6]은 정도의 차이를 구분할 수 있는 기술적인 용어(descriptive terms)의 사례이다.

루브릭은 그들이 각 채점 점수에 대한 응답에 대한 예시들을 통해서 이루어졌을 때 평가나 수업에 가장 효과적으로 이용된다. 이러한 예시들이나 부합되는 사례들(앵커, anchors)은 등급에서 다양한 점수에 대한 실제적인 예를 제공한다. 아마도, 루브릭의 가장 큰 장점은 학생들과 평가자들의 특성에 대한 요소들을 분명하게 전달하기 위한 그들의 능력에 달려 있다. 준거나 부합되는 사례가 제공하는 명료함은 평가자가 학생의 응답, 산출물 혹은 수행들을 신뢰할 수 있게 평가하는 데 도움을 준다. 또한 준거는 교사가 가르칠 수 있고 학생들이 목표로 하는 것에 대한 대상들을 제공한다. 학생들이 루브릭이나 지침을 포함하고 있는 준거를 받아들여 자기 것으로 했을 때, 그들은 그들 자신의 활동에 대한 자기 평가와 교정에 참여하는 데 훨씬 더 준비를 잘 갖추게 된다.

5) 앵커링을 활용한 루브릭의 정교화

실제 학생들이 학습하는 과정에서 드러내는 수행의 분석을 통해 개발한 루브릭을 정교화할 수 있다. 다음은 학생의 수행을 분석하기 위해 Arter와 McTighe(2001)가 제시한 6단계 과정이다.

① 바라는 이해나 최고 수준으로서의 숙달을 보여 주고 있는 학생들의 수행 사례 수집하기
- 가능한 다양한 사례를 수집해야 한다.

② 학생들이 수행한 최종 작품들을 상이한 더미들로 분류하고 그 이유를 밝히기
- 학생의 작품을 상, 중, 하 등으로 구분하고 왜 상으로 분류했는지, 중으로 분류했는지 그 이유를 작성한다. 분류한 이유는 루브릭의 서술적 용어와 관련된다.

③ 그 이유를 수행 작품의 특징이나 중요한 차원으로 분류하기
- ②에서 분류한 것은 작품의 수준을 총체적인 안목으로 구분한 것이다. 하지만 어떤 경우는 상으로 분류했지만 그 더미 속에서 작품의 다른 차이들을 구분해야 할 필요가 있을 때가 존재한다. 즉, 분석적인 안목이 필요하게 된다.

④ 각 특징의 정의를 '가치중립적으로' 기술하기
- 학생 작품을 분류한 더미들의 특징을 작성한다. 이때 무엇이 훌륭한 수행인지를 기술하는 것이 아니라 분류해 놓은 더미들의 특징을 분석하여 작성해야 한다.

⑤ 각 특징에 대한 점수를 설명하는 학생들의 수행 사례를 선정하기
- 구분한 더미에서 각 더미의 특징을 나타내고 있는 학생의 수행을 선정한다. 이는 루브릭의 준거와 등급별 예시가 된다. 이러한 예시는 앵커(anchors)라고 하는데, 앵커는 무엇이 '훌륭한' 것인가를 학생들이 이해하는 데 도움을 준다.

⑥ 준거와 루브릭을 지속적으로 정련하기
- 준거와 루브릭은 사용하는 과정에서 더욱 정교화된다. 루브릭이 정교할수록 평가의 타당성과 신뢰도는 더욱 높아지며 따라서 루브릭을 지속적으로 정련해야 한다.

루브릭을 정교화하기 위해 앵커링의 과정이 필요하다. 앵커링(anchoring)은 루브릭에서 수행 수준을 특징짓기 위한 학생 작품에 대한 예시를 선정하는 과정이다. 앵커로 알려진 모범 사례들은 준거에서 서술자가 제시한 것을 구현한 것으로 준거에 기초한 특성의 다양한 단계, 숙달의 정도를 실제적이고 구체적으로 제시한다. 따라서 앵커는 교사들이 학생들의 산출이나 수행을 판단하는 준거나 기준을 이해하고 지속적으로 적용하는 데 도움이 된다. 또한 각 등급의 모범 사례를 제공하기 때문에 교사와 학생들에게 명확한 대상을 제공하며, 학생들이 보다 나은 이해에 도달하도록 동기를 유발하고 자기이해와 동료 평가를 할 때 준거로 활용할 수 있다.

교사들이 앵커링을 하기 위해 사용할 수 있는 방법은 두 가지가 있다. 첫째, 채점 준거에 기초하여 앵커링을 하는 방법이다. 이는 루브릭에 포함된 확정된 채점 준거의 사용을 기초로 한다. 이 방법에서, 교사들은 채점 준거에 따른 학생의 반응, 산출물 혹은 수행들을 평가한다. 각 점수에 대한 준거를 기술하기 위한 각 그룹으로부터 몇 가지 응답, 산출물 혹은 수행들을 선정하는데, 이것이 앵커가 된다.

둘째, 학생 응답에 기초하여 앵커링 하는 방법이다. 학생의 반응, 산출물 혹은 수행들을 채점 루브릭을 확인하고 정련하기 위한 기초로서 이용한다. 이 방법에서 교사들은 학생의 반응을 일반적인 특성에 기초한 세 가지(상, 중, 하) 혹은 네 가지(아주 훌륭한, 훌륭한, 보통, 부족한) 그룹으로 분류한다. 그들은 각각의 그룹을 식별하는 특성들을 결정하기 위해 검토하고, 이러한 특징들을 각 그룹에 대한 구체적인 준거를 확인하기 위해서 이용한다. 이 방법은 채점 루브릭이 초안의 형태이고 아직 타당해지지 않았을 때 알맞다.

〈표 4-16〉 앵커링의 두 가지 방법

채점 준거에 기초한 앵커링(연역적 접근)	학생의 응답에 기초한 앵커링(귀납적 접근)
채점 루브릭이 각각 채점 점수에 대한 범위와 준거로 정통한지 검토하라.	학생의 반응을 특성(예: 상, 중, 하)에 대항하는 두 가지나 세 가지 그룹으로 분류하기 위해서 일치된 과정을 수행하라.
채점 준거를 사용하여 학생의 응답을 평가하기 위한 일치된 과정들을 수행하라.	'상'의 응답을 구별하는 특징들을 결정하라.
채점된 응답들을 채점 점수에 해당하는 그룹으로 분류하라.	채점 루브릭의 상위 채점 점수에 대한 준거를 확인하기 위해 이러한 특징들을 이용하라.
최상위 점수를 구별하는 특징들을 가장 잘 기술하는 몇 가지 응답을 선정하라.	최상위 채점 점수를 구별하는 특징들을 가장 잘 기술하는 몇 가지 반응을 선정하라.
다른 채점 점수들을 위해서 과정을 반복하라.	반응이 다른 학생들의 그룹을 위해 과정을 반복하라.

이상의 내용들을 참고하여 현행 2015 개정 교육과정에서 제시하는 성취기준 해설 자료집을 참고할 필요가 있다. 자료집에는 교육과정 성취기준-평가 기준(상, 중, 하)-단원/영역별 성취 수준(A, B, C, D, E)-평가 준거 성취기준(교육과정 성취기준을 재구성한 것) 등이 소개되고 있다. 이 점을 잘 참고하여 교과별 평가 기준과 루브릭 작성 시에 참고할 필요가 있다.

2022 개정 교육과정에서도 초등학교는 학년군별 성취수준을 개발하였고 중학교와 고등학교는 과목별로 성취수준을 개발하여 자료집으로 제공하고 있다. 성취수준은 학생들이 각 교과(목) 성취기준에 도달한 정도를 나타낸 것으로 도달 정도는 몇 개의 수준으로 구분하고, 각 수준에 속한 학생들이 무엇을 알고 할 수 있는지를 기술한 것이다. 자료집에는 성취수준을 성취기준별 성취수준과 영역별 성취수준으로 구분하여 제시하고 있다. 이 둘을 초등학교는 3수준(A, B, C)으로, 중 · 고등학교는 교과목의 특성에 따라 3수준(A, B, C), 5수준(A, B, C, D, E)으로 제시하고 있다. 교과별 평가기준과 루브릭 작성 시에 이러한 자료를 참고할 필요가 있다.

4 2단계 설계 사례

1) 과학과 사례

2단계는 평가를 계획하는 단계로, 1단계에서 설정한 이해에 학생들이 도달했는지 확인하기 위한 평가과제, 즉 수행과제를 개발한다. 가장 먼저 1단계에서 수립한 이해를 확인하는 과정이 필요하다. 다음은 1단계에서 수립한 이 단원의 일반화된 이해이다.

- 식물의 생김새와 생활 방식이 환경과 관련되어 있다.
- 과학적인 분류 기준을 설정했을 때, 분류 결과가 타당하다.
- 생체 모방 기술은 우리의 삶을 편리하게 한다.

이해의 수행과제를 개발하기 위한 실제적인 수단은 적절한 동사를 가지고 이해되는 일반화를 결합시키는 것이다. 즉, 성취기준에서 확인한 동사는 눈에 보이거나 보이지 않게 만드는 것에 의해 이해를 드러내는 데 필요한 수행의 종류를 구체화하는 역할을 가지고 있다. 또한 수행과제 해결을 위해 반드시 알아야 하는 핵심 지식이나 기능 등은 다른 증거를 통해 평가할 수 있다. 교육과정 우선순위 명료화를 통해 교육 내용의 우선순위를 결정했지만 이는 동시에 적합한 평가 방법을 설정하는 것과도 관련이 된다. 상대적으로 중요하지 않은 내용을 학생들이 습득했는지 확인하기 위해 수행과제 형태로 개발할 필요는 없다. 즉, 평가하고자 하는 목표에 따라 평가 유형이 달라지므로 평가 목표에 맞는 평가 방법을 선정해야 한다.

수행과제는 연습이 아닌 문제의 형태로 제시해야 하며, 이때 Wiggins와 McTighe(1998)가 제안한 GRASPS 조직자를 활용할 수 있다. 이 단원도 GRASPS 조직자를 활용하여 수행과제를 개발하였다. 수행과제를 개발할 때는 조직자의 각 요소별로 구분하여 구성하지만 실제 학생들에게 수행과제를 제공할 때는 시나리오 형태로 제공하는 것이 효과적이므로 템플릿에는 각 요소별 내용을 자연스럽게 연결하여 시나리오로 제시한다.

〈표 4-17〉 GRASPS를 활용하여 수행과제 계획하기

요소	내용
목표	당신은 청소년 발명 페스티벌에 출품할 발명품 설계도를 만드는 것이다.
역할	당신은 초등학생 발명가이다.
청중/대상	대상은 발명 페스티벌 심사위원이다.
상황	당신은 과학의 달을 맞아 청소년 발명 페스티벌에 참가하기로 결심했다. 올해 발명 페스티벌의 주제는 식물로 선정되어 식물과 환경과의 관련성을 통해 얻은 아이디어를 활용하여 발명품 설계도를 제출해야 한다.
수행	당신은 여러 가지 식물을 채집하여 관찰하고 식물과 환경과의 관련성을 과학적으로 추리하여 그 결과를 제시해야 한다. 이러한 탐구 과정에서 얻은 아이디어를 반영하여 발명품 설계도를 제작해야 한다.
기준	– 식물을 관찰한 방법과 관찰 결과를 제시하기 – 과학적 기준을 정해서 채집한 식물을 분류하기 – 식물과 환경의 관련성을 추리한 과정 제시하기 – 발명품을 생활 속에서 활용하는 방법 제시하기

개발한 수행과제와 다른 증거를 템플릿에 나타내면 〈표 4-18〉과 같다.

〈표 4-18〉 '식물의 생활' 단원의 2단계 설계 템플릿

2단계 - 수용 가능한 증거 결정하기	
수행과제 당신은 초등학생 발명가로 청소년 발명 페스티벌에 참가하기로 결심했다. 올해 발명 페스티벌의 주제는 식물로 선정되어 식물을 관찰하고 기준을 정해 분류하는 과정을 통해 식물과 환경의 관련성을 추리하고 이때 얻은 아이디어를 반영하여 생활에 활용할 수 있는 발명품 설계도를 제작해야 한다.	다른 증거 • 퀴즈: 식물을 관찰하는 방법, 분류 기준을 결정하는 방법 • 관찰: 분류 기준에 따라 식물 분류하기

루브릭을 개발하기 위해서는 단원에서 설정한 이해와 수행과제의 목적을 명확하게 살펴보아야 한다. 이 수행과제는 식물을 관찰하고 분류 기준을 정해 분류하며, 이러한 탐구 과정에서 식물과 환경의 관련성을 깨닫도록 하는 것이 핵심 수행 과정이다. 따라서 각 특성을 독립적으로 평가하기 위해 분석적 루브릭으로 개발하였다. 수행과제는 복잡성을 가지고 있기 때문에 평가 준거도 다양한 평가 준거의 유형을 고려해야 한다.

효과, 내용, 질, 과정의 네 가지 준거 유형 중에서 세 가지의 준거 유형을 선정하였다. 먼저, 이 단원에서는 과학과의 기능을 사용하여 관찰하고 분류하는 것이 이해를 구성하는 중요한 요소이다. 따라서 '과정의 준거를 사용하여 식물을 관찰하는 과정에서 감각기관이나 도구를 적절하게 사용하는가?'와 '식물을 분류하는 과정에서 과학적인 분류 기준을 선정하여 타당하게 분류하는가?'를 준거로 설정하였다. 또한 '내용의 준거를 사용하여 식물과 환경과의 관련성을 논리적으로 제시하는가?' 마지막으로, '발명품 설계도 항목은 효과의 준거를 사용하여 탐구과정의 아이디어를 반영한 유용한 발명품을 설계하는가?'로 설정하였다. 이러한 준거 설정 과정을 거쳐 평가 항목은 식물 관찰, 식물 분류, 식물과 환경과의 관련성, 발명품 설계도로 구분하였으며 각각 20%, 20%, 40%, 20%의 가중치를 두었다. 등급은 상 · 중 · 하 3등급을 활용하였다. 구체적인 루브릭 개발 사례는 〈표 4-19〉와 같다.

〈표 4-19〉 '식물의 생활' 단원의 수행과제 루브릭

등급 \ 항목	식물 관찰 (과정의 적절성)	식물 분류 (과정의 타당성)	식물과 환경과의 관련성 (내용의 논리성)	발명품 설계도 (효과의 유용성)
가중치	20%	20%	40%	20%
상	여러 감각기관과 도구를 매우 적절하게 사용하여 식물의 특징을 관찰함.	과학적인 분류 기준을 설정하여 분류 기준에 따라 매우 타당하게 식물을 분류함.	관찰한 결과(증거)를 활용하여 식물과 환경과의 관련성을 매우 논리적으로 제시함.	탐구 과정에서 얻은 아이디어를 반영한 발명품이 생활의 유용성이 매우 높음.
중	여러 감각기관과 도구를 적절하게 사용하여 식물의 특징을 관찰함.	과학적인 분류 기준을 설정하여 분류 기준에 따라 타당하게 식물을 분류함.	관찰한 결과(증거)를 식물과 환경과의 관련성을 제시함.	탐구 과정에서 얻은 아이디어를 반영한 발명품이 생활에 유용함.
하	일부 감각기관을 사용하고 도구를 사용이 적절하지 않아 식물을 관찰과정에 어려움이 있음.	과학적인 분류 기준을 설정하는 것에 어려움이 있어 분류 기준에 따라 식물을 분류하였으나 타당하지 않음.	관찰한 결과(증거)와 상관없이 식물과 환경과의 관련성을 논리적으로 제시하는데 어려움이 있음.	탐구 과정에서 얻은 아이디어를 반영하였으나 발명품이 생활의 유용성은 낮음.

2) 사회과 사례

1단계에서 설정한 이해는 다음과 같다.

- 민주적이고 합리적인 의사결정을 하면 더 많은 사람의 공감을 얻고 참여를 이끈다.
- 지역문제 해결에 주민들이 적극적이고 지속적으로 참여할 때 지역 주민의 삶은 더 나은 방향으로 변화된다.

2단계는 1단계를 바탕으로 평가를 계획하는 단계로, 2단계를 설계할 때 1단계에서 설정한 이해를 확인하고 수행과제를 개발할 때 일관성을 고려하여야 한다.

개발하는 수행과제는 학생들이 살아가는 실제 세계 맥락을 고려했을 때 학생들에게 더욱 의미 있게 다가갈 수 있다. 따라서 GRASPS 요소 중 역할에 해당하는 R 요소를 선정할 때는 현재 다양한 사람이 실제 세계에서 수행하고 있는 직업을 고려하는 것이 효과적이다. 또한 해당 직업을 가진 사람이 자신의 일을 해결하는 과정을 살펴보는 것이 수행과제를 개발할 때 도움이 된다. Bruner(1960; 1966)가 이야기했듯이 학자가 하는 일이나 초등학교 3학년 학생이 하는 일은 근본적으로는 동일하기 때문이다.

2022 개정 교육과정에서는 소통, 배려, 협력을 강조하는 협력적 소통 역량이 강조된다. 이를 위해 수행과제를 할 때 모둠 학습으로 구성하여 학생들이 수행과제를 해결해 나가는 과정에 협력학습이 가능하도록 설계하는 것이 좋다. 다만, 모둠 활동을 할 때, 무임승차하는 학생의 발생이 현장에서는 늘 고민이 된다. 따라서 수행과제의 모든 단계를 집단으로 하도록 하기보다는 일부는 개인이 하는 부분, 일부는 모둠원 전체가 하는 부분 등으로 설계하여 학습에 대한 책임감을 부여하는 방식을 활용할 수 있다. 따라서 〈표 4-20〉의 사례에서는 개인과 모둠원 집단의 참여를 모두 고려한 방식으로 수행과제를 개발하였다.

〈표 4-20〉 GRASPS를 활용하여 수행과제 계획하기

요소	내용
목표(G)	당신은 ㅇㅇ시에 주민참여 정책 공모전에 참가하여 시민단체 회원들과 함께 정책을 제안을 하는 것이다.

(계속)

역할(R)	당신은 ㅇㅇ시 시민단체 회원이다.
대상(A)	대상은 ㅇㅇ시 주민 참여 정책 업무 담당자이다.
상황(S)	새해를 맞이하여 시청에서는 주민 참여 정책을 공모하고 있다. 당신은 더 살기 좋은 지역을 만들기 위해서 시민단체 회원들과 함께 주민 참여 정책 공모에 참여해야 한다.
수행(P)	당신은 시민단체 개인 회원으로 지역문제를 조사하고, 지역문제 발생 원인을 분석하여 대안을 제시해야 한다. 같은 지역문제로 고민하고 있는 시민단체 회원들과 의견을 나누는 과정을 통해 ㅇㅇ시에 제시할 최종 정책 제안을 결정하고 제안서를 작성해야 한다.
기준(S)	시민단체 개인 활동 결과에는 다음이 포함되어 있어야 한다. – 수집한 자료를 통해 지역문제와 그 문제의 발생 원인을 밝히기 – 수집한 정보를 바탕으로 지역문제를 해결하기 위한 대안 제시하기 시민단체 회원들과 함께 제시할 최종 정책 제안서에는 다음이 포함되어 있어야 한다. – 의사결정 과정을 제시하기

개발한 수행과제와 다른 증거를 템플릿에 나타내면 〈표 4-21〉과 같다.

〈표 4-21〉 '지역문제 해결하기' 단원의 2단계 설계 템플릿

2단계 – 수용 가능한 증거 결정하기	
수행과제 새해를 맞이하여 시청에서는 주민 참여 정책을 공모하고 있다. 당신은 더 살기 좋은 지역을 만들기 위해서 당신이 속한 시민단체 회원들과 함께 주민 참여 정책 공모에 참여해야 한다. 주민 참여 정책 제안은 시민단체의 개인 활동 결과를 가지고 회원들과 함께 의논하여 최종 결정하게 된다. 당신은 개인 활동을 통해 수집한 자료를 바탕으로 지역 문제와 그 문제의 발생 원인을 밝히고 이를 해결하기 위한 대안을 제시해야 한다. 이후, 시민단체 회원들과 논의를 통해 의사결정을 하고 최종 정책 제안서를 작성해야 한다.	다른 증거 • 퀴즈: 지역문제의 정의 • 관찰: 조사한 자료를 분석하여 지역문제 발생 원인과 해결 방안 도출하기

사회과의 수행과제는 학생들이 시민단체의 일원이 되어 지역문제를 조사하고 자료를 분석하여 원인을 밝히고 대안을 제시하며, 같은 지역문제에 대해 조사한 시민단체 회원들이 함께 주민 참여 정책 제안을 할 최종 정책을 결정하여 민주적이고 합리적인

의사결정 과정을 경험해 보도록 하는 것이 핵심 수행 과정이다. 따라서 각 특성을 독립적으로 평가하기 위해 분석적 루브릭으로 개발하였다. 평가 준거는 내용, 과정, 효과의 세 가지 준거 유형을 사용하였다. 지역문제를 해결하는 것이 핵심인 수행과제에서는 지역문제 해결을 위해 지역문제가 왜 발생했는지 문제에 따른 원인을 정확하게 파악하는 것이 중요하며 이를 위해 내용 준거를 설정하였다. 그리고 지역 문제에 대한 해결 방안을 탐색하는 과정에서 민주적인 방식으로 의견을 수렴하는 것이 요구되는 능력이기 때문에 과정의 준거를 사용하였고, 마지막으로 학생들이 제시하는 해결 방안이 실제 지역문제를 해결하는 데 적절한지 판단하는 것이 중요하기 때문에 효과의 준거를 설정하였다. 평가 항목은 문제 발생 원인, 해결 방안 제시, 의사결정 과정으로 구분하였으며, 각각 30%, 30%, 40%의 가중치를 두었다. 이 단원에서는 지역문제에 대한 해결 방안을 도출할 때 의사결정을 하는 것이 핵심 수행 과정이므로 이 준거에 가중치를 상대적으로 높게 설정하였다. 등급은 상 · 중 · 하 3등급을 활용하였다. 구체적인 루브릭 개발 사례는 〈표 4-22〉와 같다.

〈표 4-22〉 '지역문제 해결하기' 단원의 수행과제 루브릭

항목 등급	문제 발생 원인 (내용의 정확성)	문제해결 방안 제시 (효과의 적절성)	의사결정 과정 (과정의 협력도)
가중치	30%	30%	40%
상	조사한 자료를 해석하여 문제 발생 원인을 매우 정확하게 제시함.	조사한 자료를 근거로 매우 적절한 문제 해결 방안을 제시함.	대화와 타협을 통해 적극적으로 의사결정 과정에 참여함.
중	조사한 자료를 해석하여 문제 발생 원인을 정확하게 제시함.	조사한 자료를 근거로 적절한 문제 해결 방안을 제시함.	대화와 타협을 통해 의사결정 과정에 참여함.
하	조사한 자료를 해석하였으나 문제 발생 원인을 정확하게 제시하지 못함.	근거 없이 문제 해결 방안을 제시하여 적절성이 낮음.	의사결정 과정에 참여하나 타인의 의견을 숙고하기보다 자기 주장만 내세움.

3) 통합교과 사례

1단계에서 설정한 이해는 다음과 같다.

- 학교는 여러 사람이 함께 생활하는 곳이다.
- 학교에는 하는 일에 따라 적합한 장소가 있다.
- 규칙과 약속을 지키면 사람들과 사이좋게 지낼 수 있고 안전하게 생활할 수 있다.

2단계는 1단계 도달 여부를 확인하기 위한 평가과제로 수행과제와 루브릭, 다른 증거를 결정하는 단계이다. 개발하는 수행과제는 학생들이 살아가는 실제 세계 맥락을 고려하였을 때 학생들에게 더욱 의미 있게 다가갈 수 있다. 또한 GRASPS 형태를 사용하여 이야기 구조로 개발할 수 있다. 학생들에게 제공되는 이야기 자료는 학생의 경험에서 도입하여 공감대를 형성하는 것이 가장 중요하다. 이러한 공감대는 학생이 이야기의 주인공이 되어 문제를 해결해 나갈 수 있는 동력을 제공한다. 따라서 학생들은 초등학교 1학년이지만 처음 학교를 다니는 나를 바라보는 가족의 궁금함을 해결해 주어야 하는 상황을 설정하여 수행과제를 개발하였다. 학생들의 수행과제를 해결하는 과정에서 학교의 다양한 공간과 시설물을 탐색하게 되고 학교라는 공간에서 안전하게 생활하기 위한 방법을 탐구하게 될 것이다. 또한 자신 스스로 이야기를 구성하고 변형하는 과정을 통해 학교라는 공간 속에서 살아가는 자신이 누구인지 의미를 구성하게 될 것이다. 더불어 수행과제를 해결하기 위한 과정에서 반드시 알아야 할 기본적인 내용인 학교의 여러 장소 및 그곳에서 하는 일은 간단한 퀴즈를 통해 학생들의 지식 습득 여부를 확인하도록 설계하였다.

〈표 4-23〉 GRASPS를 활용하여 수행과제 계획하기

요소	내용
목표(G)	당신은 가족과 친척들에게 학교생활을 소개하는 것이다.
역할(R)	당신은 ㅇㅇ초등학교 1학년 학생이다.
대상(A)	대상은 가족과 친척들이다.

(계속)

상황(S)	너는 드디어 너와 가족들이 기다리던 초등학교에 입학하여 초등학생이 되었다. 부모님과 친척들은 학교의 모습과 학교에서 어떻게 생활해야 하는지 무척 궁금해하시고 네가 친구들과 사이좋게 지낼 수 있을지, 학교에서 안전하고 건강하게 생활할 수 있을지 매일 걱정하신다.
수행(P)	너는 학교의 여러 가지 장소와 시설물을 탐색하고 그곳에서 만날 수 있는 사람과 그들이 하는 일에 대해 조사하며 사람들과 안전하고 사이좋게 학교 생활하는 방법을 부모님께 알려 드려 부모님을 안심시켜 드려야 한다.
기준(S)	소개 자료에는 다음이 포함되어 있어야 한다. – 학교의 교실과 시설물 – 학교에서 지켜야 할 규칙 – 학교의 사람들과 안전하고 사이좋게 지내는 방법

개발한 수행과제와 다른 증거를 템플릿에 나타내면 〈표 4-24〉와 같다.

〈표 4-24〉 '학교' 단원의 2단계 설계 템플릿

2단계 - 수용 가능한 증거 결정하기	
수행과제 너는 드디어 너와 가족들이 기다리던 초등학교에 입학하여 초등학생이 되었다. 부모님과 친척들은 학교의 모습과 학교에서 어떻게 생활해야 하는지 무척 궁금해하시고 네가 친구들과 사이좋게 지낼 수 있을지, 학교에서 안전하고 건강하게 생활할 수 있을지 매일 걱정하신다. 너는 학교의 여러 가지 장소와 시설물, 학교에서 만날 수 있는 사람들과 그들이 하는 일에 대해 조사하고 사람들과 안전하고 사이좋게 학교생활하는 방법을 부모님께 알려드려 부모님을 안심시켜 드려야 한다. 학교의 교실과 시설물, 각 장소에서 지켜야 할 규칙, 사람들과 안전하고 사이좋게 지내는 방법을 조사하여 부모님께 소개할 자료를 만들어 알려 드리고 실천해야 한다.	다른 증거 • 구술: 학교에서 만날 수 있는 사람 • 연결형 퀴즈: 학교의 여러 장소와 사람들 및 그곳에서 하는 일

통합교과의 수행과제는 학생들이 학교, 학생들의 학교생활에 대해 궁금해 하는 가족과 친척에서 학교의 교실과 시설물을 관찰하고 학교에서 지켜야 할 규칙과 사람들과

안전하고 사이좋게 지내는 방법에 대해 탐구하고 실천 의지를 다지는 것이 핵심 수행 과정이다. 따라서 각 특성을 독립적으로 평가하기 위해 분석적 루브릭으로 개발하였다.

평가 준거는 과정, 내용, 질의 세 가지 준거 유형을 사용하였다. 학생들은 수행과제 해결을 위해 학교의 여러 장소와 시설물을 탐색하는 조사 활동을 하게 되는데, 이 과정에서 탐색의 절차를 지키면서 기능을 사용하는 것이 중요하기 때문에 과정 준거를 설정하였다. 조사하기는 과정도 중요하지만 조사한 내용의 정확성도 중요한 요소이므로 내용의 준거를 함께 설정하였다. 마지막으로, 학교에서 지켜야 할 규칙을 도출하는 과정에서는 학생들이 생성한 규칙의 완성도 측면에서 판단하기 위해 질의 준거를 사용하였다.

평가 항목은 교실과 시설물, 지켜야 할 규칙, 조사하기로 구분하였으며, 각각 20%, 40%, 40%의 가중치를 두었다. 이 단원에서는 슬기로운 생활과 바른 생활의 성취 기준에 좀 더 비중을 두고 설계를 했으므로 관련 항목에 가중치를 상대적으로 높게 설정하였다. 등급은 상 · 중 · 하 3등급을 활용하였다. 구체적인 루브릭 개발 사례는 〈표 4-25〉와 같다.

〈표 4-25〉 '학교' 단원의 수행과제 루브릭

항목 / 등급	교실과 시설물 (내용의 정확성)	지켜야 할 규칙 (질의 완성도)	조사하기 (과정의 체계성)
가중치	20%	40%	40%
상	교실 및 시설물의 이름과 하는 일이 매우 정확함.	장소와 상황에 따라 지켜야 할 규칙을 구체적으로 완성함.	조사 과정의 절차를 지켜 매우 체계적으로 조사를 함.
중	교실 및 시설물의 이름과 하는 일이 정확함.	장소와 상황에 따라 지켜야 할 규칙을 완성함.	조사 과정의 절차를 지켜 체계적으로 조사를 함.
하	교실 및 시설물의 이름과 하는 일에 오류가 있음.	장소와 상황에 따라 지켜야 할 규칙을 일반적으로 완성함.	조사 과정의 절차를 일부 지켜 조사를 함.

4) 중학교 사회(일반사회 영역) 사례

2단계는 1단계에서 설정한 이해에 학생들이 도달했는지 확인하기 위한 수행과제를 개발한다. 수행과제는 학생들이 이해했다는 것을 보여 줄 수 있는 가장 명확한 기준이 된다. 따라서 설계자는 활동 설계자의 입장이 아니라 평가자의 입장이 되어야 한다.

가장 먼저 1단계에서 수립한 이해를 확인하는 과정이 필요하다. 다음은 1단계에서 수립한 이 단원의 이해이다.

- 일상을 규율하는 다양한 법은 개인과 공동체의 권리를 보호한다.
- 공정한 재판을 통해 분쟁을 해결하고 권리 보장을 실현할 수 있다.

이해는 직접 관찰이 어렵기 때문에 이해를 수행으로 변형하여 수행과제를 설계해야 한다. 이 단원에서는 이해를 설명의 측면으로 설정하였다. 따라서 설명의 측면에 기초한 수행 동사를 참고하여 수행 동사를 결정하게 된다. 수행과제를 설계할 때 설계자는 항상 '이해를 잘 드러내기 위한 적절한 수행은 무엇인가? 학생들은 이해의 증거를 제공하기 위해 무엇을 해야 하는가?'를 고민해야 한다. 이러한 과정을 통해 수행 동사로는 '증명한다.'를 설정하였다. 따라서 설계자는 학생들이 위에서 제시한 이해를 증명하기 위한 수행과제를 개발해야 한다.

수행과제는 GRASPS를 통하여 개발할 수 있으며, 이때 실세계 맥락이 고려된 살아 있는 평가과제가 되어야 한다. 즉, 학생들이 수행과제를 해결하는 과정에서 학습의 주체가 될 수 있도록 의미 있는 수행과제를 개발해야 한다. GRASPS를 활용한 수행과제는 〈표 4-26〉과 같다.

〈표 4-26〉 GRASPS를 활용하여 수행과제 계획하기

요소	내용
목표(Goal)	당신의 목표는 일상생활 속에서 발견할 수 있는 법적 분쟁 사례를 조사하고, 공정한 재판 원리에 따라 해결 방안을 제시하는 것이다.
역할(Role)	당신은 시민단체 소속의 변호사이다.
청중/대상(Audience)	지역사회 주민이다.
상황(Situation)	최근 일상생활 속에서 법적인 갈등 상황을 경험하는 사례가 늘고 있지만, 법적인 지식이 부족하거나 경제적인 어려움으로 인해 법률가의 조력을 받지 못하는 주민들이 늘고 있다. 이에 당신은 시민단체 소속의 변호사로서 지역 주민들의 법적 갈등 사례를 조사하고, 공정한 재판을 받을 수 있도록 적절한 정보를 제공하여야 한다.

(계속)

수행(Performance)	일상생활 속 법적 갈등 사례를 조사하고, 해당 사안이 공정한 재판을 받을 수 있도록 법률 자문 보고서를 작성해야 한다.
기준(Standards)	법률 자문 보고서에는 다음이 포함되어 있어야 한다. – 법적 갈등 사례 및 문제점 요약하기 – 사례와 관련된 법의 종류와 법률 조항 분석하기 – 적합한 재판의 유형과 절차 제시하기

개발한 수행과제와 다른 증거를 템플릿에 나타내면 〈표 4–27〉과 같다.

〈표 4–27〉 '일상생활과 법' 단원의 2단계 설계 템플릿

2단계 – 수용 가능한 증거 결정하기	
수행과제 최근 일상생활 속에서 법적인 갈등 상황을 경험하는 사례가 늘고 있지만, 법적인 지식이 부족하거나 경제적인 어려움으로 인해 법률가의 조력을 받지 못하는 주민들이 늘고 있다. 이에 당신은 시민단체 소속의 변호사로서 무료로 지역 주민들의 어려움을 도와주고자 한다. 먼저 일상생활 속 법적 갈등 사례를 조사 및 분석하고, 관련 법과 적합한 재판을 선정한 후 구체적인 절차가 포함된 법률 자문 보고서를 작성해야 한다.	다른 증거 • 퀴즈: 법과 재판의 종류와 특징, 공정한 재판의 구성 요소 • 관찰: 재판 사례를 토대로 공정한 재판의 의미와 중요성에 대해 토의하기

루브릭을 개발할 때는 수행과제에서 가장 중요한 측면을 평가할 수 있도록 개발해야 한다. 많은 교사가 평가하기 쉬운 최종 산출물에만 초점을 두는 실수를 저지르기도 하는데, 결과뿐만 아니라 과정도 평가할 수 있도록 채점 기준을 개발하는 것이 필요하다. 이 단원의 수행과제는 자료 조사와 분석을 통해 법적인 갈등과 관련된 문제들을 확인하고, 이를 해결하기 위해 관련 법의 영역에 맞는 재판 선정 및 절차를 명확히 제시하는 것이 핵심 수행 과정이다.

수행과제의 평가를 위한 평가 준거로는 내용, 과정, 질의 준거 유형을 사용하였다. 학생들은 수행과제 해결을 위해 법적 갈등 사례 및 문제점을 정확하게 파악하는 것이 중요하기 때문에 내용 준거를 설정하였다. 이후, 법적 갈등 사례와 관련되는 법의 종류와 법률 조항을 적용하는 과정을 거치기 때문에 과정의 준거를 사용하였다. 마지막으

로, 재판 절차를 시나리오 형태로 제시하기를 요구하고 있기 때문에 질의 준거를 사용하였다. 평가 항목은 법적 문제 요약하기, 법률 적용하기, 재판 과정 제시하기로 구분하였으며, 각각 20%, 40%, 40%의 가중치를 두었다. 구체적인 루브릭의 개발 사례는 〈표 4-28〉과 같다.

〈표 4-28〉 '일상생활과 법' 단원의 수행과제 루브릭

항목 / 점수	법적 문제 요약하기 (내용의 정확성)	법률 적용하기 (과정의 논리성)	재판 과정 제시하기 (질의 완성도)
가중치	20%	40%	40%
상	법적 갈등 사례의 원인, 영향, 문제점 등을 매우 정확하게 요약함.	법적 갈등 사례에 해당하는 법과 관련된 법률 조항을 탐색하고, 사례와 법률 조항의 관련성을 매우 논리적으로 설명함.	법적 갈등 사례에 적합한 재판의 유형과 절차를 구체적인 시나리오를 포함하여 제시함.
중	법적 갈등 사례의 원인, 영향, 문제점 등을 적절하게 요약함.	법적 갈등 사례에 해당하는 법과 관련된 법률 조항을 탐색하고, 사례와 법률 조항의 관련성을 논리적으로 설명함.	법적 갈등 사례에 적합한 재판의 유형과 절차를 시나리오를 포함하여 제시함.
하	법적 갈등 사례를 간략하게 제시함.	법적 갈등 사례에 해당하는 법과 관련된 법률 조항을 제시함.	법적 갈등 사례에 적합한 재판의 유형과 절차를 간략하게 제시함.

요약

백워드 설계의 2단계는 학생들이 설정한 이해, 지식, 기능을 성취했다는 것을 확인할 수 있는 증거를 개발하는 평가를 상세하게 계획한다는 점에서 다른 설계 방법과 차별화되는 가장 특징적인 단계다. 이러한 백워드 설계는 교사와 교육과정 설계자들이 특정한 단원이나 수업을 설계하기 전에 평가자처럼 생각하도록 하여 학생들이 의도된 이해를 성취하였는지에 대해 어떻게 결정할 것인가를 미리 고려하도록 한다.

첫째, 수행과제를 선정한다. 수행과제는 학생들이 이해했다는 가장 명확한 기준이 된다. 이해는 각각의 측면에 해당하는 속성에 따라 적절한 평가의 방향을 가지고 있다. 따라서 2단계에서 평가를 계획할 때는 1단계에서 설정한 이해의 특성에 적합한 평가를 개발해야 한다. 이해는 맥락화된 수행을 통해 가장 잘 드러날 수 있다. 이를 바탕으로 수행과제를 설정할 때는 Wiggins와 McTighe(1998)가 제안한 수행과제 설계도구인 GRASPS 조직자를 활용할 수 있다. 즉, 수행과제는 학생들이 실생활에 적용할 수 있는 상황(Situation)에서 어떤 목표(Goal)를 가지고 구체적인 대상(Audience)을 고려하면서 특정한 역할(Role)과 기준(Standards)에 따라 수행(Performance)하고 결과물을 만들어 내는 것을 의미한다.

둘째, 학생의 이해를 확인할 수 있는 다른 평가의 증거를 고려해야 한다. 이는 1단계에서 설정한 이해에 도달했는지를 판단하기 위한 다양한 평가의 증거를 수집하는 과정이다. 교육과정 우선순위에 따라 관찰, 검사, 퀴즈, 학생의 학습 결과물 등 다양한 방법을 활용할 수 있다.

마지막으로, 평가 준거와 루브릭을 설계해야 한다. 학생들의 활동에 대한 평가는 활동이 주어진 목적들의 가장 중요한 측면을 강조하는 준거에 기초해야 한다. 루브릭은 산출물이나 수행을 평가하기 위한 도구로 학생의 이해를 평가하기 위한 구체적인 준거이고 교사들 사이에서 평가의 일관성을 높이기 위한 도구다. 루브릭은 총체적 루브릭과 분석적 루브릭의 유형이 있는데, 수행과제에 대한 전반적인 인상이 필요할 때는 총체적 루브릭이 적절한 평가도구이지만, 백워드 설계에서 이해의 평가자로 분석적 루브릭을 사용할 것을 Wiggins와 McTighe(1998)는 제안한다.

토론 과제

1. 백워드 설계 2단계의 핵심 설계 요소를 설명하시오.
2. 이해의 여섯 가지 측면과 그 증거들의 관련성을 설명하시오.
3. 자신의 전공 교과에서 설정한 이해에 관한 수행과제 설계도구(GRASPS)를 활용하여 수행과제를 개발하시오.

제5장

학습 경험 계획하기

학습목표
- 백워드 설계 3단계의 핵심 설계 요소를 설명할 수 있다.
- 백워드 설계에 의한 교수-학습의 특징을 설명할 수 있다.
- WHERETO 요소를 설명할 수 있다.

학습활동은 앞서 다룬 어느 것들보다도 학습자에게 직접 다가서는 것으로, 교실에서의 일상 그 자체다. Wiggins와 McTighe(2005)에 의하면 우리 교사들은 피상적 학습을 대표하는 쌍둥이 과실(twin sins)을 흔히 범해 왔다. 쌍둥이 과실은 과도한 활동 중심의 수업 설계와 진도 나가기식 수업 설계를 일컫는다. 그렇다면 그에 반해 수많은 유형의 학습활동 중에서 학생들의 진정한 이해를 달성하기 위한 학습활동은 어떤 모습을 띠게 되는가? 어떻게 하면 학생들이 이해를 달성하도록 학습활동을 계획할 수 있는가?

그 해법을 논하기 전에, 교사는 개발자로서 무엇보다도 편하고 친숙한 기법에 안주하려는 유혹을 뿌리쳐야 한다. 힘들고 고된 작업이 되겠지만 반드시 염두에 두어야 할 것은 수업 방법, 학습 자료, 학습 경험이 1단계, 2단계에서 확인한 바라는 결과 및 수용 가능한 증거와 일관성을 가져야 한다는 점이다. 즉, 교사는 수행 목표에 비춰 어떻게 수업 시간을 사용하는 것이 가장 효과적인지, 바라는 결과에 비춰 학생들이 무엇을 해야 하는지에 대하여 항상 숙고해야만 한다.

백워드 설계 3단계는 이해에 대한 증거를 가지고 학습 경험을 계획하는 단계이다. 교사는 목표와 평가 계획의 일치도를 고려하여 수업 방법이나 수업 자료, 경험 등 구체적인 사항에 대하여 적절하게 설계를 해야 한다. 빅 아이디어를 바탕으로 활동의 구조를 만들고 그러한 아이디어를 기초로 학습 전이가 달성되도록 조직해야 한다. 개인이나 학생 집단이 과제를 성공적으로 수행하고 질적으로 우수한 결과물을 만들어 낼 수 있도록 도와주는 방식으로 학습활동을 계획해야 한다. 학생들이 도달해야 하는 단원 목표와 이해의 여섯 측면을 염두에 두고 수업을 계획해야 하고, 무엇보다 학습자의 사고를 불러일으키고 학습에 몰입할 수 있도록 해야 한다.

3단계 설계의 주안점은 모든 학습 전략을 고려하고 활용하는 것이다. 이해를 위한 수업 설계에는 다양한 방식이 있고 수많은 형태의 수업이 계획될 수 있다. 그러나 이해를 목표로 하는 그 모든 수업은 내용을 단지 진도로서 다루는 것이 아니라 그것을 통해서 학생들이 무엇을 발견하도록 해야 하므로, 그 과정에서 연구로 증명된 학습의 원리를 고려하는 것이 유용할 것이다.

Wiggins와 McTighe(2005)는 백워드 설계 3단계에서 이해라는 목적에 고도로 집중하여 학습 경험과 수업을 설계하기 위한 교사들의 고민에 가이드라인을 제시한다. 이들은 또한 이해를 여섯 가지 측면에서 접근하여 이해한 것처럼, 단원 설계에 적용할 수 있는 몇 가지 측면을 기준으로 제시한다. 바로 각 측면들의 머리글자를 따서 WHERETO라고 불리는 것들이다. [그림 5-1]은 이를 중심으로 3단계에서 고려해야 할 핵심 설계 요소다.

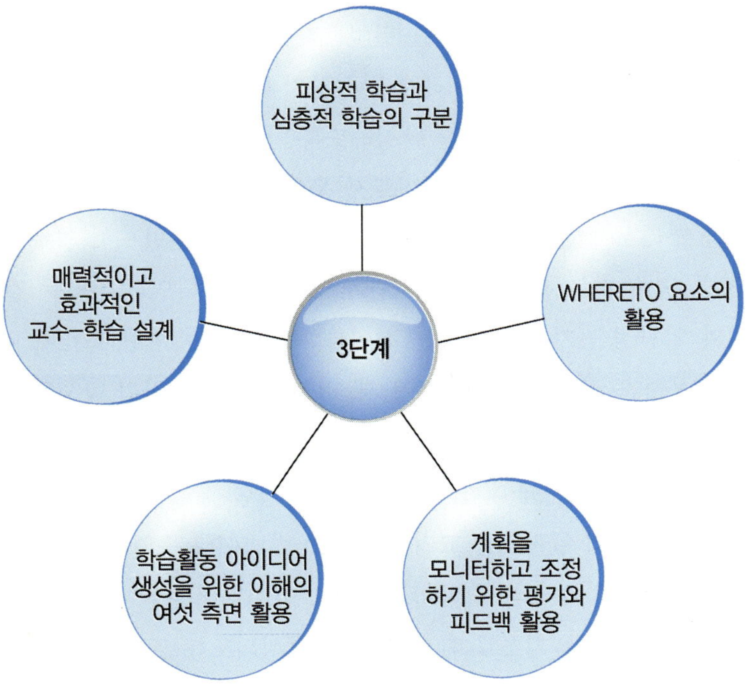

[그림 5-1] 3단계 하위 설계 요소

1 백워드 설계에 의한 교수-학습의 특징

1) 매력적이고 효과적인 교수-학습 설계

매력적인 수업이란 다양한 학습자의 사고를 유발하고 마음을 사로잡고 활기를 북돋우는 수업이다. 매력적인 학습활동은 학습 목적이 여러 수준에서 관여하는 학업 활동이면서도 서로 밀접한 관련이 있고 흥미로운 활동이며, 지적으로 자극이 되는 의미 있는 활동이다. 분명히 교사들은 자신의 수업이 매력적이어서 학생들 모두가 깊이 참여하기를 원한다. 그러나 매력적인 수업만으로는 부족하며, 수업은 또한 효과적이어야만 한다.

효과적인 수업이란, 학습자들이 가치 있는 결과를 산출해 내는 데 있어 더 능숙하고 생산적일 수 있도록 돕는 수업이다. 이는 평범한 수행을 드러내는 것이라기보다 높은 기준과 기대에 최선으로 부응하는 것이다. 즉, 효과적인 수업은 가능한 한 모든 학생이 최고의 성취를 이루도록 촉진하는 수업이다. [그림 5-2]는 매력적이고 효과적인 수업 설계 사이의 관계를 보여 주는 벤다이어그램에 이 두 가지 학습이 발생하기 위한 일반적 요건을 정리한 것이다.

[그림 5-2] 매력적이고 효과적인 학습의 요건

이 벤다이어그램은 모든 매력적인 수업에 반드시 효과가 따라오지는 않음을 보여 준다. 효과적인 수업은 학생들이 신뢰할 수 있는 평가 증거를 통해 이해의 성취를 증명할 수 있는 수업이다. 그러한 수행을 직접 해 보도록 하는 수업인지 아닌지는 별개의 문제다. 가장 효과적인 수업이란 모든 학생을 사로잡지는 못할지라도 수행의 질이 기대보다 훨씬 우수하고 뛰어난 결과를 보여 주는 것일 수 있다.

다시 말해, 이 두 기준은 서로에게 필요충분조건이 될 수 없다. 예를 들어, 학생들이 '간접의문문의 어순은 의문사, 주어, 조사의 형태로 나타난다.'라는 것을 이해하는 것이 목표인 수업에서 단어 배열 게임을 하고 있다고 가정해 보자. 수업 시간이 끝나는 것을 알리는 종소리가 울려도 학생들이 자리에서 일어나지 않고 여전히 하던 작업에 몰두하고 있다. 그것은 분명 수업이 가진 매력성의 지표가 될 수 있다. 그러나 학생들이 단지 집단 간의 경쟁 때문에, 또는 약속된 보상을 받고 싶은 마음에 분위기가 과열된 것이라면 그 매력성이 이해 달성에 대한 효과성으로 직결된다고 할 수는 없을 것이다. 즉, 수업이 매력적이기 때문에 학생이 이해에 도달하는 데 효과적이라고 할 수는 없다. 3단계 설계에서는 매력적인 수업과 효과적인 수업의 통합이 필요하다.

2) 피상적 교수-학습 대 심층적 교수-학습

학생들이 도달할 진정한 이해가 완성된 건물이라고 본다면, 그들은 건물을 쌓기 위해 사실, 관련 지식, 개념, 탐구 기능, 토론 기능과 같은 벽돌을 구해야 한다. 추상적인 아이디어나 삶과 동떨어진 지식은 이러한 건물을 쌓는 데는 불필요하거나 적절하지 못한 벽돌들이다.

Wiggins와 McTighe(2005)는 이렇게 탐구를 통해 의미를 발견하는 수업을 위해서 우리가 깊이와 너비에 대해 잘 생각해 볼 필요가 있다고 말한다. 즉, 우리는 어떤 주제에 대하여 수업 진도를 나가면서 그것을 피상적으로 다루는 것이 아니라 진정으로 깊이 다룬다는 것이 어떤 것인지, 지식을 진정으로 넓게 확장하는 것이 무엇을 의미하는지 분명히 해 둘 필요가 있다.

일반적으로 '피상적으로 다루었다.'라고 할 때, 그것이 의미하는 것은 깊이 들어가지 않고 표면적인 내용에만 집중했다는 뜻이다. 학습자의 관점에서 볼 때는 교사가 제공하는 모든 교육 내용이 매우 중요해 보이며 교육 내용 간 중요도가 차별화되지도 않는다. 또한 각각의 의미가 어떻게 연결되는지도 모른다. 이러한 피상적인 수업은 그 자체로서는 학생들의 학습을 유발시키지 못한다. 학생들이 학습하고자 하는 시도가 성공할 때에만 학습이 이루어지며, 이해는 학생들이 수행을 통해 구성하는 활동의 결과물이다.

하지만 교사들은 은연중에 우수한 학업성취와 교수 사이의 관계를 오해하는 면이 있다. 의미 있는 수업을 숙고하여 설계하고 실행하기에 시간이 턱없이 부족하고, 바람직한 교수 활동이 무엇인지는 알지만 시간의 부족 때문에 어쩔 수 없이 다음으로 미루겠다는 생각을 한다. 학생들이 시험에서 만족할 만한 학업성취도를 보인다면 그러한 바람직한 교수 활동의 희생이 상쇄될 수 있다고 생각한다. 그러나 이러한 교과서와 시험이 주도하는 피상적 수업은 그것이 시험 결과를 최대화할 것이라는 검증되지 않은 가정 아래 벌어진다.

그러나 피상적인 교수 활동과 학습 효과에 대한 이러한 관점을 뒷받침할 수 있는 증거는 없다. 다시 말해, 피상적인 교수 활동은 연구에 의해 지지될 수 없는 부분이 상당하다. 단지 내용을 피상적으로 가르치는 수업이 최적의 학습 결과를 낳는다는 것을 증명하는 실행 연구가 있는가? 이러한 연구를 체계적으로 한 결과에 의한 피상적 수업의 힘을 믿는 교사는 거의 없다. 오히려 우리 경험에 비추어 보면, 목적에 대한 비전 없이 칠판에 적힌 내용을 공책에 받아쓰느라 바쁘기만 한 교실에서의 시험 점수가 가장 낮게 나타나는 것을 볼 수 있다. 시험 점수가 가장 높은 학급에서는 학생을 능동적으로 참여시키고 지적으로 자극하는 수업 형태를 볼 수 있다.

피상적 교수-학습의 또 하나의 아이러니는 바로 기억과 파지에 있다. 피상적 수업에서 학생들은 빅 아이디어와 본질적 질문을 통한 효율적 탐구의 기회를 상실한 채 기억하는 일로 과부하 상태에 이른다. 그러나 어떤 교수방법이 지식을 가장 잘 파지하고 회상할 수 있도록 돕는가? 확실한 것은 맥락 없이 분절된 설명식 수업과 읽기, 노트 필기 수업 방식이 아니라는 것이다. 다양한 학습활동이 빅 아이디어, 본질적 질문을 중심으로 되풀이되고, 그것으로 인해 관련 이해가 북돋아진다면 학생들은 무엇을 가장 중요하게 기억해야 하는지 저절로 알고 기억하게 된다. 파지와 회상 능력은 이렇듯 학습자들이 빅 아이디어에 대한 감각을 기를 때, 단편적 지식과 기능을 서로 연결하기 위해 조직적인 도식을 갖출 때, 의미 있는 방식으로 요구되는 지식과 기능의 적용 기회를 가질 때 향상된다.

Wiggins와 McTighe(2005)는 이렇게 시험이 주도하는 피상적 수업의 문제를 신체검사의 비유로 설명한다. 우리들 중 신체검사의 모든 항목에서 정상 수치로 통과하기 위해 건강을 유지하는 사람은 없다. 신체검사가 있든 없든 간에 건강은 우리 삶에서 추구되고 유지되어야 할 중요하고도 가치 있는 것이다. 신체검사는 우리를 건강하게 하기 위한 방법이 아니라 건강의 일부를 보여 주는 간접적인 측정치일 뿐이다.

심층적 교수-학습에서 가장 눈에 띄는 특징은 학생들이 그것을 통해 교과 또는 주제를 탐구하고, 그 속에서 무언가를 발견할 수 있다는 것이다. 이는 학생들이 단지 교과나 주제에 대해서 배우기만 하는 피상적 수업, 즉 진도 나가기식 수업과 대비되는 점이다.

피상적 학습

- 학생들의 이해와 참여에 관계없이 내용 지식을 표면적으로 가르치고 검사하는 교수 방법이며 수업 시간 내에 교과서의 내용 전체를 모두 다루는 것을 목표로 진행된다는 것을 함축하고 있음.

심층적 교수-학습에서 학생들은 학문 결과로서의 교과를 배우는 것이 아니라, 그 교과와 관련된 학문 활동을 직접 한다. 학생들은 학자들이 하고 있는 활동을 해야 한다. 학자들처럼, 학생들은 노력을 통해 지식을 습득해야 하고, 어떤 결과는 다소간의 잠정적 결실이어야 하며, 계속된 숙고 · 검증 · 재고를 통해 어떤 것을 이해하기 위한 시도가 이루어져야 한다.

한 주제를 진정으로 깊이 다룬다는 것은 관련 주장이 나오게 된 배경인 핵심 문제, 사안, 질문 및 논쟁을 심층적으로 다루는 것이다. 이와 관련하여 우리는 일상에서 흔히 보는 경우를 예시로 들 수 있다. 소위 '장롱 면허'의 경우다. 장롱 면허 소지자는 면허가를 얻기 위한 요건을 모두 갖추고 있고 운전에 대해 충분히 알고 있을 것이다. 그러나 몇 년간 차를 운전하여 도로로 나가 보지 않았던 탓에 바로 그 지식이나 기능을 실제 상황에서 적용하기에는 무리가 따르는 경우를 많이 볼 수 있다. 이런 경우 우리는 그 사람이 운전과 도로 상황에 대해 진정으로 깊이 이해하고 있다고 할 수 있는가?

또 수학적 지식을 적용해야 할 상황에 대해서도 생각해 볼 수 있다. 어떤 학생이 피타고라스의 정리에서 얻은 공식을 활용하여 두 변이 제시된 직각삼각형의 나머지 한 변 길이를 묻는 문제를 풀 수 있더라도, 그 학생이 깊은 이해를 하고 있는지는 아직 판가름할 수 없다. 만약 그 학생이 이 정리와 공식을 적용할 수 있는 경우가 어떤 경우인지 정확히 제시할 수 있거나, 실제로 맞닥뜨린 일상의 문제 상황에서 이 공식이 필요함을 깨닫고 적용할 수 있다면 우리는 그 학생이 이 주제를 진정으로 깊이 이해했다고 말할 수 있을 것이다.

학생들의 이해를 위한 교수에서는 빅 아이디어를 파악한 다음에 점점 복잡한 문제를 풀면서 그 아이디어를 활용하도록 한다. 즉, 교과서에 제시된 것을 '피상적으로 다루는' 대신 표면 아래 숨어 있는 진정한 문제를 '심층적으로 다루고' 계속해서 그것을 활용하도록 해야 한다. 3단계를 설계할 때, 설계자는 학생들이 교과서에 숨겨진 핵심 사안, 문제, 차이, 혼란스러운 질문, 일치하지 않는 사실 등을 파악하여 심층적인 학습이 일어날 수 있도록 의도적으로 수업을 설계해야 한다.

심층적 학습

- 이해와 관련한 모든 문제에 대하여 요구되는 교수방법임. 어떤 주제를 심층적으로 다룬다는 것은 그것을 피상적으로 다루는 것과 반대되는 것으로 보다 깊이 있게 나아간다는 것임.
- 심층적 학습의 효과적이고 효율적인 수단과 주어진 기능의 목적을 분명하게 하는 것, 보다 큰 유목적성과 기능을 덜 부주의하게 사용하는 것으로 유도하는 것을 포함함.

〈표 5-1〉은 심층적 이해 대 피상적 이해를 비교하여 정리한 것이다. 이를 고려함으로써 우리가 계획한 수업이 심층적 이해를 다루는 수업인지 피상적 이해를 다루는 수업인지 가늠해 볼 수 있을 것이다.

〈표 5-1〉 심층적 이해 vs. 피상적 이해

구분	심층적 이해	피상적 이해
교과서의 구성	• 기준에 근거한 구체적 목적을 겨냥하면서도 독립적으로 설계된 자료로 구성됨. • 빅 아이디어와 범교과적 본질적 질문의 탐구에 사용됨. • 범교과적 목적을 충족시키기 위한 순서로 다뤄짐. • 주요 내용을 포함하는 한 가지 자료로 여겨짐.	• 교수요목에 해당됨. 교과서의 내용 진행 자체가 목적이 됨. • 교과에 한정하여 학생이 알아야 할 것을 제시함. • 교과서에 제시된 순서대로 다뤄짐. • 교과서는 전체가 학습될 것으로, 주어진 내용 그 자체로 여겨짐.

(계속)

평가가 겨냥하는 것	• 수행과제를 통해 타당한 탐구 과정과 효과적인 이해의 달성 여부를 판단함.	• 교과서의 내용으로서의 지식과 기능의 습득 여부를 판단함.
증명할 수 있는 질문의 예	이것은 어떤 공식을 활용해야 할 문제 상황인가? 왜 그 공식이 효과가 있을 것이라고 생각하는가? 어떻게 그 공식을 끌어낼 수 있는가? 이 문제 상황과 다른 문제 상황의 공통점과 차이점은 무엇인가?	피타고라스의 정리를 활용하여 이 수학 문제를 풀 수 있는가?

3) 오개념 점검

백워드 설계에서 교수-학습의 또 다른 큰 특징 중 한 가지는 지속적인 격차 분석을 통해 오개념을 처리하기 위한 피드백이 빈번하게 주어진다는 점이다. 격차 분석은 바라는 결과로서의 이해, 즉 목표에 비춰 학생들이 가지고 있는 중대한 오개념이나 오해는 무엇인지, 수행상 오류는 무엇인지를 판단하는 것을 뜻한다. 이러한 학생들의 오개념이나 오해는 결코 교수나 학습의 실패를 의미하는 것이 아니다. '나침반 바늘이 흔들리는 한 그 나침반이 틀리는 일은 없다.'라는 경구가 함의하는 것처럼, 교사는 계속해서 이 오개념과 본래 지향해야 할 곳을 견주어 보아야 한다. 오해는 무지가 아니다. 오해는 바로잡아야 할 것임이 분명하지만, 새로운 상황을 받아들이는 것에 익숙한 생각이나 전략들을 사용하여 그것을 조직화하려는 시도이다. 이에 대한 피드백 과정에서 학생뿐만 아니라 교사 또한 현재의 교수-학습을 다시 생각해 보고, 필요한 부분을 고치고, 향상시킬 수 있게 된다.

백워드 설계에서 목표로 하는 이해는 대개 구체적인 일반화의 형태로 나타난다. 일반화는 추상적이게 마련이며 초보자에게 그 의미는 확실하게 와닿지 않을 수 있다. 빅 아이디어 또한 교사에게는 친숙하지만 학생들에게는 새로운 것일 수 있고, 이런 경우, 특히 학생들의 오해 가능성이 높아진다. 그러나 문제는 "너희가 이런 부분을 오해하고 있지? 그건 잘못된 생각이야. 사실은 ~란다."라고 직접적으로 설명할 수 있을 만큼 간단한 것이 아니다. 학생들이 달성하기를 바라는 이해를 우리가 직접 설명한다고 해서 학생들이 진정한 이해에 효과적으로 이를 수 있는 것이 아니듯, 오해 또한 우리가 직접 설명한다고 해서 피할 수 있다는 보장이 없다. 더욱이 다양한 오개념 연구를 통해 밝혀진 사실은 학생들의 오해와 오개념이 우리가 생각하는 것보다 더 변화에 저항적이라는 것이다. 따라서 우리가 해결해야 할 과제는 학습 과정에서 오해가 부풀려지지 않도록 그것을 잘 예측해야 하고, 설계로써 이러한 오해들을 적극적으로 공략해야 한다는 점이다.

지속적인 격차 분석은 학생들이 학습의 결론에 도달하기 전에, 그리고 총괄 평가를 하기 전에 오개념과 오해를 찾아 바로잡는 것이다. 이때 오개념 처리의 고충을 꺼려 하여 학생들로부터 정답을 듣고 싶어 하는 교사의 욕구, 그리고 이해하지 못했으면서 이해한 것처럼 보이기를 원하는 학생의 욕구에 주의해야 한다. 확실한 증거가 없을 경우 범죄 용의자에 대해 무죄 추정의 원칙을 적용하는 것처럼, 학생이 이해를 완전히 증명하기 전까지는 오해나 오개념의 여지가 있음을 명심해야 한다. 그렇다면 교사들은 학생들의 오해나 오개념을 어떻게 점검할 수 있을 것인가? 〈표 5-2〉는 이러한 점검 활동의 예시다.

〈표 5-2〉 오개념 점검 활동의 예시

활동	내용
수신호하기	학생들에게 구체적인 개념, 원리, 과정에 대한 이해를 수신호로 표시하도록 한다. ☞ 여러분이 '선택의 문제는 자원의 희소성 때문에 발생한다'는 것을 이해하고 설명할 수 있다면 엄지손가락으로 위를 가리키시오. ☞ 여러분이 '선택의 문제는 자원의 희소성 때문에 발생한다'는 것을 아직 이해하지 못한다면 엄지손가락으로 아래를 가리키시오. ☞ 여러분이 '선택의 문제는 자원의 희소성 때문에 발생한다'는 것을 이해하고 있지만 아직 완전하지 않다고 생각한다면 주먹을 드시오.
인덱스 카드 요약과 질문	정기적으로 인덱스 카드를 나누어 주고 학생들에게 카드 양면을 활용하여 진술하도록 한다. ☞ (앞면) '경제생활과 선택'에 관한 탐구를 통해 여러분이 이해하게 된 빅 아이디어를 나열하시오. 그것에 대한 간단한 설명을 기술하시오. ☞ (뒷면) '경제생활과 선택'에 관해 여러분이 아직 완전히 이해하지 못하고, 그것을 진술이나 질문으로 나타내지 못하는 아이디어를 나열하시오.
질문 상자와 게시판	학생들이 이해하지 못하는 개념, 원리, 과정에 관해 질문을 남기거나 붙이는 장소(질문 상자, 게시판, 이메일 등)를 설정한다. 학생들이 오해를 공개적으로 인정하는 것이 불편할 때 유용하다.

(계속)

유추 단서	정기적으로 학생들에게 유추 단서를 제공한다. ☞ 자원의 희소성이라는 것은 자원의 양을 늘리고 싶어도 좀체 더 늘릴 수 없다는 점에서 책상이 두 개밖에 안 들어가는 선생님 바로 앞자리와 같다.
시각 표현	주제나 과정의 구성 요소에 대한 이해를 엿보기 위해 학생들에게 웹이나 개념 지도, 순서도, 스케줄표와 같은 시각 표현을 만들도록 한다.
1분 에세이	정기적으로 학생들에게 주어진 주제에 대해 학생들의 이해에 대한 생각을 간단한 에세이로 작성하도록 한다.
오개념 점검	학생들에게 의미 있는 개념, 원리, 과정에 대해 흔히 있음직한 오개념을 제시한다. 그들이 이에 동의하는지 그렇지 않은지, 그 이유는 무엇인지 표현하도록 한다. 선다형 퀴즈나 OX 퀴즈로 제시할 수도 있다. 정답 이외의 선택지는 그럴듯해 보이지만 적절하지 못한 매력적인 오답으로 설계한다.

2 WHERETO를 통한 최상의 단원 계열화

이상에서 밝힌 매력적이고 효과적인 교수-학습의 요건, 심층적 이해를 위한 교수-학습의 요건, 오개념을 공략할 필요성과 방안이 성공적인 설계를 보장하기에는 부족한 면이 있다. WHERETO는 단원을 최상으로 계열화하는 방법으로서, 학습활동 계획에서 고려할 핵심 요소를 요약한다. 〈표 5-3〉에는 각 문자가 의미하는 고려 사항들이 제시된다.

〈표 5-3〉 WHERETO 요소의 고려 사항

머리글자	본래 단어	고려 사항
W	where, why	‣ 이 단원의 목적이나 성취기준은 무엇인가? ‣ 학생들은 무엇을 학습할 것인가? ‣ 학생들에게 기대하는 것은? ‣ 학생들은 어떤 오개념을 가지고 있는가?
H	hook, hold	‣ 학생의 동기 유발을 어떻게 할 것인가? ‣ 학생의 흥미를 어떻게 유지시킬 것인가?

(계속)

E1	explore, experience, enable, equip	▸ 어떤 경험적이거나 체험적 학습이 ~을 위해서 빅 아이디어와 질문을 학생이 탐구하도록 도울 것인가? ▸ 학생들이 목표 달성(이해)을 하도록 준비시키기 위해 어떤 정보나 기능을 구체적으로 가르칠 필요가 있는가? ▸ 학생들이 목표 달성(이해)을 하도록 준비시키기 위해 어떤 숙제와 교실 밖 경험이 필요한가?
R	rethink, reflect, revise	▸ 학생들이 재고하기를 원하는 빅 아이디어는 무엇인가? ▸ 실제적이고 숙달되도록 요구하는 기능은 무엇인가? ▸ 학생들은 어떻게 산출과 수행이 향상되도록 하는가? ▸ 당신은 어떻게 학생들이 학습과 사고를 반성하도록 격려할 것인가?
E2	evaluate	▸ 학생들의 자기 평가를 어떻게 안내할 것인가? ▸ 학생들에게 반성적 성찰을 어떻게 안내할 것인가?
T	tailor, personalize	▸ 단원 학습의 시작에서 선행지식과 기능을 평가하고 상이한 지식과 기능 수준을 조절하기 위하여 구별 짓는 활동을 개발하라. ▸ 학생들이 어려운 개념을 이해할 수 있도록 다양한 자원을 활용하라. ▸ 핵심 아이디어나 질문의 깊은 탐구를 위해 자신의 연구 문제를 개발하도록 학생들을 격려하라. ▸ 다양한 산출과 수행을 통해 이해의 설명을 위한 옵션을 학생에게 제공하라.
O	organize	▸ 학생들이 바라는 결과를 성취할 수 있도록 학습활동을 어떻게 조직해야 하는가? ▸ 바라는 결과가 주어졌을 때 가장 매력적이고 효과적인 학습을 제공하는 시퀀스(순서와 절차)는 무엇인가? ▸ 전이 가능한 빅 아이디어에 초점을 맞추어라.

이때 각 머리글자가 가리키는 요소는 반드시 W-H-E-R-E-T-O와 같은 순서대로 등장해야 할 필요는 없다. 예컨대, 학습활동의 첫 단계로 학생들의 주의를 환기한 다음(Hook) 그들에게 학습이 지향하는 바(Where)와 그 목표를 달성하는 수단으로서 제재의 중요성(Why)을 알도록 할 수도 있는 것이다. 이처럼 WHERETO를 단시 수업이나 단원의 학습활동의 단계라고 생각하는 것은 교사의 오개념이다. 이는 교수 계열이 아니라 수업 계획에 대해 판단하기 위한 준거들이다. WHERETO를 고려하는 적절한 방법은 W에 해당하는 활동을 구상하고, H에 해당하는 활동을 구상하는 식으로 아이디어를 이어 붙이는 것이 아니라, 학습활동의 계열을 구성한 뒤 그 속에서 WHERETO 각 요소가 모두 발견될 수 있는지 검토하는 것이다. 즉, WHERETO라는 머리글자는 계열이 아니

라 일종의 3단계 설계가 제대로 이루어졌는지를 평가하는 준거로서 이해되는 것이 적절할 것이다.

또한 〈표 5-3〉에서 살펴본 바, WHERETO가 함의하는 질문은 학습활동 계획의 단계에서 교사에게 중요한 문제일 뿐 아니라 학습활동을 진행하는 중에 끊임없이 학생의 관점에서 고려되어야 할 사항임을 알 수 있다. 이제 각 머리글자별로 학습의 계획 단계에서 고려해야 할 점을 사례와 함께 보다 상세히 살펴볼 것이다.

1) 학습 계획 코딩 WHERETO 요소

(1) W-단원의 방향과 목적

W를 고려할 때 교사는 단원 학습의 목적과 학습 결과로 학생들의 성취 정도를 증명하는 데 쓸 증거에 대해 확실한 그림을 그리고 있어야 한다. 이는 가장 중요한 것과 그것이 학습에서 어떤 가치를 지니고 있는지 확인하는 데 필요하다. 그런 다음 학생들이 이에 대해 명확히 이해하도록 도와야 한다. 학생들은 자신이 하고 있는 활동의 목적과 가치를 알고, 그들에 대한 기대 사항을 명확히 인식하고 있을 때 그에 부응하기 위해 더욱 더 노력하게 된다. 따라서 해당 단원에서 학생들은 그들이 목적으로서 충족시켜야 하는 본질적 질문과 구체적인 수행과제, 평가 준거를 잘 파악할 수 있도록 제시해야 한다.

W의 또 다른 차원은 'Where from?'에 관한 것이다. 즉, '학습자가 어디로 가야 하는가?'에 대한 지원을 분명하게 하기 위해 '학습자는 어디에서 오는가?'를 고려해야 한다. '학생들이 어떤 배경지식, 흥미, 학습 방식, 재능을 가지고 교실에 모여드는가?' '어떤 오개념이 존재하는가?'와 같은 질문은 학습 계획에 앞서 진단 평가를 포함하는 것의 중요성을 보여 준다.

효율적이고 효과적인 진단 테크닉으로 K(Know)-W(Want to know)-L(Learned) 차트 작성을 들 수 있다. 학생들은 새로운 단원이나 수업의 시작에서 그 주제에 관해 자신이 이미 알고 있는 것을 K에 기술한다. 이는 학생 배경지식에 대한 교사의 이해를 증진시키고 있음직한 오개념을 예측 가능하게 한다. 다음으로 교사는 학생들이 가지고 있는 질문을 불러일으키고, 그 주제에 관해 그들이 배우기를 원하는 것이 무엇인지 질문하여 W에 작성하도록 한다. 이에 대한 대답은 구체적이고 정확하게 겨냥된 교수 기회를 제공한다. 단원이 진행되면서 학생들이 습득한 지식과 기능 및 빅 아이디어는 L에 기술되어 학습에 대한 중요한 기록을 제공한다.

K-W-L 차트

알고 있는 것(Know)	알고 싶은 것(Want to know)	알게 된 것(Learned)

여기서 중요한 점은 진단을 통한 피드백으로서 교사가 조정할 수 있는 학습 계열의 여지가 있어야 한다는 것이다. 즉, 그 피드백을 사용할 기회가 있어야 한다는 점이다. W와 관련하여 미리 설정된 설계의 융통성은 효과적인 수업 설계의 주요 요건이다.

〈표 5-4〉는 W를 고려할 때 사용할 수 있는 템플릿이다. 각 질문을 숙고한 뒤 행동에 옮길 수 있는 교사의 활동을 함께 제시하였다.

〈표 5-4〉 W에 대한 템플릿 사용 예시

목표

- 우리는 이 단원에서 어디로 가고 있는가?
  - ☞ 1단계에서 작성한 바라는 결과 차트를 학생들에게 제시 혹은 게시
- 활동 진행 기준은 무엇인가?
  - ☞ 단원 학습의 첫날, 학습활동 진행 계획표를 달력 형식으로 제시
- 학생들은 무엇을 학습할 것인가?
  - ☞ 적절하고 타당한 본질적 질문 이끌어내기

기대

- 우리가 학생들에게 수행하기를 기대하는 핵심 과제와 그것의 학습 결과는 무엇인가?
  - ☞ 수행의 모범 지표를 구체적이고 명확하게 제시
- 어떤 방식으로 학생들은 이해의 정도를 증명할 것인가? 그러한 평가에 활용되는 준거와 수행 기준은 무엇인가?
  - ☞ 분석적 채점 루브릭 제시

관련성과 가치

- 왜 이것이 학습할 가치가 있는가?
  ☞ 단원 학습의 이론적 근거 및 교육과정 계열 제시
- 어떤 방식으로 이 지식과 기능이 학교 및 학교 너머에서 학생들에게 이익을 줄 것인가?
  ☞ 학생들과의 토의를 통해 단원 학습에서 습득한 지식과 기능이 적용될 수 있는 대상 및 장소 확인

진단

- 학생들은 단원 학습과 관련하여 어느 지점에 서 있는가?
  ☞ 사전 검사(screening assessment) 혹은 진단 검사 실시
- 어떤 선행지식, 흥미, 학습 방식, 재능이 학생들을 도울 수 있는가?
  ☞ 학생 스스로가 알고 있다고 생각하는 것과 요구를 알기 위해 K-W-L 활용하기
- 어떤 오개념이 발생할 수 있는가?
  ☞ 동료 교사와의 협력을 통해 발생 가능한 오개념 목록을 작성하고 문제 해결 방안 마련하기

(2) H-주의 환기와 흥미 유지

H는 교사가 학생들을 주제나 재제와 관련된 활동에 참여시키고 빅 아이디어, 본질적 질문, 수행과제에 집중하게 만드는 방법을 고려하도록 한다. 실제로, 학습자를 보다 높은 지적인 기준에 도달시키기 위해 우리는 학습자들의 사고, 호기심, 동기를 불러일으키는 우리의 능력을 증진시켜야 한다. 지적 호기심을 불러일으키는 질문과 도전적인 문제들을 중심으로 활동을 조직하는 것은 학생들의 지속적인 참여를 불러일으키는 효과적인 방법이다. 여기서의 고려 사항은 앞서 논의한 매력적이고 효과적인 학습의 요건을 충족시키고자 하는 고민과도 일맥상통한다.

주의할 점은 비본질적인 수단에 의존하지 말아야 한다는 것이다. 비본질적인 수단이란 칭찬, 상, 상품, 특권 혹은 벌, 낮은 성적, 공개적 망신과 같은 것들을 말한다. 이러한 것들을 넘어, 설계에 있어 중요하고도 어려운 도전 과제는 효과적으로 본질적 동기를 가뿐하게 유발하는 것이다. 〈표 5-5〉는 학생들의 주의를 환기하고 흥미를 유발하는 데 사용할 수 있는 몇 가지 자료의 유형과 적용 예시다. 여기에 제시된 자료의 유형 이외에도 개인적 경험, 학생 선택 기회, 감정적 관련성, 유머를 활용하는 방안이 있다.

〈표 5-5〉 주의를 환기하고 흥미를 유발하는 자료의 유형과 적용 예시

자료의 유형	적용 예시
이상한 사실, 예외, 비직관적 사례	(경제: 시장 법칙과 희소성 개념 학습) 개구리와 두꺼비의 값이 평소에 비해 다섯 배가 넘었지만 판매량이 꾸준히 늘고 있는 사례를 '모기로 인한 질병 유행'이라는 상황과 함께 제시한다.
자극적인 도입 질문	(도덕: '진정한 우정이란 친구를 무조건 돕는 것이 아니라 그의 삶을 바른 방향으로 이끌어 주는 것이다.' 이해 학습) "친구가 큰 죄를 짓고 경찰에게 쫓기고 있다. 여러분의 집에 찾아온 친구가 자신과 훔친 물건을 함께 숨겨 달라고 한다. 어떻게 하겠는가?"
미스터리	(역사: 붕당 정치 관련 사실 학습) 조광조를 비롯한 신진 사림파의 등용과 중종의 지지, 궁중 동산의 나뭇잎에 나타난 '주초위왕(走肖爲王)' 글씨와 그로 인한 중종의 의심을 다룬 애니메이션을 제시한다. "조씨가 왕이 된다는 메시지는 나뭇잎에 기이하게 나타난 만큼 과연 하늘의 뜻이었을까?"라는 의문을 제기한다.
도전	(수학: 원의 넓이 구하기 학습) 원 모양의 색종이와 가위, 자를 제공하고 반드시 이것을 이용하여 원의 넓이를 구할 수 있는 방법을 스스로 생각해 보도록 한다.
문제나 이슈	(보건: 이성 교제 시 변화 단계에 따른 적절한 대처법 학습) "청소년의 이성 교제는 허용되어야 하는가?"에 대해 간단히 토론하도록 한다.
실험-결과 예측	(과학: '강 주변 지형의 특징은 흐르는 물의 작용과 관련된다.' 이해 학습) 흙 언덕을 만들어 보이고, 물을 흘려보냈을 때 깎일 곳과 쌓일 곳을 예측하여 지형을 간단히 그려 보도록 한다.
역할 놀이	(윤리: '각 직업인들에게는 직업인으로서 갖추어야 할 다양한 직업윤리가 있다.' 이해 학습) 역할 놀이를 제시하여 다양한 상황에서 직업인들의 윤리 갈등 상황을 체험하도록 한다.

(3) E1-탐구하고 경험하기, 가능하게 하고 준비 갖추기

E1은 학생들이 최종적으로 그들의 이해를 증명하기 위한 수행을 성공적으로 할 수 있도록 준비시키는 것과 관련된다. 즉, 학생들이 빅 아이디어와 본질적 질문을 올바르게 탐구하여 이해를 갖출 수 있도록 도움을 주는 방법에 대한 고려이다. 교사는 학생이 최종적으로 이해하면서 수행할 수 있도록 준비하고 그것을 가능하게 학생을 준비시켜야 한다. 여기서 주의해야 할 점은 많은 교사가 때때로 학생들의 사전 경험의 부족을

고려하지 못하고 더 많은 빅 아이디어를 지식으로서 습득시켜야 한다고 오해하는 점이다. 이해는 수업의 목적에 맞게 잘 설계된 효율적이고 효과적인 경험, 그러한 경험에 대한 성찰을 필요로 한다. 즉, 좋은 설계는 이해가 성장 가능하도록, 충분한 실제나 가상의 경험을 제공하는 것을 포함해야 한다.

예컨대, 수업의 목적이 여러 가지 사실을 습득하여 학생 스스로 빅 아이디어를 귀납적으로 구성하는 것이라면, 명시적 조직자로서 [그림 5-3]과 같은 간단한 학습활동지가 유용할 수 있다.

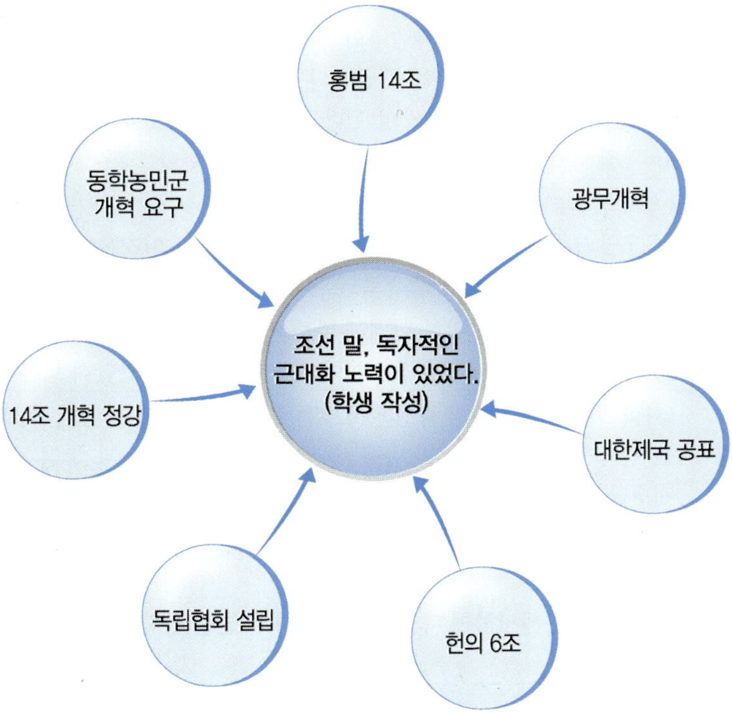

[그림 5-3] 사실 추가 활동을 통한 빅 아이디어의 귀납적 추출

백워드 설계에서 E1 요소는 설계자들이 빅 아이디어와 본질적 질문을 탐구하는 학생에게 도움을 주는 방법이 무엇인지, 최종 수행을 위해 학생을 준비시키는 방법이 무엇인지에 대하여 고려하도록 해 준다. 이러한 맥락에서 백워드 설계에서는 교사들이 일상적으로 경험적 · 귀납적 학습, 직접 교수, 숙제와 기타 교실 밖 경험이라는 세 가지 교수 형태를 잘 활용하기를 권장한다. 여기서 유의할 점은 직접 교수가 교사들이 생각하

는 것처럼 시대착오적이기만 한 교수 형태가 아니라는 것이다. 오직 안내된 발견과 유도된 기능 숙달만으로 진행되는 수업은 교육적 의미가 희박할지도 모르지만, 직접 교수는 이해를 위한 밑거름이 되는 지식과 기능을 습득하는 데 있어 능률적이고 효과적인 방편이 될 수 있다. 〈표 5-6〉은 세 가지 수업 형태에 포함될 수 있는 다양한 활동들의 예시다.

〈표 5-6〉 세 가지 유형의 수업과 활동 예시

경험적 · 귀납적 학습	지식 · 기능 습득을 위한 직접 교수	숙제와 기타 교실 밖 경험
• 개념 구성 • 연구/조사 프로젝트 • 역사적 조사 • 과학적 실험 • 문제 중심 학습 • 창의적 표현 • 예술적 창작 • 이슈 탐구 • 소크라테스식 세미나 • 모의실험	• 실연/시범 • 강의 • 질의 및 응답 • 아이디어 및 정보 비교 • 정보 찾기(조사 연구) • 정보와 아이디어 평가 • 가설 설정과 검증 • 아이디어 소통 • 시간 관리 • 이해 모니터링 • 정보 조직 • 동료 작업 검토 • 자기 평가 및 개선 • 핵심 아이디어 요약	• 학습한 기능 실행하기 • 목적이 있는 읽기 활동 • 프로젝트나 수행과제 참여 • 개념지도 만들기 • 저널 및 잡지 만들기 • 캠페인 참여

(4) R–반성하기와 다시 생각하기, 그리고 수정하기

R은 바라는 결과라는 이상과 현재 수행이라는 현실의 격차를 꾸준히 분석하고 그 결과를 활용함으로써 이해를 더 넓히고 심화할 수 있음을 상기시킨다. 교사는 재사고하기, 반성, 수정 기회를 포함하도록 수업을 설계해야 한다. 이 부분은 어쩌면 가장 큰 노력을 필요로 할 수도 있다. 이는 오해와 이해의 갈림길에서 학생들이 최종적으로 바라는 결과를 향해 도전할 수 있는 훌륭한 중간 단계다. 이 단계는 또 다른 본질적 질문이나 유도 질문을 제기하기도 한다.

따라서 설계에서 고려된 재사고 기회는 이해를 위한 학습의 중심에 놓여 있고, 비평적이고 계획적인 설계의 요소가 된다. 학생들이 진정한 이해의 관점에서 주의와 신중함을 기하는 경향을 가지도록 하고, 그들이 지금까지 해 온 단순한 사고나 이해를 넘어서도록 하고 싶다면, 이해를 즉시 재고할 수 있는 장치를 설계에 포함해야 한다. 〈표 5-7〉은 그러한 학습 경험과 수업을 계획할 때 고려할 수 있는 질문과 수업 기법 및 활동의 예시다.

〈표 5-7〉 R과 관련한 고려 사항과 활동 예시

재사고	
• 학생들이 재고하기를 원하는 빅 아이디어는 무엇인가? • 어떻게 학생들이 빅 아이디어를 다시 살펴보도록 할 것인가?	□ 관점을 바꿔서 검토하기 □ 주요 가정을 다시 생각하기 □ 대안적 아이디어 직면하기 □ 반대 입장이 되어 변론하기 □ 논점과 증거 다시 조사하기 □ 새로운 정보 업데이트와 검토하기
반성	
• 어떻게 학생들이 학습과 사고에 대해 반성하도록 할 것인가? • 어떻게 학생들이 이해의 발달에 대해 반성하도록 할 것인가? • 어떻게 학생들이 전략 활용에 대해 반성하도록 할 것인가? • 어떻게 학생들이 메타인지적으로 사고하도록 도울 수 있는가?	□ 반성 일지와 사고 일지 □ 규칙적인 자기 평가 □ 메타인지 자극 □ 분명한 사고 표현하기 □ 조사 기록하기
수정 및 개선	
• 실제적 적용과 숙달을 요하는 기능은 무엇인가? • 어떻게 학생들의 수행과 결과물이 향상되도록 도울 수 있는가?	□ 초안 작성과 퇴고 □ 동료 비평 및 피드백 □ 수행 리허설 □ 동료 반응 집단 형성 □ 자기 평가

(5) E2-평가하기

E2는 최종적으로 백워드 설계 2단계에서 구체화한 '수용 가능한 평가 증거'에 부합하기 위한 것이다. 교사는 최종 평가 증거에 비추어 학생의 현재 이해와 그에 따른 수행

을 점검할 기회를 미리 설계해 둔다. 또한 학생의 자기 평가 기회를 포함하기를 권장하는데, 이는 앞의 R에 대한 고려와 연결되면서 이해의 여섯 번째 측면과도 관련된다.

이해의 여섯 번째 측면은 자기지식으로, 평생학습을 위해 가장 중요한 측면이다. 이것의 핵심은 학습자가 무엇을 성취하고 무엇을 더 성취해야 하는지, 즉 무엇을 이해하고 무엇을 이해하지 못했는지에 대하여 증거에 기초하여 스스로 내린 정직한 평가라는 점이다. 가장 성공적인 학습자는 단지 이 자기 평가 능력을 가진 사람이 아니라 가장 적절한 시기에 효과적인 방법으로 그것을 수행할 수 있는 사람이다.

즉, E2는 모든 학습자에게서 기대되는 끊임없는 반성(예: 사건들은 어떠한가? 무엇이 작용하고 있는가? 무엇이 적응을 필요로 하는가? 그래서 어떻게 되었나? 지금은 무엇인가?)을 위한 기회에 대한 의도적인 설계 요소이다. 〈표 5-8〉은 자기 평가와 반성적 성찰을 안내하기 위해 사용할 수 있는 질문의 형식이며, 〈표 5-9〉는 '시장과 자원 배분' 학습 단원에 적용한 질문들의 예시이다.

〈표 5-8〉 자기 평가와 반성적 성찰을 위한 질문 형식

- 당신이 실제로 ______ 에 관해 이해한 것은?
- 당신이 ______ 에 관해 여전히 가지고 있는 질문과 불확실성은 무엇인가?
- 무엇이 ______ 에서 가장 효과적이었는가?
- 무엇이 ______ 에서 가장 효과적이지 않았는가?
- 당신은 ______ 을 어떻게 향상시켰는가?
- 무엇이 ______ 에서 당신의 강점인가?
- 무엇이 ______ 에서 당신의 결점인가?
- 당신에게 ______ 은 얼마나 어려웠는가?
- 당신이 선호하는 학습 방식은 ______ 에 얼마나 영향을 주는가?
- 당신이 다음 시간 ______ 에 다르게 해야 할 것은 무엇인가?
- 당신이 가장 자랑스러워하는 것은 무엇인가? 왜 ______ 그런가?
- 당신이 가장 실망한 것은 무엇인가? 왜 ______ 그런가?
- 당신이 받을 만한 등급이나 점수는 무엇인가? 왜 ______ 그런가?
- 당신이 학습해 온 것은 다른 학습과 어떻게 연결되는가? ______
- 당신이 학습해 온 것은 당신의 사고를 어떻게 변화시켰는가? ______
- 당신이 학습해 온 것은 현재와 미래와 어떻게 관련되는가? ______
- 어떤 뒤따르는 작업이 필요한가? ______

〈표 5-9〉 '시장과 자원 배분' 학습 단원에 적용한 질문 사례

- 내가 실제로 수요와 공급의 법칙에 대해 이해한 것은 무엇인가?
- 내가 수요와 공급의 법칙에 대해 여전히 가지고 있는 질문과 불확실한 부분은 무엇인가?
- 무엇이 수요와 공급의 법칙을 이해하는 데에 가장 효과적이었는가?
- 무엇이 수요와 공급의 법칙을 이해하는 데에 가장 비효과적이었는가?
- 나는 어떤 과정을 통해 수요와 공급의 법칙에 대해 이해하게 되었는가?
- 이 학습에서 드러난 나의 강점은 무엇인가?
- 이 학습에서 드러난 나의 약점은 무엇인가?
- 나에게 수요와 공급 법칙을 이해하는 것은 얼마나 어려웠는가? 어떤 부분이 그러했는가?
- 내가 선호하는 학습 방식은 수요와 공급 법칙을 이해하는 데에 어떤 영향을 주었는가?
- 내가 다음 시간의 '시장 경제 질서와 경제 정의 추구' 학습에서 변화를 주어야 할 부분은 무엇인가?
- 내가 이번 학습에서 가장 자랑스러워하는 것은 무엇인가? 왜 그런가?
- 내가 이번 학습에서 가장 실망한 것은 무엇인가?
- 내가 받을 만한 등급이나 점수는 무엇인가? 그 이유는?
- 내가 수요와 공급 법칙에 대해 학습한 것은 이미 학습했던 다른 것과 어떻게 연관되는가?
- 수요와 공급 법칙에 대한 학습이 나의 사고를 어떻게 변화시켰는가?
- 수요와 공급 법칙에 대한 학습은 나의 현재와 미래에 어떤 의미를 갖는가?
- 이 학습을 다지기 위해 추가해야 할 활동은 무엇인가?

(6) T-학습자에 맞추기, 개별화하기[1]

T는 다양한 학생의 요구 사항에 수업을 맞추기 위한 고려를 제안한다. 학생들은 배경지식, 선행 경험, 기능, 흥미, 학습 방식이 다양하고, 이러한 차이점은 세심한 수업 설계를 필요로 한다. 교사는 학습 단원의 목적이나 바라는 결과를 확고히 하면서도 활동, 자원, 평가를 다양화하는 방식을 고려해야 한다. 교사는 학습 내용, 과정, 결과물을 다르게 부과하여 다양한 학습자의 요구에 맞춰 수업을 조정할 수 있다. 첫째, 내용은 1단계에서 설정한 이해가 모든 학생을 대상으로 하는 것이기 때문에 학습 경험을 선정할 때는 바라는 결과와 일관성을 유지해야 한다. 하지만 본질적 질문을 통해 학생들을 고

1) 개별화(individualization)는 방법을 개인별로 다르게, 차별화(differentiation)는 방법을 집단별로 다르게, 개인화(personalization)는 목표, 내용, 방법을 모두 개인별로 다르게 취급하는 방식을 말함. 개별화와 차별화에서 목표와 내용은 동일하나 방법에서 차이가 있다.

려한다. 본질적 질문은 답이 정해져 있지 않으며 학생 개개인마다 가지고 있는 다양한 선행 경험을 바탕으로 탐구가 이루어지게 이끈다. 둘째, 과정은 다양한 학습 자료를 활용하고 학생들이 선호하는 학습 방식에 의해 선택하여 기술할 수 있도록 함으로써 학생을 개별화한다. 학습 방식은 학생의 특성을 정보 습득 방법(시각적 대 청각적), 정보 인식 유형(감각적 대 직관적), 정보 조직 방법(귀납적 대 연역적), 정보 처리 방법(참여적 대 반성적) 등 어디에 초점을 두느냐에 따라 다양하게 구분할 수 있다. 셋째, 결과는 학생들에게 평가를 위해 적합한 수행을 할 수 있도록 선택권을 주는 것이다. 학생들이 수행과제를 수행하면서 그림, 글, 탐구 결과를 반영하여 만든 책, 역할극 등 학생들이 수행한 결과는 다양한 결과물로 산출되도록 하여 모든 학생이 그들의 적성과 흥미를 고려하여 참여하도록 한다. 이때 2단계에서 평가의 일부분으로서 결과를 선택하도록 허용할 때, 다양한 결과는 공통된 준거를 이용하여 평가되어야 한다. 〈표 5-10〉은 앞에 나온 학습 내용, 과정, 결과를 개별화하는 방법이다.

〈표 5-10〉 학습 내용, 과정, 결과를 개별화하는 방법

내용	과정	결과
• 선행지식 및 기능을 평가한 뒤 각 수준에 맞는 활동을 제시한다. • 다양한 양상으로 자료를 제시한다(말로, 시각적으로, 쓰기로). • 자료를 다양한 난이도로 제시한다(읽기 난이도 차별화).	• 학습 형태를 다르게 제시한다(개인별, 그룹별). • 빅 아이디어나 본질적 질문에 대한 자신만의 연구 문제를 개발하도록 한다.	• 동일한 목표와 빅 아이디어, 본질적 질문을 둘러싼 탐구 아래, 그 결과물을 선택할 수 있도록 한다(글, 그림).

(7) O-최적의 효과성을 위해 조직하기

O는 교육과정 설계의 계열과 관련된다. 즉, 단원과 단원과의 관계, 학습활동들 간의 관계를 고려하여 조직하는 방식이다. 지금까지 우리는 훌륭한 설계를 위해 고려해야 하는 요소들을 살펴보았다. 그러나 아무리 그러한 요소를 최적화할지라도, 교사가 제시하는 내용이나 활동이 무질서하고 임의적이라면, 성공적인 학습을 보장할 수 없을 것이다. 교사는 이전 학습과 이후 학습이 유기적으로 연계되도록, 의미 있는 것으로 받아들여지도록 조직에 대하여 충분히 고려해야 한다. 하지만 실제로 교사들이 3단계의

학습 경험을 설계한 사례를 살펴보면, 교과서에서 제시한 각 차시의 순서에 따라 조직한 것을 종종 발견할 수 있다. 이는 백워드 설계를 하면서도 교과서를 최상으로 여기는 관점에서 벗어나지 못했기 때문이다. 설계자는 '어떤 학습 경험의 계열이 유사한 오개념을 최소화하면서 학생들의 이해를 최대한 발전시키고 심도 있게 할 것인가?' '참여하기와 효과성을 최대화하기 위해서 우리는 교수와 학습을 어떻게 조직하고 계열화할 것인가?'에 대한 질문을 끊임없이 하면서 학생의 학습 경험을 설계해야 할 것이다.

O는 우리가 그러한 요소들을 강력한 계열 속에 두도록 돕는다. 이때의 고려는 앞서 논의한 피상적 학습 대 심층적 학습과 연관 지어 생각해 볼 수 있다. 〈표 5-11〉은 피상적 학습의 논리와 심층적 학습의 논리를 비교한 것이다. O는 효과적인 학습을 위한 조직의 요소이지만, 실제 설계된 템플릿에서는 O가 겉으로 드러나지 않는다. 이는 O가 고려되지 않은 것이 아니라, 3단계의 학습 경험을 처음부터 마지막까지 제시한 순서 그 자체가 O가 반영된 것이기 때문이다.

〈표 5-11〉 피상적 학습 논리 대 심층적 학습 논리

피상적 학습 논리	심층적 학습 논리
• 단계적으로 정보를 제시한다(관광 가이드로서의 교사).	• 전개된 스토리나 문제로 단원을 생각하도록 한다.
• 교과서의 순서를 따른다.	• 더 놀랍고 더 예측하기 힘든 순서를 따른다.
• 사실과 기초 기능으로부터 개념과 과정으로 발달해 간다.	• 주의를 환기하고, 가르치기 위해 위계를 없앤다. 적용하기 전에 정보의 습득이 모두 선행되어야 하는 것은 아니다.
• 설정된 목적에 맞는 범위의 자료를 학생들에게 설명한다.	• 단원에는 모델링, 직접 해 보도록 하기, 피드백, 조정이라는 사이클이 있다는 것을 체감하게 한다.
• 실제적이고 다양한 경험 활동은 꽤 많은 시간이 걸릴 수 있기 때문에 선택적으로 활용한다.	• 실제적인 경험으로 전이 가능한 빅 아이디어에 초점을 맞춘다.
• 학생들이 학습한 것을 적용하기 전에 단편적인 것들을 가르치고 미리 검사한다.	• 맥락을 벗어나 작은 부분을 먼저 가르치기보다 전체와 부분 사이에서 앞뒤로 융통성 있게 이동한다(스포츠, 예술 프로젝트처럼).

WHERETO 요소와 의미

요소	의미
W (where and why)	학생들에게 단원이 어디로 나아가고 있고, 왜 그런지를 이해시켜라.
H (hook and hold)	도입에서 학생들의 동기를 유발하고 관심을 계속 유지시키라.
E (explore, experience, enable, equip)	학생들이 중요한 개념을 경험하고 주제를 탐구하도록 준비하라.
R (rethink, reflect, revise)	학생들에게 빅 아이디어를 재고하고, 과정 속에서 반성하고 활동을 교정하기 위한 많은 기회를 제공하라.
E (evaluate)	학생들에게 과정과 자기 평가의 기회를 제공하라.
T (tailor and personalize)	개인적인 재능, 흥미, 필요를 반영할 수 있도록 설계하라.
O (organize)	진정한 이해를 최적화하기 위해 조직하라.

3 이야기 구조를 활용한 학습 경험 설계

교육과정 설계자는 학생들이 흥미를 가지고 학습활동에 몰두하여 진정한 이해가 일어날 수 있도록 학습 경험을 계획해야 한다. 일반적으로 설계자는 직선적인 접근법을 많이 사용한다. 하지만 단순한 교과서의 논리가 아니라 학습의 논리를 반영해야 하며, 내러티브 접근법을 활용하여 이야기 구조로 설계할 수 있다. 즉, 학습 경험을 설계할 때, 교사는 전형적인 직선적 접근 방법에서 벗어나 이야기 구조를 활용할 수 있다.

내러티브(narrative)는 여러 가지 의미를 지니고 있다. 첫째, 기본적으로 이야기, 시간의 연쇄로 구성된 일련의 사건들인 이야기를 의미한다. 이야기는 사건들로 구성되며 사건들은 특정의 계열을 이루며 배열되므로, 내러티브는 사건들의 계열과 사건들이 만들어 내는 이야기에 의해 특징화된다. 둘째, 내러티브는 의미를 구성하는 사고 양식이다. 내러티브는 단순한 이야기를 넘어서 이야기를 만들어 내는 인지 작용이다. 우리가 어떤 사건을 경험하고 그 사건을 다른 사람에게 이야기할 때, 우리는 상대방의 공감을 이끌어 내기 위해 자신의 경험을 재조직하고 의미를 구성하여 이야기를 한다. 이는 특정한 방식으로 경험의 구조를 만드는 것으로, 내러티브는 인간 경험을 구조화하는 틀의 역할도 한다(강현석, 2011: 132).

Bruner(1996: 1990)는 이러한 내러티브가 세계에 대한 우리의 경험과 지식을 조직하거나 서로 간의 의사소통과 학습에 있어, 가장 보편적이면서도 자연스럽고 손쉬우며 강력한 형식 가운데 하나라고 보고 있다. 이런 측면에서 교수-학습 역시 내러티브적으로 진행될 수 있다. 사람은 이야기 속에서 살아가고, 세계에 대한 경험과 지식을 만드는 가장 자연스러운 경험은 이야기를 만드는 것이다. 따라서 학습에서도 이야기를 활용할 수 있는데, 이야기 구조는 학생들의 내적 지식에 이야기의 전형적인 구조를 형성하는 스키마로서 학습에서 이야기를 이해하도록 안내하는 인지적 구조 역할을 하기 때문에, 학생의 경험을 조직하기 위한 구조로서의 내러티브는 중요한 의미를 지닌다. 즉, 학습 자체가 의미 만들기로, 내러티브인 것이다(강현석, 2011: 163).

이야기는 단계별 형태로 모든 사실과 생각들을 나열하지 않는다. 이야기는 시간의 순서대로 진행되지 않기도 하고 때로는 사건의 중심에서 시작하기도 한다. 이러한 과정에서 학생들은 사건과 인물을 다시 한번 생각해 보고 맥락 속에서 사건과 인물의 행동을 해석하게 된다. 즉, 표면상 이야기가 비논리적이라 하더라도, 때로는 교과서에 줄글로 자세히 설명한 글을 읽을 때보다 학생들은 오히려 더 쉽게 내용을 이해하기도 한다.

내러티브는 상상력과 해석적인 재구성을 통해 학생의 이해 능력과 양식을 다양화하고 학생의 의미 형성 기제로서 중요한 역할을 수행할 수 있다. 즉, 내러티브를 활용한 수업은 이야기로서의 교수를 토대로 학생들의 교육적 관심과 발달적 측면에 초점을 두면서 이야기 구조를 활용하는 것이 중요하다(강현석, 2011). 이야기 구조를 활용하여 학습 경험을 설계하기 위해서는 이야기가 매력적이어야 하고 학생들에게 친숙한 것이어야 한다. 또한 이야기는 일관성, 방향, 흐름을 가지고 있어야 한다. 이러한 이야기를 활용하면, 학생들은 학습을 통합적으로 전개하게 된다. 이야기는 내러티브로 구조화될 때 더욱 기억이 잘 되므로 학생들은 더 쉽게 학습하게 된다.

교수-학습 상황에서 이야기 구조는 학생들이 이야기의 한 부분이 되어 이야기를 통해 복잡한 문제를 이해하고, 그 속에 몰입하여 참여하도록 하는 역할을 한다. 이 과정 속에서 학생들은 자신이 이해한 것을 드러내게 된다. Dewey(1916)의 경험의 개념과 관련하여 경험의 상황, 연속성, 상호작용의 의미로 내러티브의 전략을 구성해 보면, 인간 경험은 개인적이며 사회적인 의미(상호작용)를 지니고 과거 · 현재 · 미래와 연관되며(연속성) 특정한 공간(상황)에 관련되어 있다. 즉, 학생은 다양한 사람, 장소, 공간의 관계 속에서 경험을 구성하므로, 학생의 경험은 맥락 속에서 이해되어야 하며 학습 경험 역시 이야기 구조를 통해 이러한 경험을 제공해야 할 것이다. 이야기 구조의 요소 및 내용은 〈표 5-12〉에 제시되어 있다.

〈표 5-12〉 이야기 구조의 요소 및 내용

요소	내용
상황	• 이야기는 언제, 어디서 일어나는가?
인물	• 주연과 조연은 누구인가?
서두	• 학생들을 이야기 속으로 어떻게 끌어들일 것인가? (독자, 관찰자, 청취자 등)
장애물 혹은 문제	• 해결되어야 할 문제는 무엇인가? • 극복해야 할 장애물은 무엇인가?
극적 긴장	• 작용하고 있는 반대 세력은 무엇인가? (생각 혹은 인물 등)
놀라움, 예기치 않은 진전	• 어떤 놀라움, 반어, 진전, 그리고 예상치 못한 전환이 설정될 것인가?
해결 혹은 해답	• 장애물을 어떻게 극복할 것인가? • 그 문제는 어떻게 해결될 것인가? • 그 이야기는 어떻게 끝날 것인가? • 후속 이야기는 어떻게 될 것인가?

교사들 역시 백워드 설계에서 이야기 구조를 활용하면 학교 수업의 지루함, 피상적 교수-학습의 임의성 혹은 우연성, '나는 그것을 가르쳤지만 학생은 그것을 배우지 못했다'는 전문가의 맹점을 훨씬 잘 피할 수 있을 것이다. 또한 교사들도 단시 수업 활동이 직선적이라는 생각을 덜하게 될 것이다.

4 3단계 설계 사례

1) 과학과 사례

3단계는 2단계에서 학습 경험을 계획하는 단계인데 2단계에서 개발한 수행과제가 학습활동의 중심축이 되도록 계획해야 한다. 이때는 WHERETO 요소를 고려하여 학습활동과 수업을 계획할 수 있다. 하지만 실제 교사들이 개발하는 과정을 살펴보면 WHERETO 요소를 먼저 고민하기보다 수행과제를 학생들이 성공적으로 수행할 수 있도록 하기 위한 학습 경험의 선택 및 조직을 하는 것이 더 자연스럽고 익숙한 방법이다. 이는 지속적으로 수업을 계획하고 실행하면서 얻게 된 교사의 내재화된 지식이라고 볼 수 있다.

3단계에서 학생들의 학습 경험을 계획할 때 교사는 설계의 논리가 아니라 수업의 논리를 고려해야 한다. 3단계는 실제 수업을 통해 실행되는 과정으로 단원 학습이 이루어지는 시간 순서를 고려해야 하며 이는 설계의 순서와는 다르기 때문이다.

단원의 시작 부분에는 본질적 질문이나 수행과제 등을 제시하여 학생들이 단원에서 무엇을 해야 하는지 단원의 목표를 분명하게 인식시키는 것이 좋다. 단원의 중간 부분에서는 실제 학생들이 수행과제를 해결하기 위해 탐구가 이루어지도록 구성해야 한다. 수행과제 해결을 통해 핵심 아이디어를 구성할 수 있도록 심층적인 학습이 이루어져야 한다. 단원의 마지막 부분에서는 학습의 전 과정에 대한 자기 평가나 반성적 성찰을 할 수 있는 기회를 제공하도록 설계하는 것이 좋다.

따라서 3단계를 개발할 때는 교사가 생각하는 각각의 학습 경험을 순서대로 조직하고, 다음으로 각 경험들이 어떤 요소를 반영하고 있는지 학습 경험의 준거로 WHERETO의 요소를 확인해 보는 것이 자연스럽다. 만약 누락된 요소가 있다면 해당 요소를 추가하는 것이 필요하다. 단, O 요소는 조직화 요소로 학습 경험을 배열한 전체적인 모습에서 확인할 수 있으므로 각각의 학습 경험에서는 나타나지 않는다. 3단계까지 모두 개발하였다면 최종적으로 1, 2, 3단계의 일치도를 확인하는 과정을 거쳐 목표-평가-학습 경험의 일치도를 확보해야 한다.

〈표 5-13〉 '식물의 생활' 단원의 3단계 백워드 설계 템플릿

3단계 - 학습 경험 계획하기
1. 자신이 좋아하는 식물에 대해 이야기 나누며 식물에 관심 가지기(H) 2. 본질적 질문을 학생들에게 제시하기(H, W) 3. 수행과제와 루브릭을 PPT 자료로 제시하고 학생들에게 안내하기(W) 4. 수행과제 해결을 위한 계획 수립하기(E1) 5. 여러 가지 식물을 채집하는 방법과 관찰하는 방법 확인하기, 퀴즈(E1, E2)

(계속)

6. 과학적 분류 기준의 조건 탐구하기(E1)
7. 수행과제 해결에 필요한 식물 자료 채집, 조사하기(E1, T)
8. 식물 관찰하고 분류하기(E1, E2, T)
9. 식물과 환경과의 관련성 추리하기(R)
10. 탐구 과정에서 얻은 아이디어를 반영한 발명품 아이디어 도출하기(E1, T)
11. 발명품 설계도 작성하기(E1)
12. 발명품 설계도를 살펴보고 식물에서 얻은 유용한 아이디어가 잘 반영되었는지, 잘못된 부분 확인하고 수정하기(R)
13. 자기 평가 및 동료 평가하기(E2)
14. 교사는 마지막으로 본질적 질문에 답하는 방식으로 학생들의 표현 양식에 따라 일반화를 도출하기(E2, R)

백워드 설계 템플릿을 통해서 학습 경험을 선정하였다면 실제 수업에 적용하기 위해서는 각 학습활동의 특성을 파악하여 차시별로 구체적으로 계획을 수립할 수 있다. 차시는 학습 내용의 범위와 시간을 고려하여 계획해야 한다. 예를 들어, 동기유발 차원의 좋아하는 식물에 대해 이야기 나누기와 단원의 목표와 관련되는 본질적 질문을 제시하고 이야기 나누는 활동은 많은 시간을 필요로 하지 않기 때문에 두 가지 학습 경험을 한 차시로 구성하였다. 반면, 자료 조사하기는 하나의 학습 경험이지만 조사하기 기능을 사용하여 필요한 자료를 수집하는 데 시간이 많이 필요하기 때문에 하나의 학습 경험을 한 차시로 구성하였다.

구체적인 단원 학습 계획은 시간표의 형태로 나타낼 수 있으며 교사의 필요에 따라 각 차시의 내용을 추가 설명하는 형태로 계획할 수도 있다.

〈표 5-14〉 '식물의 생활' 단원의 학습 계획

3단계 - 학습 경험 계획하기

단원 학습 계획

월요일	화요일	수요일	목요일
〈1/9〉	〈2/9〉	〈3/9〉	〈4/9〉
1. 자신이 좋아하는 식물에 대해 이야기 나누며 식물에 관심 가지기(H) 2. 본질적 질문을 학생들에게 제시하기(H, W)	3. 수행과제와 루브릭을 PPT 자료로 제시하고 학생들에게 안내하기(W) 4. 수행과제 해결을 위한 계획 수립하기(E1)	5. 여러 가지 식물을 채집하는 방법과 관찰하는 방법 확인하기, 퀴즈(E1, E2) 6. 과학적 분류 기준의 조건 탐구하기(E1)	7. 수행과제 해결에 필요한 식물 자료 채집하기(E1, T)
〈5-6/9〉	〈7/9〉	〈8/9〉	〈9/9〉
8. 식물 관찰하고 분류하기(E1, E2, T)	9. 식물과 환경과의 관련성 추리하기(R)	10. 탐구 과정에서 얻은 아이디어를 반영한 발명품 아이디어 도출하기(E1, T) 11. 발명품 설계도 작성하기(E1)	12. 발명품 설계도를 살펴보고 수정하기(R) 13. 자기 평가 및 동료 평가하기(E2) 14. 교사는 마지막으로 본질적 질문에 답하는 방식으로 학생들의 표현 양식에 따라 일반화를 도출하기(E2, R)

2) 사회과 사례

2단계에서 수립한 수행과제를 중심으로 학습 경험을 계획한다. 수행과제는 학생들이 스스로 탐구하여 해결할 수 있는 문제 형태로 제시되나 수행과제 해결을 위해 반드시 필요한 사전 지식의 이해 여부를 확인하기 위해 2단계에서 수행과제 외 다른 증거도 수립하였다.

2022 개정 사회과 교육과정의 성취기준은 구체적인 예시를 삭제하여 기존 교육과정보다 포괄적이고 추상적으로 제시하였다. 따라서 3단계의 학습 경험을 계획할 때 학생들이 자신의 생활 속에서 발견한 지역문제를 스스로 해결할 수 있도록 맞춤형으로 개발해야 한다. 동시에 3단계에서 학습 경험을 조직할 때 시퀀스를 고려하여 수행과제 해결을 위해 필요한 지식과 기능을 습득할 수 있도록 수행과제보다 먼저 배열하는 것이 전략적으로 필요하다. 〈표 5-15〉의 설계안에서도 차시별로 작성한 단원 학습 계획은 〈표 5-16〉과 같다.

〈표 5-15〉 '지역문제 해결하기' 단원의 3단계 설계 템플릿

3단계 - 학습 경험 계획하기
1. 주차 문제와 관련된 뉴스 영상을 제시하여 지역에서 발생하는 여러 가지 문제에 관심 가지기(H) 2. 지역문제의 개념에 대한 퀴즈 풀기(H, E2) 3. 본질적 질문을 학생들에게 제시하기(H, W) 4. 수행과제와 루브릭을 제시하고 학생들에게 안내하기(W) 5. 시민단체 개인 수행과제 해결을 위한 계획 수립하기(E1) 6. 수행과제 해결에 필요한 자료 조사하기(E1, T) 7. 조사한 자료를 분석하여 지역문제 발생 원인 밝히기(E1, T) 8. 지역문제 해결을 위한 정보를 조사하고 대안 제시하기(E1, T) 9. 시민단체 개인 수행과제 결과 확인하고 수정하기(R) 10. 시민단체 회원들과 의논하여 공모에 제출할 주민 참여 정책 결정하기(E1, T) 11. 정책 제안서 작성하기(E1) 12. 정책 제안서를 살펴보고 조사한 자료가 포함되었는지, 잘못된 부분 확인하고 수정하기(R) 13. 자기 평가 및 동료 평가하기(E2) 14. 교사는 마지막으로 본질적 질문에 답하는 방식으로 학생들의 표현 양식에 따라 일반화를 도출하기(E2, R)

차시별로 작성한 단원 학습 계획은 〈표 5-16〉과 같다.

〈표 5-16〉 '지역문제 해결하기' 단원의 학습 계획

3단계 – 학습 경험 계획하기

단원 학습 계획

월요일	화요일	수요일	금요일
〈1/9〉	〈2/9〉	〈3/9〉	〈4/9〉
1. 주차 문제와 관련된 뉴스 영상을 제시하여 지역에서 발생하는 여러 가지 문제에 관심 가지기(H) 2. 지역문제의 개념에 대한 퀴즈 풀기(H, E2)	3. 본질적 질문을 학생들에게 제시하기(H, W) 4. 수행과제와 루브릭을 제시하고 학생들에게 안내하기(W) 5. 시민단체 개인 수행과제 해결을 위한 계획 수립하기(E1)	6. 수행과제 해결에 필요한 자료 조사하기(E1, T)	7. 조사한 자료를 분석하여 지역문제 발생 원인 밝히기(E1, T)
〈5-6/9〉	〈7/9〉	〈8/9〉	〈9/9〉
8. 지역문제 해결을 위한 정보를 조사하고 대안 제시하기(E1, T) 9. 시민단체 개인 수행과제 결과 확인하고 수정하기(R)	10. 시민단체 회원들과 의논하여 공모에 제출할 주민 참여 정책 결정하기(E1, T) 11. 정책 제안서 작성하기(E1)	12. 정책 제안서를 살펴보고 조사한 자료가 포함되었는지, 잘못된 부분 확인하고 수정하기(R) 13. 자기 평가 및 동료 평가하기(E2)	14. 교사는 마지막으로 본질적 질문에 답하는 방식으로 학생들의 표현 양식에 따라 일반화를 도출하기(E2, R)

3) 통합교과 사례

3단계는 개발한 수행과제와 다른 증거를 수행하는 학습의 과정을 계획하는 단계이다. 3단계의 차시별 학습 경험은 실행의 상황을 고려하여 차시로 구분되기는 하지만 분

절적이지 않고 상호 관련이 되는 형태로 계획해야 한다. 수행과제 제시하기를 단원의 2차시에 설정하여 학생들이 수행과제를 해결하는 자연스러운 과정이 학습의 전 과정이 되도록 구성하였다. 물론 이때, 각각의 과정은 학생의 유의미한 활동 중심의 참여형 수업으로 진행된다. 즉, 교사가 본질적 질문이나 수행과제를 일방적 제시하는 것이 아니라 학생들과 함께 이야기를 나누어 학생들의 관심 분야를 확인하는 과정이 필요하다.

특히 초등학교 1학년은 자신의 의사를 언어로 표현하기에 아직 미숙하기 때문에 교사와의 충분한 대화를 통해 학생들이 탐구해야 할 것을 분명히 결정하는 과정이 필요하다. 즉, 학생들은 기존의 분절적 활동 중심의 수업과 달리 하나의 맥락이 존재하는 이야기 형태의 수행과제 속에서 각각의 하위 과제들을 수행해 나가면서 습득한 지식이나 기능들의 관련성을 발견하게 될 것이다. 또한 학습 경험이 이루어지는 내내 본질적 질문에서 출발하여 학습한 것들이 학교생활에서 왜 중요한지, 어떤 역할을 하는지, 내 삶과 어떤 관련이 있는지 지속적으로 질문을 던져 이해로 나아가게 될 것이다.

〈표 5-17〉 '학교' 단원의 3단계 설계 템플릿

3단계 – 학습 경험 계획하기
1. 학교에 대해 궁금했던 점, 학교생활을 어떻게 하고 싶은지 이야기 나누기(H) 2. 학생들에게 본질적 질문 제시하기(W, H) 3. 수행과제 및 루브릭 제시하기(E1) 4. 수행과제 해결을 위한 계획 세우기(E1, T) (알아야 할 것, 해결 방법, 해결 순서 등) 5. 학교에 있는 여러 장소와 시설물 조사하기, 퀴즈(E1, T) 6. 학교의 여러 장소와 관련된 사람 조사하기 및 조사 결과 구술하기(E1, E2) 7. 사람들과 안전하고 사이좋게 지내기 위한 방안 탐구하기(E1, T) (장소와 상황에 따라 지켜야 할 규칙, 사람에 따라 지켜야 할 규칙 등) 8. 사람들과 안전하고 사이좋게 지내기 위한 방안 실천하기(E1, E2, T) 9. 탐구 결과를 바탕으로 학교생활 소개 자료 구상하기(E1, T) 10. 소개 자료 만들고 오류가 없는지 확인 및 수정하기, 자기 평가 및 교사 평가(E1, E2, T) 11. 가족에게 소개하기 전 친구들에게 학교 생활 소개하기(E1) 12. 교사는 마지막으로 본질적 질문에 답하는 방식으로 학생들의 표현 양식에 따라 일반화를 도출하기(E2, R)

차시별로 작성한 단원 학습 계획은 〈표 5-18〉과 같다.

〈표 5-18〉 '학교' 단원의 학습 계획

3단계 - 학습 경험 계획하기

단원 학습 계획

월요일	화요일	수요일	목요일
〈1/12〉	〈2/12〉	〈3-5/12〉	〈6/12〉
1. 학교에 대해 궁금했던 점, 학교생활을 어떻게 하고 싶은지 이야기 나누기(H) 2. 학생들에게 본질적 질문 제시하기(W, H)	3. 수행과제 및 루브릭 제시하기(E1) 4. 수행과제 해결을 위한 계획 세우기(E1, T) (알아야 할 것, 해결 방법, 해결 순서 등)	5. 학교에 있는 여러 장소와 시설물 조사하기, 퀴즈(E1, T) 6. 학교의 여러 장소와 관련된 사람 조사하기 및 조사 결과 구술하기(E1, E2)	7. 사람들과 안전하고 사이좋게 지내기 위한 방안 탐구하기(E1, T) (장소와 상황에 따라 지켜야 할 규칙, 사람에 따라 지켜야 할 규칙 등)
〈7-8/12〉	〈9-10/12〉	〈11/9〉	〈12/12〉
8. 사람들과 안전하고 사이좋게 지내기 위한 방안 실천하기(E1, E2, T)	9. 탐구 결과를 바탕으로 학교생활 소개 자료 구상하기(E1, T) 10. 소개자료 만들고 오류가 없는지 확인 및 수정하기, 자기 평가 및 교사 평가(E1, E2, T)	11. 가족에게 소개하기 전 친구들에게 학교생활 소개하기(E1)	12. 교사는 마지막으로 본질적 질문에 답하는 방식으로 학생들의 표현 양식에 따라 일반화를 도출하기(E2, R)

4) 중학교 사회(일반사회 영역) 사례

3단계는 학습 경험을 계획하는 단계로 설계자는 수업의 논리를 고려해야 한다. 즉, 수업으로 실행하는 과정에서 학생들은 시간의 순서에 따라 학습 경험을 하게 되므로 3단계를 설계할 때도 단원의 시작, 단원 중, 단원 말미의 순서를 고려하여야 한다. 또한 학생들이 빅 아이디어를 중심으로 탐구하고 의미 있는 학습 경험을 통해 이해에 도달하는 심층적인 학습을 할 수 있도록 설계해야 한다.

〈표 5-19〉 '일상생활과 법' 단원의 3단계 백워드 설계안

3단계 - 학습 경험 계획하기
1. 일상생활 속에서 만날 수 있는 법의 사례에 대해 이야기 나누기(H) 2. 본질적 질문을 학생들에게 제시하기(H, W) 3. 수행과제와 루브릭을 PPT 자료로 제시하고 학생들에게 안내하기(W) 4. 수행과제 해결을 위한 계획 수립하기(E1) 5. 법의 의미와 종류, 특징 파악하기, 퀴즈(E1, E2) 6. 재판의 의미와 종류, 특징 파악하기, 퀴즈(E1, E2) 7. 공정한 재판이 이루어지기 위한 필요한 요건 탐구하기(E1) 8. 법적 분쟁 사례를 탐색하고 관련 법률 조항 분석하기(E1, E2, T) 9. 법적 분쟁 사례에 적합한 재판 유형에 따른 절차 탐구하기(E1, E2) 10. 재판 절차에 바탕을 둔 재판 시나리오 작성하기(E1, E2, T) 11. 재판 시나리오를 발표하고 의견나누기(E2, R) 12. 재판 시나리오를 다시 살펴보고 오류 수정하기(R) 13. 자기 평가 및 동료 평가하기(E2) 14. 교사는 마지막으로 본질적 질문에 답하는 방식으로 학생들의 표현양식에 따라 일반화를 도출하기(E2, R)

차시별로 작성한 단원 학습 계획은 〈표 5-20〉과 같다.

〈표 5-20〉 '일상생활과 법' 단원의 학습 계획

3단계 - 학습 경험 계획하기			
학습 계획			
〈1/10〉	〈2/10〉	〈3-4/10〉	〈5-6/10〉
1. 일상생활 속에서 만날 수 있는 법의 사례에 대해 이야기 나누기(H) 2. 본질적 질문을 학생들에게 제시하기(H, W)	3. 수행과제와 루브릭을 PPT 자료로 제시하고 학생들에게 안내하기(W) 4. 수행과제 해결을 위한 계획 수립하기(E1)	5. 법의 의미와 종류, 특징 파악하기, 퀴즈(E1, E2) 6. 재판의 의미와 종류, 특징 파악하기, 퀴즈(E1, E2)	7. 공정한 재판이 이루어지기 위한 필요한 요건 탐구하기(E1) 8. 법적 분쟁 사례를 탐색하고 관련 법률 조항 분석하기(E1, E2, T)
〈7/10〉	〈8/10〉	〈9/10〉	〈10/10〉
9. 법적 분쟁 사례에 적합한 재판 유형에 따른 절차 탐구하기(E1, E2)	10. 재판 절차에 바탕을 둔 재판 시나리오 작성하기(E1, E2, T)	11. 재판 시나리오를 발표하고 의견나누기(E2, R) 12. 재판 시나리오를 다시 살펴보고 오류 수정하기(R)	13. 자기 평가 및 동료 평가하기(E2) 14. 교사는 마지막으로 본질적 질문에 답하는 방식으로 학생들의 표현 양식에 따라 일반화를 도출하기(E2, R)

요약

백워드 설계 3단계는 이해에 대한 증거를 가지고 학습 경험을 계획하는 단계이다. 목표와 평가 계획의 일치도를 고려하여 수업 방법이나 수업 자료, 경험 등 구체적인 사항에 대해 적절하게 설계를 해야 한다. 이해를 위한 수업 설계에는 다양한 방식이 있고 수많은 형태의 수업이 계획될 수 있다. 그러나 그 모든 이해를 목표로 하는 수업은 내용을 단지 진도로서 다루는 것이 아니라 그것을 통해서 학생들이 무엇을 발견하도록 해야 하므로, 그 과정에서 연구로서 증명된 학습의 원리를 고려하는 것이 유용할 것이다. 즉, 학생들이 학자들이 하고 있는 활동처럼 교과 또는 주제를 탐구하고, 그 속에서 무언가를 발견하는 심층적 학습이 이루어지도록 학습 경험을 계획해야 한다. 교과서에 제시된 것을 '피상적으로 다루는' 대신 표면 아래 숨어 있는 진정한 문제를 '심층적으로 다루고' 계속해서 그것을 활용하도록 해야 한다.

(계속)

Wiggins와 McTighe(1998: 2005)는 백워드 설계 3단계에서 이해라는 목적에 고도로 집중하여 학습 경험과 수업을 설계하기 위한 교사들의 고민에 가이드라인으로 WHERETO 요소를 제시한다.

WHERETO 요소와 의미

요소	의미
W (where and why)	학생들에게 단원이 어디로 나아가고 있고, 왜 그런지를 이해시켜라.
H (hook and hold)	도입에서 학생들의 동기를 유발하고 관심을 계속 유지시켜라.
E (explore, experience, enable, equip)	학생들이 중요한 개념을 경험하고 주제를 탐구하도록 준비하라.
R (rethink, reflect, revise)	학생들에게 빅 아이디어를 재고하고, 과정 속에서 반성하고 활동을 교정하기 위한 많은 기회를 제공하라.
E (evaluate)	학생들에게 과정과 자기 평가의 기회를 제공하라.
T (tailor and personalize)	개인적인 재능, 흥미, 필요를 반영할 수 있도록 설계하라.
O (organize)	진정한 이해를 최적화하기 위하여 조직하라.

WHERETO 요소와 더불어 내러티브 접근법을 활용하여 이야기 구조로 설계할 수 있다. 이야기 구조를 활용하여 학습 경험을 설계하기 위해서는, 이야기가 매력적이어야 하고 학생들에게 친숙한 것이어야 한다. 또한 이야기는 일관성, 방향, 흐름을 가지고 있어야 한다. 이러한 이야기를 활용하면, 학생들은 학습을 통합적으로 전개하게 된다. 이야기는 내러티브로 구조화될 때 더욱 기억이 잘 되므로 학생들은 더 쉽게 학습하게 된다.

토론 과제

1. 백워드 설계 3단계의 핵심 설계 요소를 설명하시오.
2. 자신의 전공 교과에서 설정한 단원의 이해, 수행과제를 바탕으로 WHERETO를 활용하여 학습 경험을 계획하시오.
3. 자신의 전공 교과에서 설정한 단원을 이야기 구조를 활용하여 학습 경험을 계획하시오.

제6장

백워드 설계 점검과 이해를 위한 교수 접근

학습목표

- 단계별 백워드 설계 점검 기준을 설명할 수 있다.
- 동료 평가의 목적과 절차를 설명할 수 있다.
- 이해를 위한 교수의 세 가지 유형을 설명할 수 있다.

백워드 설계의 절차에 따라 템플릿이 완성되었다고 해서 그 설계가 완벽하게 이루어졌다고 할 수는 없다. 교사는 백워드 설계를 하면서 지속적으로 자기 평가와 동료 평가를 해야 한다. 백워드 설계안이 기준을 충족하는지 지속적으로 검토하는 과정 역시 백워드 설계의 한 과정이라고 볼 수 있다.

1 백워드 설계 점검을 위한 준거

1) 단계별 백워드 설계 점검 기준

백워드 설계 시 고려했던 요소는 백워드 설계안을 점검하는 기준으로 활용될 수 있다. 다음은 백워드 설계안을 점검하고 개선할 때 판단을 하기 위한 기준 문항이다. 기준 문항은 자기 평가와 동료 평가를 위해 준거를 포함하는 더욱 구체적인 검사로 구성된다.

1단계: 목표로 삼은 이해는 어느 정도 다음의 것을 반영하는가?

1. 영속적이고(학문의 중심에 있는 전이 가능한 빅 아이디어) 심층적인 학습이 필요한가?
2. 교수와 평가를 안내할 만큼 충분히 구체적이며 동시에 전이를 가능하게 할 만큼 충분히 포괄적인 일반화로 구성되는가?
3. 학생의 탐구를 자극하는 본질적 질문에 의해 형성되는가?

(계속)

2단계: 평가는 어느 정도로 다음의 것을 제공하는가?

4. 목표로 삼은 이해의 타당하고 신뢰할 수 있는 측정 기준을 제공하는가?
5. 수행과제를 통해서 학생들의 이해를 나타낼 기회들을 제공하는가?
6. 각 학생의 이해에 관한 추론을 지지할 충분하고 다양한 정보를 제공하는가?

3단계: 학생들은 어느 정도로 ~할 것인가?

7. 학생들은 그들이 어디로 가고 있는지 알고 있는가? 그들에게 요구되는 것은 무엇인가?
8. 학생들은 빅 아이디어를 깊이 파고들어 가는 데 몰두하게 되어 마음을 사로잡히게 되는가?
9. 학생들은 빅 아이디어를 연구하고 경험하며 그들에게 요구된 수행을 갖추도록 수업을 받는가?
10. 학생들은 아이디어를 제공하려고 도전받고 시의 적절한 피드백에 근거하여 그들의 작업을 시연해 보고 수정해 보려는 기회를 가지는가?
11. 학생들은 단원의 결론에 앞서서 평가하는가?
12. 단원은 학생들과 일치된 상태로 나타나는가?

앞에서 살펴본 검사 문항에 대한 수준을 판단하기 위한 기준을 구체적으로 제시하면 다음과 같다. 문항 1~3은 백워드 설계 1단계의 요소를 평가하는 문항이다.

문항 1. 제안된 이해는 진실로 영속적(학문의 중심부에 있는 빅 아이디어)인가?

수준 3: 이해는 학문의 중심에서 빅 아이디어 혹은 핵심 과정이다.

수준 2: 이해는 중요하지만 가장 높은 우선순위는 아니다. 혹은 더욱 정확하게 중요한 지식과 기능 등으로서 묘사될지도 모른다.

수준 1: 진술로서의 이해는 학문의 중심에서 빅 아이디어나 핵심 과정이 아니라 직접적 사실, 기술 혹은 태도다.

문항 2. 제안된 목표는 이해의 구체적인 문제인가?

수준 3: 목표로 삼은 이해는 분명하고도 구체적으로 진술된다. 그것은 일반화로 구성되며 학생들이 이해해야 하는 빅 아이디어를 구체화한다.

수준 2: 단원의 내용 초점은 분명하지만 목표로 삼은 이해는 모호하다. 연구나 일반적 이해의 영역은 주어져 있지만 학생들이 이해해야 할 결과로서 구체적으로 진술되지 않는다.

수준 1: 목표로 삼은 이해는 정확하게 그 주제에 대해 이해하는 것을 진술하는 것 없이 일반적 주제나 학습 영역으로서 진술된다. 이해는 너무 모호하거나 일반적이어서 수업과 평가를 안내할 수 없다.

(계속)

문항 3. 단원은 중요하고 매력적인 질문에 초점을 두는가?

수준 3: 본질적 질문은 중요하고 사고를 자극한다. 그것들은 정답 이상이고 회상보다는 탐구를 요구한다. 그것들은 학생들을 참여시키는 데 큰 잠재력을 지니고 있다. 본질적 질문은 교수와 학습을 안내하는 데 통합하는 초점을 제공한다.

수준 2: 본질적 질문은 주제에 적절하지만 가장 중요한 아이디어나 핵심 과정들에게 초점을 두지 않는다. 비록 그들이 한 가지 정답을 갖고 있지 않다 하더라도 그들은 많은 조사를 요구하지 않는다. 그들은 학생들을 참여시키지 못할 수도 있다.

수준 1: 본질적 질문은 빅 아이디어나 핵심 과정에 초점을 두지 않는다. 그들은 특히 사고를 자극하지 않고 학생들을 참여시킬 것 같지 않다. 그들은 단지 한 가지 정답을 가질지도 모르며 너무 협소해서 단원을 안내할 수 없을지도 모른다.

문항 4~6은 백워드 설계 2단계의 요소를 평가하는 문항이다.

문항 4. 제안된 수행과제는 목표로 삼은 이해의 타당한 기준을 제공할 것인가?

수준 3: 과제는 분명히 목표로 삼은 이해의 타당한 기준을 제공한다. 학생들은 성공적으로 과제를 완성하기 위해 바라는 이해를 증명하려고 요구받는다.

수준 2: 과제는 목표로 삼은 이해의 타당한 기준을 제공할 것 같다. 그러나 일부 학생들은 바라는 이해의 증명 없이 과제를 완성할 수 있을지도 모른다.

수준 1: 과제는 목표로 삼은 이해의 타당한 기준을 제공하지 않는다. 학생들은 성공적으로 과제를 완성하기 위해 바라는 이해를 증명하라고 요구받지 않는다.

문항 5. 평가는 의미 있고 진실한 이해의 적용을 요구하는 수행과제에 정착하고 있는가?

수준 3: 과제는 주로 목표로 삼은 이해의 직접적이거나 모의실험 적용을 포함하는 진실된 것이다. 과제는 복잡하고 성인들이 교실을 넘어선 세계에서 직면하는 도전 혹은 제한의 형태를 포함한다. 학생들은 동일한 대상/클라이언트를 위해 실제 결과나 수행을 개발한다.

수준 2: 과제는 목표로 삼은 이해를 적용할 것을 요청하지만 내용은 특별히 진실적이지 않다. 학생들은 실제적 결과나 수행을 개발하지만 과제는 동일한 목적, 대상/클라이언트 혹은 실제적 제한이 부족하다.

수준 1: 과제는 진실하지 않다. 그것은 성인들이 직면하는 복잡성 혹은 도전의 종류를 나타내지 않으며 내용에서 벗어난 질문이나 문제를 나타낸다. 학생들은 질문에 반응할지 모르지만 실제적 결과나 수행을 개발하지 않는다. 동일한 목적, 실제적 상황 혹은 대상/클라이언트는 분명하지 않다.

(계속)

문항 6. 제안된 평가 증거는 학생 이해에 대해 타당하고 신뢰할 수 있는 추론으로 충분한가?

수준 3: 제안된 평가는 각 학생의 완전한 이해에 대해 확신하는 추론을 인정할 충분한 증거를 제공한다. 적절한 다양성은 평가 방법으로 명백하다. 학생들에게는 한 가지 형태 검사나 수행과제가 아닌 그들의 이해의 깊이와 폭을 드러내기 위한 많은 기회가 제공되고 있다.

수준 2: 제안된 평가는 증거를 제공하지만 불완전하다. 한 가지 평가 방법(선다형 등)만이 일어난다. 또는 몇 가지 평가 방법이 사용되지만 그것들은 각 학생들이 완전히 이해했다고 확신시켜 줄 수 있는 추론을 위한 충분한 자료가 아니다.

수준 1: 제안된 평가는 너무 제한적이거나 불완전해서 각 학생들의 완전한 이해에 대해 확신하는 추론을 인정할 수 없다.

문항 7~12는 백워드 설계 3단계의 요소를 평가하는 문항이다.

문항 7. 학생들은 전체적인 단원 목표가 무엇인지, 무엇이 가장 중요하고 왜 그러한지, 수행 요구는 무엇인지, 그리고 어떤 준거나 기준들이 그들 과제를 평가하기 위해 사용되는지를 알고 있는가?

수준 3: 첫째로 일부 단시 수업의 전개는 단원이 지향하는 것을 드러내지 않는다. 학생들은 분명히 과제, 준거, 그들의 이해가 결정되는 것에 의한 기준뿐만 아니라 단원 목표를 안다. 그들은 완전히 우선순위를 염두에 두고 있다.

수준 2: 학생들은 단원 목표 혹은 과제, 그들의 이해가 결정되는 것으로의 기준에 대해 분명하지 않다. 그들은 다소 우선순위를 염두에 두고 있다.

수준 1: 학생들은 그들이 해야 하는 것과 이유에 대해 불분명하게 알고 있다. 그들은 거의 단원 우선순위에 대한 감각이 없다. 그들은 과제, 준거, 기준을 오랜 시간이 지나고 나서야 이해한다.

문항 8. 촉진적이고 자극적인 경험들이 단원의 초기에 제공되는가? 그리고 학생 흥미는 단원이 전개되는 동안 잘 유지되는가?

수준 3: 그 단원은 초기에 사고를 자극하는 경험에 의해 자극받은 강력한 힘을 갖고 있다. 학생들은 보통 때보다 더 주의를 기울이고 복잡한 아이디어에서는 보통 때보다 더 큰 관심을 가질 것 같다. 그들은 그들이 단원의 빅 아이디어에 대해 더 알기를 원하는 개방 활동을 통해 참여하게(혹은 당황하게)될 것 같다. 단원의 전개는 높은 관심을 유지한다.

(계속)

수준 2: 주제에 사고를 자극하는 방식으로 학생들에게 접근하려는 시도는 명백하지만 그 시도가 성인의 흥미를 너무 지향하거나, 혹은 단원의 빅 아이디어에 너무 접해 있다. 혹은 개방적 힘은 창의적이고 자극적이지만 그 단원은 학생 흥미를 유지할 것 같지 않다.

수준 1: 첫 단시 수업은 학생들의 흥미를 거의 유발하지 못한다. 학생들은 단원의 아이디어에 높은 흥미를 나타내지 못한다. 단원은 전형적으로 직선형이고 예언할 수 있는 방법으로 펼쳐져 있다.

문항 9. 학생들은 자신들의 최고조 수행을 통해 이해를 증명할 수 있도록 준비되어 있는가? 학생들이 핵심 아이디어를 탐색하는 것을 도와주기 위해 경험이 제공되고 있는가?

수준 3: 단원은 설명적인 경험을 통해 핵심 아이디어를 충분히 탐색하기 위해 사실을 넘어서서 움직인다. 단시 수업과 활동들은 목표된 이해를 증명하기 위해 학생들에게 최종 수행과제를 효과적으로 준비시킨다.

수준 2: 단원의 핵심 아이디어는 다소 피상적으로(교과서에서 나오는 방법 등) 다루어진다. 혹은 단시 수업과 활동은 최종 수행과제가 요구하는 모든 것을 위해 학생들을 철저히 준비시키지 않는다.

수준 1: 단원은 주제에 대한 피상적이거나 추상적인 취급을 넘어서지 않는다. 그것은 단지 회상에 대한 평가만을 충족시킨다. 혹은 단원은 학생들을 최종 수행과제를 위해 적절하게 준비시키지 않는다.

문항 10. 피드백에 근거하여 학생들에게 핵심 아이디어를 재사고하고 학생들의 작업을 개정할 수 있는 기회를 제공하고 있는가?

수준 3: 단원은 분명히 반복적 방법으로 학생들에게 학습과 조사가 일어나는 것처럼 핵심 아이디어를 재사고하도록 설계된다. 단원은 피드백이나 예상치 못한 결과에 기초하여 작업이나 수행을 개정할 기회를 주게 된다. 결과와 수행을 성취하는 것은 재사고와 개정의 결과로서 더 깊은 이해를 드러낸다.

수준 2: 단원은 학생들에게 다른 관점 혹은 수행의 전략을 고려하도록 물을지도 모르지만 많은 재사고와 개정을 요구하지 않는다. 재사고하고 개정하기 위해 피드백을 얻고 사용하는 기회들은 일어날지 모르지만, 그것들은 단원 설계에 통합적인 것이 아니라 개념적이다.

수준 1: 단원은 단지 학생들에게 배운 것을 되돌려 주기 위해 요구하는 내용을 통해 선형적 진보를 제공한다. 핵심 아이디어는 직선적이고 문제없는 것으로 이루어진다. 그러므로 재사고가 요구되지 않는다. 수행을 개정할 기회들은 부적절하거나 존재하지 않는다.

(계속)

문항11. 학생들은 그들의 수행을 평가하고 다음 단계를 고려할 기회를 가지고 있는가?

수준 3: 단원은 학생들에게 그들의 과업의 질, 단원의 가치와 의미, 논리적 다음 단계(단원에서 드러난 이슈를 추구하거나 필요한 기술 개발을 확인하는 것 등)를 위한 계획을 고려할 기회를 제공함으로써 절정을 이룬다.

수준 2: 단원은 학생들에게 최종 자기 평가를 할 기회를 제공함으로써 절정에 이른다. 그러나 작업의 의미에 대한 보다 큰 질문과 미래의 탐구와 기능 개발에 대한 계획은 다루지 않는다.

수준 1: 단원은 자기 평가와 장래 계획을 위한 비형식적 기회로 끝난다.

문항12. 단원은 논리적이며 학생들의 관점과 일치하는가?

수준 3: 학생들은 단원의 논리성을 본다—수업과 활동들이 어떻게 연결되고 함께 흐르는지. 그들은 단원이 질문을, 그리고 수행과제를 적절히 성취하는 핵심 아이디어에 초점을 둔다는 것을 이해한다. 대부분 학생들은 분명히 가장 중요한 것이 무엇인지 그리고 수업과 활동들은 중요한 아이디어나 수행과제를 성취하는 방향으로 어떻게 지도되는지를 안다.

수준 2: 수업과 활동의 계열은 비록 그 계열이 성인의 관점에서 의미 있다고 할지라도 학생들에게 비논리적이 될 것 같다. 그 수업은 논리적으로 계열화되지만 이해와 수행과제를 성취하는 것과 관련해서 분명한 것은 어떤 것도 없다. 학생들은 가장 중요한 것이 무엇인지 혹은 그들이 왜 하고 있는지, 그들이 무엇을 하고 있는지에 대해 항상 분명하지는 않다.

수준 1: 수업과 활동의 계열은 학생들에게 혼란스럽고 불완전하며 비논리적이 될 것 같다. 수업과 활동은 연결되지 않은 모양으로 함께 엮어지는 것 같다—핵심 아이디어의 총괄이나 수행과제를 성취하는 방향으로 나아가지 않고서 대부분 학생들은 가장 중요한 것이 무엇인지 혹은 그들이 왜 하고 있는지, 그들이 무엇을 하는지에 대해 분명한 생각을 갖고 있지 않다.

2) 백워드 설계 점검표

〈표 6-1〉은 백워드 설계의 각 단계 및 설계안 전체에 대해 점검해 볼 수 있는 체크리스트다. 설계자는 각 단계의 설계를 마치고 난 후, 단계별 점검표를 통해 설계안을 수정할 수 있으며 최종적으로 1, 2, 3단계의 일관성 여부와 실행 가능성을 점검하여 설계안의 타당도를 높일 수 있다.

〈표 6-1〉 백워드 설계 점검표

1단계	점검
1. 이 단원과 직접 관련 있는 성취기준을 작성하였는가?	
2. 성취기준과 단원 목표에서 이해를 도출하였는가?	
3. 이해를 지나치게 모호하게 작성하지 않았는가?	
4. 이해는 일반화된 문장으로 작성하였는가?	
5. 포괄적 본질적 질문은 빅 아이디어를 명료화하고, 다른 주제와 맥락적으로 연결되는가?	
6. 제한적 본질적 질문은 해당 주제의 틀을 구성하고 탐구를 안내하는가?	
7. 본질적 질문을 사고와 탐구를 자극하는 질문으로 구성하였는가?	
8. 본질적 질문은 학생들이 그것에 접근하기 쉽도록 '학생의 언어'로 작성하였는가?	
9. 기준을 충족시키는 데 필요하고 바라는 이해를 가능하게 하는 핵심 지식을 선정하였는가?	
10. 기준을 충족시키는 데 필요하고 바라는 이해를 가능하게 하는 기능을 선정하였는가?	
2단계	**점검**
1. 개발한 수행과제는 1단계에서 하나 또는 그 이상의 바라는 결과와 일치하는가?	
2. 수행과제는 실생활 맥락을 고려하여 역동적으로/종합적으로 구성하였으며 기능과 이해를 포함하고 있는가?	
3. 수행과제는 GRASPS의 형태로 작성하였는가?	
4. 수행과제는 수행과 산출물에서 학생들이 다양한 이해를 나타낼 수 있도록 구성하였는가?	
5. 수행과제는 이해의 여섯 측면 중 하나 이상을 포함하고 있는가?	
6. 채점 루브릭은 이해의 두드러진 특성과 성공적인 수행을 확인할 수 있도록 개발하였는가?	
7. 다른 적절한 증거는 수행과제가 제공한 증거를 보충할 수 있도록 개발하였는가?	
8. 학생들에게 학습과 수행에 대한 자기 평가 및 반성적 성찰의 기회를 제공하였는가?	
3단계	**점검**
1. 학습 계획은 학생들이 학습할 내용, 기대하는 것(수행 목표 등), 평가 방법 등을 명확하게 제시하였는가?	
2. 학습 계획은 학생들을 적극적으로 참여시키기 위해 명확하게 설계되었는가?	
3. 학습 계획은 학습자들이 빅 아이디어의 이해에 꼭 필요한 경험, 정보, 수행에 필요한 기능을 갖추도록 설계되었는가?	
4. 학생들에게 그들의 이해를 재고하고, 그들의 수행에 대한 피드백과 안내를 기반으로 수정할 수 있는 기회를 제공하였는가?	

(계속)

5. 개별적 · 집단적 향상에 대한 계속적인 평가를 통해 학생들에게 피드백과 안내를 제공하였는가?	
6. 학습은 다양한 학습자의 흥미, 스타일을 고려하여 내용, 과정, 산출물 등을 개별화하였는가?	
7. 학습활동의 순서는 학생의 매력성과 효과성을 최대화하기 위해 조직되었는가?	
전체	**점검**
1. 세 단계는 모두 연관성과 일치성을 가지고 있는가?	
2. 설계안은 실행 가능한가?	

2 백워드 설계 점검을 위한 동료 평가

동료 평가의 목적은 동료의 백워드 설계안에 대한 가치를 판단하는 것이 아니다. 오히려 유용한 피드백과 지침을 제공하는 것이다. 피드백은 평가자가 어떻게 느끼거나 변화되어야 하는 것이 아니고, 설계안 자체에 대해 기술하는 것이다. 즉, 동료 평가는 설계안을 검토하는 과정에서 칭찬과 비판을 제공하는 것이 목적이 아니다. 설계 기준에 기초하여 설계안의 장점과 단점을 정확하게 제시하는 것이 가장 중요하다. 이를 위해 동료 평가에 참여하는 모든 참여자는 단원의 설계 준거를 확실하게 이해하기 위해 설계 기준을 먼저 검토하고 논의를 시작해야 한다.

1) 동료 평가 절차

1단계: 설계자의 제시와 함께 단원의 개관

① 설계자는 단원의 간략한 개요를 제공하고 피드백 시기에 그가 강조하기를 바라는 이슈를 진술한다.

② 검토자들은 그들의 작업을 명료하게 하기 위해 오로지 사실적이고 맥락적인 질문을 한다 (예컨대, 이것이 일어난 해는 언제이고, 어떤 단원들이 이것보다 앞서는가?).

③ 설계자는 이 검토 그룹과 함께 있지 않는다.

(계속)

2단계: 설계자의 제시 없이 단원 설계 검토

④ 역할을 설정한다. 촉진자의 핵심적인 일은 시간을 지켜보는 것이고, 설계자는 그 검토 결과가 보고되는 시점과 경청하는 것을 예의를 갖추어 단호하게 확실히 하는 것이다.

⑤ 검토자들은 아무 말 없이 그 단원을 읽고 자료(템플릿, 루브릭, 유인물)를 검토한다.

⑥ 각 검토자는 아무 말 없이 구체적인 설계 준거와 관련해서 설계의 장점을 평가하고, 다음에 단점을 평가한다.

⑦ 각 검토자는 전체 검토 그룹이 그 단원을 논의하기 전에 설계자의 장점과 단점을 요약하는 개별 검토 용지를 기록한다.

3단계: 동료들은 개별 검토를 논의

⑧ 검토 그룹은 장점과 단점에 대한 개별 반응을 기준을 가지고 논의한다.

⑨ 그룹은 설계자가 강조한 이슈를 고려한다.

⑩ 그룹은 제공될 핵심 피드백과 지침에 관하여 합의를 한다.

4단계: 동료들은 피드백과 지침의 틀을 구성하고 기록하는 방법을 논의

⑪ 기록자는 그룹의 핵심 피드백과 지침을 요약하는 **그룹 검토 용지**를 기록한다.

⑫ 그룹은 설계자가 강조한 이슈를 고려한다.

5단계: 동료들은 설계자와 함께 그 검토를 논의

⑬ 설계자의 역할은 주로 청취자—검토자들의 질문을 주목하고, 명료화하도록 요구하며, 가능한 수정에 관해 혼잣말을 하는—이다.

⑭ 설계자는 요청한 대로 명확한 질문에 반응할지 모르지만, 의도, 역사 혹은 선택 이유를 정당화하지 말아야 한다. 설계는 가능한 한 독립적이어야 한다.

⑮ 피드백과 지침이 제공된 이후에, 검토에서 제기된 설계 이슈나 질문의 일반적인 논의가 일어나게 된다. (일반적인 설계 질문, 이슈, 그리고 검토가 끝난 후 논의의 딜레마들을 주의하라.)

2) 효과적인 동료 평가를 위한 전략

첫째, 평가자들은 설계자에게 친절하면서도 정직한 컨설턴트가 되어야 한다. 설계안을 검토할 때 가장 기초가 되는 것은 설계자의 의도이다. 검토의 목적은 평가자들의 교수 스타일과 선호하는 활동으로 설계자의 아이디어를 대체하는 것이 아니라 설계자가 개발한 설계안을 증진하는 데 있다.

둘째, 2단계에서 설계자는 평가자들의 평가에 대해 설명·답변하거나, 혹은 자신의 설계안을 정당화하기 위해 발언하는 것이 아니라 그들의 의견을 청취해야 한다. 이 단계에서 평가자들이 검토 의견을 제시할 때 설계자가 설계안을 정당화하기 위한 발언을 지속적으로 한다면, 평가자는 더 이상 자신의 의견을 제시하지 않을 것이다.

셋째, 평가자들의 일은 두 가지이다. 하나는 설계자에게 설계안에 대한 유용한 피드백을 주는 것이다. 다음은 제시한 문제점을 해결하기 위한 유용한 지침을 주는 것이다.

넷째, 설계자들은 그들의 설계가 실제보다 더 분명하다고 가정한다. 만약 설계자가 학생이라고 상상해 보아라. 당신은 무엇을 해야 할지 알고 있는가? 단원의 흐름은 명백한가? 당신이 어떻게 평가될지 아는가? 그 작업의 목적은 분명한가? 이러한 질문에 대한 검토를 통해 설계안을 더욱 분명하게 수정해야 한다.

다섯째, 동료 평가는 설계자의 백워드 설계안을 동료들이 충분히 이해하였고 이를 바탕으로 검토와 논의가 이루어졌다고 느낄 때, 성공적으로 이루어질 수 있다. 즉, 동료 평가가 이루어지기 전에 평가 참여자와 설계자와의 충분한 공감대를 형성하는 것이 필요하다.

여섯째, 동료 평가 결과, 평가자는 설계안에 대해서 백워드 설계의 단계별 혹은 전체의 설계 준거 범위 안에서 피드백을 제공하고, 그 설계가 이들 준거를 충족하는 세부적인 방법을 기술함으로써 시작해야 한다.

일곱째, 평가자들은 설계 기준과 관련하여 목표, 평가와 학습 계획 간의 일치 혹은 불일치에서 의견을 제안하기 위한 분명한 기초를 만듦으로써 피드백을 제공한다. "우리는 구체화된 목표에 비추어, 수행과제의 타당도에 대하여 걱정했다." 혹은 "만일 당신의 목적이 비판적 사고라면, 평가는 회상 이상의 것을 요구하는 것처럼 보이지 않는다."처럼 질문의 가능한 불일치나 조건의 형태에 관하여 피드백을 표현하는 것이 적절하다.

여덟째, 평가자는 설계의 목적이나 실행에 관하여 의도와 결과 혹은 결론 간의 간극을 지각하는 각각의 범위에서 지침을 제공한다. 지침은 단원을 위한 평가자들의 목표나 방법을 대신하는 것이 아니라, 설계자의 의도를 개선해야 하는 것임을 주의해야 한다.

〈표 6-2〉와 〈표 6-3〉은 동료 평가를 할 때 활용할 수 있는 개별 검토와 그룹 검토를 위한 기록 양식이다.

〈표 6-2〉 개별 검토 양식

설계 기준	검토 의견(장점)	피드백(약점)
설계는 얼마나 • 목표로 정한 내용의 빅 아이디어에 초점을 맞추는가? • 본질적 질문을 중심으로 빅 아이디어를 구성하는가?		
평가는 얼마나 바라는 결과를 타당하면서 신뢰할 수 있고 충분히 측정할 수 있는가?		
학습 계획은 얼마나 효과적이고 매력적인가?		
전체 단원은 얼마나 세 단계에서 조정된 모든 요소를 포함하고 일관성이 있는가?		

〈표 6-3〉 그룹 검토 양식

설계 기준	피드백	지 침
설계는 얼마나 • 목표로 정한 내용의 빅 아이디어에 초점을 맞추는가? • 본질적 질문을 중심으로 빅 아이디어를 구성하는가?		
평가는 얼마나 바라는 결과를 타당하면서 신뢰할 수 있고 충분히 측정할 수 있는가?		
학습 계획은 얼마나 효과적이고 매력적인가?		
전체 단원은 얼마나 세 단계에서 조정된 모든 요소를 포함하고 일관성이 있는가?		

3 이해를 위한 교수 접근

자기 검토 및 동료 검토 등의 과정을 거쳐 최종 백워드 설계안이 완성되었다면, 이를 수업에 적용하기 위한 교수 방식에 대하여 살펴볼 필요가 있다. 먼저 교수 목적에 따라 교수 방식은 어떻게 달라져야 하는가? Adler(1984)는 『파이데이아 제안(Paideia Proposal)』에서 교수 유형과 교사의 역할로 세 가지를 제시하였다. 바로 직접 교수, 구성주의적 방법, 코칭이 그것이다. 〈표 6-4〉에는 교수의 세 가지 유형과 그에 따라 학생이 해야 하는 것이 제시되어 있다.

〈표 6-4〉 교수의 세 가지 유형

교수 유형	교사가 사용하는 것	학생이 해야 하는 것
직접 교수	• 시범 혹은 모델링 • 강의 • 질문(수렴성)	수용하고, 받아들이며, 반응한다. • 관찰, 시도, 연습, 연마 • 듣기, 보기, 적기, 질문하기 • 대답하기, 반응하기
구성주의적 방법	• 개념 이해 • 협동학습 • 토의 • 실험 탐구 • 그래픽 재현 • 안내된 탐구 • 문제 중심 학습 • 질문(개방형) • 상호 교수 • 시뮬레이션(모의시험) • 소크라테스식 세미나 • 작문 과정	의미를 구성하고, 조사하고, 확대한다. • 비교, 추론, 정의, 일반화 • 협동, 지원 및 교수 • 듣기, 질문하기, 고찰하기, 설명하기 • 가설 설정, 자료 수집, 분석 • 시각화, 연결, 관계도 작성 • 질문, 연구, 결론, 지원 • 문제 제기 혹은 문제 정의, 해결, 평가 • 답변과 설명, 숙고, 재고 • 명료화, 질문, 예측, 교수 • 조사, 고찰, 도전, 논쟁 • 고찰, 설명, 도전, 정당화 • 브레인스토밍, 구성, 초안 작성, 수정
코칭	• 피드백과 코칭 • 안내된 연습	기능을 연마하고, 이해를 깊게 한다. • 듣기, 고찰, 연습, 재도전, 연마 • 수정, 재고, 연마, 재활용

우리 교사들의 관습적 사고로는 얼핏 구성주의적 촉진이야말로 이해를 위한 교수에

가장 적절하게 어울리는 유형이라고 생각하기 쉬울 것이다. 그러나 정답은 정해져 있지 않다. 학습이 무엇을 요구하는지를 알아야지만 제대로 된 교수(teaching) 결정을 할 수 있기 때문이다. 백워드 설계는 안락한 교수 습관을 버리라고 이야기한다. 이해를 위한 교수는 교수 목적, 학습자, 교실 상황에 따라 얼마든지 달라질 수 있기 때문에 우리가 추구하는 이해의 수행과 그런 결과가 요구하는 학습활동을 통해 적합한 교수방법을 선택해야 한다.

이처럼 목적, 증거, 상황이 중요한 이유에 대해 Wiggins와 McTighe(2005)는 다음과 같은 두 가지 예를 든다. 우리가 만약 운전 중에 길을 잃어 누군가에게 길을 물어보게 되었다면, 상대방이 "그곳에 가려는 이유가 무엇인가요? 당신이 운전한다는 것은 어떤 의미인가요? 왜 길을 잃었나요?"와 같이 반응하는 것을 결코 원하지 않을 것이다. 무엇보다 상대방이 우리에게 제대로 된 방향을 알려 주기만 하면 되는 것이다. 그렇지만 우리가 요리를 배우는 경우, 부엌에는 한 발짝도 들이지 않고 지루하고 긴 설명식 강의로 요리에 대한 모든 것을 배워야 한다면 좌절을 겪게 될 것이다. 요컨대, 제대로 된 교수 접근을 위한 고민은 목적, 학습자의 본질, 교실 상황을 반드시 포함해야만 한다.

우리가 지녀 왔던 가장 일반적인 오해인 '직접 교수는 나쁘고 발견과 탐구식 학습이 좋다'는 오해는, 아마도 우리 교사들이 편의성이라는 기준에 치우쳐 직접 교수를 남용해 와서 필요한 순간에 탐구와 발견이 희생되었기 때문일 것이다. 그러나 정작 교수 유형을 정할 때 고려해야 하는 것은 '학습에 무엇이 필요한가?'라는 것이다. 그러한 조건에 따라 적절한 교수 유형은 달라진다.

만약 교수 목적이 무엇보다도 기능을 향상시키는 데 있다면 코칭이 좋다. 그러나 빅 아이디어가 되는 전략에 대한 이해를 촉진시키는 것도 훌륭한 기능 사용의 열쇠가 된다. 경험적 아이디어를 이해하는 것에 교수 목적이 있다면, 시간 낭비처럼 보이고 너무 돌아가는 길처럼 보일지라도 촉진적 탐구를 많이 해야 한다. 또 직접 교수는 촉진적 탐구의 경험 이후에 학습을 다지는 데에 아주 유용할 수 있다. 다시 말해, 교수 유형과 그 유형이 등장해야 할 시점은 바라는 학습 결과와 그러한 결과를 내는 데 필요한 구체적인 학습 유형에 따라 다르다. 분명하고 논란의 여지가 없는 합당한 지식 및 기능에 대해서는 직접 교수 및 집중적 코칭을 이용하고, 미묘하고 오해의 소지가 많으며 개인적 탐구, 증명이 필요한 아이디어에 대해서는 구성주의적 촉진을 이용해야 한다. 〈표 6-5〉에서 교수 내용의 분류를 살펴보자.

〈표 6-5〉 교수 내용의 분류

A	B
• 사실	• 개념과 원칙
• 단편적 지식	• 체계적인 연결
• 정의	• 암시
• 확실한 정보	• 미묘함, 모순
• 문자 그대로의 정보	• 상징주의
• 구체적인 정보	• 추상
• 자명한 정보	• 반직관적 정보
• 예상 결과	• 예외적인 것
• 단편적 기능과 테크닉	• 전략(레퍼토리 및 판단력의 활용)
• 규칙과 방법	• 규칙 및 방법의 창조
• 알고리즘	• 발견적 학습

〈표 6-5〉에서 A 유형의 교수 내용에는 직접 교수가 효과적이며 효율적이고, B 유형의 교수 내용에는 이해를 위해 촉진된 경험, 안내된 탐구, 구성적 이해 등이 어울릴 것이라고 대부분의 교사가 한눈에 알아볼 것이다. 그러나 또 다른 관점에서 이 표를 본다면 교사들이 전체와 부분, 큰 그림이 되는 이해와 세부 사실 사이를 반복적으로 오가며 최고의 설계를 이루어 내는 것으로 두 유형을 파악할 수 있다. 즉, 학생들은 추론을 통해 이해에 이르기까지 수많은 지식과 기능을 습득할 필요가 있다. 그렇다고 기계적인 습득만으로 이해에 도달할 수는 없으며, 이 사실과 기능이라는 내용에 연관성을 부여하는 문제, 본질적 질문 및 과제를 수시로 살펴보아야 한다. 가장 효과적인 이해의 학습을 위해 학생들은 지루하거나 위협을 느끼지 않고 지식 및 기능을 충분히 학습해야 한다. 동시에 학습에 의미를 부여하는 빅 아이디어와 도전 과제에 직면해야 한다.

한편, 또 다른 관점에서 보았을 때 A와 B는 계속해서 이해가 더 큰 이해로 나아가는 순환 구조의 구성 요소이다. 앞서 말한 사실과 기능 습득(A)이 추론을 통해 이해(B)가 되었다면, 그러한 이해는 잘 내면화되어 또 하나의 사실이나 기능이 된다. 한때 불분명하고 반직관적이며 복잡했던 것이 경험과 전문 지식을 통해 선명한 것으로 파악되는 것이다. 이러한 순환 관계를 생각해 보면 이해력이 높은 학생이 많은 노력을 들이지 않고도, 경험 부족으로 인해 이해를 위한 강도 높은 코칭이 필요한 다른 학생에 비해 내용을 직접 교수로 쉽게 이해하기도 한다는 것은 납득할 만하다.

이해를 목적으로 할 때, 교사가 저지르는 큰 실수는 한 가지 유형의 교수에 지나치게 의존하는 것이라기보다는 각 교수 유형에 맞는 타이밍을 고려하지 않는 것이다. 언제 질문에 답하고 언제 질문을 던져야 하는가? 언제 교수 목적을 말하고 언제 학생이 추론하도록 맡겨야 하는가? 학생들의 잘못된 사실 발언을 바로잡아야 하는가, 아니면 그냥 내버려 둬야 할 때는 언제인가? 이와 같은 질문에 대한 답은 백워드 3단계와 관련하여 WHERETO에서 이끌어 내야 한다. WHERETO에서 H, R 및 O가 함축하는 것은 교사가 전형적인 수업에서처럼 직접 교수에만 기대서는 안 된다는 것이다. 그러나 첫 번째 E1에 관해 생각해 볼 때, 우리는 꼭 직접 교수가 나쁘다고 말할 수만은 없다는 것이다.

결국 중요한 것은 교사가 직접 교수를 하는 방법, 코칭하는 방법, 구성주의적으로 촉진하는 방법을 아는 것이 아니다. 또 무작정 직접 교수를 지양하는 것도 타당한 방법이 아니다. 그보다 전문가로서의 교사에게 중요한 것은 학생들에게 새로운 아이디어와 이해 과제가 얼마나 어려운지 공감하고 적절히 파악하여 적기에 적절한 교수 유형을 취하는 것이다.

McTighe와 Sief(2003)는 백워드 설계가 적용된 교실 수업에서 바라는 것과 이해를 위한 교수가 이루어지고 있는지의 여부를 판단하기 위한 지표를 다음과 같이 제시하였다. 이러한 지표는 실제 이해를 위한 수업이 이루어지고 있는지를 판단하는 준거로도 활용 가능하다. 교육과정 및 단원 설계, 교사, 학생의 측면으로 나누어 살펴보면 다음과 같다.

- 단원 설계 측면
  - 단원은 일관된 설계를 반영한다. 빅 아이디어와 본질적 질문은 평가, 교수, 그리고 학습활동의 설계를 명확히 안내하고, 이것들로 조정된다.
  - 설계에서 빅 아이디어와 본질적 질문 간에 명백한 구분이 생기고, 빅 아이디어의 학습과 본질적 질문에 대한 대답을 위해 필요한 지식과 기능이 주어진다.
  - 평가의 다양한 형태는 학생들에게 그들의 이해를 다양한 방식으로 논증하도록 허용한다.
  - 수업과 평가는 이해의 여섯 측면을 반영한다. 이 설계는 학생들에게 그들 자신의 지식을 설명, 해석, 적용, 검토할 기회와 관점을 줄 기회를 제공한다.
  - 이해에 대한 평가는 학생들에게 그들의 이해를 논증하고 지식과 기능을 적용하도록 요구하는 참된 수행과제에 의해 정착된다.
  - 학생의 산출물과 수행에 대한 교사 · 동료 · 자기 평가는 분명한 준거와 수행 기준을 포함한다.

(계속)

- 단원 설계는 학생들에게 그들의 이해를 깊게 하도록 하는 중요한 아이디어를 재검토하고 재고할 수 있게 해 준다.
- 다양한 자원이 제안된다. 교과서는 단지 많은 자원 가운데 하나일 뿐이다.

• 교사 측면
- 단원 초기에 학생들에게 빅 아이디어와 본질적 질문, 수행 요구, 평가 준거에 대한 정보를 제공한다.
- 학생들이 빅 아이디어와 본질적 질문을 검토하고 탐구하는 동안 그들의 주의를 환기시키고 흥미를 유발한다.
- 교과의 보다 깊은 이해를 촉진하도록 학생들과 함께 상호작용하고 다양한 전략을 활용한다.
- 학생들의 능동적 의미 구성을 용이하게 한다.
- 학생들이 그들의 사고를 자세히 밝히는 기회를 제공한다.
- 학생 반성과 재고를 자극하는 피드백, 탐구, 질문을 활용한다.
- 학생들이 빅 아이디어를 심층적으로 학습하고 본질적 질문을 탐구하도록 돕는 기초 지식과 기능을 가르친다.
- 재고를 안내하고 수업을 수정하기 위한 피드백을 제공하는 평가로부터 정보를 활용한다.
- 이해 및 오개념을 점검하는 평가로부터 정보를 활용한다.
- 이해를 증진시키는 다양한 자원을 활용한다.

• 학생 측면
- 단원의 목표(빅 아이디어 및 본질적 질문)와 수행 요구를 기술할 수 있다.
- 학생은 무엇을 하고 왜 하는지를 설명할 수 있다.
- 학습 초기에 주의를 환기시키면서 단원 학습활동에 참여한다.
- 평가될 그들의 수행에 의해 준거를 기술할 수 있다.
- 빅 아이디어를 학습하고 본질적 질문에 답할 수 있도록 자신들을 돕는 활동에 참여한다.
- 설명, 해석, 적용, 관점, 공감, 그리고 자기지식(여섯 측면)을 촉진하는 활동에 참여한다.
- 학생들은 빅 아이디어와 본질적 질문과 관련되는 배경지식과 기능을 학습하고 있다는 것을 논증한다.
- 적합한 질문을 생성할 기회를 가진다.
- 학생들은 자신의 수행과 그 해결 방안을 설명하고 정당화할 수 있다.
- 설정된 준거 및 수행 기준에 근거하여 자기 평가와 동료 평가를 수행한다.
- 학생들은 수행을 안내하고 수정하는 준거와 루브릭을 활용한다.
- 피드백에 근거한 적절한 목표를 설정한다.

요약

이 장에서는 백워드 설계의 점검 기준을 통해 자기 평가와 동료 평가 방법 및 이해를 위한 교수 접근법에 대해 설명하고 있다.

백워드 설계의 절차에 따라 템플릿을 완성했다고 해서 설계가 완벽하게 이루어졌다고 할 수 없다. 교사는 백워드 설계를 하면서 지속적으로 자기 평가와 동료 평가를 해야 한다. 백워드 설계안이 기준을 충족하는지 지속적으로 검토하는 과정 역시 백워드 설계의 한 과정이다. 백워드 설계 준거는 각 단계를 설계할 때 고려했던 요소들이 점검 기준으로도 작용한다. 자기 평가 후에는 동료 평가를 활용할 수 있는데, 동료 평가는 동료의 백워드 설계안에 대한 가치를 판단하는 것이 아니라 유용한 피드백과 지침을 제공하는 것이 목적이다. 동료 평가는 '1단계: 설계자의 제시와 함께 단원의 개관 → 2단계: 설계자의 제시 없이 단원 설계 검토 → 3단계: 동료들은 개별 검토를 논의 → 4단계: 동료들은 피드백과 지침의 틀을 구성하고 기록하는 방법을 논의 → 5단계: 동료들은 설계자와 함께 그 검토를 논의'의 절차를 거친다.

백워드 설계안을 수업으로 변환하여 실행할 때, 교사는 자신이 선호하는 교수 유형을 고집하는 안일한 생각에서 벗어나야 한다. 최상의 한 가지 교수방법은 존재하지 않는다. 이해를 위한 교수는 교수 목적, 학습자, 교실 상황에 따라 얼마든지 달라질 수 있기 때문에 우리가 추구하는 이해의 수행과 그런 결과가 요구하는 학습활동을 통해 적합한 교수방법을 선택해야 한다.

토론 과제

1. 백워드 설계 후, 각 단계를 점검하는 이유와 점검 기준을 설명하시오.
2. 백워드 설계 후, 동료 평가의 과정이 필요한 이유를 설명하시오.
3. 자신이 개발한 백워드 설계를 수업에 적용하기 위해 사용할 교수방법과 그 이유를 제시하시오.

제2부

백워드 설계의 실천

제7장

백워드 설계 매뉴얼

학습목표

- 백워드 설계 매뉴얼 구성의 특징을 이해할 수 있다.
- 백워드 설계 매뉴얼을 활용하여 백워드 설계를 할 수 있다.

백워드 설계의 의도를 반영하여 설계안을 가장 잘 구현할 수 있는 형태는 Wiggins와 McTighe(2005)가 제안한 설계 템플릿이다. 템플릿은 3단계를 간단하게 구현한 1쪽 양식부터 매우 구체적으로 구현한 6쪽 양식까지 그 형식이 다양하여 설계자의 의도에 따라 선택하여 활용할 수 있다. 7장부터 10장에서는 가장 구체적인 6쪽 설계 템플릿을 기본 틀로 단계별 각 하위 요소별 항목을 기준으로 설계 양식, 설계를 위한 TIP을 제시하여 백워드 설계를 활용함으로써 교육과정을 개발하고자 하는 사람은 누구나 쉽게 이해할 수 있도록 단계별로 세분화하여 제시하였다. 또한 매뉴얼의 활용도를 높이기 위해 각 단계의 하위 항목에는 1-A, 1-B 등의 항목별 번호를 부여하여 매뉴얼에서 해당 항목에 대한 설명을 쉽게 찾아볼 수 있도록 하였다.

1 백워드 설계 매뉴얼 구성의 특징

1) 단계별 설계 양식

각 단계별 첫 페이지에는 단계의 전체적인 설계 양식을 흐름도로 제시하여 해당 단계를 개발할 때의 절차에 대해 전반적인 안목을 가질 수 있도록 하였다. 또한 단계별 세부 항목은 박스로 분리하여 제시하고 템플릿의 박스 하나가 하나의 하위 요소가 되도록 구안하였다.

2) 단계별 설계 과정 안내

각 단계별로 세부 항목을 고려하는 과정을 순서대로 간략하게 나타내어 흐름을 파악할 수 있게 하였고, 각 하위 요소 앞에는 1-A, 1-B, 1-C로 '단계-항목'으로 번호를 부여하였다. 따라서 설계자는 항목 번호를 활용하여 필요한 단계를 쉽게 찾아볼 수 있도록 구안하였다.

3) 하위 요소별 설계 TIP 제공

하위 요소별로 '설계를 위한 TIP'을 제시하였다. 해당 요소와 관련된 이론과 설계 전략 등을 제시하여 백워드 설계에 대한 이해를 돕고 해당 하위 요소를 백워드 설계의 원리에 맞추어 적합하게 설계할 수 있도록 구안하였다.

2 백워드 설계 매뉴얼의 전체적인 흐름

단계	항목	내용
0-A	• 단원명 • 학년 • 교과/주제 영역 • 수업 시수 • 핵심어 • 지도교사	‣ 단원명을 기술하기 ‣ 해당 학년을 기술하기 ‣ 템플릿 작성 교과나 통합 단원일 경우 주제를 기술하기 ‣ 단원의 총 수업 시수를 기술하기(ㅇ차시) ‣ 단원에서 가장 중요한 개념, 원리를 나타내는 핵심 단어를 기술하기 ‣ 단원 설계자의 이름을 쓰기
↓		
0-B	• 단원의 개요	‣ 국가수준 교육과정 기준과 단원의 목표를 함께 고려하여 맥락적으로 진술하기
↓		
0-C	• 확인 사항	‣ 단원 설계 상태 확인하기 ‣ 지도 시 유의점 기술하기 ‣ 학습 자료 기술하기 ‣ 평가 유형 확인하기
↓		(Ⅰ 단계)
1-A	• 목표 설정	‣ 목표에서 빅 아이디어 찾기 (내용의 우선순위 고려하기) ‣ 목표 풀이하기(unpacking)

(계속)

↓

단계	요소	내용
1-B	• 이해	‣ 이해의 여섯 측면을 활용하여 바라는 이해 기술하기 (설명, 해석, 적용, 관점, 공감, 자기지식)
1-C	• 본질적 질문	‣ 본질적 질문의 유형 알기 ‣ 본질적 질문을 찾기 위한 질문들 고려하기 ‣ 본질적 질문 제시하기
1-D	• 핵심 지식	‣ 학생들이 알기를 바라는 것을 기술하기
1-E	• 기능	‣ 학생들이 할 수 있기를 바라는 것을 기술하기

(Ⅱ단계)

단계	요소	내용
2-A	• 수행과제 (이해를 수행으로)	‣ GRASPS를 고려하여 목표를 수행과제로 변환하여 제시하기 ‣ 이해를 수행으로 변환하기(워밍업 차원)
2-B	• 다른 증거	‣ 다양한 증거 수집 방법 고려하기 ‣ 평가의 연속체 고려하기 ‣ 한 장의 스냅 사진에서 스크랩북으로 인식하기
2-C	• 학생 자기 평가와 반성	‣ 학생들에게 자기 평가할 기회를 제공하기 ‣ 학생들에게 반성적인 성찰의 기회 제공하기
2-D	• 평가 목표[1]	‣ 수행과제를 통해 평가될 목표 및 이해 설정하기
2-E	• 평가과제 및 이해 정도	‣ 목표, 수행과제를 고려하기 ‣ 단순 반복 연습(exercise)이 아니라 문제(problem) 중심으로 설계하기 ‣ 이해의 여섯 측면을 고려하기 ‣ 여섯 측면과 관련한 가능한 질문들 고려하기
2-F	• 수행과제 개관	‣ 학생들의 이해를 드러낼 수행과제를 구체적으로 기술하기

↓

(계속)

1) '2-D 평가 목표'부터 '2-I 타당도 및 신뢰도 점검'까지의 과정은 '수행과제 청사진'의 하위 요소들임.

단계	항목	내용
2-G	• 수행과 결과물	‣ 쓰기 형태, 구두 형태, 시각적 형태 ‣ 학생의 최종 수행 결과 기술하기 ‣ 학생의 활동 후 산출될 결과물 기록하기
2-H	• 평가 준거	‣ 다양한 평가 준거 확인하기 ‣ 루브릭을 활용하기 ‣ 다양한 평가 방법 활용하기 ‣ 준거에서 루브릭으로: 준거, 수행의 준거 유형, 척도의 차이 정도 ‣ 학생 작품에 기초한 루브릭 설계와 정교화
2-I	• 타당도 및 신뢰도 점검	‣ 평가의 타당도 점검하기 ‣ 평가의 신뢰도 점검하기

(Ⅲ단계)

단계	항목	내용
3-A	• 교수-학습 경험 계획	‣ WHERETO 요소를 고려하기(이야기 구조 활용하기) ‣ 교수-학습 경험의 계열 결정하기 ‣ 설계의 논리가 아닌 수업의 논리 고려하기
3-B	• 단원 학습 계획	‣ 일별, 요일별로 학습할 내용 기술하기
3-C	• 교수 유형 및 방법 결정	‣ 교수 유형과 내용 유형 연결하기 (직접교수, 구성주의적 방법, 코칭) ‣ 교수방법 선택하기
3-D	• 차시별 학습 경험 계획	‣ 차시별 세부 학습 계획 수립하기 ‣ 수업 중에 제공할 학습 자료 개발하기 ‣ 교수 방법에 맞는 학습 계획 수립하기

3 단원 개관 템플릿 및 설계 과정

단원 개관

(0-A)

단원명:

학년:

교과/주제 영역:

수업 시수:

핵심어:

지도교사:

(0-B) 단원의 개요(교육과정 맥락과 단원 목표 포함)

(0-C) 단원 설계 상태

□ 완성된 템플릿 페이지-1 · 2 · 3 단계

□ 각 수행과제를 위해 완성된 청사진

□ 완성된 루브릭

□ 학생과 교사의 유의 사항

□ 자료 및 자원 목록

□ 권고 사항

상황: □ 초안(날짜__________) □ 개정안(날짜__________)

□ 동료 평가 □ 내용 평가 □ 현장 검사 □ 타당도

단원 개관 설계 과정

단계	항목	설계 내용
0-A	• 단원명	‣ 단원명을 기술하기
	• 학년	‣ 해당 학년을 기술하기
	• 교과/주제 영역	‣ 템플릿 작성 교과나 통합 단원일 경우 주제를 기술하기
	• 수업 시수	‣ 단원의 총 수업 시수를 기술하기(○차시)
	• 핵심어	‣ 단원에서 가장 중요한 개념, 원리를 나타내는 핵심 단어를 기술하기
	• 지도교사	‣ 단원 설계자의 이름을 쓰기

↓

단계	항목	설계 내용
0-B	• 단원의 개요	‣ 국가수준 교육과정 기준과 단원 목표를 함께 고려하여 맥락적으로 진술하기

↓

단계	항목	설계 내용
0-C	• 확인 사항	‣ 단원 설계 상태 확인하기 ‣ 지도 시 유의점 기술하기 ‣ 학습 자료 기술하기 ‣ 평가 유형 확인하기

(0-A) 단원 개관

(0-A)

단원명:

학년:

교과/주제 영역:

수업 시수:

핵심어:

지도교사:

설계를 위한 TIP

- 단원 개관: 단원에 대한 기본적이고 기술적인 정보를 기록하는 곳이다.
- 단원명: 교과서에 제시된 단원명을 기술하거나 통합 단원이나 설계자가 개발한 단원일 경우 선정한 단원명을 기술한다.
- 학년: 단원을 학습하게 될 해당 학년을 작성한다.
- 교과/주제 영역: 이 단원의 교과 혹은 주제를 기술한다.
- 수업 시수: 단원의 전체 수업 시수를 표시한다.
- 핵심어: 이 단원의 빅 아이디어를 나타내는 핵심 단어를 작성한다.
- 지도교사: 템플릿을 설계하는 교사의 이름을 작성한다.

(0-B) 단원의 개요

(0-B) 단원의 개요

설계를 위한 TIP

- 국가수준 교육과정 문서를 확인하여 단원과 관련되는 성취기준을 제시하고 목표 풀이하기 과정을 통해 도출한 내용을 바탕으로 단원 설계 및 수행과제 개발의 의도를 맥락적으로 진술한다. 단원에서 학생들이 학습하고 수행할 내용에 관한 기본적인 정보를 기록한다.

(0-C) 확인 사항

(0-C) 단원 설계 상태

☐ 완성된 템플릿 페이지-1 · 2 · 3 단계

☐ 각 수행과제를 위해 완성된 청사진 ☐ 완성된 루브릭

☐ 학생과 교사의 유의 사항 ☐ 자료 및 자원 목록

☐ 권고 사항

상황: ☐ 초안(날짜__________) ☐ 개정안(날짜__________)

☐ 동료 평가 ☐ 내용 평가 ☐ 현장 검사 ☐ 타당도

설계를 위한 TIP

- 단원 설계 상태를 기록하는 곳으로 단원의 설계 상태를 확인하고 □에 표시한다.
- 학생들이 사전에 가지고 있는 오개념, 단원 학습 시 발생할 수 있는 오개념을 분석한다.
- 오개념이 발생하지 않도록 지도하기 위한 유의점을 기술한다.
- 학습에 필요한 학습 자료를 고려하여 작성한다.
- 평가 유형을 확인하여 □에 표시한다.

요약

이 장은 백워드 설계 매뉴얼로 구성되었다. 백워드 설계를 활용하여 교육과정을 설계하고자 하는 교사, 설계자들이 쉽게 활용할 수 있도록 가장 구체적인 형태인 6쪽 템플릿을 기본 틀로 작성하였다.

백워드 설계 매뉴얼은 다음과 같은 특징을 가지고 있다. 첫째, 각 단계별 첫 페이지에 단계의 전체적인 설계 양식을 흐름도로 제시하여 해당 단계를 개발할 때의 절차에 대해 전반적인 안목을 가질 수 있도록 하였다. 둘째, 각 단계별로 세부 항목을 고려하는 과정을 순서대로 간략하게 나타내고 각 하위 요소 앞에는 '단계-항목'으로 번호를 부여하였다. 셋째, 하위 요소별로 '설계를 위한 TIP'을 제시하여 백워드 설계에 대한 이해를 도왔다. 앞에서 제시한 내용들이나 세 가지 특징을 통해 백워드 설계를 처음 접하는 설계자도 전반적인 안목을 가지고 각 단계별 하위 요소의 의미를 충분히 반영하여 설계를 할 수 있을 것이다.

토론 과제

1. 백워드 설계 매뉴얼 구성의 특징을 설명해 보시오.
2. 단원 전체 관련 설계 단계 Tip을 열거하고 추가할 필요가 있는 단계를 제시해 보시오.

제8장

백워드 1단계 설계

학습목표

- 백워드 1단계 설계의 하위 요소를 알 수 있다.
- 백워드 1단계 설계 시, 유의점을 알고 설계할 수 있다.

1 1단계 설계 템플릿 및 설계 과정

1단계 - 바라는 결과 확인하기	
(1-A) 목표 설정	
(1-B) 이해	
(1-C) 본질적 질문	
(1-D) 핵심 지식	(1-E) 기능

1단계 설계 과정

단계	요소	내용
1–A	• 목표 설정	‣ 목표에서 빅 아이디어 찾기 (내용의 우선순위 고려하기) ‣ 목표 풀이하기(unpacking)
1–B	• 이해	‣ 사실적 지식 대 이해 구분하기 ‣ 이해의 여섯 측면을 활용하여 바라는 이해 기술하기 (설명, 해석, 적용, 관점, 공감, 자기지식)
1–C	• 본질적 질문	‣ 본질적 질문의 유형 알기 ‣ 본질적 질문을 찾기 위한 질문들 고려하기 ‣ 본질적 질문의 설계 전략 고려하기 ‣ 본질적 질문 제시하기
1–D	• 핵심 지식	‣ 학생들이 알기를 바라는 것을 기술하기
1–E	• 기능	‣ 학생들이 할 수 있기를 바라는 것을 기술하기 ‣ 기능과 활동 구분하기

2 목표 설정

(1-A) 목표 설정

↕

성취기준 확인

↓

명사 및 형용사로 진술된 빅 아이디어	동사로 진술된 수행

설계를 위한 TIP

- 빅 아이디어, 핵심 지식과 기능을 이끌어 내기 위해 목표를 풀어낸다.
  ① **목표 설정**: 국가수준 교육과정의 성취기준과 단원의 목표를 함께 고려하여 진술한다. 하나 혹은 그 이상의 목표를 확인한다.
  ② **명사 및 형용사로 진술된 빅 아이디어**: 단원 목표에서 명사, 형용사를 추출하여 단원에서 가장 중요한 개념, 원리를 나타내는 빅 아이디어를 찾는다.
  ③ **동사로 진술된 수행**: 단원 목표에서 동사를 추출하여 학생들이 단원 학습 시 해야 하는 수행을 찾는다.

(계속)

참고자료

핵심 아이디어란?

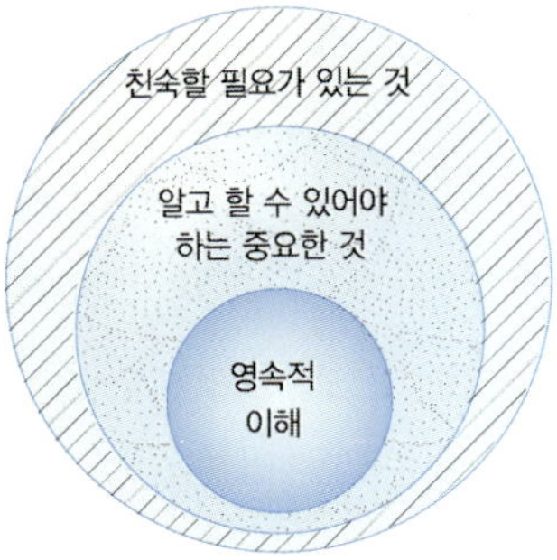

- 핵심적이고 조직적인 아이디어로 단편적인 사실과 기능에 의미의 관련성을 부여한다.
- 교과의 중핵이 되는 아이디어로 추상적이고 전이 가능한 개념이다.

- 핵심 아이디어는 단편적 지식을 연결해 주며, 학생이 전이 가능한 적용을 할 수 있도록 해 주는 개념적 도구이다. 개념, 지속적인 논쟁과 관점, 이론, 원리 등이 유용하다.

기초 용어	핵심 아이디어
생태계	자연선택
네 개의 기초 연산	결합성과 이행성
사실 대 의견	믿을 만한 논제

- **핵심 아이디어를 찾기 위한 TIP**

① 성취기준을 자세히 보라.

② 성취기준이 제시된 문서에서 반복되는 주요 명사와 핵심 과제를 확인하기 위한 반복되는 동사에 동그라미 표시를 하라.

③ 전이 가능한 개념이 무엇인지 확인하라.

④ 주제나 내용 기준에 관한 다음 질문을 하라.

~을 왜 공부하는가? 그래서 무엇을?

~에 관한 연구를 무엇이 '보편적으로' 만드는가?

~에 관한 단원이 스토리라면 그 '스토리의 도덕성'은 무엇인가?

~의 과정이나 기능에 함축된 '빅 아이디어'가 무엇인가?

~에 들어 있는 보다 큰 개념, 이슈 혹은 문제가 무엇인가?

우리가 ~을 이해하지 못한다면 무엇을 할 수 없는가?

(계속)

~이 보다 큰 세상에서 어떻게 적용되고 사용되는가?

~에 관한 '현실적인' 통찰은 무엇인가?

~을 공부하는 가치는 무엇인가?

⑤ 관련 있고 연상되는 짝을 자연스러운 결과로 핵심 아이디어에 생성시켜라.

*** 기능 속의 핵심 아이디어**

- 핵심 개념: 기능 수행의 기저를 이루는 핵심 아이디어(설득적인 글쓰기에서의 '설득')
- 목적, 가치: 기능 성취(신념과 행위에 영향을 주려고 시도하는 설득)
- 전략, 전술: 효과성 강화(효과적으로 설득을 하는 사람은 대상을 알고자 노력함)
- 맥락: 기능이나 전략을 활용할 때(논리를 활용할 때, 그리고 감정에 호소할 때)

*** 의미 있는 목표 설정을 위해 SMART 전략 활용하기**

Iscke(2011)는 의미 있는 목표를 만들기 위한 전략인 SMART 전략을 제안하였다. 목표는 구체적이고 명확해야 하고(Specific) 확인할 수 있어야 하며(Measurable), 학습자가 달성할 수 있어야 한다(Attainable). 또한 생활 속에 적용할 수 있는 실제적인 것이며(Realistic), 시간(Time-bound)을 고려해야 한다. 이 전략은 바라는 이해를 작성하기 위한 방법이 되기도 하지만, 작성된 목표와 이해를 검토하는 준거로도 활용 가능하다(이지은, 2011).

요소	내용
구체적이고 명확한 (Specific)	일반적인 목표보다 구체적인 목표가 학습하기에 더 쉽기 때문에 목표는 반드시 명쾌하고 알아보기 쉽게 제시되어야 한다. 이렇게 하기 위해서 교사는 학생이 성취하기를 원하는 것이 무엇인지, 왜 그것을 성취해야 하는가를 결정할 필요가 있다. 구체적인 목표의 근거 또는 목적은 무엇인가? 학생이 그 목표에 도달함으로써 얻게 되는 장점은 무엇인가? 특정한 목표를 가르칠 때 직면할 수 있는 요구와 제약에 대해 생각할 필요가 있다. 그리고 목표에 도달하는 데 필요한 시간적 틀에 대해서도 생각해야 한다.
측정 가능한 (Measurable)	교사는 학생이 목표를 충족시켰다는 것을 증명할 만한 단서를 결정해야만 한다. 숙고할 만한 몇 개의 질문이 있다. 장기적인 성공을 결정하는 데 사용될 만한 기준은 무엇인가? 학생이 학습 과정에서 발견했는지를 어떻게 측정할 것인가? 어떻게 학생이 경험하는 문제를 정확히 찾아내어 해결하도록 도와줄 것인가?
달성할 수 있는 (Attainable)	목표를 달성한다는 것은 성공을 정의하게 될 것이다. 교사는 학생이 목표에 도달하는 것을 어떻게 도울지 생각해야 한다. 학생이 목표에 도달하기 위해 필요한 기능, 능력, 이해, 태도는 무엇인가? 이러한 숙고는 학생이 성공할 수 있도록 단계를 계획하는 데 도움을 줄 것이다. 목표를 이루려고 노력하거나 계획한 목표 이상의 것을 학습하려고 하는 학생을 도와주는 데 사용되는 전략은 무엇인가를 고려해야 한다.

(계속)

실제적인 (Realistic)	목표는 발전을 나타낼 수 있어야 하는 동시에 실제적이고 달성할 수 있어야만 한다. 흥미롭게도 아주 이상적인 목표는 일상적인 목표보다 가끔 달성하기 쉬울 때가 있다. 왜냐하면 아주 높은 목표는 종종 본질적으로 더 동기를 부여하기 때문이다. 그러나 교사는 학생이 이미 가지고 있는 배경지식과 기능, 결손되어 있는 부분, 학습한 뒤에 알아야 할 필요가 있는 것들을 분명하게 이해해야 한다. 이상적인 목표는 반드시 구체적이고 상세히 기술되어야만 한다. 학생은 동기를 유지하기 위해 학습의 과정에서 성취감을 느껴야만 한다.
시간을 고려하는 (Time-bound)	목표에 분명한 우선순위를 두고 그것을 가장 중요한 작업으로 설정하기 위해서는 특정한 기간 속에 기반을 두어야 한다. 그 학습 단원을 위해 얼마나 많은 시간을 사용할 수 있는가? 학생이 수업에 도달하는 데 걸리는 시간은 어느 정도인가?

* 출처: 강현석 외 역(2016). 백워드 설계와 수업 전문성, p. 79.

지식의 구조

토픽 :

사실적 지식

K

단편적 기능

S

전이 가능한 개념

복잡한 과정

핵심
아이디어

원리와 일반화

U

전체 설계에 반영된 핵심 아이디어

1단계 – 바라는 결과

목표 설정: Ⓖ
핵심 아이디어는 목표 혹은 내용 기준에서 자주 암시되고 종종 진술된다. 핵심 개념을 찾고, 핵심 명사에서 이 아이디어를 고려하라.

이해: Ⓤ
학생들은 ……을 이해할 것이다.

본질적 질문: Ⓠ

핵심 아이디어는 명백하게 여기에서 강조된다.

핵심 지식 Ⓚ **기능** Ⓢ
핵심 아이디어는 여기에서 암시된다. 기능 습득을 위해 사실과 더 큰 목적을 연결시키는 큰 아이디어를 고려하라.

2단계 – 평가 증거

수행과제: Ⓣ
핵심 아이디어의 효과적 활용과 지속적인 초점은 수행과제(과제 지침과 루브릭의 반영으로서)의 중심에 있어야 한다.

다른 증거: OE
퀴즈, 검사 그리고 단서는 핵심 아이디어(예컨대, 하나 또는 그 이상의 본질적 질문에 관해 구두 및 기록된 질문)와 관련되어야 한다.

3단계 – 학습 계획

학습활동: Ⓛ
학습 계획은 핵심 아이디어가 탐구활동과 명백한 수업을 통해 심층적으로 교수되어야 한다는 것을 확실하게 해야 한다. 전체 목표는 학습자들이 내용의 의미를 파악하도록, 단편적인 사실과 기능을 더 큰 아이디어에 연결하도록, 이 지식을 의미 있는 방식으로 적용하도록, 그리고 학습활동의 목적을 알도록 돕는 데 있다.

우선순위 명료화

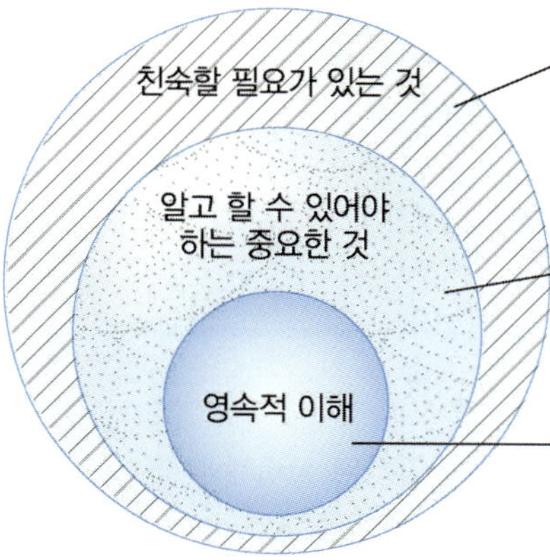

친숙할 필요가 있는 것

알고 할 수 있어야 하는 중요한 것

핵심 아이디어

영속적 이해

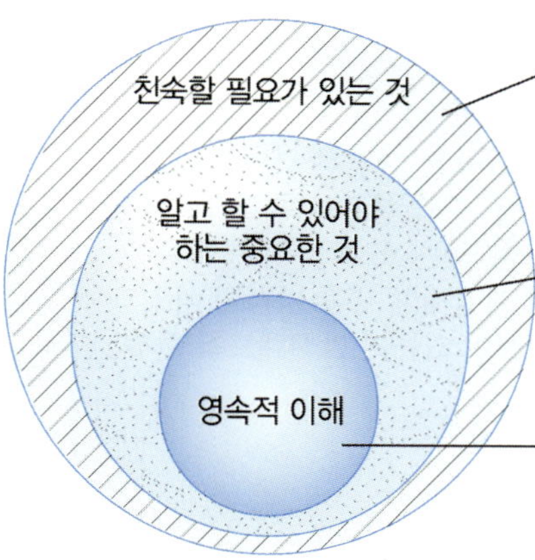

친숙할 필요가 있는 것

- 알로에, 부레옥잠, 수련, 개구리밥, 검정말, 선인장, 양매, 한라솜다리 등 식물의 사례

알고 할 수 있어야 하는 중요한 것

- 과학적인 분류 기준의 조건, 관찰하기, 분류하기, 과학적 추리하기, 생체 모방 기술

영속적 이해

- 식물의 생김새와 생활 방식이 환경과 관련되어 있다.
- 과학적인 분류 기준을 설정했을 때, 분류 결과가 타당한다.
- 생체 모방 기술은 우리의 삶을 편리하게 한다.

과학과 목표 풀이하기[1)]

목표 설정 Ⓖ

- [4과03-01] 여러 가지 식물을 관찰하여 특징에 따라 식물을 분류할 수 있다.
- [4과03-02] 다양한 환경에 서식하는 식물을 조사하여 식물의 생김새와 생활 방식이 환경과 관련되어 있음을 설명할 수 있다.
- [4과03-03] 식물의 특징을 이용하여 일상생활에서 활용할 수 있는 생활용품을 설계하여 협력적으로 소통할 수 있다.

↓

명사 및 형용사로 진술되거나 암시된 빅 아이디어

- 식물의 생김새
- 식물의 서식환경
- 식물의 생활 방식
- 과학적인 분류 기준의 조건

↓

본질적 질문 Ⓠ

- 식물의 생김새와 생활 방식은 사는 곳과 어떤 관련이 있을까?
- 우리는 식물에서 어떤 유용한 아이디어를 얻어 생활에 활용할 수 있을까?

이해 Ⓤ

- 식물의 생김새와 생활 방식이 환경과 관련되어 있다.
- 과학적인 분류 기준을 설정했을 때, 분류 결과가 타당하다.
- 생체 모방 기술은 우리의 삶을 편리하게 한다.

↓

동사로 진술되거나 암시된 실세계 수행

- 식물 관찰하기, 식물 분류하기, 식물 조사하기→ 식물을 채집, 조사하여 관찰하고 과학적인 분류 기준을 정해 분류하기
- 설명하기 → 생김새와 생활 방식이 환경과 관련되는지 관찰한 결과(증거)를 통해 과학적 추리하기
- 설계하기 → 식물의 특징에서 얻은 아이디어를 바탕으로 우리 생활에 활용할 수 있는 발명품 구상하기

↓

수행과제 아이디어 Ⓣ

- 식물을 채집하고 관찰한 후, 과학적인 분류 기준을 정해 분류한다. 이때 환경과 관련하여 사는 곳에 따른 분류를 통해 식물의 생김새와 생활 방식이 환경과 어떤 관련성이 있는지 밝혀내도록 한다.

---

1) 목표 풀이하기는 기준을 풀어서 자세히 밝히는 과정으로 이는 기준이 가지고 있는 세 가지 문제(과다, 과대 및 과소, 애매모호)를 해결하기 위해 필요한 과정이다.

3 이해

(1-B) 이해

설계를 위한 TIP

- 사실적 지식과 이해를 구분할 수 있어야 한다.
- 학생들이 사실의 표면 아래 놓인 것을 적극적으로 '들추어 내고', 그것들의 의미를 적극적으로 생각하도록 해야 한다.
- 단원의 목표를 이해의 여섯 측면에서 살펴본 후, 일반화된 문장으로 기술한다.
  그렇지만, 단원의 내용에 따라서는 여섯 가지 이해가 모두 포함되지 않을 수도 있다.
- 바라는 이해를 확인하기 위해 주제나 빅 아이디어를 걸러 낼 질문을 활용할 수 있다.
  - 학생들이 그 아이디어나 주제에 대해 명확히 이해하길 바라는 것은 무엇인가?

* 이해를 진술할 때의 유의점

- '학생들은 ~을 이해할 것이다.'라는 구에 대응하여 일반화된 완전한 문장으로 제시한다.
- 자명한 이치나 모호한 보편성으로 이해를 진술하지 않도록 주의한다.

참고자료 이해의 여섯 측면

설명(explanation)
- 현상, 사실을 조직적으로 설명하기, 관련짓기, 실례 제공하기
  논증하다. 도출하다. 기술한다. 표현한다. 권유한다. 정당화한다. 증명한다. 보여 준다.

해석(interpretation)
- 의미 있는 스토리 말하기, 적절한 번역 제공하기, 자신의 말로 의미 해석하기
  유추한다. 비평한다. 설명한다. 평가한다. 의미를 만든다. 번역한다. 의미를 만든다.

적용(application)
- 실질적인 맥락에 적용하여 사용하기
  적용한다. 창안한다. 결정한다. 공개한다. 수행한다. 산출한다. 해결한다. 사용한다.

(계속)

관점(perspective)
– 비판적으로 바라보기
분석한다. 주장한다. 비교한다. 대조한다. 비평한다. 추론한다.

공감(empathy)
– 타인의 관점에서 바라보기
역할을 가정한다. 믿는다. 고려한다. 상상한다. 관련짓는다.

자기지식(self-knowledge)
– 메타인지적 인식 보여 주기, 습관 자각하기, 학습과 경험의 의미 숙고하기
알아챈다. 파악한다. 인식한다. 반성한다. 자기 평가한다.

4 본질적 질문

(1–C) 본질적 질문

설계를 위한 TIP

- 본질적 질문: 교과나 교육과정의 중심에 놓이거나 교과의 탐구와 심층적 학습을 촉진시키는 질문이다. 그래서 본질적 질문은 직접적인 대답을 산출하는 것이 아니라 학생들의 사고를 자극하고 탐구를 자극하며 더 많은 질문을 이끌어 내는 질문을 의미한다.
- 좋은 본질적 질문이란 단원 내용에 대한 이해만 증진시키는 것이 아니라 관련성을 야기하고 하나의 상황에서 다른 상황으로 아이디어들이 전이되도록 촉진한다.

*** 본질적 질문의 의미(본질적이라는 말의 의미)**

① 우리의 삶 속에 반복하여 지속적으로 나타나는 중요한 질문
② 학문 내의 핵심 아이디어와 탐구를 가리킴.
③ 핵심 내용을 학습하는 데 필요함.

(계속)

④ 다양한 학습자를 가장 잘 몰두시킬 수 있는 질문

* **본질적 질문의 특징**

① 참되고 적절한 탐구를 빅 아이디어와 핵심 내용으로 야기한다.

② 깊은 사고, 생동감 있는 토론, 지속적인 질문, 그리고 새로운 이해를 자극한다.

③ 학생들이 대안을 고려하고, 증거를 평가하며, 아이디어를 지지하고, 대답을 정당화하도록 요구한다.

④ 빅 아이디어, 가정, 선행 수업에 대하여 중요하고 지속적인 재고를 하도록 자극한다.

⑤ 다른 상황이나 교과에 전이를 위한 기회들을 자연스럽게 반복적으로 창안하도록 한다.

* **본질적 질문을 브레인스토밍할 때 고려해야 할 사항**

① 명확한 정답을 가지지 마라.

② 종종 교과 영역의 경계들을 교차해서 다른 중요한 질문을 제기하라.

③ 학문의 철학적이고 개념적인 기초들을 다루어라.

④ 자연스럽게 순환 · 반복하라.

⑤ 학생들의 흥미를 유발하고 유지하도록 구성하라.

* **본질적 질문의 유형**

포괄적 본질적 질문	제한적 본질적 질문
• 교과의 일반적 성격을 드러냄. • 일반적이고 전이 가능한 이해를 강조함. • 빅 아이디어를 언급함. • 국가수준이나 학교수준에서 교육과정을 개발할 때 사용함.	• 구체적이고 제한적인 이해를 강조함. • 정답을 요구하는 것은 아니며 탐구를 요구함. • 학년이나 수업 수준에서 단원을 구성할 때 사용함. • 내용을 구체화시키고 초점을 제공하는 역할을 함.

* **본질적 질문의 유형별 사례**

포괄적 본질적 질문	제한적 본질적 질문
[예술] • 어떤 방식으로 예술은 문화를 형성할 뿐만 아니라 그것을 반영하는가? • 예술가들은 그들의 생각을 표현하기 위해 어떻게 도구, 기술, 재료를 선택하는가?	[탈에 관한 단원] • 탈은 다양한 문화에서 어떠한 역할을 하는가? • 탈과 그것의 이용은 한 문화에 관해서 무엇을 보여 주는가? • 다른 문화에서 어떠한 도구, 기술, 재료들이 탈의 창작에 이용되는가?

(계속)

[문학] • 무엇이 위대한 이야기를 만드는가? • 작가는 독자들을 어떻게 효과적으로 사로잡는가?	[미스터리에 관한 단원] • 미스터리 장르에 관해서 특이한 점은 무엇인가? • 위대한 미스터리 작가가 그들의 독자를 어떻게 사로잡는가?
[과학] • 유기체의 구조가 거칠거나 변화무쌍한 환경에서 어떻게 살아남을 수 있게 하는가? • 유기체는 어떻게 거칠거나 변화무쌍한 환경에서 생존하는가?	[곤충에 관한 단원] • 곤충의 구조와 행위는 곤충의 생존을 어떻게 가능하게 하는가? • 곤충은 그들의 환경이 변할 때 어떻게 생존하는가?

*** 기능 영역에서의 본질적 질문**

- 핵심 개념: 효과적인 기능 수행을 강조하는 빅 아이디어는 무엇인가?
  (예: 스포츠에서 어떻게 회전력이 적용되는가?)
- 목적, 가치: 왜 기능이 중요한가?
  (예: 회전력과 마무리 동작이 어떻게 힘에 영향을 미치는가?)
- 전략, 전술: 숙련된 수행자는 어떤 전략을 사용하는가? 어떻게 기능 수행이 더 효율적이고 효과적으로 될 수 있는가?
  (예: 어떻게 제어 능력을 잃지 않고 가장 큰 힘으로 칠 수 있는가?)
- 맥락: 기능이나 전략을 언제 활용해야 하는가?
  (예: 언제 마무리 동작이 중요한가?)

*** 교과별 본질적 질문의 사례**(강현석 외 역, 2016)

교과	본질적 질문
문학	‣ 읽기 좋은 책과 고전은 어떻게 다른가? ‣ 무엇이 일시적으로 유행하는 책과 고전을 구분되게 만드는가?
사회과학	‣ 우리가 어떻게 사회 정의 실현을 보장할 수 있는가?
경제	‣ 주식 시장이 얼마나 합리적이며 그 이유는 무엇인가?
미술/음악	‣ 예술은 검열되어야만 하는가? 그렇게 생각하거나 그렇게 생각하지 않는 이유는 무엇인가?
역사	‣ 역사는 어떤 방식으로 적자생존을 반영하는가?
지리	‣ 어떻게 인간의 운명이 지리에 의해 결정되는가?
정치학	‣ 민생을 돕는 데 정부의 적합한 역할은 무엇인가? ‣ 정부 역할이 도를 넘는 것은 어떤 경우인가?

(계속)

과학	‣ 그럴듯한 믿음이 어떻게 과학적 이론이 되는가?
수학	‣ 어떻게 하면 수학 문제를 해결하는 데 있어 더 효율적일 수 있는가?
외국어와 문학	‣ 한 사회의 가치와 믿음이 모국어, 종교, 문화에 어떻게 반영되는가?
보건	‣ 유전과 환경이 건강에 어떤 영향을 미치는가?
체육	‣ 적절한 운동이 사람의 건강과 행복을 어떻게 증진시킬 수 있는가?

* 이해의 여섯 측면에 기초한 본질적 질문 유발자

설명

누가________? 무엇을________? 언제________? 어떻게________? 왜________?

________________________에 있어 주요 개념/아이디어는 무엇인가?

________________________의 예들은 무엇인가?

________________________의 특징/주요 요소는 무엇인가? 이것은 왜 그러한가?

________________________을 어떻게 증명/확인/정당화할 수 있는가?

________________ 이 어떻게 ________________과 연결되어 있는가?

만일 ________________________하다면 무슨 일이 일어나는가?

________________________에 관한 일반적인 잘못된 인식은 무엇인가?

해석

________________________의 의미는 무엇인가?

________________에 관해 ________________이 가리키는 것은 무엇인가?

________________이 ________________과 얼마나 비슷한가?(유추/비유)

________________이 어떻게 나/우리와 관련되어 있는가? 왜 그런가? 왜 그것이 문제인가?

적용

어떻게 그리고 언제 우리가 이 (지식/과정)________________을 이용할 수 있는가?

________________________이 어떻게 더 큰 세계에 적용될 수 있는가?

우리는 ________________을 극복하기 위하여 ________________을 어떻게 이용할 수 있는가?

(계속)

관점

____________________에 관한 다른 관점은 무엇인가?

이 견해가 ____________________의 관점으로부터 어떻게 나왔는가?

____________________이 어떻게 ____________________와 비슷한가/다른가?

____________________에 대한 다른 가능한 반응은 무엇인가?

____________________의 강점과 약점은 무엇인가?

____________________의 한계는 무엇인가?

____________________의 증거는 무엇인가? 그 증거는 믿을 만한가? 충분한가?

공감

____________________의 입장이라면 어떻게 될까?

____________________에 관하여 ____________________는 어떻게 생각할까?

____________________에 관한 이해에 우리가 어떻게 도달할 수 있는가?

우리가 느끼도록/알도록 만들기 위해 노력하는 ____________________것은 무엇인가?

자기지식

내가 ____________________을 어떻게 아는가?

____________________에 관한 나의 지식의 한계는 무엇인가?

____________________에 관한 나의 맹점은 무엇인가?

내가 ____________________을 어떻게 가장 잘 보여 줄 수 있을까?

____(경험, 가정, 습관, 편견, 스타일)에 의해 만들어진 나의 _____에 관한 견해는 어떤가?

____________________에 관한 나의 강점과 약점은 무엇인가?

5 핵심 지식과 기능

(1-D) 핵심 지식

(1–D) 핵심 지식

설계를 위한 TIP

- 핵심 지식은 명제적 지식을 의미한다.
- 단원과 관련된 타당한 핵심 지식을 확인한다.
- 단원에서 학생들이 성취해야 하는 핵심 지식을 제시한다.
- 학생의 이해를 분석하여 제시한다.
- 설정된 목표에서 명사나 형용사로 진술되거나 암시된 빅 아이디어에서 도출한다.

(1-E) 기능

(1–E) 기능

설계를 위한 TIP

- 기능은 절차적 지식을 의미한다.
- 단원과 관련된 타당한 기능을 확인한다.
- 단원에서 학생들이 성취해야 하는 기능을 제시한다.
- 설정된 목표에서 동사로 진술되거나 암시된 실세계 수행에서 도출한다.

1단계 설계 체크리스트

목표 설정 G

1. ____________ 이 단원과 직접 관련 있는 성취기준을 작성하였는가?

이해 U

2. ____________ 성취기준과 단원 목표에서 이해를 도출하였는가?
3. ____________ 이해를 지나치게 모호하게 작성하지 않았는가?
4. ____________ 이해는 '학생들은 ……을 이해할 것이다.'에 대응하여 일반화된 문장으로 작성하였는가?

본질적 질문 Q

5. ____________ 포괄적 본질적 질문은 빅 아이디어를 명료화하고, 다른 주제와 맥락적으로 연결되는가?
6. ____________ 제한적 본질적 질문은 해당 주제의 틀을 구성하고 탐구를 안내하는가?
7. ____________ 본질적 질문을 사고와 탐구를 자극하는 질문으로 구성하였는가?
8. ____________ 본질적 질문은 학생들이 그것에 접근하기 쉽도록 '학생의 언어'로 작성하였는가?

핵심 지식과 기능 K S

9. ____________ 성취기준을 충족시키는 데 필요하고, 바라는 이해를 가능하게 하는 핵심 지식을 선정하였는가?
10. ____________ 성취기준을 충족시키는 데 필요하고, 바라는 이해를 가능하게 하는 기능을 선정하였는가?

요약

이 장에서는 백워드 1단계 설계 과정을 설명하고 있다. 1단계는 목표 설정, 이해, 본질적 질문, 핵심 지식, 기능의 하위 요소로 구성되어 있으며, 이 장에서는 템플릿의 순서에 따라 하위 요소 작성 방법 및 설계를 위한 TIP을 제시하고 있다.

첫째, 목표 설정에서는 성취기준을 확인하고 목표 풀기와 삼동심원을 활용한 우선순위 명료화 과정을 거친다. 둘째, 이해는 사실의 표면 아래 놓인 것을 들추어 내는 것으로, 백워드 설계에서 제시하고 있는 이해의 여섯 측면을 고려해야 한다. 셋째, 본질적 질문은 교과의 탐구와 심층적 학습을 촉진시키는 질문으로 포괄적 본질적 질문과 제한적 본질적 질문의 두 유형이 있다. 학습자의 수준을 고려하여 적절한 유형을 선택하여 개발할 수 있으며 이해의 측면에 기초하여 본질적 질문 유발자를 제시하고 있어 실제 개발 시 쉽게 활용할 수 있다. 마지막으로, 핵심 지식과 기능이다. 이것은 성취기준에서 도출할 수 있으며 해당 학문과 맞닿아 있는 명제적 지식과 절차적 지식을 선정하는 과정이다. 1단계 설계가 끝나고 나면, 체크리스트를 활용하여 점검하고 수정하는 과정이 이루어진다.

토론 과제

1. 자신의 전공 교과에서 한 단원을 선정하여 백워드 설계를 적용하여 1단계를 설계해 보시오.
2. 1단계 절차의 TIP을 현재보다 세련되게 제시해 보시오.

제9장

백워드 2단계 설계

학습목표

- 백워드 2단계 설계의 하위 요소를 알 수 있다.
- 백워드 2단계 설계 시, 유의점을 인식하고, 2단계를 적절하게 설계할 수 있다.

1 2단계 설계 템플릿 및 설계 과정

2단계 - 수용 가능한 증거 결정하기
(2-A) 수행과제
(2-B) 다른 증거
(2-C) 학생 자기 평가와 반성

수행과제 청사진

(2-D) 평가 목표

(2-E) 평가과제 및 이해의 정도

(2-F) 수행과제 개관

(2-G) 수행과 결과물

(2-H) 평가 준거

(2-I) 타당도 및 신뢰도 점검

2단계 설계 과정

단계	내용	설명
2-A	• 수행과제(이해를 수행으로)	‣ GRASPS를 고려하여 목표를 수행과제로 변환하여 제시하기 ‣ 이해를 수행으로 변환하기(워밍업 차원)
2-B	• 다른 증거	‣ 다양한 증거 수집 방법 고려하기 ‣ 평가의 연속체 고려하기 ‣ 한 장의 스냅 사진에서 스크랩북으로 인식하기
2-C	• 학생 자기 평가와 반성	‣ 학생들에게 자기 평가할 기회를 제공하기 ‣ 학생들에게 반성적인 성찰의 기회를 제공하기
2-D	• 평가 목표	‣ 수행과제를 통해 평가될 목표 및 이해 설정하기

단계	내용	세부 사항
2-E	• 평가과제 및 이해 정도	‣ 목표, 수행과제를 고려하기 ‣ 단순 반복 연습이 아니라 문제 중심으로 설계하기 ‣ 이해의 여섯 측면을 고려하기 ‣ 여섯 측면과 관련한 가능한 질문들 고려하기
↓		
2-F	• 수행과제 개관	‣ 수행과제를 기술하기 ‣ GRASPS
↓		
2-G	• 수행과 결과물	‣ 쓰기 형태, 구두 형태, 시각적 형태 ‣ 학생의 최종 수행 결과 기술하기 ‣ 학생의 활동 후 산출될 결과물 기록하기
↓		
2-H	• 평가 준거	‣ 다양한 평가 준거 확인하기 ‣ 루브릭을 활용하기 ‣ 다양한 평가 방법 활용하기 ‣ 준거에서 루브릭으로: 준거, 수행의 준거 유형, 척도의 차이 정도 ‣ 학생 작품에 기초한 루브릭 설계와 정교화
↓		
2-I	• 타당도 및 신뢰도 점검	‣ 평가의 타당도 점검하기 ‣ 평가의 신뢰도 점검하기

2 수행과제

(2-A) 수행과제

설계를 위한 TIP

- 1단계에서 확인한 이해, 지식, 기능에 대한 목표를 고려한다.
- 학생이 수행할 과제는 이해를 했다는 가장 명확한 기준이 되므로 GRASPS를 활용하여 수행과제를 구체적으로 구성한다.

*** 목표로 정한 이해를 가능한 수행으로 변형하기: 이해(일반화)+수행동사=수행**

이해의 수행 평가를 위해 아이디어를 생성하는 실제적인 수단은 적절한 동사를 가지고 이해되는 일반화를 결합하는 것을 포함한다. 동사는 눈에 보이거나 보이지 않게 만드는 것에 의해 이해를 드러내는 데 필요한 수행의 종류를 구체화한다.

*** 본질적 질문을 사용하여 평가 계획하기**

본질적 질문은 평가 아이디어를 도출하고 타당성을 검증하는 데 유용한 방법으로 활용할 수 있다. 단원 설계자는 수행과제를 통해 학생들이 직접적이거나 간접적으로 본질적 질문을 이끌어 내도록 한다. 즉, 본질적 질문은 수행과제 설정 시 적합한 수행과제에 대한 아이디어를 제공하는 역할을 한다. 이러한 아이디어에 기초하여 더욱 정교한 수행과제 설정을 위해 GRASPS 설계 단서를 활용할 수 있다. 또한 학습의 과정에서 본질적 질문에 초점을 맞추기 위해서는 학습 과정 마지막에 평가의 일부로 활용할 수 있다. 이는 교사와 학생에게 수업과 학습 과정의 초점을 제공하는 역할을 한다.

본질적 질문	수행과제 아이디어
• 왜 사람들은 건강한 식사에 대해 매우 힘들어 하는가?	• 학생들은 대부분의 식사를 하는 장소를 알기 위해 조사 자료를 모으고 분석한다.
• 사람들에게 정말 좋은 음식은 맛이 없어야 하는가? 맛이 없는 음식은 건강에 좋은가?	• 학생들은 맛과 건강상의 이점을 비교하기 위해 다양한 음식의 영양학적 가치를 조사한다.

(계속)

• 촌락에 사는 사람들의 생활 모습이 달라지는 것은 무엇 때문일까?	• 촌락에 사는 사람들의 생활 모습을 비교하기 위해 촌락별 사람들의 생활 모습과 관련된 자료를 수집하고 분석한다.
• 운동회 경기 종목을 어떻게 결정해야 가장 효과적일까?	• 운동회에 참여하는 학생들의 운동회 종목 선호도를 직접 조사하고 그래프로 나타낸 후, 그 결과를 분석하여 결정하도록 한다.

* GRASPS 설계 단서

목표(Goal)
당신의 과제는 ______________________이다. 목표는 ______________________하는 것이다. 문제나 도전은 ______________________이다.
역할(Role)
당신은 ______________________이다. 당신은 ______________________을/를 요구받았다. 당신의 일은 ______________________이다.
청중/대상(Audience)
당신의 고객은 ______________________이다. 대상은 ______________________이다.
상황(Situation)
당신 자신을 발견하는 맥락은 ______________________이다. 도전은 ______________________을/를 다루는 것을 포함한다.
수행(Performance)
당신은 ____________하기 위해 ____________을/를 만들 것이다. 당신은 ____________하기 위해 ____________을/를 개발할 필요가 있다.
기준(Standards)
당신의 수행은 ______________________할 필요가 있다. 당신의 작품은 ______________________에 따라 판단될 것이다. 성공적인 결과는 ______________________할 것이다.

* 수행과제는 학습자들이 실생활에 적용할 수 있는 상황에서 어떤 목표를 가지고 구체적인 대상 혹은 청중을 고려하며 특정 역할을 맡아서 기준에 따라 결과물을 만들어 내는 형식으로 개발된다.

(계속)

*** 교육과정 우선순위와 평가 방법**

학생들이 기초 사실과 기능을 학습하는 것이 목표라면, 일반적으로 필기 검사 및 퀴즈가 적절하고 효율적인 측정을 위해 제공된다. 그러나 깊은 이해가 목표일 때, 우리는 목표 달성 여부를 결정하기 위한 보다 복잡한 수행에 의존한다. 다음 그래프는 상이한 교육과정 목표를 위해 제공된 평가의 유형과 증거 간의 일반적 관계를 나타낸다.

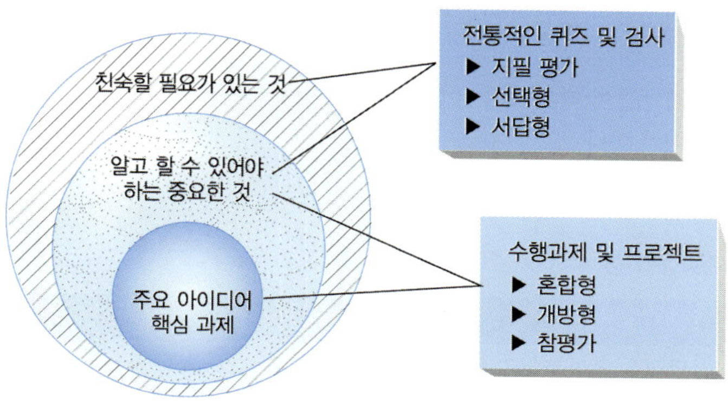

[교육과정 우선순위와 평가 방법]

*** 학생이 잘 참여하는 과제의 속성**

① 직접 실천할 수 있는 과제
② 불가사의하거나 문제를 포함하는 과제
③ 다양성을 제공하는 과제
④ 도전을 조정하고 수정하고 다소 개별화할 수 있는 기회를 제공하는 과제
⑤ 타인들 간에 협동과 경쟁의 균형을 갖추고 있는 과제
⑥ 실제 세계나 의미 있는 도전을 근거로 하는 과제
⑦ 사례 연구, 모의재판, 다른 종류의 가상 도전과 같은 자극적인 상호작용 접근을 사용하는 과제
⑧ 실제 청중을 포함하거나 결과에 대해 다른 형태의 진정한 책임감을 수반하는 과제

*** Eisner가 주장하는 참 평가(authentic assessment)의 여덟 가지 기준**

① 학생들이 알고 있는 것, 할 수 있는 것을 평가하기 위한 과제는 학교 내에만 국한된 것이 아닌 학교 밖의 세계에서 부딪힐 수 있는 것이어야 한다.
② 학생들을 평가하기 위해 사용된 과제는 결과뿐만 아니라 문제를 해결하는 과정도 보여 줄 수 있는 것이어야 한다.
③ 평가에 사용된 과제는 그 과제를 만든 지적 공동체의 가치를 반영하는 것이어야 한다.

(계속)

④ 평가과제는 한 사람의 활동에만 국한될 필요는 없다. 우리가 부딪히는 많은 과제는 집단의 노력을 필요로 한다.
⑤ 평가과제는 그 문제 또는 질문에 대한 해결책 또는 답이 한 가지 이상이 되도록 구성되어야 한다.
⑥ 평가과제는 수업 시간에 배운 것을 그대로 측정하는 것이어서는 안 되고 학생으로 하여금 배운 것을 새로운 상황에 적용하도록 요구하는 것이어야 한다.
⑦ 평가과제는 학생들이 단편적 사실과 함께 보다 전체적인 맥락에 신경을 쓰도록 하는 것이어야 한다.
⑧ 평가과제는 학생들이 배운 것을 표현하기 위해 사용되는 제시 형태를 선택할 수 있도록 허용하는 것이어야 한다.

*** 수행과제 예시**

• 비와 비율(수학, 6학년)

요소	내용
목표(G)	당신은 합리적으로 물건을 구입해야 한다.
역할(R)	당신은 물건을 구입하는 소비자다.
청중/대상(A)	당신의 어머니다.
상황(S)	어머니가 김밥을 만들 재료를 사 오라고 심부름을 시켰다. 동일한 종류의 물건을 판매하는 마트가 주변에 많다. 하지만 각 마트마다 가격과 할인율이 다르다.
수행(P)	당신은 마트 전단지를 활용하여 동일한 물건을 가장 저렴하게 살 수 있는 마트를 찾고 그 과정을 어머니에게 설명할 미니북을 만들어야 한다.
기준(S)	미니북에는 다음이 포함되어 있어야 한다. −마트 전단지에 제시된 물건의 정가와 할인율 −가격을 알아낸 과정

(시나리오) 내일은 현장 체험학습일이다. 어머니가 당신에게 김밥을 만들 재료를 사 오라고 심부름을 시켰다. 우리 집 앞에는 세 개의 마트가 나란히 붙어 있는데, 마트 전단지를 살펴보니 같은 물건도 가격과 할인율이 모두 달랐다. 당신은 가장 합리적으로 물건을 구입해야 하며, 심부름을 다녀오고 난 후 물건을 구입하게 된 과정이 쓰여 있는 미니북을 어머니에게 드려야 한다.

• 경제생활과 선택(사회 5학년)

당신은 자신 혹은 가족 구성원의 경제활동에 대한 평가자다. 당신은 미래의 자신 혹은 가족 구성원이 더 나은 경제적 선택을 할 수 있도록 조언을 해 주고자 한다. 당신 혹은 가족 구성원이 한 선택이 어떤 상황에서 왜 일어났는지 생각해 보고, 그것에 대해 다양한 관점에서 판단하라.

(계속)

- 지역문제와 주민 참여(사회 4학년)

새해를 맞이하여 시청에서는 주민 참여 정책을 공모하고 있다. 당신은 더 살기 좋은 지역을 만들기 위해서 당신이 속한 시민단체 회원들과 함께 주민 참여 정책 공모에 참여해야 한다.
주민 참여 정책 제안은 시민단체의 개인 활동 결과를 가지고 회원들과 함께 의논하여 최종 결정하게 된다. 당신은 개인 활동을 통해 수집한 자료를 바탕으로 지역문제와 그 문제의 발생 원인을 밝히고 지역문제를 해결하기 위한 대안을 제시해야 한다.
이후, 시민단체 회원들과 논의를 통해 의사결정을 하고 최종 정책 제안서를 작성해야 한다.

- 물체의 무게(과학 4학년)

당신은 서울에서 유명한 저울 제작자이다. 우리 반 친구 ○○어머니가 20○○년 ○월○일에 마트를 개업하는데, 마트에서 사용할 저울이 필요하여 저울 제작을 의뢰했다. 당신은 물건의 무게를 정확하게 측정할 수 있는 저울과 저울이 작동되는 원리를 설명한 글이 포함된 저울 사용 설명서를 만들어야 한다.

GRASPS 활용하기

목표	
역할	
대상	
상황	
수행	
기준	

3 다른 증거

(2-B) 다른 증거

설계를 위한 TIP

- 효과적인 평가는 한 장의 스냅 사진보다 사진들을 스크랩한 것에 더 가깝다. 교수 활동이 모두 끝나는 마지막 시점에서 하나의 검사 유형을 가지고 단 한 번의 검사를 하는 것보다는 오히려 효과적인 교사-평가자로서 다양한 방법을 활용하여 많은 증거 자료를 수집하는 것이 더 낫다.

*** 평가의 연속체**

이해에 대한 비공식적 점검 — 관찰과 대화 — 퀴즈와 검사 — 개방형 질문 — 수행과제

수행과제
- 직면한 여러 가지 이슈와 문제를 반영하는 복잡한 도전이다. 단기 과제로부터 장기 과제까지 시간이 경과함에 따라, 다중 단계의 프로젝트를 정렬하면서, 학생들은 하나 혹은 그 이상의 실체적인 산출물과 수행 결과를 만들어 낸다.
- 프로젝트(단기 · 장기 과제)

비공식적 점검
- 수업 과정의 일부로 평가하는 형태
- 여러 가지 사례는 교사의 질문, 관찰, 학생의 작업에 대한 시험, 그리고 혼잣말을 포함한다. 이들 평가는 교사와 학생에게 피드백을 제공한다. 그것들은 전형적으로 채점되거나 등급화되지 않는다.

퀴즈 및 검사 문항
- 단순하게 구성되는 익숙한 평가 형태. 내용 중심 문항은……
  - 사실적인 정보, 개념, 단편적인 기능을 평가한다.
  - 선택형(선다형, 진위형, 연결형 등)이나 단답형을 활용한다.
  - 수렴적이고, 전형적으로 단 하나의 최상의 답을 갖는다.

(계속)

개방형 질문
- 정해진 답이 없는 질문이나 문제
- 학생들이 단지 지식을 회상하는 것이 아니라 비평적으로 생각할 것을 요구하고, 구체적인 학문적 반응, 산출 혹은 수행을 준비하도록 요구한다.

다양한 평가 방법들
- 선택형 퀴즈 및 검사, 학문적 자극에 대한 문서화된 반응, 시각적 산출물, 구두 수행, 학생의 논증, 장기 · 단기 프로젝트, 포트폴리오, 학습 저널, 학생 관찰, 학생의 자기 평가, 동료 검토 및 평가

4 학생 자기 평가와 반성

(2-C) 학생 자기 평가와 반성

설계를 위한 TIP

- 학습의 과정에서 학생들이 스스로의 학습 과정을 평가할 기회를 마련해 주어 스스로 학습 과정을 돌아볼 수 있도록 한다.

5 수행과제 청사진

(2-D) 평가 목표

(2-D) 평가 목표

설계를 위한 TIP

- 수행과제를 통해 평가될 목표와 이해를 설정한다.

참고자료 학습 목표와 일치되는 평가 목표를 설정한다.

- 목표 설정

- 내용(명사)

- 과정(동사)

- 이해

(2-E) 평가과제 및 이해의 정도

(2-E) 평가과제 및 이해의 정도

설계를 위한 TIP

- 평가과제에서 측정하고자 하는 이해의 측면을 구체적으로 제시하며 평가 아이디어를 생성한다.
- 2단계의 수행과제 결과를 확인하기 위해 이해의 여섯 측면을 활용한다. 단, 학습 내용에 따라 이해의 모든 측면이 나타나지 않아도 된다.

*** 문제 대 연습**

구분	문제	연습
과제의 구성	문제 진술이 명백하지만, 암시나 단서가 문제를 구성하거나 해결하는 데 가장 좋은 방법을 제공하는 경우는 거의 없다.	과제란 도전의 본질이나 도전을 충족시키는 방법의 측면에서 단순화되거나 구체적 암시나 단서들에 따라 단순화된다.
접근	다양한 접근법이 가능하다. 어떠한 종류의 문제인지 아닌지를 이해하는 것은 도전의 주요한 관점이다. 즉, 전략이 요구된다. 시행착오를 거친 논리적 방법의 조합은 요구될 수 있다.	여기에는 단 하나의 가장 좋은 접근법(비록 진술되지는 않았을 수 있지만)이 있고, 그것은 연습이 구성되는 방법에 따라 제안된다. 올바른 전략을 인지하고 사용하는 학습자의 능력은 연습의 주요한 목표다.
상황	현실적으로 '요란'하고 복잡하다. 상황은 일반적으로 청중, 목적, 일을 판단하기 위한 준거와 관련되거나 그 이상의 어떤 것과 연관된 가변성을 포함한다.	유일한 변인은 목표로 삼은 기능이나 지식이라는 것을 확실히 하기 위해 단순화된다. (운동에서 사이드라인 훈련 또는 음악에서의 손가락 연습과 유사하다.)
해결책	목표는 다양한 요구를 염두에 두는 적절한 해결 방법이다. 그리고 경쟁적인 가변성과 비용/편의 또한 고려한다. 그것이 정답이 될 수 있지만 타당한 이유와 입증된 논쟁 또는 접근을 받아들인다.	목표는 정답이다. 연습은 설계에 따라 오직 하나의 정답만이 있다는 것을 보장하기 위해 형성된다. 비록 복잡한 도전이 될지라도 수정이 거의 없는 선수지식의 상기와 끼워 맞추는 것을 통하여 찾을 수 있는 절대적인 정답이 존재한다.
성공의 증거	초점은 대답에서 접근과 해결에 관한 정당화로 옮겨진다.	응답의 정확성과 올바른 접근법을 선택한다.

(계속)

*** 이해의 여섯 측면과 관련된 가능한 질문들**

– 학생들이 정말로 이해했는지를 판단하는 데 필요한 평가의 종류가 무엇이어야 하는지를 암시해 줌.

이해의 측면	가능한 질문들
설명	• 누가, 무엇을, 언제, 어떻게, 왜? • ____에 있어 주요 개념/아이디어는 무엇인가? • ____의 예들은 무엇인가? • ____의 특징과 주요 요소는 무엇인가? 이것은 왜 그러한가? • ____을 어떻게 증명/확인/정당화할 수 있는가? • ____이 어떻게 ____과 연결되어 있는가? • 만일 ____하다면 무슨 일이 일어날 것인가? • ____에 관한 흔히 잘못 알고 있는 것은 무엇인가?
해석	• ____의 의미는 무엇인가? • ____에 관해 ____이 가리키는 것은 무엇인가? • ____은 ____에 비유할 수 있는가? • ____은 나/우리와 어떻게 관련되어 있는가?
적용	• 우리는 이 지식과 기능을 언제, 어떻게 이용할 수 있는가? • ____은 보다 넓은 세계에서 어떻게 적용되는가? • 우리는 ____을 극복하기 위하여 ____을 어떻게 이용할 수 있는가?
관점	• ____에 대해 다른 관점은 어떤 것이 있을 수 있는가? • ____의 관점에서는 이것이 어떻게 보일 수 있는가? • ____은 ____과 비슷한가, 다른가? • ____에 대한 다른 가능한 반응은 무엇이 있는가? • ____의 강점과 약점은 무엇인가? • ____의 한계는 무엇인가? • ____의 증거는 무엇인가? 그 증거는 믿을 만한가? 충분한가?
공감	• ____의 입장이라면 어떤 생각이 들까? • ____은/는 ____에 관해 어떻게 느끼고 있는가? • 우리는 ____에 관한 이해에 어떻게 도달할 수 있는가? • ____은 우리가 느끼고 볼 수 있도록 하였는가?
자기지식	• 나는 ____을 어떻게 아는가? • ____에 관한 나의 지식의 한계는 무엇인가? • ____에 대해 내가 맹신하고 있는 것은 무엇인가? • 나는 ____을 어떻게 가장 잘 보여 줄 수 있는가? • ____에 대한 나의 관점들은 ____(경험, 가정, 습관, 편견, 스타일)에 의해 어떻게 형성되는가? • ____에 대한 나의 강점과 약점은 무엇인가?

(계속)

* 이해의 여섯 측면과 관련된 학습활동의 예

이해의 측면	가능한 활동의 예
설명	• 학생들은 '무엇'과 '언제' 뿐 아니라 '왜'와 '어떻게'를 알아야 한다. 또한 단순한 기능을 따라서 하거나 공식을 대입하여 문제를 해결하는 것이 아니라 왜 그러한지 설명할 수 있고, 왜 그렇게 생각했는지를 변호할 수 있어야 한다. – 용어들의 공식적 정의를 예와 함께 여러분 자신의 말로 재정의하시오. – 일련의 역사적 사건들의 관계를 드러내는 개념 지도를 그려 보시오. – (사지선다형 평가 내에) 각각의 문항에 대해 왜 그 답을 선택했는지, 필요에 따라 그 이유를 설명하시오. 만약 문제가 틀렸다고 생각하면 이유와 함께 문제를 비판해도 좋습니다. – 비슷해 보이는 이 개념들 간의 차이점을 예와 함께 제시해 보시오.
해석	• 학생들은 주어진 자료나 정보들 혹은 텍스트가 무엇을 말하는지 의미를 파악하며 해석할 수 있어야 하고, 추론할 수 있고, 행간의 의미를 읽을 수 있어야 한다. – 특정 역사적 사건에 대한 일차 사료들의 발췌문들을 읽고 그것이 어떤 메시지를 제공하는지 적어 보시오. – 이 이야기 속에서 주인공들의 행동과 특성들에 근거하여 앞으로 어떤 일이 전개될 수 있는지를 예측하시오. – 시에서 이 용어가 어떤 의미로 사용되었다고 생각하는지를 시인의 개인적 배경과 시대적 배경과 관련지어 이야기해 보시오. – 주어진 정치 만화에서 어떤 메시지가 전달되고 있는지 만화의 주요 캐릭터들과 상징물을 고려하여 예측하고 그것을 글로 쓰시오.
적용	• 학생들은 기존에 습득한 지식을 새로운 상황에, 특히 실생활에 가까운 맥락 속에서 적용하여 문제를 해결할 수 있어야 한다. – 이것이 어떤 식으로 작용하는지를 보여 주는 모델을 만드시오. – 중요한 역사적 사건들을 그림이나 정치 만화로 표현하시오. – 주어진 정보들을 활용하여 퍼즐 게임을 만드시오. – 만약 다른 재료를 사용했다면 결과가 어떻게 달라졌을지 예측하시오.
관점	• 학생들은 관점을 전환하거나, 그럴듯한 다양한 관점들을 고려할 수 있어야 한다. 또한 거리를 두고 보는 방식으로 '큰 그림'을 볼 수 있어야 하고 비판적인 자세를 취할 수 있어야 한다. – 같은 관점을 드러내는 그림을 모으시오. – 이 글 속에서 화자가 가지고 있는 암묵적 가정들은 무엇인지 이야기해 보시오. – 이 글에서 포함하고 있는 정보를 다른 관점을 취해 재구성하시오. – 저자가 가지고 있을 수 있는 편견이나 모티브에 대해 설명하시오. – 여러분의 주장을 관철시키기 위한 정치 캠페인 자료를 만드시오.

(계속)

공감	• 학생들은 다른 사람의 입장에서 생각해 볼 수 있어야 한다. 또한 현재의 시점과 개인의 의견에 따라 판단하는 것이 아니라, 문학작품의 등장인물이나 역사적 사건을 해석할 때 순전히 그 맥락 안에서 '내부자'로서 생각할 수 있어야 한다. 이것은 동정심과는 구별되는 지적 행동이다. – 만약 여러분이 이와 같은 상황에 있었다면 어떻게 행동하고 어떤 느낌을 가졌을지 이야기해 보시오. – 특정 역사적 사건들과 관련하여 그 시대에 왜 그 사람이 그와 같은 행동을 했는지 생각해 보시오.
자기지식	• 학생들은 자신의 학습을 형성하는 편견이나 사고 과정 및 행동과 태도에 대해서 알고 있어야 하며 이를 정확하게 평가할 수 있어야 한다. – 오늘 수업에서 자신이 학습한 가장 중요한 아이디어는 무엇이었는지 이야기해 보시오. – 단원을 마치고 나서 아직 해결되지 않은 문제들은 무엇이 있었는지 이야기해 보시오. – 자신은 어떤 식으로 배울 때 학습이 가장 잘 일어난다고 생각났는지 생각해 보시오. – 자료들을 읽고 해석할 때 어떠한 방식으로 내용을 조직했는지 설명하시오.

* 출처: 김경자, 온정덕(2011). 이해 중심 교육과정, pp. 105–107.

*** 이해의 여섯 측면을 활용한 평가 아이디어 생성하기**

1단계	2단계	
바라는 결과가 학습자가 ……하는 것이라면	당신은 ……하기 위한 학생 능력의 증거가 필요하다.	그래서 평가는 다음과 같은 것을 포함할 필요가 있다.
다음을 이해하는 것이라면	설명	
	해석	
	적용	
사려 깊게 다음 질문을 고려한다.	관점	
	공감	
	자기지식	

(2-F) 수행과제 개관

(2-F) 수행과제 개관

설계를 위한 TIP

- 어떤 수행과제를 통해 학생들의 이해를 드러낼 것인지 숙고한다.
- 수행과제를 구체적으로 기술한다.

(2-G) 수행과 결과물

(2-G) 수행과 결과물

- 쓰기 형태(written)
- 구두 형태(verbal)
- 시각적 형태(visual)

설계를 위한 TIP

- 평가 대상이 되는 학생들의 수행과 결과물에 관해 구체적으로 기술한다.

(2-H) 평가 준거

(2-H) 평가 준거

설계를 위한 TIP

- 적합한 준거는 활동의 가장 뜻깊고 중요한 측면을 강조하는 것이다. 많은 교사가 수행과 의도에 중심을 두지 않고 단순히 쉽게 관찰되는 준거에 의존하는 실수를 저지른다.
- 목표와 이해로부터 평가를 도출할 필요가 있고 목표로부터 준거를 이끌어 내야 한다.
- 이해의 여섯 측면은 이해 정도를 평가하는 준거와 루브릭을 준거를 명확히 하는 데 유용하다.
- 평가 준거는 수행과제의 기준(S)과 연계되도록 작성한다.
- 루브릭, 체크리스트, 관찰법 등 평가 시 사용할 수 있는 다양한 방법을 모색한다.

*** 학생 작품에 기초한 루브릭의 설계와 정교화**

–학생의 수행을 분석하는 6단계 과정

① 바라는 이해나 최고 수준으로서의 숙달을 보여 주고 있는 학생들의 수행 사례 수집하기

② 학생들이 수행한 최종 작품들을 상이한 더미들로 분류하고 그 이유를 밝히기

③ 그 이유를 수행 작품의 특징이나 중요한 차원으로 분류하기

④ 각 특징의 정의를 '가치중립적으로' 기술하기(무엇이 훌륭한 수행인지를 기술하는 것이 아님.)

⑤ 각 특징에 대한 점수(score point)를 설명하는 학생들의 수행 사례를 선정하기

⑥ 준거와 루브릭을 지속적으로 정련하기

*** 루브릭의 타당도와 신뢰도**

타당도는 추론에 관한 것이지 검사 그 자체는 아니다. 타당도는 학생들에게 이해하도록 요구하는 것과 그것을 어떻게 평가할 것인지에 관한 것이다. 따라서 이해를 판단하기 위해 올바른 준거를 선정해야 한다.

신뢰도는 신뢰할 수 있는 추론에 관한 것이며 믿을 만한 패턴과 분명한 경향을 드러내기 위해 다양한 판단이 이루어져야 한다.

(계속)

* 이해의 여섯 측면과 관련된 준거

측면 1 설명	측면 2 해석	측면 3 적용	측면 4 관점	측면 5 공감	측면 6 자기지식
• 정확한 • 일관된 • 정당화된 • 체계적인 • 예언적인	• 의미심장한 • 통찰력 있는 • 중요한 • 해석적인 • 설명적인	• 효과적인 • 효율적인 • 유창한 • 실제적인 • 품위 있는	• 신뢰할 만한 • 뜻이 깊은 • 통찰력 있는 • 그럴듯한 • 색다르고 특이한	• 민감한 • 개방적인 • 수용적인 • 지각력 있는 • 재치 있는	• 자기인식의 • 메타인지적인 • 자기적응의 • 반성적인 • 현명한

• **준거에서 루브릭으로: 이해의 여섯 측면 각각의 준거들을 5등급 루브릭으로**

* 여섯 측면의 루브릭

설명적인	의미심장한	효과적인	관점을 가지고	공감하는	반성적인
세련되고 포괄적인: 드물게 완벽하고, 명쾌하고 또는 독창적인 설명(모델, 이론, 설명); 충분히 지원된, 증명된, 정당화된, 깊고 넓은; 주어진 정보를 넘어서서 잘 진행된	*통찰력 있는:* 강력하고 해명적인 이해나 중요한 것, 의미, 의미심장에 관한 분석; 풍부하고 통찰력 있는 이야기 말하기; 드러난 역사나 맥락 제공하기	*능수능란한:* 지식과 기능을 사용할 수 있는, 유창한, 탄력적인, 능률적인 그리고 다양하고 상이한 맥락에서 이해를 잘 조정하는 것—전이시킬 수 있는 능수능란한 능력	*통찰력과 일관성:* 사려 깊고 신중한 관점, 효과적인 비평, 그럴듯한 견해 수용하기, 이슈를 포함하고 있는 장기적이고 공평한 비평적인 관점	*심사숙고한:* 훈련된, 다른 사람들이 보고 느끼는 것들을 보고 느끼려고 하는 것, 그리고 그럴 수 있는 것, 이상하고 신기하며 다른 것을 찾아내려고 하는 것, 그리고 그런 것에 개방적인 것, 다른 사람들에게 이상한 텍스트, 경험, 사건들을 이해할 수 있는 것	*현명한:* 자신과 다른 사람과의 이해의 경계를 깊이 인식하는 것, 자신의 편견과 심상을 인식할 수 있는 것, 이해를 행동으로 옮길 수 있는 완성성과 의지를 가지는 것
체계적인: 틀에 박히지 않고 뜻이 깊은 설명, 무엇이 분명하거나 명백한 가르침 내에서의 진행; 치밀	*뜻이 깊은:* 생각이 깊은 그 중대성, 의미, 중요성의 해석이나 분석; 통찰력 있는 이야기 말하기;	*숙련된:* 지식과 기능의 사용, 그리고 적절하게 요구된 맥락의 다양성에서의 이해를 적합하게 하는 능	*철저한:* 비평적인 관점에서 충분히 개발되고 조정된, 다른 사람들의 관점에서 그럴듯한 정당한 숙고에 의	*민감한:* 다른 사람들이 보고 느끼는 것을 보고 느끼려고 하는 것, 친숙하지 않은 것과 다른 것에 개	*신중한:* 나와 다른 사람의 무지를 아는 것, 자기 자신의 편견을 아는 것

(계속)

하게 관련짓기; 논쟁과 증거에 의한 잘 지원된; 참신한 사고의 제시	유용한 사실이나 맥락을 제공하는 것	숙함	한 자기 자신의 보다 그럴듯한 관점 만들기; 적절한 비평, 구별, 그리고 자격들	방적인, 다른 사람이 보지 못한 일과 가치에 대해서 볼 수 있는	
면밀한: 깊이 있고 개인화된 아이디어를 반영하는 설명; 학생들은 그 활동을 자신의 것으로 만들고 주어진 것 안에서 진행한다; 지지하는 이론이 있지만 증거나 논의가 불충분하고 부적당하다.	*지각하는:* 중대성, 의미 혹은 중요성의 이치에 맞는 이해나 분석; 분명하고 교훈적인 이야기; 뜻이 깊은 사실이나 맥락을 제공하는 것	*능력 있는:* 제한되어 있지만 지식과 기능의 사용에 혁신적이고 적합하게 될 수 있는 능력을 기른다.	*신중한:* 그녀 자신의 맥락에서 관점의 주요한 부분에 대한 합리적인 비평과 포괄적인 안목, 다른 사람의 입장에서 그럴듯하다는 것을 분명히 알고 있는 것	*인식하는:* 다른 사람들이 다르게 보고 느끼는 것과 다른 사람들이 강조한 것들을 알고 지각하는 것이다.	*사려 깊은:* 그가 이해하고 이해하지 못하는 것에 대한 일반적인 인식 · 지각 없이 어떻게 편견과 심상이 생기는지에 대한 인식
발전된: 불완전한 설명이지만 적절하고 통찰력 있는 아이디어, 학습되어야 하는 것에 대해 확장시키고 깊이를 더하는 것, 행간의 의미를 읽는 것, 설명은 지지, 논의, 데이터로 제한되고 대강의 일반화로 한정된다. 제한된 검사와 증거에 관련된 이론이 있다.	*해석된:* 중대성, 의미 혹은 중요성에 비추어 그럴듯한 이해나 분석, 이야기를 가지고 의미를 만든다. 역사 말하기나 의미를 제공하는 것	*노련한:* 일상적인 것들의 한정된 레퍼토리에 의존하고 조금 친숙하거나 단순한 맥락에서 잘 수행할 수 있고, 피드백이나 상황에 대한 판단이나 반응의 사용이 한정되어 있다.	*인식하는:* 관점의 상이한 점을 알고 자신의 견해를 조망할 수 있다. 그러나 각각의 관점의 가치를 고려하거나 비평하는 데는 약점이 있다. 특히 자신의 관점의 경우 그러하다. 암묵적인 가정에 무비판적이다.	*탈 중심적인:* 다른 사람의 입장에서 생각할 수 있는 능력이나 자기 훈련이 있지만 자기 자신의 반응이나 태도에 주로 제한되고, 다른 지각이나 태도에 대해서는 당혹스러워 하거나 포기한다.	*지각 없는:* 자기 자신의 구체적인 무지에 대해 일반적으로 불식하는, 편견이 이해에 어떤 영향을 주는지 일반적으로 불식하고 있다.
초보적이고 서투른: 추상적인 설명, 분석적이나 창의적인 것보다도 기술적인,	*글자 그대로의:* 극단적으로 단순화된 혹은 추상적인 읽기, 기계적인 번역, 미흡한	*초보적인:* 기술, 절차 혹은 방법들에서 단 하나의 시험 답안지인 '플러그 인'(알고리	*무비판적인:* 다른 사람들의 의견들을 대충 훑어보거나 무시하는 경향이 있고 관점의	*자기 중심적인:* 다른 사람들의 지적인 인식의 범위를 넘어서서 공감하지 못한다. 자	*단순한:* 이해하기 위한 의견과 시도들에서 편견과 심상의 역할과 자신의 이해의 경계를

(계속)

사실, 아이디어의 분해된 혹은 개략적인 설명, 그럴듯한 일반화, 흑백논리의 설명, 검사되지 않은 예감이나 모방된 아이디어보다도 덜 이론화된 것	혹은 해석이 없는 풀이, 폭넓은 중대성이나 중요성에 대한 지각이 없는, 무엇이 가르쳐져야 하는지, 혹은 읽혀야 하는지에 대한 재진술	증과 기계적인)에 의존하거나 코치를 통해서만 수행한다.	차이를 알지 못한다. 사물을 보는 다른 방식을 상상해 보는 것이 어렵다. 그 사람에 대한 개인적인 비평을 하는 경향이 있다.	신의 아이디어와 감정을 통해서만 사물을 보는 것, 다른 사람의 감정과 관점 때문에 혼란스러워하거나 다른 사람의 감정, 태도 등을 무시한다.	완벽하게 인식하지 못한다.

* 출처: Wiggins & McTighe (1998).

*** 루브릭에 대한 사례**

- 숙달 수준의 5단계: 숙달된(proficient), 능력 있는(capable), 적절한(adequate), 한정된 (limited), 빈약한(poor)
- 지표(indicator)
- 서술자(descriptor)

*** 총체적 루브릭**

총체적 루브릭(holistic rubric)은 학생의 활동에 대한 전체적인 인상을 제공한다. 총체적 루브릭은 산출물이나 수행을 위한 단 하나의 점수나 평점을 산출한다. 총체적 루브릭은 개방형 검사의 단서에 대한 학생들의 반응과 같이, 단순한 산출물이나 수행을 판단하는 데 적합하다. 이것은 전체적인 질이나 성취의 신속한 스냅샷(snapshot)을 제공하고, 따라서 다수 학생의 반응을 평가하려는 큰 규모의 평가 맥락(국가, 주 혹은 지역 단위)에서 종종 사용된다.

〈자료의 그래프 표현을 위한 총체적 루브릭〉

등급	내용
3(A)	모든 자료가 그래프로 정확히 표현된다. 이 그래프의 모든 부분(측정 단위나 열)은 정확히 표시된다. 이 그래프는 자료가 보여 주는 것을 알려 주는 제목을 포함한다. 이 그래프는 매우 간결하고 읽기가 쉽다.
2(B)	자료가 그래프로 정확히 표현되거나 그래프에 사소한 과실이 있다. 이 그래프의 모든 부분은 정확히 표시되거나 그래프에 사소한 부정확함이 있다. 이 그래프는 자료가 보여 주는 것을 일반적으로 알려 주는 제목을 포함한다. 이 그래프는 일반적으로 간결하고 읽을 수 있다.
1(C)	자료가 부정확하게 표현되고, 다수의 과실이나 실수를 포함하고 있다. 단지 이 그래프의 일부분이 정확하게 표시되어 있거나, 표시가 잘못된 것도 있다. 제목은 이 자료가 보여 주고자 하는 것을 반영하지 못하거나, 그 제목이 잘못되어 있다. 이 그래프는 조잡하고 읽기가 어렵다.

(계속)

*** 분석적 루브릭**

분석적 특성의 루브릭은 하나의 산출물이나 수행을 뚜렷한 특성이나 차원으로 나누고 각각을 분리하여 판단한다. 왜냐하면 하나의 분석적 루브릭이 각각의 확인된 특성을 독립적으로 평가하기 때문에, 하나의 분리된 점수는 각각에게 제공된다. 몇 가지 중요한 차원을 포함하는 복잡한 수행(예: 조사 연구)을 판단하는 데 더 적합하다. 교사들은 필요한 특정 영역에서 겨냥한 수업의 분석적 평가를 제공하는 데 이 정보를 활용할 수 있다. 하나의 수업 관점으로부터, 분석적 루브릭은 학생들이 과업 특성의 본질을 더 잘 이해하도록 돕는다.

〈자료의 그래프 표현을 위한 분석적 루브릭〉

특성 / 등급 | 비중	제목의 시사성	라벨의 정확성	정확성	간결성
	10%	20%	50%	20%
3	이 그래프는 자료가 나타내는 것을 분명히 알려 주는 제목을 포함한다.	이 그래프의 모든 부분(측정 단위나 열)은 정확히 표시된다.	모든 자료가 그래프로 정확히 표현된다.	이 그래프는 매우 간결하고 읽기가 쉽다.
2	이 그래프는 자료가 보여 주는 것을 일반적으로 알려 주는 제목을 포함한다.	이 그래프의 일부는 부정확하게 표시된다.	자료 제시가 사소한 과실을 포함하고 있다.	이 그래프는 일반적으로 간결하고 읽을 수 있다.
1	제목은 이 자료가 보여 주고자 하는 것을 반영하지 못하거나, 제목이 잘못되어 있다.	단지 이 그래프의 일부분이 정확하게 표시되어 있거나, 표시가 잘못된 것도 있다.	자료가 부정확하게 표현되고, 다수의 과실이나 실수를 포함하고 있다.	이 그래프는 조잡하고 읽기가 어렵다.

*** 발달적 루브릭**

발달적 루브릭은 학습자의 수행을 발달적 관점에서 평가하는 것이다. 학습자의 수행이 어떻게 발달적으로 변화고 발전하는지를 규명하여, 학생의 수행이 몇 개의 단계에서 어느 단계에 해당되는지를 평가한다. 이 루브릭은 종단적 루브릭과도 관련된다. 학습자 개인의 수행의 발달 정도를 종단적으로 평가할 수 있기 때문이다.

〈언어능력 발달적 루브릭〉

수준	의미를 전달하기 위하여 그림, 상징, 문자, 단어, 문장을 사용할 수 있다.
1	완전한 문장을 사용하여 혼자 힘으로 글을 만들어 낼 수 있으나 일부분만 적절하게 사용할 수 있다.
2	....
3	....
4	....
5	....
6	....
7	확실한 목적과 청중을 고려하여 다양한 형식으로 적절한 양으로 글을 쓸 수 있다.

*** 주제 루브릭**

주제 루브릭은 교과의 단원이나 내용에 기초하여 루브릭을 만드는 것이다. 교과서의 한 단원이 종료되고 난 후에 평가할 경우에 교사들이 쉽게 사용 가능한 방법이다.

〈주제 루브릭〉

<table>
<tr><th colspan="3">학습 목표: 면담할 사람을 정해 면담을 해 보고 면담이 필요한 경우에 대하여 알 수 있다.</th></tr>
<tr><td rowspan="5">평가 기준</td><td>5</td><td>면담 주제에 맞게 계획을 세워 면담을 진행하며 정보를 찾았을 때의 장점과 단점을 정확하게 알고 있다.</td></tr>
<tr><td>4</td><td>..........................</td></tr>
<tr><td>3</td><td>..........................</td></tr>
<tr><td>2</td><td>..........................</td></tr>
<tr><td>1</td><td>면담 과정과 면담으로 정보를 찾았을 때의 장점과 단점을 알지 못한다.</td></tr>
</table>

*** 수행의 다양한 준거 유형**

- 내용:
- 과정:
- 효과:
- 질:

*** 구분한 척도에 대한 정도의 차이를 기술하는 용어들**

- 이해의 정도:
- 빈도의 정도:
- 효과성의 정도:
- 자율성의 정도:
- 정확성의 정도:
- 명료성의 정도:

루브릭 구조: 평가 준거, 등급, 서술적 용어

이해: ______________________________

구체적인 수행과 결과물: ______________________________

등급 \ 특성 / 비중	

(2-1) 타당도 및 신뢰도 점검

설계를 위한 TIP

평가의 타당도와 신뢰도를 점검하는 단계는 2단계 템플릿의 하위 요소로 제시되어 있지는 않다. 하지만 2단계 설계 후, 평가과제의 타당도와 신뢰도 점검은 학생들의 심층적 이해를 돕기 위해 필수적으로 거쳐야 하는 과정이다.

*** 평가의 타당도**

타당도는 평가하고자 하는 것을 얼마나 충실히 평가할 수 있는가와 관련된다. 이러한 측면에서 평가의 타당도를 분석하기 위해서는 1단계의 목표 설정, 이해, 수행과제, 수행과 결과물, 준거를 동시에 고려해야 한다. 2단계에서 설정한 수행과제가 이해에 관한 추론을 가능하게 하는지 점검해야 하며 개발한 루브릭이 평가하고자 하는 것, 즉 이해의 증거에 적절한 준거로 개발되었는지 점검해야 한다.

*** 평가 타당도를 점검하기 위한 질문**

- 수행과제를 통해서 어떤 목표나 이해가 평가될 것인가?
- 구체적인 과제와 상관없이 목표와 이해에 함의된 준거는 무엇인가?
- 학생의 산출물이 성취기준을 충족시키기 위해 나타내야 하는 특성은 무엇인가?
- 학생들의 이해를 어떠한 수행과제로 설명할 것인가?
- 바라는 이해의 증거로 어떤 수행과 결과물이 제시되어야 하는가?
- 학생의 수행과 결과물이 어떤 준거로 평가될 것인가?

*** 평가의 신뢰도**

신뢰도는 평가하고자 하는 것을 얼마나 일관성 있게 평가하였느냐의 문제와 신뢰할 수 있는 추론에 관한 것과 관련된다. 일관성 있는 평가의 신뢰도를 확보하기 위해서는 정교한 루브릭 작성이 요구된다. 어떤 교사가 평가하더라도 루브릭이 정교하고 명확하면 동일한 평가 결과를 산출할 수 있을 것이다.

다음으로, 신뢰할 수 있는 추론에 관한 측면에서 신뢰도를 확보하기 위해서는 다양한 평가 방법을 활용할 수 있다. 한 번의 평가로 판단하는 것보다는 다양한 방법을 활용하여 많은 증거 자료를 수집하고 이를 종합하여 판단하는 것이 더욱 신뢰할 수 있다. 즉, 한 장의 사진이 아니라 사진들의 스크랩으로 평가할 수 있도록 2단계가 개발되었는지 점검해야 한다.

2단계 설계 체크리스트

수행과제

1. ________ 개발한 수행과제는 1단계에서 하나 또는 그 이상의 바라는 결과와 일치하는가?

2. ________ 수행과제는 실생활 맥락을 고려하여 복잡하게 구성하였으며 이해와 기능을 포함하고 있는가?

3. ________ 수행과제는 GRASPS의 형태로 작성하였는가?

4. ________ 수행과제는 수행과 산출물에서 학생들이 다양한 이해를 나타낼 수 있도록 구성하였는가?

5. ________ 수행과제는 이해의 여섯 측면들 중 하나 이상의 것을 포함하고 있는가?

6. ________ 루브릭은 이해의 두드러진 특성과 성공적인 수행을 확인할 수 있도록 개발되었는가?

다른 증거

7. ________ 다른 적절한 증거는 수행과제의 증거를 보충할 수 있도록 개발하였는가?

8. ________ 학생들에게 학습과 수행에 대한 자기 평가 및 반성적 성찰의 기회를 제공하였는가?

요약

이 장에서는 백워드 2단계 설계 과정을 설명하고 있다. 2단계는 수행과제, 다른 증거, 학생 자기 평가와 반성, 수행과제 청사진(평가 목표, 평가과제 및 이해 정도, 평가과제 개관, 수행과 결과물, 평가 준거, 타당도 및 신뢰도 점검)의 하위 요소로 구성되어 있으며, 이 장에서는 템플릿의 순서에 따라 하위 요소 작성 방법 및 설계를 위한 TIP을 제시하고 있다.

첫째, 수행과제는 학생이 이해했다는 것을 증명하는 명확한 기준이므로 성취기준의 동사를 이해의 일반화와 결합하여 이해를 가능한 수행으로 변형해야 한다. 이때 GRASPS 설계 단서를 활용할 수 있다. 둘째, 다른 증거 수집이다. 이 과정에서는 수행과제 외 다양한 방법을 활용하여 증거를 수집하며, 일반적으로 사용하는 모든 평가 방법을 활용할 수 있다. 셋째, 평가과제 청사진은 수행과제를 평가과제의 측면에서 목표, 과제, 학생 결과물 등을 구체적으로 점검해 보는 과정이다. 그리고 루브릭을 개발하는 평가 준거의 요소도 포함된다. 또한 평가의 타당도와 신뢰도를 점검한다. 2단계 설계가 끝나고 나면, 체크리스트를 활용하여 점검을 하고 수정하는 과정이 이루어진다.

토론 과제

1. 자신의 전공 교과에서 한 단원을 선정한 다음 백워드 설계를 적용하여 2단계를 설계해 보시오.
2. 2단계 절차의 TIP을 현재보다 세련되게 제시해 보시오.

제 10 장

백워드 3단계 설계

학습목표

- 백워드 3단계 설계의 하위 요소를 알 수 있다.
- 백워드 3단계 설계 시, 유의점을 알고 설계할 수 있다.

1 3단계 설계 템플릿 및 설계 과정

3단계 - 학습 경험 계획하기

(3-A) 교수-학습 경험 계획

교수-학습 경험(WHERETO)

(3-B) 단원 학습 계획

요일	요일	요일	요일	요일
〈 / 〉	〈 / 〉	〈 / 〉	〈 / 〉	〈 / 〉

(3-C) 교수 유형 및 방법 결정

- 직접 교수
- 구성주의 방법
- 코칭 등

(3-D) 차시별 학습 경험 계획

- 차시별 세부 학습 계획 수립
- 학습 자료 개발
- 교수방법에 맞는 학습 계획 수립 등

3단계 설계 과정

단계	과정	내용
3-A	• 교수-학습 경험 계획	‣ WHERETO 요소를 고려하기 ‣ 교수-학습 경험의 계열 결정하기 ‣ 설계의 논리가 아닌 수업의 논리 고려하기
↓		
3-B	• 단원 학습 계획	‣ 일별, 요일별로 학습할 내용 기술하기
↓		
3-C	• 교수 유형 및 방법 결정	‣ 교수 유형과 내용 유형 연결하기 (직접 교수, 구성주의적 방법, 코칭) ‣ 수행과제의 '상황'과 연계되는 수업 방법 고려하기 ‣ 교수방법 선택하기
↓		
3-D	• 차시별 학습 경험 계획	‣ 차시별 세부 학습 계획 수립하기 ‣ 수업 중에 제공할 학습 자료 개발하기 ‣ 교수방법에 맞는 학습 계획 수립하기

2 WHERETO로 교수-학습 경험 계획

(3-A) 교수-학습 경험 계획

교수-학습 경험(WHERETO)

설계를 위한 TIP

- WHERETO 요소를 고려하여 학습활동과 수업을 계획한다.
- WHERETO의 각 요소별 구체적 질문에 대한 답을 찾는 과정을 통해 주된 수업과 활동을 구성한다.
- 학습활동의 새로운 아이디어를 생성하도록 이해의 여섯 측면을 활용한다.
- 학생들의 심층적 학습이 가능하도록 학습활동과 수업을 계획한다.
- WHERETO에 대해 제안한 학습 계획과 1, 2단계의 일치도를 검사한다.

*** 피상적 학습 대 심층적 학습**

피상적 학습은 교과서에 제시된 내용 지식을 표면적으로 가르치고 학습하도록 하는 것으로 수업 시간에 교과서의 모든 내용을 다루는 것을 목표로 한다. 반면, 심층적 학습은 피상적 학습과 반대되는 것으로 교과서를 수많은 자료 중 하나로 보며 빅 아이디어를 중심으로 학생이 탐구 과정 및 의미 있는 활동을 통해 이해에 도달하도록 하는 것을 목표로 한다.

(계속)

피상적 학습의 논리	심층적 학습의 논리
• 단계적으로 정보를 제시한다.	• 전개된 스토리나 문제로 단원을 생각하도록 한다.
• 교과서의 순서를 따른다.	• 더 놀랍고 더 예측하기 힘든 순서를 따른다.
• 사실과 기초 기능으로부터 개념과 과정으로 발달해 간다.	• 주의를 환기하고 가르치기 위해 위계를 없앤다. 적용하기 전에 정보의 습득이 모두 선행되어야 하는 것은 아니다.
• 설정된 목적에 맞는 범위의 자료를 학생들에게 설명한다.	• 단원에는 모델링, 직접 해 보도록 하기, 피드백, 조정이라는 사이클이 있다는 것을 알게 한다.
• 실제적이고 다양한 경험 활동은 꽤 많은 시간이 걸릴 수 있기 때문에 선택적으로 활용한다.	• 실제적인 경험으로 전이 가능한 빅 아이디어에 초점을 맞춘다.
• 학생들이 학습한 것을 적용하기 전에 단편적인 것들을 가르치고 미리 검사한다.	• 맥락을 벗어나 작은 부분을 먼저 가르치기보다 전체와 부분 사이에서 앞뒤로 융통성 있게 이동한다.

*** 설계의 논리 대 수업의 논리**

설계자는 백워드 설계의 논리에 따라 각 단계를 개발해 왔다. 하지만 3단계의 교수-학습 경험을 계획할 때 설계자는 수업의 논리 측면을 고려해야 한다. 3단계는 실제 수업을 통해 실행되는 과정으로 단원 학습이 이루어지는 시간 순서에 따라 고려해야 할 사항이 설계의 순서와는 다르기 때문이다.

설계의 논리		수업의 논리	
순서	내용	순서	내용
1단계	‣ 바라는 결과로 시작하라. -성취기준을 명확히 하라. -빅 아이디어와 이해를 도출하라. -지식과 기능을 고려하라.	단원 시작	‣ 주제, 바라는 결과, 본질적 질문, 수행과제를 소개하라. ‣ 학습자의 동기를 유발하라. ‣ 진단 평가를 활용하여 선행지식과 기능 수준, 오개념을 파악하라.
2단계	‣ 평가의 증거를 확인하라. -이해의 측면을 고려하여 수행과제를 설계하라. -수행과제에 따른 루브릭을 개발하라. -수행과제 외 다른 증거를 개발하라. -학생의 자기 평가를 계획하라.	단원 중	‣ 핵심 아이디어를 심층적으로 다루도록 문제를 제공하라. ‣ 학생들이 최종 수행을 하도록 경험을 제공하라. ‣ (필요시) 교사의 강의식 수업을 제공하라. ‣ 형성 평가를 실시하라. ‣ 재고와 수정을 위한 기회와 피드백을 제공하라.

(계속)

3단계	‣ 학습 계획을 개발하라. –핵심적인 교수–학습활동을 WHERETO 의 요소와 시퀀스를 고려하여 개발하라. –학습 자료 및 자원을 고려하라.	단원 말미	‣ 총괄 평가를 포함하라. ‣ 자기 평가와 반성적 성찰을 하도록 제공하라.

*** 학습 진행 과정에 따른 평가의 유형**

평가 유형	내용
진단 평가	‣ 시기: 교수–학습 투입 전 ‣ 목적: 학생의 지식과 기능 수준, 오개념, 흥미 등 출발점 파악 ‣ 활용 가능한 평가 유형: 진위형 평가, 자기 평가 등
형성 평가	‣ 시기: 교수–학습 진행 중 ‣ 목적: 학생의 진전 점검 및 피드백, 수업의 개선을 위함 ‣ 활용 가능한 평가 유형: 퀴즈, 구술 평가, 관찰, 동료 평가 등
총괄 평가	‣ 시기: 교수–학습 완료 시점 ‣ 목적: 학생의 학습 성과 확인을 위함 ‣ 활용 가능한 평가 유형: 지필 평가 등

*** 이야기 구조를 활용하여 학습 경험과 교수 계열화하기**

상황	이야기는 언제, 어디서 일어나는가?	낙동강 영역: 첫째, 강을 내려다보는 음식점에서, 과학 연구실에서
인물	주연과 조연은 누구인가?	주 인물들은 가족 구성원들이다(아버지, 할아버지, 그리고 형제들). 부 인물들은 연구자와 정책 입안자들이다. 학생들은 모든 인물의 역할을 한다.
서두	학생들을 이야기 속으로 어떻게 끌어들일 것인가?(독자, 관찰자, 청취자 등)	가족은 음식점에서 저녁식사를 주문하고 있다. 할아버지는 해산물 요리(송어)가 메뉴판에 없어서 화가 나셨다.
장애물 혹은 문제	해결되어야 할 문제는 무엇인가? 극복해야 할 장애물은 무엇인가?	낚시꾼들은 송어가 강에서 죽어 가고 있다고 말한다. 원인은 무엇인가?
극적 긴장	작용하고 있는 반대 세력은 무엇인가?(생각 혹은 인물 등)	농림업 대 수산업. 농장으로부터 나온 분뇨가 강을 오염시키고 있다.
놀라움, 예기치 않은 진전	어떤 놀라움, 반어, 진전 그리고 예기치 못한 전환이 설정될 것인가?	학생들은 주 오염원이 무지한 농부들이며 분뇨의 유수로 강을 오염시키고 있다고 배운다. 이 농부들은 자신의 아버지이고 할아버지다.

(계속)

해결 혹은 해답	장애물을 어떻게 극복할 것인가? 그 문제는 어떻게 해결될 것인가? 그 이야기는 어떻게 끝날 것인가? 후속 이야기는 어떻게 될 것인가?	원인과 영향이 알려져 있고, 연구자와 정책 입안자들은 환경을 오염시키지 않는 농사법을 개발하고 있다.

* 참고자료 – WHERETO 요소

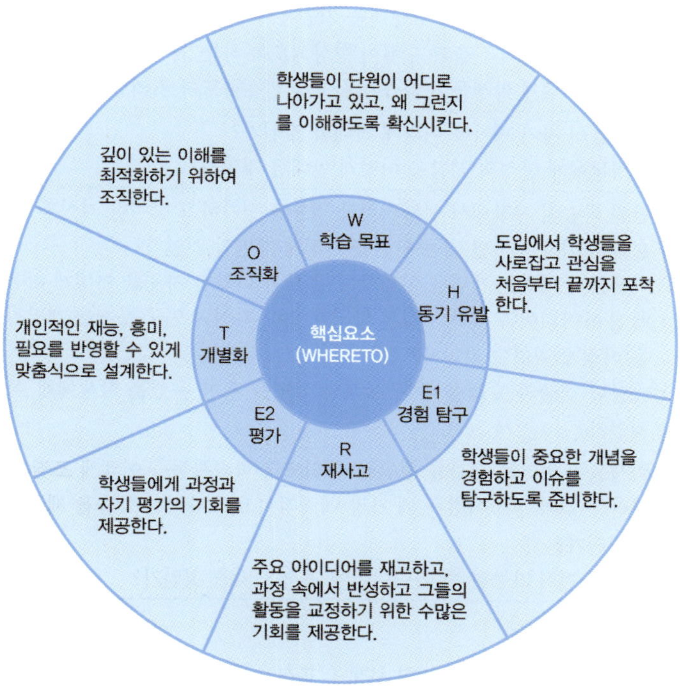

설계를 위한 TIP

* 참고자료 – 각 요소별 구체적 질문

요소	구체적 질문
W (학습 목표)	• 이 단원의 목적이나 성취기준은 무엇인가? • 학생들은 무엇을 학습할 것인가? • 학생들에게 기대하는 것은? • 학생들은 어떤 오개념을 가지고 있는가?
H (동기 유발)	• 학생의 동기 유발을 어떻게 할 것인가? • 학생의 흥미를 어떻게 유지시킬 것인가?

(계속)

E1 (경험 탐구)	▸ 어떤 경험적이거나 체험적 학습이 목표 달성(이해)을 위해서 빅 아이디어와 질문을 학생이 탐구하도록 도울 것인가? ▸ 학생들이 목표 달성(이해)을 하도록 준비시키기 위해 어떤 정보나 기능을 구체적으로 가르칠 필요가 있는가? ▸ 학생들이 목표 달성(이해)을 하도록 준비시키기 위해 어떤 숙제와 교실 밖 경험이 필요한가?
R (재사고)	▸ 학생들이 재고하기를 원하는 빅 아이디어는 무엇인가? ▸ 실제적이고 숙달되도록 요구하는 기능은 무엇인가? ▸ 학생들은 어떻게 산출과 수행이 향상되도록 하는가? ▸ 당신은 어떻게 학생들이 학습과 사고를 반성하도록 격려할 것인가?
E2 (평가)	▸ 학생들의 자기 평가를 어떻게 안내할 것인가? ▸ 학생들에게 반성적 성찰을 어떻게 안내할 것인가?
T (개별화)	▸ 단원 학습의 시작에서 선행지식과 기능을 평가하고 상이한 지식과 기능 수준을 조절하기 위하여 구별 짓는 활동을 어떻게 개발할 것인가? ▸ 학생들이 어려운 개념을 이해할 수 있도록 다양한 자원을 어떻게 활용할 것인가? ▸ 핵심 아이디어나 질문의 깊은 탐구를 위해 자신의 연구 문제를 개발하도록 학생들을 어떻게 격려할 것인가? ▸ 다양한 산출과 수행을 통해 이해의 설명을 위한 옵션을 학생에게 어떻게 제공할 것인가?
O (조직화)	▸ 학생들이 바라는 결과를 성취할 수 있도록 학습활동을 어떻게 조직해야 하는가? ▸ 바라는 결과가 주어졌을 때 가장 매력적이고 효과적인 학습을 제공하는 시퀀스는 무엇인가? ▸ 어떻게 전이 가능한 빅 아이디어에 초점을 맞출 것인가?

*** WHERETO 요소를 활용한 학습 경험 계획 사례 1: 과학**

초등학교 4학년 과학과의 물체의 무게와 관련된 단원이다. 학생들은 용수철저울의 원리와 수평 잡기의 원리를 통해 자신만의 저울을 만들어 무게를 재는 과정에서, 물체에는 작용하는 힘이 있다, 저울을 작동하는 원리는 다양하다, 무게를 측정할 때는 물체에 따라 적합한 저울을 사용해야 한다는 것을 이해하게 될 것이다.

1. 다양한 물건 중 가장 무거운 물건과 가장 가벼운 물건 찾기(H)
2. 무게의 뜻 알아보고 확인하기(퀴즈) (E1, E2)
3. 본질적 질문을 학생들에게 제시하기(H, W)
4. 무게를 정확하게 측정하기 위해 저울의 필요성 알기(E1)
5. 수행과제를 PPT 자료로 제시하고 학생들에게 안내하기(W)
6. 수행과제 해결을 위한 계획 세우기(E1, T)

(계속)

7. 생활 속 다양한 종류의 저울 살펴보기(E1)
8. 저울로 무게를 측정할 수 있는 원리 찾기(E1, R, E2, T)
   –용수철의 원리, 수평 잡기의 원리: 보고서
9. 제작할 저울 계획하고 준비하기(E1)
10. 저울 만들고 무게를 정확하게 측정할 수 있는지 점검하기(E1, R, T)
11. 저울 사용 설명서 작성하기(E1)
12. 저울과 사용 설명서를 전시하고 자기 평가 및 동료 평가하기(E2, R)
13. 교사는 본질적 질문에 답하는 방식으로 학생들의 표현 양식에 따라 일반화 도출하기(E2, R)

*** WHERETO 요소를 활용한 학습 경험 계획 사례 2: 수학**

초등학교 6학년 수학과의 비와 비율에 관련된 단원이다. 학생들은 두 수의 상대적인 크기를 어떻게 비교할 수 있을까라는 본질적 질문에 답하는 과정에서, 숫자가 나타내는 것은 실제의 수와 다른 것일 수도 있다, 둘 이상의 수를 비교하기 위해서는 하나의 수가 기준이 된다, 수 사이에는 규칙적인 관계가 존재한다, 비율은 나의 행동을 결정하는 중요한 기준이 된다는 것을 이해할 수 있을 것이다.

1. 생활 속에서 비와 비율이 활용되고 있는 친근한 사례 제시하기(H)
2. 본질적 질문을 학생들에게 제시하기(H, W)
3. 두 수의 크기를 비교하는 방법 익히기(E1, E2): 퀴즈(비, 비율의 개념)
4. 비를 나타내는 다양한 방법 익히기(E1, E2): 관찰(비율을 분수, 소수, 백분율로 나타내는 방법)
5. 수행과제를 PPT 자료로 제시하고 학생들에게 안내하기(W)
6. 모둠별로 수행과제 해결을 위한 계획 수립하기(E1)
7. 수행과제 해결에 필요한 자료 조사하기(E1, T)
8. 탐구활동을 통해 수행과제 해결하기(E1, T)
9. 최종 물건을 구입한 곳을 선택하고 미니북 만들기(E1)
10. 완성된 미니북을 살펴보고 오류가 없는지 확인하고 수정하기(R)
11. 친구들에게 미니북을 보여 주고 전시물에 대해 설명하고 자기 평가 및 동료 평가하기(E2)
12. 교사는 마지막으로 본질적 질문에 답하는 방식으로 학생들의 표현 양식에 따라 일반화를 도출하기(E2, R)

설계를 위한 TIP

* 차별화/수준별 수업과의 통합

백워드 설계	차별화 수업
• 학습 결과에 대한 초점을 잃지 않으면서 '백워드'로 설계한다.	• 학습자의 준비도, 관심사, 흥미, 학습 프로파일에 따라 수업을 차별화한다.
1단계 • 빅 아이디어와 이해의 형식으로 기대하는 학습 결과를 분명히 한다. • 빅 아이디어나 일반화를 본질적 질문의 형식으로 조직한다.	• 모든 학습자가 도달해야 하는 핵심 지식, 이해, 기능을 결정한다. • 모든 학습자가 높은 수준의 사고와 추론을 할 것이라고 기대한다.
2단계 • 학습의 결과라고 인정할 수 있는 증거를 결정한다. • 학습 목표에 따른 다양한 평가 자료들을 수집한다. • 이해의 여섯 측면 중에서 한 가지 이상의 측면을 평가하도록 한다.	• 기대하는 학습 결과와 관련하여 학습자의 준비도를 진단 평가한다. 이 결과에 따라 학습자의 학습 출발점을 결정한다. • 지속적인 평가를 통해 학습자의 향상 정도를 확인하고 학습자의 성장을 지속적으로 지원하기 위한 수업 계획을 세운다. • 학습했다는 것을 표현할 수 있는 적절한 방법을 학생들이 선택할 수 있도록 허용한다.
3단계 • 기대하는 학습 결과 및 수행과 일치하는 수업을 계획한다. • 학습자들이 스스로 의미와 일반화를 구성하는 경험을 할 수 있는 활동을 포함한다.	• 개별 학습자들이 안전하면서도 도전으로 느낄 수 있는 학습 환경을 구성한다. • 학습자들이 제출하는 과제는 이해에 초점을 맞출 수 있도록 하며 기대하는 이해에 도달하기 위해 핵심 지식과 기능을 활용하도록 한다. • 소집단 수업을 활용하고 학습속도, 탐구 및 표현방법, 과제의 난이도, 교사의 학습 내용 제시 방식 등을 다양화하여 학습자의 준비도, 관심사 및 흥미 그리고 학습 프로파일에 수업을 맞춘다. • 학습자들이 자신의 역량에 맞는 성취를 하는 데 방해가 되는 모든 요소를 제거한다.

* 출처: 김경자, 온정덕(2011). 이해 중심 교육과정, p. 134.

(계속)

* 백워드 설계와 차별화 수업의 관련성

① 차별화 수업은 백워드 설계의 틀 안에서 이루어진다.

② 학습 결과를 차별화하는 것이 아니라 다양한 경로와 선택의 기회를 제공하는 것이다.

* 차별화의 방식

종류	방법
내용 차별화	• 모든 학습자가 공통의 이해에 도달하도록 도와주지만 학습자가 가지고 있는 사전 학습의 정도에 따라 차별화하는 것을 의미함. • 사전 지식이 풍부한 학생: 관련 내용을 확장 • 사전 지식이나 기능이 미비한 학생: 단원에서 다루는 내용을 학습할 때 반드시 필요한 내용을 보충하여 자연스럽게 연결이 이루어지도록 함(flipped learning 활용 가능).
과정 차별화	• 교수-학습 활동이나 교육 방법과 유사한 개념임. • 교사는 학습자들이 동일한 목표에 도달할 수 있도록 도와주지만 다양한 활동을 제시하는 것을 의미함. • 백워드 3단계에 많이 활용됨.
결과 차별화	• 교사가 학습자와 함께 어떤 결과물이 학습자의 학습에 대한 이해를 드러낼 수 있는지를 결정함. • 학습자들이 결과물을 선택할 수 있도록 선택과제를 제시함. • 백워드 설계 2단계에서 학습의 증거를 결정할 때 고려됨.

* 백워드 설계와 차별화 수업의 통합

백워드 설계 단계	방법
1	• 차별화가 거의 이루어지지 않는다. ‣ 내용 기준이 이미 정해져 있고 이해 역시 모든 학습자가 도달해야 하기 때문에 이 단계에서는 차별화가 거의 이루어지지 않는다. 하지만 학습자 개인이 이미 습득한 사실, 개념적 지식, 기능에 차이가 있는지 확인한다(진단평가).
2	• 차별화가 부분적으로 이루어진다. ‣ 수행과제에 포함되는 GRASPS 중에서 역할, 청중, 시나리오, 결과물과 수행을 다양화함으로써 차별화가 이루어진다. 그러나 1단계의 빅 아이디어들을 드러낼 수 있도록 개발해야 한다.
3	• 차별화가 적극적으로 이루어진다(내용+과정+결과의 차별화). ‣ 다양한 수준의 읽기 자료 제공하기, 협력학습 전략 사용하기, 선택학습 사용하기 등 교수-학습 활동을 통해 차별화가 가능하므로 결과의 차별화뿐만 아니라 내용과 과정의 차별화가 동시에 이루어진다.

(계속)

*** 차별화 방식에 따른 전략**(강현석 외, 2016)

(1) 내용 차별화 전략

차별화 기법	설명
수준별 텍스트를 활용한 단계별 수업	‣ 기능 수준별: 같은 본질적 개념을 포함하지만 더 복잡하게 쓰이거나 덜 복잡하게 쓰인 다양한 텍스트와 다른 자료들 ‣ 흥미 혹은 학습 방식별: 정보를 제공하는 자료의 유형뿐만 아니라 탐색할 주제나 과목의 선택 –유의점: 같은 개념을 다루지만 다양한 읽기 난이도로 쓰인 자료들은 모든 단계별 수업에서 사용 가능해야 함.
독립적 탐구	학생은 특히 흥미 있고 그들을 특정한 학습 목표로 이끄는 주제를 탐색함. 교사가 이들 주제와 관련된 텍스트나 다른 자료를 제공하거나 학생이 독립적 연구를 수행함.
학습 계약	학생은 특정 학습 목표에 어떻게 도달할 생각인지에 대해 교사와 개별적으로 명확하게 합의함. 이 계약은 그 학생이 학습할 것과 그 학습의 증거 역할을 할 평가를 규정함. –유의점: 계약은 행동에 관한 기대 사항도 포함할 수 있음.
독자 워크숍을 통한 도서 선택	학생은 교사 안내와 함께 읽을 책을 선택함. 독자 워크숍 모형의 구조는 모델링, 유도된 연습, 독립적 연습, 반성과 공유로 이루어짐. ‣ 모델링: 교사는 짧은 글에 대해 잠시 동안의 강의를 통해 읽기 전략을 소개함. ‣ 안내된 연습: 학생은 교사의 직접적 안내하에 모형화된 텍스트를 활용하여 모둠별로 읽기 전략을 연습함. ‣ 독립적 연습: 학생은 도서를 선택함(교사는 필요시 적절한 독서 수준에 맞추어 줌). 학생은 자신의 생각을 기록함. 교사는 학생과 협의하여 이해를 검사하고 사고를 심화시킴. ‣ 반성/공유: 마지막으로 학생은 자신이 학습한 것을 학급 구성원들과 공유함.
문학 동아리를 통한 도서 선택	학생은 자신이 읽고 싶은 책을 선택함. 그들은 같은 것을 읽은 다른 친구들과 텍스트에 대해 토론함. 이 수업의 구조는 텍스트 소개, 독립적 독서 기회, 반성 및 공유를 위한 시간이 명시된 책 모임하기로 이루어짐. ‣ 텍스트 소개: 교사는 안내문이나 기사 요약, 텍스트의 한 단락을 읽음으로써 몇 가지 짧은 이야기나 기사를 소개하고 학생은 시사회 시간을 가짐. 학생은 주제, 저자의 창작 양식, 읽기 난이도에 대해 정보를 제공받고 결정함. ‣ 독립적 독서: 학생들은 텍스트에 명시된 부분을 독립적으로 읽은 뒤, 분명한 초점을 가지고 기록함. ‣ 책 모임 갖기: 같은 텍스트를 읽고 있는 학생들이 정기적인 기간을 두고 만남. 그들의 관찰에 대해 토의하고 다음 모임을 위한 목표를 설정함. ‣ 반성/공유: 읽기가 완료되면 각 모둠이 책이나 짧은 이야기, 기사에 대해 발견한 것을 발표함.

(계속)

(2) 과정 차별화 전략

차별화 기법	설명
단계별 평가	학생은 유사한 목표를 가진 유사한 과제를 완성함. 과제는 복잡성, 추상성, 깊이 면에서 다양할 수 있으나 모두 적절히 도전의식을 북돋움. 교사는 서로 다른 학생들이 과제를 성공적으로 완성할 필요가 있도록 스케폴딩, 지원, 풍부한 활동을 제공함.
수준별 질문하기 (Anderson 등의 신교육목표 분류학 활용)	특정 기능 수준과 다른 학생의 능력에 기초하여 질문을 조정함. 질문 수준을 학생의 지식 및 기능 수준과 적절히 일치시킴. ▸ 기억하기(인식 혹은 회상하기): 정의와 다시 말하기 ▸ 이해하기(이해력): 의미 구성하기(비교하기, 설명하기, 예시 들기, 요약하기) ▸ 적용하기(지식을 문제 해결에 사용하기): 지식을 사용하기(적용하기, 증명하기, 실행하기, 수행하기, 해결하기, 보이기) ▸ 분석하기(아이디어 및 해결책에 관한 특정 부분 검토하기): 구체적 정보의 일부, 단서, 문제의 한 부분을 검토하여 결론을 내거나, 해결책을 창안하거나, 새로운 아이디어를 개발하기 ▸ 평가하기(뒷받침 증거에 근거하여 어떤 것의 가치를 판단하기): 따져 보기, 판단하기, 비평하기, 주제에 대한 찬성 및 반대 의견 발표하기 ▸ 창안하기(아는 것을 활용하여 새롭고 다른 어떤 것 만들기): 학습되고 있는 것, 이미 알고 있는 것, 관련된 경험에 대해 생각해 보고 새롭고 다른 어떤 것을 만들기(만들기, 발명하기, 개발하기, 일반화하기, 결합하기, 구성하기, 창안하기)
수준별 질문하기 (Kaplan의 깊이와 복잡성 전략 활용)	깊이와 복잡성은 서로 밀접하게 연관되며 서로를 강화하는 데 사용될 수 있음. 학생을 굉장히 깊은 지식과 이해로 이끄는 데 유용할 수 있는 전략은 패턴 찾기, 규칙 조사하기, 빅 아이디어 이해하기, 주제에 대해 많은 시간을 두고 살펴보기 등을 포함함.
수준별 질문하기 (3단 지력 활용)	뇌가 어떻게 작용하는지에 근거하여 Bloom의 분류표를 단순화한 형식. 여기에는 정보 수집, 이해를 위한 정보 처리, 정보 활용의 3단계가 포함됨.
선택 (Gardner의 다중지능에 근거)	전통적 IQ를 넘어 아동과 성인에게 있는 인간 잠재력을 설명하는 광범위한 지능 유형. 이 이론은 모든 사람이 각 지능 유형을 소유하고 있으나 일부의 것이 다른 것들보다 완전히 발달된다고 설명함. 다음 일곱 가지 지능 중 한 가지에 기초하여 차별화함[언어적, 논리/수학적, 신체/운동, 시각/공간적, 대인관계, 개인내적, 음악적 지능(자연지능이 이후 추가되었으며 실존적, 도덕적, 정신적 지능을 추가하는 것에 대해 숙고되어 옴)].
탐구 중심 학습, 문제 해결 학습, 창의적 문제 해결	학생의 질문이 수업을 이끎. 학생은 스스로 제기하였고 실제 세계에 뿌리를 둔 문제를 탐구하고 해결함. ▸ 문제 해결 학습: 학생은 소집단으로 활동하며 실제적 문제나 실제 세계 상황을 반영하는 문제에 대한 해결책을 찾음. ▸ 창의적 문제 해결: 학생은 실제 세계 문제에 대한 자신들의 독창적이고 창의적인 해결책을 개발함. 창의성은 문제를 새로운 방식으로 살펴보고, 대상을 다양한 관점에서 보며 모호성을 견디는 것을 포함함.
발견 학습	학생은 과거 경험과 기존 지식을 사용하여 주제나 과목에 대한 사실과 관련성을 발견하고 새로운 진실을 알아차림.

(계속)

(3) 결과 차별화 전략

차별화 기법	설명
옵션 메뉴	교사는 학생이 바라는 목표에 도달하도록 도울 서로 다른 활동을 정함. 과제들은 복잡성에서 차이가 있고 서로 다른 점수, 성적을 냄. 교사는 선택권을 제시하고 학생들은 완성할 것을 선택함.
선택 게시판	교사는 수업 목표(기능, 아이디어, 개념, 일반화)로 이어질 활동의 선택지를 인덱스 카드에 작성하여 무작위의 순서로 게시함. 카드에는 상위 수준, 보통 수준, 하위 수준의 학생을 넌지시 비치는 상징(혹은 색)이 있어야 함. 그들의 능숙도에 근거하여 학생은 적절한 수의 활동을 선택함. 등급화된 활동을 성공적으로 완료한 후 학생은 더 높은 수준의 카드에 있는 도전적 활동을 완료하거나 고유의 활동을 만들 수 있음.
차별화된 학습 센터	직접 실천하는 활동들이 교실의 특별한 곳(컴퓨터 센터 혹은 독서 센터 등)에 배치됨. 여기에는 읽기와 쓰기 과제, 학습 게임, 듣기 활동, 컴퓨터 기반 과제, 활동 구성, 역할극, 학습교구 탐색, 학업적 대회, 연구 활동, 실험 등을 위한 서로 다른 유형의 자원 재료가 포함됨.

* 출처: 강현석 외 역(2016). 백워드 설계와 수업 전문성, pp. 190−194.

WHERETO 요소 활용

요소	내용
W (학습 목표)	
H (동기 유발)	
E1 (경험 탐구)	
R (재사고)	
E2 (평가)	
T (개별화)	
O (조직화)	

이야기 구조 활용하기

요소	내용	
상황	• 이야기는 언제, 어디서 일어나는가?	
인물	• 주연과 조연은 누구인가?	
서두	• 학생들을 이야기 속으로 어떻게 끌어들일 것인가?(독자, 관찰자, 청취자 등)	
장애물 혹은 문제	• 해결되어야 할 문제는 무엇인가? • 극복해야 할 장애물은 무엇인가?	
극적 긴장	• 작용하고 있는 반대 세력은 무엇인가?(생각 혹은 인물 등)	
놀람, 예기치 않은 진전	• 이야기는 언제, 어디서 일어나는가?	
해결 혹은 해답	• 장애물을 어떻게 극복할 것인가? • 그 문제는 어떻게 해결될 것인가? • 그 이야기는 어떻게 끝날 것인가? • 후속 이야기는 어떻게 될 것인가?	

3 단원 학습 계획

1) 시간표 양식

(3-B) 단원 학습 계획

(3-B) 단원 학습 계획

월요일	화요일	수요일	목요일
〈1/8〉	〈2/8〉	〈3/8〉	〈4/8〉
〈5/8〉	〈6/8〉	〈7/8〉	〈8/8〉

설계를 위한 TIP

- 3-B의 단원 학습 계획은 교수-학습이 진행되는 과정의 순으로 작성되어 있다. 실제 수업에서는 모든 활동이 연달아 이루어지는 것이 아니므로 차시를 구분할 필요가 있다. 차시는 계획한 활동의 수를 물리적으로 계산하여 구분하는 것이 아니라 각 활동의 의도, 학습 내용의 범위, 학생이 탐구하기 위한 충분한 시간 등을 종합적으로 고려하여 구분해야 한다.
- 학습의 흐름을 파악하여 지도하기 쉽도록 해당 단원에서 차시별로 지도할 내용을 일별, 요일별로 간단히 기록한다.
- 실제 수업 시 수업 내용, 수업 결과, 다음 지도 시 참고할 내용 등을 기록할 수 있도록 여유 공간을 둔다.
- 각 차시별 교수를 위해 차시 수업 계획을 간단하게 작성하는 것도 가능하다.

2) 세부 단원 학습 계획 양식

(3-B) 단원 학습 계획

(3-B) 단원 학습 계획

(1/3차시)

(2/3차시)

(3/3차시)

설계를 위한 TIP

- 시간표 형태의 단원 학습 계획보다 해당 단원의 각 차시별 하위 학습 계획을 구체적으로 수립할 때 활용할 수 있는 양식이다.
- 각 차시별 교수를 위해 차시 수업 계획을 작성한다.
- 실제 수업 장면을 염두에 두고 사용할 교수 전략, 수업 자료, 지도상의 유의점 등을 기록한다.

4 교수 유형 및 방법 결정

(3-C) 교수 유형 및 방법 결정

설계를 위한 TIP

- 백워드 설계의 3단계에서 WHERETO의 요소를 고려하여 학습 경험을 계획하고 난 후, 작성한 설계안을 수업에 적용하기 위한 교수 유형을 살펴보는 과정이 필요하다.
- 백워드 설계 과정을 통해 설정한 이해의 목표를 학생들이 성취하도록 하기 위해 가장 효과적인 한 가지 교수방법이 존재하는 것은 아니다. 수업은 학생, 교사, 교육 내용, 학습 환경 등 많은 요소의 상호작용 속에서 이루어지기 때문이다. 즉, 백워드 설계에서는 한 가지 교수 유형을 고집하지 않으며, 설계 과정을 통해 설계자가 추구하는 이해의 수행과 그 결과가 요구하는 학습활동을 통해 적합한 교수 유형과 방법을 선택해야 한다.
- 백워드 설계에서는 일반적으로 학교 현장에서 사용하고 있는 다양한 교수방법을 활용할 수 있다.

*** 백워드 설계에서 제안하는 세 가지 교수 유형**

교수 유형	교수 방법
직접 교수	• 시범 혹은 모델링 • 강의 • 질문(수렴형)
구성주의적 방법	• 개념 이해 • 협동학습 • 토의 • 실험 탐구 • 그래픽 재현 • 안내된 탐구 • 문제 중심 학습 • 질문(확산개방형) • 상호 교수 • 시뮬레이션(모의시험) • 소크라테스식 세미나 • 작문 과정
코칭	• 피드백과 코칭 • 안내된 연습

(계속)

* **다양한 교수방법**(변영계 외, 2007; 이신동 외, 2012)

교수방법	내용
강의법	가장 전통적인 교수법으로 지식이나 기능을 교사 중심의 설명을 통해 학습자에게 전달하고 이해시키는 교수방법임. 과거에는 교사가 주로 말로 설명하였지만 요즘에는 강의법에도 각종 매체를 활용하는 것이 보편화되었음.
문답법	교사의 질문은 수업에서 학생과의 의사소통을 이끄는 강력한 도구임. 교사와 학생이 상호적인 질의응답을 통해 학습에 주의를 집중시키고 학습자의 탐구 능력과 추상적 사고작용, 비판적 태도, 표현력 등을 기를 수 있음.
토의법	학생의 참여를 유도하고 학습 문제를 비판적으로 분석하며 창의적인 능력과 협동적인 기술을 개발하는 방법으로 학생들이 협력하여 주어진 문제에 대한 최선의 해결책을 찾도록 하는 방법임.
토론법	토의법과 유사하나 문제에 대해 찬성과 반대 입장을 먼저 가진 후, 합의점을 찾기보다는 자신의 주장을 논리적으로 전개하여 상대를 설득하도록 하는 방법임.
프로젝트 학습	프로젝트란 한 명 혹은 그 이상의 학생이 책임을 지고 특정한 주제를 심층적으로 학습하는 것임. 학생의 탐구 과정, 성찰, 문제 해결, 자발성과 능동성을 강조하는 교수 학습 모형으로 교사는 안내와 보조, 자원을 제공하는 역할을 함.
협동학습	전통적인 소집단 학습, 개별학습에서 야기되는 단점을 보완하고 학습 능력이 다른 학생들이 동일한 학습 과제나 학습 목표를 향해 소집단 내에서 함께 활동하여 공동의 학습 목표에 도달하는 교수-학습 방법임.
문제 중심 학습 (PBL)	학습자들에게 실제적인 문제를 제시하고, 제시된 문제를 해결하기 위하여 학습자들이 상호작용하면서 문제 해결 방안을 강구하고, 개별학습과 협동학습을 통해서 공동의 해결안을 마련하는 일련의 과정에서 학습이 이루어지는 학습방법.
4-MAT system	학습 양식과 두뇌 반구성 이론이 결합된 것으로 학습자의 학습 유형과 반구상의 선호도를 고려해 수업을 조직하고 단계에 따라 실행함. 수업은 1사분면의 우뇌 활동 → 1사분면의 좌뇌 활동 → 2사분면의 우뇌 활동 → 2사분면의 좌뇌 활동 → 3사분면의 좌뇌 활동 → 3사분면의 우뇌 활동 → 4사분면의 좌뇌 활동 → 4사분면의 우뇌 활동의 순으로 조직되고 순서에 따라 학생의 학습활동이 이루어짐.

(계속)

*** 점진적 책임 이양 모형**

Pearson과 Gallagher(1983)가 만든 것으로, 효과적인 교수는 학습의 책임이 학생에게 점진적으로 이양될 때 발생한다. 다음은 점진적 책임 모형의 각 국면을 제시한다.

국면	포함된 단계
모델링 혹은 시범	‣ 가르치려고 하는 새로운 개념이나 아이디어, 전략을 설명하고 시범을 보인다. 10~15분간의 짧은 강의를 통해 학생들에게 기대되는 것이 정확히 무엇인지 보여 주면서 생각하는 것을 입 밖으로 소리 내어 말한다. 학생이 사용하기를 원하는 절차와 전략을 어떻게 사용하는지, 생각을 어떻게 기록하기를 원하는지 등에 대해 시범 보인다. ‣ 학생은 듣고 관찰하면서 제한된 방식으로 참여할 수 있다.
안내된 연습	‣ 교사가 시범 보였던 것을 독립적으로 행하기 시작할 때까지 학생과 상호작용하고 안내한다. 교사는 명확히 말해 주고 코치하고 학생들에게 반응을 보이고 제안하고, 학생은 교사의 안내하에 듣고 반응하고 질문하고 서로 협동하고 새로 배운 것을 실행해 보도록 한다.
독립적 연습	‣ 학습의 책임을 학생에게 이양한다. 학생은 연습하고 문제를 해결하고 스스로 수정하고 새로운 개념과 기능을 독립적으로 수행하기 위해 많은 시간을 필요로 한다. ‣ 학생이 하고 있는 것을 관찰한다. 그들과 협의하고 질문에 답하고 학생이 문제에 대해 생각하도록 고무하고 가질 수 있는 오해에 대해 명확히 한다. ‣ 힘겨워하는 학생에게 스케폴딩 혹은 집중 지원을 제공하여 모든 학생이 성공할 수 있도록 한다. 학생이 지루해하거나 좌절, 낙심하지 않도록 자료와 자원을 학생 수준에 맞게 사용하는 것이 중요하다. 학생이 더 이상 스케폴딩을 필요로 하지 않을 때 그것을 제거하여 학생이 의존하지 않도록 한다.
적용	‣ 학생은 새로 배운 것을 새로운 상황에 적용한다. 학생은 자기주도적이어야 하고 자기 평가를 해야 하며 교사에게 확인이나 설명을 구할 수도 있다. ‣ 학생에게 즉각 대응한다. 학생이 필요로 할 때 격려하고 도움을 준다. 걸림돌을 만나 배회할 때 길을 찾도록 돕고 달성 가능한 목표를 새롭게 설정하도록 돕는다.
반성과 공유	‣ 학생은 그들이 배우고 있는 것을 반성하고 새로운 개념과 논의하며 스스로의 발전에 대해 생각한다. 학생은 자신이 배우고 있는 정보와 그들이 사용하고 있는 전략의 유용함에 대해 반응을 보인다. ‣ 학생에게 지속적인 피드백을 제공하고 그들이 서로에게 피드백을 줄 수 있는 기회를 제공한다. 이것은 자신의 학습 과정에 대한 책임감을 갖고 목표를 이해하고 그들만의 문제를 알고 그들이 이루고 있는 발전을 기념하도록 도울 것이다. ‣ 학생은 자기반성을 하게 되고 자신의 학습을 통제한다.

* 출처: 강현석 외 역(2016). 백워드 설계와 수업 전문성, pp. 183-184.

5 차시별 학습 경험 계획

(3-D) 학습 경험 계획

(3-D) 차시별 세부 학습 계획

교수 방법		
차시	학습 경험 계획	학습 자료
1		
2		
3		
4		

설계를 위한 TIP

- 3-A, 3-B 단계에서는 각 차시의 활동을 간단히 작성하였다. 차시별 학습 경험 계획 양식은 시간표 형태의 단원 학습 계획보다 각 차시별 학습 계획을 구체적으로 수립할 때 활용할 수 있는 양식이다. 두 가지 양식 중 선택하여 활용할 수도 있다.
- 실제 수업 장면을 염두에 두고 사용할 교수방법, 교수-학습 자료, 지도상의 유의점 등을 구체적으로 계획하여 작성한다.
- 교수방법 칸에는 해당 차시에 주로 사용하는 교수 유형이나 방법을 작성한다.
- 수업에서 활용할 수 있는 학습 자료는 매우 다양하다. 적절한 학습 자료의 사용은 학생들의 경험 범위를 확장하고 학생들이 학습 내용에 내재해 있는 구조를 이해하도록 도와줄 수 있다.
- 학습 자료에는 모형, 사진 자료, 그림 자료, 동영상 자료, 학습지 형태의 자료 등이 있으며 수업 과정에 투입해야 할 학습 자료는 이 단계에서 개발, 제작하게 된다.
- 학습 자료를 무조건 많이 활용한다고 해서 학생의 이해가 보장되는 것은 아니므로 적절성을 판단하여 활용해야 하며, 모든 차시 수업에서 학습 자료를 사용해야 하는 것은 아니다.

*** 학생이 효과적으로 학습하는 경우의 특징**

① 활동이 명확하고 가치 있는 목표에 초점을 둔다.

② 학생이 그 활동의 목적이나 근거를 이해한다.

(계속)

③ 시범이나 모범 예시가 제공된다.

④ 학생이 자신의 발전을 정확하게 모니터링하도록 하는 명확한 일반적 기준이 있다.

⑤ 열심히 하고 위험을 감수하는 데 대한 두려움을 제한하고 장려를 최대화하고, 불이익 없이 실수로부터 배운다.

⑥ 학생의 경험을 교실 너머 세계와 관련시킴으로써 아이디어가 명확해진다.

⑦ 자기 평가와 피드백에 기초한 자기 조정 기회를 제공한다.

* **수업 계획 체크리스트**(강현석 외, 2016)

매일의 수업을 계획할 때 학생이 적절한 연결 관계를 만들고 단원의 기저 원리나 빅 아이디어를 이해하고 그들이 배우는 것을 이해하도록 돕도록 효과적으로 수업을 계획해야 한다. Isecke(2011)은 매 차시 수업을 계획할 때 유용하게 활용할 수 있는 체크리스트를 다음과 같이 제시하였다.

항목	유무
차시 목표가 국가, 지역 수준의 성취기준과 일치된다.	
모든 학생이 볼 수 있도록 목표가 게시되어 있고 차시 수업 내내 언급된다.	
차시 수업이 학생들의 요구에 근거를 두고 있다.	
학생이 학습 목표에서 뚜렷이 제시된 지식과 기능을 획득하는 것을 돕도록 차시 수업이 설계되었다.	
활동이 매력적이고 효과적이다.	
학생에게 기대하는 것이 분명하다.	
학생이 알아야 하고 이해해야 하는 것(중요한 내용이나 선언적 지식)을 다루고 있다.	
학생이 할 수 있어야 하는 것(절차적 지식)을 다루고 있다.	
학생이 선언적 지식이나 절차적 지식을 습득하는 것을 돕는 전략을 고안하였다.	
학생의 성공적인 학습에 필요한 수단, 자원, 지식, 경험을 제공한다.	
차시 수업이 점진적 책임 이양 모형을 따른다.	
학생의 질문에 답하고 혼란을 해소하기 위한 협의 시간이 계획되어 있다.	
일화적 자료와 공식적 · 비공식적 평가 자료를 통해 학생의 강점과 약점이 파악되었다.	
학생은 그들이 반성적이고 비판적인 사고자이고 표현이 또렷한 의사소통자이며 숙련된 문제 해결자라는 것을 증명한다.	
수업이 학생의 요구에 초점을 맞추고 다음과 같이 수업이 개선되도록 평가 자료가 유용하게 쓰인다. – 짧은 강의와 연습, 수준에 맞는 자원과 재료, 필요한 경우 수정되는 평가, 힘겨워하는 학생을 위한 지속적인 피드백 – 이미 제재에 대해 알고 있는 학생을 위한 심화되고 진전된 제재 – 언어를 습득 중인 학습자에 대한 지원	

(계속)

* 차시별 학습 경험 계획 사례: 과학

학습 경험 계획

차시별 세부 학습 계획

교수 방법	구성주의적 방법: 협동학습	
차시	학습 경험 계획	학습 자료
1	‣ 다양한 물건 중 가장 무거운 물건과 가장 가벼운 물건 찾기(H) ☞ 생활 속에서 쉽게 볼 수 있는 다양한 물건을 제시하고 저울을 사용하지 않고 가장 무거운 물건과 가장 가벼운 물건을 찾아보도록 한다. ‣ 무게의 뜻 알아보고 확인하기(퀴즈) (E1, E2) ☞ 무게의 뜻을 설명하고 학생들이 이해했는지 무게의 뜻에 대한 완성형 퀴즈를 함께 풀어 본다.	실물 자료
2	‣ 본질적 질문을 학생들에게 제시하기(H, W) ☞ 본질적 질문: '무게를 어떻게 측정할 수 있을까?' ‣ 무게를 정확하게 측정하기 위해 저울의 필요성 알기(E1) ☞ 저울이 필요한 상황을 제시하고 그 상황에서 무게를 정확하게 측정하지 않았을 때의 불편함을 찾도록 하여 저울의 필요성을 밝히도록 한다.	동영상 (저울이 필요한 상황)
3	‣ 수행과제를 PPT 자료로 제시하고 학생들에게 안내하기(W) ☞ 당신은 ○○에서 유명한 저울 제작자이다. 우리 반 친구 ○○어머니가 20○○년 ○월 ○일에 마트를 개업하는데, 마트에서 사용할 저울이 필요하여 저울 제작을 의뢰했다. 당신은 물건의 무게를 정확하게 측정할 수 있는 저울과 저울이 작동되는 원리를 설명한 글이 포함된 저울 사용 설명서를 만들어야 한다. ☞ 수행과제 결과물의 모범 예시를 제시한다. ‣ 수행과제 해결을 위한 계획 세우기(E1, T) ☞ 모둠별로 수행과제에 대해 분석하고 해결하기 위한 계획을 세우도록 한다.	PPT (수행과제 안내)
4	‣ 생활 속 다양한 종류의 저울 살펴보기(E1) ☞ 가정용 저울, 용수철저울, 윗접시 저울 등 다양한 저울을 활용하여 무게를 측정해 보면서 각 저울을 충분히 살펴볼 수 있도록 한다.	실물 자료 (저울)
5~6	‣ 저울로 무게를 측정할 수 있는 원리 찾기(E1, R, E2, T) ☞ 4차시 저울 탐색 과정을 통해 학생이 발견한 무게 측정의 원리(용수철저울의 원리, 수평 잡기의 원리)를 보고서의 형태로 작성하고 적용된 원리별로 저울을 분류하도록 한다. 이때, 보고서는 학생이 자유롭게 작성할 수 있도록 형식을 제한하지 않는다.	보고서 작성 용지

(계속)

7	‣ 제작할 저울 계획하고 준비하기(E1) ☞ 모둠에서 제작할 저울에 적용할 원리를 결정하고 제작할 저울을 설계하여 설계도를 작성하고 필요한 준비물을 확인하고 준비할 수 있도록 한다.	
8~9	‣ 저울 만들고 무게를 정확하게 측정할 수 있는지 점검하기(E1, R, T) ☞ 간이 저울이기 때문에 학생이 제작한 저울로 측정할 수 있는 물건 5개를(수행과제의 기준) 제공하여 직접 측정하도록 한다.	실물 자료(측정용 물건)
10	‣ 저울 사용 설명서 작성하기(E1) ☞ 모둠에서 제작한 저울이 작동되는 원리, 저울 사용법 등이 포함된 저울 사용 설명서를 작성하도록 한다. 이때, 작성 형태를 제한하지 않는다. ‣ 수행과제 해결하기(E1)	색도화지
11	‣ 저울과 사용 설명서를 전시하고 자기 평가 및 동료 평가하기(E2, R) ‣ 교사는 본질적 질문에 답하는 방식으로 학생들의 표현 양식에 따라 일반화 도출하기(E, R)	

3단계 설계 체크리스트

1. ________ 학습 계획은 학생들이 학습할 내용, 기대하는 것(수행 목표 등), 평가 방법 등을 명확하게 제시하였는가? (W)

2. ________ 진단 평가는 학생들이 가지고 있는 오해와 예측할 수 있는 수행(기능)을 점검하기 위해 초기에 활용하였는가? (W)

3. ________ 학습 계획은 학생들을 적극적으로 참여시키기 위해 명확하게 설계되었는가? (H)

4. ________ 학습 계획은 학습자들이 빅 아이디어의 이해에 꼭 필요한 경험, 정보, 수행에 필요한 기능을 갖추도록 설계되었는가? (E1)

5. ________ 학생들에게 그들의 이해를 재고하고, 그들의 수행에 대한 피드백과 안내를 기반으로 수정할 수 있는 기회를 제공하였는가? (R)

6. ________ 개별적 · 집단적 향상에 대한 계속적인 평가를 통해 학생들에게 피드백과 안내를 제공하였는가? (E2)

7. ________ 학습은 다양한 학습자들의 흥미, 스타일을 고려하여 내용, 과정, 산출물 등을 개별화하였는가? (T)

8. ________ 학습활동의 순서는 학생의 매력성과 효과성을 최대화하기 위해 조직되었는가? (O)

전체

1. ________ 세 단계는 모두 연관성과 일치성을 가지고 있는가?

2. ________ 설계안은 실행 가능한가?

요약

이 장에서는 백워드 3단계 설계 과정을 설명하고 있다. 3단계는 교수-학습 경험 계획, 단원 학습 계획, 교수 유형 및 방법 결정, 차시별 학습 경험 계획 등의 하위 요소로 구성되어 있으며, 이 장에서는 템플릿의 순서에 따라 하위 요소 작성 방법 및 설계를 위한 TIP을 제시하고 있다.

첫째, 교수-학습 경험 계획은 주된 수업과 활동을 구성하는 과정이다. 이때는 2단계에서 설정한 평가과제인 수행과제가 학습을 이끌도록 구성해야 한다. WHERETO의 요소를 고려하여 교수-학습 경험 설계의 타당도를 높일 수 있다. 교수-학습 경험을 설계할 때는 이야기 구조를 활용할 수도 있다. 이때는 학생이 몰입할 수 있는 매력적인 이야기로 구성해야 한다. 둘째, 단원 학습 계획이다. 이는 단원 학습의 흐름을 파악하여 지도하기 쉽도록 일별, 요일별로 지도할 내용을 구분하여 작성하며, 3단계 교수-학습 경험이 포괄적이라면 각 차시별로 세분화하여 내용을 추가하는 것도 가능하다. 셋째, 교수 유형 및 방법을 결정한다. 직접 교수, 구성주의 방법, 코칭 등의 방법을 활용하여 교수활동이 전개되도록 계획한다. 넷째, 차시별 학습 경험을 계획한다. 세부 학습 계획을 수립한다. 또한 수업 중에 제공할 학습 자료를 개발하고, 교수방법을 고려하여 학습 계획을 세운다. 한편, 3단계 설계가 끝나고 나면 체크리스트를 활용하여 점검을 하고 수정하는 과정이 이루어진다.

토론 과제

1. 자신의 전공 교과에서 한 단원을 선정하여 백워드 설계를 적용하여 3단계를 설계해 보시오.
2. 지금까지 작성한 백워드 설계 1, 2, 3단계의 설계 템플릿을 점검하고 수정해야 할 부분을 밝히시오.

제11장

백워드 설계 단계별 문제 해결하기[1)]

학습목표

- 백워드 단원 설계에서, 반복되는 공통의 문제점들이 무엇인지 설명할 수 있다.
- 백워드 단원 설계에서, 반복되는 공통의 문제점들을 교정하는 방안을 설명할 수 있다.

1 서론

우리는 교육전문가로서 경력을 합치면 줄잡아 85년 이상 정도로 교육 설계 작업을 해 왔다고 볼 수 있다. 이 경험의 상당 부분은 많은 저서나 출판물에서 설명한 '백워드 설계' 접근 방식을 기반으로 하는 교육과정 설계 작업과 관련이 있다. 전통적인 학습 및 단원 계획은 종종 다음의 문제들을 가지고 있다. 첫째, 아이디어와 프로세스의 지속성에 초점을 맞추지 못한다. 둘째, 보다 심층적인 학습을 촉진하지 못한다. 셋째, 학생들을 진정한 수행에 참여시키지 못한다. 넷째, 학습자가 배움으로 전이되도록 준비를 갖춰 주지 못한다. 이러한 연유로 우리는 UbD(Understanding by Design) 교육과정 설계 프레임워크를 개발하였다. 우리의 설계 과정은 효과적인 교육과정은 3단계 설계 과정을 거쳐 장기적인 목표에서부터 거꾸로 계획한다고 제안한다. 첫째, 바라는 결과를 찾는다. 둘째, 평가 준거를 명시한다. 셋째, 학습 계획을 상세히 한다. 이러한 백워드 설계 과정은 명백한 우선순위와 목적이 분명하지 않은 교과서 진도 나가기 방식의 수업과 활동 지향적인 교수라는 흔한 두 가지 문제를 피하는 데 도움이 된다. 이 과정을 통해 교사는 중요하게 생각하는 결과에 대한 의미 있는 학생 참여를 촉진하면서 학생들이 중요한 내용을 알 수 있게 도와준다.

수년에 걸쳐 수천 명의 교사, 설계 팀과 협력하여 수많은 교육과정 문서와 단원 계획을 검토했다. 우리는 그 작업을 통해 단원 계획에서 반복되는 공통적인 문제를 인식하게 되었다. 우리는 그중 25가지 문제를 찾고, 각각이 명시하는 것들을 기술하고, 이를 교정하기 위한 권고안을 제시하며, 앞으로는 이를 피할 수 있는 방법을 제안하고자 한다.

'백워드 설계 단계별 문제 해결하기'는 백워드 설계를 중심으로 구성되어 있다. 문제

---

1) 이하 내용은 McTighe & Wiggins(2015)의 Solving 25 Problems in Unit Design.(ASCD, arias)을 기반으로 재구성한 것임. 강현석, 이지은, 배은미(2019)의 17장의 내용을 수정 · 보완한 것임을 밝힘.

는 세 단계의 순서로 제시된다. 단원 설계에서 많은 문제가 다면적이라는 것을 발견하였으므로, 관련 문제와 그에 따른 솔루션을 참조하였다. 우리는 또한 단원 설계에 대한 더 많은 정보가 있는 두 가지 ASCD 출판물, 『설계 가이드에 의한 질 높은 단원 설계에 대한 이해』[2] 및 『설계 가이드에 의해 단원을 만들어 내고 검토하는 데 있어서의 개념에 대한 이해』[3]를 참고했다. 단원 설계를 좀 더 철저하게 다루는 데 관심이 있는 독자는 관련 출처를 참조하기를 권장한다.

2 단원 목표의 문제(1단계)

문제 1. 단원이 지나치게 활동 지향적이다.

단원 계획을 검토하거나 교사들과 단원 계획에 대한 대화를 나눌 때, 우리는 자주 학생들이 하게 될 다양한 활동에 대해 보거나 듣게 된다. 놀랄 것도 없이 당연히 활동 중심의 교육과정 단원은 시각적이며 공연하는 예술, 체육, 직업 및 기술 프로그램의 수행에서 친숙하다. 또한 이런 것들은 초등 및 중등학교 수준의 대부분의 과목에서 흔히 발견된다.

이러한 단원에 열거된 활동들은 의도적으로 명확하고 중요한 목표에 중점을 두고 중요한 학습에 대한 적절한 준거를 제시하는 한 종종 매력적이고 아동 친화적인 것으로 비쳐진다. 그러나 우리는 많은 활동이 분명한 결과와 연계되어 있지 않다는 것을 알게 되었다. 즉, 이러한 활동들은 의도적이거나 '사고력을 요구하지' 않고서도 매력적이고 '직접 해 볼 수 있는' 것들이다.

여러분의 단원 활동이 목적이 있고 효과적인지 확인하는 방법은 다음과 같다.

- 한 명 이상의 동료 교사에게 학습활동을 보여 주고 목표로 하는 기준을 추론해 보도록 요청하라. 그들은 당신이 의도한 결과를 알아낼 수 있는가?
- 활동으로 인해 생기는 학생의 결과물을 신중히 검토하라. 이 결과물은 학생들이 중요한 아이디어에 대한 이해를 발전시키고 심화시켜서 유의미한 방식으로 학습을

2) 강현석, 유제순, 조인숙, 이지은 공역(2013). 백워드 단원 설계와 개발: 기본 모듈(Ⅰ). 교육과학사.
3) 강현석, 유제순, 온정덕, 이지은 공역(2013). 백워드 단원 설계와 개발: 기본 모듈(Ⅱ). 교육과학사.

적용할 수 있다는 증거를 제공하는가?

- 학생들이 특정 활동에 소비하는 시간이 중요한 학습을 산출하는지 물어라. 즉, 그 주스는 짜낼 만한 가치를 지녔는가?
- 학생들에게 활동의 기초가 되는 목적을 말해 달라고 요청하라. 학생들은 주요 학습 결과를 설명할 수 있는가? 아니면 단순히 지시대로 활동을 완료하는가?

이 질문들에 "아니요."라고 대답하면 그 활동을 수정하거나 제외해야 한다.

단원을 계획할 때는 학습활동이 가치 있고 유의미한 결과에 집중하기 위해 다음의 아이디어를 따라야 한다.

- 학생들이 활동을 어떻게 처리할지 생각해 보라. 왜일까? 일반적으로 심층적인 학습을 유발하는 것은 활동 그 자체가 아니라 활동의 과정이다. 학생들에게 활동의 의미를 생각할 수 있는 시간을 충분히 주라. 그리고 다른 학습 및 광범위한 목표와의 연결 및 일반화를 유도하는 면밀한 질문을 하도록 하라.
- 활동의 목적을 설명하라. 당신이 학생들에게 왜 그들이 활동하고 있는지 묻는다면, 그들은 알 것인가? 학생들이 활동을 하는 동안 질문하라. 또는 더 포괄적인 학습이 이루어졌는지 보려면 출구표를 사용하라.
- 자신에게 물어보라. "이 단원에서 영속적이고 핵심적인 빅 아이디어는 무엇인가?" "학생들이 이 내용에 대해 무엇을 이해하기를 원하는가?" "학습자가 이러한 이해에 도달하도록 돕기 위해 어떻게 최상의 활동을 구성할 수 있는가?"
- 단원을 이야기로 생각하고 그것의 교훈을 파악하라.
- 하나 이상의 본질적 질문을 중심으로 단원의 내용을 구성하라.
- 다음 말을 완성하라: 학생들이 이 내용을 정말로 이해하고 목표로 삼은 기능을 개발한다면 ……할 수 있을 것이다. 여러분의 답은 학생들이 자신들의 학습을 적용할 수 있는 능력의 증거를 제공하는 수행 평가를 개발하는 데 도움이 될 것이다.

(Wiggins & McTighe, 2011, 모듈 A 참조)

문제 2. 단원이 내용 커버(coverage) 중심, 즉 진도 나가는 방식에 맞추어져 있다.

내용 중심의 진도 나가기 방식은 계획, 교수 및 평가에서 관례화된 오류다. 이는 영화 〈Ferris Bueller's Day Off〉에서 유명하게 조롱당했다. 이 영화에서 경제학 선생님은 계속해서 무언가를 웅얼거리고, 자신의 질문에 답하고, 지루해하는 학생들을 잊어버린 것처럼 보인다. 여기서 우리가 사용한 내용 커버리지(coverage)라는 용어는 부정적인 용어이다.

커버리지는 학생들이 수업 내용과 심도 있게 상호 작용할 기회 없이 내용을 주제별로 계속해서 다루어 나가는 방식, 즉 진도 나가기 방식을 의미한다. 제대로 인식되지 못하는 것은 진도 나가기가 엄밀히 말하면 실제로는 학습을 유발하지 않는 계획이라는 것이다. 이것은 단지 교사가 무엇을 말할지에 대한 계획일 뿐이다. '커버리지 사용자'는 가르친다는 것은 말하기이며, 학습자가 주의를 기울이기만 하면 깔끔한 강의나 짧은 수업들이 학습에 자동적으로 연결된다고 순진하게 가정한다.

그러나 사람들이 (사전 학습 측면에서 듣거나 읽은 것을 처리함으로써) 배우는 방법을 고려할 때, 이해를 위한 계획과 교수에서 정말로 필요한 것은 교과 내용을 '심층적으로 밝히는' 것이다. 이해한다는 것은 "왜? 그래서? 어떻게?"를 이해하는 것이다. 즉, 교사는 학생들이 듣고 있는 것을 발견하고 제시된 내용을 이해할 기회를 주기 위해 일상적인 말하기를 중단해야 한다. 학생들이 적극적으로 '의미를 구성하고', 연속적 강의식 수업에서는 무시되는 필연적인 학습자의 혼란, 질문, 오개념을 알아내기 위해서는 효과적인 계획을 세워야 한다. 심지어 마스터할 내용이 많은 경우에도 그렇다.

단원 계획이 다음과 같지 않다면 과도하거나 부적절한 커버리지를 제공하는 것이다.

- 질문이나 조사, 토론, 교과 내용 적용을 위한 시간을 포함한다. 즉, 계획이 학습자의 이해가 어떻게 이루어지는지가 아니라 단지 투입에 대한 것이라는 것이다.
- 주제의 우선순위를 정한다(즉, 각 주제는 다른 주제와 동등하게 보이며 한 번 다루어짐).
- 학생들이 질문을 하고 깊이 있는 탐구를 할 수 있는 진정한 기회를 제공한다. 실제로 미묘한 메시지는 질문이 커버리지 수업의 흐름을 방해한다는 것이다.
- 기다리는 시간과 학생들이 질문할 진정한 기회를 포함한다.
- 교과서 페이지로부터 벗어난다.
- 학생들이 제시된 것을 이해했다는 증거를 찾는다.

다음은 단순한 커버리지를 피하고 심층적 학습에 참여하기 위한 방법이다.

- 10~15분 간격으로 중간 휴지(pause)를 두어 학생들이 적극적으로 정보를 처리하도록 하라.
- 학생들이 제시된 것을 '얻고 있는지' 판단하기 위해 프롬프트(단서나 힌트, 상기시키는 말), 질문, 활동 및 형성 평가를 포함하라.
- 교과 내용의 우선순위를 정하고 학습에 집중하는 데 도움이 되는 필수 질문과 핵심 수행이 일어나도록 단원을 계획하라.
- 교수 학습을 T(전이), M(의미 구성) 및 A(습득) 문자로 코드화하여 습득뿐만 아니라 M 및 T 또한 강조되도록 하라.

(Wiggins & McTighe, 2011, 모듈 A 참조)

문제 3. 단원이 시험 준비에 치우쳐 있다.

성적 책임에 대한 압력으로 인해 많은 학교의 관료들이 교사들로 하여금 표준화된 시험에서 평가할 것 같은 주제와 기능을 가르치고 평가하는 데 집중하도록 유도해 왔다. 또한 표준화된 검사는 주로 선택 반응(선다형) 문항에 의존하기 때문에 이러한 평가 방식은 단원 평가에 널리 사용된다. 이 논리는 이해할 수 있다. 학생들이 이러한 중요한 평가를 잘 수행하기를 원한다면 많은 연습이 필요하다.

그러나 우리는 단원의 목표를 외적인 평가에서 발견될 수 있는 주제와 기능에만 제한하는 것에 대해 반대한다. 이러한 방식으로 교육과정을 좁히는 것은 성취기준의 의도를 훼손시키고 중요한 결과가 갈라진 틈 사이로 빠져나가도록 만든다. 예를 들어, 듣기와 말하기는 모든 영어/언어 과목(E/LA) 기준에 포함되어 있지만 일반적으로 주/도 시험에서는 평가되지 않는다. 그러나 듣기와 말하기는 읽기와 쓰기의 토대이며, 가르치고 연습하고 평가해야 한다. 예를 들어, 학생 주도 토론에서 논쟁을 실제로 해 보는 것은 E/LA와 수학에 있어 주요 기준을 충족시키는 능력을 기른다. 확장된 쓰기, 다중매체 프레젠테이션, 기술의 사용, 창의적 생각, 팀워크를 포함한 많은 가치 있는 결과가 교육과정에 명시되어야 하고 단원 계획 안에 있어야 한다.

역설적으로, 편협하고 정통이 아닌 평가가 널리 사용되고 있고 시험 준비 수업을 한다는 것은 공통 핵심 기준과 21세기 기능이 요구하는 바로 그 역량을 부지불식간에 약화시킨다. 교사들이 별개의 학년 기준의 진도 나가기만을 계속 이어 가고 학습을 주로 탈맥락화된 항목의 선다형 시험을 통해 평가한다면 학생들이 대학과 직업을 준비하거나 고등교육에서 기대되는 복잡한 일을 다룰 수 있을 것 같지 않다.

여기에 단원 계획이 부적절하게 검사 내용에 맞춰져서 편협한 평가 형식을 가지게 된 구체적 지표들이 있다.

- 표준화된 시험에서 다루어지지 않는 학습 결과는 단원 목표에 나타나지 않는다.
- 단원 목표는 별개의 지식과 기능의 목록으로 이루어진다.
- 단원 평가는 주로 선택 응답 항목(예: 선다형, 진위형, 연결배합형)을 사용하는 표준화 시험의 형식을 모방한다.
- 학습활동은 많은 탈맥락화된 학습과 시험 준비 자료를 사용하는 것으로 이루어진다.
- 학습 내용은 학생들이 '주/지역 시험에 필요'해서 중요하다고 말해진다.
- 학생들은 순응할지 모른다. 하지만 학습에 대해 열의가 없고 시험 준비는 대부분의 학습자에게 흥미가 없다.

이 문제를 방지하기 위한 우리의 제안은 간단하다.

- 여러분의 단원을 대규모 검사에서 쉽게 평가되는 것들에 맞추지 말고 가치 있는 결과에 초점을 두라.
- 이해에 초점을 두고 단원 내용을 빅 아이디어, 핵심 과정, 본질적 질문의 틀에 맞추어라. 더 큰 수행 목표에 대한 수단으로 더 많은 분리된 내용 목표를 생각하라.
- 이해와 전이에 대한 타당성 있는 증거를 위해 수행과제, 기능 점검을 포함한 다양한 단원 평가를 포함하라.
- 학생들로 하여금 탐구, 문제 기반 학습, 비판적 사고, 연구, 참 수행과 결과물을 개발하는 것과 같은 의미 있는 활동을 하게 하라.
- 학생들에게 표준화된 시험의 형식을 소개하되 거기에 고정화되게 하지 말라. 최상의 시험 준비는 참여하는 것, 그리고 중요한 결과에 대한 유의미한 학습이다.

(Wiggins & McTighe, 2011, 모듈 D 참조)

문제 4. 단원이 너무 많은 기준을 목표로 한다.

기준은 학습 목표―학생들이 알고 할 수 있게 되는 것―를 구체적으로 명시하고, 이것은 단원과 수업 계획에 있어 목표가 된다. 단원 계획의 흔한 문제는 한 단원의 목표로 너무 많은 기준을 명시한다는 것이다. 많은 기준을 명시하려는 경향은 미리 탑재된 국가나 지역의 기준 목록이 들어가 있는 전자 단원 수업 계획서에 의해 부추겨진다. 그런 소프트웨어는 기준을 점검하기 쉽게 한다. 실제로 우리는 목표 기준이 2페이지에서 4페이지에 이르는 단원 계획을 종종 본다. 결과물로 너무 많은 기준이 나열되면 단원은 요점과 깊이를 잃게 된다. 2주에서 4주 동안 지속되는 한 단원에서 수많은 기준을 완전히 다루는 것은 불가능하다.

이 문제의 근원은 학생들이 이전부터 계속 배워 와서 그 단원에서 적용할 기준과 새로운 학습 목표에 대한 기준을 구별하는 데 있다. 여기 분수에 대한 수학 단원의 예가 있다. 이 단원에서 학생들은 더하기, 곱하기, 나누기 분수식을 할 수 있을 것이다. 대부분의 학생은 이미 더하기, 곱하기, 나누기에 대한 연산 과정을 배워서 그 과정을 단원 결과물로 점검해서는 안 된다. 단원은 새로운 학습을 목표로 해야 한다.

너무 많은 기준의 문제에 대한 해결책은 쉽다. 그 단원 내에서 가르쳐지고 평가될 수 있는 기준을 찾아라. 한 단원 계획에서 너무 많은 기준을 가지고 있지 않은지 확인할 수 있는 실제적 방법이 있다. 여러분의 단원 평가 계획을 한 명 이상의 동료 교사에게 보여 주고 그들이 생각하는 기준이나 결과가 단원 목표인지 물어보라. 그들이 단지 몇 가지만 찾아낸다면, 그 피드백은 여러분이 관련 없는 기준을 빼도록 할 것이고 하나 이상의 평가를 추가해야 한다는 것을 보여 준다.

선택된 목표, 평가 그리고 교수 사이의 조정을 점검하는 다른 테크닉은 여러분의 단원 계획에 대한 결과물을 코드화하는 것이다. 예를 들자면, 기준(E/LA 3.4) 또는 S1, S2(skill 1번과 2번에 대해)에 대한 코드를 고르라. 그다음 코드화된 결과물을 여러분의 단원 평가나 주요 학습활동과 적절하게 연결하라. 만약 여러분이 연결할 수 없는 기준을 적었다면 두 가지 선택이 있다. (1) 그 기준들은 가르치거나 평가될 수 없기 때문에 빼거나, (2) 여러분의 평가 항목에 추가하거나 그것을 포함하도록 수업 계획을 수정하는 것이다.

(Wiggins & McTighe, 2011, 모듈 C, D, I 참조)

문제 5. 단원이 이해 기반 목표가 결여되어 있다.

단원을 설계할 때, 교사들은 학생들이 배울 필요가 있는 구체적인 지식과 기능 이외에 빅 아이디어를 찾도록 권장된다. 이해라는 것은 학생들이 성취해야 할 구체적인 통찰, 추론 또는 결론을 반영한다. 그것들은 "이것들은 사실이다. 그러나 그들이 의미하는 것은 무엇인가?" "여러분은 이러한 기능을 사용해 왔다. 그렇다면 그 활용 방안에 대해 무엇을 이해하고 있는가?"와 같은 질문들에 대한 응답이다. '이해한다는 것'의 의미는 학습자에 의한 세심한 추론이라는 아이디어를 암시하는 것이다. 이솝 우화의 교훈처럼, 사실과 경험을 이용한 그 단원에서의 교훈이 참된 이해의 의미이다.

그러나 많은 단원 계획을 얼핏 보면 목표 진술은 오직 지식과 기능의 결과만 찾는다. 이 문제는 다음과 같은 점에서 명백하다.

- 개념 이해, 학습 또는 탐구의 적용과 관련된 상위 목표 없이 사실과 기능만 계속해서 나열한다.
- 좀 더 복잡한 상위 수준의 목표보다 하위 수준의 목표에 집중해서 비표준 목록을 제공한다.
- 그 주제에서 추구하는 구체적인 이해가 아니라 주제('은유 이해하기'나 '남북전쟁 이해하기'와 같은)를 말하는 문구만을 사용한다.
- 그것에 대한 이해보다 기능이나 처리 과정을 나열한다.

우리는 교사 설계자들이 지식과 기능 그 이상을 고려하도록 하는 단원 템플릿과 설계 과정을 사용할 것을 적극 추천한다. 본질적으로 설계된 단원 템플릿에 대한 이해는 다음—단원 설계에서 이해 관련 목표와 상위 목표를 간과하는 습관을 피하기 위한 도구—을 제공한다.

좀 더 지적으로 단단한 단원 목표를 찾고 쓰는 방법을 제시해 본다.

- 학생들이 내용에 있어 이해하기를 바라는 전이 가능한 빅 아이디어를 찾아라.
- "나는 학생들이 ……을 이해하기를 원한다."의 문장 형식으로 시작하라. 왜냐하면 그렇게 쓰는 것이 학습자들이 도출할 추론을 요약하는 말을 쓰게 하기 때문이다.
- 특정성과 심화를 추구하라. 만약 목표가 모호하고 추상적이라면 다음 질문들을 자

신에게 해 보라. "왜 이것이 중요한가?" "왜 이것이 문제가 되는가?" "다중 설정에서 적용할 수 있는 전이 가능한 아이디어는 무엇인가?"

- 단원의 내용을 개념적으로 빅 아이디어와 과정을 향한 본질적 질문과 함께 만들어 내라.
- 다음의 질문에 답하라. 초보자나 숙련되지 않은 수행자들이 이해하지 못하는 기능이나 과정에 대해 전문 수행인들은 무엇을 이해하는가?
- 가능하거나 예측할 수 있는 오해에 대해 생각해 보라. 이 개념이나 과정에 대한 진정한 이해는 무엇인가?
- 전이 적용을 요구하는 수행과제를 둘러싼 단원에 집중하라. 그리고 요구되는 지식, 기능 이해를 찾기 위해 거기서부터 거꾸로 설계하라.

(Wiggins & McTighe, 2011, 모듈 E & F; Wiggins & McTighe, 2012, 모듈 L 참조)

문제 6. 단원 목표가 명료하게 연관되어 있지 않다.

단원에서 목표들 간의 연관성은 매우 중요하다. 이 일관성은 내용에 이미 친숙한 교사들에게뿐만 아니라 학생들에게도 보여야 한다. 어떤 단원에서 우리는 명백한 관련이나 논리적 흐름이 없이 뒤죽박죽된 목표를 보게 된다. 이것은 학습을 더 어렵게, 그리고 덜 매력적으로 만든다.

단원 목표는 다음과 같을 때 일관성이 결여된다.

- 단원 목표가 통일된 아이디어와 의미 있는 적용과 자연스럽게 맞지 않는다. 예를 들어, 어떤 단원은 주요 주제, 배워야 할 기능, 읽어야 할 텍스트와 별로 관계가 없는 어휘들을 포함할지도 모른다.
- 학년별 문서에 순서대로 적혀 있는 너무 많은 기준을 망라하려고 시도한다.
- 지식, 기능, 탐구, 또는 학습의 적용에 있어 우선순위가 부여되어 있지 않다.

학습자들이 목표 사이의 명료한 연관성을 알게 해 주는 가장 좋은 방법은 주제, 본질적 질문, 되풀이해서 일어나는 응용을 사용하는 것이다. 거기에서 내용은 분명하게 필요하고 수행에 있어 함께 짜여진다. 단원 목표에 있어 학생들이 더 큰 일관성과 통일성을 인지하는 것을 돕기 위한 방법이 몇 가지 있다.

- 단원을 설계할 때 먼저 원하는 수행 결과를 고려하라. 예를 들어, 그 단원을 배우는 동안 학생들이 무엇을 할 수 있기를 원하는가? 그런 다음, 코치처럼 효과적인 수행을 위해 선수들에게 어떤 지식, 기능, 전략이 필요한지 거꾸로 생각하라. 이 전략을 사용하면 학생들은 구체적 수업 목표가 어떻게 함께 이루어지는지 쉽게 알게 될 것이고 가치 있는 단원 목표가 될 것이다.
- 단원을 설계하는 데 빅 아이디어와 본질적 질문을 사용하라. 그리고 확인된 학습 목표와 자연스럽게 맞는지 보라. 그렇지 않다면 목표를 다시 고려해 보라.
- 다양한 연결점을 알아보기 위해 모든 단원 목표의 개념 웹을 만들어라. 만약 맞지 않는 목표가 있다면 그것은 다른 단원에서 가르쳐야 할 것이다.
- 보다 복잡한 수행과제를 할 때 사실과 별도 기능이 어떻게 포함되는지 학습자들이 분명히 알도록 우선순위를 두라. 즉, 학생들이 수단과 목적을 구별하도록 도와라.

(Wiggins & McTighe, 2011, 모듈 E 참조)

문제 7. 본질적 질문이 아니다.

우리는 교사들이 가르치는 내용이 본질적 질문의 틀에 맞춰지도록 권장한다. 그러나 단원 계획에서 질문들이 본질적이라고 하지만 정확한 답에 수렴되는 경우가 종종 있는 것을 본다.

이 문제에 대한 해결책은 본질적 질문의 특징을 이해하는 것으로 시작된다. 본질적 질문은 다음과 같다.

- 본질적으로 제약을 두지 않으며 하나의 답만을 가지지 않는다.
- 지적으로 매력적이며 흥미, 탐구, 상위 수준의 사고, 토론, 논쟁을 일으키도록 의도되어 있다.
- 중요하고 전이 가능한 아이디어와 과정을 향한다.
- 새로운 질문을 일으키고 심화, 심층적 탐구를 촉발한다.
- 단지 답만이 아니라 근거와 정당한 이유를 요구한다.
- 시간이 지나면서 생산적으로 되풀이되어서 반복될 수 있어야 한다.

이러한 준거 전부 또는 대부분을 충족시키는 질문들은 본질적 질문이라고 할 만하다. 그 목표는 학생에게 질문을 포함해 사고를 자극하고 탐구를 유발하고 더 많은 질문을 촉발하는 것이다. 그런 질문을 탐구하면서 학습자들은 중요한 아이디어와 과정에 대한 의미를 만드는 데 참여하게 된다.

좋은 의도를 가지고 교사들은 종종 본질적 질문들이 중요한 내용의 결과를 향해 있다고 가정하는 실수를 저지른다. 이 경우, 질문들은 학생들이 한정된 답을 향해 나아가도록 의도된 유도성 질문들이다. 이러한 유도성 질문들은 교사들이 특정 내용 목표를 이루도록 도와주는 데 유용하지만, 그러한 질문들은 개방형이지 않고 지속적인 학생 탐구와 논쟁을 촉발시키기에 충분하지 않다.

여기 질문의 '본질성(필수성)'을 알아보기 위한 실질적인 테스트가 있다. 여러분은 이 질문을 (당신이 한 번 또는 두 번 묻게 될 질문과 대조적으로) 교실 벽이나 칠판에 붙이고 그 단원 전반에 걸쳐 생산적으로 사용할 수 있는가? 이 문제에 대한 해결책은 여러분이 제안한 단원 질문을 본질적 질문의 특징 목록에 넣어서 여러분의 단원 질문들이 이 준거를 충족시키는지 보는 것이다. 그렇지 않다면 질문을 확대시키려고 시도할 수 있다.

(Wiggins & McTighe, 2011, 모듈 F; Wiggins & McTighe, 2012, 모듈 L 참조)

문제 8. 단원 목표가 수단과 목적을 구별하지 못한다.

단원 작성에 있어 흔한 실수는 별개의 사실과 기능만을 반영하는 목표(낮은 수준, 아주 작은 목표)를 찾는다는 것이다. 엄밀히 따지면, 학생들이 사실이나 기능을 배워야 한다는 요구 사항은 목표가 아니다. 사실과 기능은 이해와 수행을 수반하는 좀 더 크고 복잡한 학습 목표를 위한 수단이다. 목표가 아닌 수단으로 쓰여진 단원은 다음과 같다.

- 사실과 기능을 요구하는 좀 더 복잡한 수행 목표보다 별개의 사실과 세부 기능에 초점을 둔다.
- 복잡한 아이디어와 과정을 잘게 부수어서 지나치게 단순화하고 파편화함으로써 풍부하고 유연한 이해와 능숙한 수행이 되지 못하게 한다.
- 이해와 전이보다 정보의 상기를 요구한다.

운동 경기는 복잡한 수행 목표와 지식과 고립된 기능들에만 초점을 맞춘 별개의 목표간 차이의 명백한 예를 보여 준다. 축구나 농구의 목표는 많은 별개의 기능을 통달하는 것이 아니다. 기능은 필요하지만 기능만으로는 불충분하다—기능은 수단이지 목적이 아니다. 목표는 단지 일련의 반복 연습을 통달하는 것이 아니라 게임(복잡한 수행)을 더 잘하는 것이다.

같은 논리가 모든 교과목에 적용된다. 통달은 고립된 일부 지식이나 내용을 학습하는 것 이상이다. 통달은 복잡한 상황에서 지식과 기능을 효과적으로 사용한다는 것을 의미한다. 실제로, 이 말은 이해와 전이가 필요한 복잡한 수행 목표에 맞추어 단원을 설계한다는 것을 뜻한다. 즉, 수행 요구를 충족시키도록 언제 그리고 어떻게 내용을 사용하고 조정할지 안다는 것이다.

여러분의 단원이 복잡하고 전이에 중점을 둔 목표를 가지도록 해 줄 방법이 몇 가지 있다.

- 장기 수행 목표에 집중하라. 그리고 나서 여기서부터 백워드로 단원 목표의 프레임을 짜라.
- 단원 목표를 찾을 때 단기 목표와 장기 목표를 구별하라.
- 자신에게 물어라. "만약 내용이 수단이라면 수행 목표는 무엇인가?" "만약 이게 '연습'이라면 '경기'는 무엇인가?" 그 답을 단원의 우선 목표로 사용하라.

(Wiggins & McTighe, 2011, 모듈 C, E, I 참조)

문제 9. 지식 목표와 기능 목표를 구별하지 못한다.

지식 목표는 우리가 학생들이 알았으면 하는 것—사실, 주요 어휘, 그리고 기본 개념—을 명시한다. 기능 목표는 사실상 절차—'학생들이 …할 수 있을 것이다'—로 진술한다. 기능의 예로 물체를 3차원 보기로 그리기 또는 농구 드리블 등을 포함한다. 가끔씩 단원 설계자들은 지식 목표를 기능으로 잘못 안다. 이 문제는 어떤 단원에 대한 지식 목표의 동사가 먼저 나와서 기능에 포함될 때 더 명백하다.

다음은 기능으로 열거된 지식 목표의 예시이다.

- 학생들은 중요한 역사적 인물들의 업적을 설명하는 데 능숙해질 것이다.
- 학생들은 암석의 유형을 분류하는 데 능숙해질 것이다.
- 학생들은 실험 설계의 오류를 찾아내는 데 익숙해질 것이다.

앞의 세 가지 예시는 사실 지식 목표를 알아보는 것이다. 학생들은 중요한 역사적 인물의 업적, 암석의 종류에 따른 특징, 실험 설계의 요소를 알아야 한다. 동사는 이 지식을 평가하는 방법을 제시한다. 하지만 실제 학습 결과는 지식 기반이다.

왜 이 구별이 중요한가? 단원 결과에 대한 명료성은 교수와 평가에 영향을 준다. 지식 목표와 기능 목표는 다르게 가르쳐지고 평가된다. 예를 들면, 학생들이 사실적 정보를 배우고 기억하기를 원할 때, 교사들은 강의나 프레젠테이션을 이용해서 정보를 제시하고, 그것을 읽거나 보라고 하고 유용한 연상 기호를 제시하며, 그 지식을 기억할 수 있도록 복습하게 한다. 기능 교육은 다르다. 기능을 가르칠 때 교사들은 전형적으로 기능을 시범적으로 보여 주고 학생들이 그 기능을 연습하고 개선하도록 한다. 그 과정에서 피드백을 주고 좀 더 복잡하거나 새로운 상황에서 연습을 계속하도록 해서 자동적으로 이루어지도록 한다(예: "내가 하고, 너는 지켜본다. 네가 하고, 나는 지켜본다.").

지식과 기능의 적절한 평가는 다르다. 사실적 지식은 객관적 질문이나 검사를 통해 손쉽게 정확한 답으로 평가될 수 있다. 결국, 지식은 학생들이 '그것을 안다', '모른다'와 같이 이분법적이다. 대조적으로, 기능은 대부분 수행을 통해 적절하게 평가된다. 즉, 학생이 그 기능을 수행하는 것을 보거나 수행의 결과물을 평가한다. 기능 수행은 '맞다' '틀리다'로 판단되기보다 '결점이 있는/숙련되지 않은'에서 '전문가' 수행까지 연속적으로 이어진 능숙도 등급으로 판단된다.

백워드 설계의 논리에서는 학습 목표의 특성에 대한 명확성이 단원 계획의 모든 다른 측면을 알려 주며 더 많은 효과적 학습이 일어나게 한다.

(Wiggins & McTighe, 2011, 모듈 E 참조)

3 평가 증거에 관한 문제(2단계)

문제 10. 제안된 평가가 모든 단원 목표에 대한 적절한 증거를 제공하지 않는다.

타당도는 목표와 증거의 논리적 정렬에 대한 것이다. 목표를 고려한다면, 제안된 평가는 참으로 그것을 평가할 수 있을까? 평가가 실제로 의도된 것을 평가하고 있을까? 평가는 어떤 특정한 평가에 대한 수행이 충분한 추론을 끌어낼 때, 광범위한 목표의 성취에 대한 타당한 척도를 제공한다.

평가가 1단계에서 확인된 각각의 모든 목표에 대한 적절한 증거를 제공하지 않을 때, 단원 설계의 문제가 드러나게 된다. 적절한 평가는 목표를 학생이 달성했는가에 관한 타당한 추론을 가능하게 하는 증거를 제공한다. 예를 들면, 운전 능력에 대해 필기시험만 치르는 것은 부적절한 평가가 될 것이다. 왜냐하면 고속도로에서 능숙하게 자동차를 조작하지 못해도 도로 규정에 대한 지식을 묻는 지필 평가를 통과할 수 있기 때문이다.

타당도가 없는 단원 평가의 지표는 다음과 같다.

- 학습을 통해 목표를 성취하는 것 이외에 과제의 성공에 대한 이유들을 참작한다. 예를 들어, 어떤 학생이 그 주제에 대한 심도 있는 이해 때문이 아니라 위트와 자신의 생각에 대한 분명한 표현 때문에 구술 프레젠테이션에서 높은 점수를 받을 수 있다.
- 목표와 관계가 없고 기능이나 지식과 더 밀접하게 관련이 있는 이유들에 대해 과제의 실패나 부족한 수행을 참작한다. 예를 들어, 부끄러움이 많은 학생은 그 주제를 충분히 이해하지만 많은 사람 앞에서 말하는 것을 불편해한다(그 과제는 사람들 앞에서 말하는 것 말고 이해를 평가하도록 되어 있었다).
- 불공정한 문항, 질문, 과제를 사용한다. 그렇지만 그것들은 선수 학습과 목표의 결과물을 적절하게 반영하지 못한다.
- 지나치게 편협한 문항, 질문, 과제를 사용하기 때문에 평가해야 할 목표와 관련해서 전체 범위나 도전의 표본이 되지 못한다.
- 문항, 질문, 과제가 수업 중 연습이 되어서, 평가가 실제로 진정한 이해보다 기억을 평가하게 된다.

타당도가 떨어지는 단원 평가를 점검할 수 있는 실제적인 세 가지 방법이 있다.

1. 평가 타당도를 점검하기 위해 두 가지 질문 테스트를 사용하라.
   - 학생이 수행을 충족시키는 방법으로 시험을 치거나 과제를 수행하지만 목표로 삼은 지식, 이해 그리고 기능 능숙도를 확실하게 입증하지 못하는가?
   - 학생이 시험을 잘 치지 못하고 수행 준거와 채점 기준을 충족시키지 못하지만 목표로 정한 지식, 이해 그리고 기능 능숙도를 성취하는가?

만약 어느 한 질문에 "예."라고 대답하면 하나 혹은 그 이상의 평가가 타당하지 못한 결과를 낼 것이며 적절한 증거를 제공하는 데 실패하게 된다.

2. '일치도 검사'를 하라. 다음은 그것을 어떻게 하는지에 대한 설명이다.

기준, 이해, 본질적 질문, 지식, 기능을 포함해 단원에 대한 학습 결과를 확인하라. 학생들이 이 결과물을 성취한 정도를 결정하는 데 사용할 평가를 명시화하라. 그러고 나서 계획된 단원 평가를 동료 교사들에게 보여 주고 단원 목표를 찾아보라고 요청하라. 만약 그들이 여러분이 원하는 결과 중 몇 개만 찾아낸다면, 그 피드백은 평가와 목표 사이에 확고한 일치도가 확보되지 않았음을 나타낸다.

3. 단원 계획의 결과물을 코드화해라. 예를 들어, 기준 숫자(E/LA 3.4)나 S1, S2(기능1, 기능2)를 사용해라. 그러고 나서, 적절한 코드화된 결과물을 단원 평가와 주요 학습활동과 연결하라.

일단 목록에 적힌 목표들이 적절히 평가되고 있지 않다는 문제를 인식하면, 다음 세 가지 선택권이 있다.

1. 명백하게 평가가 이루어지고 있지 않은 단원 목표는 빼라.
2. 평가 증거가 아직 명백하지 않은 목표에 대해서는 어울리는 적절한 평가를 추가하라.
3. 목표의 적절한 증거를 제공하도록 기존의 평가를 수정하라.

관련 해결책에 대해서 문제 1과 문제 4를 참고하라.

(Wiggins & McTighe, 2011, 모듈 G; Wiggins & McTighe, 2012, 모듈 M 참조)

문제 11. 신뢰도가 높은 평가를 보장하는 학습에 대한 증거가 불충분하다.

신뢰도는 평가 결과의 패턴에 관한 것이다. 증거가 신뢰할 만하다고 할 때, 이는 결과가 특이치가 아니라 학생의 진정한 성취를 반영한다는 확신을 주는, 충분히 많은 샘플이나 일련의 데이터를 가지고 있다는 뜻이다. 신뢰하지 못하는 결과는 너무 적은 증거에 근거해서 너무 많은 오류를 갖기 때문에 요약 판단이 안정된 결과나 패턴을 반영한다고 말할 수 없다.

여기 신뢰할 수 없는 평가에 대한 지표가 몇 가지 있다.

- 개인 그리고 전체 학급에 있어 시험 점수나 결과가 시간이 흐르면서 크게 달라진다.
- 중요 결과물이 단지 한 가지 시험 항목이나 수행과제로 측정된다.
- 가장 최근의 평가 결과가 학생들의 진정한 능력 수준 또는 성취를 정확하게 반영하고 있지 않다는 예감이 든다.

신뢰도는 타당도와 다르다는 것을 명심하라. 예를 들어, 어떤 운동에서 게임이 원하는 수행이기 때문에 게임 결과는 항상 타당하다. 그러나 한 번의 결과로는 신뢰할 수 없다. 약한 팀이 한 번 이길 수도 있고 우세한 팀이 가끔 질 때도 있기 때문이다. 애석하게도, 학교에서 우리는 종종 한 가지 결과로부터 과일반화를 이끌어 내는 실수를 저지른다. 우리는 한 개의 퀴즈, 시험, 혹은 수행과제에 대해 평가하고서 어떤 학생의 전반적인 성취에 대해 전면적인 결론을 내리기 쉽다.

따라서 신뢰도 향상의 실제적인 최대치는 우리의 법적 체계에서 온다. 학생이 성취에 대해 알아차리지 못하거나 증거의 예감에 의해 잘못되었음을 입증하지 못하면 목표를 성취하지 못한다고 가정해 보라. 실제로 이것은 신뢰할 만한 결과를 성취하는 유일한 방법은 같은 주요 목표나 기준에 대해 다양하면서도 여러 분산된 평가를 통해서 이루어진다는 뜻이다. 특히 수준 설정, 수학적이고 과학적인 연습, 그리고 진정한 수행과 같은 주요 결과에 대한 평가에 있어 중복은 좋은 일이다.

여기 우리의 평가에 있어 더 큰 신뢰도를 확보하기 위한 방법들이 있다.

- 각 학생들이 같은 목표에 대한 심화된 정보를 얻을 수 있도록 모든 시험, 과제 또는 프로젝트에 유사 퀴즈, 프롬프트 쓰기, 또는 출구 카드를 사용하라.
- 신뢰할 만한 증거를 수집하기 위해서 주요 결과물(예: 다양한 장르의 글쓰기, 비평적 사고, 리서치)들이 여러 번 단원 전반에 걸쳐서 뿐만 아니라 단원 중간에 평가되도록 하라.
- 평가를 삼각 측량하라—결과의 패턴이 건별로, 그리고 도전의 종류에 따라 유효하도록 몇 개의 다른 형식의 평가를 사용하라.

(Wiggins & McTighe, 2012, 모듈 M 참조)

문제 12. 수행과제가 인위적이고 진정성이 없다.

어떤 단원은 적용을 수반하지만, 부자연스럽고 진정성이 없는 수행과제를 포함한다. 학문적 프롬프트에 대응(예: '텍스트의 빅 아이디어는 무엇인가?')하거나 별개의 기능을 입증하는 것은 수행을 요구한다. 하지만 실세계 적용을 반영하지는 않는다. 그러나 교사들이 주요 단원에서는 적어도 자연스럽고 진정성 있는 과제를 포함시키기를 권장한다.

수행과제가 다양한 상황에 대처하기 위한 지식과 기능을 사용해야 하는 방법을 반영한다면 진정성이 있다고 생각될지도 모른다. 참 과제는 전형적으로 목표(예: 문제를 풀어라, 이슈를 분석하라, 조사를 수행하라, 목적에 맞게 의사소통하라), 청중, 현실적 제한(시간 스케줄, 예산 등)을 포함한다. 이러한 수행과제는 더 넓은 세상에서 유용한 유형의 결과물(성명서, 포스터, 3D 모형 등)과 수행(구술 프레젠테이션, 촌극, 시범 등)을 만들어 낸다.

수행과제가 부자연스러운지 식별하기는 쉽다. 학생들은 종종 우리가 그것을 알아차리게 해 준다. 여기 몇 가지 지표가 있다.

- 나이 든 학생들이 "이것은 시시해요." "농담하세요?"라고 말하는 것을 듣는다.
- 학생들로부터 "왜 우리가 이것을 하고 있지요?" "누가 도대체 그걸 해요?"라는 질문을 듣는다.
- 학생들이 그 과제를 하는 것을 지켜보라. 학생들이 진정으로 그 수행에 몰두하고 있는가? 학생들이 최선을 다하고 있는가? 학생들이 자신들의 성취를 자랑스러워하는가? 진정성이 없는 수행은 전형적으로 외적 동기 부여만을 수반한다.
- 자신에게 물어보라. "학교 밖의 누군가가 이 일을 하거나 그러한 결과물을 산출하는가?"
- 몇몇 동료 교사들에게 수행과제를 보여 주고, 학생들이 이 과제를 하면서 어떤 학습 결과물이 가르쳐지고 평가되고 있다고 생각되는지 말해 달라고 요청하라.
- 자신에게 물어보라. "이 과제가 정말로 시간과 노력의 가치가 있는가?"

수행과제를 위한 진정성 있는 맥락을 수립하는 것은 (단지 동기부여 측면이 아니라) 평가 측면에서 가치가 있다. 왜냐하면 그렇게 함으로써 우리가 이해와 전이의 증거를 볼 수 있기 때문이다. 학생들이 그들의 학습을 실제적인 여건에서 사려 깊고 유연하게 적용할 수 있을 때 진정한 이해가 입증된다. 참 과제의 추가적 이점은 학생들이 목적, 타당성, 참된 맥락이 언제 설립되는지 배우도록 요청받는 것의 가치를 알게 될 가능성이 많다는 것이다.

수행과제의 진정성을 높이기 위한 한 가지 제안은 GRASPS 요소들을 사용해서 그 수행과제의 프레임을 짜는 것이다.

(Wiggins & McTighe, 2012, 모듈 M 참조)

문제 13. 수행 평가과제가 노력할 만한 가치가 없다.

수행과제가 학생들이 배운 것을 적용하도록 의도되어 있지 않다. 최상의 수행과제는 진정성이 있다. 즉, 유의미하고 현실 세계 맥락에 맞춰져서 분명히 실재하는 결과물을 만들어 낸다. 수행과제는 평가의 대상이면서 풍부한 학습 경험으로 쓰이고 종종 학생들에게 매력적이어야 한다. 수행과제의 제약을 두지 않는 특성은 학생 선택을 가능하게 하고 창의성을 고무시킨다.

그러나 우리는 좋은 의도를 가진 교사가 진정성은 있을지 모르지만, 실행하기 어렵거나 노력의 가치가 없다고 판명된 과제를 개발하는 경우를 목격했다. 이 문제는 결과물이나 수행을 준비하는 데 지나친 시간을 요구하고 과제의 핵심적인 목적에서 흐트러질 때(예: 역할극의 의상 만들기, 과학 프로젝트에 대한 포스터 꾸미기, 다중 매체 프레젠테이션을 준비하는데 작은 기술 결함으로 교착 상태에 빠지는 것) 명백하다. 수행과제라는 주스는 짤 가치가 있어야 한다.

우리는 효율적이지 않거나 다루기 힘든 과제를 피하기 위한 몇 가지 추천 방안을 가지고 있다.

- 평가되는 단원 목표와 관련된 성공적인 수행을 특징짓는 주요 특성을 명시하라, 그리고 이를 주요 평가 기준으로 사용하라. 너무 자주, 평가 준거나 채점 기준이 목표와 연결된 가장 핵심적인 특징에 맞추어져 있지 않고 '표면적 특성'에 집중한다. 여러분이 이 핵심 특징을 결정하면, 수행을 위한 일을 시작하기 전에 학생들과 함께 평가 준거나 채점 기준을 점검하라. 주요 준거에 대한 채점 기준을 만들고 공유하는 것으로, 여러분은 학생들이 피상적인 요소에 시간을 낭비하는 것을 피하고, 주요 특징에 집중하도록 신호를 보내는 것이다.
- 평가 타당도를 점검하기 위해 두 질문 검사를 적용하라.

- 학생이 여러분의 수행 준거와 채점 기준을 충족시키는 방법으로 시험을 치거나 과제를 수행하지만 목표로 정한 지식, 이해 그리고 기능 능숙도를 확실하게 입증하지 못하는가?
- 학생이 시험을 잘 치지 못하고 수행 준거와 채점 기준을 충족시키지 못하지만 목표로 정한 지식, 이해 그리고 기능 능숙도를 성취하는가?

• 만약 어느 한 질문에 "예."라고 대답하면 하나 이상의 평가가 타당하지 못한 결과를 낼 것이며 적절한 증거를 제공하는 데 실패하기 쉽다.

• 그 과제를 여러분이 해 보고 하나 이상의 응답 예시를 만들어라. 그 과제를 실제로 해 보고(또는 동료 교사에게 해 보라고 하고) 그 결과물에 대한 평가 준거와 채점 기준을 테스트해 보는 것보다 더 많이 수행과제에서 잠재적 약점을 드러내는 것은 없다. 만약 지시 사항들이 명확하다면, 채점 기준은 단원 목표에 맞게 조정되고 과제는 시간과 노력의 가치가 있음을 즉시 알게 될 것이다.

관련 해결책으로 문제 10, 문제 11, 문제 12를 참조하라.

(Wiggins & McTighe, 2012, 모듈 M 참조)

문제 14. 수행과제나 프로젝트는 개별 학생들에 대한 타당성 있는 평가 증거를 만들어내지 못할 수도 있다.

문제 13에서 주목한 것처럼, 학생들은 종종 진정성 있고, 직접 참여하는 프로젝트와 수행과제가 흥미롭고 동기부여가 된다는 것을 발견한다. 하지만 바로 그것이 평가의 타당도를 위태롭게 할 수도 있다. 전형적으로 짧은 시간 프레임에서 완전히 개별적으로 끝나는 전통적 시험과 달리 수행과제는 시간이 흐르면서 이루어진다. 따라서 학생들은 서로를 도울 기회가 많아지고 교사들은 여러 가지 수준의 지침과 피드백을 제공할 수도 있다. 과제가 단일 결과물에 대해 학생들의 공동 작업을 수반할 때 그 문제는 강화된다.

이러한 경우에 개인별 결과에 대한 타당도는 쉽게 위태로워진다. 공동 작업과 교사 투입이 많아질수록 개별 학생이 실제로 무엇을 이해하는지와 스스로 무엇을 할 수 있는지에 대한 확신이 적어진다. 일반적으로, 수행과제는 각 학생의 기능, 지식 그리고 이해를 정확하게 확인할 수 없다면 개별 학생에 대해서는 타당성이 없다.

다음과 같은 경우 평가과제는 개별 학생에 대한 타당한 평가 증거를 제공하지 못한다.

- 중요한 대화와 그룹 프로젝트를 수반한다. 그래서 그 작업이 개별 성취가 아니라 단지 집단의 성취만을 드러낸다.
- 학생들 간, 교사와의 지속적인 상호작용을 요구한다. 그래서 각 학생의 독립적이고 개인적인 성취에 대한 증거가 부족하다.

복잡한 과제나 프로젝트를 사용할 때 각 학생에 대한 적절한 평가 증거를 성취할 수 있게 하는 몇 가지 방법이 있다.

- 과제가 학생 한 명당 적어도 한 가지 개인 결과물을 포함하도록 과제를 다시 설계하라.
- 같은 내용에 대해서는 과제 또는 프로젝트에 대해 개인별 유사 평가를 사용하라(예를 들어, 시험 혹은 미니 과제).
- 만약 공동 작업이 목표가 된 결과물이라면, 팀워크의 효율성을 평가하기 위한 채점 기준을 사용하라. 그리고 내용 결과물과 연관되는 별개의 채점 기준을 사용하라.
- 만약 학생들이 과제를 하는 동안 도움을 받는다면, 학생 자율성의 정도를 서술하는 채점 기준을 포함하라.

(Wiggins & McTighe, 2011, 모듈 G; Wiggins & McTighe, 2012, 모듈 J & M 참조)

문제 15. 평가 준거 또는 채점 기준이 타당하지 않다.

개방형 수행과제 또는 프로젝트를 포함하는 단원은 학생 수행을 판단하기 위한 적절한 평가 준거 또는 채점 기준을 요구한다. 어떤 경우에는 그 과제에 첨부된 준거나 채점 기준이 목표에 맞추어지지 않아서 타당하지 않은 평가를 하게 한다. 이 문제는 특히 평가 준거 또는 채점 기준이 피상적 특징(예: 단어의 수, 말의 적절함, 오류의 수) 또는 임의적인 요구 사항(예: 에세이에서 다섯 단락)에 초점이 맞추어져 있을 때 명백하다. 이 문제의 다른 예는 연구논문이 네 개의 출처가 인용되면 4를 받고 세 개의 출처가 인용되면 3을 받는 "손가락을 꼽아 세는" 채점 기준에서 보인다. 이 경우 수행 평가는 질, 참여도, 자료의 적절성과 상관없이 헤아리기 쉬운 출처의 숫자에 근거를 둔다.

연관된 평가 준거와 채점 기준이 적절하도록 평가를 개정할 몇 가지 방법이 있다. 단원 평가를 계획할 때 과제나 프로젝트(2단계)의 자세한 사항이 아니라 단원 목표(즉, 1단계에서 목표가 된 기준/결과)에 초점을 맞추어서 시작할 것을 권장한다. 단원 목표가 과제를 통해 평가된다면 성공적인 수행과 이해와 연관된 주요 특성을 확인하라. 예를 들어, 수학 과제에서 우리는 개념의 효과적인 적용, 충분한 수학적 추론, 계산의 정확성, 그리고 풀이 과정에 대한 자세한 설명을 찾을지도 모른다. 이러한 것들은 수행이 이 준거를 충족시키기 때문에 타당성이 있다.

이러한 주요 특징이 정해지면 다양한 이해, 능숙도, 질의 정도를 묘사하는 좀 더 상세한 채점 기준을 구체화할 수 있다. 예를 들어, 논증의 질의 측면에서 학생 이해를 평가하는 채점 기준이 여기 있다.

1. 대단히 논리 정연하고, 정확하고, 전적으로 지지된다. 모든 주요 주장은 복잡하고 충분한 추론뿐만 아니라 적절하고, 철저하고, 강력한 증거에 의해 지지된다. 중요한 대체 관점이 가장 핵심적인 반론과 반증을 통해 제시되고 타당하고 충분하게 다루어진다.
2. 대체적으로 논리 정연하고, 정확하고, 지지된다. 추론과 증거에 있어 실수가 심각하지는 않으나 그 실수로 그 논쟁의 전체적인 질이 약간 떨어진다. 대체 관점이 반론과 반증을 통해 제시된다.
3. 논리나 증거에 있어서의 실수와 공백이 있고 약간의 오류를 포함한다. 논쟁이 있으나 주요 주장이 충분하거나 적절한 뒷받침 없이 이루어진다. 그것을 지지할 완전한 논리 없이 결론에 이른 추론에 있어 틈이 있을지도 모른다. 대체 관점은 반론과 반증을 통해 제시될 수도 있지만 그 처리가 피상적이고 유효하지 않다.
4. 추론과 제시된 증거에 있어 중요하고 뚜렷한 약점이 있다. 주요 주장에 대한 논쟁이 이루어지지 않고 그냥 언급되기만 하며 결론이 근거가 없다. 다른 관점에 대한 진지한 검토가 거의 또는 전혀 이루어지지 않는다.

NS(점수를 매길 수 없음)—논리 정연한 주장, 논쟁, 결론이 제시되지 않음.

Note: 기준 문서에서 타당한 준거를 확인하는 단순한 전략은 기준에서 동사를 변경하는 부사와 형용사(예: 빈틈없는 설명, 논리적 추론, 충분한 증거)를 보고 이러한 준거에 대해 명쾌하게 채점 기준을 만드는 것이다.

단원에서 준거와 채점 기준을 점검하는 두 번째 과정은 학생 작품을 평가하는 데 그것을 사용하는 것이다. 여기 개별 교사 또는 한 팀에 의해 사용될 수 있는 한 가지 프로토콜이 있다. 학생 작품을 점검하고 그 샘플(견본)을 매우 우수, 우수, 양호, 미흡에 배치하라. 학생 작품이 분류되면 그 이유를 적어라. 예를 들어, 선택된 작품이 '매우 우수'라면 두드러진 특징을 서술하라. 이 작품이 질이 좀 낮은 작품보다 어떤 다른 특징이 있는가? 무엇이 이 작품을 눈에 띄게 만드는가? 이 작품을 돌려줄 때 학생에게 어떤 구체적인 피드백을 줄 것인가? 분류 목록에 새로운 것을 추가할 수 없을 때까지 학생 작품을 계속 분류하라. 여러분이 확인한 것들이 가장 핵심적인 특징이며 중요 평가 준거임을 밝힌다.

관련 해결책을 위해 문제 10과 문제 11을 참조하라.

(Wiggins & McTighe, 2012, 모듈 J & M 참조)

4 학습 계획의 문제(3단계)

문제 16. 제안된 학습 계획이 목표로 하는 이해와 본질적 질문을 다루지 않는다.

많은 단원은 하나 이상의 이해와 본질적 질문을 목표에 넣는다. 그러나 관련된 학습 계획이 항상 그것을 충분히 평가하지는 않는다. 질문들이 지속적인 탐구를 개발하고 집중해야 한다는 것을 쉽게 잊어버린다. 또한 학생들이 이해를 연역하도록 돕는 대신에 단지 이해를 '말하는' 함정에 빠지기 쉽다. 너무 자주, 질문과 이해에서 구체화되는 빅 아이디어들이 학생 '의미 만들기'에 유용한 것으로 제공되기보다 교사에 의해 그냥 제시된다.

본질적 질문을 이행하는 데 실패했음을 알리는 지표를 다음과 같은 질문들에서 볼 수 있다.

- 칠판에 그냥 게시되고 가끔 교사에 의해 언급된다. 그러나 탐구, 연관, 반응을 만들어 내기 위해 학생들이 그 질문을 사용하도록 요구하는 활동이나 과제가 없다.

- 형성 평가나 총괄 평가에서 학생들에 의해 다루어지지 않는다.
- 이전 답을 다시 생각할 필요가 있는 교재, 경험, 이슈에서 다시 제기되지 않는다.
- 너무 많아서 단원 전반에 걸쳐서 유의미하게 다루어질 수 없다.

학습 계획은 교사가 아래와 같이 하는 경우, 학생이 끌어내는 주요 추론으로서 바람직한 이해를 다루는 데 실패한다.

- 이해를 게시하고 언급한다. 하지만 학생들은 자신들의 결론을 도출하도록 요구되지 않는다.
- 이해를, 어렵게 얻은 추론이기보다 쉽게 얻을 수 있는 것처럼 제시한다.
- 학생들에게 적극적으로 '의미 만들기'를 할 시간을 주지 않는다—학생들이 곰곰이 생각하고 추론을 만들어 내고 테스트하고 학습을 새로운 상황에 적용할 시간이 할당되지 않는다.
- 학생들이 학습했던 것을 처리할 시간을 주지만 학생들의 언급이 적절한지 그리고 진정한 이해를 나타내는지 분석되고 탐색되기보다 단지 수용된다.

본질적 질문을 학생 이해를 개발하고 심화하기 위한 중심 전략으로 만들기 위한 몇 가지 제안이 여기 있다.

- 학생이 중요한 것으로 이해해야 할 빅 아이디어와 연결된 몇 가지 본질적 질문과 관련해 단원의 내용을 설계하라.
- 본질적 질문들을 교실에서 눈에 잘 띄게 게시하고 새로운 텍스트, 활동, 경험을 묻는 데 그것들을 규칙적으로 사용하라.
- 학생들이 계속해서 본질적 질문을 묻고 답하도록 요구하라.
- 단원을 시작할 때 본질적 질문을 사전 과제와 선행 조직자로 사용하라. 그리고 이해를 점검하는 형성 평가로 학생들이 그 질문들에 답하게 하라.
- "왜?" "너의 생각을 말해 봐." "동의하지 않는 사람?" "너의 입장을 지지할 어떤 증거가 있니?"와 같은 질문들을 하면서 후속 질문과 조사를 사용하라.
- 학생들이 본질적 질문에서 자신들의 질문들을 만들어 내게 하라.

(Wiggins & McTighe, 2011, 모듈 H; Wiggins & McTighe, 2012, 모듈 K 참조)

문제 17. 단원이 사전 평가를 포함하지 않는다.

어떤 단원에서는 학습 계획(3단계)이 단지 다루어져야 할 내용(가끔씩 교재의 장 또는 인용하는 페이지와 함께)의 순차적인 목록 또는 각 단원별 주요 학습활동의 요약을 제시할 뿐이다. 교사가 무엇을 가르칠 것인지 또는 학생들이 무엇을 할 것인지로 시작하는 것은 효과적인 학습의 필수적인 구성 요소인 선행지식을 결정하는 것을 놓친다. 이 문제에 관한 연구는 매우 명백하다. 즉, 새로운 새로운 학습이 학습자가 이미 알고 있는(또는 알고 있다고 생각하는) 것에 의해 상당히 영향을 받는다. 따라서 교사들은 학생들이 새로운 주제, 개념 또는 기능에 대해 무엇을 아는지 또는 알고 있다고 생각하는지 반드시 알아내야 한다. 다행히 효과적인 사전 평가 기술이 있어서 선행지식과 기능 수준을 알아내는 데 사용할 수 있다. 이는 사전 테스트, 기능 점검, K-W-L 그리고 그래픽 표현을 포함한다.

특히 가치 있는 사전 평가는 잠재적 오해를 대상으로 한다. 연구와 경험은 어떤 학생들이 주제에 대한 오해의 형태로 선행지식을 가지고 학교에 온다는 것을 보여 준다(예: 무거운 물체가 가벼운 물체보다 빨리 떨어진다고 생각한다거나 책에 적힌 내용은 사실임에 틀림없다고 믿는 것). 교사들이 이러한 잘못된 생각을 밝히고 자세하게 말하는 것은 대단히 중요하다. 그렇게 하지 않으면 학생들이 결함이 있는 기초 위에 새로운 지식을 층층이 쌓는 결과를 낳기 쉽다. 실제로 만약 교사들이 잠재적 오해를 확인하지 않으면 이 잘못된 생각은 심지어 좋은 가르침에도 불구하고 지속될 것 같다.

오해 점검은 새로운 단원이 시작될 때 학생들이 동의 또는 반대하는 진술 또는 보기로 제시될 수 있다. 참/거짓, 찬성/반대, 빠른 반응을 모으는 (clicker라고 알려진) 학생 반응 시스템과 같은 방법을 사용하라. 그 결과는 교사들이 수정이 필요한 지배적인 오해를 알 수 있도록 도와주는 매우 유용한 정보를 제공한다.

요컨대, 단원 계획이 잠재적 오해를 점검하는 것을 포함한 적절한 사전 평가를 포함할 것을 추천한다. 사전 평가를 통해 얻은 정보는 교사로 하여금 교수의 최상의 시작점을 결정하는 것이 가능하도록 해 준다. 또한 교사가 학생의 지식과 기능 수준에 있어 차이를 다루는 데 어떤 차별화가 필요한지를 결정할 수도 있다. 만약 목표가 학습을 최대화하는 것이라면 새로운 내용을 소개하기 전에 사전 평가하는 데 시간을 쓰는 것이 결국 시간을 아끼게 될 것이다. 왜냐하면 교사들은 학생들이 이미 알고 있는 것은 건너뛰고 아직 이해하지 못한 것을 목표로 할 수 있기 때문이다.

관련 해결책을 위해 문제 19를 참조하라.

(Wiggins & McTighe, 2012, 모듈 N 참조)

문제 18. 단원 계획이 가능한 오해나 예견할 수 있는 오해를 예측하고 점검하지 못한다.

교육적 연구는 사전 지식이 새로운 학습에 중요한 역할을 한다는 것을 오랫동안 확신해 왔다. 최근 몇 년, 학습자들이 종종 예견할 수 있는 지속적인 오해를 가지고 있고 이러한 것들이 이해를 방해한다는 인식에 더 큰 관심이 기울여지고 있다. 분명하고 초점이 맞추어진 가르침에도 불구하고, 학생들은 종종 이전의 순진한 개념에 의지하는 것을 지속한다.

잘못된 이해(오해)는 모든 과목에 존재한다. 여기 몇 가지가 있다.

- 등호 표시(=)는 "답을 찾는다."를 뜻한다.
- 작가들은 항상 그들이 의도하는 것을 쓴다.
- 태양이 지구에 가깝게 있기 때문에 여름에 더 덥다.
- 과거의 사람들은 우리가 하는 대로 생각했다.

현명하고 경험 있는 교사들은 형성 평가와 학습 계획 전반에 걸친 오해를 예측해서 다룬다. 단원 계획이 다음과 같을 때 오해를 예견하고 가늠하지 못할 것이 분명하다.

- 예측할 수 있는 오해를 확인할 기회를 제공하지 않는다.
- 잠재적 오해를 진단할 수 있는 사전 평가를 포함하지 않는다.
- 학생들이 오해를 극복하는지를 결정할 수 있는 지속적인 형성 평가를 포함하지 않는다.
- 별개의 사실과 기능만을 테스트하는 계획된 평가를 포함한다. 그러한 평가는 학생들이 주제의 빅 아이디어에 관한 공통적인 오해를 극복하고 있는지를 측정할 수 없다.

단원 계획에서 예측 가능한 오해를 확인하고 다루기 위한 제안이 몇 가지 있다.

- 학생들이 그 단원에 가지고 올 예상되는 오해나 순진한 생각을 확인하라. 가르치기 전에 학년별로 분류되지 않은 사전 평가에서 이것들을 표적으로 삼아라. 학생들이 그것을 극복하는지 보기 위해 사후 테스트를 하라.
- 단순히 주어진 예시에 대한 답을 암기하는 것과는 반대로 학생들이 새로운 이해를 성취했는지 알아보기 위해 다른 말을 사용하고, 스캐폴딩이 덜 된, 다양한 후속 질문을 해라.
- 흔한 오해와 평가 목록을 인터넷으로 검색하라(예: 과학의 경우 http://assessment. aaas. org/topics).

(Wiggins & McTighe, 2012, 모듈 N 참조)

문제 19. 단원이 지속적인 형성 평가가 결여되어 있다.

형성 평가의 목적은 교사와 학습자 모두에게 어떤 것이 이루어지고 있고 어떤 조정이 필요한지 알려 주고 피드백을 제공하는 것이다. 우리는 피드백은 개선과 성취에 필수적이라는 것을 알고 있다. 자전거 타기를 배울 때, 골프 스윙을 완벽하게 하려고 할 때, 새로운 요리를 할 때, 글을 쓸 때 모두 피드백이 필요하다. 이것을 알고 있음에도 불구하고, 너무나도 많은 단원 계획이 형성 평가에 주의를 기울이지 않고 있음을 본다.

형성 평가를 생략하는 이유는 다양하다. 어떤 교사들은 단순히 다루어야 할 내용이 너무 많아서 진도를 나가느라 평가를 할 시간이 충분하지 않다고 한다. 예비 교사 프로그램에서 형성 평가 전략에 대해 배워 본 적이 없다면 그럴 수도 있다. 어떤 교사들은 학생들이 "직업을 가질 수 있도록" "인도하는 것"만이 그들이 할 일이라고 믿을 수도 있다. 다른 교사들은 지역의 중간 또는 기준점 평가가 그들이 필요한 전부라고 느낄지도 모른다. 그 설명에도 불구하고, 형성 평가를 생략한 일련의 단원들은 효과적인 교수의 중대한 차원을 놓치고 있는 것이다.

이 누락을 바로잡기 위해서 수행 기반 과목들(예: 예술, 체육과 운동 경기, 직업 기술 과정)에 있어 교사들로 하여금 그들의 동료 교사를 관찰하고 교육과정 외 활동(예: 운동, 밴드, 신문 그리고 논쟁)의 코치와 후원자들을 관찰하도록 격려한다. 성공적인 운동 코치는 경기가 끝날 때까지 팀이 하는 일을 보고 피드백을 통해 조정할 수 있다. 코칭의 본질은 연습을 하는 동안 기능과 기술을 개선하도록 개별 선수들과 팀에 지속적인 피드백을 주는 것이다. 연습하는 동안의 지속적 평가와 피드백은 개선된 게임 수행으로 가는 경로이다. 학교 교실에서도 그래야 한다.

진행 중인 학습을 평가하는 것은 다양한 방법으로 이루어질 수 있다. 교사 질문, 학습하는 동안 학생 관찰, 학생 작품 검사를 포함한다. 그런 진행 중의 평가는 즉각적인 피드백을 제공하며 교사들이 어떤 학생이 어려움을 겪고 있는지, 어떤 학생이 잘하고 있는지, 어떤 조정이 필요한지를 알게 한다. 다른 접근 방식은 손짓 신호, 화이트보드, 학생 반응 시스템(clicker라고 알려진), 출구표,[4] 개념 지도, 그리고 학습 요약을 포함한다. 이러한 종류의 평가는 단원 계획의 일부가 되어서 규칙적으로 사용되어야 한다. 다시 말해서, 조정하기 위한 시간이 없다고 느끼지 않도록 평가와 그 결과의 활용을 위한 추가 시간을 고정시켜라. 형성 평가가 평가를 위한 것이 아니라 정보를 주기 위한 것이기 때문에 교사들은 형성 평가 결과를 최종 성적 계산 요소에 넣지 않아야 한다.

형성 평가는 교사들과 학생들에게 피드백을 제공함으로써 정보를 주기 위한 것임을 기억해라. 효과적인 피드백은 시기적절하고, 구체적이고, 학습자가 이해 가능해야 한다. 여기 간단한 테스트가 있다. 여러분의 피드백에 기반하여 학생들에게 자신들이 구체적으로 어떤 것을 잘했는지, 그들이 어떤 것을 개선해야 한다고 했는지 말해 보라고 하라. 만약 학생들이 말할 수 없으면 그 피드백은 충분히 구체적이지 않거나 학생들에게 이해 가능한 피드백이 아니다.

관련 해결책을 위해 문제 10과 문제 16을 참조하라.

(Wiggins & McTighe, 2012, 모듈 N 참조)

문제 20. 단원 계획이 조정을 위해 필요한 시간을 포함하지 않는다.

방대한 양의 내용을 다루어야 한다는 압박감으로 교사들은 종종 단원을 촘촘하게 설계한다. 그래서 거의 불가피한 차질과 예상하지 못한 장애 요소들을 다룰 시간을 조금 또는 전혀 할당하지 못한다. 몇 달 이상 가르친 사람은 누구나 예정된 학교 행사(예: 학생회 활동, 현장 체험학습)뿐만 아니라 예상치 못한 장애 요소(예: 화재 대피 훈련 그리고 폭설로 인한 휴일)가 소중한 교육 시간을 침범한다는 것을 인식한다. 더구나 가장 잘 계획된 수업과 능숙한 교수도 모든 학습자가 그것을 얻는다고 보장하지 못한다. 그러나 고

4) exit slips. 수업 후에 교사가 제시하는 간편 질문지에 학생들이 응답하는 반응지(quick informal assessment).

정된 탄력 시간이 없기 때문에 교사들은 계속 다음 단원으로 넘어가야 한다는 큰 압박감을 느끼고 적절하게 학습되지 않은 것을 다시 가르치기를 꺼려한다. 이 문제는 교사들이 엄격한 진도 안내를 따라야 할 때 악화된다.

조정을 위해 탄력적 시간이 불충분하다는 것을 나타내는 지표는 다음과 같다.

- 단원 복습을 한다는 것은 그 단원 동안 매일, 매분을 위한 계획이 되어 있다는 것이다.
- 지속적인 이해 못함 또는 중요 기능 부족을 나타내는 평가 결과에도 불구하고 새로운 주제를 소개한다.
- 학생 표정과 몸짓 언어 조사가 뭔가 잘되고 있지 않다는 것을 나타낸다.
- 흥미로운 사실을 보여 주는 형성 평가를 사용하지 않는다. 최상의 다음 단계를 위해 결과가 충분히 고려되지 않는다.
- 교사가 다시 가르치거나 학생들이 다시 해 볼 기회가 부족하다.

연구가 명료해지면서 좋은 피드백과 그것을 사용할 기회는 진정한 이해와 지속적인 배움을 이루는 접근법 중 가장 높은 산출을 이루는 것 중 하나가 되었다. 그래서 여러분이 좀 더 많은 학생에게서 높은 배움의 수준을 원한다면 자꾸 압박하려는 충동에 저항하라.

이 문제를 다루는 데 있어 충고는 간단하지만 강력하다. 각 단원에 예정에 없던 하루 또는 이틀을 배정하라. 그리고 그 시간의 목적은 형성 평가 결과를 활용해 필요한 조정을 해서 학습을 향상시키는 것이다(우리의 교사 친구는 이것을 교육과정에 "과속 방지턱"을 세우는 것으로 묘사한다). 단원 계획에 조정을 위한 시간을 포함시킴으로써 효과적 가르침과 배움의 부드러운 특성을 인식할 것이고, 내용 다루기 또는 강제 스케줄이 학습의 흐름을 좌우하는 것을 피하게 된다.

(Wiggins & McTighe, 2012, 모듈 O 참조)

문제 21. 학습 순서가 너무 직선적이고 학습자들을 지루하게 하거나 혼란스럽게 한다.

어떤 교육과정 계획은 한 챕터씩 교재 연속적으로 나가기 그 이상이 아님을 보여 준다. 그러나 잠시만 멈추어서 생각해 보라. 가장 유의미하게 매력적이며 딥 러닝으로 인도하는 것이 그 순서인가? 운동 경기, 예술, 공학, 기술, 비즈니스에서 학습이 펼쳐지는 방식일까? 가장 재미있는 책과 영화는 그런 코스를 따라가는가? 그렇지 않은 것 같다. 스포츠에서 여러분은 게임을 하기 위해 운동장에 서기 전 처음 몇 년 동안 전후 관계와 상관없이 단지 규칙과 기본 기능만 익히지는 않는다. 예술에서 여러분이 그림을 그릴 준비가 될 때까지 색상환을 암기하고 붓에 대해 배워야 할 필요가 없다. 심도 있게 가는 모든 과정에서 빅 아이디어와 수행 요구를 반복적으로 다시 논의한다. 이를 '나선형 교육과정'이라 한다.

단순히 일련의 지식을 연속적으로 나아가는 단원 계획은 그것이 교재의 챕터거나 기준 목록이거나 학습의 적절한 순서에 대한 혼란을 드러낸다. 교재는 사전과 컴퓨터 사용 매뉴얼처럼 주제의 논리적 순서에 의해 구성된다. 하지만 여러분은 그 사전이나 매뉴얼을 처음부터 끝까지 읽지는 않을 것이다. 질문에 답하거나 문제를 해결하기 위해서 필요에 따른, 또는 흥미에 따른 이유로 그것을 참조할 것이다.

교수 순서와 참여 간의 관계는 분명하다. 수십 년간 학생들은 예술, 과학("직접 해 보는" 방식으로 가르쳐질 때), 운동 경기, 기술이 그들이 가장 좋아하는 과목임을 확인했다. 왜 그런가? 학습자들은 시작부터 그들이 학습하는 것을 사용하는 데 몰두하기 때문이다. 가장 효과적인 교수방법은 직선적인 것이 아니라 반복하는 것이다. 그리고 학생들은 중요한 아이디어, 과정, 그리고 질문을 다시 논의할 때 향상된다.

학습 순서가 다음과 같을 때는 최적이 아니다.

- 다루어야 할 주제별로 구성되어 있을 때
- 직선적일 때, 즉 모든 것이 한 번만 다루어지고, 한 단계씩 그리고 피상적일 때
- 교재와 정확히 맞추어 나가서 사전이나 매뉴얼처럼 포괄적인 자료가 될 때
- 학습이 매주 어떻게 흘러가는가에 관해 학생들에게 설명할 수 없을 때

여러분의 단원 계획과 가르침에서 이 문제를 인식한다면, 학생들을 당장 낚을 수 있는 더 나은 방법에 대해 차례로 배열하는 다양한 접근을 시도해서, 그들이 하나가 다른 하나로 이끈다는 것을 알아서, 학생들이 단원 전반에 걸쳐서 흥미를 가지고 집중할 수 있게 도와주기를 권장한다. 더 많은 집중과 딥 러닝을 유발하기 위한 순서를 다시 생각하도록 하는 제안이 몇 가지 있다.

- 진지하게 생각하도록 만드는 문제, 활동 또는 주요 이슈를 제기하는 경험으로 단원

을 시작하라.

- 각 내용 단위를 배운 후 본질적 질문으로 여러 번 돌아가서 더 큰 일관성과 깊이를 성취하게 하라.
- 다큐멘터리 영화를 보면서 어떻게 보는 사람들의 흥미를 돋우고 그 흥미를 유지시키는지 몇 가지 테크닉을 빌려라. (힌트: 내용을 다루는 것과는 대조적으로 스토리를 이야기하는 것처럼 여러분의 교육과정에 대해 생각하라.)
- 코치처럼 생각해서 운동이나 교육과정 외 활동처럼 되게 하라. 코칭의 전형적인 순서를 여러분의 교안에 적용하라. 코칭 상황에서의 거의 모든 연습은 모델링을 통한 기능 학습과 진정성 있는 수행을 동반한 즉각적 적용과 함께 하는 연습이 섞여 있다.

(Wiggins & McTighe, 2011, 모듈 H; Wiggins & McTighe, 2012, 모듈 O 참조)

문제 22. 학습 계획이 학생이 학습한 것을 전이시키도록 적절히 준비시키지 못한다.

우리는 교사들에게 각 단원 계획에서 학습자가 그들의 학습을 진짜 상황으로 전이시키도록 요구하는 하나 이상의 수행과제를 포함하도록 권장한다. 전형적으로 이러한 과제는 단원의 끝이나 거의 끝나 갈 때 일어나며, 학생의 이해에 대한 증거와 학습을 유의미한 방법으로 적용할 수 있는 능력의 증거를 제공한다. 이상적으로 교사들은 그들의 매일 행해지는 학습 계획을 과제의 요구에서부터 '백워드로' 개발하게 될 것이다.

우리의 경험상 이 이상적인 일이 항상 일어나지는 않는다. 어떤 교사들은 그들의 교수를 전혀 바꾸지 않고서 단원의 끝에 진짜 수행을 추가한다. 다시 말해서, 수행과제가 필요한 준비 없이 단원의 마지막에 그냥 수업에 주어진다. 이를 운동 경기에 비유해 보라. 코치가 선수들에게 단순히 단발적인 기능에 공을 들이고, 그 규칙을 점검하게만 하고, 선수들이 게임 당일까지 코트나 필드에 들어가는 것을 허락하지 않는다는 걸 상상해 보라. 예측컨대, 그들의 수행은 실망스러울 것이다. 불행하게도 학생들로 하여금 복잡한 수행을 준비하게 하는 대신에 교사들이 내용을 다루는 데만 집중할 때 학교 교실에서 동등한 것을 보게 된다.

여기 학생들이 단원 수행과제에 대해 적절한 준비가 결여되었다는 몇 가지 지표가 있다.

- 학생들이 전이를 요구하는 수행과제를 잘 못 한다.
- 학생들이 과제를 어떻게 수행해야 하는지에 대해, 특히 "우리는 무엇을 해야 하나요?" "이게 선생님이 원하시는 거예요?"와 같은 질문을 한다.
- 학생들이 필요한 모든 것이 갖추어진 과제에 참여할 기회를 가지지 못한다. 비유적으로, 선수들이 진짜 게임을 하기 전에 연습 경기를 한 번도 하지 않는 것이다.

전이를 수반하는 진정한 수행을 위해 운동 경기와 예술의 코치가 어떻게 학생들을 준비시키는지 생각해 보라. 이런 코치들은 단발적인 기능만 가르치거나 연습시키지 않는다. 또한 그러한 연습이 자동으로 게임이나 수행으로 전이될 것이라고 기대하지도 않는다. 그들은 게임, 경기, 발표회를 위해 준비하도록 하기 위해 선수, 예술가, 학생들이 연습 경기에 참여하고 총연습을 하게 한다. 우리는 교사들이 코치처럼 생각하고 행동하도록 권장한다.

전이 수행을 위해 학생들을 개발하고 준비시키기 위한 몇 가지 제안을 한다.

- 학생들이 그들의 학습을 적용 또는 전이시키도록 요구하는 한 가지 이상의 수행과제를 선택하거나 개발하라.
- 요구 사항을 위해 과제를 분석해서 필수 지식, 기능 그리고 전략을 가르쳐라. 예를 들어, 학생들이 무엇을 알아야 하는가? 어떤 기능이 필요한가? 수행을 잘하기 위해 무엇을 이해해야 할 필요가 있는가? 어떤 전략이 중요할 것인가?
- 학생들이 기대되는 수행을 알 수 있도록 궁극의 수행과제를 간단히 소개하라. 학생들이 기대치에 대해 분명히 알도록 관련 채점 기준과 수행 모델을 보여 주어라.
- 과제 요구를 감안하여 학생들의 사전 지식, 기능, 이해를 결정하기 위해 학생들을 사전 평가하라.
- 성공적 수행을 위해 학생들에게 필요한 지식, 기능, 그리고 이해에 기반한 가르침을 계획하라. 사전 평가 결과에 따라 필요에 따라 지침을 차별화한다.
- 학생들에게 하나 또는 그 이상의 미니 과제—덜 복잡하거나 궁극의 수행과제의 다양한 버전—를 제시하고 피드백과 함께 안내가 있는 연습(guided practice)에 사용하라.
- 학생들이 실제에 부딪히기 전에 유사한 과제—운동 경기의 연습 경기나 연극이나 밴드의 최종 연습과 동일한 것—로 연습하게 하라.

(Wiggins & McTighe, 2011, 모듈 E & H; Wiggins & McTighe, 2012, 모듈 N 참조)

문제 23. 학습 계획이 차별화되어 있지 않다.

어떤 단원은 표준화된 계획을 제공하고 그에 따라 모든 학생이 같은 날 같은 방식으로 같은 것을 배운다. 이렇게 하는 것이 교사에게는 효율적일지 모르지만 두루 적용되도록 만든 학습 계획이 우리가 가르치는 다양한 학습자들에게 최적일 것 같지는 않다. 실제로 대부분의 수업은 배경 경험, 사전 지식, 기능 수준에 있어 현저한 차이를 보이는 학생들을 포함한다. 어떤 학교에서는 커다란 문화적 차이와 성차가 영향을 끼칠 수도 있다. 심지어 '수준별 집단'으로 이루어진 수업에서도 학습자들은 흥미와 선호하는 학습방법에 따라 다양할 수 있다.

차이를 수용하고 개별 학습자를 충족시키기 위해서 유능한 교사들은 단원 계획을 차별화한다. 단원 계획은 세 가지 차원에 따라 차별 가능하다. (1) 투입: 내용이 어떻게 제시되며 이용되는가. (2) 과정: 다양한 학습활동과 학생들이 어떻게 학습하는가. (3) 결과물: 학생들이 과제와 평가에 있어 학습 결과로 어떤 것을 만들어 내는가.

'누구를 위하여'를 '무엇'과 '어떻게'와 구별하는 것에 관한 결정이 사전 평가와 형성 평가에 의해 제공된 정보의 결과로서 만들어질 수 있다. 그래서 그런 평가를 단원 계획에 넣고 그들의 교수와 평가를 맞추는 데 그 정보를 사용하는 것이 교사들에게 매우 중요하다.

우리의 교육과정 계획이 다양한 학습자들에게 호응받기를 바라지만 한 단원에서 모든 것이 차별화될 필요는 없다. 일반적으로, 확인된 기준이 모든 학습자(개별화된 교육계획을 가지고 있는 학생들은 제외하고)에게 목표가 되어야 한다고 제안한다. 또한 같은 본질적 질문을 전체 학급에 사용할 것을 추천한다. 그렇지만 학생들이 사전 지식과 기능 수준이 다양하기 때문에 사전 평가가 기능의 차이나 오개념을 드러낼 때 약간의 차별화가 필요할 수도 있다.

우리가 필요한 평가 증거가 확인된 단원 목표에서 나와서 학생별로 두드러지게 다양해서는 안 된다. 그러나 평가의 세부 사항은 비교 가능한 증거를 얻을 수 있는 한, 학생들의 특이성을 수용하기 위해 차별화될 수도 있다. 예를 들어, 학생이 집에서 사용하는 언어가 학교에서 사용하는 공식 언어가 아닌 학생은 과학의 개념에 대한 지필 평가를 통과하지 못할 수 있다. 하지만 개념을 시각적으로 보여 주거나 말로 설명하는 것이 허락된다면, 그 학생은 그 개념을 이해하고 있다는 것을 나타낼 수도 있다.

단원 계획을 차별화하도록 추천하는 것이, 모든 학습자의 특별한 필요와 흥미를 충족시키기 위해 교사가 교수법을 개별화하도록 기대된다는 것을 의미하지는 않는다. 그것은 대부분의 교사들에게 실현 가능하지 않을 것이다. 오히려 처리 가능하고 최대수의 학생들에게 가장 높은 수확을 낳을 것 같은 방식으로 교사들이 단원 계획을 맞추도록 권장한다.

(Wiggins & McTighe, 2012, 모듈 N 참조)

문제 24. 학생의 자율성과 학습의 전이를 증가시키기 위한 계획이 없다.

교육 목표는 단지 교사의 의해 제시되는 대로 어떤 것을 배우는 것이 아니다. 교육 목표는 학습의 자율적인 전이다—학생들이 학교 안팎에서 독립적으로 학습을 새로운 도전에 적응할 수 있는 것이다. 굉장히 많은 학생이 세상에서 마주할 새롭고 골치 아픈 도전을 다루거나 이전의 학습을 새로운 도전에 적용할 능력 없이 K−12 교육을 마친다. 학생들은 무엇을 해야 하는지, 어떻게 해야 하는지를 듣는 데 익숙해 있어서 해결을 위한 단계별 계획이 없는 문제, 조사 또는 도전을 다룬 경험이 없다. 더 힘들게 하는 것은 학교에 있는 기간 동안 이 문제에 관여하지 않는다는 것이다.

학생 자율성과 전이를 증가시키기 위한 계획이 결핍되어 있다는 지표들은 다음과 같다.

- 익숙하고, 잘 갖추어지고, 안내된 이전 과제는 잘 수행했음에도 판단과 학습의 전이를 요구하는 새로운 과제에 대해서는 학생 수행이 제대로 이루어지지 않음.
- 과정과 단원의 내용이 더 힘들어질 수도 있는데 학생 자율성, 선택 또는 자기주도적인 학습의 증가가 적거나 없음.
- 학생이 판단력과 자율성을 사용할 기회가 매우 적음; 과제와 평가가 단원과 과정 전반에 걸쳐 매우 규제가 심함.

'교사 책임의 점진적인 이양'이라는 문구는 어떤 일이 일어나야 하는지를 요약하는 말이다. 여기 교사의 안내를 줄이고 학생의 자율성을 증가시키기 위한 네 단계 기본 규약이 있다. "내가 하고, 당신은 지켜본다. 내가 하고, 당신은 도와준다. 당신이 하고, 내가 도와준다. 당신이 하고, 내가 지켜본다." 장점은 어떻게 혼자 힘으로 배우는지 더 많은 학생들이 알수록, 교사가 돕거나, 스캐폴딩하거나, 암시가 허락되지 않는 표준화된 검사에서 학생들이 더 잘한다는 것이다.

학습에서 학생 자율성을 개발하고 증가시키기 위한 몇 가지 제안이 있다.

- 한 해의 마지막 단원에서부터 '백워드로' 설계하라. 학년 말에는 과정의 핵심에 있는 복잡한 과제를 해결하는 데 있어 학생들이 자기주도적으로 해야 할 것이다. 교사가 한 해 동안 단원을 계획하면서 유념하여 점진적으로 책임을 학생들에게 이양하면서 학생들은 자기주도학습에 필요한 기술을 개발하게 된다.
- 그해가 진행되면서 독립적으로 행해져야 할 수업의 수와 깊이를 증가시켜라.
- 과제를 완성하는 데 교사의 도움이 얼마나 많이 필요한지를 설명하는 채점 기준을 사용하라. 예를 들어, '교사의 도움 없이 과제를 독립적으로 완성했다.' '약간의 교사의 암시(상기자극)를 사용하여 완성했다.' '교사의 도움을 많이 받아 완성했다.' '단계별로 내내 교사의 도움으로 완성했다.' 등이 있다. 다른 채점 기준에도 사용해서 학생들이 그 해의 과정 동안 그것을 인식하도록 해라. 목표는 복잡한 과제에 있어 학생 자율성과 자기주도성을 증가시키는 것이다.

(Wiggins & McTighe, 2011, 모듈 E & H; Wiggins & McTighe, 2012, 모듈 N 참조)

문제 25. 학습 계획이 목표 및 평가와 연계되어 있지 않다.

우수한 단원 설계의 주요 특징 중 하나는 일관성이다. 즉, 모든 단원의 구성 요소가 완전히 연계되어 있다. 더 구체적으로, 평가가 모든 확인된 단원 목표에 타당한 증거를 제공하며 수업, 그리고 학습의 순서가 잘 짜여서 학습자들이 원하는 결과를 이루게 한다. 게다가 단원 설계의 목적과 구성이 학습자에게 분명해야 한다. 학습자들은 학습 목표가 무엇인지, 왜 그것이 중요한지, 학습이 어떻게 평가될 것인지, 그리고 그들이 따라야 할 교수 진로가 무엇인지 알아야 한다.

단원 내에서 연계성과 일관성을 점검하기는 쉽다. 단원 설계가 일관성이 없고 제대로 연계가 안 되어 있음을 나타내는 지표는 다음과 같다.

- 학습의 검토가 확인된 목표나 평가에 맞추어져 있지 않음을 드러낸다.
- 동료 교사에 의한 수업 계획의 검토가 단원 목표를 추론하지 못함을 드러낸다.
- 동료 교사에 의한 평가 검토가 단원 목표를 추론하지 못함을 시사한다.

- 학생들의 코멘트가, 학생들이 학습활동을 연결하지 못하거나 이전 또는 앞으로의 수업의 흐름을 설명하지 못한다는 것을 보여 준다.
- "왜 우리가 이것을 하고 있나요? 우리 이거 벌써 하지 않았나요?"와 같은 학생 질문을 포함한다.

단원 내의 연계성과 일관성의 문제에 대한 해결책은 명쾌하다. 다음을 따라 해 보라.

- 백워드로 설계하라. 자신에게 물어라. "만약 이것이 학생들이 알고, 이해하고, 할 수 있기를 원하는 것이라면, 학생들이 이 결과를 획득하는지 알아보기 위해 어떤 증거가 필요할까?" 그러고 나서 대답하라. "만약 이것이 학생들의 학습을 입증하기 위해 필요한 것이라면, 원하는 결과를 이루기 위해 어떤 학습 경험과 교수가 필요할까?"
- 각 단원 목표를 코드화하라. 예를 들어, 1번 기능에 대해 S1, 다른 것에 대해서는 S2, 이해에 대해서는 U1처럼 말이다. 그런 다음, 평가 증거를 결정할 때 같은 코드를 사용하라. 연관성은 각각의 목표가 적절하게 평가되고 있다는 것을 의미한다. 연관성이 부족하다는 것을 발견한다면, 한 가지 이상의 평가를 추가하거나 목표를 삭제할 필요가 있다.
- 학습 목표에도 같은 코드를 사용하고 수업 계획에서 각 학습활동을 코드화해라. 그러면 학습 목표와 관련 평가와의 연관성이 확실해질 것이다. 필요한 조정을 해라.
- 학생들에게 정기적인 피드백을 요청하라. 학생들이 이 단원에서 목표와 우선 사항을 이해하는가? 학생들이 그들이 학습한 것을 보여 주기 위해 무엇을 할 수 있는가? 학생들이 학습활동의 흐름을 아는가?
- 다음에 그 단원을 가르칠 때는 어떤 점을 개선해야 하는지 학생들에게 물어라. 학생들의 피드백은 여러분이 단원 계획을 더 잘 조율하고 개선하도록 도와주는 데 매우 유용할 수 있다.

(Wiggins & McTighe, 2011, 모듈 K; Wiggins & McTighe, 2012, 모듈 O &P 참조)

요약

이 장에서는 백워드 설계를 할 때, 발생하는 반복적이고 공통적인 단원별 문제들과 이러한 문제를 해결할 수 있는 방안을 함께 제시하였다. 백워드 설계의 단계별로 발생하는 문제들은 다음과 같다.

1단계: 단원 목표에 관한 문제들

1. 단원이 지나치게 활동 지향적이다.
2. 단원이 내용 커버(coverage) 중심, 즉 진도 나가는 방식에 맞추어져 있다.
3. 단원이 시험 준비에 치우쳐 있다.
4. 단원이 너무 많은 기준을 목표로 한다.
5. 단원이 이해 기반 목표가 결여되어 있다.
6. 단원 목표가 명료하게 연관되어 있지 않다.
7. 본질적 탐구 질문이 아니다
8. 단원 목표가 수단과 목적을 구별하지 못한다.
9. 지식 목표와 기능 목표를 구별하지 못한다.

2단계: 평가 증거에 관한 문제들

10. 제안된 평가가 모든 단원 목표에 대한 적절한 증거를 제공하지 않는다.
11. 신뢰성이 높은 평가를 보장하는 학습에 대한 증거가 불충분하다.
12. 수행과제가 인위적이고 진정성이 없다.
13. 수행 평가과제가 노력할 만한 가치가 없다.
14. 수행과제나 프로젝트는 개별 학생들에 대한 타당성 있는 평가 증거를 만들어 내지 못할 수도 있다.
15. 평가 준거 또는 채점 기준이 타당하지 않다.

3단계: 학습 계획의 문제들

16. 제안된 학습 계획이 목표로 하는 이해와 본질적 질문을 다루지 않는다.
17. 단원이 사전 평가를 포함하지 않는다.
18. 단원 계획이 가능한 오해나 예견할 수 있는 오해를 예측하고 점검하지 못한다.
19. 단원이 지속적인 형성 평가가 결여되어 있다.
20. 단원 계획이 조정을 위해 필요한 시간을 포함하지 않는다.
21. 학습 순서가 너무 직선적이고 학습자들을 지루하게 하거나 혼란스럽게 한다.
22. 학습 계획이 학생이 학습한 것을 전이시키도록 적절히 준비시키지 못한다.
23. 학습 계획이 차별화되어 있지 않다.
24. 학생의 자율성과 학습의 전이를 증가시키기 위한 계획이 없다.
25. 학습 계획이 목표 및 평가와 연계되어 있지 않다.

토론 과제

1. 백워드 설계 과정에서 발생하는 문제와 그 문제를 해결하기 위한 방안을 제안하시오.
2. 백워드 설계를 활용하여 단원을 개발할 때, 오류를 발생하지 않고 단계별 일치도를 높이기 위해 유의해야 할 점을 제안하시오.

제12장 설계에서의 고려 사항

학습목표

- 백워드 설계 과정의 출발점을 설명할 수 있다.
- 백워드 설계시 딜레마를 확인하고 그 개선 방안을 마련할 수 있다.
- 백워드 설계를 교육과정의 거시적 틀 안에서 이해할 수 있다.
- 기존 설계안의 문제점을 찾고 백워드 설계를 활용하여 개선할 수 있다.

1 설계 과정 및 절차

백워드 설계는 1단계에서 목적과 목표를 세심하게 생각하고, 2단계에서 목적으로부터 평가를 논리적으로 도출하며, 마지막 3단계에서 학습활동을 생각할 것을 요구한다. 하지만 실제 설계 과정은 백워드 설계의 각 단계에 따라 이루어지는 선형적 과정이 아니며 비선형적 과정이다. 각 단계의 하위 요소를 개발할 때도 템플릿의 순서에 따른 선형적 과정으로 이루어지지 않는다.

1단계를 설계하는 실제적인 과정을 살펴보면, 어떤 설계자는 목표 설정에서 시작해서 이해 및 본질적 질문을 개발한 다음, 지식과 기능을 개발하는 순으로 설계한다. 다른 설계자는 목표에서 시작해서 지식과 기능을 먼저 개발한 다음, 이해와 본질적 질문을 고려한다. 목표 풀이하기 과정을 통해 성취기준에서 지식을 먼저 도출하기 쉽기 때문일 것이다. 또 다른 설계자는 본질적 질문을 개발하는 것으로 시작해서 다른 부분을 완성한다. 하지만 어떤 순서로 설계하든지 1단계를 성공적으로 설계할 수 있다. 백워드 설계에서 가장 중요한 것은 백워드 설계 템플릿에 모든 요소가 일치되도록 단원을 개발해야 한다는 것이다. 하지만 템플릿의 완성에 도달하는 과정은 설계자마다 다를 수 있다.

백워드 설계의 과정과 템플릿을 완성하는 과정에 관한 것은 요리사가 요리책을 만드는 과정을 통해 살펴보면 쉽게 이해할 수 있다. 요리사는 아이디어로 요리를 시작하고 가능성을 시험하며, 결국 익숙한 단계적 형태로 쓰여진 레시피(recipes)를 만든다. 하지만 그 레시피는 정해진 방법대로 순차적으로 개발된 것은 아니다. 최고의 맛을 내기 위해 다양한 재료를 사용하기도 하고 재료의 양을 다르게 하거나 조리 시간이나 방법을 다르게 하는 등 많은 시도를 한다. 그러한 시도가 모두 성공하는 것은 아니며 그 과정에 오류가 발생하기도 한다. 그들은 많은 요리 방법을 실험하고 맛을 본 후에, 그 과정에서 레시피로 완성할 최종 절차와 재료 간의 비율을 결정한다. 때때로 보조 요리사는 요리사 뒤에서 요리사가 단지 맛으로 개선하고 추정한 다양한 재료의 양을 측정한다. 즉, 요리를 하는 것은 순전히 뒤범벅된 과정이며 제시된 레시피처럼 단계적으로 이루어지는 과정이 아니다.

백워드 설계에서도 마찬가지이다. 설계자가 어디에서 시작하고 어떻게 개발해 나아가는가는 중요하지 않다. 다만, 백워드 설계가 완료되고 난 후, 개발된 템플릿이 일관성 있게 설계되는 것이 중요하다. 설계자는 백워드 설계를 선형적이고 정형화된 단계적인 과정으로 생각하기보다는 아이디어를 다룰 때 백워드 설계 논리와 성취기준의 일치도를 점검하는 것이 더욱 중요하다는 것을 인식해야 한다. 백워드 설계 템플릿만 채우면 단원 개발이 완료된다는 생각으로 템플릿을 완성하면 나쁜 설계가 된다. 이러한 설계 방식과 태도는 일관된 계획을 수립하기 위해 수정되는 작업을 포함하지 못하기 때문이다.

설계는 융통성이 있는 과정이며 백워드 설계를 어디에서 시작하는지는 중요하지 않으나 Wiggins와 McTighe(2005)는 일반적인 접근과 여섯 가지 출발점을 확인하는 것이 유용하다고 제안하였다. 이러한 설계 과정을 위한 출발점은 [그림 12-1]과 같다.

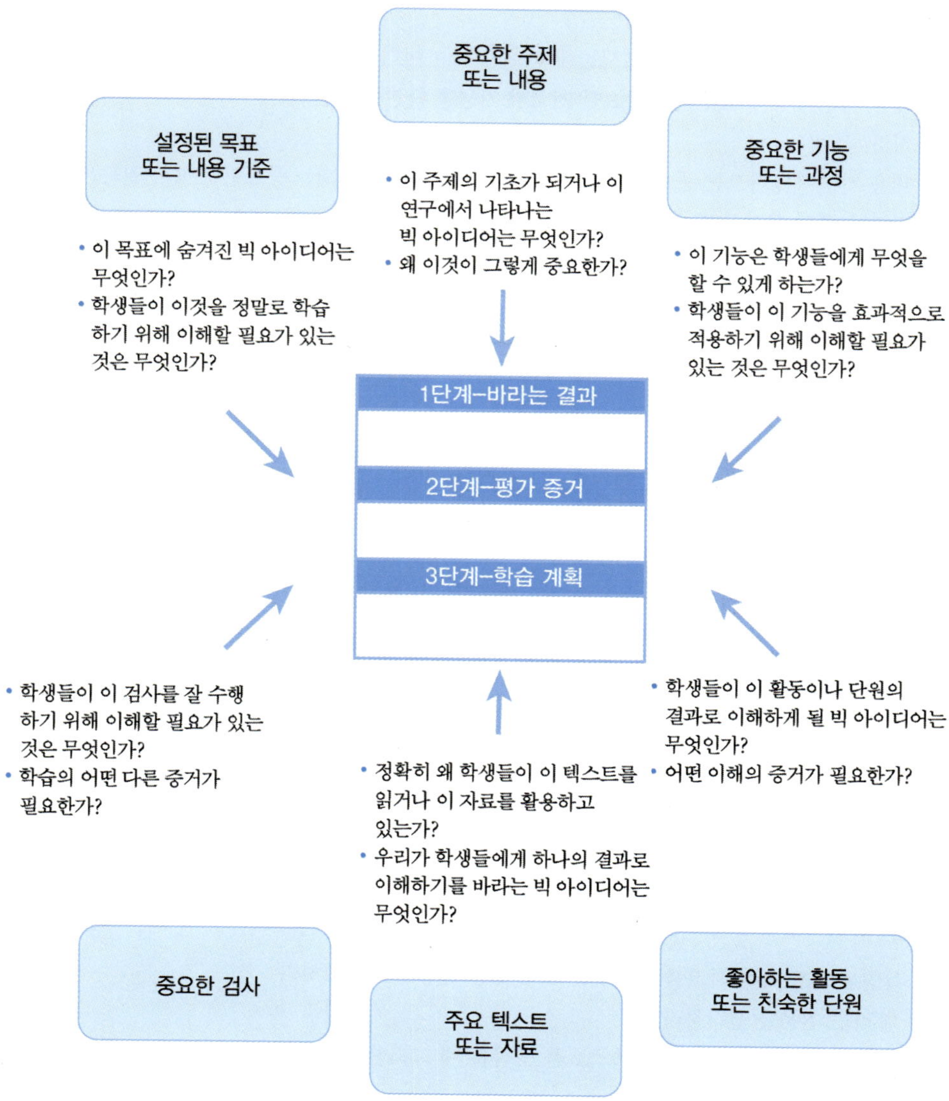

[그림 12-1] 백워드 설계 과정의 출발점

여섯 가지 출발점과 고려해야 할 사항을 구체적으로 살펴보면 다음과 같다.

첫째, 내용 기준으로 시작하라.

- 기준에서 주요 명사를 찾고 명사들에 함축된 빅 아이디어를 생각하라.
- 내용 기준에 의해 요구되는 중요한 지식과 기능을 확인하고 관련된 아이디어와 이해를 추측하라.
- 내용 기준에서 나오는 중요한 질문은 무엇인가, 기준과 관련되는 중요한 논쟁과 질문은 무엇인가에 대해 생각하라.
- 중요한 동사를 생각해 보고 동사를 수행에 연결하여 수행 평가를 위한 청사진으로 생각해 보라.
- 빅 아이디어를 이해하기 위한 능력을 발달시키고 수행을 가능하게 할 활동을 열거하라.
- 세 개의 단계를 모두 가로지르는 일치도를 확인하기 위해 단원을 다듬어라.

둘째, 바라는 현실적인 적용을 고려함으로써 시작하라.

- 내용의 궁극적 목표와 더 큰 의도를 명료화하라. 만약 학생이 내용을 모두 이해하면 실제 세계에서 학생이 할 수 있는 것은 무엇인가, 해당 분야에서 참된 수행과제는 무엇인가를 고려하라.
- 이런 목표의 성취나 과제를 구체화하는 세부적이고 복잡하며 현실적인 과제를 확인하라.
- 학생들이 성취할 필요가 있는 이해, 지식, 기능을 결정하라.
- 실행, 피드백, 충분한 수행을 가능하게 할 학습 계획을 생각하라.
- 수행자가 내용과 과제를 마스터하기 위해 노력할 때 수행자가 항상 고려할 필요가 있는 질문을 추측하라.
- 그러한 적용을 명백하게 내포하거나 참조하는 내용 기준을 확인하라.
- 설계 요소를 일치시켜라.

셋째, 좋아하는 활동 혹은 중요한 자료로 시작하라.

- 확인된 자료 혹은 사고를 유발하는 매력 있는 활동으로 시작하라.
- '왜'라는 질문을 생각하라.
- 학생들이 그러한 경험 혹은 텍스트를 생각할 때 그러한 아이디어에 초점을 맞출 수 있도록 본질적 질문을 명료화하라.
- 기능, 사실을 확인하고 자료 혹은 활동을 이해하는 것은 결과를 의미한다. 관련된 내용 기준을 위치시켜라. 더 큰 의도에 내포된 중요한 개념과 질문을 추측하라.
- 그런 뒤에 평가와 학습활동을 수정하라.

(계속)

넷째, 중요한 기능으로 시작하라.

- 그런 기능을 가능하게 할 복잡하고 가치 있는 수행은 무엇인가를 고려하라.
- 그러한 기능을 직접적으로 혹은 간접적으로 참조하는 기준 혹은 내용 기준을 확인하라.
- 관련된 성취기준에서 어떤 평가의 종류가 명확하거나 함축적인지 결정하라.
- 그러한 기능을 효과적으로 사용하는 데 있어서 도움이 되는 전략을 확인하라.
- 학습자들이 자기 평가와 자기 조정을 하고 맥락에서 그러한 기능을 사용할 수 있도록 학습활동을 고안하라.
- 일치도를 수정하라.

다섯째, 중요한 평가로 시작하라.

- 평가가 주어지면, 평가가 존재하기 위한 목표들을 명료화하라. 그러한 평가들은 어떤 종류의 전이 가능성을 추구하는지 확인하라.
- 목표들을 언급하는 기준들을 확인하라.
- 기준을 충족시키고 평가에 합격하는 데 필요한 관련된 빅 아이디어, 이해, 본질적 질문들을 추측하라.
- 필요한 평가에 알맞은 수행과제를 개발하고 다듬어라. 효율적이고 지향적인 수행을 보장할 학습활동을 만들고 수정하라.

여섯째, 현행 단원으로 시작하라.

- 템플릿에서 요소를 위치시키고 세 단계에 걸쳐 일치도를 찾아라.
- 수업이 당신 목표의 가장 풍부한 측면과 관련되는지 스스로에게 물어보라.
- 빅 아이디어와 기준에 관련된 장기간의 수행 목표를 명료화하라.
- 계속 질문하면서, 무엇이 학생을 이해와 멀어지도록 하는가?
- 개정된 단계 1요소에 타당하도록 평가와 수업을 개선하라.
- 설계 기준에 맞게 설계를 개선하라.

2 설계는 기준 중심 활동이다: 레시피가 아니라 기준

백워드 설계에서 단원을 설계하는 과정은 요리책의 레시피를 따르는 과정이라기보다 조각상을 만드는 과정과 더 유사하다. 설계는 레시피를 따르는 단순히 정형화된 과정이 아니며 설계 과정에서 설계자의 흥미, 재능, 자료 등이 반영되어야 하기 때문이다.

실제 생활 속에서 레시피를 보고 요리할 때를 생각해 보면, 레시피만 맹신했을 때의 문제점을 파악할 수 있다. 레시피는 잘 짜여진 계획이므로 반드시 따라야 한다는 믿음을 가지고 있는 사람은 한 가지 요리를 하기 위해 평소 자주 사용하지 않는 재료, 혹은 아주 적게 필요한 재료라도 레시피에 있다면 구입해서 그대로 사용한다. 하지만 레시피에 따라 완성한 요리라도 요리한 사람이 직접 먹었을 때 입맛에 맞지 않거나 생각만큼 맛있지 않을 수도 있다.

능숙하게 요리하는 사람은 자주 사용하지 않는 재료는 가정에서 쉽게 구할 수 있는 재료로 대체하여 활용하고 자신의 취향에 따라 좋아하는 재료를 추가하여 요리하는 모습을 쉽게 발견할 수 있다. 이렇게 완성된 요리는 요리사의 입맛에 딱 맞을 것이다. 이처럼 레시피에 대한 맹목적인 믿음은 오히려 요리를 단순화, 절차화 시켜 요리사의 취향을 반영하지 못하게 된다. 반면에, 요리사가 자신의 경험에서 얻은 지식을 활용한다면 자신이 선호하는 더 훌륭한 요리를 완성할 수 있을 것이다. 위와 같이 요리사가 자신의 경험적 지식을 활용하여 더 훌륭한 요리를 완성하였듯이, 설계 과정에서는 설계자의 추론 능력이 중요하다. 수업 설계는 확실하지 않은 지식과 다양한 해석으로 가득 차 있으며 인간의 사고와 행동이 모두 확인되거나 명료화될 수 없기 때문이다 (Wiggins & McTighe, 2005).

설계자에게 필요한 것은 창의적인 브레인스토밍과 아이디어를 생성하려고 노력하는 것 사이에서 반복하는 것과 설계 기준에 반해서 나타나는 설계에 대한 비판적이고 신중한 검사 사이에서 왔다 갔다 하는 것이다. 앞 절에서 다양한 출발점에 대하여 설명하였듯이 설계자가 어디에서 시작하는가는 중요하지 않다. 다만, 설계자가 기준을 충족시키는 설계를 해야 한다는 것이 더욱 중요하다. 즉, 백워드 설계의 목적은 설계 기준에 기반하여 설계자가 설계를 완성하는 것이다. 백워드 설계의 절차를 레시피처럼 따라서 템플릿의 빈칸을 채워 완성하였다고 해서 훌륭한 설계가 되는 것이 결코 아니다.

3 설계의 딜레마와 극복 방안

백워드 설계 과정에서 설계자는 '빅 아이디어에 초점을 두면서 어떻게 설계하지?' '내가 설계한 것이 좋은 것인지, 효율적인 학습으로 변환될 수 있는지 어떻게 결정할 수 있지?'처럼 설계 과정에서 일반적으로 수없이 고민을 한다. 이러한 질문은 쉽게 결론을 내리지 못하는 문제다. 하지만 백워드 설계 과정은 경쟁, 갈등뿐만 아니라 여러 요소를 포함하기 때문에, 모든 설계 내에 있는 본질적인 긴장을 다루어야 하며 이러한 질문은 피할 수 없는 것이다. 다음은 백워드 설계에서 모든 설계자가 직면하는 중요한 딜레마들을 나타낸 것이며, 설계자가 어떻게 선택하는지에 관한 생각들을 포함하고 있다(강현석 외, 2008).

(1) 빅 아이디어와 전이 vs. 구체적 지식과 기능

- 우리는 '이해'의 목적과 '지식', '기능'의 목적을 어떻게 균형 잡을 수 있을까?
- 학생들을 핵심적인 지식과 해결 방법을 모른 채 내버려 두면서, 너무 철학적이거나 추상적이지 않도록 하면서, 어떻게 빅 아이디어에 초점을 둘 수 있을까?
- 학생들이 배운 것을 적용하는 제한된 능력과 유의미한 학습을 하지 못한 채 고립된 기능과 분리된 정보에 지나치게 집중하는 것을 어떻게 피할 수 있을까?

(2) 복잡하고 현실적이고 혼란스러운 수행 vs. 효율적이고 확실한 검사

- 우리는 평가에서 맥락적인 사실주의를 언제 추구해야 하고, 전통적 검사의 분명한 효율성을 언제 추구해야 하는가?
- 효율적이고 실행 가능한 반면에 훌륭하고 효율적인 평가를 어떻게 만들 수 있는가?

(3) 학습에 대한 교사 통제 vs. 학습자 통제

- 이슈를 만들고 학습을 안내하는 것이 전문가의 직업이 된 것이 언제인가?
- 학생들이 그들의 질문, 흥미, 접근을 추구하는 것이 현명한 것은 언제인가?
- 우리의 이해는 언제 설계와 수업을 추진하는가?
- 우리는 학생들이 그들 자신의 이해에 도달하도록 돕기 위해 언제 노력해야 하는가?

(4) 직접 교수법 vs. 구성주의 접근법

- 직접 교수법이 언제 학습을 도와주고 언제 학습을 방해하는가?
- 효율성은 명확한 교수를 언제 요구하고, 우리는 언제 훨씬 더 귀납적으로 가르쳐야 하는가?
- 일반적으로, 이해가 일어나게 하려면 "의미의 구성"과 구성주의적 심층적 학습법을 언제 포함해야 하는가? 그리고 직접 교수법은 언제 더욱 효율적인가?

(5) 지식의 깊이 vs. 지식의 폭

- 교사가 직면하는 모든 요구와 제한들이 주어질 때, 실행할 수 있는 실제성에 대하여 깊이 있고 철저한 이해를 제공하려는 바람을 어떻게 균형 지을 수 있을까?
- 학생들에게 폭넓은 정보와 아이디어를 제시하면서, 언제 우리는 자료에 대한 폭넓은 탐구를 제공할 의무가 있는가?
- 실제 이해에 있어, 더 많은 주제를 더 깊이 있게 다루면서, 폭(breadth)을 제한함으로써 우리는 언제 더 큰 역할을 수행하는가?

(6) 안락함과 능력 vs. 실제 도전

- 우리는 학생들을 위한 중요한 '한계'와 안락한 학습 환경을 위한 요구 사이의 올바른 균형을 어떻게 처리할 수 있을까?
- 학습자들이 위험하다고 느끼지만 여전히 성공적이라고 생각할 수 있도록 하기 위해 낮은 스트레스 상황을 언제 제공해야 하는가? 그리고 강력한 새로운 학습을 위해 언제 학생들에게 적절한 도전과제를 제시해야 하는가?

(7) 동일함 vs. 개별화된 학습과 기대

- 우리는 선행지식, 성취수준, 학습 습관, 관심, 학습 양식이 서로 다른 학생들을 가르치고 있다. 우리는 그러한 요구를 어떻게 관리해야 하는가?
- 학습자들의 개인적인 학습 양식을 무시하지 않고, 어떻게 우리는 큰 그룹을 효과적이고 효율적으로 가르치며 설계해야 하는가?

- 기준을 낮추거나 사회적 약자로 학생들을 다루지 않으면서, 상이한 기대와 이해를 어떻게 적절히 유지하는가?
- 어떻게 학습을 개별화시킬 수 있을까?

(8) 효율성 vs. 단순히 열중하기

- 설계에 따라서 우리가 제공하는 학습은 흥미롭고도 매력적인 것이어야 하지만, 그러한 기준으로는 충분하지 않다. 설계는 목적과 기준을 효율적이고 효과적으로 진술해야 한다. 우리는 어떻게 학습자들이 기준에 따라 수행하도록 할 뿐만 아니라 학습자들을 끌어당길 수 있을까?
- 우리는 단순히 실제적인 것이 아니라 어떻게 하면 마음으로 열중하도록 할 수 있을까?
- 재미있는 학습 제공자로서의 우리 역할에 빠지지 않고, 교사와 평가가로서의 우리 책임을 어떻게 유지할 수 있을까?

(9) 간략함 vs. 단순함

- 빅 아이디어를 간단명료하게 하지 않으면서, 모든 학습자에게 빅 아이디어가 접근 가능하도록 하려면 어떻게 해야 하는가?
- 우리는 초점을 잃어버리지 않고서, 어떻게 하면 지적인 질문과 이슈들을 진짜로 복잡하고 풍부하게 할 수 있을까?
- 미래 탐구와 토론을 단순하게 단절하지 않고서, 복잡한 주제를 어떻게 하면 간략하게 하는가?

(10) 잘 만들어진 계획 vs. 적절한 융통성과 개방형 결과

- 목표를 성취하는 것은 설계를 주의 깊게 생각하는 것을 필요로 하지만, 교실에서 일어날 가르치기 쉬운 순간과 상당한 피드백에 답하여, 우리는 계획에서 벗어남으로써 단지 우리의 목표만을 일반적으로 성취할 수 있다. 우리는 어떻게 지나친 엄격함과 비효율성을 피할 수 있는가?

- 우리는 모든 학생의 반응과 질문에 대하여 우리의 목표를 어떻게 하면서 잃어버리지 않을 것인가?
- 학습 기회에 대해 우연히 발견하면서 우리의 설계 목표를 어떻게 균형 맞추는가?

(11) 훌륭한 개별 단원 vs. 더 큰 목표와 다른 설계

- 우리의 의무를 구조화하는 모든 지역 프로그램 목표와 내용 기준을 이행하는 동안, 논리적인 설계 작업으로서 그 자체를 유지하면서, 어떻게 하면 모든 단원이 자연스러운 흐름을 가질 수 있는가?
- 훌륭한 설계 원리를 파괴하지 않으면서, 요구된 내용 모두를 공부하고 교재를 사용하는 방법은 무엇인가?
- 우리는 이해를 위해 가르치는 동안에 검사 점수의 향상에 대한 압력을 어떻게 다루는가?
- 우리가 마주치는 요구와 경쟁, 모든 차이점을 염두에 두면서 논리적 학습 계획을 어떻게 개발하는가?

앞에서 살펴본 열한 가지의 딜레마를 어떻게 해결할 수 있는지 명쾌한 처방을 제공하는 것은 어렵다. 하지만 설계자가 모든 요소의 균형을 맞추기 위해 노력할 때, 이러한 딜레마를 해결하는 데 도움이 되는 일반적인 방법은 있다. 즉, 피드백을 활용하는 것이다.

훌륭한 설계의 핵심은 그것이 기준에 따라 설계되었는지, 바라는 결과에 어떻게 작용하는지를 살펴보고 조정하는 것이다. 설계 과정에서 조정할 수 있는 방법은 바로 피드백이다. 피드백은 공식적인 평가가 아니고 설계안의 일치도를 높여 줄 수 있는 방법이며, 또한 학습자의 관점에서 어떻게 작용하는지 점검해 볼 수 있는 유용한 과정이다. 따라서 설계자는 딜레마를 극복하기 위해 의욕적으로 피드백을 활용해야 한다.

딜레마 극복을 위한 피드백은 동료 평가를 통해서도 가능하다. 우리는 실제적인 딜레마에 직면했을 때 동료 전문가들로부터 유용한 피드백을 받고 충고를 들을 수 있다. 모든 구성원은 설계 과정에서 상호 협력하는 자세가 필요하다.

4 조정하기: 단원 설계 사이클

학급이나 동료와 떨어져서 혼자 단원을 설계하는 것보다 [그림 12-2]에서 제안하는 것처럼 동료와 함께 설계하는 것이 더 바람직하다. [그림 12-2]의 단원 설계 사이클은 백워드 설계에서 지속적인 피드백의 순환을 보여 준다.

단원 설계 사이클은 '설계하기'와 '가르치기'를 큰 축으로 한다. 설계하기 축에서는 설계자가 훌륭한 단원을 설계하기 위해 무엇이 작용하고 있고 무엇이 작용하고 있지 않은지에 대하여 자기 평가, 전문가 검토, 동료 평가의 과정을 거치면서 피드백을 받는다. 가르치기 축에서는 설계안의 적용을 위해 학생을 고려한다. 학생들의 흥미, 능력, 관심에 대한 진단적인 사전 평가를 통해 단원을 조정하지 않는다면 WHERETO에서 T를 진실로 이행할 수 없다. 또한 교실 내 관찰, 학생 피드백, 형성 평가의 과정 등을 통해서 발생하는 오해, 결함, 뜻밖의 기회에 비추어 백워드 설계안을 조정할 필요가 있을 것이다. 이러한 지속적인 피드백 과정을 거쳐서 조정된 설계안은 설계자의 의도를 더욱 잘 반영하게 되며 목적을 보다 잘 충족시킬 것이다.

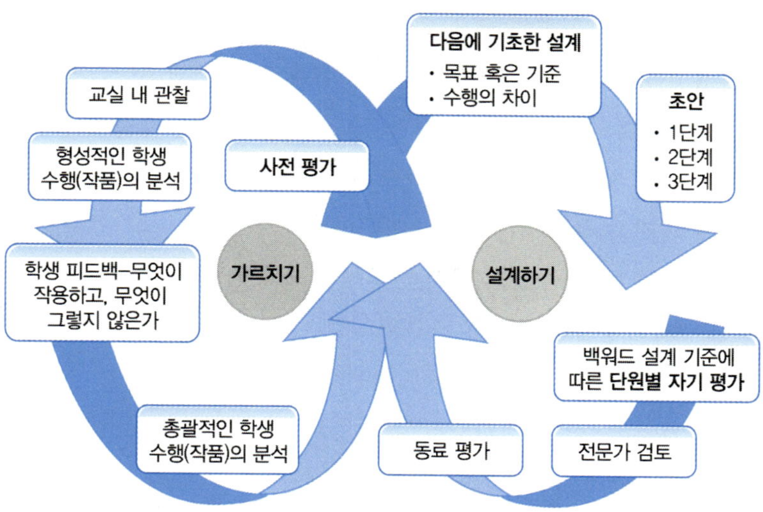

[그림 12-2] 단원 설계 사이클

5 교육과정 프레임워크로서 백워드 설계

지금까지 살펴본 백워드 설계는 단시 수업에 치중하여 단절된 학습이 이루어질 만큼 작지 않고 또한 지나치게 크지 않은 단원 수준에서 이루어졌다. 하지만 단원 설계를 하는 과정을 돌이켜 보면, 목표 설정 과정에서 설계자는 단원이 속해 있는 교과의 목표, 성격, 내용 체계, 단원이 해당되는 영역 등을 모두 고려한다. 즉, 일차적으로 주목하는 개발의 수준은 단원이지만 위로는 교과 영역별 과정, 교과, 국가수준 교육과정에서의 성취기준, 국가수준 교육과정의 목표와 연계되어 있다. 백워드 설계를 통해 개발하는 단원은 결국 교과 교육과정을 제대로 반영해야 한다. 하지만 한 단원은 해당 교과의 빅 아이디어를 모두 포함할 수 없으나 단원에서 설정한 빅 아이디어는 교과 전체와 부합해야 한다.

그렇다면 단원을 넘어서 거시적인 측면에서 교육과정을 설계할 때는 어떻게 해야 할까? 거시적 수준에서도 백워드 설계를 활용하는 프레임워크와 백워드 설계의 핵심 요소를 반영할 수 있다. 이는 교과나 교과의 하위 영역별 과정이 본질적 질문, 영속적 이해, 수행과제 등에 의해 형성되었기 때문이다(Wiggins & McTighe, 2005). 또한 실제 단원을 개발할 때는 백워드 설계의 주요 요소인 목표, 이해, 본질적 질문, 지식과 기능, 수행과제, 학습 경험을 고려한다. 단원과 관련한 이해, 수행과제, 핵심 지식과 기능은 상위 수준인 교과 영역별 과정 개발의 근거가 된다. 교과 영역별 과정에서 추출한 영속적 이해, 수행과제, 핵심 지식과 기능은 교과별 교육과정, 국가수준 교육과정과 관련된다. 우리나라의 교육과정은 국가수준 교육과정이라는 거시적 틀 안에서 존재하고 있기 때문에 단원, 교과 영역별 과정, 교과는 서로 밀접한 관련이 있다(이지은, 2011).

[그림 12-3]은 백워드 교육과정의 거시적 · 미시적 프레임워크를 보여 준다.

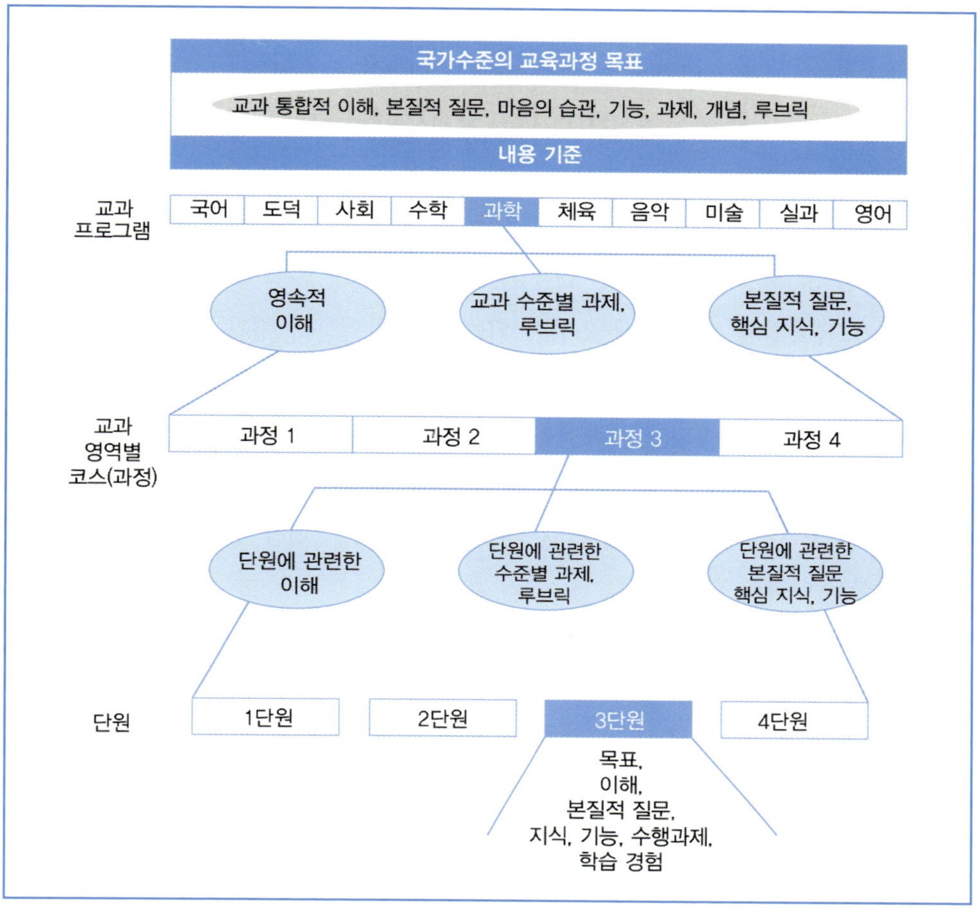

[그림 12-3] 백워드 교육과정의 거시적 · 미시적 프레임워크

1) 거시적 교육과정 개발하기

거시적 교육과정을 개발할 때 본질적 질문이나 평가를 활용하는 것은 매우 효과적이다. 포괄적이고 반복되는 성질을 지닌 본질적 질문은 교과 과정의 거시적 교육과정을 개발할 때 적합하다. 포괄적 본질적 질문은 단원에 한정되지 않은 빅 아이디어에 초점을 맞추기 때문이다. 실제로 어떤 본질적 질문은 한 학기 동안 다루어져야 하는 것도 있다. 이는 본질적 질문이 개별 단원의 적합한 교과 영역별 과정과 교과의 중요한 중추 역할을 한다는 것을 의미한다. 때에 따라서 본질적 질문은 한 교과에 한정되지 않고 여러 교과와 관련되기도 한다. 이는 교과 교육과정을 통합적으로 접근하고자 하는 시도와 관련된다. 빅 아이디어와 본질적 질문을 중심으로 개발된 거시적 프레임워크는 내

용 중심 교과목에 제한할 필요는 없다.

거시적 교육과정을 개발하는 또 다른 방법은 평가를 활용하는 것이다. 학생의 이해를 중심에 두는 교육과정은 전이할 수 있는 능력에 대한 증거를 제공하는 복잡한 과제를 요구한다. 이러한 요구를 충족하기 위해 평가를 계획할 때, 이해의 여섯 측면을 중심으로 수행과제를 선정하는 것은 효과적이며 수행과제는 자연스럽게 루브릭 개발까지 이어진다.

거시적 교육과정을 개발할 때 초점이 되는 본질적 질문과 평가는 결국 자연스럽게 관련된다. 본질적 질문을 중심으로 교육과정을 개발할 때의 좋은 점은 교육과정에 부합되기 위해 올바른 종류의 평가과제를 자연스럽게 설계할 수 있다는 것이다. 이 과정에서 적합한 수행과제를 만들기 위한 실제적인 전략은 본질적 질문들이 어떤 구체적인 평가를 위한 일반적인 지침을 제공하는지 이해의 여섯 측면을 동시에 활용하여 평가 아이디어를 생성하는 것이다.

이러한 교육과정을 개발할 때, 스코프와 시퀀스도 중요하게 고려해야 한다. 스코프는 교과 영역으로 가르쳐야 할 범위를 의미하며, 시퀀스는 이수 순서와 시기로 구체화된다. 학생들의 이해를 도출하기 위해서는 학습을 계열화하고, 반복되는 수행과 빅 아이디어에 유의하면서 교육과정을 개발해야 한다. 수행과제를 수행하기 위한 수단으로 필요한 지식과 기능이 있는 학생이 이를 먼저 습득할 수 있도록 계열화해야 한다.

2) 교육과정 프레임워크로서 백워드 설계의 방향

(1) 얼마나 커야 큰 것인가

빅 아이디어의 개념과 조건에 유의해야 한다. 개념은 수많은 아이디어 가운데 좀 더 중요하고, 전이 가능성이 크고, 영향력을 갖는 아이디어를 말한다. 이러한 빅 아이디어나 개념들은 거시적 관점에서 교육과정, 교과목의 목표에 부합되고 상호 연계되어 설계되어야 한다.

UbD를 거시적 관점에서 보면 국가나 지역 수준의 목표, 내용 기준, 교과 프로그램, 코스(학년), 단원 등과 연계되어야 한다. 실러버스를 만들 때 고려해야 할 핵심적인 연계 요소들은 프로그램(교과)-코스(교과)를 구성할 때에는 포괄적·영속적인 이해와 질문 구성 그리고 교과별 수준별 과제와 루브릭으로 나아가고, 코스(교과)-단원을 구성할 때에는 제한적 본질적 질문 구성 그리고 교과별 수준별 과제와 루브릭으로 연계되어야 한다. 그리고 본질적 질문의 범위는 빅 아이디어에 초점을 맞추므로 여러 단원, 여러 학기에 걸쳐 다뤄질 수 있고 프로그램의 중추를 제공할 수 있다.

(2) 본질적 질문으로 코스와 프로그램을 재구성하라

전통적 교육과정 프레임워크에서는 주로 내용 중심의 방식이다. 학생들에게 가르칠 내용 중심으로 교육과정을 바라보지만, 백워드 설계에서 코스와 프로그램은 이제 본질적 질문으로 재구성해야 보다 매력적인 교육을 할 수 있게 된다. 본질적 질문은 학습 경험을 중심으로 사고를 자극하도록 구성되며, 아이디어들 간의 관련성을 바탕으로 반복적 탐구를 가능하게 해 준다. 이런 점에서 백워드 설계 방식을 진정한 가르침과 배움을 위한 철학으로 인식하는 일이 필요하다.

(3) 교차학문적 질문을 활용하라

백워드 설계에서는 질문 생성이 중요하다. 질문은 단순한 발문 차원의 질문이 아니다. 교과를 진정으로 이해하도록 해 주는 질문이어야 한다. 특히 여러 교과목을 넘나드는 질문이 가장 좋다. 교과목들 간에는 핵심적인 공통성이 있으므로 학생들이 진정으로 배워야 하는 영속적인 이해는 어느 특정 교과목에 한정되지 않아야 한다. 좋은 질문이 갖추어야 할 조건은 여러 교과목 간의 관련성을 드러내 주어야 한다. 우리가 아는 실제 사례로는 2015, 2002 개정 교육과정의 통합사회, 통합과학, 그리고 빅 아이디어 중심 교육을 들 수 있으며, 외국의 경우 프랑스의 바칼로레아 시험의 주제는 본질적 질문의 예로 유명하다.

(4) 수행과제로 교육과정을 형성하라

전통적인 입장에서는 교육과정이 내용으로 출발하지만, 백워드에서는 수행과제가 곧 수업을 견인하면서 교육과정을 지도해 나간다. 거시적 교육과정을 형성하는 방법으로 평가를 통해 교육과정을 형성할 수 있어야 한다. 학생들이 수행해야 할 핵심 수행 형태나 과제를 파악하여 그것을 토대로 교육과정을 생성할 수 있어야 한다. 이 경우 본질적 질문을 평가의 설계도로 활용할 수 있다. 기능을 주로 다루는 교과에서도 수행과제를 활용하여 교육과정을 생성할 수 있다. 중요한 수행 도전에 관계되는 문제를 통해서 말이다. 다양한 수준의 대답을 요구하는 도전 과제를 만들어서 유익한 교육과정을 접하게 해 주어야 한다.

(5) 수행과제에서 루브릭에 이르기까지 신경을 써라

다양한 수행 준거(효과적인, 정확한, 효율적인, 정교한, 잘 표현된, 유창한, 숙달된, 철저한, 사려 깊은, 통찰력 있는 등) 중 적합한 형용사를 결정하여 루브릭을 만들 수 있어야 한다. 흔히 6단계의 루브릭을 만들 수 있다. 즉, 의사소통의 명확성을 알아보는 루브릭(명확한)은, 6. 매우 명확한, 5. 명확한, 4. 거의 명확한, 3. 다소 명확한, 2. 불명확한, 1. 소통이 불가능한 등이다.

(6) 스코프와 시퀀스를 이해 중심 교육과정에 적용하라

교육과정의 개별 요소보다 더 중요한 것이 스코프와 시퀀스다. 빅 아이디어, 핵심 과제, 루브릭의 질보다는 학습의 계열화가 더 중요할 수도 있다. 어떤 경우에는 반복되는 수행을 고려해야 하기 때문이다. 스코프와 시퀀스를 결합하는 좋은 방식은 이해하면서 동시에 실행하도록 하는 것이다. 지식 그 자체보다는 분야별 핵심 과제의 해결을 위한 수단을 습득하도록 하는 것이다. 학습의 계열을 부분-전체-부분의 사이클, 반성과 조정을 경험하면서 흐름을 설정해야 최상의 학습이 일어날 가능성이 높다.

학생들에게 가르치는 교과는 학문적 훈육의 의미가 담겨 있는 discipline이다. 학교에서 가르치는 교과는 궁극적으로 실천되고 활용되어야 한다. 수학 내용을 가르치는 것이 아니라 수학을 행하는 것이다. 소위 doing math이다. 교과에 관한 내용을 학습하는 것이 아니라 '교과하기'이다. 예를 들어, 수학하기, 과학하기 등이다. 교사가 논리적으로 제시할수록 학생들은 빅 아이디어와 핵심 과제를 파악하는 것이 더 힘들어질 가능성이 있다.

(7) 내용의 논리보다 내용을 이해하게 되는 논리에 주목하라

학습은 하나씩 하나씩 하는 벽돌쌓기가 아니다. 재료 그 자체를 학습하는 것이 아니라 재료의 효과적 사용이 중요하다. 내용의 논리만을 강요하기보다는 학생들이 특정 내용을 이해하게 되는 학습의 논리에 주목해야 한다.

수업 시간에 가르쳐야 할 모든 주제를 동등한 가치로 표현해서는 학습의 우선순위를 찾을 수 없다. 이제 학습에 대한 시각을 바꾸어야 한다. 학습은 백과사전을 읽는 것이 아니다. 조직화된 요약 내용은 특별한 질문과 호기심을 가질 때만 유용하다. 주제를 알지 못한 채 끊임없이 학습하는 것은 혼란과 의미 상실을 가져올 뿐이다.

(8) 스코프와 시퀀스를 다시 생각하라

교육과정 설계와 구성에서 스코프와 시퀀스의 원래 의미는 가르쳐야 할 내용의 범위와 조직의 순서이다. 역사적으로 사회기능법이라는 교육과정 구성법에서 처음 등장한 스코프와 시퀀스의 원래 의미는 스코프는 사회적 삶의 중요한 기능이고, 시퀀스는 특정 시기의 삶에서 흥미의 중심으로 기능하였다. 학생들의 사회적 삶의 실제 맥락에 주목하고 그것을 학생들이 관심을 가질 만한 흥미와 교차시켜야 한다는 소중한 의미였다.

그런데 전통 교육에서는 이 점을 주목하지 못하였다. 현재 교육도 마찬가지다. 흔히 교육에서 볼 수 있는 실망스러운 모습들이다. 실상은 의미의 핵심 없이 상징과 어휘만 배우거나, 초기 단계에 법칙, 개념, 정의를 소개해 버리는 학습이 만연하여 학습자의 동기가 저하되고 있다. 백워드 설계는 이 점을 개선해야 한다.

(9) 학습자의 동기 유발을 위하여 질문과 주의 환기를 잘 하라

백워드 설계에서 강조되는 질문과 학습자의 흥미 유발 문제는 중요하다. 어떻게 학습자의 흥미를 일으킬 것인가? 코스나 프로그램 맨 처음에 흥미롭고 가치 있는 내용을 만드는 질문이나 토론을 제시해야 한다. 동기를 유발하는 이슈, 경험에 초점을 두어야 한다. WHERETO에서 W와 T를 존중하려면, 예를 들어 과학과에서는 미지의 것에 학생의 관심을 집중시키고, 처음부터 우주의 혼란을 가르칠 수도 있다. 수학과에서는 교재 논리나 교과서 단원 순서를 무조건 따르는 대신에 흥미, 문화적 중요성에 따라 제시할 수도 있다.

(10) 나선형 교육과정을 음미하라

나선형 교육과정에 대한 학자들의 생각은 매우 유사하다. 처음으로 나선형을 언급한 Dewey의 나선형 유추에서는 알려진 것과 의문시되는 것 사이를 앞뒤로 움직이면서 교육을 전개해야 한다. Bruner 나선형 교육과정의 이상(ideals) 역시 단순한 기초 아이디어를 심도 있게 점진적으로 전개해 나가는 방식이다. Tyler 역시 바라는 결과를 우선시하는 관점에서 교육과정을 보면 계속성, 계열성, 통합성을 강조하는 것은 당연한다.

과거 교재에 의존하는 학습에서 벗어나 총체적 학습으로 나아가야 한다. 교재 의존 학습에서는 진도나 교과서를 기준으로 하는 수업이 당연시되고, 교사와 관리자가 할 일을 간단하게 구체화해 주는 현실적인 이점이 있었으므로 지금까지 지속되어 왔다. 교사의 입장에서 '진도 다 나갔으니 내 할 일은 끝! 시험 못 치는 것은 학생 책임! 수업계획서에 교과서 쪽수를 적도록 하면 교사 관리는 쉬운 일이지!'라는 편리한 관행이 학생의 심층적 이해와 학습을 방해해 왔던 것이다. 이제 총체적 학습으로 가야 한다. 맥락 없는 단순한 자료와 기술만 학습하는 대신에 총체적 과정을 제시해야 한다.

(11) 실러버스를 잘 만들라

이제 백워드 입장에서 보면 실러버스를 잘 만들어야 한다. 즉, 교육과정에 포함되어야 할 내용들은 다음과 같다.

* 교과의 중심에 있는 본질적 질문, 핵심적 질문
* 모든 작업을 형성하고 모든 학습을 암시하는 핵심 수행과 도전
* 사용된 루브릭과 채점 체계
* 평가 요약과 정당화 및 학년별 계획, 학년 정책, 목표 및 성취기준
* 주별 학습 목표 요약
* 학생 수행과 이해에 기초한 피드백을 적용할 수 있도록 실러버스를 보충할 수 있는 탄력성과 실제 학습 상황에 따른 융통성

그리고 이러한 실러버스를 구성하는 교사는 다음을 지향해야 한다.

* 내용의 논리 대신 학습의 논리 중시
* 적당한 학습 시점과 위치에 교재를 제시
* 수행에서 이해를 함께 도모
* 빅 아이디어를 효과적으로 사용
* 비선형적인 최적의 흐름을 중심으로 구성

6 한국의 상황

단위학교에서 개발하여 사용하는 단원 설계안을 살펴보면, 교과 내용에 관해서 무엇을 가르쳐야 하는지에 초점을 두는 내용의 논리를 중심으로 교육과정을 개발하고 있음을 쉽게 발견할 수 있다. 즉, 학습을 할 때 중요한 내용이 무엇인지 내용의 논리 차원에서 접근하고 있다. 이러한 접근은 학습하는 입장에서 보면 오히려 비논리적일 수도 있다. 대부분 단원 설계안을 살펴보면, 교과서나 지도서의 내용 요소만을 반영하고 있지 학생들이 어떻게 학습하고 이해에 도달하는지에 관한 고려는 거의 없다. 다음에 제시하는 세 가지의 템플릿은 초등학교 4학년 사회과의 '촌락의 생활 모습'에 대한 단원 설계 사례다. 먼저 〈표 12-1〉은 초기 단원 설계의 사례다.

〈표 12-1〉 초기 단원 설계

주제
촌락의 생활 모습 목표: 촌락의 생활 모습을 자연환경과 관련지어 이해한다. 촌락의 생활 모습을 여러 시설 및 산업과 관련지어 이해한다.
학습활동
1. 농촌의 자연환경과 생활 모습을 알아보자. – 교과서 삽화를 통해 자연환경을 살펴보고 생산 활동, 시설, 생활 모습 알아보기 2. 어촌의 자연환경과 생활 모습을 알아보자. – 교과서 삽화를 통해 자연환경을 살펴보고 생산 활동, 시설, 어촌 체험 보고서를 읽고 생활 모습 알아보기 3. 산지촌의 자연환경과 생활 모습을 알아보자. – 교과서 삽화를 통해 자연환경을 살펴보고 생산 활동, 시설, 생활 모습 알아보기 – 읽기 자료를 통해 왜 산비탈에 배추밭을 만들었는지 알기 4. 촌락의 산업을 알아보자. – 교과서 삽화를 통해 자연환경이 다른 촌락에서 주로 발달한 산업 알기 – 붙임 딱지를 떼어 촌락별로 발달한 산업 분류하기
주제 마무리
• 촌락의 자연환경과 관련지어 생활 모습 이해하기(수행 평가) • 촌락의 시설을 비교해 보고 생산 활동과 관련된 생활 모습 설명하기(구술 평가) • 촌락의 자연환경과 산업의 관련성 파악하기(수행 평가) • 교과서의 주제 마무리 문제 해결하기(지필 평가) – 농촌 사람들의 하루 생활과 관련 없는 것 찾기 – 촌락의 생활 모습에 대해 바르게 설명한 길 찾기

〈표 12-1〉의 초기 단원 설계를 살펴보면, 촌락의 생활 모습에 대한 목표와 학습활동, 주제 마무리에 해당하는 평가를 제시하였다. 초기 단원은 교과서와 교사용 지도서에 제시된 순서와 활동을 충실히 따랐다. 이러한 교과서 내용 중심의 단원 설계는 학습활동이 설계의 중심이 된다. 단원 목표는 제시되어 있지만 농촌, 어촌, 산지촌의 자연환경, 생산 활동, 생활 모습을 분절적이고 교과서 삽화와 교사의 질문을 통해 학습하도록 구성되어 있어 학생들이 목표에서 의도했던 관련성을 충분히 도출해 낼 수 있을지 의문이 든다. 또한 마무리 단계에서 평가를 제시하고 있지만 평가의 항목과 방법만 나열하는 정도여서 무엇을 어떻게 평가할 것인지 분명한 평가의 증거를 제시하지 못하였다.

다음의 〈표 12-2〉는 초기 단원 설계를 백워드 설계 템플릿에 그대로 적용한 사례다.

〈표 12-2〉 백워드 설계 템플릿에 적용한 초기 단원 설계안

<table>
<tr><th colspan="2">1단계 - 바라는 결과 확인하기</th></tr>
<tr><td colspan="2">목표 설정
• 촌락의 생활 모습을 자연환경과 관련지어 이해한다.
• 촌락의 생활 모습을 여러 시설 및 산업과 관련지어 이해한다.</td></tr>
<tr><td>이해</td><td>본질적 질문</td></tr>
<tr><td>핵심 지식
• 농촌의 자연환경과 생산 활동, 생활 모습
• 어촌의 자연환경과 생산 활동, 생활 모습
• 산지촌의 자연환경과 생산 활동, 생활 모습</td><td>기능
• 삽화 내용 읽기
• 촌락별 산업 분류하기</td></tr>
<tr><th colspan="2">2단계 - 수용 가능한 증거 결정하기</th></tr>
<tr><td>수행과제</td><td>다른 증거
• 농촌 사람들의 하루 생활과 관련 없는 것 찾기
• 촌락의 생활 모습에 대해 바르게 설명한 길 찾기
• 교사의 질문에 대답</td></tr>
</table>

(계속)

3단계 - 학습 경험 계획하기
1. 농촌의 자연환경과 생활 모습을 알아보자. – 교과서 삽화를 통해 자연환경을 살펴보고 생산 활동, 시설, 생활 모습 알아보기
2. 어촌의 자연환경과 생활 모습을 알아보자. – 교과서 삽화를 통해 자연환경을 살펴보고 생산 활동, 시설, 어촌 체험 보고서를 읽고 생활 모습 알아보기
3. 산지촌의 자연환경과 생활 모습을 알아보자. – 교과서 삽화를 통해 자연환경을 살펴보고 생산 활동, 시설, 생활 모습 알아보기 – 읽기 자료를 통해 왜 산비탈에 배추밭을 만들었는지 알기
4. 촌락의 산업을 알아보자. – 교과서 삽화를 통해 자연환경이 다른 촌락에서 주로 발달한 산업 알기 – 붙임 딱지를 떼어 촌락별로 발달한 산업 분류하기
5. 교과서의 주제 마무리 문제 해결하기

백워드 설계 템플릿에 적용한 초기 단원 설계안을 살펴보면, 단원을 통해 도달해야 할 학생들의 이해와 단원을 이끄는 본질적 질문, 핵심적인 수행과제가 누락된 것을 확인할 수 있다. 학습활동은 많았지만 대부분 교과서에 제시된 사실적 지식을 습득하기 위한 활동에 그치고 있다. 즉, 교과서에 제시된 모든 내용에 초점을 두고 있으며, 학생들이 무엇을 학습하고 무엇을 이해해야 하며 어떻게 이해로 나아가야 하는지에 대한 관심이 상대적으로 적었다는 것을 쉽게 파악할 수 있다.

이처럼 백워드 설계 템플릿을 활용하면, 내용 요소에 중점을 둔 현행 설계에서 무엇이 부족한지 파악할 수 있으며 단원의 목표, 활동, 평가의 일치도를 높일 수 있는 방안으로 설계안을 수정할 수 있도록 도와줄 수 있다. 〈표 12-3〉은 백워드 설계의 논리를 적용하여 최종적으로 개선한 단원 설계안 사례다. 이전 사례와 비교해 보면, 이해에 초점을 두고 본질적 질문, 수행과제를 분명하게 나타내고 있음을 확인할 수 있다. 이처럼 백워드 설계 템플릿은 학습의 논리를 반영하여 현행 설계의 문제점을 개선할 수 있을 것이다.

〈표 12-3〉 백워드 설계를 반영한 단원 설계안

<table>
<tr><th colspan="2">1단계 - 바라는 결과 확인하기</th></tr>
<tr><td colspan="2">목표 설정
• 촌락의 생활 모습을 자연환경과 관련지어 이해한다.
• 촌락의 생활 모습을 여러 시설 및 산업과 관련지어 이해한다.</td></tr>
<tr><td>이해
• 자연환경에 따라 사람들의 생활 모습이 달라진다.
• 자연환경은 생산 활동에 큰 영향을 미친다.
• 생산 활동의 결과물에 따라 관련되는 산업이 발달한다.</td><td>본질적 질문
• 사람들의 생활 모습에 영향을 미치는 것은 무엇인가?
• 촌락에 사는 사람들의 생활 모습에 영향을 미치는 것은 무엇인가?</td></tr>
<tr><td>핵심 지식
• 각 촌락의 자연환경
• 각 촌락의 생산 활동
• 촌락에서 발달한 산업</td><td>기능
• 계획을 세워 자료 조사하기
• 기준에 따라 수집한 자료 분류하기
• 수집한 자료 분석하고 해석하기</td></tr>
<tr><th colspan="2">2단계 - 수용 가능한 증거 결정하기</th></tr>
<tr><td>수행과제
당신이 큐레이터로 근무하는 ㅇㅇ박물관에서는 새해를 맞이하여 초등학생을 대상으로 ‘촌락의 생활 모습’이라는 주제의 특별 전시를 기획하고 있다. 당신은 촌락 사람들의 생활 모습을 조사하여 각 사진과 글이 포함된 전시물을 제작하고 전시물의 내용을 모두 포함하며 전시 의도를 잘 나타낼 수 있는 전시회의 제목을 결정해야 한다.</td><td>다른 증거
퀴즈: 촌락의 의미와 촌락의 유형
(농촌, 어촌, 산지촌)
관찰: 조사한 자료를 촌락 유형별로 구분하기
조사한 자료를 해석하여 알맞은 설명을 작성하기</td></tr>
<tr><th colspan="2">3단계 - 학습 경험 계획하기</th></tr>
<tr><td colspan="2">1. 도시와 촌락의 모습이 대비되는 사진을 제시하여 촌락 의미에 대해 친구들과 의논하여 발표하기(H)
2. 촌락의 유형인 농촌, 어촌, 산지촌을 구분하는 퀴즈 풀기(H)
3. 본질적 질문을 학생들에게 제시하기(H, W)
4. 수행과제를 PPT 자료로 제시하고 학생들에게 안내하기(W)
5. 모둠별로 수행과제 해결을 위한 계획 수립하기(E1)
6. 수행과제 해결에 필요한 자료 조사하기(E1, T)
7. 조사한 자료 분석을 통해 의미 파악하기(E1, T)
8. 전시물을 어떻게 제작할 것인지 모둠원과 토의하기(E1)
9. 전시물 제작하기(E1, T)
10. 전시물을 살펴보고 조사한 자료가 포함되었는지, 잘못 제작된 전시물은 없는지 확인하고 수정하기(R)
11. 전시회의 제목을 결정하기 위한 토론하기(E1)
12. 친구들에게 전시물을 보여 주고 전시물에 대해 설명하고 자기 평가 및 동료 평가하기(E2)
13. 교사는 마지막으로 본질적 질문에 답하는 방식으로 학생들의 표현 양식에 따라 일반화를 도출하기(E2, R)</td></tr>
</table>

요약

이 장에서는 백워드 설계의 실제적인 과정과 절차에 대한 유의점, 교육과정의 프레임워크, 한국의 교육과정 설계 상황에 대해 제시하였다.

첫째, 백워드 설계의 과정은 각 단계에 따라 이루어지는 선형적 과정이 아니며 비선형적 과정이다. 각 단계의 하위 요소를 개발할 때도 템플릿의 순서에 따른 선형적 과정으로 이루어지지 않는다. 따라서 백워드 설계에서 설계자가 어디에서 시작하고 어떻게 개발해 나아가는가보다는 백워드 설계 템플릿에 모든 요소가 일치되도록 단원 개발을 완료하는 것이 가장 중요하다.

둘째, 백워드 설계에서 일차적으로 주목하는 개발의 수준은 단원이지만 위로는 교과 영역별 과정, 교과, 국가수준 교육과정과 연계되어 있다. 이러한 관계를 거시적 · 미시적 프레임워크를 통해 보여 주고 있다. 백워드 설계는 단원을 넘어서 거시적인 측면에서 교육과정을 설계할 때도 활용할 수 있다. 이때 본질적 질문이나 평가를 활용하는 것은 매우 효과적이다.

셋째, 우리나라의 단위학교에서 개발한 단원 설계안은 교과 내용에 관해서 무엇을 가르쳐야 하는지에 초점을 두는 내용의 논리를 중심으로 교육과정을 개발하고 있음을 쉽게 발견할 수 있다. 이러한 현행 설계안을 백워드 설계 템플릿에 적용해 보면, 현행 설계에서 무엇이 부족한지 파악할 수 있으며 단원의 목표, 활동, 평가의 일치도를 높일 수 있는 방안으로 설계안을 수정할 수 있다. 즉, 백워드 설계 템플릿을 활용하여 학습의 논리를 반영하고 현행 설계의 문제점을 개선할 수 있을 것이다.

토론 과제

1. 자신이 개발한 기존 설계안을 백워드 설계 템플릿에 적용해 보고 설계안의 문제점을 찾아보시오.
2. 백워드 설계 과정의 다양한 출발점을 설명하시오.
3. 백워드 교육과정이 고려해야 하는 거시적 · 미시적 프레임워크에 대해 토론해 보시오.

제 13 장

교육과정 전문가로서의 교사

학습목표
- 교사들이 가지고 있는 백워드 설계에 대한 오개념을 확인할 수 있다.
- 오늘날 교사에게 요구되는 전문성이 무엇인지 설명할 수 있다.

1 교사들이 가지고 있는 오개념

1) 오개념 1: '맞아, 그런데…… 우리는 시험에 맞추어 가르쳐야만 해.'

많은 교사가 백워드 설계에 담긴 의도에는 공감을 한다. 하지만 실제 자신의 교실에서 백워드 설계를 반영하여 수업을 실행하고자 할 때는 망설이게 된다. 백워드 설계로 수업을 실행하면 학생들의 시험 점수가 낮아지지 않을까 염려한다. 물론 모든 교사가 학생의 이해는 배제한 채 시험 점수만을 위한 교육을 실시하고 있지는 않다. 하지만 학교에서 실시하는 기말고사, 국가에서 실시하는 국가수준의 평가 점수에 신경을 쓰지 않는 교사는 거의 없을 것이다. 일반적으로 시험 점수를 올리기 위한 방법은 평가를 모방하도록 함으로써 선다형이나 간단한 서답형의 검사 양식을 많이 연습해 보고 시험 보는 내용들을 모두 포함해서 다루는 것이다. 즉, '실제로 해 보는 것'을 '피상적으로 다루는 것'이다. 만약 이러한 방식으로 수업을 한다면, 빅 아이디어를 학생이 심도 있게 이해하거나 개발하는 데 초점을 두어 깊이 있게 몰두하는 수업을 할 시간이 없고, 수행평가를 위한 시간도 없다.

이와 같은 생각이 오개념이라는 것을 확인하기 위해 건강 검진의 비유를 생각해 보자. 우리는 1~2년에 한 번씩 건강 검진을 받는다. 짧은 시간에 많은 검사를 실시하는 건강 검진을 통해 우리는 혈압, 콜레스테롤 수치, 혈당 수치 등을 확인한다. 이러한 건강 검진 결과를 통해 확인되는 수치는 유용한 건강 상태 지표들을 보여 주는 간단한 검사 중 하나다. 건강 검진에서 받은 각 항목의 수치가 정상 범위에 있다고 해서 그 자체가 건강함을 나타내는 것이 아니다. 우리에게 중요한 것은 건강 검진에서 재검을 받지 않고 통과하는 것, 건강해지기 위해 건강 검진을 받는 것이 아니라 진정으로 건강한 삶을 살기 위해 운동, 충분한 수면, 금연 같은 것을 규칙적으로 하는 것이다.

앞에서 설명한 것처럼 시험은 건강 검진과 같은 것이다. 시험 점수는 교사가 추구하는 목표 중 어떤 것과 관련되는 하나의 지표이다. 따라서 검사가 아닌 기준의 언어에서 반영된 복잡한 평가의 종류를 개발하고 기준들에 맞추어 가르쳐야 한다.

2) 오개념 2: '맞아. 그런데…… 우리는 가르칠 내용이 너무 많아.'

학교급을 막론하고 많은 교사는 교과서의 내용을 빠짐없이 모두 가르쳐야 한다고 믿으며, '가르쳐야 할 내용이 너무 많아서 그것을 다 가르치기에는 시간이 부족하다'는 공통된 문제를 제시한다. 이는 교사들이 가지고 있는 가장 일반적인 오해이다. 우리는 교과서를 하나의 학습 자료로 사용할 필요가 있다. 교과서에 있는 모든 것을 교실에서 가르쳐야 하거나 모든 학생이 학습해야 한다고 생각하는 것은 바람직하지 않다. 이러한 인식은 교사가 수업 시간에 설명을 통해 언급한 것을 학생들이 모두 이해할 것이라는 전문가의 맹점과도 맥을 같이한다. 즉, 지식을 피상적으로 다루어서 학생들이 빅 아이디어를 이해하고 연결하지 못한 교수는 어떠한 평가에서도 최적의 결과를 만들어 낼 수 없을 것이다. 전문가의 맹점과 같은 인식을 가지고 있는 교사는 교수와 학습을 혼동하고 있다.

현실적으로 우리나라는 교과서를 제작하여 학생들에게 제공하고 있기 때문에, 교사들은 국가수준 교육과정에서 제시한 성취기준에 대해 큰 고민 없이 교과서를 가지고 수업을 하는 경우가 많다. 하지만 교과서가 성취기준을 잘 반영하고 있는지, 학생들의 심층적 이해를 돕는 방향으로 구성되어 있는지 검토할 필요가 있다. 심지어 아무리 좋은 교과서가 사용될지라도, 교사가 수업을 할 때 교과서를 단순히 가르치는 것이라고 인식하면 잘못된 이해가 생긴다. 설계, 수업, 평가에서 내용 기준, 지적 우선순위, 명백한 목적 성취를 위한 학생의 요구와 흥미를 고려하여 수업을 계획해야 한다. 교과서는 성취기준을 충족시키는 많은 것 중 하나의 학습 자료로서 제공되어야 하며 교과서는 참고서적일 뿐이다.

한편으로, 교사들은 교과서의 내용을 모두 가르치지 않으면 학업 성적의 하락을 우려하는 학부모의 항의가 들어올 것을 염려한다. 국가수준 교육과정 문서의 '학교급별 교육과정 편성 · 운영의 기준'을 살펴보면, 교과서는 하나의 자료이며 학생의 처한 상황에 따라 수정할 수 있다고 명시되어 있다.

> 교과와 창의적 체험활동의 내용 배열은 반드시 따라야 할 학습 순서를 의미하는 것은 아니며, 학생의 관심과 요구, 학교의 실정과 교사의 필요, 계절 및 지역의 특성 등에 따라 각 교과목의 학년군별 목표 달성을 위한 지도 내용의 순서와 비중, 교과 내 또는 교과 간 연계 지도 방법 등을 조정하여 운영할 수 있다(교육부, 2022).

2022 개정 교육과정 학교 교육과정 설계와 운영의 교수–학습 부분에서는 다음과 같은 지침이 있다(교육부, 2022).

> 가. 학교는 학생들이 깊이 있는 학습을 통해 핵심역량을 함양할 수 있도록 교수 · 학습을 설계하여 운영한다.
>
> 1) 단편적 지식의 암기를 지양하고 각 교과목의 핵심 아이디어를 중심으로 지식 · 이해, 과정 · 기능, 가치 · 태도의 내용 요소를 유기적으로 연계하며 학생의 발달 단계에 따라 학습 경험의 폭과 깊이를 확장할 수 있도록 수업을 설계한다.
> 2) 교과 내 영역 간, 교과 간 내용 연계성을 고려하여 수업을 설계하고 지도함으로써 학생들이 융합적으로 사고하고 창의적으로 문제를 해결하는 능력을 함양할 수 있도록 한다.
> 3) 학습 내용을 실생활 맥락 속에서 이해하고 적용하는 기회를 제공함으로써 학교에서의 학습이 학생의 삶에 의미 있는 학습 경험이 되도록 한다.
> 4) 학생이 여러 교과의 고유한 탐구 방법을 익히고 자신의 학습 과정과 학습 전략을 점검하며 개선하는 기회를 제공하여 스스로 탐구하고 학습할 수 있는 자기주도 학습 능력을 함양할 수 있도록 한다.
> 5) 교과의 깊이 있는 학습에 기반이 되는 언어 · 수리 · 디지털 기초소양을 모든 교과를 통해 함양할 수 있도록 수업을 설계한다.

즉, 학교에서는 교과서가 아니라 성취기준을 가르쳐야 하며 학생들이 깊이 있는 학습을 통해 심층적 이해를 할 수 있도록 핵심 아이디어를 중심으로 가르쳐야 한다. 이제는 교사의 인식 개선과 함께 학부모의 인식 개선을 위한 노력도 필요하다.

3) 오개념 3: '맞아, 그런데…… 교육과정과 평가 작업은 너무 어려워. 그리고 시간이 없어.'

국가수준 기준을 가지고 교육과정을 일치시키는 것, 빅 아이디어를 확인하는 것, 본질적 질문을 만드는 것, 목표와 일치하는 참된 평가를 설계하는 것, 흥미를 끄는 방식으로 이해시키기 위해 가르치기 위한 계획들을 개발하는 것, 학생 작업의 결과를 분석하는 것 등은 쉽지 않은 작업이며, 이를 위해 충분한 시간이 필요하다. 교사 혼자서 자신이 맡고 있는 교과의 전 단원을 백워드 방식으로 설계하려면 시간이 부족할 것이다. 하지만 이러한 설계를 교사 혼자서 모두 할 필요는 없다. 우리는 현명하게 접근할 필요가 있다. 이러한 관점에서 백워드 설계에서는 교사들이 함께 백워드 설계에 대해 연구하고 설계안을 개발 · 공유할 수 있는 교사 동아리 혹은 교사 연구회, 전문학습공동체 활동을 권장한다.

실제로 백워드 설계를 시작하려는 교사들은 1단계의 우선순위 결정하기에서부터 곤란을 겪기도 한다. 내가 생각하는 것이 맞는 것인가? 항상 의문을 가진다. 하지만 동료 교사들과 함께 논의하는 시간을 통해 우리는 우선순위를 명확히 하고 다음 단계로 나아가게 될 것이다. 이러한 과정을 거칠 때, 혼자 개발하는 것보다는 시간도 절약되며 설계안의 타당도도 높아질 수 있다. 또한 교사들이 백워드 설계안을 개발하고 실행하여 얻은 경험적 자료를 공유할 필요가 있다. 교사들의 경험을 바탕으로 백워드 설계안을 지속적으로 수정하며, 내가 개발하지는 않았지만 동료 교사가 개발한 설계안을 보고 자신의 상황에 맞게 수정하거나 참고한다면 백워드 설계에 소요되는 시간을 절약할 수 있다. 또한 처음부터 모든 단원을 백워드 방식으로 설계해야지, 우리 학교의 모든 교과를 백워드 방식으로 설계하겠다는 생각은 어쩌면 지나친 욕심일 수 있다. 1년에 한두 단원에 초점을 두고 작은 범위에서 제대로 시작하고 개개의 교사가 이 작업을 혼자 하기보다는 다른 교사와 지속적인 협동 연구를 실시한다면 시간 부족 때문에 백워드 설계를 할 수 없다는 오해를 해결할 수 있다.

2 교사들에게 요구되는 전문성

더 이상 교과서의 진도를 따라가는 교사의 전문성은 유효하지 않다. 한번 배운 지식을 바탕으로 교직에 있는 동안 학생을 가르치는 것도 적절하지 않다. 이제 교사의 '능동적 전문성'이 필요할 때이다. 교사가 교육과정 설계를 잘 하였는지 평가하기 위해서는 다음의 질문을 스스로에게 던져 보고 답해야 할 것이다.

- 목표하는 내용이 큰 개념과 일반화 그리고 사고 기능, 과정 지식에 초점을 두었는가?
- 바라는 결과를 공정하고 타당하고 신뢰할 수 있고 충분하게 평가하고 있는가?
- 학습 계획을 학생들이 효과적으로 참여할 수 있도록 만들었는가?
- 세 단계의 내용이 내적 통일성을 갖도록 연결하였는가?

즉, 교사의 소임을 수행하는 데 필요한 역량을 갖추고 이를 효율적으로 적용하며, 그 역량을 계속 발전시키면서 전문성을 신장시켜야 한다. 다음에서는 교사의 인식 전환, 수업에 대한 관점의 변화, 수업 지도안 작성, 수업 실행과 평가에서 갖추어야 할 교사의 전문성에 대해 살펴본다.

1) 교사의 인식 전환

교사는 '교육과정 실행자'라는 관점에서 '교육과정 설계자이며 실행자'라는 관점으로의 전환이 필요하다. 백워드 설계에서는 교사가 국가수준 교육과정의 성취기준을 분석하여 이해의 측면을 고려하며 단원의 목표를 설정하고 빅 아이디어를 선별하는 과정을 거친다. 따라서 교과서에서 제시한 교육 내용을 그대로 나열하는 것이 아니라 목표에 따라 평가를 계획하고, 학생의 특성을 고려하여 학습 경험을 계획하고, 단원 전체에서 학생들의 진정한 이해를 이끌어 내야 한다. 즉, 교사는 자신이 실행할 수업을 계획할 수 있는 전문성과 자율성을 지닌 교육과정의 설계자이며 실행자라는 인식을 가져야 한다.

2) 수업에 대한 관점의 변화

백워드 설계는 수업을 단원 수준의 거시적인 관점에서 바라본다. 이는 기존 단원 설계가 차시 위주로 이루어져 수업을 미시적인 관점으로 보는 것과 차이가 있다. 따라서 백워드 설계에서 교사는 빅 아이디어를 중심으로 단원 전체를 꿰뚫는 안목을 가지고 있어야 한다. 이런 안목을 바탕으로 차시별 계획을 의미 있게 조직해야 한다. 또한 각 차시의 학습 경험은 서로 연관성을 지니며 단원의 목표를 향해 응집되도록 계획하여 궁극적으로 단원에서 추구하는 목표를 학생들이 성취할 수 있도록 해야 한다.

3) 수업 지도안 작성

수업 지도안을 작성할 때는 백워드 설계의 특징과 단계를 충분히 이해한 후 백워드 설계 템플릿을 활용한 수업 지도안 작성이 이루어져야 한다. 설계 템플릿은 각각의 빈칸에 설계에 도움을 주는 항목이 제시되어 있어 해당 내용을 채워 넣는 과정을 통해 백워드 설계안을 완성할 수도 있다. 하지만 이런 과정을 거쳐 완성된 백워드 설계안은 형식적인 절차를 거쳤을 뿐, 백워드 설계의 원리가 반영된 진정한 단원 중심의 설계라고 할 수 없다. 교사가 백워드 설계의 원리를 이해하지 못한 상태에서는 설계 단계에서 오류가 발생하게 되고 이는 곧 수업으로 반영된다. 따라서 학생들은 진정한 이해에 도달하지 못하고 피상적인 학습을 하게 될 수밖에 없다. 교사는 백워드 설계가 가지는 의미를 통해 백워드 설계 템플릿의 각각의 칸이 지니는 의미를 명확하게 인식해야 한다.

4) 수업 실행

교사는 바라는 결과, 학생이 성취해야 하는 목표를 항상 염두에 두고 WHERETO의 요소를 고려하여 수업을 실행해야 한다. 수업의 실행은 백워드 설계의 3단계인 학습 경험 계획하기가 전개되는 과정이다. 백워드 설계 시 3단계에서는 WHERETO의 요소를 고려하여 학습 경험을 선정한다. 따라서 백워드 설계안에서는 각각의 학습 경험에서 강조하는 주요 요소를 확인할 수 있다. 교사는 그 활동에서 강조하고 있는 주요 요소에 초점을 맞추어 수업을 실행하여야 하며, 이 과정이 단원 전체에 걸쳐 이루어질 때 학습자는 교사가 백워드 설계 당시에 의도한 대로 학습을 하게 되어 학습 목표에 도달할 수 있을 것이다.

5) 수업 평가

백워드 설계에서 평가는 학생들의 목표 도달 정도, 이해의 정도를 확인하여 학생들의 학습 결손을 막는 데 가장 중요한 역할을 한다. 이런 평가는 이전 단원 설계에서의 평가 시기와 차이가 있다. 이전 단원 설계에서는 단원의 마지막에서 학생을 평가하는 경우가 많았다. 하지만 백워드 설계에서는 과제를 수행하는 것이 곧 이해의 증거가 되므로, 과제를 수행하는 전 과정에서 과정 중심 평가가 이루어진다. 또한 평가과제 외에 이해 여부를 확인할 수 있는 다양한 증거(퀴즈, 활동 결과물 등)를 수집하게 하여 다면적이고 복합적인 평가가 이루어지는 특징을 가진다. 교사는 백워드 설계에서의 목표와 일치되는 평가를 계획하고 실행하여 수업의 전 과정에서 학생들의 학습 결손이 발생하지 않도록 평가의 역할을 충실히 이행해야 한다.

6) 내용과 방법의 전문성에서 목표와 평가의 전문성으로

이제 교사의 전문성은 전통적으로 강조해 온 내용과 방법의 전문성에서 목표와 평가의 전문성으로 변화해야 한다. 자신의 교과 내용에 정통하고 그 내용을 훌륭하게 가르치는 교수방법의 전문성은 매우 당연한 것이다. 이제는 이러한 전통적인 전문성에서 한 단계 업그레이드되어야 한다. 그것은 목표의 전문성과 평가의 전문성이다. 우리가 교육과정과 수업을 통하여 성취해야 할 목표는 무엇이 되어야 하는가! 그 목표는 진정한 이해로 설정되어야 한다. 그렇다면 진정한 이해라는 것은 어떤 상태인가 하는 점이 밝혀져야 한다. 이해라는 능력이 어떤 능력인지, 단편적인 지식을 아는 것, 많이 아는 것과 진정한 이해는 어떤 차이가 있는지, 이해는 지적인 측면 외에 정의적인 측면과 기능적인 측면은 없는지 등을 파악해야 한다. 아울러 진정한 이해가 무엇인지를 잘 이해해야 할 뿐만 아니라 그 이해를 달성했는지를 어떻게 확인할 수 있는지 알아야 한다. 자신이 가르치는 내용을 진정으로 이해하고 있는지 여부를 잘 확인하고 점검해야 한다. 우리가 수업에서 바라는 결과인 이해를 달성했다고 수용하려면, 학생들로부터 어떠한 자료들을 수집해야 하는지를 파악해야 한다. 학생이 이해했다고 판단할 만한 증거 자료들을 타당하고도 신뢰할 수 있게 수집해야 한다. 이해에 부합하는 적절한 증거를 수집하고(타당도의 문제) 동료 교사도 학생이 이해했다고 나 자신과 동일하게 인정할 만한 판단 기준을 잘 만들어야(신뢰도의 문제) 한다.

3 거꾸로 교실과의 관련성

백워드 설계를 쉽게 풀어서 이야기하면 '거꾸로 생각하는 교육과정 개발'이다. 이러한 표면적인 명칭으로 인해 현장에서는 거꾸로 교실(flipped learning)과 헷갈리는 모양이다. 양자는 명칭에서는 유사한 용어가 등장하지만, 근본적인 데서 그 차이가 크다. 그 주요 차이를 제시해 보면 〈표 13-1〉과 같다.

〈표 13-1〉 백워드 설계와 거꾸로 교실의 차이

구분	백워드 설계	거꾸로 교실
적용 차원	• 교육과정 전체(국가-지역-단위학교) • 단원 • 차시 수업	• 차시 수업
출발 배경	• 심층적 이해 능력 개발 • 본질적 내용 이해	• 내용 숙지시키기
적용 교과	• 전 교과 • 모든 교과의 본질과 참 맛을 느끼게 하는 교수-학습	• 미국 공대 수업 개선 (주로 수학과 과학) • 위계적 내용의 교과에 국한
수업 절차의 변화	• 목표-평가-학습 경험 • 목표와 평가의 연계성 강화	• 내용을 강의실이 아닌 곳에서 학습 • 수업 전에 온라인이나 모바일에서 내용 숙지하고 실제 수업에서 토론
수업 초점	• 목표와 평가가 연계되는 심층적 수업 • 평가가 견인하는 수업	• 수업 내용을 수업 전에 숙지시키기
근본적 차이	• 배우는 내용과 학생 삶의 통합	• 수업 내용을 집에서 공부해 와서 교실에서는 내용 숙지 확인하기

이상의 차이에서 보면 교사들에게 요구되는 전문성은 확연하게 차이가 난다는 것을 알 수 있다.

첫째, 수업 전문성이 내용 숙지에 있는 것이 아니라 학생들에게 심층적 이해 능력을 길러 주는 일이다. 거꾸로 교실은 교사가 수업 내용을 잘 조직·정리하여 수업 전에 학생들에게 제시·전달·표현하는 전문성에 치중한다면, 백워드 설계는 내용 전달 외에도 이해 목표의 개발, 평가의 전문성에 치중한다.

둘째, 평가 전문성이다. 거꾸로 교실은 수업 전에 학생들이 내용을 보고 오도록 하여 수업 시간에 내용을 중심으로 토론이나 문제 해결을 시도하지만, 백워드 설계는 제대로 설계된 수행과제를 중심으로 학생들의 심층적 이해 능력 개발에 중점을 두고 수업을 전개해 나간다. 따라서 교사에게는 수행과제 설계 및 진정한 이해 여부의 확인, 즉 평가의 전문성이 중요해진다.

셋째, 자신의 교과 본질을 추구하는 전문성이다. 거꾸로 교실은 주로 학생들이 수업 전에 내용을 보고 오는지에 관심이 있지만, 백워드 설계는 교과의 본질, 즉 교과를 왜 공부해야 하는지, 수업에서 제대로 이해해야 할 것이 무엇인지, 장차 자신의 삶이 행복하고 윤택해지기 위해서는 무엇을 제대로 공부해야 하는지에 중점을 둔다.

넷째, 수업의 슬림화에 대한 전문성이다. 거꾸로 교실은 수업 시작 전에 학생들이 사전에 수업 내용을 숙지하고 오는지에 관심이 있으므로 수업 내용의 제시에 많은 시간을 사용한다. 이러한 점에서 수업 내용이나 수업의 전제적인 양상이 기존 수업과는 내용의 사전 제시라는 절차 면에서 약간의 변화가 있을 뿐이다. 물론 사전에 내용 숙지로 인해 수업 시간을 좀 더 여유 있게 사용할 수 있는 이점이 있으나, 이것은 수업 내용을 무엇으로 규정하느냐에 따라 달라질 수 있다. 수업 내용이라는 것이 사전에 결정될 수 있는 것이라면 모르지만, 대개 교육에서 수업 내용은 수업의 맥락에서 상호작용적으로 구성되는 것이다. 이런 점에서 거꾸로 교실은 왜곡된 수업 내용을 주입할 가능성이 매우 높다.

다섯째, 내용 전문가에 대한 관점의 차이이다. 일반적으로 교육 내용은 다양한 층위를 지닌다(강현석, 2011: 302). 우선 교육과정 문서에서 일차적으로 제시되고 그것을 토대로 교과서가 만들어지므로 교과서 내용의 수준으로도 존재하며, 교과서 내용을 수업 시간에 전달하는 수업 내용으로도 존재한다. 이 경우 수업 내용을 하향식으로 접근하는 방식(국가 교육과정 문서 내용 → 교과서 내용 → 수업 내용), 상향식으로 접근하는 방식(수업 내용 → 교과서 내용 → 국가 교육과정 문서 내용)에 따라 교사는 수업 내용에 대한 의미를 상이하게 부여하게 된다. 하향식 접근에서 수업 내용은 상위의 교육과정 내용과 얼마나 부합하는가에 초점을 두지만, 상향식 접근에서 수업 내용은 수업 내용을 보다 풍부하게 해석하고 재구성하기 위해서는 무엇을 소재로 삼아야 하는가에 초점을 둔다. 이런 점에서 수업 내용은 다층적 구조 속에 존재하므로 해석과 재구성의 문제로부터 자유로울 수 없다. 거꾸로 교실에서 온라인상에 탑재하여 학생들이 미리 학습해 오기를 기대하는 내용이라는 것은 이와 같이 해석과 재구성, 교사의 교육적 의미의 덧붙임이 없는 박제된 내용을 탑재할 가능성이 높다.

그리고 수업 내용은 수업의 상황과 맥락에서 교수자와 학습자 간의 상호작용에 의해 구성되고 재구성되는 것이다. 수업 전에 미리 결정될 수 없는 속성이 강하다. 내용을 고정된 실체로 파악하면 사전에 결정하여 제시하는 것이 가능하겠지만, 대부분의 교과 내용은 수업의 맥락에서 교수자와 학습자 간의 상호작용을 기다리고 있는 셈이다. 그것이 보다 가치 있는 내용에 대한 접근 방식이다. 거꾸로 수업은 이 점을 왜곡할 가능성이 높다. 일부 교과, 즉 내용의 위계가 분명하고 고정적 속성이 강한 교과에서는 다소간 적용이 가능하지만, 대부분의 교과에서는 문제가 많다.

따라서 백워드 설계에서는 내용의 본질과 가치를 심층적 이해와 연계시키려는 데 반해, 거꾸로 수업은 수업의 상호작용성을 도외시하여 내용을 박제화시킬 가능성이 존재한다. 내용 전문가라면 후자보다는 전자의 입장에서 내용의 새로운 재구성을 고민해야 한다. 결국 백워드 설계자는 교과의 가치와 본질을 추구하고 학습을 하는 목적을 심어주는 내용을 개발하는 전문가인 데 반해, 거꾸로 교실의 교사는 내용을 특정 매체에 싣고 학생들에게 제시하는 전문가일 가능성이 높다.

요약

이 장에서는 백워드 설계에 대해 교사들이 가지고 있는 오개념과 오늘날 교사들에게 요구되는 전문성에 대해 살펴보았다. 많은 교사가 백워드 설계에 담긴 의도에는 충분히 공감을 한다. 하지만 실제 자신의 교실에서 백워드 설계를 적용하여 수업을 실행하고자 할 때는 망설이게 된다. 이와 같이 백워드 설계를 시도하고자 할 때, 망설이게 되는 이유는 첫째, 시험에 맞추어 가르쳐야 한다는 오개념, 둘째, 가르칠 내용이 너무 많다는 오개념, 셋째, 교육과정 설계 작업은 어려우며 많은 시간이 필요하나 너무 바빠서 시간이 없다는 오개념을 가지고 있기 때문이다. 하지만 이는 교사들이 가지고 있는 오개념일 뿐이므로, 이러한 오개념을 바로잡을 수 있도록 비유를 들어 설명하였다.

오늘날 교사들은 자신이 배운 지식과 학습한 방식을 바탕으로 학생을 가르치는 것은 더 이상 유효하지 않다. 교사의 소임을 수행하는 데 필요한 역량을 갖추고 이를 효율적으로 적용하며 그 역량을 계속 발전시키면서 전문성을 신장시켜야 한다. 이 장에서는 교사의 인식 전환, 수업에 대한 관점의 변화, 수업 지도안 작성, 수업 실행과 수업 평가에서 갖추어야 할 교사의 전문성에 대하여 설명하였다.

토론 과제

1. 교사들은 다양한 오개념을 가지고 있기 때문에 백워드 설계의 적용을 망설이고 있다. 제기되는 오개념과 이러한 오개념을 극복할 수 있는 방안을 제안하시오.
2. 오늘날 교사에게 요구되는 전문성이 무엇인지 다양한 측면에서 제시하시오.

제14장

이해 중심 교육과정

학습목표

- 이해 중심 교육과정의 주요 접근 방법을 설명할 수 있다.
- 학습자의 이해에 초점을 두고 있는 다양한 접근 방법을 비교하여 보고 공통점과 차이점을 찾을 수 있다.

최근 학습자의 이해에 대한 관심이 대두되면서 학습자의 이해에 초점을 두고 있는 이해 중심 교육과정 접근도 주목을 받고 있다. UbD(Understanding by Design)라 불리는 백워드 설계도 이해 중심 교육과정의 주요 접근 방법 중에 하나이다. 이 장에서는 이해 중심 교육과정의 주요 접근 방법인 TfU(Teaching for Understanding), HPL(How People Learn), 문제 중심 학습(PBL), 4-MAT System, 학습의 차원(Diemnsions of Learning), KDB (Know-Do-Be) 모형, 개념 기반 교육과정, IB 교육과정, 뇌신경과학 기반의 백워드 설계에 대해 살펴보고자 한다.

1 TfU[1)]

TfU(Teaching for Understanding, 이해를 위한 교수)는 기억과 반복 학습의 토대가 되는 행동주의적인 학습관에 입각한 기초 기능 습득 중심의 학교교육에 대한 문제 제기로부터 출발하였으며, 하버드 대학교 교육대학원의 Zero 프로젝트 팀에 의해 연구·개발되었다(백승주, 2000). David Perkins, Vito Perrone, Stone Wiske는 여러 학자와 협력하여 이를 발전시켰다. 이 교수방법의 목적은 수행 능력으로서의 이해 함양이며 명칭의 머리글자를 따서 일반적으로 TfU라고 부른다.

이해는 크게 표상적 관점(a representational view of understanding)과 수행의 관점(a performance view of understanding)으로 구분할 수 있다. 수행의 관점은 어떤 주제를 이해한다는 것은 그 주제에 대해 알고 있는 것을 사용해서 창의적이고 유능하게 생각하고 행동하는 것을 의미한다.

---

1) 이 절의 내용은 이지은(2011). 「백워드 설계 모형을 활용한 이해 중심 교육과정 개발」의 일부 내용을 참고 및 보완한 것임을 밝힘.

Perkins와 Unger(1994)는 이해를 정신적 표상과 동일시하는 것은 지나치게 앞서가는 것이며, 정신적 표상을 계획, 예언하고 적절하게 사용하기 위해서는 정신적 표상만으로는 부족하며 이를 바탕으로 행위를 수행할 수 있어야 한다고 주장했다. 따라서 TfU에서는 이해의 핵심을 '어떤 주제에 대한 융통성 있는 행동 수행 능력'으로 본다. 이러한 맥락에서 이해를 위한 학습에서는 주어진 시간에 학생들의 이해 정도를 측정하기 위해 학생이 스스로 이해한 내용을 활용할 수 있는 과제를 요구한다. 즉, 학생들이 수행하는 과정을 통해 학습자의 현재 이해 정도를 파악하는 특징을 가진다.

Zero 프로젝트 팀은 '가치 있는 이해를 위한 주제는 무엇인가?' '학생들이 이해해야 하는 내용은 무엇인가?' '학생들의 이해를 촉진하는 방법은 무엇인가?' '학생들이 이해한 내용을 알 수 있는 방법은 무엇인가?' 등 네 가지 질문에 대한 답을 찾기 위한 연구를 진행하였다(백승주, 2000).

그 결과, 이해의 핵심인 수행 능력을 개발하기 위해 TfU의 기본 모형을 개발하였다. 기본 모형은 생성적 주제(generative topic), 이해의 목표(understanding goals), 이해의 수행(performances of understanding), 지속적인 평가(ongoing assessment)를 구성 요소로 하고 있다(김명희, 2001: 287-289). 각 구성 요소별 특징을 살펴보면 다음과 같다.

첫째, 생성적 주제이다. 현재 학교에서 제시되는 논제들은 학습 목표 성취의 과정에서 풍부한 기회를 제공해 주지 못하고 있다. 생성적 주제는 교사와 학생의 흥미를 유발하고 학생의 학습 수준을 고려하여 다양한 연계 기회를 제공한다. 이는 이해에 구성주의적 접근을 가능하게 하여 매력적인 논제를 선택할 수 있게 된다. 또한 생성적 주제는 관련 학문이나 학생들의 삶 속에서 주제를 선정하고 다루게 되어 풍부한 학습 기회를 제공하게 된다.

둘째, 이해의 목표이다. TfU에서 이해의 목표는 한 단원의 핵심 내용이며 이를 표현할 때는 문장이나 질문의 형태로 나타낸다. '학생들은 이해할 것이다.' '학생들은 감지할 것이다.'와 같은 문장형의 표현 방법은 이해의 목표가 이해의 수행보다 높은 추상성을 유지해 준다. 질문형의 표현 방법은 자연스럽게 목표를 이끌어 내고 학습자의 편의를 도모하면서 아이디어를 유발하도록 한다. 이해 목표의 진술 형태와 관련 없이 이 단계에서 교사들이 대부분 이해의 목표를 선정하지만 목표를 구체화시키기 위해 학생들과 대화하기도 한다. 이러한 접근 방법은 학생의 참여의식을 높이고 주제를 풍부하게 하는 데 도움이 된다.

셋째, 이해의 수행이다. 이 단계에서는 지금까지 학습자가 확보한 이해를 확실하게 보여 주며 그 이해를 더욱 발전시켜 준다. 새로운 학습 내용에서의 목표에 대한 이해력을 개발하거나 증명하는 활동을 하게 된다. 이때 교사는 학습자가 논제를 다루고 이해를 향상시키며 맥락에 맞는 이해 수준에 도달하도록 이해 수준을 배열하게 된다. 이에 따라 학습자들은 주어진 논제를 수행하기 위해서 혼란기, 안내된 탐구, 최정점의 수행의 순서를 거치면서 점차 조직적이고 체계적으로 이해의 증거가 되는 수행을 하게 된다.

넷째, 지속적인 평가이다. 수행 과정을 개선하기 위한 목적으로 활동에 대해 지속적인 피드백을 제공하는 과정이다. 학습자는 학습 과정에서 피드백을 받고 수행을 정교화해 나간다. 즉, 이 과정은 학습자에게 수업에 대한 자기반성의 기회를 제공하는 역할도 함으로써 활동 초기에 평가 준거를 분명하게 제시해야 한다(김명희, 2011). 대부분의 수업에서는 수업 마지막에 피드백을 제공하는 경우가 많은데, 시기상 수업 마지막 부분에 피드백을 제공하면 학습자는 이를 교정하거나 수정할 시간이 부족하게 된다. 따라서 이 요소에서는 피드백이 학습의 중요한 요소임을 인정하고 수업 과정 속에서 이해의 수행을 통해 평가를 받거나 학습 사태의 흐름 속에서 자연스럽게 평가가 이루어져 피드백되기를 바란다. 교사는 언제, 어떻게 피드백을 제공할 것인지, 사후 재평가의 시점 등을 결정하게 된다. 네 가지 구성 요소는 〈표 14-1〉과 같은 특성을 가지는데, 이 특성은 네 요소를 결정하는 준거로도 활용된다(최욱 외 역, 2005: 87).

〈표 14-1〉 TfU의 구성 요소와 준거

구성 요소	준거
생성적 주제	▸ 학문 분야나 영역에 중심적일 것 ▸ 학생들이 쉽게 접근할 수 있고 흥미를 느낄 것 ▸ 교사에게 흥미를 줄 것 ▸ 연계성을 가질 것
이해의 목표	▸ 명시적이고 공개적일 것 ▸ 전체 주제에 연계되고 겹쳐질 것 ▸ 학문 영역에 중심적일 것
이해의 수행	▸ 이해 목표에 직접 관련될 것 ▸ 연습을 통해 이해를 개발하고 적용할 것 ▸ 다양한 학습 형태와 표현 양식을 포함할 것 ▸ 도전적이면서도 접근 가능한 과제들에 성찰적인 참여를 개진할 것 ▸ 이해하고 있음을 공개적으로 입증할 것

(계속)

지속적인 평가	▸ 준거는 유관적이고 명시적이며 공개적일 것 ▸ 빈번히 발생할 것 ▸ 사정의 출처가 다중적일 것 ▸ 진척 사항을 측정하고 계획을 알려 주는 역할을 할 것

TfU는 이해의 영역을 지식(knowledge), 방법(methods), 목적(purpose), 형식(forms)으로 구분하여 제시하였다. 첫째, 지식 영역이다. 지식은 학생들이 주제에 대한 개념이나 관점의 구조에 대해 조직화한 상태를 의미하며, 학생들은 주제에 대해 여러 가지 질문을 하면서 주제에 대한 이해를 형성해 나간다. 둘째, 방법 영역이다. 방법은 학생들이 지식을 얻기 위해 특정 학문 분야의 전문가와 유사하게 전략·방법·기법·과정을 사용하는 것을 의미한다. 셋째, 목적 영역이다. 목적은 지식 확립을 이끌어 온 목적과 관심을 인식하는 학생의 능력, 다양한 상황에서 학생들이 지식을 사용하는 능력, 지식을 사용함으로써 발생하는 결과를 평가한다. 넷째, 형식 영역이다. 형식은 수행 장르에 대한 표현 영역으로 이해가 수행되는 형식인 타인과 의사소통하는 과정에 초점을 둔다.

이해의 각 영역에서 유연하게 사고하고 행동하는 능력을 학생들이 이해한 것에 대한 표현이라고 보았다. 즉, 학생들이 이해했다고 할 때는 지식의 수행 시, 수행의 내용과 장르를 표현하기 위해 시각, 언어 등 다양한 상징 체계를 효율적이고 창의적으로 사용하는 능력을 의미한다(김명희, 2011). 앞에서 살펴본 TfU의 이해의 네 가지 영역은 〈표 14-2〉와 같다.

〈표 14-2〉 이해의 네 가지 영역

지식	방법	목적	형식
1. 직관적인 믿음을 증명하기 - 직관적인 믿음을 변형시킨 영역에서 이론과 개념의 근거를 보여 줄 수 있다. 2. 일관성 있고 풍부한 개념적 웹 - 예시와 일반화, 자세한 것과 대략적인 것을 융통성 있게 움직이며 풍부한 개념적인 웹을 조직화하면서 그 이유를 설명할 수 있다.	1. 건전한 회의론 - 지식을 어떻게 획득했는지의 방법(실험, 도전, 시도, 매체, 교과서, 다른 사람의 의견) - 믿음에 대한 의문을 어떻게 표현하고 제시하는지 2. 그 영역에서 지식 세우기 - 지식 형성 과정에서 전략, 방법, 기법을 어떻게 사용하고 그 과정을 어떻게 진행시키는지 3. 영역에서의 지식 타당화하기 - 체계적인 방법, 논쟁의 증명, 일관성 있는 설명, 토의를 통한 의미 협상과 같은 공적인 준거 아래 믿을 만한 주장을 하는지	1. 지식을 배우는 목적 알기 - 해당 영역의 이점과 배우는 목적, 주요한 의문 사항을 안다. 2. 지식의 다중적 사용 - 배운 것을 여러 가지로 사용할 수 있다. - 지식 사용의 중요성을 인지한다. 3. 지식 소유권과 자율성 - 알고 있는 것을 사용하는 자율성과 그것을 내 것으로 만드는 지식 소유권이 있다. - 배운 것에 대한 자신만의 입장을 발전시킨다.	1. 수행 장르에 대한 숙련 - 수행 장르에 대해 완벽하게 표현할 수 있다(보고서 쓰기, 발표하기). 2. 상징 체계의 효율적인 사용 - 지식을 표현하기 위해 다양한 상징 체계를 효율적이고 창의적으로 사용할 수 있다(은유, 유사, 형태, 움직임). 3. 청중과 맥락에 대한 고려 - 청중을 고려한 발표와 수행을 한다. - 그 수업 현장을 잘 인지하여 발표한다(상황의 인식).

* 출처: 김명희(2001). 이해를 위한 교수모형의 적용에 관한 연구. 교육과정연구, 19(1), p. 291.

TfU를 적용한 수업을 할 때는 구성 요소인 생성적 주제, 이해의 목표, 이해의 수행, 지속적인 평가를 포함하는 [그림 14-1]의 조직도를 활용할 수 있다. 첫째, 생성적 주제는 교사가 무엇을 가르쳐야 할지, 학생이 무엇을 배워야 하는지에 대한 숙고의 답이다. 생성적 주제는 이해를 지원하기 위한 주제, 개념, 아이디어 등을 의미하며 하나 또는 그 이상의 원리나 영역을 포함하고 있다. 이때는 학생들의 학습 수준을 고려하고 학생의 흥미를 유발하는 주제를 선정해야 한다. '비가 많은 삼림지대' '공룡' '패턴' 등이 생성적 주제의 예가 될 수 있다.

둘째, 이해의 목표이다. 이것은 학생이 이해하기를 바라는 기술(기능), 과정, 개념을 말하며 학생들이 도달해야 하는 목표로 수업 중에 학생들이 도달해야 하는 목표를 안내하는 역할을 한다. 이해를 위한 목표는 범위에 따라서 학생들이 생성적 주제로 학습하면서 도달하기를 바라는 단원 목표(unit-long)와 학기나 학년 단위에서 학습하면서 도달하기를 바라는 코스 목표(course-long)가 있다. 이러한 모든 목표는 생성적 주제와 관련되어야 한다.

셋째, 이해의 수행이다. 학생들이 학습한 지식을 활용할 기회가 없다면 이해를 심화시키지 못할 것이다. 이해의 수행은 학생들의 이해를 증명하고 심화시킬 기회를 제공하는 활동이다. 수행 활동은 목표와 관련되어야 하며 학생들이 새로운 방법이나 상황에 직면할 때, 자신의 지식을 사용하고 실행하도록 하는 활동으로 구성되어야 한다. 즉, 전이가 될 수 있는 수행을 계획해야 한다.

넷째, 지속적인 평가이다. 이 과정은 학생의 수행을 향상시키기 위해 수행에 대해 피드백해 주고 반성의 기회를 제공하는 과정이다. 평가의 준거는 이해의 목표와 관련이 되어야 하고 수행 활동의 초기에 분명하고 명확하게 제시되어야 한다.

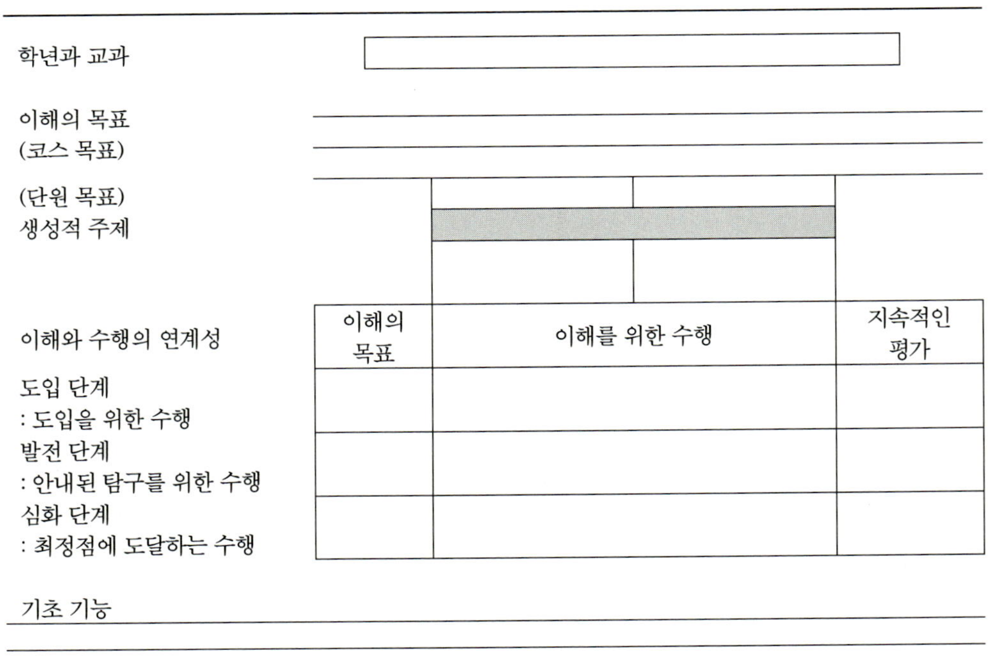

[그림 14-1] TfU 조직도

* 출처: 백승주(2000)와 김선미(2008)의 논문에 제시된 TfU 조직도를 종합하여 제시하였음.

TfU를 계획하기 위한 구체적인 준거는 〈표 14-3〉과 같다.

〈표 14-3〉 TfU를 계획하기 위한 준거

구성 요소		준거 질문
생성적 주제		• 하나 또는 그 이상의 교과 또는 영역에 집중되었는가? • 학생에게 흥미로운가? • 교사에게 흥미로운가? • 학생들에게 학교 밖의 생활과 같이 다른 수업과도 연결되는 기회를 제공하는가? • 주제를 형성하기 위한 자원과 소재는 학생들에게 접근성이 있는가?
이해의 목표	코스 목표	• 학생들이 수업에서 배워야 할 것 중 가장 중요하다고 교사가 믿는 것을 포착하였는가? • 질문과 진술의 형식들('학생들은 ……를 이해할 것이다.' 또는 '학생들은 ……를 감상할 것이다.')로 구문화되었는가? • 생성적 주제와 이해 목표가 밀접하게 연관되었는가?
	단원 목표	• 코스 목표와 밀접하게 연관되어 있는가? • 생성적 주제의 핵심 관점에 집중하는가? • 학생이 생성적 주제에 관해 이해해야 할 가장 중요한 것을 포착하고 있는가? • 질문과 진술의 형식을 취하고 있는가?
이해의 수행		• 학생들에게 이해 목표에 진술된 이해를 표현하도록 요구하는가? • 학생들이 새로운 상황에 적용해 보도록 요구하는가? • 학생들이 이해를 설정하고 표현하도록 허용하는가? • 학생들이 단원의 처음부터 끝까지 몰입하도록 계열화되어 있는가? • 학생들이 자신의 이해를 다양한 방법으로 표현하도록 허용하는가?
지속적인 평가		• 명백하고 공식적인 준거를 가지고 있는가? • 이해 목표에 밀접하게 연관된 준거를 사용하는가? • 단원 수행을 통해 즉각적인 피드백의 기회를 제공하는가? • 학생들이 얼마나 잘하고 있는지, 어떻게 하면 더 잘할 수 있는지에 관한 피드백을 제공하는가? • 다양한 관점의 기회를 제공하는가?(교사 평가, 동료 평가, 자기 평가) • 공식적 · 비공식적 피드백을 적절히 혼합하여 제공하는가?

* 출처: 백승주(2000). 이해를 위한 교수모형을 적용한 초등학교 말하기 교육과정의 평가도구 개발, pp. 17-18을 재구성하였음.

앞에서 살펴보았듯이, TfU는 이해의 핵심 특성에 관해 분명한 수행적 관점을 취한다. 학습 결과를 이해에 초점을 두고 이해의 개발과 평가를 구성하는 요소로서 이해의 수행을 강조한다. 교사는 이해 영역의 학습 목표를 제한된 범위 내에서 진술하고 이 목적과 관계있는 이해의 수행들을 명시해야 한다. 이런 교사의 수행적 관점은 학생들과 공유된다. 이 접근을 통한 교수법은 학문 영역에서 핵심이면서 학생의 주의를 끌 만한 생성적 논제, 단위 수업이나 코스에 내재되어 있는 계열성의 규명, 그리고 교사와 학생들을 처음부터 지속적으로 포함시키면서 이루어지는 평가에 초점을 둔다는 등 몇 가지 핵심 특성을 지닌다.

2 HPL 이론

미국 학습과학발전위원회(The Committee on Developments in the Science of Learning)의 2년간의 연구 끝에 미국 전국교육연구회(NRC: National Research Council)에서는 1999년에 「How People Learn」(이하 HPL)이라는 보고서를 발표하였다. 이후 학습과학 연구물을 실제 교육 현장에 적용할 때 고려할 쟁점을 다루기 위해 학습 연구와 교육 실천 연구회(The Committee on Learning Research and Educational Practice)가 발족되었다. 이 연구회에서는 교육심리학과 인지심리학에서 이루어진 경험적 연구 결과를 교육 실제와 연계시키기 위한 연구가 이루어졌다. 그 결과, 2000년에 인지신경과학 연구 결과를 포함한 「How People Learn」(이하 HPL) 증보판이 출판되었다.

HPL은 학습의 분야에서 어떤 것이 잘 알려져 있는지에 대해 종합적으로 설명하고 있으며, 다양한 과학적 관점을 토대로 인간의 학습에 대한 연구에 초점을 맞추고 있다. 보고서는 전문가와 초보자의 차이, 학습과 전이, 마음과 뇌, 학습 환경 설계 등의 주제를 포함하고 있다. 그리고 이를 뒷받침하는 다양한 연구 사례를 제시하고 있다.

이 보고서에서는 새로운 HPL의 대표적인 특징으로 학생의 이해를 통한 학습을 강조하고 있다. 현재의 교과서는 학생이 암기해야 하는 단순한 사실로 구성되어 있고, 평가는 학생들이 얼마나 많이 기억하고 있는지를 확인하는 과정이다. 물론 사실이 사고와 문제 해결에 중요한 역할을 하지만 단순한 사실의 암기가 이해를 보장하지는 않는다. 전문가들의 지식, 이해는 중요한 개념 위주로 서로 연결되고 조직되며 그것이 적용될 수 있는 맥락에 조건화되어 있다. 즉, 학습과학에서의 이해는 사실의 단순한 기억력을 의미하는 것이 아니라, 핵심적 사실이 개념적 틀로 조직화되어 다른 맥락으로 전이할 수 있는 능력을 의미한다(신종호 외 역, 2007). 따라서 HPL에서의 이해는 전이 능력이다.

특정 분야의 전문가는 해당 분야에 대해 효과적으로 사고하고 문제를 해결할 수 있다. 이러한 전문가는 초보자와 달리 자신의 분야를 잘 이해하고 있으며, 다양한 연구 결과를 통해 이들이 단순히 기억이나 지능의 차이가 아니라 전략의 사용에서 차이가 있음이 밝혀졌다. HPL에서는 전문가가 가지는 지식의 특성을 다음과 같이 여섯 가지로 제시하고 있으며(신종호 외 역, 2007) 이를 통해 이해의 특성과 이를 발달시킬 수 있는 방법을 유추할 수 있다.

- 전문가는 초보자가 지각하지 못하는 정보의 특징과 의미 있는 패턴을 지각한다.
- 전문가는 분야에 대한 깊은 이해를 반영하면서 조직화된 풍부한 내용 지식을 가지고 있다.
- 전문가의 지식은 분리된 사실이나 명제의 형태로 단순화될 수 없으며 지식을 적용할 수 있는 맥락을 반영한다. 지식은 상황에 따라 조건화되어 있다.
- 전문가는 주의를 많이 기울이지 않더라도 지식의 중요한 측면을 유연하게 인출할 수 있다.
- 전문가가 자신의 학문 분야에 대해서 완벽하게 알고 있다고 해서 반드시 다른 사람을 잘 가르칠 수 있는 것은 아니다.
- 전문가는 새로운 상황에 접근할 때 다양한 수준의 유연성을 가지고 있다.

이해는 의미 있는 정보 패턴의 인식, 중요한 아이디어나 핵심 개념을 중심으로 하는 지식의 조직화, 맥락화되고 조건화된 지식이라는 특성을 가지고 있다. 사람이 단기기억에 저장할 수 있는 정보의 양에는 한계가 있지만, 단기기억은 개인에게 친숙한 패턴으로 정보를 묶는 방법인 청킹 전략을 통해 향상되며, 전문가는 초보자보다 청킹 전략을 잘 활용한다. 이는 체스, 전자공학, 수학 등의 분야에서 확인되었다. 또한 문제를 해결할 때 초보자는 표면적인 특성에 초점을 맞추는 반면, 전문가는 문제 해결에 적용할 수 있는 원리에 초점을 둔다. 전문가는 특정 상황에서 지식을 능숙하게 인출하는데, 이는 지식이 유용하게 사용될 수 있는 맥락에 대한 정보를 포함하여 조건화되었기 때문이다.

학생의 이해를 발달시키기 위해서는 교육과정을 개발할 때 전문가의 지식이 가지는 특성을 종합적으로 고려해야 한다. 지식에 대한 풍부한 이해를 바탕으로 언제, 어떤 상황에서 지식을 적용하는지, 지식을 조직화하여 의미 있는 패턴으로 인지하여 유연하게 인출할 수 있도록 도와야 한다. 즉, 적응적 전문성을 향상시켜야 한다. 적응적 전문성은 새로운 상황에 대해 유연하게 접근하고 지속적으로 자신의 학습에 대한 자신의 향상 정도를 평가하고 추구하는 능력이다.

적응적 전문성은 기계적 전문성과 비교해 보면 공통점과 차이점이 존재한다. 두 전문성 모두 일생을 통해 지속적으로 학습한다는 점에서는 동일하나, 기계적 전문성은 적용할 수 있는 핵심 역량을 개발하여 효능성을 계속 증가시키는 반면, 적응적 전문성은 핵심 아이디어, 신념, 역량 등의 재구조화를 통해 핵심 역량을 바꾸는 경향이 높으며 이를 통해 끊임없이 전문성의 폭과 깊이를 확장한다. Schwartz는 적응적 전문성의 차원을 [그림 14-2]와 같이 제시하였다(강현석 외 역, 2009).

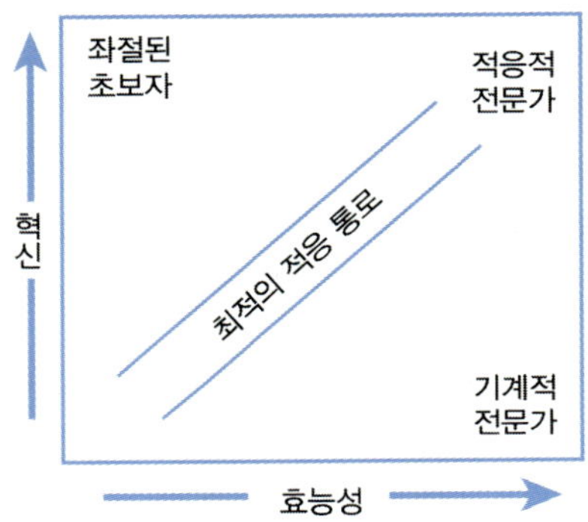

[그림 14-2] 적응적 전문성의 차원

Schwartz 등(2006)은 적응적 전문성의 수평적 차원으로 효능성을 제시한다. 효능성이 높은 사람은 빨리 생각하고 문제를 해결하고 어떤 설명을 이해하는 데 적합한 지식과 기능을 적절히 활용할 수 있다. 수직적 차원은 혁신이다. 이는 일시적으로는 효능성과 거리가 있을 수 있다. 높은 혁신을 보이더라도 효능성이 낮을 수 있다. 이 그래프를 보면 알 수 있듯이 학생들의 적응적 전문성을 발달시키기 위해서는 한 가지 차원만으로는 충분하지 않다. 수학 시간에 단순히 계산 문제만 연습한 학생은 기계적인 계산은 빠르고 정확할지 모르나, 문장제 문제나 다른 형태의 문제를 제시했을 때는 문제 해결에 어려움을 보인다. 즉, 고도의 효능성을 추구하는 연습은 유사한 상황에서조차 전이가 일어나지 않을 수 있다. 따라서 효능성과 혁신의 두 차원이 균형 잡힌 최적의 적응 통로를 통해 학생들의 적응적 전문성을 발달시킬 수 있을 것이다.

적응적 전문성은 학습한 것을 새로운 상황에 적용할 수 있는 전이 능력과도 밀접한 관련이 있다. HPL은 학생들의 학습에서 전이를 촉진하는 요인을 밝히고 있다(신종호 외 역, 2007). 성공적인 전이의 첫째 요인은 초기 주제에 대한 숙달 정도이다. 초기 학습이 적절한 수준만큼 숙달되지 않으면 전이되지 않는다. 전이는 일련의 사실을 외우거나 절차를 단순하게 따르는 것보다는 학습하는 사람이 이해하는 정도에 의해 영향을 받는다. 즉, 학생은 자신이 학습하고 있는 것의 의미를 이해할 때 전이가 잘 이루어질 수 있다(Anderson et al., 1996). 많은 주제를 빨리 다루려는 시도는 오히려 학습이나 이후 전이 과정을 방해한다. 학생들은 조직되어 있지 않거나 연결되지 않은 단편적인 사실을 학습할 때 의미를 이해하지 못한 상태에서 원리를 구성하게 되며 이는 전이로 연결되기 어렵다. 또한 지식을 조직화하기 위해서는 충분한 시간이 필요하다. 더불어 동기도 중요한 요인이다. 동기는 학생이 학습에 사용하는 시간의 정도에 영향을 미친다. 학생이 외적 동기보다는 내적 동기가 있을 때 더 적극적으로 참여하며 과제의 난이도가 적절할 때 동기를 유지할 수 있다. 또한 자신이 누군가에게 기여하고 있다고 느끼는 사회적 기회도 동기에 영향을 미친다.

둘째 요인은 맥락이다. 수학 문제를 잘 풀지만 생활 속에서 학습한 수학 내용을 적용하지 못하는 경우를 쉽게 볼 수 있다. 학습은 지식을 어떻게 획득했는가에 따라 전이 가능성이 달라지는데, 특정 상황에서만 주제를 학습하면 전이 가능성이 낮아진다. 다양한 맥락을 통해 학습할 때 학생들은 개념과 관련되는 지식을 추출하고 융통성 있는 지식의 표상을 만들 수 있다. 학습 과정에서 융통성을 부여해 주기 위해서는 학생에게 특정 사례를 해결하도록 하고 난 이후, 부가적으로 유사한 사례를 제공해 주거나 '만약 ~라면'의 문제 해결 과정에 참여하여 관련 있는 다양한 종류의 문제를 해결해 볼 수 있도록 해 주어야 한다. 이러한 과정 속에서 학생이 적극적으로 전략을 선택하고 활용하고 피드백을 받으며 동시에 메타인지적 접근을 통해 자신을 잘 이해할 때, 전이는 촉진된다.

셋째 요인은 선수 학습이다. 전이는 학습하는 것을 다른 상황에 적용하는 것이므로 이는 선행지식과 관련된다. 학생이 일상생활에서 경험을 통해 얻은 지식은 교과 지식의 이해를 촉진시키기도 하고 오히려 방해하기도 한다. 교사는 일상 지식을 교과 지식과 연결시킬 수 있도록 도와야 한다. 만약 학생이 오개념을 가지고 있다면, 다양한 방식으로 사고하도록 하여 선행지식을 변화하도록 해야 한다.

앞에서 살펴본 것처럼, HPL에서는 전이에 바탕을 둔 학습자의 이해에 중점을 두고 있으며, 학생의 적응적 전문성을 발달시키기 위해서는 이를 반영하여 교육과정 개발을 해야 한다. HPL은 학습에 관해 사고할 수 있는 지침으로, 첫째, 학습자와 학습자가 가진 장점, 관심, 선개념, 둘째, 사람들이 습득하기를 원하는 지식, 기능, 태도, 학습의 전이, 셋째, 학생의 사고를 드러내고 피드백을 통해 후속 학습의 안내를 가능하게 하는 학습 평가, 넷째, 교실 안과 밖에서 일어나는 공동체를 제시하고 있다. 이는 [그림 14-3]의 HPL의 틀로 구체화된다.

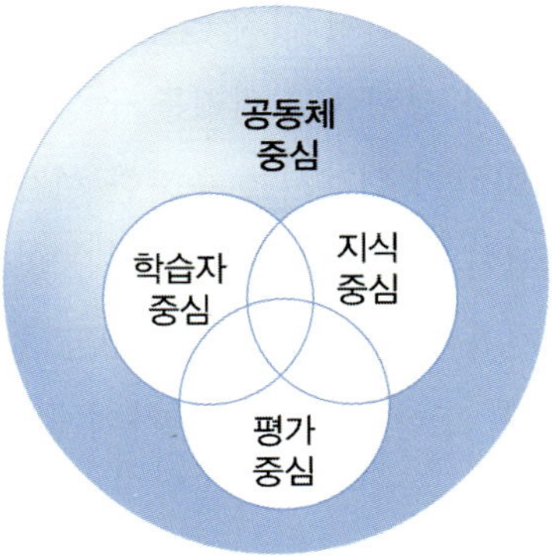

[그림 14-3] HPL의 틀

* 출처: 강현석 외 역(2009). 21세기를 위한 최신 교사교육론, p. 52.

HPL의 틀은 지식 중심, 학습자 중심, 공동체 중심, 평가 중심의 네 가지 요소로 구성되어 있다. 각 구성 요소를 구체적으로 살펴보면 〈표 14-4〉와 같다(강현석 외 역, 2009: 62-63).

〈표 14-4〉 HPL의 구성 요소

구성 요소	내용
지식 중심	▸ 무엇을 가르쳐야 하는가, 그것이 왜 중요한가, 지식이 어떻게 조직되어야 하는가?
학습자 중심	▸ 누가 어떻게 왜 배우는가?
공동체 중심	▸ 학습 증진을 위해 교실, 학교, 학교-지역사회 환경에는 어떤 종류가 있는가?
평가 중심	▸ 효과적인 학습이 일어나고 있는지 확인하기 위해 학생, 교사, 학부모 등이 활용 가능한 증거는 어떤 것인가?

첫째, 지식 중심의 측면에서 살펴보면, 가르칠 지식은 교과의 영속적 아이디어, 알아야 하고 해야 할 중요한 것, 언급할 가치가 있는 아이디어 순으로 우선순위를 매겨야 하

며 이 과정에서 영속적 핵심 아이디어를 발견하는 것이 교육과정 개발에서 매우 중요하다(강현석 외 역, 2009: 67-68). Bruner도 지식의 구조를 통해 심도 있는 이해가 이루어지고, 계속되는 학습의 전이를 통해 학생의 지식이 더욱 풍부해지도록 해야 한다고 언급하였다. 이렇게 이해에 기반하여 학생의 학습을 지원하는 한 가지 교육과정 개발 방법이 점진적 형식화(progressive formalization)다. 이는 학생이 학교에 가져오는 비공식적 아이디어에서 수업을 시작하여 이러한 아이디어가 점차 어떻게 변형되고 형식화되는지 학생이 이해하도록 돕는 것을 의미한다(신종호 외, 2002). 교사는 무엇을 가르쳐야 하고, 왜 가르쳐야 하는지에 주목해야 하고 교과를 가르치기 위해 국가수준 교육과정을 검토하고 이 기준에 맞추어 자신의 수업을 조정한다. 이와 같은 지식 중심의 관점은 평가 중심 관점과 밀접한 관련이 있다.

둘째, 학습자 중심의 측면에서 살펴보면, 교사는 교과보다 학습자의 선행 경험을 존중해야 한다. 학습자 중심의 측면에서는 학생의 문화적 관행에 대한 민감성과 문화적 관행이 교실 학습에 미치는 영향에도 주목하고 있다. 학생은 자신이 가지고 있는 문화적 관행이나 신념으로부터 의미를 구성하기 때문이다. 따라서 사전에 습득한 지식이 새로운 학습을 강력하게 진작시킬 수 있으나 학교에서 가르치는 것은 학생들의 사전 경험에 바탕을 두고 그 경험과 연결되어야 한다. 개별 학습자와 학생들의 감정, 관심사와 필요에 주목하여 학생 자신이 이해 정도를 스스로 평가할 수 있는 능력을 개발하도록 교사는 학생을 지원해 주어야 한다.

셋째, 공동체 중심의 측면에서 살펴보면, 학습자가 포함된 공동체의 규범과 양식을 수반하는 학습의 사회적 성격에 초점을 둔다. 이러한 규범은 학생이 상호작용할 수 있는 기회를 증가시키고 피드백을 주고 학습할 수 있도록 한다. 또한 연간 190일을 기준으로 일일 평균 6.5시간의 학교생활을 기준으로 했을 때, 학생들이 학교에서 보내는 시간은 전체 시간의 약 14% 정도일 뿐이므로 학급, 학교뿐만 아니라 지역사회 등과의 연계를 포함해야 한다. 학습 과정은 공동체 문화 속에서 이루어지기 때문이다. 교사는 공동체의 지식, 자원, 환경과 관련된 학습 경험을 제공하여 학습자가 공동체와 자신과의 관계를 파악하도록 해야 한다.

넷째, 평가 중심의 측면에서 살펴보면, 평가는 단순히 시험을 치고 점수를 산출하는 것보다 더 많은 역할을 포함하고 있다. 교사는 무엇을 평가하고 있는지, 즉 평가 기준이 학생의 목표(지식 중심)와 교실에서의 학생 준비도(학습자 및 공동체 중심)와 일관성이 있는지를 확인해야 한다(강현석 외 역, 2009: 91). 유능한 교사는 평가를 중심에 둠으로써 지식을 학습자와 일치시킨다. 평가와 평가가 주는 정보로 인해 피드백은 단순한 학습의 평가가 아니라 학습의 또 다른 원천이 된다.

평가는 교수-학습 과정의 아주 중요한 요소이다. 교사는 학습자의 학습을 안내하고 수행과제와 평가 기준을 개발하는 것 외에 형성 평가 전략을 가지고 있어야 한다. 형성 평가 전략은 수업 과정 속에서 통합되어 학습자 사고의 진보를 드러나게 하고, 학습자가 사고와 수행을 수정할 수 있는 피드백을 제공한다. 또한 교수를 안내함으로써 수업 과정에서 학습자가 무엇을 알아야 하고, 어떻게 학습할 것인가에 대해 반응적이 되도록 한다.

국가수준 교육과정에서는 학생이 알고 할 수 있어야 하는 것의 기준을 제시하고 있으나 목표들이 어떻게 성취될 수 있는지에 대한 구체적인 방안은 제공하고 있지 않다. 따라서 교사는 교육과정 성취기준에서 제시하는 중요한 학습 요인들을 중심으로 내용을 선정하고 그들이 가르칠 개별 학생들의 특성과 공동체의 문화를 고려하여 교육과정의 순서와 활동들을 조직해야 한다.

즉, 앞에서 살펴본 네 가지 구성 요소가 균형을 이룰 때, 학습자는 가장 효과적으로 학습할 수 있고 HPL에서 의미하는 이해에 다다르게 된다. 교사는 교육과정을 개발할 때, 수업 과정에서 HPL의 네 가지 구성 요소들 사이의 균형과 통합을 항상 고려해야 한다.

3 문제 중심 학습

문제 중심 학습은 사실과 정보 수집이나 단순 지식의 습득을 넘어서서 학습자들에게 의미를 창출할 수 있도록 도와주는 과정이라는 점에서, 이해 중심 교육과정의 한 종류라고 볼 수 있다. 다음에서는 문제 중심 학습의 중요한 특성과 절차를 중심으로 그 주요 내용을 간략하게 소개한다. 다음 내용은 이 책의 주제인 백워드 설계와 함께 교육과정 전문가 연수 과정에서 다룬 장경원(2016a; 2016b)의 논의를 중심으로 재구성하였음을 밝힌다.

1) 문제 중심 학습의 특징

문제 중심 학습(Problem Based Learning, 이하 PBL)은 학습자들에게 실제적인 문제를 제시하고, 제시된 문제를 해결하기 위하여 학습자들이 상호작용하면서 문제 해결 방안을 강구하고, 개별 학습과 협동학습을 통해서 공동의 해결안을 마련하는 일련의 과정에서 학습이 이루어지는 학습 방법이다. 즉, 실제 세계의 문제 해결에 초점을 둔 대표적인 학습자 중심의 학습 환경을 강조하는 방법이다. 여기에서 학습자들은 실제적인 문제 해결에 참여하여 스스로 학습하고 학습한 지식을 문제 해결에 적용한다(Barrows, 1985).

PBL에서 강조하는 '문제'는 학습의 출발점으로, 문제 해결에 필요한 정보와 자료는 학습자에 의해 수집되고 분석된다. 반면에, 전통적인 수업에서의 문제는 교수자에 의해 제시되는 학습 내용을 학습활동으로 개발하기 위한 하나의 전략으로, 주로 학습한 내용에 대한 확인과 적용을 위해 사용된다.

PBL이 다른 교수–학습 방법들과 구별되는 가장 독특한 특징은 문제 중심의 내용 구조라고 볼 수 있다. Barrows(1986)는 PBL의 교육 목적을 지식의 맥락화, 문제 해결 과정, 자기주도학습 기술, 그리고 학습에 대한 동기라고 제시했는데, 이는 PBL의 특징이자 강점이기도 하다. Barrows와 Tamblyn(1980)은 PBL에서의 학습은 문제를 이해하거나 해결하기 위한 활동 과정에서 나온 결과이고, 이러한 학습 과정에서 학습자가 가장 먼저 접하는 것이 '문제'라고 하였다. 즉, PBL에서 학습자는 교사로부터 교과서에 있는 내용을 전달받는 것이 아니라, 한 개 혹은 여러 개의 문제를 해결하는 과정에서 지식을 구조화하는 것이다. PBL의 궁극적인 목적, 즉 학습자들이 자기주도적인 학습자가 되는 것뿐만 아니라(Torp & Sage, 2002), "사실과 정보들을 수집하는 것을 넘어 의미를 창출"할 수 있도록 학습자를 돕는 과정이라 할 수 있다(Rhem, 1998).

2) 절차

지금까지 여러 경로로 PBL의 형태와 절차가 제시되고 있는데, 장경원(2016a; 2016b)은 다음과 같이 제시하고 있으며, PBL을 적용하는 대상과 기관의 특성, 학습 목표, 교과 등에 따라 달라질 수 있음을 언급하고 있다.

〈표 14-5〉 PBL 모형

<table>
<tr><th colspan="4">수업 전개</th></tr>
<tr><td colspan="4">1. 수업 소개
2. 수업 분위기 조성(교사 · 강사의 역할 소개)</td></tr>
<tr><th colspan="4">문제 제시</th></tr>
<tr><td colspan="4">1. 문제 제시
2. 문제에 대한 주인(소유)의식을 느끼도록 한다(학생들이 문제를 내재화하도록).
3. 마지막에 제출할 과제물에 대한 소개를 한다.
4. 그룹 내 각각의 역할을 분담시킨다(어느 학생은 칠판에 적고, 다른 학생은 그것을 다른 곳에 옮겨 적어 놓고, 또 다른 학생은 그 그룹의 연락망을 맡는다).</td></tr>
<tr><th>생각(가정들)</th><th>사실</th><th>학습과제</th><th>실천 계획</th></tr>
<tr><td>주어진 문제에 대한 학생들의 생각을 기록(원인과 결과, 가능한 해결안 등)</td><td>개인 혹은 그룹 학습을 통해 제시된 가정을 뒷받침할 지식과 정보를 종합</td><td>주어진 과제를 해결하기 위해 학생들 자신이 더 알거나 이해해야 할 사항을 기록</td><td>주어진 과제를 해결하기 위해 취해야 할 구체적인 실천 계획</td></tr>
<tr><td colspan="4">5. 주어진 문제의 해결안에 대하여 깊이 사고한다; 칠판에 적힌 다음 사항에 관하여 과연 나는 무엇을 할 것인가를 생각해 본다.</td></tr>
<tr><th>생각(가정들)</th><th>사실</th><th>학습과제</th><th>실천 계획</th></tr>
<tr><td>확대/집중시킨다.</td><td>종합/재종합한다.</td><td>규명과 정당화를 한다.</td><td>계획을 공식화한다.</td></tr>
<tr><td colspan="4">6. 가능할 법한 해결안에 대한 생각을 정비한다(비록 학습해야 할 것이 많이 남아 있는 상태지만).
7. 학습과제를 규명하고 분담한다.
8. 학습 자료를 선정, 선택한다.
9. 다음 토론 시간을 결정한다.</td></tr>
<tr><th colspan="4">문제 후속 단계</th></tr>
<tr><td colspan="4">1. 활용된 학습 자료를 종합하고 그에 대한 의견 교환을 한다.
2. 주어진 문제에 대하여 다시 새롭게 접근을 시도한다; 다음 사항에 대하여 나는 무엇을 할 것인지를 생각해 본다.</td></tr>
<tr><th>생각(가정들)</th><th>사실</th><th>학습과제</th><th>실천 계획</th></tr>
<tr><td>수정한다.</td><td>새로 얻은 지식을 활용하여 재종합한다.</td><td>(만일 필요하다면) 새로운 과제 규명과 분담을 한다.</td><td>앞서 세웠던 실천안에 대한 재설계를 한다.</td></tr>
<tr><th colspan="4">결과물 제시 및 발표</th></tr>
<tr><td colspan="4"></td></tr>
</table>

(계속)

문제 결론과 해결 이후
1. 배운 지식의 추상화(일반화)와 정리 작업(정의, 도표, 목록, 개념, 일반화, 원칙들을 만들어 본다.) 2. 자기 평가(그룹원들로부터 견해를 들은 후에) • 문제 해결 과정에 대한 논리적 사고 • 적합한 학습 자료를 선정하여 필요한 지식과 정보를 얻어 냈는가? • 주어진 과제를 잘 수행함으로써 그룹원들에게 협조적이었는가? • 문제 해결을 통해 새로운 지식 습득이 이루어졌는가? 혹은 심화학습되었는가?

〈표 14-5〉의 내용을 정리하면, PBL 활동들은 [그림 14-4]와 같이 문제 제시, 문제 확인, 문제 해결을 위한 자료 수집, 문제 재확인 및 해결안 도출, 문제 해결안 발표, 학습 결과 정리 및 평가의 6단계로 정리할 수 있다.

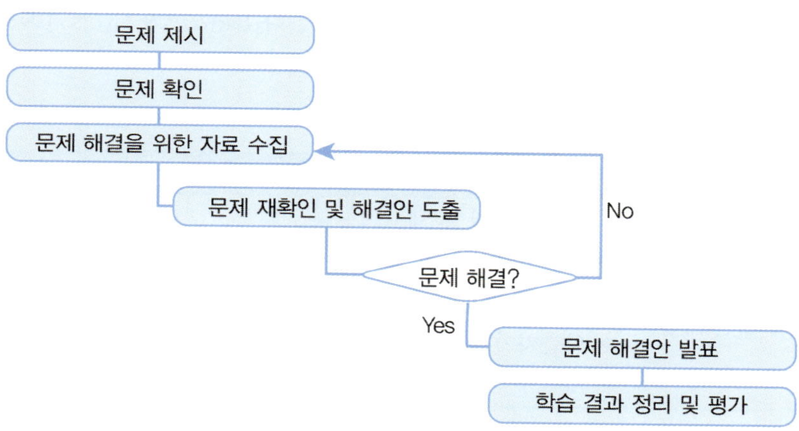

[그림 14-4] PBL 진행 절차

(1) 문제 제시

PBL의 첫 번째 단계는 해결해야 할 문제를 제시하는 것이다. 교수자는 수업에 사용할 문제를 미리 준비해 수업 시간에 학습자에게 제시한다. PBL에서의 문제는 텍스트뿐만 아니라 비디오, 모의실험, 역할극, 컴퓨터 시뮬레이션 등 다양한 형태로 제시될 수 있다(Barrows, 1988). 이 문제는 학습자에게 학습을 위한 관련성과 동기를 제공한다. 문제를 이해하기 위한 시도를 통해서 학습자는 그들이 전공 영역에서 무엇을 학습해야 하는지 알게 되고, 학습활동에 대한 주인의식을 갖게 된다. 그러므로 문제는 실제에서 경험할 수 있는 것과 같은 방법으로 제시되어야 한다. 예를 들면, 생물 수업에서 학생에게 환경오염을 해결해야 하는 문제 상황을 주는 경우, 학생에게 질문하고, 오염의 상황을 조사 · 진단하고, 예방 방법을 테스트를 하는 등 문제 해결에 필요한 모든 활동을 하고, 각 활동에 대한 결과물을 얻을 수 있도록 해야 한다. 또한 문제를 해결하고 나면 최종적으로 어떤 과제를 제출해야 하는지에 대한 안내도 제공되어야 한다.

(2) 문제 확인

문제가 제시되면 학습자는 해결해야 하는 문제가 무엇인지를 확인하고, 해결안을 찾기 위한 방법을 모색해야 한다. 문제 확인 단계에서 학습자는 소그룹별로 문제를 확인하고, 문제에서 요구되는 해결안이 무엇인지를 파악하기 위해 문제를 상세히 검토한다. 문제 해결을 위해서 학습자들은 〈표 14-6〉과 같이 크게 '생각' '사실' '학습과제' 및 '실천 계획'의 네 가지 단계를 거치면서 문제를 검토한다(Barrows & Myers, 1993).

〈표 14-6〉 문제 확인 단계에서 이루어지는 분석 내용

생각	사실	학습과제	실천 계획
• 문제 이해(내용, 요구 사항, 결과물 등) • 해결책에 대한 가설, 추측	• 문제에 제시된, 문제 해결에 필요한 사실 • 문제 해결과 관련하여 학습자가 알고 있는 사실	• 문제 해결을 위해 알아야 할 학습 내용	• 문제 해결을 위한 이후의 계획(역할 분담, 정보 및 자료 검색 방법, 시간 계획 등)

'생각(ideas)'은 문제의 원인, 결과, 가능한 해결안에 대한 학습자들의 가설이나 추측을 검토하는 것이다. 여기에서는 문제에서 무엇을 요구하고 있으며, 학습자가 해결해야 할 문제가 무엇인지, 그 결과물은 어떤 형태가 될 수 있는지 등 문제를 이해하는 데 필요한 아이디어를 검토할 수 있다. '사실(facts)'은 두 가지 측면, 즉 문제에 제시된 중요한 사실과 학습자가 이미 알고 있는 문제 해결과 관련된 사실을 확인하는 것에서 검토가 이루어진다. 먼저, 문제에 제시된 사실을 검토하는 것은 문제를 명확히 이해하고, 문제에서 빠진 중요한 단서가 무엇인지를 파악하는 데 도움이 된다. 문제에서 제시된 사실에 대한 확인이 끝나면, 이와 관련하여 학습자가 이미 알고 있는 사실들을 검토할 수 있다. '학습과제(learning issues)' 단계에서는 학습과제를 도출하며, PBL에서 가장 핵심적인 요소다. 이 과정을 통해 학습자는 그 강좌에서 무엇을 학습해야 하는지 알 수 있

으며, 그 문제가 어떻게 자신의 학습에 영향을 주는지 깨달을 수 있기 때문이다. 마지막으로, '실천 계획(action plan)'은 도출된 학습과제를 실제로 어떻게 학습할 것인지에 대한 계획을 수립하는 것이다. 이 실천 계획은 역할 분담과 자료 검색 방법, 시간 계획 등을 포함할 수 있다.

(3) 문제 해결을 위한 자료 수집

자료 수집은 그룹 구성원 각자가 자신에게 주어진 학습과제를 해결하는 개별 학습(자기주도적 학습)으로 이루어지게 된다. 일반적으로 개별 학습은 문제의 규모에 따라 2~3일이 걸릴 수도 있고, 1~2주가 걸릴 수도 있다. 학습자는 이 과정을 통해 자기주도적으로 정보를 찾고, 지식을 학습하는 평생학습 능력을 기르게 된다. 개별 학습에서 학습자가 사용하는 자료는 매우 다양하며, 중요한 점은 주어진 시간에 효과적인 자기주도학습 결과를 만들어 낼 수 있어야 한다는 것이다. 학습자가 학습 능력이 부족할 경우에는 튜터나 교수자에 의한 중재 및 훈련이 필요하다.

(4) 문제 재확인 및 해결안 도출

문제 제시 단계에서 확인된 자료를 중심으로 문제에 대한 재평가를 실시한다. 학습자는 개별 학습을 한 다음, 다시 그룹별로 모여 각 개인이 학습한 결과를 발표하고, 의견을 종합하여 첫 단계에서 확인된 생각, 사실, 학습과제, 향후 과제의 사항을 재조정하게 된다. 이 과정에서 동료의 학습 결과를 청취하고, 자신의 학습 결과와 비교해 봄으로써 자연스러운 학습이 발생하게 된다. 또한 이 단계는 확인된 자료를 중심으로 문제를 재 평가함으로써 최적의 진단과 해결안을 도출하게 된다. 만약 이 과정에서 최종적인 해결안이 도출되지 못하면, 새로운 학습과제를 모색하고 최종 해결안에 도달할 때까지 몇 번의 문제 재확인 과정을 반복할 수 있다.

(5) 문제 해결안 발표

문제 재확인 단계를 통해 그룹별로 최종 문제 해결안이 만들어지면, 수업 시간에 각 그룹별로 준비한 문제 해결안을 발표한다. 이 발표 단계에서는 그룹별로 진행된 공동 학습 결과 및 최종 결론을 전체 학습자들에게 발표함으로써 다른 그룹의 아이디어와 자신들의 것을 비교한다. 또한 전체 토론을 통해 전체적으로 최종 해결안을 모색한다. 해결안 발표는 전체 그룹의 수가 적다면 모든 그룹들이 발표할 수도 있지만, 만약 그 수가 많다면 몇몇 그룹들만 하는 방법도 있다. 발표할 그룹을 정하는 방법은 무작위로 돌아가며 하거나 과제를 미리 점검한 후 가장 잘한 두세 그룹이 발표를 하게 하는 방법도 가능하다. 이 경우에는 학습자들의 선의의 경쟁심을 유발시켜 다음 과제에 더욱 열심히 하게 하는 동기 유발이 되고, 우수 사례를 접함으로써 자신의 과제와 비교 · 학습하는 계기를 제공할 수도 있다.

(6) 학습 결과 정리 및 평가

마지막 단계에서는 PBL 학습 결과를 정리하며 학습 결과 및 수행에 대한 평가를 실시한다. 학습자는 학습 결과의 발표를 통해 공유된 해결안을 정리하고, 교수자는 문제 해결안과 관련된 주요 개념을 요약, 정리하거나 필요한 경우 간단한 강의를 제공할 수 있다. 학습 결과의 평가에는 그룹별로 제시된 문제 해결안에 대한 교수자의 평가와 더불어 학습자들 스스로가 자신의 학습 수행을 평가하는 자기 평가, 동료에 의한 동료 평가 등이 사용될 수 있다.

성찰일지 작성을 통하여 학습자는 학습 내용을 정리하고 배운 내용을 점검할 수 있고, 교수자는 이것을 학습자의 학습 내용 및 과정을 평가하는 자료로 활용할 수 있다. 성찰일지는 문제가 해결될 때마다 작성하게 할 수도 있고, 매 수업이 끝난 후 작성하게 할 수도 있다. 매 수업이 끝난 다음에 작성한 성찰일지는 교수자가 학습자의 학습 과정에 대해 피드백을 할 수 있는 좋은 자료가 된다.

3) 문제 설계와 문제의 특성

성공적인 PBL이 되기 위해 가장 중요한 것은 문제 설계이다. PBL 문제를 설계할 때는 교육 목표를 고려해야 한다. 즉, PBL을 실행할 교수자는 기본적으로 '이 문제를 통해 나는 무엇을 이루려고 하는 것인가?'라는 질문에 대답할 수 있어야 한다. 만약 이 질문에 답할 수 없다면, 그는 결국 문제를 통해 의도한 목적을 이룰 수 없다(Barrows, 1996).

PBL에 사용되는 문제는 일반적인 교재에서 사용되는 연습 문제와는 다른 특성을 지닌다. 따라서 좋은 PBL 문제를 설계하기 위해서는 PBL 문제들이 비구조화, 실제성, 관련성 그리고 복잡성 등의 특성을 지녀야 한다.

PBL 문제가 될 수 있는 자원은 우리 주위 어디에나 존재한다. 즉, 문제 개발이란 보통의 평범한 하나의 사태를 하나의 이야기로 만들어 효과적인 학습활동이 될 수 있도록 바꾸는 것이다. 이를 위해서는 본래의 사태에 대한 많은 자료가 필요하고, 학습을 위한 하나의 구조를 제시하기 위해 문제의 주제를 이끌어 낼 수 있는 특성 분석이 이루어진다. 다음은 PBL 문제들이 지니는 특성이다.

(1) 비구조화

비구조화된 문제는 문제와 관련된 상황이나 요소가 분명히 정의되어 있지 않고, 문제 해결에 필요한 정보가 충분히 포함되어 있지 않은 것을 말한다. 비구조화된 문제는 다양한 해답이나 해결 경로를 가지고 있고, 극단적인 경우에는 해답이 없을 수도 있다. 구조화된 문제는 정확하고 효율적인 해결 방법에 초점을 두는 반면, 비구조화된 문제는 의사결정의 명료화와 논쟁에 초점을 둔다. 비구조화된 문제 해결의 가장 큰 특징은 대안적 해결책을 찾고, 자신의 가설을 설정하고, 자신의 신념과 가설을 지지하기 위한 논의를 구성하는 과정이라는 점이다.

(2) 실제성

좋은 PBL 문제는 학습자의 흥미와 동기를 유발해서 학습 내용에 대한 더 깊은 이해를 촉진해야 한다. 학습자의 흥미를 유발하는 한 가지 방법은 실제적 문제를 사용하는 것이다. 실제적 문제는 실세계에서 사용되는 진짜 문제이며, 단순히 문제를 이해하는 것에 그치지 않고 문제를 해결하기 위해 관련된 지식과 기능을 사용하도록 유도하는 문제다. 즉, 실제적 문제는 지식을 단순히 이해하는 것이 아니라 지식을 활용하도록 요구하는 문제다. 예를 들면, 학습자가 역사적 사실을 일방적으로 암기하기보다는 역사학자나 바람직한 시민의 입장에서 역사를 구성하거나 사용하는 데 참여하도록 해야 한다. 학습자가 단순히 과학 교과서에 나오는 문장이나 공식을 암기하는 것보다 과학적 논쟁과 문제 해결에 참여하도록 유도해야 한다.

(3) 관련성

좋은 PBL 문제는 학습자가 자신의 관심사나 이전 경험과의 관련성을 느끼게 해야 한다. 즉, 자신이 체험했거나, 체험할 수 있는 문제라고 느끼게 해야 하는 것이다. 비록 실제적인 문제라 할지라도 학습자로 하여금 관련성을 느끼게 하는 문제 상황을 제시해야 한다. PBL 문제를 작성할 때 학습자가 수행하게 될 과제를 분명하게 제시하는 것이 필요하다. PBL 학습활동을 통해 해결해야 하는 문제가 무엇인지, 그 활동의 결과물이 어떤 형태이어야 하는지에 대한 분명한 지침을 제시해 줄 때 학습자는 목적의식과 주인의식을 가질 수 있다.

(4) 복잡성

실세계에서 접할 수 있는 복잡한 문제여야 한다. 복잡한 문제는 대체로 비구조화된 문제들이다. 비구조화된 문제는 구조화된 문제보다 본질적으로 복잡하다. 현실 세계에서는 문제를 해결하는 과정과 해결 방법이 다양하고, 해결책에 대한 예측도 어렵다. 또한 문제 해결자가 어떤 입장에 놓여 있느냐에 따라서 문제에 대한 해석과 방법이 달라지기도 한다. 문제가 충분히 길고 복잡하여 학습자들로 하여금 단순한 역할 분담만으로는 문제를 효과적으로 풀 수 없다는 것을 깨닫도록 해야 한다. 단순히 과제를 나누어서는 해결할 수 없고, 모든 구성원들이 협동을 해야만 문제 해결이 가능하도록 해야 한다.

PBL 문제는 단순히 문제의 형태로 과제를 제시하는 것이 아니라, 앞에서 제시한 여러 가지 PBL 문제의 특성들을 고루 반영한 것이어야 한다. 좋지 않은 PBL 문제와 바람직한 PBL 문제의 특징을 다시 한번 정리하면 〈표 14-7〉과 같다.

〈표 14-7〉 좋지 않은 PBL 문제와 바람직한 PBL 문제

좋지 않은 PBL 문제	바람직한 PBL 문제
• 한 가지 해답만 있는 경우 • 교재의 제목을 붙인 문제 • 학습할 질문을 교수자가 제시하는 경우 • 학습자의 경험과 동떨어진 문제 • 혼자서 할 수 있는 문제	• 다양한 해결 방안이나 다양한 전략이 포함되는 경우 • 실세계에서 발생하는 문제 • 학습할 질문을 학생들이 생성하는 경우 • 학생들의 경험에 기초한 문제 • 협동학습이 필요한 과제

4) PBL 문제 개발 실습 양식

학교급		교과목명	
학년		단원명(주제)	
문제에서 다룰 주요 내용 (개념, 원리, 절차 등)			
성취 수준 (학습 목표)			
문제명			
문제			

* 학생들에게는 굵은 선 안에 있는 내용만 제공한다.

5) PBL의 성공 조건

PBL이 성공적으로 이루어지기 위해서는 다음과 같은 조건들을 갖추어야 한다.

첫째, 학생들이 흥미를 가지고 몰입할 수 있는 실제적인 문제를 개발해야 한다. 문제는 PBL이 이루어지기 위한 필수 요건으로, 좋은 문제를 개발하지 않으면 그 수업은 학생과 교수자 모두에게 의미 없는 경험이 될 수 있다.

둘째, 교사는 학습을 조력해 주고 진정한 이해가 가능한 학습이 되도록 도움을 잘 제공해 주어야 한다. 따라서 교사의 조력과 촉진 기술이 중요하다. PBL의 특성이 잘 구현될 수 있도록 교수자가 '내용 전달자'가 아니라 '학습 조력자' 역할을 수행해야 한다.

셋째, PBL 과정 및 결과물에 대한 평가도구를 다양하게 개발하여 활용한다. 학생들의 문제 해결 과정 및 결과에 대해 점검할 수 있는 준비가 필요하다.

넷째, PBL을 시작하기 전에 학생들에게 주어지는 정보의 양이다. 학생들에게 주어지는 정보의 양이 절대로 PBL에서 요구하는 정보량과 동일하거나 많으면 안 된다. 학생들은 스스로 자료를 수집, 분석, 적용하는 문제를 해결하는 과정에서 학습해야 한다.

다섯째, 기존의 수업 방식들과의 통합적 안목이 중요하다. 전통적 방식의 수업 결과와 경쟁하기보다는 PBL의 가치에 주목하는 것이 좋다.

여섯째, PBL 과정을 연습하는 시간이 필요하며, 학생들이 자신들의 학습에 스스로 책임감을 가질 수 있도록 해야 한다. 학생들이 PBL에 잘 참여하기 위해서는 먼저 PBL 과정에 익숙해질 수 있는 기회를 제공해야 한다. 그리고 학습에 대한 책임감과 주인의식이 필요하다. 이러한 책임감은 학습에 대한 주인의식을 갖게 하여 자기주도학습 역량을 키우는 데 기여할 것이다.

4 4-MAT System

McCarthy(1980)은 Kolb의 학습 양식 이론과 Sperry와 Bogen이 주장하는 두뇌 반구성 이론을 결합하여 4-MAT System을 제안하였다. Kolb 등(1979)은 사람이 학습하는 과정을 정보를 지각하는 것과 처리하는 것으로 구분하여 설명하였다. 학생은 개인에 따라 정보를 서로 다르게 지각하고 다른 방식으로 수용한다. 따라서 인간이 정보를 지각하는 방식에 따라 구체적 경험 선호자와 추상적 개념 선호자로 구분하였고, 정보를 처리하는 방식에 따라 능동적 실험 선호자와 반성적 관찰 선호자로 분류하였다(최선영, 강호감, 2003).

Sperry와 Bogen은 두뇌는 두 개의 반구로 구성되어 있으며 좌반구와 우반구 사이에 정보를 처리하는 것이 유의미한 차이가 있다고 하였다. 좌반구는 분석적이고 계열적으로 정보를 처리하며, 우반구는 좌반구에 비해 시각 자극의 형태를 잘 인식하고 형태를 구성하는 능력이 우세하다는 것을 밝혀냈다. 즉, 학습 양식과 두뇌 반구성 이론에서는 모든 학습자가 같은 방식으로 학습하는 것이 아니므로, 교수-학습 과정에서 이를 고려할 필요가 있다.

4-MAT System은 [그림 14-5]와 같이 1~4분면의 네 영역으로 구분되는데, 각 영역은 다시 좌뇌 활동과 우뇌 활동으로 구분되어 총 8개의 과정으로 세분화된다(이미라, 2005; 최나영, 2007).

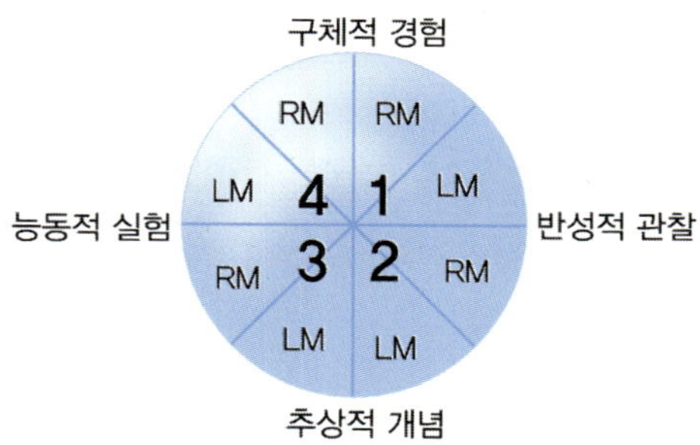

LM(Left Mode): 좌뇌 활동　RM(Right Mode): 우뇌 활동

[그림 14-5] 4-MAT System

4-MAT System에서 각 사분면은 학습자의 특징으로 구분되며 McCarthy(1980)는 Kolb의 학습 양식 이론을 기초로 하여 시카고 고등학교에서 6년간의 실험 연구를 통해 네 가지 유형의 학습자로 구분하였다. 첫째, 1사분면은 시각형으로 혁신적 학습자이다. 이들은 경험을 자신과 하나가 되게 통합하며 완전을 추구하는 특징을 보인다. 따라서 종합적인 활동을 통해 학습하는 방식을 선호한다. 둘째, 2사분면은 사고형 학습자이다. 이들은 분석적이고 개념에 대해 깊이 생각하는 조합적 체계를 통해 학습하는 방식을 선호한다. 셋째, 3사분면은 감각형 학습자이다. 이들은 일상적으로 지각하는 학습자들로, 정보를 통해 생각하고 스스로 생각해 낸 것을 시도해 가며 학습하는 방식을 선호한다. 넷째, 4사분면은 행동형 학습자이다. 이들은 직접 행하고 느끼고 감지하는 활동을 통해 학습하는 방식을 선호한다(이미라, 2005).

4-MAT System에서는 학습자의 학습 유형과 반구상의 선호도를 고려해 수업을 조직하고 단계에 따라 실행한다. 수업은 [그림 14-5]에서 볼 수 있듯이 1사분면의 우뇌 활동 → 1사분면의 좌뇌 활동 → 2사분면의 우뇌 활동 → 2사분면의 좌뇌 활동 → 3사분면의 좌뇌 활동 → 3사분면의 우뇌 활동 → 4사분면의 좌뇌 활동 → 4사분면의 우뇌 활동의 순으로 조직되고, 순서에 따라 학생의 학습활동이 이루어진다. 즉, 4-MAT System은 네 가지 유형의 학습자들이 자신이 선호하는 학습 양식과 선호하지 않는 학습 양식을 모두 경험할 수 있도록 해 준다. 우뇌 우세형 학습자에게는 좌뇌 학습 능력을 길러 주고 좌뇌 우세형 학습자에게는 우뇌 학습 능력을 길러 줄 수 있다. 4-MAT System을 활용하면 네 가지 학습 양식 각각에 좌뇌와 우뇌의 정보 처리 기법을 활용하도록 구성되어 있어 전뇌학습이 가능하다.

4-MAT System의 각 단계의 특징을 살펴보면 다음과 같다(최나영, 2007: 21-24).

① 1-RM 연계

1사분면의 우뇌 활동이 이루어지는 단계로, 학습 주제와 학생의 경험 사이에 관계를 만들도록 한다. 교사는 학생이 수업 시간에 이루어지는 활동을 통해 스스로 관계를 찾도록 도와주어야 하며 직접 관계를 제시해서는 안 된다.

② 1-LM 주의집중

1사분면의 좌뇌 활동이 이루어지는 단계로, 학생은 방금 전의 경험에 주의를 집중한다. 학생이 자기 경험에 집중하고 나아가 다른 학생의 경험에 주의집중하여 방금 전의 경험을 분석하는 단계이다. 학생의 토의 과정을 통해 서로의 경험을 공유하고 비교하면서 분석한다. 교사는 학생이 경험을 객관적인 시각으로 바라볼 수 있도록 도와주어야 한다.

③ 2-RM 상상

2사분면의 우뇌 활동이 이루어지는 단계로, 학생이 본격적인 내용을 학습하기 전에 전 단계에서 이해한 개념을 머릿속에 그려 보도록 한다. 이는 개념의 기초를 구성할 수 있도록 도와주는 시각적인 우뇌 활동 방법이다.

④ 2-LM 정보 제공

2사분면의 좌뇌 활동이 이루어지는 단계로, 학생은 학습 주제와 관련된 지식을 제공받아 받아들인다. 교사는 학생이 반드시 이해해야 할 학습 내용을 전달한다. 교사는 지식을 전달하고 학생은 이를 받아들인다. 일반적으로 상세하고 잘 조직된 강의가 이루어진다.

(계속)

⑤ 3-LM 연습

3사분면의 좌뇌 활동과 관련되는 단계로, 3사분면부터는 좌뇌 활동이 먼저 이루어지는 것이 특징적이다. 이는 분석적 특징이 있는 좌뇌 활동을 통해 학습 내용을 익히는 것이 효과적이기 때문이며 추상적 개념화와 관련된다. 학생은 개념의 습득을 위해 반복 연습을 하며, 이 단계에서는 개념의 확장이나 적용이 이루어지지 않는다.

⑥ 3-RM 확장

3사분면의 우뇌 활동과 관련되는 단계로, 개념의 확장이 이루어진다. 학생은 3-LM에서 개념에 대한 충분한 연습이 이루어졌으므로 학습한 개념을 적용할 수 있을 것이다. 이 단계에서는 학생이 정보를 확장할 수 있는 기회를 제공해야 한다. 실생활과 학습 내용을 연결하는 활동도 이루어진다.

⑦ 4-LM 정련

4사분면의 좌뇌 활동과 관련되는 단계로, 학습 내용의 가치를 분석하는 과정이다. 학생은 3-RM에서 학습한 내용을 적용해 보았으며, 이를 토대로 좌뇌의 분석적 특징을 활용하여 객관적이고 비판적인 시각으로 학습 내용의 가치를 분석한다.

⑧ 4-RM 수행실천

4사분면의 우뇌 활동과 관련되는 단계로, 학생은 학습한 것을 다른 사람과 공유할 수 있는 방안이나 학습한 것을 새롭게 적용할 수 있는 방안을 찾아 실천하도록 하는 과정이다. 이 과정에서 학생은 학습한 지식을 각 개인이 새로운 형태로 수용한다.

앞에서 살펴본 4-MAT System의 각 단계의 특징 및 교사의 역할을 정리해 보면 〈표 14-8〉과 같다.

〈표 14-8〉 4-MAT System의 단계 및 특징

구분			특징	교사의 역할
사분면	학습자 특성	뇌 영역		
1	혁신적	우뇌	〈연계〉 학습 주제와 학습자 경험 사이의 관계 찾기	학생들이 개인적 지식, 생활 경험, 신념과 가치의 표현에 근거해서 다양한 대답을 할 수 있도록 함.
		좌뇌	〈주의집중〉 학생이 겪은 경험과 다른 학생이 겪은 경험에 주의집중하여 경험을 분석하기	공동의 통찰과 집중, 토의와 상호작용을 통해 학습 주제와 관련된 경험 사이의 유사점과 차이점을 분석하도록 도움.
2	사고형	우뇌	〈상상〉 전 단계에서 이해한 개념을 머릿속에 그려 보기	학습 주제를 새롭게 연결할 수 있는 개념으로 학생들의 통찰을 풍부하게 해 줌.
		좌뇌	〈정보 제공〉 교사가 전달한, 반드시 이해해야 할 학습 내용 알기	특별한 의미, 공동의 이해 도출, 관계된 사물과 사건의 이해를 심화함.
3	감각형	좌뇌	〈연습〉 개념 습득을 위한 반복 연습	학생들의 이해 돕기
		우뇌	〈확장〉 개념 해석을 통해 스스로 정보를 확장하기	학생들이 스스로 얻을 대답을 실세계에 적용하도록 돕기
4	행동형	좌뇌	〈정련〉 학습 내용의 가치 찾기	학생들의 지식을 폭넓게 갖도록 하는 활동을 제시함.
		우뇌	〈수행 실천〉 학생의 창의성을 자극하여 학습한 것을 다른 사람과 공유하도록 함. 배운 자료를 적용할 수 있는 방안 찾아 실천하기	배운 과제를 폭넓고 다양하게 창의적으로 적용할 수 있도록 자극함.

4-MAT System에서 사용하는 교수-학습 과정안은 일반적으로 사용하는 교수-학습 과정안과 다른 형식이다. 4-MAT System의 틀을 그대로 교수-학습 과정안의 틀로 활용한다. 이는 각 과정의 내용과 순서에 초점을 두고 있는 모형의 특징을 잘 드러낸다. 교수-학습 과정안 양식은 [그림 14-6]과 같다.

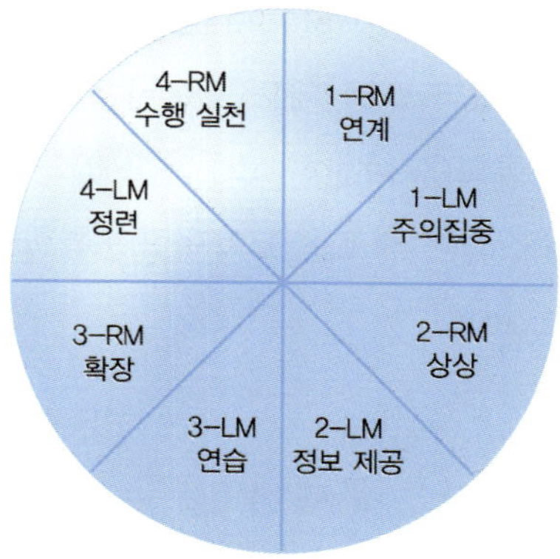

[그림 14-6] 4-MAT System의 교수-학습안 양식

[그림 14-7]은 4-MAT System을 활용하여 초등학교 4학년을 대상으로 '식물의 성장'이라는 주제에 대해 교수-학습 과정안을 개발한 사례다(최선영, 강호감, 2003).

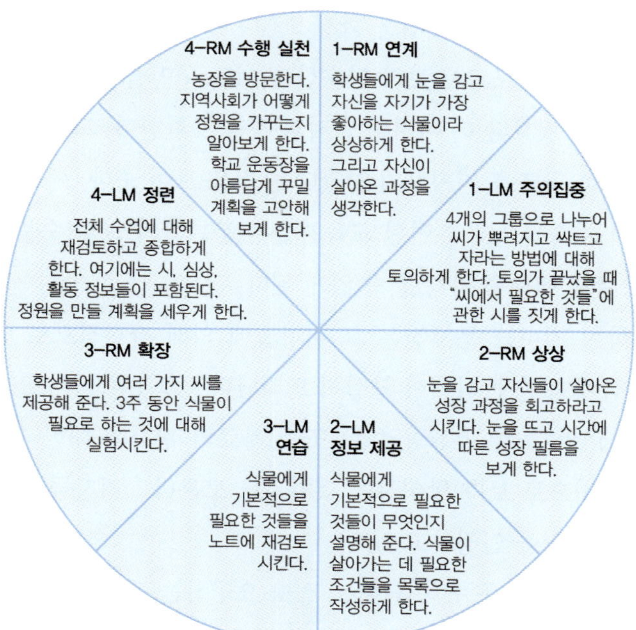

[그림 14-7] 식물 성장에 관한 4-MAT

5 학습의 차원

다음에서 소개하는 것은 Marzano 등(1997)이 제안하는 학습의 차원(Dimensions of Learning)에 대한 것이다. 백워드를 제안하는 원저자들도 학습자의 이해를 강조하는 교육과정이나 수업이 이루어지려면, 과거 Bloom 등이 제안한 전통적인 목표분류학으로부터 과감한 결별을 강조하고 있다. 그런데도 오늘날 한국의 교실 수업은 1956년에 만들어진 전통적인 교육목표분류학을 여전히 고수하고 있는 실정이다. 따라서 이하에서는 학습자의 이해 능력을 강조하는 새로운 교육목표분류학에 관한 내용을 소개하기로 한다(강현석 외 역, 2005; 2012; 2015).

1) Bloom의 분류학이 지니는 문제점

Bloom의 분류학이 교육실제에 있어 지대한 영향을 끼친 것만큼 매우 심한 비판도 받아 왔다. 가장 잘 알려진 비판 중의 하나는 그 분류학이 사고의 본질과 그것이 가지는 학습과의 관련성을 지나치게 단순화시켰다는 것이다(Furst, 1994). 분류학은 특성상 분명히 단순하고 일차원적이며, 행동주의자들의 모형으로부터의 다차원적이고 보다 더 구성주의적 학습으로 학습의 개념을 확장시켰다. 그러나 그 분류학은 한 수준에서 다른 수준을 분리하는 특징으로서 보다 단순한 난이도 구인을 가정한다. 즉, 상위 수준은 하위 수준에서 했던 것보다 더 어려운 인지 과정을 포함한다. 그 연구는 Bloom의 분류학이 단순히 이러한 구조를 지지하지 않았다는 것을 보여 준다. 예를 들어, Bloom의 분류학의 구조에서 지속적으로 훈련된 교육자들은 분류학의 하위 수준의 질문보다 좀 더 어려운 상위 수준의 질문을 자각할 수 없게 된다.

Bloom의 분류학이 지니는 문제점은 그 저자들에 의해 간접적으로 인정되고 있다. 이것은 그들의 분석에 대한 논의에서 확실히 드러난다. "그것은 아마도 보다 충분한 이해에 대한 보조로서(보다 낮은 부류의 수준) 또는 자료의 평가에 대한 전주로서 분석을 고려하는 것을 교육적으로 보다 방어하는 것일지도 모른다." 저자들은 또한 평가에 대한 논의에서도 그 문제점을 인정하고 있다.

평가가 행동의 또 다른 모든 유목을 어느 정도 요구하는 것으로 간주되기 때문에 비록 평가가 인지적 영역에서 가장 마지막에 위치하고 있지만, 사고나 문제 해결에서 꼭 마지막 단계일 필요는 없다. 평가 과정은 어떤 경우에는 새로운 지식의 습득, 이해와 적용에 있어서의 새로운 시도, 또는 새로운 분석과 종합에 있어 이전 단계가 될 수 있다.

요약해서 말하면, Bloom의 분류학의 위계적 구조는 단순히 논리적 혹은 경험적 조망으로부터 잘 조합되지 않는다.

2) 또 다른 분류학

Bloom의 분류학 출판 이래로 처음의 노력을 점점 더 발전시키고 개정하려는 시도가 있어 왔다. 이러한 수많은 개정은 Moseley, Kock, Sleegers, 그리고 Voeten(2004)에 의해 이루어져 왔다. Bloom의 분류학 개정의 필요성을 강조한 연구로는 Anderson 등의 연구(2001)가 대표적이다. 『교육과정, 수업 그리고 평가를 위한 새로운 분류학: 교육목표에 대한 Bloom의 분류학의 개정』이 그것이다. 여기에서 Bloom의 최초 분류학의 공동 집필자였던 David Krathwohl은 언급하지 않았다. Anderson 등에 따르면, 그 개정은 좀 더 실제적인 예를 묘사하는 반면에 보다 일상적인 언어를 사용하기 때문에 인지심리학에서 진보적 측면에서의 틀을 수정할 필요가 있었다.

Anderson 등(2001)의 분류학은 두 가지 기본적인 차원을 포함한다(강현석 외 역, 2005). 첫 번째 차원은 지식 영역으로서 언급하며, 네 가지 유형의 지식을 포함한다. 네 가지 지식의 유형은 다음과 같다.

- 사실적 지식
- 개념적 지식
- 절차적 지식
- 메타인지적 지식

사실적 지식은 훈련 또는 그 안에 있는 문제를 해결하는 데 필요한, 학생들이 알아야 하는 기본적인 요소를 포함한다. 개념적 지식은 그것을 함께 작용하게 만드는 보다 큰 구조 속에 있는 기본적인 요소들 간의 상호 관련성을 포함한다. 절차적 지식은 무엇을 어떻게 할 것인지, 조사 방법 그리고 사용 기능의 준거, 알고리즘, 기술, 방법 등을 포함한다. 메타인지적 지식은 일반적으로 인지 지식뿐 아니라 어떤 사람의 인지 지식의 자각을 포함한다.

두 번째 차원은 인지 과정 영역과 여섯 가지 사고 유형을 포함하는 것에 대해 말한다. 기억은 장기기억으로부터 적절한 지식을 떠올리는 것을 포함한다(Anerson et al., 2001: 31). 이해는 읽기, 쓰기 그리고 그래픽 의사소통(graphic communication)을 포함한 수업에서의 메시지로부터 얻는 의미를 구성하는 것을 포함한다. 적용은 주어진 상황에서의 절차를 실행하거나 사용하는 것을 포함한다. 분석은 구성 요소로부터 어떤 부분이 전체 구조 또는 목적에 있어 종합적으로 서로 연관이 있는가를 결정하는 것을 포함한다. 평가는 준거와 기준에 기초를 둔 판단을 하게 하는 것을 포함한다. 창안은 일관된 혹은 기능 전체를 형성하는 요소와 새로운 양식과 구조로 구성 요소를 인식하는 것을 포함한다. 이러한 두 가지 차원이 정의되는 요소에 따라 교육 목표는 분류될 수 있다.

이를 요약해 보면, Anderson 등(2001)의 분류 방식은 지식 차원과 인지 과정 차원으로 분류되는데, Bloom의 분류 방식과 다른 점은 인지적 영역에서 '지식' 유목을 명사적 측면과 동사적 측면으로 구분하여 전자는 독립된 지식 차원으로, 후자는 기억(remember)이라는 가장 하위의 인지 과정 차원에 포함된다. 또한 이해(comprehension)가 이해(understand)로, 종합이 창안(create)으로 바뀌고 그 위계도 종합과 평가가 뒤바뀐다. 이상의 내용을 표로 제시해 보면 〈표 14-9〉와 같다.

〈표 14-9〉 2차원 교육목표분류학

구분	인지 과정 차원					
지식 차원	1. 기억하다	2. 이해하다	3. 적용하다	4. 분석하다	5. 평가하다	6. 창안하다
A. 사실적 지식						
B. 개념적 지식						
C. 절차적 지식						
D. 매타인지적 지식						

이상에서 제시된 새로운 교육목표분류학은 과거 Bloom 등의 분류 방식보다는 진일보한 것이며, 향후 교육과정 목표 개발이나 교수-학습의 방식, 수업 목표 진술, 평가 방식에 상당한 변화를 초래할 것이며 학교 현장에서도 이에 대한 대비가 필요하다고 보겠다.

3) Marzano의 신분류학을 위한 이론적 기초

Bloom과 그의 동료들에 의해 채택된 접근법에 있어 문제점 중 하나는 분류학의 수준들 간의 차이점의 기초로서 난이도를 사용하려고 시도했다는 것이다. 평가는 종합과 관련된 활동보다 더욱 어렵고, 종합은 분석과 관련된 활동보다 더 어렵다고 여겨져 왔다. 대략적으로 정신적 처리 과정에 난이도를 토대로 분류학을 설계하고자 했던 시도는 결국 실패한 것으로 여겨졌다. 왜냐하면 가장 복잡한 처리 과정이라도 의식이 거의 없거나 무의식적인 노력으로 수행되는 수준에서 학습될 수 있다는 잘 설정된 심리적 원리 때문이다. 정신적 처리 과정의 어려움은 적어도 두 가지 요소들−포함된 단계와 관련된 과정의 내재적인 복잡성과 과정에 관련된 친숙성의 수준−과 연관이 있다. 정신적 처리 과정의 복잡성은 불변성−단계의 수와 그들 간의 관계는 변하지 않는다−에 있다. 그러나 처리 과정과 관련된 친숙성은 시간이 지남에 따라 변할 것이다. 그 처리 과정에 점점 더 친숙하면 할수록, 더 신속하고 그리고 더 쉽게 그것을 처리하게 될 것이다. 알기 쉽게 예를 들어 보자면, 가장 붐비는 시간대의 고속도로 위의 자동차 운전은 거대한 행렬과 구성 요소를 각각 포함하고 있는 수많은 상호작용과 보완적 처리 과정이 매우 복잡하다. 그러나 대부분의 노련한 운전자들은 그 일을 어렵게 생각하지 않고, 운전과 관련 없는 전화를 받거나 라디오를 듣는 등의 일들을 하면서 쉽게 넘겨 버린다.

비록 정신적 처리 과정이 난이도 측면에서 위계적으로 정렬될 수 없을지라도, 그것들은 관리하는 입장에서는 정렬될 수 있다. 즉, 어떤 처리 과정은 또 다른 처리 과정의 기능을 관리한다. 이 책에서 설명되는 신분류학을 발달시키는 데 사용된 그 모형은 [그림 14-8]에서 볼 수 있다.

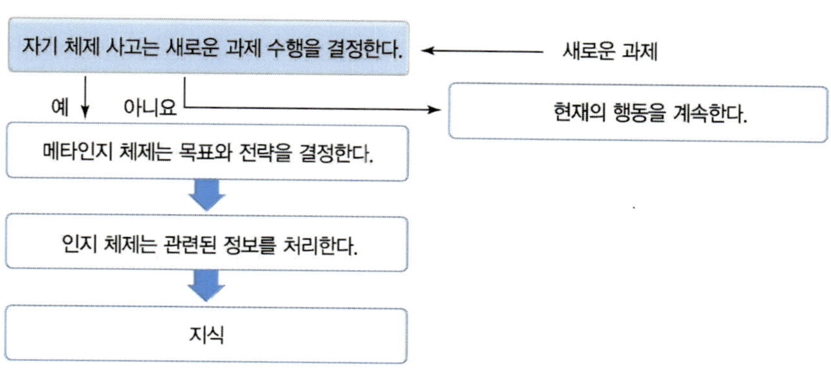

[그림 14-8] 행동모형

[그림 14-8]의 모형은 인간이 어떤 특정한 시점에서 새로운 과제를 어떻게 수행하는지를 결정하는 것에 대해 설명할 뿐 아니라, 일단 수행하기로 결정되었을 때 정보가 처리되는 방법을 설명해 준다. 이 모형은 세 가지 정신적 체제—자기 체제, 메타인지 체제, 그리고 인지 체제—를 나타낸다. 이 모형의 네 번째 구성 요소는 지식이다.

이 모형에서 새로운 과제는 특정한 시점에 수행하는 것이나 관심을 기울이고 있는 것들을 변화시키려 하는 기회라고 정의한다. 예를 들어, 학생이 과학 시간에 그 후에 다가올 사회 활동에 관한 공상을 한다고 하면 그 순간에 그의 에너지와 관심은 사회 활동에 관한 것에 있게 된다. 그러나 만약 교사가 학생들에게 과학에서 나타나는 몇 가지 새로운 정보에 주의를 기울이라고 요구한다면 그의 학생들은 새로운 과제를 결정해야 할 상황에 직면하게 된다. 그 결정은 지식뿐 아니라 학생들의 자기 체제, 메타인지 체제와 인지 체제의 상호작용에 의해 결정될 것이다. 자세히 말하면, 자기 체제가 먼저 수행되고 그다음에 메타인지 체제 그리고 마지막으로 인지 체제가 적용될 것이다. 세 가지 체제는 모두 학생들의 지식의 저장고로 사용된다.

(1) 세 가지 체제와 지식

자기 체제는 새로운 과제를 수행하는 것에 대한 적절성을 판단을 하는 데 사용될 목표와 신념 간의 상호 밀접한 관련이 있는 네트워크를 포함한다. 자기 체제는 또한 어떤 과제에 영향을 주는 동기에 있어서 중요한 결정인자가 된다. 만약 어떤 과제가 중요하고 성공 가능성이 높다면, 그리고 긍정적 효과가 그 과제와 연관되거나 나타난다고 판단이 된다면, 개인에게 새로운 과제를 수행하려는 동기가 형성될 것이다. 만약 새로운 과제가 적절성이 낮거나 성공 가능성이 낮고 부정적인 영향과 연관이 된다면, 그 과제를 수행하고자 하는 동기는 낮아질 것이다. 새로운 과학 정보에 관심을 기울이는 동기를 높이기 위해서는, 학생들이 그 정보가 사회적 사상보다 더 중요하다는 것을 자각해야 하고 그 정보를 이해할 수 있다고 믿으며, 그것과 연관된 강력한 부정적 정서를 가지고 있지 않아야 할 것이다.

만약 새로운 과제가 선택된다면 그 메타인지 체제는 실행된다. 메타인지 체제의 최초 작업 가운데 하나는 새로운 과제와 연관 있는 목표를 설정하는 것이다. 이 체제는 목표가 설정되면, 주어진 목표를 성취하기 위한 전략을 설계해야 한다. 과학 수업을 받는 학생들의 입장에서 메타인지 체제는 새로운 정보와 연관된 학습 목표를 설정하고 이 목표를 성취하기 위한 전략을 설계해야 한다. 한번 실행된 메타인지 체제는 인지 체제와 계속적으로 상호작용하게 된다.

인지 체제는 과제를 완성하는 데 필수적인 정보를 효과적으로 처리할 수 있어야 한다. 그것은 추론, 비교, 분류 등과 같은 분석적 조작이어야 한다. 예를 들면, 학생들이 새로운 정보를 들을 때, 그들은 그것에 대해 추론해야 하고 이미 알고 있는 것과 비교해야 할 것이다.

마지막으로, 어떤 새로운 과제와 연관 지어 볼 때 성공은 개인이 그 과제에 대해 가지고 있는 지식의 양에 크게 의존한다. 예를 들면, 과학을 공부하는 학생들이 학습 목표를 성취하고자 하는 정도는 그 과학 주제에 대한 사전 지식에 달려 있다.

(2) 신분류학의 요약

이상의 내용을 종합하여 신분류학을 제시하면 [그림 14-9]와 같다.

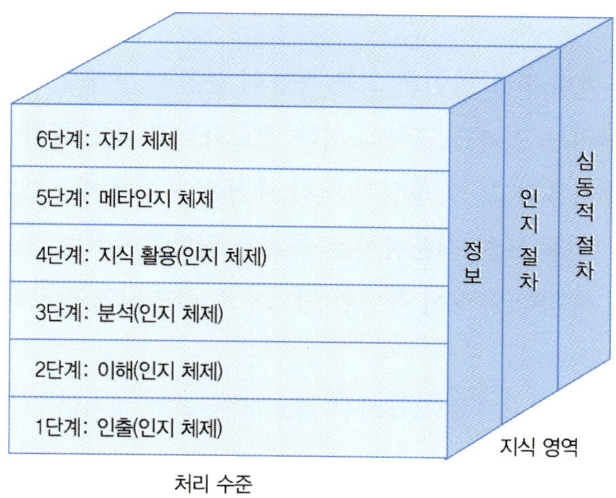

[그림 14-9] Marzano의 신분류학

여기에서 신분류학에 대한 간단한 소개를 해 보자. [그림 14-9]의 왼쪽 열에는 사고의 세 가지 체제가 묘사되어 있고, 인지 체제의 경우 네 개의 하위 요소로 이루어져 있다. 오른쪽에 있는 세로 열은 세 가지의 다른 유형 또는 지식의 영역을 묘사하고 있는데, 정보, 인지 절차, 그리고 심동적 절차가 그것이다.

교사가 특정한 편집 기능에 관해서 학생들이 연습하여 쓸 수 있도록 한다면 그 예는 인지 절차의 영역과 관련이 깊다. 이에 반해, 교사가 탄력적인 활동에 학생들로 하여금 육체적인 교육을 하게끔 한다면 그 예는 심동적 절차의 영역과 관련이 깊다.

사실상, 신분류학은 다른 차원에 의해 나타나는 세 가지 지식 영역과 1차원으로 나타나는 인지 절차의 여섯 가지 유목으로 이루어진 2차원 모형이다. 교육 목표는 이러한 2차원 안에서 쉽게 분류될 수 있다. 설명을 위해 Anderson에 의해 사용된 목표를 떠올려 보자. 그들의 새로운 분류학이 교육 목표를 분류하는 데 사용될 수 있다는 것을 보여 주는 예시가 된다. "학생들은 절약을 위해 감소-재사용-재활용적 접근을 적용하는 법을 배우게 될 것이다." 신분류학의 범위에서 이 목표는 인지 과정 차원의 분석 활동으로서 분류된다. 그리고 그것은 지식 차원 유형의 유목 안에서 정보를 분류하게 될 것이다. 이러한 분류는 Anderson의 분류학을 사용함으로써 얻어지는 것과는 꽤 차이가 있다. 그것은 인지 과정 차원의 범위에서 적용으로 분류되며, 지식 차원의 유형 안에서는 절차적 지식으로 분류된다.

(3) 신분류학의 활용

신분류학의 첫 번째 활용 방안은 교육 목표의 분류와 설계를 위한 전달 수단으로 사용되는 것이다. 바라는 결과는 교사에 의해 명료화되고, 신분류학은 포함된 지식의 유형을 결정하는 데 사용되고, 그 정신적 처리 과정은 지식에 적용된다. 목표를 분류하는 것은 본래의 활동이다. 또한 신분류학은 목표를 일반화시키는 데 사용된다. 신분류학의 사용은 지식의 특정한 유형이 특별한 방법으로 설명되고 접근될 수 있음을 보여 주고 있다.

두 번째 활용 방안은 평가를 설계하는 틀로 사용되는 것이다. 평가가 유기적으로 잘 연결된 목적과 목표의 논리적 순서에 따라 만들어질 수 있다. 평가는 목표를 성취하기 위한 것이며 그 목적을 향하여 가는 과정을 결정하는 데 도움을 주는 그러한 평가다. 목표의 다양한 유형은 평가의 다른 유형을 요구한다. 그러므로 신분류학은 일반화와 교실 평가를 이해함에 있어 틀을 제공한다.

세 번째 활용 방안은 학생들로 하여금 보다 더 해석 가능하게 하고 유용하게 하는 상세한 수준으로 구분된 기준을 재설계하는 틀로 사용되는 것이다. 그 기준 운동은 미국에서 K-12 교육으로 보급되어 왔다. 기준 운동(standards movement)이 21세기 초까지도 그 추진력을 잃지 않았음은 말할 필요도 없다. 기준 운동이 미국에서 강화됨에 따라 가능한 많은 문제가 그것의 해결책을 갖고 있을 것이라고 했다. 가장 명백한 것 가운데 하나는 기준 문서가 교실 상황으로 번역되는 것은 쉽지 않다는 것이다. 이를 수정하기 위해 많은 연구자와 이론가들은 표준화 문서의 개정을 요구해 왔다. 특별히 Kendall (2000)은 교사들을 위해 유용한 도구를 만들 수 있는 표준화 문서를 다시 쓰는 것을 논증했다.

네 번째 활용 방안은 교육과정 설계를 위한 틀로 사용되는 것이다. 새로운 분류학의 다양한 수준은 교육과정 설계의 기초를 형성하는 다양한 유형의 사고가 될 수 있다. 다른 유형의 과제는 다른 결말을 제공한다. 지식 활용 과제는 학생들이 지식을 적용할 것을 필요로 한다. 분석 과제는 학생들이 다른 전망으로부터 지식을 살펴보기를 요구한다. 사실상, 교사가 어떻게 배열하고 과제를 순서화하느냐는 교실에서 교육과정을 구성하게 된다.

마지막으로, 신분류학은 사고가 교육과정을 다루는 틀로 활용될 수 있다. 교육과정에서 정신적 기능 또는 사고 기능의 교육과정을 설계할 필요가 점차 증가하고 있다. 기능과 연습을 거쳐 지식 영역의 기초를 학생들이 습득한 이후에야 보다 더 높은 단계의 사고로 접근할 수 있는 교육과정이 되어서는 안 된다. 상위 수준의 교육과정은 개념과 관련된 상위 수준의 능력을 나타내기 위해 학생들이 생각하는 것들을 공통으로 제공하는 것이다.

(4) 신분류학의 요약

사고의 세 가지 체제는 신분류학의 핵심이다. 우리가 앞에서 살펴본 바와 같이 세 가지 체제—자기 체제, 메타인지 체제, 인지 체제—는 위계적으로 조직되어 있다. 또한 인지 체제의 네 가지 요소를 인지 체제 내에서 위계적으로 조직되어 있다. 이것은 [그림 14-10]에서 제시한 것 같이 여섯 가지 수준으로 분류를 가능하게 하였으며, 이는 신분류학의 기본 구조가 된다.

수준 6: 자기 체제
수준 5: 메타인지 체제
수준 4: 지식 활용
수준 3: 분석
수준 2: 이해
수준 1: 인출

(수준 4~수준 1: 인지 체제)

[그림 14-10] 신분류학의 여섯 가지 수준

세 가지 지식 영역의 구성 요소는 다음 〈표 14-10〉과 같이 조직될 수 있다.

〈표 14-10〉 세 가지 지식 영역의 구성 요소

정보	1. 아이디어 조직	원리 일반화
	2. 세부 사항	시간 계열 사실 어휘 용어
인지 절차	1. 과정	거시 절차
	2. 기능	책략 알고리즘 단일 규칙
심동적 절차	1. 과정	복합 결합 절차
	2. 기능	단일 결합 과정 기초 절차

요약하면, 다양한 정신적 과정에 의해 활성화되는 것으로 지식을 간주하는 것은 신분류학과 Bloom의 분류학의 차이점이다. 다른 중요한 차이는 심동적 절차를 인지 절차나 정보와 유사한 지식 유형으로 신분류학에서 포함시킨 것이다. 그러나 신분류학과 Bloom의 분류학 간의 유사점은 정보 유형을 개별적으로 기술하는 것이다. 두 분류학 모두 정보 계층의 가장 낮은 단계에 용어나 단어가 위치해 있고 가장 높은 단계에 일반화나 원리가 위치해 있는 것이다.

이상의 새로운 분류학을 잘 활용하여 교육과정 재구성이나 수업을 이해 중심 과정으로 실천할 수 있다. 과거 행동주의 이론에 의해 만들어진 전통적 분류학의 문제를 잘 검토하여 장차 이해 중심 수업으로 구현될 수 있는 방안을 좀 더 숙고해 볼 필요가 있다.

6 KDB(지식 · 기능 · 인성) 중심의 간학문적 통합[2)]

1) KDB 모형의 논거로서 자율성, 책무성 및 적절성

KDB(Know-Do-Be) 모형은 최근에 각광받고 있는 지식-기능-인성을 간학문적으로 통합하는 교육과정 통합 방식이다. 이 모형은 창의 · 인성 개발에도 적용 가능성이 높다.

KDB 모형에서 말하는 자율성(혹은 책무성)이란 교사 혹은 단위학교에서 교육과정을 나름의 잣대로 해석하고 재구성하여 교육과정을 생성해 낼 수 있는 것에서부터 파생된다. 교육과정이 수시 개정 체제로 운영되고 있으며 이러한 방향 속에서 점차 교육과정의 주도권이 현장으로 이동하고 있다. 하지만 이러한 자율성 뒤에는 언제나 일정한 범위의 책무성을 강조하기 마련이다.

이러한 배경하에 등장하여 논의되고 있는 KDB 중심의 간학문적 통합이 시도하고자 하는 내용은 자율성과 책무성을 모두 보장받을 수 있는 통합 방법이다. 즉, 통합을 시도하는 과정에서 간학문적인 요소를 KDB 요소 중심으로 통합하는 과정은 교사 혹은 단위학교의 자율성이 반영되는 측면으로 해석할 수 있다. 통합교육과정이 주어지지 않는 이상, 교사들이 이러한 통합을 시도한다는 것 자체가 자율성을 구현하는 과정으로 볼 수 있기 때문이다.

한편, 책무성 측면에서 보면 KDB 중심의 간학문적 통합이 추구하고자 하는 바는 기존의 교육과정을 근간으로 하여 통합을 추구하는 것이기 때문에, 오히려 주어진 교육과정을 그대로 가르치는 것보다 책무성 측면에서 더 많은 효율성이 있다고 볼 수 있다. 예컨대, 국가수준의 표준화된 학업성취도 평가는 학교 현장의 책무성을 강화하는 조치일 수 있지만, 현장 교사들의 경우는 책무성과 동시에 많은 혼란을 느낄 수 있다. 주어진 교과서 위주로 가르쳤기 때문에 교사는 물론이고 학생들도 현실적으로 상당히 당황

2) 이 절의 이 내용은 장인한, 강현석(2009). KDB 중심 간학문적 통합 단원의 구성. 교육과정연구, 27(4), 99-122를 참고 · 보완해 작성한 것임.

해할 수 있다. 물론 교과서에는 국가수준 교육과정이 요구하는 기준이 포함되어 있다. 하지만 국가에서 요구하는 기준을 평가하는 잣대 중 대다수의 텍스트나 맥락은 교과서를 벗어나는 경우가 많다.

간학문적이라는 말 자체에 다양한 맥락과 상황이 전제되어 있다. 학생들로 하여금 다양한 상황과 맥락에 자신들의 지식이나 기능을 전이시킬 수 있는 상황을 만들어 준다면, 이상과 같은 혼란 속에서 벗어날 수 있으며 또한 국가가 요구하는 책무성을 보장받을 수 있을 것이다.

이러한 간학문적 접근의 장점과 관련하여 Hargreaves는 교사들이 학생들에게 적합하게, 그리고 필요에 맞는 맥락에서 운영할 수 있다고 보고 있다(Drake & Burns, 2004: 14). 학생들은 자신의 주변에 관심을 많이 가지고 있으며, 이러한 측면을 교육과정 통합을 시도할 때 고려하면 학생들의 관심과 참여를 끌어낼 수 있다. 즉, 교육과정의 기준을 바탕으로 학생 주변의 유의미한 내용들을 기존의 기준에 맞게 내용을 의도적으로 제시하는 것이다.

마지막으로, 이상의 장점 외에 보다 적극적으로 적절성의 측면에서 그 특징을 고려할 필요가 있다. Drake와 Burns(박영무 외 역, 2006)에 따르면, 교육과정을 통합할 때 피상성의 함정에 빠져서는 안 된다고 한다. 자칫 활동 위주의 수업으로 흘러가 학생들이 왜 그러한 활동을 했는지, 왜 그러한 수업에 참여하게 되었는지 모르는 피상성에 빠질 수 있다는 것이다. 하지만 KDB 중심의 간학문적 통합 절차를 주의 깊게 따른다면 이러한 엄밀성을 갖춘 적절성을 벗어나는 결과는 초래되지 않을 것이다. 또한 Drake와 Burns(박영무 외 역, 2006)는 적절성과 관련하여 다음과 같이 언급하고 있다.

> 학생들이 서로 다른 학문 분야의 시각을 통해 어떤 토픽을 탐구할 때 그들은 그 토픽을 심도 있게 공부할 수 있다. 더 나아가서 학생들은 다른 생활 영역으로 전이시킬 수 있는 간학문적인 개념과 기능을 학습한다. 교사들이 교육과정을 적절성 있는 맥락에 적용시키는 재량권을 가질 때, 그들은 교육과정을 다양한 학생의 요구에 맞게 적용시키는 데 높은 창의력을 발휘할 수 있다.

요컨대, 이상의 논의에서처럼 KDB 모형은 책무성을 강조하지만 그 단점으로 제기될 수 있는 적절성의 문제를 고려하고 있다.

2) KDB 모형의 설계 원리로서 백워드 설계

KDB 모형은 Drake와 Burns(박영무 외 역, 2006)가 그들의 저서 『통합 교육과정(Meeting Standards through Integrated Curriculum)』에서 제시한 것이다. KDB 모형의 설계 원리로서 Wiggins와 McTighe(2005)의 백워드 설계 방식을 살펴볼 필요가 있다. 그 이유는 앞에서 말한 책무성과 적절성을 보장하는 방안으로 교육과정 정렬(alignment)에 근거한 백워드 설계 방식이 타당하기 때문이다. Wiggins와 McTighe는 기존의 '목표-수업-평가'라는 식의 단계를 떠나, 바라는 결과(목표)로부터 시작하여 평가와 수업으로 진행된다는 점에서 이러한 설계를 백워드 설계로 부르고 있다. 그리고 우리가 가르치는 단시 수업은 추구하고자 하는 결과로부터 논리적으로 추론됨으로써 우리가 쉽게 빠져들 수 있는 활동 중심(무목적성) 수업과 피상적인 수업(무의미성)에서 벗어날 수 있다고 한다. 백워드 설계의 단계는 [그림 14-11]과 같이 바라는 결과를 확인하고, 수용 가능한 증거를 결정하고 난 후, 학습 경험과 수업을 계획하는 과정을 따르게 된다. 목표와 평가가 좀 더 밀접하게 연관됨으로써 목표-평가-수업의 정합성과 일관성이 보장된다.

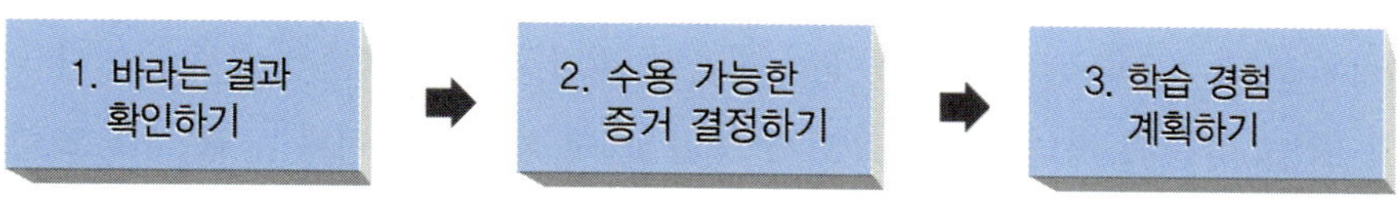

[그림 14-11] 백워드 설계의 단계

간학문적 설계에서는 다음과 같은 백워드 설계의 요소들을 반영할 수 있다. 첫째, 목적과 기대하는 결과를 확인한다. 둘째, 간학문적인 틀 속에서 어떻게 활용할 것인지를 결정하기 위하여 표준안을 검토한다. 셋째, 인정할 수 있는 증거를 결정한다. 넷째, 기대하는 결과에 도달하도록 하는 학습 경험을 계획한다(박영무 외 역, 2006). KDB 모형의 설계 단계와 백워드 설계 과정의 관계는 〈표 14-11〉과 같다.

〈표 14-11〉 KDB 모형의 설계 단계와 백워드 설계 과정과의 관계

KDB 모형의 설계 단계	백워드 설계 과정
1. 교육과정 스캔 및 클러스터	1. 바라는 결과 확인하기
2. 토픽이나 주제 선정	
3. 잠재적 클러스터 확인을 위한 망 구성	
4. 지식 · 기능 · 인성 다리 구성	
5. 정리 국면의 최종 평가 설계	2. 수용 가능한 증거 결정하기
6. 길잡이 질문 창안	3. 학습 경험 계획하기
7. 수업 활동 및 평가 실시	

7 개념 기반 교육과정과 수업

1) 개념 기반 교육과정의 특징[3)]

Erickson, Lanning과 French(2017)의 「Concept-Based Curriculum and Instruction for the Thinking Classroom 2nd」에서 제안한 개념 기반 교육과정과 수업이란 교과의 사실과 기능, 학문적 개념과 일반화로 구성된 3차원적 교육과정과 수업 설계 모델로 학생들의 개념적 이해를 기르는 것을 목적으로 한다. 이 절에서는 온정덕과 윤지영(2019)의 역서를 중심으로 주요 내용을 살펴보고자 한다.

개념 기반 교육과정에서는 학습을 정보를 서로 연결하고, 패턴을 파악하고 만들어 내는 과정이라고 보고 있다. 즉, 이러한 학습을 통해서 학생들이 생성한 이해는 전이된다. 이와 같은 설계 방식은 기존의 전통적 교육과정에서의 설계 방식과는 차이가 있으며 최종적인 교육과정 설계의 목적도 다르다. 개념 기반 교육과정과 수업의 특징을 살펴보면 다음과 같다.

첫째, 3차원적 교육과정과 수업 설계 방식이다. 개념 기반 교육과정과 수업은 (사실을) 안다, (개념적으로) 이해한다, (능숙하게) 한다의 3차원으로 설계된다. 전통적인 교육과정의 설계 방식은 '(내용을) 안다, ~을 할 수 있다'에 초점을 두는 2차원적 설계 방식이다. 전통적으로 Tyler는 목표를 내용과 구체적인 행동 동사를 활용하여 이원적으로

3) 이 내용은 온정덕, 윤지영 공역(2019). 『생각하는 교실을 위한 개념 기반 교육과정 및 수업』의 내용을 정리 및 요약한 것임을 밝힘.

진술하라고 제안했는데 2차원적 설계 방식은 이러한 목표 진술 방식과도 일치한다. 즉, 사실적 지식을 알고 무엇인가 행하지만 그것에 만족하며 더 이상의 사고를 통해 개념적 이해에 나아가지 못하는 한계가 있다. 개념적 이해는 개념 자체를 가르치는 것이 아니라 개념적 수준에서 사고의 통합에 초점이 있기 때문이다.

둘째, 시너지를 내는 사고를 고려한 수업 설계 방식이다. 학생의 사고 과정은 저차원적 사고와 고차원적 사고로 구분할 수 있다. 사실적 지식을 알고 기능을 수행하는 경우는 저차원적 사고에 그친다. 반면, 개념적으로 이해하는 것은 고차원적 사고를 통해 이루어진다. 학습에서 개념적 이해를 위한 사고는 사실과 기능을 활용해서 규칙성, 연관성 등 패턴을 파악하고 만들어 낼 때 가능함으로 저차원적 사고와 고차원적 사고의 상호작용이 필수적으로 필요하며, 이러한 과정에서 나타나는 에너지를 시너지를 내는 사고라고 한다. 따라서 수업을 설계할 때, 두 사고의 사고 작용이 가능하도록 해야 하며 개념적 렌즈를 도구로 활용할 수 있다.

셋째, 지식의 구조와 과정의 구조를 고려하여 교육과정을 설계한다. 3차원적 교육과정 설계를 위해서는 무엇을 알고(중요한 사실적 지식), 이해하고(일반화와 원리), 할 수 있어야 한다(과정 혹은 기능)를 명확하게 제시해야 한다. 교사가 지식과 과정의 구조의 수준 및 이들이 교육과정 설계, 수업, 학습에서 어떻게 작동되는지 이해하는 것이 필요하다.

지식의 구조와 과정의 구조를 나타내면 [그림 14-12]와 같다.

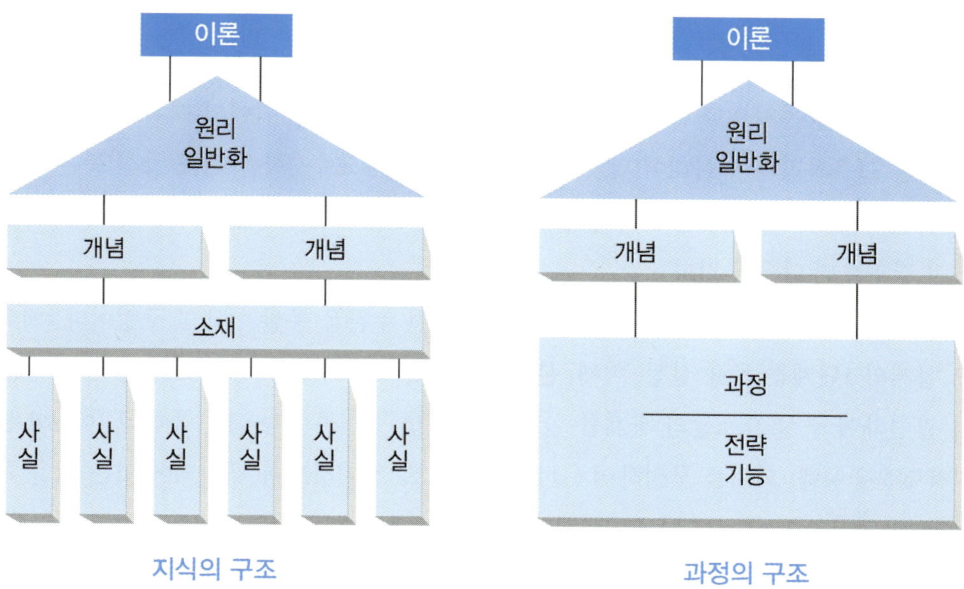

[그림 14-12] 지식의 구조와 과정의 구조

그림에서 제시한 지식의 구조의 구성 요소를 살펴보면, 학생들이 이해하기 원하는 개념은 복잡성의 정도에 따라 개념의 범위가 구체적인 마이크로 개념과 범위가 넓은 매크로 개념으로 구분된다. 일반화는 하나의 문장으로 두 개 이상의 개념 간 관계를 진술한 것이며 개념적 이해를 의미한다. 원리는 학문에서 기초를 이루는 진리이고, 이론은 현상이나 실천 양상을 설명하기 위해 사용되는 개념적인 아이디어의 집합 혹은 가정이다. 과정의 구조의 구성 요소를 살펴보면, 전략은 학습자가 자신의 학습 수행을 향상시키기 위해 의식적으로 적용하거나 점검하는 체계적인 계획이다. 기능은 전략의 토대가 되는 가장 작은 행동을 의미한다.

넷째, 구조화되고 안내된 탐구 학습을 강조한다. 개념 기반 교육과정에서는 개념, 일반화, 원리를 학생들이 이해하도록 하는 것에 목적을 두고 있으며 이를 위해 구성주의와 귀납적인 탐구 학습을 강조한다. 즉, 학생들에게 스스로 이해를 구성해 볼 수 있는 기회를 제공했을 때 학생들은 전이 가능한 개념적 이해를 형성하게 될 것이다. 이러한 측면에서 교사가 질문과 사실적 정보를 결정하지만 학생들이 분석하고 자신만의 개념적 이해를 도출해 내는 구조화된 탐구와 교사가 주제를 선정하되 학생들과 함께 탐구의 방향을 설정하는 안내된 탐구는 매우 유용하다.

2) 백워드 설계와의 관련성

백워드 설계는 학습자의 진정한 이해를 강조한다. 개념 기반 교육과정도 학습자들의 개념적 이해를 목적으로 한다. 공통된 목적을 가지고 있다는 점에서 백워드 설계와 개념 기반 교육과정의 아이디어 및 설계 과정, 추구하는 교수-학습 접근 방식 등은 밀접한 관련이 있다. 개념 기반 교육과정과 백워드 설계와의 관련성을 백워드 설계의 측면에서 살펴보면 다음과 같다.

첫째, 백워드 설계의 목적은 개념 간의 유의미한 추론을 통한 이해의 구성이다. 백워드 설계의 1단계는 목표 설정, 이해, 본질적 질문, 핵심 지식, 기능으로 구성된다. 목표와 관련하여 구성 요소들의 관계를 살펴보면, (핵심 지식과 기능을) 습득하고 (이해와 본질적 질문을 통해) 의미를 구성하여 (실생활 상황으로) 전이하도록 제시되어 있는 것을 확인할 수 있다. 즉, 백워드 설계에서의 이해는 학생들이 사실적 지식 및 단순한 기능 습득에 그치는 것이 아니라, 이들을 통해 개념을 도출하고 개념 간의 유의미한 추론을 통해 일반화인 이해를 형성하도록 하는 데 목적이 있다.

둘째, 우선순위 명료화를 통해 이해를 도출한다. 백워드 설계의 1단계 개발에 앞서 설계자는 개발하고자 하는 성취기준을 분석하는 과정을 거친다. 이때, 우선순위 명료화 삼중원을 활용하여 친숙할 필요가 있는 것, 알고 할 수 있어야 하는 중요한 것, 영속적 이해를 구분한다. 이 과정에서 지식의 측면에서는 사실, 개념, 일반화의 위계가 분명해지며 과정의 측면에서도 기능, 전략, 일반화의 위계가 분명해진다. 이는 개념 기반 교육과정에서 제시하는 지식의 구조와 과정의 구조와 비교했을 때 시각적인 표현 형태는 다르지만 사실 → 개념 → 일반화로 향해 가며 정보를 서로 연결하고 패턴을 만들어 낸다는 공통점이 있다.

셋째, 질문을 활용한다. 백워드 설계에서는 학생들이 탐구를 시작하는 출발점으로 본질적 질문을 제시한다. 본질적 질문은 학문 내의 빅 아이디어와 탐구를 가리키며 학생들의 삶 속에서 중요한 질문을 포함한다. 따라서 본질적 질문으로 학생들의 동기가 유발 및 유지되고 사고를 자극하며 탐구의 동력으로 작용된다. 백워드 설계 템플릿에서는 본질적 질문만 제시되지만 실제 수업의 과정에서는 본질적 질문만 사용되는 것은 아니다. 수업에서는 학생의 관심을 유발하기 위한 흥미 유발 질문, 학생들이 정보를 기억하는지 확인하기 위한 유도 질문, 사전에 목표로 한 지식과 기능으로 안내하여 분명한 답을 요구하는 안내 질문도 활용할 수 있다.

넷째, 수행과제 중심의 탐구 수업을 추구한다. 백워드 설계에서는 학생들이 수행과제를 수행하는 과정을 통해 이해를 구성하게 된다. 수행과제는 실세계와 관련되며 연습이 아니라 비구조화되고 복잡한 문제의 형태로 제시된다. 즉, 학생이 깨달아야 하는 이해를 사전에 먼저 알려 주기보다는, 귀납적인 접근 방법으로 수행과제를 하면서 다양한 증거를 수집하고 이러한 증거들의 관계를 유의미하게 추론하여 이해를 형성하도록 하고 있다. 교사가 학생에게 이해를 먼저 알려 주면 학생들은 탐구를 통해 이해의 증거를 찾기보다 이해를 사실적 지식으로 받아들여 암기하려는 경향이 있다. 이렇게 된다면 분석, 추론과 같은 고등 사고 능력을 활용하지 않게 되고, 이는 결국 이해가 전이로 연결되지 못한다.

〈표 14-12〉 개념 기반 교육과정과 백워드 설계의 관계

개념 기반 교육과정	백워드 설계
1. 매크로 개념(Macroconcepts) • 광범위, 교과 간 전이	1. 빅 아이디어 • 단원을 초월함.
2. 마이크로 개념(Microconcepts) • 일반적으로 교과 구체적	2. 빅 아이디어, 핵심 개념 • 단원 수준에 적합함.
3. 개념적 렌즈(Conceptual Lens) • 학습 단원에서 중점을 두는 하나 혹은 두 개의 매크로 개념 • 개념적 전이를 강조함. 시너지를 내는 사고로 이끔.	3. 빅 아이디어, 핵심 개념
4. 일반화 또는 원리 • 중요한 개념적 관계를 보여 주는 개념적 이해 • 시간, 문화, 상황을 관통하여 전이되는 심층적인 이해	4. 이해 • 개념들의 관계를 통해 일반화된 문장으로 진술 • 전이의 범위가 넓음.
5. 안내 질문(Guiding Questions) • 사실적, 개념적, 논쟁적	5. 본질적 질문 • 단원을 관통하는 질문으로 본질적 질문을 설계하며 수업의 상황에서는 흥미 유발 질문, 유도 질문, 안내 질문도 활용함.
6. 탐구 학습 • 구조화된 탐구, 안내된 탐구	6. 탐구 학습 • 탐구 학습을 통해 수행과제를 해결함. • 귀납적 접근을 선호함.
7. 시너지를 내는 사고 • 사실 또는 기능적 사고 수준과 개념적 사고 수준 간 지적인 상호작용 • 학생들을 지적인 사고에 참여시키며, 지력 발달에 핵심적임.	7. 백워드 설계에서 이 용어를 사용하지 않으나 유의미한 추론을 통해 이해를 형성하는 과정은 시너지를 내는 사고에 영향을 줌.
8. 2차원적 교육과정 및 수업 vs 3차원적 교육과정 및 수업 • 2차원적 교육과정 및 수업: 사실과 기능을 다루는 모델 • 3차원적 교육과정 및 수업: 사실과 기능을 가르치지만 학생들에게 중요한 개념 및 개념적 이해와 관련하여 사실과 기능을 이해하도록 요구함.	8. 백워드 설계 자체가 3차원적 모형임. 핵심 지식과 기능의 습득을 통해 이해라는 의미를 구성하고 더 나아가 전이를 추구하고 있으므로 3차원적 교육과정과 수업 모델임.

* 출처: 온정덕 외 역(2019). 생각하는 교실을 위한 개념 기반 교육과정 및 수업, p. 180에서 개념 기반 교육과정의 부분은 발췌하였고, 백워드 설계 부분은 저자가 직접 작성하였음.

8 IB 교육

1) IB 교육의 등장 배경

IB(International Baccalaureate)는 스위스의 비영리 교육 단체인 IBO(International Baccalaureate Organization)에서 개발 및 운영하는 국제 인증학교 교육 프로그램이다. IBO에서는 초등학교 프로그램(Primary Years Programme: PYP), 중학교 프로그램(Middle Years Programme: MYP), 고등학교 프로그램(Diploma Programme: DP), 직업 연계 프로그램(Career-related Programme: CP)을 운영하고 있다.

초기의 IB 교육은 1924년 대학입학신임자격기구를 설립하려는 국제학교의 노력으로 등장하였으며 당시에는 국제기구 종사자, 외교관, 해외 주재 상사원의 자녀들처럼 국외로 이동이 잦아 한 국가의 교육과정을 안정적으로 이수하기 어려운 학생들이 양질의 교육을 받을 수 있도록 하기 위해 국제 인증 교육 프로그램을 제공하는 데 목적이 있었다.

이후 IB 교육은 교육과정의 개혁에도 초점을 두고 프로그램을 만들어 갔는데, PYP에서는 탐구 단원이라고 불리는 수업에서 대부분의 교과를 통합한 형태로 편성하였고 MYP에서는 프로젝트법 등을 이용하여 활동형, 탐구형의 간학문적 통합교육과정을 편성하였다. DP에서는 교과별 교육과정을 운영하도록 편성하였다. 각각의 IB 프로그램은 학생들이 주변의 세계에 대한 이해뿐만 아니라 미래에 대한 책임감을 가지고 행동할 수 있는 생각하고 행동하는 주체로 학생들을 성장시켜 평생 학습자로 살아가도록 하는 데 목적이 있다(교육을바꾸는사람들, 2019; 이지현, 2019).

이러한 IB 교육은 점차 세계 각국으로 알려지게 되면서 많은 나라의 학교에서 채택하여 운영하고 있으며 우리나라에서도 수년 전부터 관심을 가지고 시 · 도 교육청 차원에서 도입을 추진하였다. 국가 교육과정을 운영하고 있는 우리나라의 상황에서 IB 교육과정의 도입은 학자, 교사, 학부모 등 각각의 생각과 입장에 따라 찬성과 반대의 입장이 공존하고 있다. IB 교육과정 도입을 찬성하는 입장에서는 국제적으로 공인된 우수한 교육과정이라는 점, 평가 시스템의 공정성을 확보할 수 있다는 점, 학생들의 학업성취도와 학습의 질을 향상시킬 수 있다는 점을 주요 근거로 내세우고 있다. 반면, 도입을 반대하는 입장에서는 부모의 경제력에 따른 교육 불평등 심화, 과다한 학습량으로 학생들의 스트레스와 심리적 압박 가중될 수 있다는 점, IB 학생과 일반 학생 및 IB 교사와 일반교사의 갈등이 유발될 수 있다는 점, 국내 수업 방법과 평가 시스템의 안착이 우선되어야 한다는 점 등을 근거로 제시하고 있다(류영규, 2018; 함정식, 2018). 여전히 이러한 입장의 차이는 존재하나 대구광역시교육청, 제주특별자치도교육청을 중심으로 도입을 추진하여 운영하던 IB 교육이 현재에는 여러 시 · 도 교육청에서 공교육을 개선하고자 하는 일환으로 IB 교육의 도입을 추진하여 확산되고 있는 실정이다.

2) IB 교육의 특징

(1) IB 교육 프로그램

IB 교육과정은 IB의 철학과 학생들의 발달단계를 고려하여 초등학교 프로그램(Primary Years Programme), 중학교 프로그램(Middle Years Programme), 고등학교 프로그램(Diploma Programme), 직업 연계 프로그램(Career-related Programme)을 개발하여 제공하고 있다. 각 프로그램에 대한 구체적인 내용을 이지은과 강현석(2019)의 연구 내용을 통해 살펴보면 다음과 같다.

① PYP

초등학교 프로그램에 해당하는 PYP는 6개의 초학문적 주제를 기반으로 3세에서 12세 학생을 대상으로 균형 잡힌 학습 경험의 기회를 학생들에게 제공하고 있다. 6개의 주제는 우리는 누구인가?, 우리가 사는 시공간은 어디인가?, 우리 자신을 어떻게 표현할까?, 세상은 어떻게 돌아갈까?, 우리 자신을 어떻게 표현할까?, 지구촌의 공생과 상생이다. 6가지 주제와 함께 PYP의 문서화된 교육과정에서는 설계 시 고려해야 할 5가지 기본 요소로 개념, 기능, 태도, 행동, 지식을 제시하고 있다(강현석 외, 2018). 이러한 6가지 주제는 지식 탐구를 위한 틀이 되며 교사는 PYP의 목적, 학습자상을 분명히 인식하고 6개의 초학문적 주제에서 중요한 핵심 아이디어를 중심으로 교육과정을 구성하고 운영한다. PYP는 8가지 명시된 개념(형식, 기능, 인과, 변화, 연결, 관점, 책임, 성찰)을 함께 제시하고 있는데, 이는 탐구 단원을 형성하고 교육과정의 방향과 목적을 제공하는 역할을 한다.

이러한 과정을 통해 교사는 교과통합적인 단원인 탐구 단원을 구성하게 되는데, 이는

PYP의 핵심이 되는 수업이며 학생들이 학습을 위해 구조화된 탐구를 수행하도록 돕는다. 평가와 관련해서는 마지막 학년에 프로젝트 전시(Exhibition)를 통해 그들이 배운 것을 삶과 연결시키며 초등 교육과정을 마무리하게 된다. 평가된 교육과정에서는 학교와 교사가 교수-학습 과정의 여러 단계에서 학생들이 무엇을 알고, 이해하며, 할 수 있고, 가치 있게 생각하는지에 대한 정보를 수집, 확인하여 교수-학습을 개선하고 교육과정을 효과적으로 실행하며 궁극적으로는 학생의 학습을 증진시키는 데 목적이 있음을 밝히고 있다(임유나 외, 2018).

② MYP

중학교 프로그램에 해당하는 MYP(Middle Years Programme)는 11세에서 16세까지의 학생을 대상으로 한다. MYP의 목표는 점점 확대되는 국제화 사회에서 요구되는 지식, 태도, 기능 등을 함양해서 학생들에게 국제적인 감각을 신정하는 자율적 학습자가 되도록 교육과정을 설계 · 실행하는 것이다(류영규, 2018). MYP는 학생을 창의적이며, 비판적이고, 반성적인 사고자로 양성하기 위해 6가지의 글로벌 컨텍스트(global contexts)를 학습의 틀로 제공한다. 6가지 글로벌 컨텍스트는 정체성과 관계성, 장소와 시대의 특징, 개인적 표명과 문화적 표현, 과학과 기술의 혁신, 공평성과 발전, 세계화와 지속가능성이다. 글로벌 컨텍스트는 교과의 상위 개념으로 수업은 이를 통해 구성된다.

MYP는 개념 기반 교육과정으로 지식과 기능을 넘어서 핵심 개념(key concepts)이나 관련 개념(related concepts)을 제시하고 있다. 따라서 교사들은 IB 단원을 설계할 때, 하나의 핵심 개념과 하나 또는 둘 이상의 관련 개념, 하나의 글로벌 컨텍스트의 조합으로 탐구 진술(statement of inquiry)을 구성한다(강현석 외, 2018). 이는 교과 관련 개념을 공부하는 것으로 복잡하고 국제적인 과제를 통해 교과에 대한 깊은 이해를 촉진하며 높은 수준의 사고 기능을 발달하도록 돕는다. 평가적 측면에서는 단원의 최종 과제 및 개인 프로젝트 수행 과정을 지속적으로 점검하여 피드백을 제공한다.

③ DP

고등학교 프로그램에 해당하는 DP(Diploma Program)는 16세에서 19세까지의 학생을 대상으로 하고 있으며 2년간 교육과정을 이수하게 된다. DP는 6개 교과 그룹과 3개의 DP의 중핵요소[지식론(TOK), 과제논문(EE), 창조성 · 활동 · 봉사(CAS)]로 구성된다. DP는 학문 기반 교육과정의 성격을 지니고 있으며, PYP와 MYP에서 습득한 지식 및 기술을 활용하여 학문을 능동적으로 탐구하는 데 초점을 둔다.

DP 교과 교육과정은 가이드라인 형태로 대강화되어 있다. 하지만 해석의 여지 없이 분명해서 교사들이 실제 수업을 설계할 때 활용할 수 있는 명확한 기준으로 작동한다. 특히 교과서나 내용 기반 성취기준에서 가르칠 교육 내용을 모두 제시해 주는 우리나라 교육과정과 달리 교육 내용 선정의 모든 권한은 교사에게 있다(손민호 외, 2018). IB는 교사가 단원을 구성할 때 고려해야 할 원칙으로 유연성을 발휘할 수 있는 분량, 탐구 과정이 활성화될 것, 학습자 중심의 수업이 이루어지도록 할 것, 특정 개념에 집중할 수 있도록 구성할 것을 제시하고 있다. 즉, IB 교육과정의 모든 수업은 교사가 기준에 따라 직접 교육 내용을 선정하고 조직해야 한다. 이는 교육과정 설계와 실행 과정에서 매우 높은 전문성과 책무성을 교사에게 요구하는 것이다.

(2) IB 교육의 학습자상, 교수접근법, 학습접근법

① 학습자상

IB 교육과정은 수업을 통해 기르고자 하는 학습자상을 제시하고 있다. 학습자상은 IB 교육과정의 구체적인 목적으로 국제적 마인드를 가진 학생들을 양성하기 위한 기반이 된다. 학습자상은 우리나라 국가 교육과정의 추구하는 인간상과 같은 역할을 하는 것으로 IB 교육과정을 운영하는 교사는 학생들이 학습자상을 실현할 수 있도록 교육과정을 설계, 실행하는 전 과정에서 항상 염두해 두어야 한다. 10가지 학습자상의 구체적인 내용은 〈표 14-13〉과 같다.

〈표 14-13〉 IB 학습자상

학습자상	의미
탐구하는 사람 (Inquirers)	호기심을 키워 탐구와 연구를 수행하는 데 필요한 기술을 습득하고 학습에서 독립성을 보여 주며, 열정을 가지고 배움에 임하고 학습에 대한 열의를 늘 잃지 않는 사람
지식이 풍부한 사람 (Knowledgeable)	지역적이고 세계적으로 중요한 사안들과 의견에 관심을 기울여 개념, 아이디어 및 문제를 탐구하며, 이 과정에서 깊이 있는 지식을 습득하고 광범위하고 균형 잡힌 주제 영역에 대한 이해를 발전시키는 사람
사고하는 사람 (Thinkers)	비판적이고 창의적인 사고 활동을 통하여 복잡한 문제를 인식하고 접근하며 합리적이고 윤리적인 결정을 내리는 데 주도적인 사람

(계속)

소통하는 사람 (Communicators)	하나 이상의 언어와 다양한 방법으로 아이디어와 정보를 자신 있고 창의적으로 이해하고 표현하며, 다른 개인과 집단의 의견을 경청하고 효과적으로 협력하는 사람
원칙을 지키는 사람 (Principled)	공정성과 정의감을 바탕으로 인간의 존엄성 및 권리를 존중하고, 정의로운 마음과 존중하는 마음을 갖고 성실하고 정직하게 행동하며, 자기 행동과 그 결과에 책임을 지는 사람
열린 마음을 지닌 사람 (Open-minded)	비판적인 사고를 통해 고유의 문화와 역사를 바라보고 타인의 가치관과 전통을 수용하며, 다양한 관점을 추구하고 평가하고 경험을 통해 성장하는 사람
배려하는 사람 (Caring)	타인의 필요와 감정에 대해 공감하고, 연민과 존중을 나타내며, 봉사활동에 참여하고, 타인의 삶과 우리 환경에 긍정적인 변화를 만들기 위해 행동하는 사람
도전하는 사람 (Risk-takers)	철저하게 계획하고 의사결정을 내려 불확실성에 도전하며, 독립적으로 또 협력을 통해 새로운 아이디어와 혁신적인 전략을 모색하고 도전과 변화에 맞서 굴복하지 않고 슬기롭게 대처하는 사람
균형 잡힌 사람 (Balanced)	타인과 자신을 위한 안녕을 달성하기 위해 지적 · 신체적 · 정서적 균형의 중요성을 이해하고, 타인뿐만 아니라 살아가는 세상과도 상호 의존함을 인지하고 있는 사람
성찰하는 사람 (Reflective)	배움과 경험을 깊이 배려하고, 자신의 학습과 개인적인 발전을 지원하기 위해 자신의 장점과 한계를 평가하고 이해하는 사람

* 출처: 박지현(2022). 초등학교 교사의 IB PYP 교육과정 실행 경험에 관한 참여적 실행연구. 경북대학교 대학원 박사학위논문, p. 8에서 재인용.

② 교수접근법과 학습접근법

IB 교육과정에서는 이러한 학습자를 양성하기 위해 6가지의 교수접근법(Approaches to Teaching: ATT)과 5가지의 학습접근법(Approaches to Learning: ATL)을 제시하고 있다. 교수접근법은 IB 교육과정의 모든 교수 과정의 방향과 관련되며 동시에 수업의 전략 수립에도 영향을 미친다. 이러한 교수 접근법은 학생의 탐구에 기반한 교수, 개념 이해에 중점을 둔 교수, 지역과 글로벌 맥락에서 전개되는 교수, 효과적 팀워크와 협력에 중점을 둔 교수, 학습 방해 요소 제거 설계 교수, 평가 정보를 활용하는 교수로 구성되며 구체적인 내용은 〈표 14-14〉와 같다.

〈표 14-14〉 IB의 교수접근법

교수	접근 방법
학생의 탐구에 기반한 교수	학생들이 스스로 정보를 수집하고 스스로 이해하는 데 중점을 둔다.
개념 이해에 중점을 둔 교수	교과에서 다루는 개념의 깊이 있는 이해와 개념 간의 연결성을 찾아내 새로운 맥락(상황)으로의 전이 학습이 일어나도록 돕기 위한 탐구 학습을 설계한다.
지역과 글로벌 맥락에서 전개되는 교수	학생의 삶에 기반한 맥락과 사례를 활용하고, 학생들이 그들의 경험과 주변 세계를 연결시켜 새로운 정보를 처리하도록 한다.
효과적 팀워크와 협력에 중점을 둔 교수	학생들 간의 팀워크와 협업뿐만 아니라 교사와 학생 간의 협업적 관계도 포함한다.
학습 방해 요소 제거 설계 교수	학생들의 정체성을 긍정하고 모든 학생이 자신에게 적합한 개인 목표를 개발하고 추구하도록 하기 위해 학습기회를 창출하는 것을 지향한다.
평가 정보를 활용하는 교수	평가는 학습 성과를 측정하는 것뿐만 아니라 학습을 지원하는 데도 중요한 역할을 한다. 이 교수 접근에서는 학생들에게 효과적인 피드백을 제공하는 것을 강조한다.

* 출처: 정영근(2018). IB 교육과정의 접근과 적용 실제 탐색, p. 13.

학습접근법은 학생들이 탐구기반 학습을 통해 길러야 하는 학습 능력이다. 평생 학습을 하는 데 필요한 기능을 발달시키도록 지원하기 위한 '학습하는 방법 학습하기'에 초점을 두고 있다. 학습접근법은 사고 기능, 조사 기능, 의사소통 기능, 대인관계 기능, 자기 관리 기능으로 구성되며 구체적인 내용은 〈표 14-15〉와 같다(이지은 외, 2019).

〈표 14-15〉 IB의 학습접근법

기능	하위 기능
사고 기능 (Thinking skills)	• 비판적 사고 기능(이슈와 아이디어를 분석하고 평가하기) • 창의적 사고 기능(새로운 아이디어를 생성하고 새로운 관점을 고려하기) • 전이 기능(다양한 맥락에서 기능과 지식 활용하기) • 성찰과 메타인지 기능[학습 과정을 (다시) 고려하기]

(계속)

조사 기능 (Research skills)	• 정보 문해 기능(구성 및 계획하기, 데이터 수집 및 기록하기, 종합 및 해석하기, 평가 및 소통하기) • 미디어 문해 기능(미디어와 상호작용하여 아이디어와 정보를 활용하고 창조하기) • 미디어/정보의 윤리적 사용(사회적 · 윤리적 테크놀로지를 이해하고 적용하기)
의사소통 기능 (Communication skills)	• 정보 교환 기능(듣기, 해석하기, 말하기) • 문해력(읽기, 글쓰기, 정보 수집, 소통을 위해 언어 사용하기) • 정보통신기술(정보 수집, 조사, 소통을 위해 테크놀로지 활용하기)
대인관계 기능 (Social skills)	• 긍정적인 대인관계를 맺고 협력하는 기능 발전하기(자기통제, 차질 관리하기, 동료 지원하기) • 사회 정서적 지능 개발하기
자기 관리 기능 (Self-management skills)	• 관리 기능(시간과 과제를 효과적으로 관리하기) • 마음가짐(마음 챙김, 끈기, 감정 관리, 자기 동기 부여, 회복력)

* 출처: IBO (2024). 학습 및 교수 한국어번역판, p. 32.

(3) IB 교육의 특징

IB 교육과정의 특징은 크게 개념 기반 교육과정, 질문 중심의 교육과정, 탐구형 학습이 추구로 구분 지을 수 있다. 각각에 대해 김수영과 이지은(2021)의 연구를 통해 구체적으로 살펴보면 다음과 같다.

첫째, 개념 기반 교육과정이다. 각 교과군 영역에서는 핵심 개념, 관련 개념, 글로벌 컨텍스트를 제시하고 있다. 이러한 개념들은 과목군의 깊이 있는 이해를 유발하며 학문의 경계를 초월하는 빅 아이디어에 초점을 두고 있다. 학생들이 배움을 통해 습득하게 된 핵심 개념, 지식은 새로운 환경에서 적용 가능하게 만들고 전이 가능한 강력한 아이디어를 만든다(강현석, 이지은, 유제순, 2021). 또한 개념으로 접근하기 때문에 다양한 국가의 엄격한 교육과정에 유연한 대응이 가능하며 공통된 가치를 공유할 수도 있다(교육을바꾸는사람들, 2019). 최종적으로 학생들이 도달해야 하는 탐구 진술문은 핵심 개념, 관련 개념, 글로벌 컨텍스트의 관계로 구성되며 개념을 학습하는 것은 교과의 이해를 촉진한다.

둘째, 질문을 중심으로 학생의 자유로운 발언이 강조된다. IB 교육과정의 탐구 질문은 학습 목표를 도달할 수 있게 하는 돕는 질문으로 사실적 질문, 개념적 질문, 논쟁적 질문으로 구성된다. 수업에서는 질문을 중심으로 교사와 학생, 학생과 학생 간의 의사소통이 활발하게 이루어진다. 이 과정에서 학생들은 스스로 질문을 구성해 나가고 답을 추구하며 행동으로 구성한다. 우리나라의 교실 상황을 보면, 학교급이 높아질수록 학생들은 질문을 하거나 자신의 의사를 표현하는 것을 힘들어하는 경우가 많다. 이는 정답을 추구하는 교육적 분위기 때문으로 학생들이 오류에 대한 부담감을 갖기 때문일 것이다. IB 교육과정에서는 학생의 발언은 우선 무엇이든지 긍정적으로 받아들이며, 이러한 경험의 축적을 통해 두려워하지 않고 발언할 수 있는 용기를 키워 주려고 한다(신경애, 이지은, 강현석, 2021).

셋째, 탐구형 학습을 추구한다. IB 교육과정은 구성주의적 입장을 지니고 있으며 탐구형 학습을 기본으로 하고 있다. 교수 접근 방식에서도 학생들이 스스로 정보를 찾고 자신만의 방식으로 이해하는 데 중점을 두는 탐구 활동을 강조하고 있다. 탐구 중심의 단원 목적이나 목표를 설정한다. 단원의 목표를 탐구 대상으로 설정하게 된다. 활동(Action)은 탐구를 통한 교수와 학습을 할 수 있도록 계획된다. 반성(Reflection)은 탐구의 계획, 과정, 영향을 고려하여 성찰적 활동을 한다. 단원 지도 전, 단원 지도 중, 단원 지도 후 질문을 통해 가능하다(김수영, 강현석, 2021).

3) 개념 기반 교육과정과 IB 교육과정과의 관련성[4)]

IB 교육과정에서는 핵심 개념을 강조하고 있다. 핵심 개념은 학문의 분과들과 과목군을 가로지르는 지식과 이해 및 전이를 위한 접점을 제공하는 역할을 한다. 또한 개념들과 컨텍스들 사이의 관계들을 나타내며, 사실적인 내용에 의해 뒷받침되는 전이 가능한 아이디어로 개발되는 탐구 진술은 2015 개정 교육과정에서 일반화된 지식, 2022 개정 교육과정의 핵심 아이디어와 매칭된다. IB 교육과정에서도 단편적인 사실적 지식이 아닌 개념과 학생들의 이해를 강조하고 있는 것으로 개념 기반 교육과정과 관련된다.

개념 기반 교육과정은 과목군의 깊이 있는 이해를 제공하고, 학문의 경계를 초월하는 아이디어들을 인지하게 한다. 더불어 학생들이 아이디어와 기능들을 새로운 환경에

---

4) 이하 내용은 강현석, 이지은, 배은미(2019)의 20장 1절의 일부 내용을 전재한 것임을 밝힘. IBO에서는 핵심 개념(Key Concepts)을 명시된 개념(Specified concepts)으로 관련 개념(Related Concepts)을 추가 개념(Additional concepts)으로 명칭을 변경함.

전이시키고 적용시키면서 복잡한 생각들에 몰두하게 만들며, 이는 개념 기반 교육과정의 3차원적인 교육과정 모델(일반화와 원리–개념–사실과 기능)과 유사하다.

IB 교육과정에서 학습은 학생들이 지식을 발견하고 그것을 암기하는 것에 그치지 않고 깊이 있는 사고를 가능하게 하며, 문제 해결, 지식의 전이, 개념과 상황, 그리고 아이디어들 간의 패턴과 관계를 읽어 낼 수 있도록 해 주어야 한다.

개념은 빅 아이디어로 영속적인 원리 또는 아이디어이며, 광범위한 상황에 적용이 가능한 강력한 아이디어다. 그런데 이러한 개념이 지니는 추상성 때문에 개념들은 다양한 맥락에서 해석될 수 있고, 상황에 따라서 의미가 변하며, 다양하게 탐구될 수 있다. 이처럼 개념들과 관련해서 구체적인 사건이나 탐구를 위한 상황들을 알 수 있게 하는 것이 글로벌 컨텍스트다.

명시된 개념(Specified concepts)은 시간과 문화를 초월하여 전이가 가능한 연결을 제공하며, 과목군과 학문 분과들을 가로지르는 광범위하고 구조화된 강력한 아이디어다. 명시된 개념이 지식의 폭(breadth)을 제공해 주는 것임에 반해, 추가 개념(Additional concepts)은 깊이(depth)를 제공해 줄 수 있다. 명시된 개념으로 학습의 횡적 확장을, 추가 개념으로 학습의 종적 확장을 기할 수 있게 된다. 추가 개념은 특정한 학문 분과 또는 학업 연구 분야에 기반하여 학문의 깊이를 제공해 주고 명시된 개념을 더욱 세부적으로 탐구할 수 있게 해 준다. 따라서 과목의 세부 내용을 향한 탐구의 기회를 제공하며, 구체적인 과목 및 학문 분과들로부터 추출된다.

앞에 명시된 개념, 추가 개념, 글로벌 컨텍스트를 고려하면서, 교사들은 IB 단원 설계에서 하나의 명시된 개념(Specified concepts)과 하나 또는 둘 이상의 추가 개념(Additional concepts), 하나의 글로벌 컨텍스트(global contexts)의 조합으로 탐구 진술(statement of inquiry)을 구성한다. 탐구 진술은 개념들과 컨텍스트 사이의 관계를 나타내며, 사실적인 내용에 의해 뒷받침되는 전이 가능한 아이디어를 나타낸다. 즉, 개념들과 관련해서 구체적인 사건 또는 탐구를 위한 정황들을 알 수 있게 해 주는 것이 글로벌 컨텍스트다.

IB에서는 글로벌 컨텍스트를 통해서 학생들의 이해력을 정교화시키며, 의미 있고 생산적인 논의를 불러일으키는 맥락을 제공해 준다. 교사는 핵심 개념뿐만 아니라 글로벌 컨텍스트를 통해 통합 수업을 설계할 수 있어야 하며, 통합 수업 단원은 글로벌 컨텍스트와 탐구 진술을 통하여 관련 개념들 사이의 연결을 통해서 개발이 가능하다.

주요 용어를 통해 개념 기반 교육과정과 IB 교육과정의 관계를 정리하면 〈표 14–16〉과 같다.

〈표 14-16〉 개념 기반 교육과정과 IB 교육과정의 관계

개념 기반 교육과정	IB 교육과정
1. 매크로 개념(Macroconcepts) • 광범위, 교과 간 전이	1. 명시된 개념(Specified concepts)
2. 마이크로 개념(Microconcepts) • 일반적으로 교과 구체적	2. 추가 개념(Additional concepts) • 매크로 개념이 구체적인 교과에 적용될 때 때때로 관련 개념으로 사용될 수 있음.
3. 개념적 렌즈(Conceptual Lens) • 학습 단원에서 중점을 두는 하나 혹은 두 개의 매크로 개념 • 개념적 전이를 강조함. 시너지를 내는 사고로 이끎.	3. 명시된 개념(Specified concepts) • 학습 단원의 초점을 맞추는 데 사용되며 상황을 넘나드는 개념적 전이를 강조함.
4. 일반화 또는 원리 • 중요한 개념적 관계를 보여 주는 개념적 이해 • 시간, 문화, 상황을 관통하여 전이되는 심층적인 이해	4. 중심 아이디어(Central Idea) • 탐구 진술
5. 안내 질문(Guiding Questions) • 사실적, 개념적, 논쟁적	5. 교사 질문(Teacher Questions) • 사실적, 개념적, 논쟁적 질문을 사용함.
6. 탐구 학습 • 구조화된 탐구, 안내된 탐구	6. 탐구 학습 • Inquiry(탐구)–Action(실행)–Reflection(성찰)
7. 시너지를 내는 사고 • 사실 또는 기능적 사고 수준과 개념적 사고 수준 간 지적인 상호작용 • 학생들을 지적인 사고에 참여시키며, 지력 발달에 핵심적임.	7. IB 교육과정에서는 이 용어를 사용하지 않으나 설계는 시너지를 내는 사고에 영향을 줌.
8. 2차원적 교육과정 및 수업 vs 3차원적 교육과정 및 수업 • 2차원적 교육과정 및 수업: 사실과 기능을 다루는 모델 • 3차원적 교육과정 및 수업: 사실과 기능을 가르치지만 학생들에게 중요한 개념 및 개념적 이해와 관련하여 사실과 기능을 이해하도록 요구함.	8. IB 교육과정에서는 이 용어를 사용하지 않으나 교육과정 설계 자체가 3차원적 교육과정과 수업 모델임.

* 출처: 온정덕 외 역(2019). 생각하는 교실을 위한 개념 기반 교육과정 및 수업, p. 180에서 발췌 및 보완.

9 뇌신경과학 기반의 백워드 설계[5)]

교사가 교육과정 설계나 개발에 관심을 갖는 이유는 좁게는 학생들이 배워야 하는 내용을 정하고 학습의 길을 만들어 주는 일이 중요하기 때문이며, 넓게는 학생들의 정신세계를 잘 구성하도록 여러 가지 요인을 복합적으로 고려하여 좋은 사회를 건설하는 종합예술이자 도덕적 과업이라는 점을 인식하고 있기 때문이다. 따라서 교육과정을 만드는 일은 보다 근본적인 일인 동시에 매우 중요한 유목적적인 활동이므로, 여기에는 세밀한 계획이 절대적으로 요구되는 분야다(강현석, 이지은, 2020).

백워드 설계는 원래 인지심리학으로부터 나오는 학습에 관한 이해를 성찰하기 위하여 1990년대에 그 아이디어가 구상된 것이며 현재까지 백워드 설계와 관련한 연구가 꾸준히 진행되고 있다. 또한 백워드 설계의 심리학적 지적 기반이 되는 인지심리학의 최근 발달이 뇌신경과학으로 초점이 모아지고 있는 실정이다. 뇌신경과학이 발달하면서 인간의 뇌가 가장 잘 학습하는 방법에 관해 신경과학으로부터 도움을 받게 되었고 이를 교수-학습 상황에 적용한 연구들이 이루어지고 있다.

백워드 설계와 뇌신경과학 연구는 지금까지 독자적인 영역으로 발전해 왔다. 하지만 공통적으로 지적 기반이 되는 인지심리학과 뇌 기반 학습에 초점을 두면, 뇌신경과학의 연구 성과와 백워드 설계를 통합하여 교육과정을 설계할 수 있는 가능성이 존재하며, 이를 구체화하여 통합적 설계 방안을 마련한다면 학생들이 유의미한 이해를 구성하는 데 긍정적인 영향을 미칠 수 있을 것이다. 이 절에서는 뇌신경과학 기반의 백워드 설계를 통합한 설계 방안에 대해 살펴보고자 한다.

1) 뇌 학습: 뇌는 어떻게 학습하는가

(1) 뇌의 특성

최근 뇌신경과학의 발달로 인해 인간의 뇌가 어떻게 작동하고 기능하는가에 대한 사실들이 밝혀지고 관련 연구물들이 나오면서 뇌에 대한 관심에 증가하고 있다. 교육 분야에서도 뇌신경과학의 연구 결과에 주목하며 학습은 뇌에서 이루어진다는 전제 아래

5) 이 절의 내용은 강현석, 이지은(2021). 뇌신경과학 기반의 백워드 설계 방안과 사례 개발: UbD가 뇌신경과학을 만나다. 창의력교육연구, 21(1), 37-59의 내용을 수정 및 보완하였음.

인간의 사고와 학습 과정에 대한 과학적이고 체계적인 접근 방법으로 뇌에 대해 연구하고 있다. 선행 연구들로 밝혀진 뇌의 인지 기능 및 구조에 대한 이해에 근거하여 학습자의 뇌를 효율적으로 활용하도록 하기 위한 연구 분야에 관심이 증가하고 있다(강현석, 이지은, 2020).

뇌는 어떤 특성이 있으며 어떻게 학습을 하는지 구체적으로 살펴보자.

첫째, 뇌는 신경 가소성이 있다. 뇌는 새로운 자극을 받을 때마다 지속적으로 재조직하는 역동적인 창조물이다. 신경 가소성은 새로운 경험을 통해 신경 연결망을 재조직하는 능력으로 새로운 정보들이 새로운 패턴에 결합될 때마다 더 많은 연결망들이 형성되며 서로 연결되지 않은 지식들을 통합해 준다. 이는 학습의 차원에서 본다면 뇌의 중요한 특징이다. 이러한 신경 가소성은 유용한 신경 연결망을 강화하기도 하지만 불필요한 신경 연결망을 제거하기도 한다(김정희, 2018; 이지현, 박정은, 2014). 따라서 인지, 지각, 정서 등 신경 가소성에 영향을 미치는 요인들의 특성을 파악하여 신경 연결망을 강화해야 한다.

둘째, 뇌는 정보를 선택적으로 수용한다. 정보의 수용과 관련해서는 RAS의 특성에 주목해야 한다. 뇌가 처음으로 감각 정보를 받아들이는 RAS는 뇌간 안에 뉴런이 밀집되어 형성되어 있는 구조이며 뇌의 각성과 주의집중 등에 관여한다. 뇌는 끊임없이 신체의 감각 수용체로부터 정보를 획득하지만 수많은 감각 정보들 중에서 약 1% 정도만 뇌로 간다. 뇌는 매 초마다 이용할 수 있는 모든 감각 정보를 의식적으로 분류하는 것이 불가능하기 때문에 이 과정은 반사적으로 이루어진다(McTighe & Willis, 2019: 5). RAS의 분류에 따라 변연계와 편도체가 관여하여 정보 중 일부만 기억력을 중시하는 전뇌 피질로 이동하게 된다. Wills(2010)는 뇌 영상 연구를 통해 RAS는 즐거움과 관련된 새로운 자극, 변화, 호기심을 유발하는 감각 정보를 우선적으로 수용한다는 것을 확인하였다(이찬승, 김미선 역, 2014).

셋째, 뇌는 패턴화를 통해 정보처리를 공고히 한다. 뇌는 감각 정보를 어떻게 장기기억에 저장하는가? 뇌는 새로운 학습이 기존 회로에 둘러싸인 맥락을 인식하거나 시각, 청각, 운동 등과 같은 다양한 감각을 활용하여 학습하고 다중회로에 연결될 때 더 강하고 확장된 기억 회로를 발달시킨다(McTighe & Willis, 2019: 14). 새로운 정보가 기존 지식과 성공적으로 연결되었을 때 정보는 단기 기억 회로로 부호화된다. 이후, 단기기억은 새로운 정보의 정신적 조작을 요구하게 되는데, 이는 풍부하고 깊은 연결을 형성하고 장기 기억 저장소에 그 위치를 확실히 하기 위해 그것에 대해 생각하거나 적용하는 것을 요구한다. 이 과정에서 뇌는 각각의 정보에서 공통되는 특성을 발견하여 패턴을 인식하며 정보를 의미 있게 조직하고 범주화하여 패턴화시킨다. 이렇게 패턴화된 정보는 필요한 상황에서 낱낱으로 존재하는 정보들보다 인출이 용이하다. 즉, 패턴에 기초한 신경망에서의 정보처리는 정보의 저장을 공고히 할 뿐만 아니라 정보사용의 측면에서도 효과적인 전략이다.

넷째, 뇌는 본능적으로 의미를 탐색하며 이야기 구조를 좋아한다. 인간의 뇌는 자극이 들어오면 그 자극이 자신의 생존에 어떤 영향을 미치는지 판단하고 환경의 변화에 대처하려고 한다. 이러한 특성 때문에 뇌는 경험에 의미를 부여하고 의미를 탐색한다(이찬승, 2020). 이처럼 인간은 의미를 구성하는 능동적인 존재이며 이야기를 통해 경험을 구조화한다. 인간의 뇌는 개인에게 의미 있는 방식으로 정보가 전달되었을 때, 정보를 완벽하게 이해하며 이야기 형식으로 저장하였을 때, 기억이 더 잘 된다(강현석, 2014; 정종진, 2015).

학생의 실제적 경험으로 자극이 다양한 감각을 통해 들어오고 이를 바탕으로 의미를 탐색하고 타인과 상호작용의 과정을 거쳐 의미를 구성하였을 때, 신경 연결망이 더욱 강화된다. 이러한 의미 탐색이나 형성 과정은 정서와도 관련되는데 경험이 정서와 결합하였을 때 긍정적 혹은 부정적 영향을 미친다. 의미를 탐색하는 환경이 학생들에게 긍정적 기분이나 감정을 불러일으키면 도파민이 생성되어 작업 기억을 돕는 역할을 한다. 반면에, 부정적 기분이나 감정이 야기되는 환경이라면 코르티솔이 생성되어 주의집중과 기억을 감소시킨다.

(2) 뇌 학습의 원리

뇌의 특징을 통해 뇌가 잘 학습할 수 있는 원리를 도출할 수 있다. 이러한 원리를 교육과정 설계 및 교수-학습 과정에 반영한다면 학생들의 뇌를 더욱 활성화시킬 수 있을 것이다.

첫째, 뇌는 변한다는 사실을 통해 학생들의 동기를 유발해야 한다. 학습에서 중요한 것은 학생들의 학습 동기를 유발하고 유지시키는 것이다. 동기가 없다면 학생들은 학습에 무력감을 느끼고 학습에서 방관자가 될 것이다. 특히 뇌의 신경 가소성에서 도출한 이 원리는 학생들이 학습을 하면 자신의 뇌도 발달할 수 있다는 믿음을 가지도록 하는 것이 중요하다. 이는 결국, 학습에 대한 기대감과 즐거운 감정을 가지게 하여 도파민을 생성시킨다. 도파민은 긍정적 기분과 감정을 야기하는 데 관련되는 신경전달물질로 축색돌기와 수상돌기 사이의 시냅스를 건너 정보를 실어 나르는 역할을 한다(김정희 역, 2018). 이러한 도파민은 움직임과 작업 기억을 돕는 역할도 수행하기 때문에 학습자의 학습에 대한 것을 추동하는 원동력으로 작용한다(정종진, 2015).

둘째, 새로운 지식을 기존 지식과 연결해야 한다. 뇌는 모든 정보를 장기 기억으로 저장하지 않으며 정보를 선택적으로 수용한다. 학습의 과정에서 뇌가 새롭게 받아들이는 정보를 선택하고 기억 장치에 저장하도록 하기 위해서는 기존 지식과 연결 고리를 만들어 학습자에게 의미를 주는 정보로 전환해야 한다. 즉, 새로운 정보를 기존의 지식과 연결하여 의미를 부여하는 정교화 과정과 정보들의 위계를 고려하는 조직화를 거치도록 해야 한다(정종진, 2015). 이는 정보의 저장뿐만 아니라 재생의 과정에도 강력한 영향력을 발휘한다.

셋째, 학생들이 정보들의 패턴을 발견하도록 교수–학습 활동을 해야 한다. 뇌에 들어온 정보를 망각하지 않고 장기 기억으로 저장하기 위해서는 패턴화가 필요하다. 기존의 패턴이 새로운 지식을 통해 연결되고 신경세포의 경로를 활성화하면 정신 활동이나 신체 활동에 참여할 때마다 신경 세포들의 연결이 이루어지며 이러한 연결의 결합으로 패턴이 더욱 공고화될 수 있다(이찬승, 김미선 역, 2014).

넷째, 학생들의 정서를 고려해야 한다. 뇌신경과학자들은 정서가 중요한 학습 변인이며 뇌의 인지적 기능은 정서와 상호작용하여 학습자의 이해에 영향을 미친다는 것을 보여 준다(이지현, 박정은, 2014; 정종진, 2015).

뇌는 본능적으로 의미를 탐색하는 경향이 있으며 이 과정에서 학생의 긍정적인 정서 상태는 성공적인 참여, 학습 및 기억을 촉진하고 유지한다. 전이를 위한 실행 네트워크를 구축하기 위해서는 뇌가 형성한 의미의 패턴들이 전두엽 피질과 필수적으로 연결되어야 한다. 만약 스트레스를 받은 상태라면 새로운 정보는 편도체의 필터를 통해 전두엽 피질로 이동하지 않는다. 즉, 정서는 성공적인 학습을 이루는 데 중요한 요인이다.

2) 뇌 학습과 백워드 설계의 비교

뇌 학습에서는 학생들이 학습한 정보를 뇌가 어떻게 저장하는가와 관련된 문제를 우선적으로 고려한다. 앞에서 살펴봤듯이, 뇌가 정보를 장기 기억에 저장하는 것은 정보처리 이론에 기반을 두고 있다고 할 수 있다. 뿐만 아니라 의미 학습을 통한 패턴화, 정서, 경험을 강조하는 측면에서는 구성주의와 관련된다. 즉, 정보를 기억하는 자체는 정보처리 이론, 뇌가 정보를 잘 기억하도록 하는 방법은 구성주의와 관련된다. 뇌 학습에서는 기억된 정보를 학습자가 원하는 상황에 꺼내서 효과적으로 활용하는 것에 목표를 두고 있으며, 이러한 목표에 도달하기 위한 과정으로 정보를 통해 패턴을 인식하고 신경세포 간의 연결을 통해 패턴화를 더욱 공고하게 한다는 특징이 있다.

반면, 백워드 설계는 구성주의에 토대를 두고 있다. 목표는 학습자의 심층적 이해이다. 이해에 도달하기 위한 과정은 탐구 중심의 수행이며 학습자가 유의미한 추론을 통해 의미를 구성하도록 한다. 이러한 과정을 강화하기 위한 방안으로는 과정 중심 평가와 즉각적인 피드백을 제공하는 것을 특징으로 한다.

뇌 학습과 백워드 설계를 비교해 보면 의미 구성을 통해 기억된 의미 정보를 효과적으로 활용하는 것과 심층적 이해를 통해 실생활에 활용하는 것은 전이의 모습이라고 볼 수 있다. 즉, 이 둘의 최종적인 목표는 학습의 전이라는 공통점을 가지고 있다.

〈표 14-17〉 뇌 학습과 백워드 설계의 비교

구분	뇌 학습	백워드 설계
기저 이론	정보처리 이론 구성주의	구성주의 인지주의
목표	기억된 의미 정보의 효과적인 활용	심층적 이해
과정	패턴 인식 패턴화	탐구 중심의 수행 유의미한 추론, 전이
강화	신경세포 경로의 활성화	과정 중심 평가 피드백

3) 뇌 학습과 백워드 설계 통합 설계 원리

뇌신경과학을 통해 밝혀진 사실인 뇌 학습과 관련된 결과를 백워드 설계의 각 단계마다 반영하여 교육과정을 설계한다면 학습자들이 뇌가 학습하는 방식에 따라 학습할 수 있기 때문에 학습이 효과적으로 이루어지도록 도울 수 있을 것이다. 즉, 백워드 설계의 원리와 실천에 대한 타당성은 학습의 신경과학에 대한 새로운 연구(Willis, 2006)에서 찾을 수 있다(Heineke & McTighe, 2018: 6). 따라서 이 절에서는 백워드 설계의 각 단계별로 뇌 학습을 어떻게 통합시킬 수 있을지 살펴보고자 한다.

(1) 1단계: 뇌 친화적 목표 제시하기

백워드 설계의 1단계에서는 학생들이 습득해야 할 핵심 지식과 기능, 의미 구성을 통해 전이로 나아갈 수 있도록 목표를 분명하게 설정한다. 목표를 분명하게 설정하는 것은 학생들에게 어떤 도움이 될 수 있을까? 뇌는 목표 지향적이다. 가치 있고 바람직한 목표에 의해 동기부여가 되었을 때 가장 효율적이고 효과적으로 학습한다(McTighe & Willis, 2019). 따라서 교육과정의 목표는 교사가 학생들이 무엇을 배우기를 원하는지 분명하게 제시하여 학생들이 무엇을 배우고 있으며, 어떻게 해야 하는지에 대해 명확히 인지할 때 뇌의 특성에 의해 동기가 잘 부여되고 효과적인 학습이 이루어진다(강현석, 이지은, 2020). 즉, 학생들이 의미를 형성하기 위해서는 학습자의 주의를 집중시키고 동기를 유발하기 위해서 학습자의 삶과 학습이 얼마나 관련이 있고 얼마나 배울 가치가 있는지 깨닫도록 해 주는 것이 필요하다(이찬승, 2020).

뇌 학습과 백워드 설계 1단계의 통합 설계 원리는 〈표 14-18〉과 같다.

〈표 14-18〉 1단계 통합 설계 원리

원리	통합 설계 원리
1	(학생들에게 유의미한) 목표를 명확하게 제시해라.
2	(경험 회상을 통하여) 목표와 학습자의 관심사를 관련시켜라.
3	(목표 인지와 관계 기억을 위해) 탐구를 자극하는 본질적 질문을 개발하라.
4	(뇌 집행기능을 위하여) 이해와 본질적 질문을 개발하여 전이를 추구하라

첫째, (학생들에게 유의미한) 목표를 명확히 제시해야 한다.[6] 목표는 학습자에게 분명하고 가치가 있어야 한다. 학습자가 가치 있다고 느껴질 때 정보들은 의미 있게 여겨지며 기억체계 속에서 작동하게 된다(McTighe & Willis, 2019).

둘째, (경험 회상을 통해서) 목표와 학습자의 관심사를 관련시켜야 한다. 목표는 학생들에게 개인적으로 관련된 것으로 인식되는 경우에만 가치가 있다(강현석, 이지은, 2020). 따라서 학생들에게 학습 주제와 관련하여 개인적인 경험을 회상하고 이야기를 하도록 하여 관련성을 깨닫도록 해야 한다.

---

6) 3)의 단계별 통합 설계 원리 작성 시, 뇌 활성이나 뇌 특성의 결과를 인과적으로 해석하기 어렵다는 연구 결과들은 있으나 본 연구에서는 교수-학습의 입장에서 설계자(교육자)에게 설계 원리를 제공하는 데 초점을 두어 원리에 반영된 뇌 학습의 측면을 ( ) 안에 제시하였음.

셋째, (목표 인지와 관계 기억을 위해) 탐구를 자극하는 본질적 질문을 개발해야 한다. 본질적 질문은 목표의 다른 형태로 볼 수 있으며 목표를 인지하기 위해서는 '왜 배워야 하는가?'에 대한 질문을 학생 스스로 탐구하며 답하는 과정이 매우 중요하다. 또한 질문 형태의 목표는 도파민 생성과 해마의 활성화를 야기하고 이는 풍부한 관계 기억을 형성하는 기초로 작용한다(Luria, Shalom, & Levy, 2020).

넷째, (최고의 목표인 전이를 위해 뇌 집행 기능에 주목하면서) 이해와 본질적 질문을 교과별 및 초교과별로 잘 개발해야 한다. 2.0 버전에서 다르게 제시할 수 있는 백워드 1단계의 목표인 AMT(지식과 기능의 습득-의미형성-전이) 측면에서 전이를 위해서는 이해와 본질적 질문 개발의 초점을 뇌 집행 기능에 두어야 한다. 이 집행 기능들에는 주의 집중하기, 목표 설정, 우선순위 정하기, 비판적 사고, 의사결정, 인지유연성, 만족 지연, 메타인지와 자기관리 등이 있으며, 이들을 위해 특징적인 이해와 본질적 질문들을 개발해야 한다.

(2) 2단계: 뇌 친화적 평가 개발하기

기존에 학교에서 주로 실시되었던 평가는 성적 부여나 서열 결정을 위한 고부담 평가였다. 그래서 평가라고 하면 대부분 부정적인 느낌을 가지며 이러한 정서로 인해 학습은 억제되고 방해받게 된다(강현석, 이지은, 2020).

2단계는 평가를 계획하는 단계로 기존의 고부담 평가에서 벗어나 뇌 친화적 평가를 개발하는 것이 필요하다. 뇌 친화적 평가의 목적은 평가의 본래 목적인 학생들의 성장과 발달을 돕기 위한 평가다.

뇌 학습과 백워드 설계 2단계의 통합 설계 원리는 〈표 14-19〉와 같다.

〈표 14-19〉 2단계 통합 설계 원리

원리	통합 설계 원리
1	(뇌 최적 학습을 지원하는) 형성평가와 연계하여 평가자처럼 사고하면서 총괄 평가를 개발하라.
2	(학생의 삶과 관련된) 진정한 수행과제를 개발하고, 학습자 수준에 맞게 차별화하라.
3	(학생의 평가 불안을 낮추기 위해) 루브릭을 제공하라.
4	(뇌의 학습 연계성을 높이기 위하여) 다양한 유형의 루브릭을 개발하라.
5	(뇌 수용성이 높은) 피드백을 제공하라.

첫째, (뇌 최적 학습을 지원하기 위하여) 평가(assessment)의 광범한 두 가지 목적, 즉 평가(evaluation)와 피드백에 유의하면서 3단계에서 이루어질 학습을 위한(for learning) 형성평가(사전 평가와 지속 평가)와 연계하여 평가자처럼 사고하면서 학습의(of learning) 평가적 사정(총괄 평가)을 개발하는 것이 좋다.

둘째, (학생의 삶과 관련된) 진정한 수행과제를 개발해야 한다. 동시에 학습자 수준별 맞춤형 과제를 개발해도 좋다. 학생들은 자신의 삶과 관련된 실제적 문제에 관심을 가질 때, 동기가 유발된다. 뇌는 습관화된 사고보다 창의적이라고 여겨지는 과제를 수행할 때, 더 많은 뇌 영역이 활성화되기 때문에 단순한 연습이 아니라 문제 형식의 수행과제를 제시하는 것이 필요하다. 이러한 수행과제를 개발할 때는 GRASPS 요소를 활용할 수 있다. 즉, 수행과제는 학습자들이 실생활에 적용할 수 있는 상황(Situation)에서 어떤 목표(Goal)를 가지고 특정 역할(Role)을 맡아서 대상 혹은 청중(Audience)을 고려하며 기준(Standards)에 따라 수행(Performance)을 하는 형식으로 개발된다(McTighe & Wiggins, 2005). 이 경우 수준별 과제는 학습자 수준에 부합되게 R, A, 상황 S 등을 적절히 재구성하여 활용할 수 있다.

백워드 설계에서의 수행과제는 산출물과 수행을 하는 과정을 포함한다. 수행과 산출물은 실제 세계와 관련되며 탐구 기회를 제공하는 과제, 맥락이 있고 전이를 요구하는 과제의 형태로 제시된다. 이와 같은 성격의 과제는 학생들에게 더 큰 의미를 지니고 도전의식을 불러일으킬 수 있다.

셋째, (학생의 평가 불안을 낮추기 위해) 루브릭을 제공하라. 루브릭은 수행과제에 대한 학생들의 구체적인 성취수준을 제시해 놓은 채점 기준표다. 수행과제는 총괄 평가의 성격을 지니고 있으나 학생들이 수업을 하는 과정에서 수행과제를 해결하게 된다. 즉, 수업의 장면에서 평가가 이루어진다. 이러한 수업과 평가가 통합된 방식은 과거의 표준화 검사 형태보다 학생들의 시험 불안을 낮추는 뇌 친화적 평가라고 할 수 있다.

또한 학생들이 자신의 수행에 대한 평가 준거를 미리 알고 있다면 자신에게 기대하는 바가 무엇인지 분명히 파악할 수 있어 평가에 대한 스트레스를 크게 경험하지 않는다(정종진, 2015). 따라서 수행과제와 함께 루브릭을 제시하여 학습자들의 평가에 대한 스트레스와 불안을 낮추고 안정적이고 편안한 학습 분위기를 제공하는 것이 중요하다.

넷째, (뇌가 학습하는 것들의 연계성을 활성화하고 높이기 위하여) 루브릭의 여러 형태를 다채롭게 개발할 필요가 있다. 학생 작품의 전체적 인상에는 총체적 루브릭이 좋고, 분석적 루브릭은 질적으로 상이하기는 하나 수행의 중요하고 현저한 특질에 대해서 분명한 피드백을 제공하는 데에 좋다. 초보자–전문가 수행 연속체를 활용하여 전문가 수준의 수행으로 가는 핵심 벤치마크를 나타내는 각 수준으로 학습자 성장을 설명해 주고 싶을 경우에는 종단적 루브릭을 개발하는 것이 좋다.

다섯째, (뇌 수용성이 높은) 피드백을 제공하라. 피드백이 충분히 제공되지 않으면 교사와 학습자들은 1단계에 설정한 목표와 다른 결과에 다다를 수 있다. 따라서 피드백 역시 뇌가 잘 수용할 수 있는 방법으로 제공하는 것이 필요하다. 뇌 수용성이 높은 피드백은 즉시 이루어져야 하고, 구체적으로 제시되어 이해하기 쉽고 실행 가능하도록 제공해야 한다. 또한 학습자 스스로 수정할 수 있는 피드백을 제공해야 한다. 특히 뇌는 관련성이 있으면서 기대하지 않았던 피드백에 가장 주의집중을 하는 경향이 있다(McTighe & Willis, 2019: 76; 김정희 역, 2018). 피드백으로부터 얻어지는 학습은 기억을 구성하고 뇌의 집행 기능을 구축하는 데에 중요한 측면이 된다. 학생들이 학교를 다니는 동안에 뇌의 신경 피드백–학습망에서의 점진적인 개선이 이루어져야 한다.

(3) 3단계: 뇌 친화적 학습 경험 제공하기

3단계는 학생이 학습하게 되는 학습 경험을 선정하는 단계로 뇌 학습의 원리가 실제적으로 반영되어 구현되는 단계다. 뇌 학습과 백워드 설계 3단계의 통합 설계 원리는 〈표 14–20〉과 같다.

〈표 14–20〉 3단계 통합 설계 원리

원리	통합 설계 원리
1	(새로운 정보의 연결을 위해) 선수지식을 활성화하라.
2	(기억 저장과 인출을 위해) 다양한 감각을 활용하여 학습하도록 하라.
3	(정보 연결과 의미 생성을 위해) 그래픽 조직자를 사용하여 메모리 스캐폴딩을 활용하라.
4	(회로가 활성화되는) 뇌 신경망을 확장시키도록 하라.
5	(기억 망을 활성화하는) 형성평가를 제공하라.
6	(과거–현재–미래 학습 망을 최대화하는) 전이를 위한 학습을 설계하라.
7	(기억력 유지와 제고를 위하여) 학습내용을 조직하고 계열화하는 데에 내러티브 구조를 활용하라.

첫째, (새로운 정보의 연결을 위해) 선수지식을 활성화해야 한다. 새로 입력된 정보를 유지하려면 익숙한 패턴에 연결되어야 한다. 새로운 정보가 해마에 입력되면, 뇌는 기억 저장소에서 기존의 기억에서 유사하거나 관련되는 정보를 찾는다. 관련된 기억은 처음 입력에 반응한 감각 수용체에 따라 대뇌 피질의 여러 부분에 저장된다(강현석, 이지은, 2020).

둘째, (기억 저장과 인출을 위해) 다양한 감각을 활용하여 학습하도록 해야 한다. 다양한 감각 자극은 수상돌기들 사이의 연결과 수초 형성을 촉진시킨다. 이처럼 가장 잘 기억되는 정보는 여러 가지 다양한 노출을 통해 학습된 후 지식의 진정한 사용을 통해 학습된다(Heineke & McTighe, 2018: 6).

셋째, (정보 연결과 의미 생성을 위해) 메모리 스캐폴딩을 활용해야 한다. 학습한 내용이나 정보의 기억이 활발히 이루어지도록 하려면 개별 정보의 형태가 아니라 서로 연결되는 의미를 갖는 정보로 전환시켜야 한다(McTjghe & Willis, 2019). 이때 그래픽 조직자를 활용하여 시각화하는 것이 도움이 된다.

넷째, 빅 아이디어와 연계시켜 (회로가 활성화되는) 뇌 신경망을 개발해야 한다. 뇌의 집행 기능을 제어하는 신경망은 20대 중반까지 발달하여 성숙한다. 이러한 신경망들은 사람의 주의를 집중시키는 것, 비판적인 분석, 추론과 판단, 위험 평가, 유연하고 창조적인 혁신, 그리고 메타인지적인 자기 관리 등 최고 인지 능력을 통제한다. 이러한 기능을 잘 사용할 수 있도록 하는 수업은 그 기능들을 더욱 강화시킨다(Heineke & McTighe, 2018: 6). 신경과학적으로 뇌 신경망이 자랄수록 학생들에게 동일한 정보나 동일한 방식으로 반복하거나 과정을 수행하도록 요청하면 회로가 활성화된다(이찬승, 김미선 역, 2014).

다섯째, (기억 망을 활성화하는) 사전 평가와 과정적 지속 평가가 포함한 형성 평가를 활용해야 한다. 뇌의 근본적인 과정은 새로운 정보를 사전 지식과 관련된 기억 망과 연결시키는 것을 포함하기 때문에, 교사들은 새로운 주제를 소개하기 전에 학생들이 이미 알고 있는 것(또는 알고 있다고 생각)을 알아내야 한다. 따라서 3단계에서 학생의 사전 지식, 기능 수준 및 단원 주제와 관련된 잠재적인 오해들을 확인하는 데 사용할 사전 평가를 확인해야 한다(Heineke & McTighe, 2018: 16).

과정적 지속 평가는 학생에게 피드백을 제공하고 교수-학습 방법을 개선하기 위해 실시하는 평가로 피드백을 통한 학습은 기억과 실행 기능을 구축하는 데 매우 중요한 요소이다.

여섯째, (과거–현재–미래 학습 망을 최대화하는) 전이를 고려하여 학습을 설계해야 한다. 전이를 가르치기 위해서는 시간 순서와 학습 내용 간의 전이 고리의 복잡성을 고려해야 한다. 전이는 과거 학습이 현재 학습에 의미를 더하는 방식으로 전이될 수 있으며 현재의 학습을 미래에 발생할 학습과 유사한 형태의 경험으로 설계하여 현재 학습이 미래 학습으로 전이되도록 할 수도 있다(박승호, 서은희 역, 2009).

일곱째, (학습자의 기억력을 유지하고 기억역량을 높이기 위하여) 내러티브 구조를 활용해야 한다. 학습해야 할 내용을 조직하는 데에 재미있는 스토리나 영화 스크립트를 참고하면 좋다(McTighe & Willis, 2019: 133). 내러티브를 통한 경험은 학습과 기억 역량 제고를 위하여 뇌에 도움이 되는 조건을 만들어 주는 데 기여한다. 이러한 내러티브 패턴의 친숙성은 강한 기억력 유지 템플릿이 된다. 아동기의 스토리들이 일반적으로 긍정적인 정서적 경험들과 연관되어 있지만, 그 스토리들이 기억이 저장되는 수단인 패턴화 시스템과의 연결을 제공해 줄 수 있다. 이 일곱째 원리는, 특히 WHERETO의 O 요소(학습과 참여를 위한 조직하기)의 설계와 관련되는 부분이다.

4) 뇌신경과학 기반 백워드 설계 개발 사례

다음은 초등학교 4학년 사회과 '우리 지역의 공공 기관' 단원(교육부, 2015)을 앞에서 제시한 뇌 학습과 백워드 설계의 통합 설계 원리에 따라 개발한 사례다.

(1) 1단계 설계안

1단계는 성취기준을 분석하고 이 성취기준을 통해 학습자들이 핵심 지식을 습득하고 습득한 지식을 패턴화하여 이해로 구체화할 수 있도록 설계하였다. 해당 단원의 학습 주제는 '공공 기관'이다. 학생들에게 공공 기관이라는 용어는 낯설 수 있으나 생활하면서 한 번쯤 보았거나 직접 가 보았던 곳일 것이다. 이러한 경험을 활용하여 목표와 학습자의 관심사를 관련시켰다.

물론, 1단계의 최종 목표는 '이해를 통한 생활 속 전이'지만 핵심 지식과 기능의 습득 역시 중요한 목표의 한 측면이 된다. 즉, 과거 지식의 암기를 최종 목표에 둔 수업과 달리 뇌 학습과 관련하여서는 학습자들이 이해를 구성하기 위한 복잡한 과정 중에 지식과 기능이 사용되도록 설계하였다. 본 설계안에서는 교과의 주요 탐구 기능과 더불어 뇌 학습의 측면을 반영하여 그래픽 조직자 구성하기 기능을 함께 설계하였다.

뇌에 저장된 지식이나 개념은 경험을 통해 지속적으로 확장되며 서로 다른 개념과 관계를 구축할 수 있다(이찬승, 이한음 역, 2017). 이러한 측면에서 기존에 알고 있던 공공 기관뿐만 아니라 새로운 공공 기관 정보를 추가할 수 있도록 자극을 제시하고 이들의 관계 속에서 공통점과 차이점을 발견하여 '공공 기관의 종류는 다양하며 공공 기관마다 맡은 역할이 서로 다르다.'와 '공공 기관은 주민들이 안전하고 편리하게 생활하도록 도와준다.'라는 이해를 추론할 수 있도록 설계하였다.

뇌 학습의 측면에서는 학생들이 호기심을 가지고 질문을 했을 때, 주위 사람이 관심을 가지고 반응을 하면 학습자는 더 깊이 탐구하고 질문을 하게 된다(이찬승, 이한음 역, 2017). 따라서 학습자들이 끊임없이 질문에 대해 고민하고 스스로 질문을 생성하여 관계 기억을 형성하는 데 도움이 되는 첫 질문으로 본질적 질문을 개발하였다. 설계안에서는 단원의 내용과 밀접하게 관련되는 질문으로 '우리 주변의 공공 기관은 왜 필요할까요?'와 문제 해결 전략과 관련되는 질문으로 '정보를 효과적으로 전달하기 위해서 어떻게 해야 할까?'를 제시하였다. 문제 해결 전략과 관련된 질문을 통해 학습자는 분석, 추론, 의사결정과 같은 고등사고 능력을 활용하게 되며, 이는 뇌의 집행 기능을 활성화하는 역할을 하게 된다.

1단계 설계안은 〈표 14-21〉과 같다.

〈표 14-21〉 1단계 설계안

1단계: 바라는 결과 확인하기	
• 목표 설정 [4사03-05] 우리 지역에 있는 공공 기관의 종류와 역할을 조사하고, 공공 기관이 지역 주민들의 생활에 주는 도움을 탐색한다.	
• 이해 – 공공 기관의 종류는 다양하며 공공 기관마다 맡은 역할이 서로 다르다. – 공공 기관은 주민들이 안전하고 편리하게 생활하도록 도와준다.	• 본질적 질문 – 우리 주변의 공공 기관은 왜 필요할까요? – 정보를 효과적으로 전달하기 위해서 어떻게 해야 할까?
• 핵심 지식 – 공공 기관의 개념 – 공공 기관의 종류 – 공공 기관의 역할	• 기능 – 조사하기 – 분류하기 – 그래픽 조직자 구성하기

(2) 2단계 설계안

2단계는 학생들이 학습에 적극적으로 참여할 수 있고 과제를 해결하는 과정에서 선택권이 보장될 수 있도록 수행과제를 설계하였다. 우리의 뇌는 학습자가 학습에 참여할 때 얼마나 주도적으로 참여하느냐에 따라 신경 연결망의 구성 및 확장 정도가 달라진다(이찬승, 이한음 역, 2017). 또한 학습자의 수준에서 도전적인 과제를 제시했을 때, 학습의 동기가 생기고 과제를 완수했을 때 만족감을 느끼게 된다. 이러한 경험은 뇌 기능에 긍정적 영향을 미치는 신경전달 물질을 생성하는 역할을 하며 뇌의 능동적인 처리 과정에 영향을 미친다. 이러한 뇌 학습의 특성을 반영하여 학습자들이 과제 해결을 위해 조사하는 방식을 선택할 수 있게 하였다. 또한 자신이 조사한 결과를 이해한 방식대로 표현할 수 있도록 학습 결과물도 학습자가 선택할 수 있도록 설계하였다. 특히 수행과제는 학생의 삶과 관련되었을 때 학생의 동기를 유발하는 특성이 있으므로 우리 마을에 이사를 온 친구가 전학 온 상황을 설정하여 실제적 문제 형태로 개발하였다. 이러한 수행과제는 총괄평가의 역할을 함께하며 수행이 마무리되고 나면 학생들은 자기가 살고 있는 지역에 대한 이해가 심화되고 생활 속에서 학습한 이해를 전이할 수 있게 될 것이다.

2단계의 수행과제는 총괄평가의 성격을 지니고 있다. 하지만 학습의 과정에서 평가를 통한 최종 성적 부여 등을 지나치게 강조한다면 학생들의 불안도가 상승하게 될 것이다. 이는 오히려 기억과 능동적인 처리 과정의 방해 요인이 될 수 있다(McTighe & Willis, 2019). 따라서 루브릭을 통해 수행과제의 준거를 분명하게 제시하여 학습자들이 학습의 과정에서 뇌에 저장된 기존의 지식을 활용할 때, 새 학습과 연결시킬 수 있도록 했다. 이러한 조치로 인해 학습자는 학습의 과정을 스스로 통제하고 심리적으로 안정된 분위기에서 학습할 수 있게 될 것이다. 더불어 루브릭의 항목별 준거는 피드백을 제공하는 준거로도 작용한다.

수행과제 외 다른 증거로는 수행과제를 해결하는 과정에서 사용되는 핵심 지식과 기능의 습득을 확인하기 위해 설계되었다. 핵심 지식과 기능은 의미 구성을 위해 필요한 요소인데 기존 지식과의 관련성, 패턴을 발견하게 된다면 의미 형성에 효과적으로 작동한다. 따라서 종합하기와 범주화하기 전략을 활용하였고 학습자의 뇌가 정보들 간의 관계를 파악하기 쉽게 그래픽 조직자 중에서 개념을 확인할 유용한 서클 맵과 범주화 결과를 파악하기 쉬운 트리 맵을 활용하도록 개발하였다. 2단계 설계안은 〈표 14-22〉와 같다.

〈표 14-22〉 2단계 설계안

2단계: 수용 가능한 증거 결정하기
• 수행과제 우리 반에 친구가 전학을 왔다. 이사를 온 친구가 우리 마을 생활에 쉽게 적응할 수 있도록 돕기 위해 나는 친구에게 우리 마을의 공공 기관을 안내하는 자료를 만들어 주기로 결심했다. 나는 우리 지역의 공공 기관의 이름과 하는 일을 조사하고 결과를 분석하여 나만의 방식으로 자료를 만들어야 한다. 자료는 정확한 내용을 포함해야 하며 친구가 이해하기 쉬워야 한다.
• 핵심 준거

항목	조사 과정의 체계성(과정)	내용의 정확성(내용)	정보의 전달력(효과)
상	조사계획에 따라 매우 체계적으로 조사를 진행하였음.	공공 기관의 이름과 하는 일이 매우 정확하게 제시하였음.	독자가 이해하기 쉽게 표현하여 전달력이 매우 높음.
중	조사계획에 따라 체계적으로 조사를 진행하였음.	공공 기관의 이름과 하는 일이 정확하게 제시하였음.	독자가 이해할 수 있게 표현하여 전달력이 높음.
하	즉흥적으로 조사를 진행하여 체계성이 부족함.	공공 기관의 이름과 하는 일을 제시하였으나 오류가 있음.	전달력이 낮아 독자가 이해하는데 어려움이 있음.

• 다른 증거
- 서클 맵(Circle Map): 공공 기관의 개념
- 트리 맵(Tree Map): 공공 기관 분류하기

뇌신경과학을 백워드 설계와 통합할 때 백워드 설계의 모든 단계에 뇌신경과학이 적용된다. 하지만 1, 2단계의 개발 과정에서는 교사가 뇌신경과학의 통합 설계 원리를 반영했지만 설계 결과를 템플릿에 제시했을 때는 표면적으로는 그 의도가 소극적으로 드러난다. 반면, 3단계는 학생들의 학습이 이루어지는 학습 경험을 계획하기 때문에 뇌가 학습하는 방식 더욱 적극적으로 반영되며 설계 결과를 템플릿에 제시했을 때도 1, 2단계보다 적극적으로 드러난다.

(3) 3단계 설계안

3단계는 학생들이 실제 학습하게 되는 학습 경험을 계획하는 단계로 학습 경험에 따라 적절한 뇌 학습의 원리를 적용하여 학생들이 능동적 처리 과정을 거쳐 효과적으로 의미를 구성할 수 있도록 설계하였다. 또한 뇌는 개인별 특성이 존재하기 때문에 개인차를 고려할 수 있는 부분도 함께 설계하였다.

뇌는 생존에 유리한 정보에 먼저 주의를 기울이는 특성이 있고, 선수지식이 활성화되었을 때 새로운 정보와 연결이 원활히 이루어진다(McTighe & Willis, 2019). 따라서, 첫째, 학생들이 그동안 생활하면서 보거나 이용해 본 공공기관에 대해 이야기 나누기를 설정하였다.

둘째, 학습자의 다양한 감각 학습과 기억 작용이 활발하게 이루어지도록 하기 위해 학생들과 이야기 나누었던 기관에 대해 그래픽 조직자(서클 맵, 트리 맵)를 활용하여 공공 기관의 개념과 공공 기관을 분류하도록 설계하였다. 이 과정에서 학습자는 시각화한 자료를 통해 정보들의 범주화를 확인하고 관련성 파악에 도움을 받을 수 있다. 이 과정은 패턴화와 관련되는데, 패턴화는 뇌가 이전에 학습한 자료에 새로운 자료를 연관시키거나 이전에 사용하지 않았던 패턴으로 그룹화하여 패턴을 지각하고 생성하는 과정이다. 학생들이 관련성을 볼 수 있는 방식으로 새로운 자료가 제시될 때마다 새로운 신경 연결망이 형성된다. 그리고 학생들은 학습을 더 성공적으로 장기 기억 속에 저장하고 그것을 인출할 수 있다(Heineke & McTighe, 2018: 6).

셋째, 학습자와 단원의 주제와 관련하여 배우고 싶은 것에 대해 이야기 나누도록 하고 본질적 질문을 제시한다. 학생들은 자신의 관심사에 대해 이야기를 하고 동료와 교사에게 질문 및 대답을 하는 과정에서 뇌는 정보를 능동적으로 처리하게 된다.

넷째, 수행과제와 루브릭을 학생들에게 안내하고 학생들의 질문을 받는다. 수행과제는 뇌가 의미를 형성하여 잘 기억할 수 있는 방식인 시나리오의 형태로 제시한다. 이때 학생들은 자유롭게 수행과제에 대해 질문을 할 수 있다. 더불어 평가 준거인 루브릭을 함께 제시하여 학생들의 평가에 대한 불안도를 낮추어 주면서 수행과제의 목표를 분명하게 드러내도록 한다. 이 과정에서도 시나리오 형태로 정보가 한꺼번에 많이 제공되는 것에 부담을 느끼는 작업 기능의 성능이 작은 학습자에게는 교사가 질문을 통해 과제를 세분화하여 제시해 주는 것도 필요하다.

다섯째, 학습자가 스스로 수행과제를 분석하고 해결 계획을 세우도록 한다. 이 과정에서는 문제 상황, 알고 있는 것, 조사해야 하는 것, 조사 방식 등 학생들의 개인적인 선호를 반영하도록 하였다. 학습자마다 배경 지식, 기능, 흥미, 학습 방식이 다르며 그에 따라 주의를 집중하고 의미를 형성하는 정도가 달라지기 때문이다. 더불어 그래픽오거나이저를 활용하여 과제 수행의 과정을 정리해 보도록 한다. 이 과정을 거치면 학생들은 단원의 전반적인 흐름을 기억하게 될 것이다.

여섯째, 수행과제 해결을 위한 자료를 조사하고 분석하도록 한다. 이 과정에서는 인터넷 검색, 면담, 견학 등 다양한 방식을 선택할 수 있으며 조사한 자료 역시, 학생들의 뇌가 선호하는 방식으로 분석 및 정리하도록 설계하였다. 이 과정에 어려움을 느끼는 학습자에는 공공 기관과 관련된 자신의 경험을 회상하여 맥락과 함께 연결할 수 있도록 하였다. 우리의 뇌는 맥락과 연결된 정보를 잘 처리하기 때문이다.

일곱째, 조사하고 분석한 자료를 바탕으로 친구에게 전해 줄 공공 기관 안내 자료를 만들도록 설계하였다. 이 과정에서는 학생이 학습한 과정을 이해한 자신의 방식대로 표현하도록 허용하였으며 동시에 자기 평가와 동료 평가, 교사 평가 등의 형성 평가가 이루어지도록 하였다. 학습의 과정에서 지속되는 평가는 학생들에게 피드백을 제공하기 위한 것이다. 교사나 동료가 피드백을 제공하면 학생들은 자신의 수행을 되돌아보며 수정하고 다른 관점에서 생각하게 되며 이 과정에서 집행 기능이 활성화된다(이찬승, 이한음 역, 2017). Schacter는 동일한 주제를 제시했을 때 과거를 회상하는 뇌와 미래를 상상하는 뇌의 활성화 부위가 동일한 것을 발견했다(오진혁, 2014). 따라서 학습자가 자신의 학습 과정을 성찰할 수 있는 충분한 기회를 제공하면 이는 학습 이후 학생의 삶에서 이루어지는 전이에도 영향을 미칠 것이다.

정서는 뇌의 인지적 학습과 밀접한 관련이 있다. 정서는 뇌에 의해 우선적으로 고려되고 부정적 정서를 느끼면 학습을 차단한다(김두정, 2010). 따라서 3단계를 실제 교실에서 실행할 때는 학습자들이 편안함과 안전함을 느끼고 교사와 동료들에게 지지를 받고 있다는 체감할 수 있도록 긍정적인 학습 환경을 구성해야 한다.

3단계 설계안은 〈표 14-23〉과 같다.

〈표 14-23〉 3단계 설계안

3단계: 학습 경험 계획하기
• 학습 경험 1. 우리 지역에 있는 기관을 이용해 본 경험 나누기: 사전평가(H, E2) 2. 그래픽 조직자(서클 맵, 트리 맵)를 활용하여 다양한 기관을 범주화하고 공공 기관의 개념 알기(E1, E2) 3. 주제와 관련하여 배우고 싶은 것 확인하기(H) 4. 본질적 질문을 제시하고 이야기 나누기(W, H) 5. 시나리오 형태로 수행과제와 루브릭을 제시하고 학생들과 질문 나누기(W, T) 6. 학생의 개인적 뇌 특성을 반영하여 수행과제 해결을 위한 계획 수립하기(E1, T) 7. 수행과제 해결을 위한 자료 조사하기(E1, T) 8. 조사한 자료를 분석하고 학생 개인의 방식으로 이해하기(E1, T) 9. 공공 기관 안내 자료 구상하고 만들기(E1, T) 10. 자기평가, 동료평가, 교사평가 및 피드백 제공하기(E2) 11. 본질적 질문에 대해 이야기 나누고 일반화 도출하기(E2, R)

이상의 3단계 설계안은 WHERETO의 측면에서 제시한 것이지만, 앞선 논의에서 제시한 다양한 뇌 학습의 원리와 특성, 기법들을 반영한 매우 다채로운 방안들이 제시될 수 있다. 본 설계 과정에서는 WHERETO를 고려한 것에 제한하고 있으며, 인공지능(AI) 학습이나 딥 러닝(Deep Learning), 심층 학습(Learning in Depth: LiD) 관련 연구 결과들을 활용하여 3단계가 다양하게 설계될 수 있을 것이다. 특히 뇌 친화적인 교실 수업 분위기를 조성하는 것이 중요하다(Willis, 2007). 왜냐하면 뇌의 정서적 필터를 고려해야 하기 때문이다. 이와 관련하여 사회-정서적 학습(SEL)을 고려해 볼 수 있는데(McTighe & Willis, 2019: 141), 이 경우 교사 자신의 감정을 모니터하고 수업 시간에 재미있게 즐겨야 한다. 학생의 입장에서 우선 수업 분위기 변인에서는 수업이 편안하고, 안전하며, 수용성이 높아야 하며, 과제 변인에서는 명료하고, 적절하며, 성공에 대한 자신감을 지각하는 것이 중요하다.

요약

최근 학습자의 이해에 대한 관심이 대두되면서 학습자의 이해에 초점을 두고 있는 이해 중심 교육과정 접근도 주목을 받고 있다. 이 장에서는 이해 중심 교육과정의 주요 접근 방법 9가지를 제시하였다.

첫째, TfU(Teaching for Understanding)이다. 이 교수방법의 목적은 수행 능력으로서의 이해 함양이다. 이해의 핵심인 수행 능력을 개발하기 위해 TfU의 기본 모형은 생성적 주제, 이해의 목표, 이해의 수행, 지속적인 평가로 이루어져 있다.

둘째, HPL(How People Learn)이다. HPL은 학습의 분야에서 어떤 것이 잘 알려져 있는지에 대해 종합적으로 설명하고 있으며, 다양한 과학적 관점을 토대로 인간의 학습에 대한 연구에 초점을 맞추고 있다. HPL은 지식 중심, 학습자 중심, 공동체 중심, 평가 중심으로 구성되어 있다.

셋째, 문제 중심 학습(PBL)이다. 문제 중심 학습은 학습자들에게 실제적인 문제를 제시하고, 제시된 문제를 해결하기 위하여 학습자들이 상호작용하면서 문제 해결 방안을 강구하고, 개별 학습과 협동학습을 통해서 공동의 해결안을 마련하는 일련의 과정에서 학습이 이루어지는 학습방법이다.

넷째, 4-MAT System이다. 이 모형은 학습 양식 이론과 두뇌 반구성 이론이 결합되어 개발되었다. 4-MAT System은 1~4분면의 네 영역으로 구분되는데, 각 영역은 다시 좌뇌 활동과 우뇌 활동으로 구분되어 총 8개의 과정으로 세분화되며 수업을 조직하고 실행할 때는 학습자의 학습 유형과 반구상의 선호도를 고려하여 단계에 따라 실행하여 전뇌학습이 가능하도록 한다.

다섯째, 학습의 차원(Diemnsions of learning)이다. Marzano 등이 제안하는 학습의 차원으로 학습자의 이해 능력을 강조하는 새로운 교육목표분류학을 제시하고 있다. Anderson 등(2001)

(계속)

의 분류학은 네 가지의 지식 차원과 여섯 가지의 인지 과정 차원으로 분류하였다. Marzano의 신분류학은 세 가지 지식 영역과 1차원으로 나타나는 인지 절차의 여섯 가지 유목을 제시하였다.

여섯째, KDB 모형이다. KDB 모형은 간학문적으로 통합하는 교육과정 통합 방식으로 교육과정을 설계할 때, 학생들이 학습하기를 기대하는 결과로서, 학생들이 알아야 할 가장 중요한 것(Know, 지식), 학생들이 할 수 있어야 하는 것(Do, 기능), 학생들이 갖추어야 할 가치나 태도(Be, 인성)를 고려한다.

일곱째, 개념 기반 교육과정과 수업이다. 개념 기반 교육과정은 3차원적 교육과정과 수업 설계 모델로 학생들의 개념적 이해를 기르는 것을 목적으로 한다. 학생들이 정교하고 복잡하게 사고할 수 있도록 개념적 렌즈라는 도구를 활용하여 저차원적 사고와 고차원적 사고 간의 인지적 사고 작용을 통해 시너지를 내는 사고를 강조한다.

여덟째, IB 교육과정이다. IB는 스위스의 비영리 교육 단체인 IBO에서 개발 및 운영하는 국제 인증학교 교육 프로그램으로 학생들의 발달단계를 고려하여 초등학교 프로그램(PYP), 중학교 프로그램(MYP), 고등학교 프로그램(DP), 직업 연계 프로그램(CP)로 구성된다. IB 교육과정은 국제적 마인드를 지닌 학생 양성을 목적으로 하며, 10가지 학습자상과 교수접근법, 학습접근법을 교육과정 설계와 실행의 전 과정에 활용한다. 이러한 IB 교육은 개념 기반 교육과정, 질문 중심의 교육과정, 탐구형 학습을 추구하는 특징이 있다.

아홉째, 뇌신경과학 기반의 백워드 설계이다. 최근 뇌신경과학이 발달하면서 인간의 뇌가 가장 잘 학습하는 방법에 관한 신경과학의 도움을 받게 되었고 인지심리학에 기반을 둔 백워드 설계와의 통합 가능성이 존재한다. 따라서 학습자의 유의미한 이해 구성을 위한 뇌 학습과 백워드 설계의 통합 원리를 백워드 설계 단계별로 제시하였다.

토론 과제

1. 이해 중심 교육과정의 주요한 접근 방법의 특징을 각각 제시하시오.
2. 학습자의 이해에 초점을 두고 있는 다양한 접근 방법 중 두 가지를 선택하여 비교하여 보고 공통점과 차이점을 제시하시오.
3. IB 교육과 한국의 2022 개정 교육과정의 통합 방안을 이해 중심 교육과정의 측면에서 제시하시오.

제 15 장

백워드 설계 2.0 버전[1)]

학습목표

- 백워드 설계 2.0 버전의 특징을 설명할 수 있다.
- 백워드 설계 템플릿 2.0 버전의 특징을 설명할 수 있다.

1 백워드 설계 2.0 버전의 특징

Wiggins와 McTighe는 이전의 저서에서 밝혔던 아이디어와 새롭게 발전된 아이디어를 정리하여 2011년에 『The understanding by design guide to creating high-quality units』, 그리고 2012년에 『The understanding by design guide to advanced concepts and reviewing units』을 출판하였다. 이 책 각각에서는 백워드 설계 3단계에 걸친 8개의 모듈, 총 16개의 모듈(1권 8 모듈, 2권 8 모듈)로 백워드 설계 2.0 버전을 제안하였다. 핸드북에서는 각 단계의 하위 요소별로 21개의 모듈을 제시하였는데, 2.0 버전에서는 모듈의 수가 축소되었다. 또한 모듈의 특성에 따라 설계의 모든 단계에 해당하는 모듈도 등장하였다. 이는 단원 개발 시, 단원 전반에 걸쳐 일관성을 유지할 수 있도록 하는 준거로 작용할 수 있는 긍정적인 측면이라고 볼 수 있다. 또한 Wiggins와 McTighe (2011)는 백워드 설계와 관련된 연구를 진행하는 과정에서 소프트웨어 프로그램이 새로운 아이디어와 사용자의 피드백에 의해 업데이트 되는 것처럼, 새로운 아이디어와 세계 각국의 사용자들의 의견을 반영하여 백워드 설계 2.0 버전을 제안하였다. 백워드 설계 2.0 버전의 구체적인 개요는 〈표 15-1〉과 같다.

---

1) 이 장의 내용은 강현석, 이지은(2013). 백워드 교육과정 설계 2.0 버전의 적용 가능성 탐색. 교육과정연구, 31(3), 153-172의 일부를 수정 · 보완해 작성하였음을 밝힘. 2.0 버전의 상세한 내용은 참고문헌 중에서 『백워드 단원 설계와 개발: 기본 모듈(I), (II)』를 참고 바람.

〈표 15-1〉 모듈의 개요

1단계 바라는 결과 확인하기	2단계 수용 가능한 증거 결정하기	3단계 학습 경험 계획하기
모듈 A: 백워드 설계의 빅 아이디어		
모듈 B: 백워드 설계 템플릿		
모듈 C: 출발점		
모듈 D: 초기의 단원 개요 개발		
모듈 E: 다양한 학습 목표 유형 모듈 I: 성취기준 분석하기 모듈 L: 본질적 질문과 이해 다듬기	모듈 F: 본질적 질문과 이해 모듈 J: 평가를 위한 평가 준거 확인하기 모듈 M: 실제적 평가와 타당도	모듈 G: 이해의 증거 결정과 평가과제 개발 모듈 K: 3단계에서 학습 계획을 정련하기 모듈 N: 차별화-학습자에 맞게 학습 계획하기
모듈 H: 이해를 위한 학습 모듈 O: 단원의 차시 계획 설계하기 모듈 P: 피드백 확보하고 활용하기		

*출처1: Wiggins & McTighe (2011). *The understanding by design guide to creating high-quality units.*
출처2: Wiggins & McTighe (2012). *The understanding by design guide to advanced concepts and reviewing units.*

백워드 설계 2.0 버전에서는 모듈 수의 축소뿐만 아니라 1.0 버전에 추가된 내용이 있다. 새로운 아이디어는 크게 세 가지로 구분할 수 있다.

첫째, 1단계에서 설정되는 단원의 목표가 전이(Transfer: T), 의미(Meaning: M), 습득(Acquisition: A)으로 유형화되었다. 전이는 단원 전반에 걸친 장기적인 목표에 해당하며 학습자들이 학습한 이해를 바탕으로 새로운 상황에 적용할 수 있도록 하는 목표이다. 의미는 이해와 본질적 질문으로 구성되는데, 학습자들이 단순한 사실의 암기를 넘어 추론과 사고의 과정을 거쳐 의미를 만들 수 있도록 하는 목표이다. 습득은 지식과 기능을 포함한다. 이는 학습자들이 의미와 전이의 목표를 달성하기 위한 필수적인 수단으로 단기적인 목표에 해당된다.

Wiggins와 McTighe(2005)는 이해의 의미를 유의미 추론, 전이 가능성의 관점으로 구분하여 제시하였다. 이를 종합해 보면, 이해는 아는 것의 회상을 넘어 알고 있는 지식과 기능을 다른 맥락에서 적용, 분석, 종합, 평가할 수 있는 능력으로 이해의 가장 큰 특징은 전이 가능성이라고 볼 수 있다(이지은, 2011). 따라서 학습자는 지식과 기능을 습득하고 지식의 추론 과정을 거쳐 이해에 도달하며 이해한 것을 전이할 수 있어야 한다. 2.0 버전은 이상과 같이, 이전의 아이디어를 발전시켜 목표를 유형화하였고 전이를 더욱 강조하였다.

둘째, 목표 유형을 T, M, A로 코드화하여 2, 3단계에 활용하도록 하였다. 또한 목표 유형에 따른 학습 경험을 계획하도록 하였다. 백워드 설계에 의해 개발된 단원안을 분석하는 과정에서 1단계의 목표와 단원 평가 간에 불일치되는 경우가 발견되었다. 이 문제는 단원 전반에 걸친 장기적인 전이 목표에 초점을 두지 않았기 때문에 발생한 현상이라고 판단되었다. 따라서 이 문제를 해결하기 위한 방안으로 전 단계에 걸쳐 목표 유형의 코드 사용이 제안되었다(Wiggings & McTighe, 2011). 코드의 사용은 백워드 설계 전 과정에 걸쳐 목표의 영향이 강하게 작용하도록 하는 효과적인 전략이다. 코드를 통해 설계자는 설계의 단계별 과정에서 목표가 평가 계획과 학습 경험 선정에 일관성 있게 반영되고 있는지 스스로 점검·수정할 수 있으며 모든 과정이 전이 목표를 향해 결집된다.

셋째, 2.0 버전에서는 단계 2에서 '준거'의 유형을 네 가지로 범주화했으며, 루브릭 구성에도 여섯 가지의 '정도를 다양하게 나타내고 기술하는 용어들'을 제시하였다. Wiggings와 McTighe(2005)는 1.0 버전에서 이해의 여섯 측면과 관련된 준거와 루브릭 용어 목록을 제시하였다. 이에 비해, 2.0 버전에서 Wiggings와 McTighe(2011)는 명확하게 규정된 준거는 1단계에서 확인된 전체적인 목표와 관련되는 결과물과 수행에 대한 판단을 안내하는 데 사용되므로, 잘 규정된 준거에 따른 명료성이 학생 수행을 평가할 때의 판단 근거를 일관되게 할 수 있다고 밝혔다. 수행과제 개발에 있어서는 이해의 여섯 가지 측면에 따른 개발을 제안하였으나, 준거 설계에 대해서는 준거의 명확성을 강화하고, 복잡하고 실제적인 수행과 관련되면서도 유용하다고 판단되는 네 가지 유형의 준거 범주를 제안하였다. 준거의 네 가지 유형은 효과(주어진 목적과 청중에 대한 수행의 성공 혹은 효과성), 내용(사용된 이해, 지식, 기능의 적절성과 상대적 세련됨), 질(전체적인 질, 솜씨, 활동의 철저함), 과정(수행 전과 수행 도중에 사용된 절차, 방법, 접근의 질과 적절성)이다. 루브릭 구성에 있어서도 1.0 버전에서는 이해의 여섯 가지 측면에 따른 용어 사용을 제안하였다면, 이와 함께 2.0 버전에는 '이해의 정도' '빈번한 정도' '효과성의 정도' '자율성의 정도' '정확성의 정도' '명료성의 정도'라는 기술적 용어 사용을 제안하였다(백지연, 2016).

넷째, 설계 템플릿이 수정되었다. 설계 템플릿은 개발된 백워드 단원을 구체적인 형태로 구현하는 역할을 한다. 또한 단원 개발 시 조직자를 제공하고 설계 과정에서의 오류를 보완할 수 있는 역할을 동시에 한다. 따라서 백워드 설계의 원리 및 2.0 버전의 특징이 반영될 수 있도록 설계 템플릿도 2.0 버전으로 수정 · 제안하였다. 템플릿 2.0 버전은 이전의 1쪽 템플릿에 기초하여 제안되었으나 단계별 하위 요소의 배열 형태가 1.0 버전과 다르며 코드, 평가 준거, 사전 평가, 과정 모니터링 등 추가된 요소도 있다. 이는 백워드 설계의 이전 버전과 차별성을 드러내 주는 점이기도 하다.

2 백워드 설계 템플릿 2.0 버전 분석

1) 백워드 설계 템플릿 2.0 버전

<table>
<tr><th colspan="3">1단계 – 바라는 결과 확인하기</th></tr>
<tr><td rowspan="8">목표 설정
이 단원은 어떤 내용 기준과 프로그램 혹은 과제 관련 목표를 다룰 것인가?

이 단원은 어떤 마음의 습관과 교차 학문적 목표를 다룰 것인가?</td><th colspan="2">전이(T)</th></tr>
<tr><td colspan="2">어떤 유형의 장기적 성취가 바람직한가?</td></tr>
<tr><th colspan="2">의미(M)</th></tr>
<tr><td>이해

학생들이 이해하기를 바라는 것은 구체적으로 무엇인가?
그들은 어떠한 추론을 형성해야 하는가?</td><td>본질적 질문

어떠한 사고 유발 질문이 탐구, 의미 형성, 전이를 촉진할 것인가?</td></tr>
<tr><th colspan="2">습득(A)</th></tr>
<tr><td>핵심 지식

학생들은 어떤 사실과 기본 개념을 알고 기억할 수 있어야 하는가?</td><td>기능

학생들은 어떤 기능과 절차를 활용할 수 있어야 하는가?</td></tr>
</table>

<table>
<tr><th colspan="3">2단계 - 수용 가능한 증거 결정하기</th></tr>
<tr><th>코드</th><th>평가 준거</th><td>평가 증거</td></tr>
<tr><td rowspan="2">바라는 결과 모두가 적절하고 평가되고 있는가?</td><td rowspan="2">바라는 결과의 달성을 평가하기 위해서 각각의 평가에서 사용할 준거는 무엇인가? (준거의 다양한 유형 즉, 내용 · 과정 · 효과 · 질 준거를 고려해야 함)

평가 양식과 상관없이 어떤 특징이 가장 중요한가?</td><td>수행과제

학생들은 복잡한 수행을 하며 그들의 이해(의미 형성 및 전이)를 어떻게 증명할 것인가?</td></tr>
<tr><td>다른 증거

1단계 목표 달성을 결정하기 위해 수집해야 할 다른 증거(자료)는 무엇인가?</td></tr>
</table>

<table>
<tr><th colspan="3">3단계 - 학습 경험 계획하기</th></tr>
<tr><th>코드</th><td>학생의 사전 지식, 기능 수준, 그리고 잠재적인 오개념을 확인하기 위해서 어떠한 사전 평가를 사용할 것인가?</td><td>사전 평가</td></tr>
<tr><td>각 학습활동 혹은 유형의 목표는 무엇인가?</td><td>학습활동

• 학습 계획에는 세 가지 목표(습득, 의미, 전이)가 다루어지는가?
• 학습 계획은 학습 원리와 최고의 실행을 반영하는가?
• 1단계와 2단계는 탄탄하게 줄 맞추기가 되어 있는가?
• 이 계획은 모든 학생들에게 매력적이고 효과적일 것 같은가?</td><td>과정 모니터링
• 학습활동 중에 학생들이 습득, 의미 그리고 전이로 나아가는 것을 어떻게 관찰할 것인가?
• 잠재적인 난관이나 오해는 무엇인가?
• 학생들은 자신들이 필요한 피드백을 어떻게 구할 것인가?</td></tr>
</table>

[그림 15-1] 백워드 설계 템플릿 2.0 버전

출처: Wiggins & McTighe (2011). *The understanding by design guide to creating high-quality units.*

2) 백워드 설계 템플릿 2.0 버전의 특징

(1) 1단계: 바라는 결과 확인하기

2.0 버전에서는 단원의 최종 목표를 전이로 설정하고 있기 때문에 학습자가 지식과 기능을 습득하고 의미 형성의 상호작용 과정을 통해 전이가 일어날 수 있도록 연계성을 고려한 목표 설정이 요구된다.

1단계의 템플릿은 목표 설정, 전이, 의미, 습득으로 구분되어 있다. 첫째, 목표 설정에서는 국가 기준이나 공식적으로 설정되어 있는 교육과정의 기준을 작성한다. 즉, 국가수준 교육과정에서 제시하고 있는 성취기준을 작성하는 것이다.

둘째, 전이(T)는 학습한 것을 다른 상황에 활용할 수 있는 능력으로, 학습자가 이해했다는 것을 증명하는 가장 근본적이고 장기적인 목표를 설정한다. 전이 목표는 학습한 내용을 단순한 대응관계로 해결할 수 있는 유사한 상황을 제시하는 것을 넘어서 학습자가 실세계 맥락 속에서 학습한 것을 자율적이고 효과적으로 수행할 수 있도록 하는 것이다.

셋째, 의미(M)는 이해와 본질적 질문으로 구성된다. 이해는 학습자들이 도달해야 하는 목표이며 내용에 대해서 지적 활동을 동반하는 탐구를 통해 의미를 형성할 수 있도록 일반화된 문장으로 진술해야 한다. 본질적 질문은 학습자가 새로운 도전에 직면했을 때 비슷한 유형을 찾고 아이디어를 연관시키고 유용한 전략을 고려해 볼 수 있도록 하는 질문이다(강현석 외 역, 2013). 즉, 단순한 정답을 요구하는 질문이 아니며 학습자의 탐구와 사고를 촉진시킬 수 있는 질문이다.

넷째, 습득(A)은 지식과 기능을 포함한다. 지식은 단원에서 학습자가 반드시 알아야 하는 사실, 정의와 기본 개념을 의미한다. 기능은 학습자가 반드시 할 수 있어야 하는 행동으로 과정을 능숙하게 수행하는 능력을 의미한다. 학습자는 습득한 지식을 바탕으로 추론의 과정을 거쳐 의미를 형성하게 된다. 따라서 지식과 기능의 습득은 의미 형성과 전이를 위한 기본 요소가 된다.

(2) 2단계: 수용 가능한 증거 결정하기

학습자를 평가할 때 단순한 사실의 회상만을 요구한다면, 그들이 심층적 이해에 도달하지 못하였더라도 이해에 도달한 것으로 평가받을 수 있을 것이다. 하지만 이것은 백워드 설계에서 의미하는 진정한 이해에 도달한 모습은 아니다. 학습자가 자신의 언어로 설명할 수 있거나 이해를 달성하기 위해 그 의미 혹은 기능을 확장할 수 있는 경우, 즉 의미를 형성하거나 전이가 이루어진 경우에만 이해했다고 판단할 수 있을 것이다(강현석 외 역, 2013). 따라서 2단계에서는 학습자의 이해 여부를 판단할 수 있도록 수행과제를 개발해야 한다. 따라서 수행과제는 문제 해결 과제의 형식으로 제시되며, 학습자가 과제를 해결하는 과정에서 이해를 성취한 정도를 보여 주기 때문에 수행과제는 곧 평가과제의 성격을 지닌다. 이러한 수행과제는 하나의 정답이나 해결 과정을 가지고 있는 것이 아니다. 따라서 학습자의 이해 정도를 판단하기 위해 평가 준거를 결정해야 한다. 2.0 버전에서는 평가 준거를 수행과제보다 앞 칸에 배치하여 강조하고 있다. 이는 1단계의 바라는 결과와의 일치성이 높은 수행과제가 선정되도록 하기 위한 전략이다.

2단계의 템플릿은 코드, 평가 준거, 수행과제, 다른 증거로 구분되어 있다. 첫째, 코드는 수행과제가 전이(T), 의미(M), 습득(A)의 목표 유형 중 해당되는 목표를 알파벳 약자로 표시하는 곳이다. 둘째, 평가 준거는 학습자의 과제 수행의 정도를 판단할 수 있도록 평가 준거를 제시한다. 평가 준거는 네 가지 유형, 즉 효과, 내용, 질, 과정 등으로 구분하여 제시될 수 있다. '정도'에 대한 다양성(이해, 빈도, 효과성, 자율성, 정확성, 명료성의 정도 등)을 표현하는 기술적인 용어들도 잘 활용해야 한다. 셋째, 수행과제는 학습자가 1단계에서 설정한 전이나 이해의 성취 정도를 판단할 수 있도록 수행에 기초한 과제를 개발한다. 이 과정에서 GRASPS—Goal, Role, Audience, Situation, Performance, Standards—요소와 이해의 여섯 측면과 관련되는 수행 동사를 활용할 수 있다. 넷째, 다른 증거는 수행과제로 평가되지 않는 다른 목표를 평가하기 위한 방법을 계획한다. 평가하고자 하는 목표에 따라 평가 유형이 달라지기 때문에 관찰, 퀴즈, 선다형 평가, 에세이 작성 등 다양한 평가 방법을 활용할 수 있다.

(3) 3단계: 학습 경험 계획하기

3단계는 1단계에서 설정한 학습 목표의 세 유형 및 2단계의 수행과제와의 일치도를 고려하여 학습 경험과 수업을 계획하는 단계다. 지식과 기능을 습득하고 의미 구성을 바탕으로 전이가 달성될 수 있도록 학습 경험의 시퀀스를 고려하여 체계적으로 조직해야 한다. 2.0 버전에서는 사전 평가와 과정 모니터링의 요소가 추가되었다. 학습활동 전에 평가를 통해 학습자들의 선수 학습 능력을 확인하고 그 결과를 바탕으로 학습활동에 반영할 수 있도록 한 것이다. 즉, 학습 후, 학습자들이 이해에 도달하지 못하는 사례를 사전에 적극적으로 예방하고자 하는 의도가 반영되었다고 볼 수 있다. 이러한 사전 평가는 학습자의 학습을 발달시키기 위한 학습의 성격을 지니고 있어 3단계에 배치되었다(Wiggins & McTighe, 2011).

3단계의 템플릿은 코드, 사전 평가, 학습활동, 과정 모니터링으로 구분되어 있다. 첫째, 코드는 계획한 학습활동에 해당되는 목표의 유형을 알파벳 약자로 표시하는 것이다. 둘째, 사전 평가는 학생의 사전 지식, 기능 수준, 형성된 오개념을 확인하기 위한 평가를 계획하는 것이다. 셋째, 과정 모니터링은 학습 과정 중에 발생할 수 있는 문제를 즉시 검토하여 피드백할 수 있도록 계획하는 것이다. 설계자가 문제점을 발견하면 해결 방법을 모색할 수 있도록 융통성을 부여하였다. 넷째, 학습활동은 바라는 결과를 성취할 수 있도록 하기 위한 적절한 학습활동을 계획하여 제시한다. 유형별 학습 목표는 학습활동 계획, 교수 전략 수립 등에 영향을 미친다. 이때, 목표 유형에 따른 행위 동사를 활용하여 목표와 학습활동의 일치도를 확보할 수 있다. 1~3단계의 세부 절차는 이 장의 말미에 제시되어 있다.

3 백워드 설계 2.0 버전 사례

1) 초등학교 사회과 사례

사회과는 학생들이 사회생활에 필요한 지식과 기능을 익혀 이를 토대로 시 · 공간 속의 인간과 사회현상을 인식하고, 민주 사회의 구성원에게 요구되는 가치와 태도를 지님으로써 시민으로서의 자질을 갖추도록 하는 교과다. 초등학교 사회과에서는 학생들이 주변의 사회현상에 대하여 관심과 흥미를 가지며, 생활과 관련된 기본적 지식과 능력을 습득하고, 이를 자신의 주변 환경이나 문제에 적용할 수 있는 적극적인 태도를 기르는데 목표가 있다(교육부, 2022).

사회과는 크게 일반사회, 지리, 역사로 구성되나 세부적으로 '지리 인식' '자연환경과 인간생활' '인문환경과 인간생활' '지속가능한 세계' '정치' '법' '경제' '사회 · 문화' '역사 일반' '지역사' '한국사' 의 영역으로 조직되어 있다. 따라서 개발하고자 하는 성취기준이 포함된 영역이 무엇인지 확인하는 과정이 필요하다.

이 장에서는 초등학교 4학년 '우리 지역의 국가유산' 단원을 백워드 설계 2.0 버전을 적용하여 개발하였다. 국가수준 교육과정 문서에서 제시된 성취기준과 성취기준 해설은 〈표 15-2〉와 같다.

〈표 15-2〉 국가수준 교육과정 문서의 내용

[4사06-01] 지역의 문화유산을 통해 문화유산의 의미와 유형을 알아보고, 문화유산의 가치를 탐색한다.

(가) 성취기준 해설

- [4사06-01]은 문화유산에 관한 기본 지식 및 가치를 지역의 문화유산을 통해 이해하도록 설정한 것이다. 지역 문화유산을 통해 문화유산의 의미와 유형을 알아보고, 이를 토대로 옛날 사람들의 생활 모습을 추론하며 과거와 현재를 이어주는 귀중한 자료로서 문화유산의 가치를 파악한다.

(나) 성취기준 적용 시 고려 사항

- 문화유산의 의미와 특징을 역사적, 과학적, 심미적, 생태환경적 측면에서 파악한다.
- 지역의 역사는 고유성을 지니며 지역에 따라 다양성을 드러낸다는 사실을 이해한다.

위 성취기준은 역사 중 지역사 영역에 해당된다. 따라서 지역과 시대에 따라 달라진 사람들의 생활 모습을 파악하여 학생들이 시민으로서 살아가는 데 필요한 역사적 통찰력을 기르는 데 초점이 있다. 학생들이 자신이 생활하고 있는 지역에서 출발하여 그 지역의 국가유산의 의미와 가치를 이해하는 데 중점을 둔다. 3학년 때는 구 수준에서 문화유산을 학습했는데 최근 문화유산이 국가유산(2024. 5. 17.부터 문화유산이 국가유산으로 변경됨)으로 명칭과 그 하위 체계가 변경되었다. 새롭게 도입된 국가유산의 개념을 이해하는 것에서 출발하여 학생 주도적으로 각 유형의 국가유산을 조사하는 학습을 통해 그 가치를 스스로 깨닫고 보존하려는 태도를 가지도록 설계해야 한다. 구체적인 설계 과정은 다음과 같다.

(1) 1단계: 바라는 결과 확인하기

1단계는 목표 설정, 전이, 의미(이해, 본질적 질문), 습득(지식, 기능)을 설정해야 한다. 첫째, 목표를 설정하기 위해서 교육과정 성취기준을 확인해야 한다. 우리나라는 국가 수준 교육과정 체제이므로 교육과정 문서를 통해 설정된 목표를 확인할 수 있다. 4학년의 우리 지역의 국가유산과 관련된 성취기준을 확인하고 설정된 목표에 제시하면 된다. 이 단원은 '[4사06-01] 지역의 문화유산을 통해 문화유산의 의미와 유형을 알아보고, 문화유산의 가치를 탐색한다.'의 성취기준과 관련되기 때문에 이를 활용하여 단원을 개발하였다.

둘째, 전이(T)는 단원 학습을 통해 습득하게 되는 지식과 기능, 이해의 상호 관련성을 파악하여 실제 생활 속에서 학습자 스스로 적용할 수 있도록 구성해야 한다. 학생들은 자신의 지역에 있는 국가유산에 대한 학습을 통해 국가유산의 의미와 가치를 깨닫게 될 것이고 이를 생활 속에 활용하게 될 것이다. 따라서 전이 목표를 '학생들은 지역에 대한 자긍심을 가지고 생활한다.'로 설정하였다.

셋째, 의미(M)는 이해와 본질적 질문을 설정해야 한다. 이해는 탐구 과정을 통해 깨닫게 되는 일반화된 것으로 문장으로 진술해야 한다. 본질적 질문은 정답이 정해져 있지 않은 개방형 질문으로 학습자의 탐구를 촉진시켜 줄 수 있게 구성되어야 한다. 의미 목표는 목표 풀기 과정을 통해 밝혀낼 수 있다. 목표 풀기는 성취기준에 제시된 명사나 형용사를 활용하여 이해와 본질적 질문을 결정하는 전략이다. 따라서 이해는 '국가유산은 우리의 정체성과 가치를 담은 소중한 자산이며, 과거와 현재를 이어 주는 자료이다.'로 설정하였다. 단원에서 설정한 이해는 성취기준이 포함된 영역의 핵심 아이디어와 닿아 있어야 한다. 이해를 설정한 후, 내용 체계표의 핵심 아이디어를 통해 타당성 여부를 점검할 필요가 있다. 본질적 질문은 해당 질문의 탐구를 통해 이해를 구성할 수 있도록 '국가유산에는 어떤 이야기가 담겨 있을까?' '국가유산은 지켜야 할 만큼 소중한가?'로 설정하였다.

넷째, 습득(A)은 의미와 전이 목표를 달성하기 위해 학습자가 알고 할 수 있어야 하는 핵심적인 지식과 기능을 선정해야 한다. 설정된 습득 목표는 '대구의 국가유산과 국가유산의 하위 유형인 문화유산, 무형유산, 자연유산' '정보를 선택하고, 분석하고, 추론하기'이다.

(2) 2단계: 수용 가능한 증거 결정하기

2단계는 평가를 계획하는 단계로 수행과제와 평가 준거를 설정한다. 이 단계에서는 단순한 반복이나 연습과 같은 형식적인 학습자의 수행을 평가하는 방법을 계획하지 않는다. 학습자들의 수행을 통해 이해와 전이 목표의 도달 여부를 판단할 수 있는 문제의 성격을 지닌 과제를 설정해야 한다. 또한 수행과제는 단원 목표의 유형 코드를 통해 일치도를 점검해야 한다.

수행과제를 계획할 때 Wiggins와 McTighe(2005)가 개발한 GRASPS 요소를 활용하는 것이 효과적이다. 이 요소를 활용하여 개발한 수행과제는 다음과 같다.

> 당신은 대구의 국가유산 해설사이다. 최근 인접한 광역시인 부산과 대구의 관광객 수를 비교한 통계자료를 보니 대구의 관광객 수가 부산보다 적고 관광객도 많이 늘어나지 않는 상황이다. 따라서 대구광역시의 관광객을 유치해야 하기 위한 노력이 필요한 시점이다. 당신은 우리나라 여러 지역을 여행하는 관광객에게 대구의 국가유산을 소개하는 자료를 만들어 관광객을 유치해야 한다. 당신은 조사를 통해 관광객에게 대구의 국가유산에 대한 정확한 내용과 국가유산을 대하는 바른 태도가 포함되어 있으며 관광객이 잘 이해할 수 있는 안내자료를 만들어야 한다.

이 수행과제는 우리 지역의 국가유산을 통해 관광객을 유치하기 위한 안내자료를 만들도록 하였다. 이때, 국가유산의 가치를 통해 이를 대하는 바른 태도를 포함하도록 하였다. 이 수행과제의 평가를 위한 평가 준거로는 내용의 정확성(내용 준거), 과정의 적절성(과정 준거), 결과물의 완성도(질 준거)를 설정하였다. 지역의 국가유산에 대한 자료를 바탕으로 '국가유산은 우리의 정체성과 가치를 담은 소중한 자산이며, 과거와 현재를 이어 주는 자료이다'는 이해를 학습자가 구성했는지 판단하기 위해 개발하였다.

수행과제로 평가한 목표 외, 다른 목표를 평가하기 위한 증거는 국가유산의 유형을 정확하게 알고 있는지 확인하기 위한 퀴즈와 안내자료 제작 과정에 대한 관찰이 가능하도록 개발하였다.

(3) 3단계: 학습 경험 계획하기

3단계는 학습 경험을 계획하는 단계로 A–M–T(습득–의미–전이)의 목표 유형에 맞추어 학습 계획을 수립하는 단계다. 목표 유형에 따라 적합한 교수 전략이 다르므로 이를 고려하여야 한다. 하지만 목표 유형별 교수 전략이 절대적인 것은 아니다. 또한 학습 계획 이전에 단원 학습과 관련한 학습자의 사전 능력을 평가할 수 있도록 계획하고 과정 모니터링도 예측하여 계획해야 한다.

사전 평가는 학습자가 본 학습에 앞서 관련된 지식과 기능의 습득 혹은 결손 정도를 확인하는 것으로 이해와 습득의 목표를 활용하여 계획할 수 있다. 본 단원의 학습은 학생들이 3학년 때 학습한 문화유산과 관련이 된다. 따라서 KWL 차트를 활용하여 학생들이 가지고 있는 때 문화유산에 대한 개념과 지식 정도 및 궁금해하는 것을 확인한다.

학습활동을 계획할 때는 A–M–T의 목표 코드를 활용해야 한다. 코드를 활용하여 학습활동을 코딩하는 과정에서 설계자는 목표와 관련 없는 활동을 선별하여 제외할 수 있으므로 자연스럽게 1단계의 목표와 학습활동의 일치성을 높일 수 있다.

습득 목표(A)에 도달하기 위해서는 우리 지역의 국가유산의 종류, 국가유산의 유형, 특징 등을 습득해야 하며 이를 위해 정보를 선택하고 분류하고 추론하는 기능을 익혀야 한다. 학생들은 기능을 습득하는 과정에서는 주로 크롬북을 활용한 조사하기 과정을 거치게 되는데, 이때는 교사의 시범 및 모델링을 활용한 직접 교수법을 활용하는 것이 효과적이다.

의미 목표(M)에 도달하기 위해서는 조사한 각 국가유산에 대한 특징을 우리의 삶과 연관 지어 추론해 보는 과정이 필수적으로 필요하다. 따라서 교사는 확산적 질문과 피드백을 통한 촉진적인 교수법을 활용하여 학생들이 수행과제를 통해 안내자료에 포함할 내용을 선별하는 과정에서 이러한 의미 구성이 가능하도록 조력해야 한다.

전이 목표(T)에 도달하기 위해서는 우리나라의 여러 지역을 여행하는 관광객에게 제공할 안내자료를 소개하는 과정에서 우리 지역의 국가유산에 대한 자부심과 자긍심이 완성도 높게 제시되었는지 검토하고 피드백하는 과정이 필요하다.

과정 모니터링은 학습 과정 중에 학습자들의 목표 달성 여부를 확인하는 방법과 오개념의 형성 여부 등을 관찰해야 한다. 따라서 학습의 과정에 교사의 관찰, 다른 증거 분석 등을 통해 학생의 오개념 형성을 파악하고 그 원인을 밝히며 즉시 피드백하여 학습 결손을 방지하도록 한다.

〈표 15-3〉 사회과 설계 사례

<table>
<tr><th colspan="3">1단계 - 바라는 결과 확인하기</th></tr>
<tr><td rowspan="6">목표 설정

[4사06-01] 지역의 문화유산을 통해 문화유산의 의미와 유형을 알아보고, 문화유산의 가치를 탐색한다.</td><td colspan="2">전이(T)</td></tr>
<tr><td colspan="2">학생들은 지역에 대한 자긍심을 가지고 생활한다.</td></tr>
<tr><td colspan="2">의미(M)</td></tr>
<tr><td>이해

국가유산은 우리의 정체성과 가치를 담은 소중한 자산이며, 과거와 현재를 이어 주는 자료다.</td><td>본질적 질문

국가유산에는 어떤 이야기가 담겨 있을까?
국가유산은 지켜야 할 만큼 소중한가?</td></tr>
<tr><td colspan="2">습득(A)</td></tr>
<tr><td>핵심 지식

지역의 국가유산
- 문화유산
- 무형유산
- 자연유산</td><td>기능

정보를 선택하기
분석하기
추론하기</td></tr>
</table>

<table>
<tr><th colspan="3">2단계 - 수용 가능한 증거 결정하기</th></tr>
<tr><th>코드</th><th>평가 준거</th><th>평가 증거</th></tr>
<tr><td>T</td><td>내용의 정확성</td><td rowspan="3">수행과제
당신은 대구의 국가유산 해설사다. 최근 인접한 광역시인 부산과 대구의 관광객 수를 비교한 통계자료를 보니 대구의 관광객 수가 부산보다 적고 관광객도 많이 늘어나지 않는 상황이다. 따라서 대구광역시의 관광객을 유치해야 하기 위한 노력이 필요한 시점이다. 당신은 우리나라 여러 지역을 여행하는 관광객에게 대구의 국가유산을 소개하는 자료를 만들어 관광객을 유치해야 한다. 당신은 조사를 통해 관광객에게 대구의 국가유산에 대한 정확한 내용과 국가유산을 대하는 바른 태도가 포함되어 있으며 관광객이 잘 이해할 수 있는 안내자료를 만들어야 한다.

평가 준거
<table>
<tr><th>항목
등급</th><th>내용의 정확성
(내용)</th><th>과정의 적절성
(과정)</th><th>결과물의 완성도
(질)</th></tr>
<tr><td>상</td><td>국가유산을 설명하는 내용이 매우 정확함.</td><td>국가유산 자료를 조사하는 절차가 매우 적절함.</td><td>안내자료의 전체적인 완성도가 매우 높음.</td></tr>
<tr><td>중</td><td>국가유산을 설명하는 내용이 정확함.</td><td>국가유산 자료를 조사하는 절차가 적절함.</td><td>안내자료의 전체적인 완성도가 높음.</td></tr>
<tr><td>하</td><td>국가유산을 설명하는 내용에 일부 오류가 있음.</td><td>국가유산 자료를 조사하는 절차의 일부가 부적절함.</td><td>안내자료의 전체적인 완성도가 일부 낮음.</td></tr>
</table>
</td></tr>
<tr><td>M</td><td>과정의 적절성</td></tr>
<tr><td></td><td>결과물의 완성도</td></tr>
<tr><td>A</td><td>정확성</td><td>다른 증거
퀴즈: 국가유산의 유형과 종류
관찰: 안내자료 제작 과정</td></tr>
</table>

<table>
<tr><th colspan="4">3단계 - 학습 경험 계획하기</th></tr>
<tr><td>코드</td><td>차시</td><td>• KWL 차트를 활용하여 문화유산에 대해 알고 있는 것, 궁금한 점 파악하기</td><td>사전 평가</td></tr>
<tr><td></td><td></td><td>학습활동</td><td>과정 모니터링</td></tr>
<tr><td>A</td><td>1</td><td>• 3-2-1 브릿지를 활용하여 학생의 경험을 확인하기
• 우리 지역의 국가유산에 관심 가지기
• 본질적 질문 탐색하기</td><td>• 사고전략을 활용하여 학생들의 경험을 자유롭게 제시하도록 한다.</td></tr>
<tr><td>M</td><td>2</td><td>• 본질적 질문 결정하고 학급에 게시하기
• 수행과제와 루브릭 제시하기
- 수행과제 제시하기(GRASPS를 활용한 시나리오 형식)
- 수행과제 해결을 위한 계획 수립하기(조사 내용, 조사 방법, 조사 순서 등 결정하기)</td><td>• 수행과제를 해결하기 위한 필요한 조건 및 팀별 역할분담을 하도록 한다.</td></tr>
<tr><td>A</td><td>3</td><td>• 국가유산의 의미와 유형 탐구하기
- 분류하기 활동을 통해 국가유산의 유형 구분하기(퀴즈)
- 문화유산, 무형유산, 자연유산의 의미와 종류 확인하기</td><td>• 사진자료를 활용하여 국가유산의 유형별 특징을 파악하고 분류하게 한다.</td></tr>
<tr><td>M</td><td>4~5</td><td>• 수행과제 해결에 필요한 자료 조사하기
- 크롬북을 활용하여 문화유산, 무형유산, 자연유산 조사하기(관찰)</td><td>• 크롬북 활용에 서툰 학생에게는 직접 교수법으로 지원한다.</td></tr>
<tr><td>M
T</td><td>6~7</td><td>• 조사한 자료 분석하여 안내자료 제작하기
- 조사한 자료를 분석하고 하고 우리의 삶과 연관 지어 추론해서 국가유산의 가치 도출하기
- 국가유산 안내자료 제작하기</td><td>• 루브릭을 다시 한번 안내하여 학생들이 학습 과정을 성찰하도록 한다.</td></tr>
<tr><td>T</td><td>8</td><td>• 수행과제 결과 발표 및 상호 평가하기
• 3-2-1 브릿지를 통해 단원 학습 결과 성찰하기
• 단원 학습을 통해 구성한 학생들의 이해 확인하기</td><td>• 사고전략을 활용하여 학생이 구성한 이해의 정도를 확인한다.</td></tr>
</table>

2) 중학교 도덕과 사례

이 절에서는 백지연(2016)이 개발한 백워드 설계 2.0 버전에 의한 중학교 도덕과 단원 개발 사례를 중심으로 살펴보고자 한다.

도덕 · 윤리 교과는 크게 세 가지 특징을 가지고 있다(백지연 외, 2017). 첫째, 도덕 철학 및 윤리학을 다루는 만큼 일상적으로 사용하지 않는 추상적인 용어들과 난해한 내용들로 인해 학생들에게 매우 어렵고 힘든 면이 분명히 존재한다. 그래서 도덕 교과에서 교사들은 주로 '어떻게 하면 쉽게 가르칠 수 있을까?'를 고민하는 경우가 허다하다. 그러나 바람직한 학습이란 단편적인 지식의 습득이 아닌 학습자가 진정한 이해에 도달하는 것이다. 그러므로 '어떻게 해야 학생들이 진정으로 이해할 수 있는가?'에 적합한 교육과정 설계 방식을 탐색하게 된다면, '교과의 핵심 아이디어에 대한 진정한 이해'를 추구하는 백워드 설계 방식을 가장 적합한 설계 방식으로 수용하게 될 것이다.

둘째, 도덕교육은 인지적, 정의적, 실천적 영역을 모두 포함한 교육목표를 추구하며, 도덕 교육의 진정한 효과는 '학업 성취도'보다는 일상생활 속에서 학습자의 행위를 통해 드러나게 된다는 점이다. 여타 교과와는 달리 지적 성장뿐만 아니라 정서적, 실천적 도덕성을 성장시켜 인격의 완성을 추구하는 것이 도덕교육의 최종 목표인 만큼 '생활에 밀접한 학습자의 수행'에 초점을 두는 백워드 설계 방식이 도덕교육의 목표 달성과 교육의 효과를 드러내기 위해 매우 유용한 방법 중 하나라고 할 수 있다.

셋째, 평가의 어려움이다. 도덕 교육이 추구하는 목표가 인지적, 정의적, 실천적 도덕성의 추구이므로, 오로지 인지적 영역에 대한 학업성취평가로는 학습자가 도덕 교과의 목표를 온전히 달성했음을 확인하는 것은 애초에 불가능하다. 그러므로 누가 시험 점수를 더 많이 받았는가보다는 학습자 개인의 내면적 변화를 불러일으키도록, 학습자가 스스로 사고하고 탐구하여 도덕 교과의 과제를 수행해 가는 과정에 대한 평가가 함께 이루어져야 한다. 백워드 설계에서는 학습자가 스스로 수행과제를 탐구하는 과정에 대한 평가, 이해의 여섯 가지 측면을 활용한 평가과제 및 루브릭 구성이 강조되므로, 도덕교육의 목표 달성을 확인할 때, 매우 적절한 설계방식이라고 할 수 있다.

따라서 이 장에서는 중학교 도덕 1의 도덕적 실천 중단원을 백워드 설계 모형 2.0 버전을 적용하여 개발하였다. 국가수준 교육과정에 제시된 도덕적 실천 단원의 교육과정 내용, 성취기준, 성취수준은 〈표 15-4〉와 같으며 이후에는 구체적인 설계 과정을 제시하고자 한다.

〈표 15-4〉 국가수준 교육과정에 제시된 도덕적 실천 단원의 교육과정 내용, 성취기준, 성취수준

교육과정 내용	성취기준	성취수준	
도914. 도덕적 사고와 행동 간의 괴리로 인해 발생하는 다양한 문제와 이에 대한 원인을 분석한다. 이를 바탕으로 도덕적으로 아는 것과 실천이 일치할 때 도덕적인 생활이 가능함을 인식하고, 자신이 옳다고 믿는 바에 따라 행동할 수 있는 의지와 태도를 지닌다.	도914. 도덕적 사고와 행동이 일치해야 도덕 생활이 가능함을 분명하게 인식하고, 자신의 도덕적 신념에 따라 행동할 수 있는 적극적인 의지와 태도를 가질 수 있다.	상	도덕적 사고와 행동이 일치해야 도덕적 생활이 가능함을 인식하고, 자신의 도덕적 신념에 따라 행동할 수 있는 의지와 태도를 지닐 수 있다.
		중	도덕적 사고와 행동이 일치해야 도덕적 생활이 가능함을 인식하고, 부분적이지만 자신의 도덕적 신념에 따라 행동할 수 있는 의지와 태도를 지닐 수 있다.
		하	도덕적 사고와 행동이 일치해야 도덕 생활이 가능하다는 것을 이해한다.

(1) 1단계: 바라는 결과 확인하기

백워드 설계 모형 2.0 버전을 계획할 때, '1단계' '바라는 결과 확인하기'는 교과 단원의 목표를 '학습자의 진정한 이해'로 재구조화하는 단계이다. 단원의 성취기준과 차시 목표들에 대한 대략적인 인지과정을 거치면, 1단계에서 이 단원의 목표를 설정한다. 단원 설계를 위해서 도덕과의 대단원인 '도덕적 주체로서의 나'에 관한 내용들을 분석하였다. 지식의 구조 조직자를 활용하여 사실적 지식, 전이 가능한 개념, 단편적 지식, 복잡한 과정, 원리와 일반화를 분석하였다.

지식의 구조에서 나타나는 사실적 지식과 단편적 기능은 1단계의 습득에 해당하며, 전이 가능한 개념과 원리, 일반화는 '도덕적 실천' 단원에 대한 구체적인 이해와 전이 목표 구성에 대한 포괄적인 이해라고 볼 수 있다. 또한 복잡한 과정은 수행과제 설정에 아이디어를 제시한다.

백워드 설계 모형 2.0 버전 템플릿 1단계의 목표를 구성하는 전이 목표, 의미 목표, 습득 목표를 서술하기 위해 '도덕적 실천' 단원의 성취기준을 두 가지 조직자를 통해 분석하였다. 첫 번째 조직자는 세 가지 동심원 조직자이다. 백워드 설계 모형 1.0 버전에서 내용의 우선순위를 명료할 때에는 세 개의 동심원 조직자를 활용하도록 안내하고 있다. 2.0 버전에서도 단원 내용 체계표를 바탕으로, 친숙할 필요가 있는 것, 알고 할 수 있어야 하는 중요한 것, 영속적 이해로 구분을 하면, 세 개의 동심원 조직자를 구성할

수 있다. 영속적 이해를 일반화 문장으로 서술하면, '도덕적 사고와 행동을 일치시키려는 신념에 따라 행동할 때, 도덕적 생활이 가능하다.'이다. 두 번째 조직자는 Wiggins와 McTighe(2011)가 2.0 버전에서 소개한 성취기준 분석 워크시트이다. 이 조직자는 단원의 성취기준 분석을 통해 전이 목표를 추론하여 템플릿을 구성할 수 있게 한다(Wiggins & McTighe, 2011). 성취기준 워크시트를 통한 장기적인 전이 목표는 '첫째, 자신의 비도덕적 행동의 원인을 알고 반성한다. 둘째, 일상생활 속에서 행동의 동기와 결과를 고려하며 행동한다. 셋째, 자신의 삶에서 신념을 탐색한다.'로 설정하였으며, 각 전이 목표는 '동기에 따라 도덕적 행위의 가치가 달라질 수 있다.' '비도덕적 행동의 원인을 유추할 수 있다.' '인간은 자율성을 지니며, 이는 신념으로 드러난다.'라는 이해와 연관된다. 이해에 따른 본질적 질문은 '브레인스토밍'과 '이해의 여섯 가지 측면의 조직자'를 이용하여 설정하였다.

마지막으로, 1단계 바라는 결과에서 진술되어야 하는 것은 습득(지식과 기능) 목표이다. 교사들의 일상적인 수업 설계 방식에서 학습 목표로 가장 익숙한 것은 아마 '습득 목표'일 것이다. 습득 목표에서 지식이란 그 차시에 해당되는 사실, 정의, 기본 개념에 대한 앎(서술적 지식)이며, 기능은 수업 장면에서 요구되는 어떤 행위와 과정을 능숙하게 수행할 수 있는 능력(절차적 지식)을 말한다. 예를 들어, '도덕 원리 검사의 종류 알기' 등이 지식에 속하며, '토론하기' 등이 기능에 속한다고 볼 수 있다. 그러나 지식과 기능은 이해를 위한 과정일 뿐이다. 왜냐하면 이해는 학습자 스스로가 유의미한 추론을 통해 다양한 맥락에서 활용할 수 있는 전이가능성을 지녔을 때만 이해라고 할 수 있기 때문이다(Wiggins & McTighe, 2011: 127).

(2) 2단계: 수용 가능한 증거 결정하기

1단계의 바라는 결과를 확인한 후, 2단계에서는 바라는 결과에 학습자가 도달한 정도를 확인하기 위한 증거를 결정해야 한다. 2단계 수용 가능한 증거 결정하기는 1단계에서 설정한 목표인 '이해'에 대한 증거를 확인하기 위해, 학습자의 수행을 평가하는 단계이다. 2단계를 설계하기 위해서는 그 전에 다음의 3가지 질문에 답하도록 노력해야 한다. 첫째, '이해가 포함된 목표가 달성되었다는 증거를 찾아내기 위해 학습자로 하여금 어떠한 준거에 따른 증거를 수집해야 하는가?', 둘째, '바라는 결과가 어떤 수준에 따라 성취되었는가를 확인하기 위해 각 수준은 어떻게 설정할 것인가?', 셋째, '수집된 증거는 평가의 타당도와 신뢰도 측면에서 목표와 일치하는가?'와 같은 질문들이다(Wiggins & McTighe, 2005). 수행 과제에 대한 아이디어는 목적과 이해의 여섯 측면을 기초로 한 브레인스토밍을 통해 구성하였다(Wiggins & McTighe, 2011).

2단계는 백워드 설계 모형의 평가 관점에 기초하여 1단계의 목표에 따른 준거와 수행과제, 루브릭이 일치되도록 설계하였다. 특히 평가 준거의 4가지 유형 중에서 내용 유형과 효과 유형에 따라 설정되었다. 내용, 효과, 과정, 질의 준거 유형 중에서 특히 내용과 효과 유형의 준거를 설정한 이유는 '도덕적 실천' 단원의 의미 목표가 '현실에서 나타나는 비도덕적 행동이 있으며, 이에 대한 인과를 유추할 수 있다.'와 관련되므로 전략이나 조직에 관한 것이기보다는 삶의 내용과 과제 수행의 효과에 관한 준거가 핵심적인 이해의 증거이기 때문이다. 삶 속에서 나타나는 비도덕적 행동과 도덕적 행동에 대한 내용 이해의 증거를 확인하기 위해 내용 유형의 준거로 표현력, 적절성, 정확성을 추출하였다. 그리고 과제 수행의 효과에 따라 학습자가 이해했음을 확인할 수 있는 증거로 효과 유형 준거인 추론력, 판단력을 추출하였다.

2단계의 평가 준거와 평가 증거는 T, M, A 코딩을 통해, 1단계 목표와의 일관성을 유지하였고 이에 맞는 전이과제를 GRASPS 과제 요소에 맞추어 제시하였다.

(3) 3단계: 학습 경험 계획하기

1단계에서 목표를 설정하였으며 2단계에서 평가를 계획했다면, 3단계에서는 학습 계획의 '윤곽'을 그릴 차례다. Wiggins와 McTighe(2011)는 '윤곽'이라는 용어를 통해 3단계의 학습 계획이 상세한 수업 계획을 짜는 것은 아니라고 밝힌다. 3단계 설계에서 고려되어야 할 준거는 2가지를 제시할 수 있는데, 첫째, 학습계획은 학습자들의 사고를 유발하고 참여를 불러올 만큼 매력적이고, 바라는 결과를 가능한 한 효율적으로 성취하도록 효과적으로 계획되어야 한다. 학습 계획의 준거인 '매력적'이고 '효과적'인 설계를 위해 수업 설계의 중요한 요소들을 고려해야 한다. 중요한 요소들을 빠짐없이 고려하기 위한 아이디어로 Wiggins와 McTighe(2011)는 3단계 학습 경험 계획하기에서는 WHERETO 요소를 활용할 것을 제안한다. WHERETO는 순서대로 반드시 따라야 할 방침이기보다는 수업안의 요소를 점검하는 일종의 준거로 활용할 수 있다. 3단계 학습-계획은 1단계의 목표와 2단계의 수행과제를 기반으로 다양한 유형의 교수-학습 방법을 고려하여 구성되는 수업 계획이다.

〈표 15-5〉 도덕과 설계 사례

<table>
<tr><th colspan="3">1단계 - 바라는 결과 확인하기</th></tr>
<tr><th>목표 설정</th><th colspan="2">전이(T)</th></tr>
<tr><td rowspan="7">도914. 도덕적 사고와 행동이 일치해야 도덕적 생활이 가능함을 분명하게 인식하고, 자신의 도덕적 신념에 따라 행동할 수 있는 적극적인 의지와 태도를 가질 수 있다.</td><td colspan="2">T1. 삶 속에서 자신의 비도덕적 행동의 원인을 알고, 반성한다.
T2. 일상생활 속에서 학생들은 자신의 행동의 동기와 결과를 고려하며 행동한다.
T3. 올바른 삶에 대한 준거를 갖고, 자신의 삶에서 신념을 탐색한다.</td></tr>
<tr><th colspan="2">의미(M)</th></tr>
<tr><th>이해</th><th>본질적 질문</th></tr>
<tr><td>U1. 우리가 어떤 행동이 도덕적 행동이라고 할 때, 동기에 따라 평가가 달라질 수 있으며, 사람마다 다양한 준거를 가진다.
U2. 도덕적 행동이 이루어지기 위해 도덕적 지식, 도덕적 사고, 신념, 의지가 모두 필요하다.
U3. 자유로운 존재로서 인간은 자신만의 신념을 가지며 올바른 신념을 가진 사람이 도덕적 삶을 살아간다.</td><td>Q1. 우리가 도덕적인 행동에 대해서 ‘아는 것’은 모두 ‘실천’될 수 있을까?
Q2. 모든 신념은 옳을까?
Q3. 우리가 어떤 행동을 도덕적 행동, 비도덕적 행동으로 구분할 수 있다면, 그 기준은 무엇일까?
Q4. 도덕적으로 실천하기 위해서 강조되어야 할 것은 무엇이고, 왜 그렇게 생각하는가?</td></tr>
<tr><th colspan="2">습득(A)</th></tr>
<tr><th>핵심 지식</th><th>기능</th></tr>
<tr><td>K1. 도덕적 행동의 핵심 구성 요소 및 개념
K2. 도덕적 행동과 비도덕적 행동의 원인과 결과
K3. 도덕적 실천 동기의 종류
K4. 신념의 의미</td><td>S1. 현상을 보고 인과를 유추하기
S2. 행동의 도덕적 가치 평가하기
S3. 근거를 들어 설명하기
S4. 기준에 따라 구분하기
S5. 자기 내면을 탐색하기</td></tr>
</table>

2단계 - 수용 가능한 증거 결정하기		
코드	평가 준거	평가 증거
   A T M	 • 표현력 • 추론력 • 적절성	수행과제 〈수행과제 1〉 • 여러분은 소설가입니다. '완득이'와 같은 짧은 청소년 소설을 완성해야 합니다. 모둠원들이 순서대로, '비도덕적 행동을 하는 청소년에 대한 짧은 소설 이어쓰기'를 합니다. 소설의 내용에는 인물, 사건 배경이 효과적으로 제시되어야 하며, 소설을 읽고 주인공이 하는 행동의 인과, 주변인들의 평가를 생각하여 서술해야 합니다.
 A M T	 • 정확성 • 적절성 • 판단력 • 추론력	〈수행과제 2〉 • 여러분은 출판사 직원입니다. 학생들을 위한 교육용 인물 백과사전을 제작해야 합니다. 이 백과사전에는 우리가 생각하기에 옳은 신념을 가진 인물과 옳지 못한 신념을 가졌다고 판단하는 인물이 포함되어야 합니다. 인물들의 신념을 조사하고, 이 인물들의 신념이 옳은지 또는 옳지 않은지에 대해 직접 평가해야 하며, 그 근거가 제시되어야 합니다.
 A	 • 정확성	다른 증거 • 구술: 핵심 지식에 대한 질문 • 마인드 맵: 도덕적 행동의 구성 요소 • 토론: 비도덕적 행동 관련 영상 시청 후, 원인에 관해 토론 • 지필평가: 도덕적 실천

3단계 – 학습 경험 계획하기			
코드	• 3단계 학습 활동 전 본질적 질문에 대해 묻고 답하는 활동을 통해 학생들의 사전 지식을 점검한다. • 일상 생활에서 겪게 되는 다양한 비도덕적 상황에 대한 경험 나누기를 통해 자신의 삶을 점검해보도록 안내한다.		사전 평가 / 과정 모니터링
M	사전 평가	K-W-L을 활용하여 학생들의 사전 지식을 평가하고 학생들은 이 단원에 대해 스스로 식별한 학습목표를 인식한다.	• 토론 상황이나 개인별 과제에 어려움을 겪는 학생에게는 교사가 미리 형성 평가를 실시하거나, 비공식적으로 피드백을 제공할 수 있음.
A	1차시	• '아는 것'과 '실천하는 것'은 같은가 다른가, 도덕적 행동이 이루어지기 위해서는 어떤 과정이 필요한가에 대한 본질적 질문에서부터 단원을 시작한다. • 학생들 자신의 경험에서 아는 것과 실천하는 것이 달랐던 사례를 서술하게 하고 그 이유를 탐색해 보게 한다. • 도덕적 행동과 비도덕적 행동의 준거에 관해 퀴즈로 확인하고, 비도덕적 행동의 종류에 대해 마인드맵을 그려 본다.	• 흔한 오개념과 다음과 같은 학습 결손을 방지하기 – 충분한 개념이해 실패 – 토론 장면에서의 소극적인 태도
M		• 동화 『양치기 소년』을 보고, 양치기 소년이 도덕적 행동을 하기 위해 소년에게 필요한 것이 무엇인지 토론해 보게 한다.	
A, M	2차시	• 영화 〈완득이〉 영상을 보고, 완득이가 도덕적 지식에 따라 행동하는지, 그렇지 않다면 비도덕적 행동의 원인이 무엇인지에 대해 모둠별로 토론해 보도록 한다. 토론 결과지를 작성한 후, 모둠별로 발표한다.	• 학습자가 수행과제와 루브릭에 대해 정확하게 파악하는지를 확인해야 함.
M		• 수행과제 1과 루브릭을 안내하고, 모둠별로 내용에 관해 논의하도록 한다.	

<table>
<tr><td>M</td><td>3차시</td><td>• 루브릭을 참고하여, 수행과제를 실시한다. 모둠별로 20분 정도 내용을 작성할 시간을 주고, 그 후 모둠별로 발표할 시간을 가진다.</td><td>• 작성 시간과 발표 시간을 잘 배분하여 모든 모둠이 발표하도록 함.</td></tr>
<tr><td>M</td><td rowspan="2">4차시</td><td>• '도덕적인 행동의 준거는 모든 사람에게 같은가 다른가? 도덕적인 삶을 사는 사람들이 옳다고 생각하는 신념은 어떤 것인가?'에 대한 본질적 질문에서부터 시작한다.</td><td rowspan="2">• 수행과제에 필요한 자료와 준비물을 계획하도록 한다.</td></tr>
<tr><td>A</td><td>• 신념의 의미와 신념이 준거에 따라 구분될 수 있음을 설명해 준다. '청소년 세바시'를 소개한다. 등장 인물들의 신념을 찾아보고, 이러한 신념을 옳다고 생각하는지, 옳지 않다고 생각하는지를 판단하고, 그 근거를 쓰도록 한다.</td></tr>
<tr><td>M</td><td rowspan="2">5차시</td><td>• 수행과제 2과 루브릭을 안내하고, 개인별로 수행과제에 대한 계획을 세우도록 한다.</td><td rowspan="2">• 학생들에게 스티커를 나눠 주고 갤러리 워킹 시 다른 친구들의 작품에 붙일 수 있도록 한다.</td></tr>
<tr><td>M, T</td><td>• 루브릭을 참고하여, 수행과제를 실시한다. 모둠별로 30분 정도 내용을 작성할 시간을 주고, 그 후 개인별로 자신의 산출물을 전시하고 갤러리 워킹을 통해 친구들의 결과물을 감상한다.</td></tr>
<tr><td>A</td><td rowspan="2">6차시</td><td>• 교과서를 통해 도덕적 지식을 도덕적 행동으로 이어지게끔 하려면 어떤 과정이 필요한지, 교과서에 나타난 바람직한 신념을 위해 해야 할 노력에 관해 확인하도록 한다.</td><td rowspan="2">• 질문과 지필평가를 통해 핵심 지식을 확인하고, 학생들에게 본질적 질문을 환기시킨다.</td></tr>
<tr><td>A, T</td><td>• 질문을 통해 핵심지식을 확인하고, 수업 내용에 대해 각자가 느낀 점과 소감 등을 작성하여 발표를 통해 공유함으로써 개인의 경험을 일반화된 이해가 되도록 한다.</td></tr>
</table>

요약

Wiggins와 McTighe(2011)는 백워드 설계와 관련된 연구를 진행하는 과정에서 새로운 아이디어와 세계 각국의 사용자들의 의견을 반영하여 백워드 설계 2.0 버전을 제안하였다.

백워드 설계 2.0 버전에 반영된 새로운 아이디어는 크게 세 가지로 구분할 수 있다. 첫째, 1단계에서 설정되는 단원의 목표가 전이(Transfer: T), 의미(Meaning: M), 습득(Acquisition: A)으로 유형화되었다. 둘째, 목표 유형을 T, M, A로 코드화하여 2, 3단계에 활용하도록 하였다. 셋째, 설계 템플릿이 수정되었다.

수정된 백워드 설계 템플릿 2.0 버전의 각 단계별 특징을 살펴보면, 첫째, 1단계의 템플릿은 목표 설정, 전이, 의미, 습득으로 구분되어 있다. 즉, 2.0 버전에서는 단원의 최종 목표를 전이로 설정하였다. 둘째, 평가 준거를 수행과제보다 앞 칸에 배치하여 강조하였다. 이는 1단계의 바라는 결과와의 일치성이 높은 수행과제가 선정되도록 하기 위한 전략이다. 셋째, 3단계의 템플릿은 코드, 사전 평가, 학습활동, 과정 모니터링으로 구분되어 있다. 학습 과정에서 학생들에게 즉각적인 피드백이 가능하도록 하며 목표와 학습활동의 일치도를 높이기 위한 방안이 도입되었다.

토론 과제

1. 백워드 설계 1.0 버전과 2.0 버전을 비교하여 2.0 버전의 특징을 찾아 제시하시오.
2. 백워드 설계 템플릿 2.0 버전을 분석하여 장단점을 제시하시오.

부록

부록 1 백워드 설계 사례

1 수학과 사례[1)]

초등학교 수학과 비율그래프 단원을 백워드 설계를 적용하여 개발한 사례다. 설계자는 그동안 비율그래프 단원의 문제점으로 실생활 자료의 제시 부족, 자료 선택 및 가치 판단의 기회 부족, 그래프 분석 경험 부족, 통계적 사고 과정 부족, 그래프 해석 능력보다 그래프 작성 능력만의 강조로 제시하였다. 이러한 문제점을 해결하고 수학과의 목적과 성취기준을 달성하기 위해 백워드 설계 방식을 선택하였다.

설계자는 백워드 설계 과정을 충실히 따르고 있다. 구체적으로 살펴보면, 이 단원을 설계한 설계자는 1단계 개발 과정에서는 초등학교 수학과 교육과정 및 교사용 지도서에 제시된 목표, 내용 체계표, 성취기준, 단원 목표의 확인을 통해 영속한 이해, 이해의 여섯 측면, 본질적 질문, 핵심 지식과 기능을 개발하였다. 2단계에서는 GRASPS를 활용하여 수행과제를 개발하고 총체적 루브릭과 분석적 루브릭을 개발하였고, 3단계에서는 9차시 39개의 WHERETO 요소를 개발하였다고 밝히고 있다. 구체적인 설계안은 다음과 같다.

1단계 – 바라는 결과 확인하기

목표 설정

- 주변의 현상을 수학으로 관찰하고 해석하는 능력을 기른다.
- 사회 및 자연의 수학 현상에서 파악된 문제를 합리적이고 창의적으로 해결하는 능력을 기른다.
- 비율그래프(띠그래프, 원그래프)를 알고 주어진 자료를 이용하여 비율그래프를 그리고, 전체와 부분에 관한 통계 사실을 알고 주어진 정보를 읽을 수 있다.

1) 박일수(2012). 백워드 설계 모형의 수학과 적용 가능성 탐색: 초등학교 6학년 비율그래프 단원을 중심으로. 교육과정연구, 30(4), 109–137에서 발췌하여 템플릿 양식에 맞게 수정함.

이해

- 비율그래프가 필요한 이유를 설명한다.
- 비율그래프에 제시된 상황을 자신의 생활 경험과 비추어 해석한다.
- 일상생활에서 쉽게 접할 수 있는 신문, 인터넷 매체에 제시되어 있는 수치와 표를 비율그래프로 표현한다.
- 비율그래프에 제시된 현상을 다양한 시각에서 객관적으로 비판한다.
- 비율그래프에 제시된 현상을 그 사람의 입장에서 생각한다.
- 비율그래프, 자료 읽기, 자료 해석, 예측, 문제 해결 과정의 타당성을 검토한다.

본질적 질문

- 비율그래프는 꼭 필요한가?
- 비율그래프에 제시된 결과를 통하여 유추할 수 있는 현상은 무엇인가?
- 일상생활의 자료를 비율그래프로 표현하려면 어떻게 해야 하는가?
- 비율그래프에서 제시하고 있는 현상의 특징, 문제, 대안은 무엇인가?
- 비율그래프의 결과가 조사 대상에 따라서 다른 이유는 무엇인가?

핵심 지식

- 띠그래프와 원그래프의 용어와 뜻
- 띠그래프와 원그래프의 구성 요소
- 띠그래프와 원그래프의 특징
- 띠그래프와 원그래프 그리는 방법

기능

- 띠그래프와 원그래프 그리기
- 띠그래프와 원그래프의 정보 읽기
- 띠그래프와 원그래프의 정보 해석하기
- 자료 수집, 분류, 정리하기

2단계 - 수용 가능한 증거 결정하기

수행과제

수행과제 1:

목표: 당신의 과제는 초등학교 학생들이 운동을 규칙적으로 할 수 있도록 하는 것이다.

역할: 당신은 신문기자이다.

대상: 대상은 초등학생이다.

상황: 당신은 소년 교육일보 사회부 소속 기자다. 소아 비만이 사회적인 문제가 되고 있다. 이번에 발행하는 소년 교육일보에서는 소아 비만의 원인과 해결방안에 관한 특집 기사를 준비하고 있다. 당신은 초등학생의 운동 실태에 관한 신문기사를 작성해야 한다.

수행: 당신은 초등학생의 운동 실태를 조사하고, 조사 결과에 기초하여 소아 비만의 원인과 해결 방안을 신문 기사로 작성한다.

기준: 당신의 신문 기사에는 다음이 포함되어야 한다.

- 신문 기사에는 초등학생의 운동 실태 조사 결과에 대한 띠그래프가 포함되어야 한다.
- 초등학생의 운동 실태는 모둠별로 초등학교 학생을 대상으로 직접 조사해야 한다.
- 띠그래프 그리기는 컴퓨터 프로그램을 이용할 수 없다.
- 신문 기사에 사용되는 띠그래프는 모둠에서 조사한 결과를 공유하되, 띠그래프와 신문 기사는 각자 개별적으로 손글씨로 작성해야 한다.

수행과제 2:

목표: 당신의 목표는 초등학생들에게 환경오염의 심각성을 알려 주는 것이다.

역할: 당신은 환경운동가다.

대상: 대상은 초등학교 6학년이다.

상황: 당신은 늘푸른환경단체에 소속되어 있는 환경운동가이다. 당신은 초등학교 교장선생님으로부터 초등학교 6학년 학생을 대상으로 환경오염의 심각성을 일깨우고, 학생들이 환경을 보호하는 마음을 가질 수 있는 주제로 강의 의뢰를 받았다.

수행: 당신은 초등학생들이 환경오염의 심각성을 깨닫고, 환경 보호를 실천할 수 있는 발표 자료를 제작해야 한다.

(계속)

기준: 당신의 발표 자료에는 다음이 포함되어야 한다.
- 초등학교 학생들의 호기심을 불러일으킬 수 있는 환경오염의 문제
- 환경오염의 심각성을 나타내는 원그래프 제시
- 환경오염의 심각성을 제시하는 자료는 신문, 인터넷 웹 기사의 데이터 및 그래프 활용
- 초등학생들이 실천할 수 있는 환경오염 예방 방안 제시

평가 준거

수행과제 1: 총체적 루브릭

점수	기술
4	자료 수집, 정리, 분석한 결과를 띠그래프로 정확하게 그리며, 띠그래프에 기초하여 현상의 특징, 문제점, 대안을 적절하게 제시한다.
3	자료 수집, 정리, 분석한 결과를 띠그래프로 표현하지만, 띠그래프를 읽을 때 어려움이 있으며, 띠그래프에서 제시하고 있는 현상의 특징, 문제점, 대안을 적절하게 제시한다.
2	자료 수집, 정리, 분석한 결과를 띠그래프로 표현하지만, 띠그래프를 읽을 때 어려움이 있으며, 띠그래프에서 제시하고 있는 현상의 특징, 문제점을 파악하지만, 대안을 적절하게 제시하지 못한다.
1	자료 수집, 정리, 분석한 결과를 띠그래프로 적절하게 표현하지 못하며, 띠그래프에서 제시하고 있는 현상의 특징, 문제점, 대안을 적절하게 제시하지 못한다.

수행과제 2: 분석적 루브릭

비중	자료 읽기	자료 해석	수학적 의사소통	수학적 문제 해결
3	원그래프에 제시된 자료를 정확하게 읽는다.	원그래프의 자료를 일상생활과 연결시켜 해석한다.	원그래프의 자료를 학생들에게 효과적으로 설명한다.	원그래프에 제시된 자료에 기초하여 합리적인 해결 방안을 제시한다.
2	원그래프에 제시된 자료를 읽을 수 있으나, 1~2곳에서 오류를 나타낸다.	원그래프의 자료를 일상생활과 연결시키지만, 타당하게 해석하지 못한다.	원그래프의 자료를 학생들에게 전달하지만, 유창하지 못하다.	원그래프에 제시된 자료에 기초하여 해결 방안을 제시하지만, 합리적이지 못하다.
1	원그래프에 제시된 자료를 읽을 때, 세 곳 이상에서 오류를 나타낸다.	원그래프의 자료를 일상생활과 연결시켜 해석하지 못한다.	원그래프의 자료를 학생들에게 효과적으로 전달하지 못한다.	원그래프에 제시된 자료와 문제 해결 방안을 관련짓지 못한다.

다른 증거

평가 방법	평가 내용
퀴즈와 시험 (지필고사)	1. 전체 항목에 대한 각 항목의 백분율 계산하기 2. 비율그래프(띠그래프, 원그래프)의 백분율 계산 3. 비율그래프(띠그래프, 원그래프) 완성하기 4. 비율그래프(띠그래프, 원그래프)의 정보 읽기
서술형 평가	1. 비율그래프(띠그래프, 원그래프)의 뜻, 필요성 및 적용되는 상황 2. 비율그래프(띠그래프, 원그래프) 그리기 3. 비율그래프(띠그래프, 원그래프)의 정보 읽기, 예측, 문제 해결 4. 탐구 주제에 대한 자료 수집, 분류, 정리 및 정리한 결과를 비율그래프(띠그래프, 원그래프)로 그리기
관찰과 대화	1. 비율그래프(띠그래프, 원그래프) 그리는 과정 2. 탐구 주제에 대한 자료 수집, 분류, 정리 과정
구술 평가	1. 비율그래프(띠그래프, 원그래프)의 정보 읽기 2. 비율그래프(띠그래프, 원그래프)의 현상을 다양한 관점에서 말하기
자기 평가	1. 비율그래프 그리기, 자료 읽기, 자료 해석, 예측, 문제 해결 과정의 타당성 검토

3단계 - 학습 경험 계획하기

교수–학습 경험 계획

교수–학습 경험(WHERETO)

1. 환경오염의 원인을 원그래프로 제시한 플래시 동영상 자료를 보여 주고 비율그래프에 대해 흥미 유발하기(H)
2. 본질적 질문과 수행과제 1, 2를 PPT로 제시하고 학생들에게 설명하기(W)
3. 꺾은선 그래프, 막대그래프, 그림그래프와 비율그래프를 제시하고, 비율그래프의 뜻, 특징, 장점에 대하여 토의하기(E1, R)
4. 띠그래프를 제시하고, 띠그래프가 만들어지는 과정에 대하여 토의하기(E1)
5. 1번 수행과제 자료 수집을 위한 조사 문항 만들기(E1, R, E2, T)

(계속)

6. 띠그래프와 백분율과의 관계 파악하고 백분율 계산하기(E1, E2)
7. 띠그래프의 용어, 특징, 장점 발표하기(R, E2, o)
8. 우리 반 학생들이 받고 싶어 하는 선물을 조사한 띠그래프의 PPT를 제시하고, 관련 정보를 읽고, 조사 대상에 따라 조사 결과가 달라질 수 있는지에 대하여 토의하기(H, E1, R)
9. 1번 수행과제의 자료 수집 대상 및 자료 수집 계획에 대하여 토의하기(E1, R, E2)
10. 일상생활의 자료를 띠그래프로 표현하려면 어떻게 해야 하는가(본질적 질문)에 대한 문제 제시하기(W)
11. 조사한 자료를 띠그래프로 그리는 방법에 대하여 토의하기(E1)
12. 학생들이 좋아하는 애완동물을 조사하여 나타낸 표를 보고 띠그래프를 그리고, 자신이 그린 띠그래프를 친구와 비교하기(E1, R, E2)
13. 우리반 학생의 혈액형을 조사하여 나타낸 표를 보고 띠그래프 완성하기(E1, R, E2, O)
14. 띠그래프의 자료가 제시하는 것, 의미하는 것, 문제 해결 방안은 무엇인가(본질적 질문)에 대한 문제 제시하기(W)
15. 한 달 동안 용돈의 쓰임을 나타낸 띠그래프에 제시된 정보를 읽고 친구가 한 달 동안 있었던 일 예상하기, 띠그래프에 제시된 용돈 쓰임새의 장점과 단점을 찾고 자신의 용돈 쓰임새와 비교하기(H, E1, R, E2, T)
16. 한 달 동안 용돈의 쓰임을 나타낸 띠그래프에 제시된 정보를 다른 자료로 변환하여 해석하기(E1, R)
17. 연도별로 제시된 우리나라 연령별 인구 구성비의 변화를 나타낸 띠그래프에 제시된 항목을 읽고, 우리나라 연령별 인구 구성비의 특징 해석하기(E1, R)
18. 연도별로 제시된 우리나라 연령별 인구 구성비의 변화를 나타낸 띠그래프에 제시된 정보를 보고, 이러한 현상이 발생한 원인, 앞으로의 변화 예측, 이러한 현상이 지속될 때의 문제점과 해결 방안에 대하여 토의하기(E1, R)
19. 1번 수행과제 자료 정리 계획 토의하기(E1, R, T)
20. 띠그래프의 자료 읽기, 해석에 관한 서술형 평가(E2, O)
21. 모둠에서 조사한 결과를 바탕으로, 개인별로 신문 기사 작성하고 전시하기(W, E1, R, E2, T, O)
22. 원그래프가 왜 필요한가(본질적 질문)에 대한 질문 제기 및 2번 수행과제 설명(W)
23. 띠그래프와 원그래프를 제시하고, 두 그래프의 공통점과 차이점 살펴보기(H, E1)
24. 원그래프와 백분율과의 관계 파악하고 백분율 계산하기(E1)
25. 원그래프의 용어, 특징, 장점 발표하기(R, E2)
26. 2번 수행과제(환경오염의 심각성을 나타내는 원그래프 자료 찾기) 계획 수립(E1, E2, T, O)

(계속)

27. 일상생활의 자료를 원그래프로 표현하려면 어떻게 해야 하는가(본질적 질문)에 대한 문제 제시하기(W)
28. 조사한 자료를 원그래프로 그리는 방법에 대하여 토의하기(E1)
29. 학생들의 장래 희망을 조사하여 나타낸 표를 보고, 원그래프를 그리고, 친구들과 함께 원그래프를 비교하기(E1, R, E2, O)
30. 학생들의 취미를 조사하여 나타낸 표를 보고, 원그래프 완성하기(E1, R, E2, O)
31. 원그래프의 자료가 제시하는 것, 의미하는 것, 문제 해결 방안은 무엇인가(본질적 질문)에 대한 문제 제시하기(W)
32. 2번 수행과제에 대한 원그래프 자료를 친구들과 비교하기(E1, R, E2)
33. 우리나라 신재생 에너지의 종류별 발전량을 나타낸 원그래프에 제시된 정보를 읽고, 앞으로의 변화 가능성 예측하기(E1, R)
34. 학생들의 등교 방법을 제시한 원그래프의 정보를 읽고, 등교 방법의 특징 설명하기(E1, R)
35. 종류별 쓰레기 발생량 분포를 나타낸 원그래프를 보고, 이러한 현상이 발생한 원인, 앞으로의 변화 예측, 이러한 현상이 지속될 때의 문제점과 해결방안에 대하여 토의하기(E1, R)
36. 수행과제 2번 발표 계획 토의하기(E1, R, T)
37. 원그래프의 자료 읽기, 해석에 관한 서술형 평가(E2, O)
38. 수행과제 2번 모둠별 발표 및 질의 응답(W, E1, R, E2, O)
39. 비율그래프 단원 정리 및 단원 평가(R, E2, O)

1) 기존 설계안 분석

1단계 설계안을 살펴보면, 첫째, 국가수준 교육과정 문서의 내용 체계표, 학년별 성취기준, 영역 성취기준, 학습 영역 성취기준을 분석하여 성취기준에 적합하게 단원 목표가 설정되었다. 둘째, 이해는 설명, 해석, 적용, 관점, 공감, 자기지식 측면에서 이해의 여섯 측면을 도출하였다. 이는 이 단원에서 학생들이 도달해야 하는 이해의 측면을 구체적으로 제시한 것으로 볼 수 있으나, 이를 통해 학생들이 진정으로 도달해야 하는 영속적 이해를 들추어 내어 일반화된 문장으로 제시할 필요가 있다. 셋째, 핵심 지식과 기능은 이 단원에 해당하는 비율그래프 중 띠그래프와 원그래프에 대한 용어, 구성 요소, 특징, 그리는 방법으로 잘 선정되었으며 기능 또한 수학과의 핵심 탐구 기능이 반영되도록 선정되었다.

2단계는 수행과제를 설정하는 단계이다. 설계자는 띠그래프에 관한 수행과제와 원그래프에 관한 수행과제로 구분하여 2개를 설계하였다. 이때 GRASPS 요소를 활용하여 상황 맥락 속에서 문제 중심의 수행과제를 선정하였다. 이 수행과제에 따른 루브릭은 총체적 루브릭과 분석적 루브릭으로 구분하여 제시하였는데, 두 가지 수행과제의 형식이 유사하여 구체적인 경우 활용할 수 있는 분석적 루브릭을 활용하는 것이 더욱 타당할 것으로 보인다. 두 유형의 루브릭을 활용한 것은 아마도 설계자가 다양한 형태의 루브릭을 보여 주기 위한 결과인 듯하다. 그 외 다른 증거로 지필고사, 서술형 평가, 관찰과 대화 등 다섯 가지의 평가 방법으로 13개의 평가 내용을 선정하였다. 평가를 계획할 때 스냅 사진보다는 스크랩북 형태가 타당하지만 다른 증거의 수가 너무 많은 편이다.

3단계는 학습 경험을 설정하는 단계이다. 설계자는 총 39개의 활동으로 세분화하여 제시하였으며 각 활동마다 WHERETO 요소를 분석하여 작성하였다. WHERETO 요소를 준거로 활용했을 때 누락되는 요소는 없었다. 하지만 O 요소는 학습 경험의 조직화 요소로 배열을 통해 자연스럽게 나타나므로 각 학습 경험에는 드러나지 않는 것이 일반적인데 '20. 띠그래프의 자료 읽기, 해석에 관한 서술형 평가'에 O 요소가 제시되어 있다. 이는 학생들이 자료를 읽고 해석할 때 얼마나 조직적으로 서술하는지를 평가한다는 의미로 O 요소가 사용된 것이라고 추론할 수 있다. 만약 그렇다면 이는 학습 결과물에 대한 것이므로 O 요소가 아니라 루브릭에 이 요소를 반영해야 할 것이다.

전체적으로 살펴보면, 1, 2, 3단계 과정을 충실히 밟아 일관성 있게 설계가 이루어졌다. 하지만 국가수준 교육과정에서는 비율그래프 단원이 9차시로 계획되어 있는데, 백워드 설계에 의한 단원이 몇 차시로 구성되었는지 설계자가 밝히지 않고 있다. 물론 백워드 설계 후 단원의 차시는 증감은 가능하나 지나치게 증가될 경우, 다른 단원 및 수학과 수업 시수에 영향을 미치기 때문에 사전에 교육과정 시수에 대한 검토가 필요하다. 현재 설계안을 살펴보면 수행과제 2개, 다른 증거 13개로 학생 활동이 많은 편이다. 또한 처음 단원 분석 학습의 흐름을 '띠그래프의 이해 → 띠그래프 그리기 → 띠그래프 정보 읽기 → 원그래프 이해 → 원그래프 그리기 → 원그래프 정보 읽기'로 제시하고 있는데, 백워드 설계에서도 동일한 흐름을 따르고 있다. 학생들의 탐구와 심층적 이해를 돕고 학습량을 적정화하기 위해 두 그래프를 비교하는 과정을 거쳐 이해하고 그리는 방법을 습득하게 한 후, 수행과제를 두 개로 제시하지 않고 상황에 적합한 그래프를 학생이 선택하여 그리고 해석할 수 있도록 재구성하는 것이 한 가지 대안이 될 수 있을 것이다.

2) 설계안 수정

수학과 백워드 설계안 분석 결과를 반영하여 수정한 설계안은 다음과 같다.

1단계 - 바라는 결과 확인하기

목표 설정

- 주변의 현상을 수학으로 관찰하고 해석하는 능력을 기른다.
- 사회 및 자연의 수학 현상에서 파악된 문제를 합리적이고 창의적으로 해결하는 능력을 기른다.
- 비율그래프(띠그래프, 원그래프)를 알고 주어진 자료를 이용하여 비율그래프를 그리고, 전체와 부분에 관한 통계 사실을 알고 주어진 정보를 읽을 수 있다.

이해

- 자료의 특성에 따라 사용되는 비율그래프의 종류가 달라진다.
- 비율그래프는 사회 현상 분석하고 합리적 의사결정을 돕는다.

본질적 질문

- 비율그래프는 왜 필요한가?
- 일상생활의 자료를 비율그래프로 표현하려면 어떻게 해야 하는가?
- 비율그래프에서 제시하고 있는 현상의 특징, 문제, 대안은 무엇인가?
- 비율그래프의 결과가 조사 대상에 따라서 다른 이유는 무엇인가?

핵심 지식

- 띠그래프와 원그래프의 용어와 뜻
- 띠그래프와 원그래프의 구성 요소
- 띠그래프와 원그래프의 특징
- 띠그래프와 원그래프 그리는 방법

기능

- 띠그래프와 원그래프 그리기
- 띠그래프와 원그래프의 정보 읽기
- 띠그래프와 원그래프의 정보 해석하기
- 자료 수집, 분류, 정리하기

2단계 - 수용 가능한 증거 결정하기

수행과제: (학생들이 자료를 조사하고 적합한 비율그래프를 선택하여 작성하도록 통합)

목표: 당신의 목표는 초등학생들에게 환경오염의 심각성을 알려 주는 것이다.

역할: 당신은 환경운동가이다.

대상: 대상은 초등학교 6학년이다.

상황: 당신은 늘푸른환경단체에 소속되어 있는 환경운동가이다. 당신은 초등학교 교장선생님으로부터 초등학교 6학년 학생을 대상으로 환경오염의 심각성을 일깨우고, 학생들이 환경을 보호하는 마음을 가질 수 있는 주제로 강의 의뢰를 받았다.

수행: 당신은 초등학생들이 느끼는 환경오염의 심각한 실태를 조사하고 조사 결과를 바탕으로 환경 보호를 실천할 수 있는 발표 자료를 제작해야 한다.

기준: 당신의 발표 자료에는 다음이 포함되어야 한다.

- 초등학교 학생들의 호기심을 불러일으킬 수 있는 환경오염의 문제
- 초등학생의 환경오염 심각성에 대한 인식 정도를 직접 조사해야 한다.
- 환경오염의 심각성을 느끼는 정도를 나타내는 비율그래프를 그리기
- 환경오염의 심각성을 제시하는 자료는 신문, 인터넷 웹 기사의 데이터 및 그래프 활용
- 초등학생들이 실천할 수 있는 환경오염 예방 방안 제시

평가 준거(등급: 상 · 중 · 하로 변경, 항목에 그래프 그리기 추가, 비중 추가)

항목		그래프 그리기	자료 해석	수학적 문제 해결
등급	가중치	35%	35%	30%
상		조사한 자료를 비율그래프로 정확하게 나타낸다.	비율그래프의 자료를 일상생활과 연결시켜 타당하게 해석한다.	비율그래프에 제시된 자료에 기초하여 합리적인 해결 방안을 제시한다.
중		조사한 자료를 비율그래프로 정확하게 나타내나 사소한 오류가 있다.	비율그래프의 자료를 일상생활과 연결시키지만, 타당하게 해석하지 못한다.	비율그래프에 제시된 자료에 기초하여 해결 방안을 제시하지만, 합리적이지 못하다.
하		조사한 자료를 비율그래프로 나타낼 수 있으나 오류가 많다.	비율그래프의 자료를 일상생활과 연결시켜 해석하지 못한다.	비율그래프에 제시된 자료와 문제 해결 방안을 관련짓지 못한다.

다른 증거(수행과제를 하는 데 필요한 지식이나 기능의 습득 여부를 파악하도록 구성)

- 퀴즈: 전체 항목에 대한 각 항목의 백분율 계산하기
- 관찰: 띠그래프와 원그래프 그리고 해석하기

3단계 – 학습 경험 계획하기

교수–학습 경험 계획

교수–학습 경험(WHERETO)

1. 환경오염의 원인을 원그래프로 제시한 플래시 동영상 자료를 보여 주고 비율그래프에 대해 흥미 유발하기(H)
2. 본질적 질문과 수행과제를 학생들에게 제시하기(H, W)
3. 띠그래프와 원그래프의 용어와 뜻 알기(E1)

(계속)

4. 꺾은선 그래프, 막대그래프, 그림그래프와 비율그래프를 제시하고, 비율그래프의 특징, 장점에 대하여 토의하기(E1)
5. 띠그래프와 원그래프의 특징, 장점 발표하기(E1)
6. 띠그래프와 원그래프의 공통점과 차이점 찾기(E1)
7. 수행과제 해결을 위한 자료 수집 계획 세우기(E1, T)
8. 띠그래프와 원그래프 그리기 위해 필요한 자료 알아보기(E1, R, E2)
 - 전체 항목에 대한 각 항목 백분율 계산하기(퀴즈)
9. 주어진 자료를 띠그래프와 원그래프로 나타내기(관찰)(E1, E2)
10. 수행과제 해결을 위한 자료 수집하고 분석하기(E1)
11. 분석한 자료를 토대로 환경오염 예방 방안 토의하기(E1, T)
12. 발표 자료 제작하기(E1, T)
13. 제작한 자료를 살펴보고 비율그래프 및 자료 해석에 오류가 없는지 자기 평가하기(R, E2)
14. 친구들에서 발표 자료를 보여 주고 발표하면서 동료 평가하기(E2)
15. 교사는 본질적 질문에 답하는 방식으로 학생들의 표현 양식에 따라 일반화 도출하기(E2, R)

2 체육과 사례[2)]

초등학교 체육과에서 배드민턴형 게임 단원을 백워드 설계를 적용하여 개발한 사례이다. 먼저, 설계자는 체육과 교육과정과 백워드를 비교하여 체육과에 백워드 설계를 적용하게 된 이유를 다음과 같이 밝히고 있다. 첫째, 체육과 교육과정과 백워드 교육모형은 교육이 학생들의 이해 과정을 통해 이루어진다는 데 그 맥락을 같이하고 있었다. 둘째, 백워드 교육과정에서 추구하고 있는 공동체의 규범과 양식에 대한 이해는 체육과 교육과정에서 추구하고 있는 '스포츠 정신과 공동체 의식'이라는 덕목과 그 맥을 같이하고 있었다. 셋째, 백워드 교육과정은 개별화 수업을 가능하게 하여 학습 계획의 실행과 평가 등의 책임을 지는 자기주도성을 진작시킬 수 있다. 넷째, 백워드 교육과정에서 요구하고 있는 구체적인 평가 계획과 다양한 평가도구는 체육 교과의 평가 개선에도 시사점을 제공해 줄 수 있다(김영식, 박대권, 2012).

설계자는 백워드 설계의 단계별 과정에 따라 초등학교 6학년 체육과 경쟁 영역의 배드민턴형 게임 단원에 백워드 설계를 적용하였다. 가장 먼저 국가수준 교육과정의 성취기준을 확인하고 동심원 세 개를 활용하여 우선순위를 명료화하였다. 다음으로 목표 풀이의 과정을 통해 1단계를 개발하였다. 2단계에서는 GRASPS의 요소별 질문을 통해 목표와 관련되는 수행과제와 다른 증거를 개발하였다. 2단계에서는 6쪽 템플릿의 2단계 하위 설계 요소인 평가 목표, 평가과제, 수행과 결과물 학습 준거를 구체적으로 수립하였다. 3단계에서는 8차시로 재구성하였으며 14개의 학습 경험을 제시하고 있다. 구체적인 설계안은 다음과 같다.

---

2) 김영식, 박대권(2012). 백워드 교육모형의 체육과 적용 가능성 탐색. 학습자 중심교과교육연구, 12(3), 67-89에서 발췌하여 템플릿 양식에 맞게 수정함.

1단계 - 바라는 결과 확인하기

목표 설정

- 네트를 사이에 두고 공격과 수비를 하면서 상대편의 수비나 반격을 어렵게 하여 점수를 얻으려는 네트형 경쟁의 의미와 특성을 이해한다.
- 네트형 경쟁의 게임 전략과 기본 기능을 익혀서 게임 활동에 창의적으로 적용한다.
- '책임감과 운동 예절'의 개념을 이해하고 이를 실천한다.

이해

- 게임은 기술과 공격 및 수비 방법을 이해하고 적용한다.
- 게임을 창의적으로 만드는 방법을 이해하고 적용한다.
- 게임은 기술과 전략으로 이루어진다.
- 게임에는 지켜야 할 규칙과 예절이 있다.

본질적 질문

- 공격을 성공시키기 위해서는 어떤 전략이 필요한가?
- 수비를 잘하기 위해서는 어떻게 움직여야 하는가?
- 게임을 만들기 위해 고려해야 하는 것에는 어떤 것들이 있는가?

핵심 지식

- 셔틀콕의 특징
- 라켓을 잡는 방법
- 공격 전략
- 수비 전략
- 게임 창작의 방법

기능

- 라켓 바로 잡고 날아오는 공 치기
- 빈 공간으로 콕 쳐서 보내기
- 적절한 움직임을 통해 상대 공격 방어하기
- 서로 협력하고 규칙 지키며 게임하기

2단계 - 수용 가능한 증거 결정하기

수행과제

목표
목표는 게임을 만들어 배드민턴형 게임을 하는 것이다.
역할
당신은 배드민턴 선수다.
청중/대상
당신의 청중은 배드민턴 게임을 보러 온 관중들이다.
상황
상대와 게임을 하는 데 상대의 공격이 아주 강하다.
수행
당신은 상대의 공격을 방어하기 위해 수비 전략을 만들 것이다.
기준
성공적인 결과는 효과적인 기술과 전략을 사용하여 상대의 공격을 방어하는 것이다.

다른 증거

게임 만들기 계획서

- 문제: 게임을 효과적으로 할 수 있는 규칙과 전략을 개발하라!
- 실험: 셔틀콕을 목표 지점에 정확하게 넣기

자기 평가와 반성

상황에 맞게 게임의 전략과 전술을 어떻게 사용하였는가, 동료와 서로 협력하며 게임에 참여하였는가 등을 확인하고 효율적으로 게임을 수행하기 위한 방법을 찾아 개선하기

평가과제 청사진

평가 목표

- 설명: 상황에 맞는 게임의 전략을 설명할 수 있다.
- 해석: 게임을 보고 게임의 전략을 평가한다.
- 관점: 게임을 해 보고 게임의 전략을 수정하고 보완한다.

수행과제 개관

나는 오늘 배드민턴 대회에 참가합니다. 철수와 짝이 되어 경기에 참가하게 되었는데, 철수가 어제 집에서 놀다가 발목을 다쳐 많이 움직이지 못합니다. 대회 규정상 다른 선수로 대체할 수도 없습니다. 어떤 전략을 사용하여 경기에 임할 것인지 설명해 보시오. 그리고 그 전략을 사용하여 직접 게임을 해 보시오.

수행과 결과물

수업 일지
게임 수행하기
게임 만들기 보고서

평가 준거

점수/항목	원리의 이해(50%)	산출물(50%)
3	공격과 수비 전략의 원리를 알고 게임에서 사용될 공격과 수비 전략을 상황에 맞게 설명할 수 있음.	공격과 수비 전략을 게임의 상황에 맞게 사용하여 경기를 할 수 있음.
2	공격과 수비 전략의 원리는 알고 있지만 게임에서 사용될 공격과 수비 전략을 상황에 맞게 설명하지는 못함.	공격과 수비 전략 중 어느 한 가지를 게임 상황에서 제대로 사용하지 못함.
1	공격과 수비 전략의 원리를 제대로 이해하지 못함.	공격과 수비 전략을 제대로 이해하지 못하여 게임을 제대로 할 수 없음.

3단계 - 학습 경험 계획하기

교수-학습 경험 계획

교수-학습 경험(WHERETO)

1. 배드민턴형 게임과 관련하여 흥미를 유발할 수 있는 질문하기(H)
2. 본질적 질문 소개와 수행과제 안내하기(W)
3. 배드민턴형 게임 찾아보기(H, E)
4. 핵심 용어 소개하기(E)
5. 공격 기술과 전략에 대해 설명하기(E)
6. 공격 기술과 전략을 이용하여 게임을 해 보고 그 원리를 발견하기(E, T)
7. 수비 기술과 전략에 대해 설명하기(E)
8. 수비 기술과 전략을 이용하여 게임을 해 보고 그 원리를 발견하기(E, T)
9. 게임을 통해 알게 된 원리를 설명하기(E, R)
10. 연습을 통해 게임의 방법 확인하기(E)
11. 게임 만들기 계획서 작성하기(E, R)
12. 게임 만들기(E, T)
13. 새로 개발된 게임을 직접 해 보고 보고서 작성하기(T, R, E)
14. 수업을 통해 알게 된 점 등 수업에 대한 반성과 자기 평가하기(R, E)

1) 기존 설계안 분석

1단계 설계 과정을 살펴보면, 첫째, 국가수준 교육과정 문서의 성취기준을 분석하여 우선순위 명료화 과정을 통해 빅 아이디어를 선정하였다. 그 후 목표 풀이 과정을 통해 핵심 지식과 기능을 추출하였다. 하지만 우선순위 명료화와 목표 풀이의 과정에 대한 조직자만 제시하고 있을 뿐 1단계 설계 결과를 템플릿에 제시하지 않고 있다. 설계 템플릿은 단원을 효과적으로 개발하도록 돕는 지침의 역할을 하는데, 이것이 명확하게 제시되지 않고 있어 1단계에서 선정한 이해가 우선순위 명료화 결과에 따른 빅 아이디어인지, 목표 풀이 과정에서 도출한 이해인지 명확하지 않다. 또한 기능에서 게임하기가 제시되어 있는데, 이것은 체육과의 주요 기능이라기보다 운동 능력을 기르기 위한 활동이다. 기능은 단순한 학생의 활동이 아니라 해당 교과에 핵심이 되는 기능이다. 체육과에서 중요한 기능은 운동 능력이다. 이는 체력이나 운동 기능을 바탕으로 다양한 종목의 특징과 전략을 이해하고 실천하면서 그 운동을 즐길 수 있는 능력을 의미한다(교육부, 2009). 단원의 경우, 네트형 게임을 하기 위해 사전에 습득해야 하는 라켓으로 공 치기, 상대편의 빈 공간으로 공 보내기 등이 주요한 기능이 된다.

2단계는 수행과제를 설정하는 단계이다. 설계자는 2단계는 6쪽 템플릿에 해당하는 하위 요소인 수행과제, 다른 증거, 자기 평가와 반성, 수행과제 청사진을 통해 상세하게 제시하고 있다. 설계자는 배드민턴형 게임의 방법을 익혀 규칙과 예절을 지키고 게임을 하는 것이 목표이므로, 게임 수행과 관련된 수행과제를 선정한다고 제시하였다. 설계자는 수행과제를 설계할 때 항상 1단계에서 설정한 목표와 학생이 도달할 이해를 마음속에 가지고 있어야 한다. 이 단원에서 학생들이 게임을 하는 것이 최종 목표인가? 그렇지 않을 것이다. 게임하는 과정을 통해 네트형 게임의 전략이나 전술을 학생이 이해하는 것이 목표가 되어야 한다. 이는 1단계 설계 시 템플릿을 통해 이해를 명확히 하지 않았기 때문에 설계자가 이해보다는 성취기준에 초점을 두고 있는 것으로 보인다.

백워드 설계에서는 수행과제가 곧 평가과제가 된다. 따라서 수행과제 청사진 부분에서는 수행과제를 더욱 상세하게 계획한다. 학생 결과물 요소에서 별도의 결과물을 요구하는 것이 아니라, 수행과제를 통해 자연스럽게 얻을 수 있는 결과물을 바탕으로 평가하도록 설계해야 하며, 둘 사이의 일치도가 확보되어야 한다. 본 설계안에서는 수업일지에 대한 부분은 수행과제에 드러나지 않았는데, 결과물에 요구를 하고 있어 수정이 필요하다. 다른 증거 부분에는 평가 방법과 평가 내용을 구체적으로 작성하는 것이 바람직하다. 수행과제에 대한 루브릭에서 항목을 원리의 이해와 산출물로 제시하고 있다. 산출물의 서술적 용어를 살펴보면 운동 경기를 하는지에 관한 내용이므로 항목을 운동 경기 능력으로 변경하는 것이 타당하다.

3단계는 학습 경험을 설정하는 단계이다. 설계자는 WHERETO의 요소를 고려하여 8차시로 계획하고 있다. 설계자는, 학생들의 학습 경험이 하나의 프로젝트 형태를 띠게 되고, 차시 수업은 주어진 학습량과 관련 없는 전체적인 맥락의 한 부분이 되며, 학습이 곧 평가의 과정이 되도록 구성하였다고 밝히고 있다.

전체적으로 살펴보면, 백워드 설계의 과정과 적절한 조직자를 활용하여 설계를 하였다. 하지만 1단계의 경우, 템플릿의 형태에 구현하지 않아 설계자가 선정한 이해가 무엇인지 명확히 드러나지 않았다. 물론 Wiggins와 McTighe가 제안한 템플릿의 형태는 불변의 고정된 형태는 아니다. 하지만 단원 설계 틀의 역할을 하기 때문에 템플릿을 활용한다면, 설계 과정에서 발생할 수 있는 일반적인 문제점을 피하도록 도와주며, 더 나아가 동료들과 설계안을 공유할 때도 편리할 것이다.

2) 설계안 수정

체육과 백워드 설계안 분석 결과를 반영하여 수정한 설계안은 다음과 같다.

1단계 – 바라는 결과 확인하기

목표 설정

- 네트를 사이에 두고 공격과 수비를 하면서 상대편의 수비나 반격을 어렵게 하여 점수를 얻으려는 네트형 경쟁의 의미와 특성을 이해한다.
- 네트형 경쟁의 게임 전략과 기본 기능을 익혀서 게임 활동에 창의적으로 적용한다.
- '책임감과 운동 예절'의 개념을 이해하고 이를 실천한다.

이해

- 상대편의 빈 공간으로 공을 보내면 공격이 성공한다.
- 적절히 움직여 빈 공간을 만들지 않을 때 수비에 성공한다.
- 게임은 다양한 방법으로 변형이 가능하다.
- 공격과 수비를 잘하기 위해서는 팀원과 협력해야 한다.

본질적 질문

- 공격을 성공시키기 위해서는 어떤 전략이 필요한가?
- 수비를 잘하기 위해서는 어떻게 움직여야 하는가?
- 게임을 만들기 위해 고려해야 하는 것에는 어떤 것들이 있는가?

핵심 지식

- 게임의 구성 요소
- 셔틀콕의 특징
- 라켓을 잡는 방법
- 공격 전략
- 수비 전략

기능

- 라켓 바로 잡고 날아오는 공 치기
- 빈 공간으로 콕 쳐서 보내기
- 적절한 움직임을 통해 상대 공격 방어하기

2단계 - 수용 가능한 증거 결정하기

수행과제

목표
목표는 게임을 만들어 배드민턴형 게임을 하는 것이다.
역할
당신은 배드민턴 선수다.
청중/대상
당신의 청중은 배드민턴 게임을 보러 온 관중들이다.
상황
올림픽 조직위원회에서는 정식 종목 채택을 위해 새로운 배드민턴 게임을 공모하고 있다. 당신은 당신의 팀과 함께 배드민턴 게임을 변형하여 새로운 게임 방식을 개발해야 한다.
수행
당신은 새로운 배드민턴 게임을 소개하는 안내문을 제작하고 다른 팀과 새로운 배드민턴 게임을 해야 한다. 경기에 활용할 전략을 사전에 수립해야 전략 계획서를 작성한다.

기준
안내문에는 배드민턴 게임의 경기 규칙이 기록되어 있어야 한다. 전략 계획서: 공격과 수비 전략이 포함되어야 한다. 다른 팀과 새로운 배드민턴 게임을 할 때 적절한 공격과 수비 전략을 활용하여 이겨야 한다.

다른 증거

기능 점검: 셔틀콕을 목표 지점에 정확하게 넣기
서로 다른 방향에서 날아오는 셔틀콕을 쳐서 네트 넘기기

자기 평가와 반성

상황에 맞게 게임의 전략과 전술을 어떻게 사용하였는가, 동료와 서로 협력하며 게임에 참여하였는가 등을 확인하고 효율적으로 게임을 수행하기 위한 방법을 찾아 개선하기

수행과제 청사진

평가 목표

- 설명: 새로 만든 배드민턴 게임의 규칙을 설명할 수 있다.
- 해석: 게임을 해 보고 수립한 게임의 전략을 평가한다.
- 관점: 게임을 해 보고 게임의 전략을 수정하고 보완한다.

수행과제 개관

당신은 배드민턴 선수다. 리우 올림픽 조직위원회에서 정식 종목 채택을 위해 배드민턴 게임을 공모하고 있다. 당신은 팀원들과 함께 배드민턴 게임을 변형하여 새로운 게임을 개발해야 한다. 게임을 개발하고 난 후, 만든 게임을 소개하는 안내문을 제작해야 한다. 공모서를 제출하기 전에 게임의 가능성을 알아보기 위해 다른 팀에게 게임을 설명하고 경기를 해야 한다. 경기를 하기 전에 팀원들과 의논하여 공격과 수비 전략이 포함된 전략 계획서를 세우고 이 전략을 활용하여 게임을 해서 상대편을 이겨야 한다.

수행과 결과물

새로운 배드민턴 게임 안내문
전략 계획서
공격과 수비 전략을 활용하여 게임하기

평가 준거

항목	게임 만들기	원리의 이해	운동 경기 능력
등급 / 가중치	20%	30%	50%
3	기존 배드민턴 게임에서 세 가지 이상의 요소를 변형하여 게임을 만듦.	공격과 수비 전략의 원리를 알고 게임에서 사용될 공격과 수비 전략을 상황에 맞게 설명할 수 있음.	공격과 수비 전략을 게임의 상황에 맞게 사용하여 경기를 할 수 있음.
2	기존 배드민턴 게임에서 두 가지 요소를 변형하여 게임을 만듦.	공격과 수비 전략의 원리는 알고 있지만 게임에서 사용될 공격과 수비 전략을 상황에 맞게 설명하지는 못함.	공격과 수비 전략 중 어느 한 가지를 게임 상황에서 제대로 사용하지 못함.
1	기존 배드민턴 게임에서 한 가지 요소를 변형하여 게임을 만들거나 게임을 만들지 못함.	공격과 수비 전략의 원리를 제대로 이해하지 못함.	공격과 수비 전략을 제대로 이해하지 못하여 게임을 제대로 할 수 없음.

3단계 - 학습 경험 계획하기

교수-학습 경험 계획

교수-학습 경험(WHERETO)

1. 다양한 운동 경기 장면을 보여 주고 배드민턴형 게임 찾아보기(H)
2. 본질적 질문 소개와 수행과제 안내하기(W)
3. 배드민턴 게임의 구성 요소 알기(E1)
4. 배드민턴 라켓 잡는 방법과 날아오는 셔틀콕 치는 기능 익히기(E1, T)
5. 빈 공간으로 셔틀콕을 쳐서 보내는 기능 익히기(E1, T)
6. 셔틀콕을 목표 지점에 정확하게 넣기(기능 점검)(E1, R, E2, T)
7. 서로 다른 방향에서 날아오는 셔틀콕을 쳐서 네트 넘기기(기능 점검)(E1, R, E2, T)
8. 수행과제 해결을 위해 팀별 토의하기(E1, R)
9. 수행과제 해결하기(새로운 배드민턴 안내문, 전략 계획서 수립)(E1, R)
10. 다른 팀에서 안내문 설명하여 상대팀에게 게임 방법 안내하기(E1, R, H)
11. 공격과 수비 전략을 활용하여 새로 만든 게임하기(E1, R, T)
12. 상대팀과 게임을 통해 발견한 점을 반영하여 새로 만든 게임 보완 및 전략 수정 보완하기(E1, E2, R)
13. 수업을 통해 알게 된 점 등 수업에 대한 반성과 자기 평가하기(R, E2)

3 가정과 사례[3)]

중학교나 고등학교의 경우, 백워드 설계 사례를 찾아보기 어렵다. 이 사례는 중학교에서 가정과 소비 단원을 백워드 설계를 적용하여 개발한 사례로 의의가 있다.

설계자는 중학교 기술 · 가정과 교육과정과 성취기준을 파악하고 2009 개정 중학교 12종 교과서와 주수언(2014)의 소비 단원의 내용 요소를 기초로, 소비 단원의 핵심 개념과 지식의 위계를 분석하여 단원 설계를 위해 내용을 재구성하였으며, 백워드 설계를 적용하여 7차시를 개발하였다고 밝히고 있다(이경숙, 유태명, 2015). 이 사례는 6쪽 템플릿 양식을 활용하고 있어 템플릿의 구현 모습을 참고하는 데도 도움이 될 것이다.

가정과 사례는 관련 성취기준을 확인하고 12종 교과서의 내용 요소와 선행 연구물의 소비 단원의 하위 요소를 분석하여 중요도와 공통적인 내용을 기준으로 소비 단원의 내용 요소를 재구성하였으며 차시를 구성하였다. 이는 검정 교과서가 활용되고 있는 현장의 특징을 반영한 것으로 볼 수 있다. 빅 아이디어나 목표 풀이의 과정은 논문에는 제시되어 있지 않았다. 구체적인 설계안은 다음과 같다.

단원 개관(Unit Cover Page)

단원명: 소비자의 책임	학년: 중학교 1학년
교과/주제 영역: 책임 있는 소비	수업 시수: 7차시
지도교사: ○○○	

3) 이경숙, 유태명(2015). 백워드 디자인(Backward Design)에 기초한 소비 단원의 수업 모듈 개발. 한국가정과교육학회, 27(2), 95-119에서 발췌하여 템플릿 양식에 맞게 수정함.

단원의 개요

현대 사회에서 소비 생활은 필수적인 활동이며, 대량 생산, 유통의 모든 단계에서 소비자 문제가 발생할 수 있다. 따라서 빠르게 변화하는 소비 환경의 변화를 알고 대처할 수 있는 역량을 기르는 것과 소비 생활에 서툰 청소년의 비합리적인 소비 행동을 알고 변화될 수 있도록 하고, 합리적인 구매 의사결정을 위한 방법과 소비자 문제 해결 방안을 모색할 수 있는 관리 능력을 기르는 것이 중요해지고 있다. 또한 건강한 소비 생활을 실천하기 위해 소비자의 권리와 책임, 지속 가능한 소비와의 관련성을 이해할 수 있도록 한다.

단원 설계 상태

☐ 완성된 템플릿 페이지–1 · 2 · 3단계

☐ 각 수행과제를 위해 완성된 청사진　☐ 완성된 루브릭

☐ 학생과 교사의 유의 사항　☐ 자료 및 자원 목록

☐ 권고 사항

상황

☐ 동료 평가　☐ 내용 평가　☐ 현장 검사　☐ 타당도

1단계 - 바라는 결과 확인하기

목표 설정

청소년기의 소비 특성 및 소비 환경을 이해하고, 자신의 소비 생활과 관련한 문제를 평가하여 해결할 수 있으며, 이러한 과정을 통하여 건강한 소비 생활을 실천할 수 있다.

단원 목표

(1) 청소년의 소비 특성과 소비 환경을 이해하고 합리적인 소비 행동을 실천할 수 있다.
(2) 합리적인 구매 의사결정을 적용하여 구매할 수 있다.
(3) 소비자 문제해결을 위해 적극적으로 참여할 수 있다.
(4) 소비자의 책임과 권리를 알고, 책임 있는 소비자로 행동할 수 있다.
(5) 지속 가능한 소비 생활을 실천할 수 있다.

이해

- 청소년의 소비 행동은 자신과 소비 환경에 영향을 받는다.
- 합리적인 구매 의사결정을 위한 과정은 현명한 소비 생활을 실천하는 방법이다.
- 소비자 문제 해결을 위해 적극적인 참여가 필요하다.
- 소비자의 권리에는 반드시 소비자의 책임이 따른다.
- 지속 가능한 소비를 위한 실천 방안을 마련할 수 있다.
- 지속 가능한 소비는 국가, 지역, 환경 등을 고려하여야 한다.

본질적 질문

- 청소년들은 왜 비합리적인 소비 행동을 할까?
- 구매를 위한 의사결정은 왜 필요한가?
- 소비자 문제가 발생하는 근본적인 원인은 무엇일까?
- 소비자의 권리와 책임은 왜 중요한가?
- 지속 가능한 소비는 왜 필요한가?
- 소비자의 권리와 책임 간의 균형은 왜 중요한가?

핵심 지식
- 소비 환경, 청소년의 비합리적 소비 행동
- 합리적인 구매 의사결정 과정
- 소비자 문제의 종류와 해결 방안
- 소비자의 8대 권리와 책임
- 윤리적 소비

기능
- 비합리적인 소비 행동을 개선할 수 있는 방법 탐색하기
- 합리적인 구매 의사결정하기
- 소비자의 권리와 책임에 대한 사례의 적용과 문제 해결 방안 탐색하기
- 지속 가능한 소비 방안을 찾아 실천하기

2단계 - 수용 가능한 증거 결정하기

수행과제

목표: 교실과 학교 게시판에 부착할 수 있는 지속 가능한 소비자가 되기 위한 실천과제를 주제로 홍보물을 만든다.

역할: 당신의 역할은 홍보물 제작자다.

대상: 홍보 대상은 우리학교 학생들이다.

상황: 교실에서 나오는 쓰레기 분리수거와 에너지 절약이 되지 않아 자원이 낭비되고 있는 상황이다.

수행: 자원을 절약할 수 있도록 하는 홍보물을 만들 것이다.

기준: 학교 내에서 실천을 이끄는 방안을 만들어 게시한다.

다른 증거
- 홍보물 만들기 계획서 작성
- 모둠 간의 수행 과정 관찰
  - 모둠원의 적극적인 참여
  - 합리적인 의사결정 과정
- 다양한 지속 가능한 소비의 예시를 찾아 홍보

학생 자기평가와 반성

• 제작한 홍보물이 학생들에게 어떤 호응과 관심을 보이는지 평가하고 문제점을 개선하시오.

2단계 – 수용 가능한 증거 결정하기(계속)

수행과제 청사진

평가 목표

적용: 지속 가능한 소비를 이해하고 적용하기

관점: 지속 가능한 소비는 자신과 인류의 지속 가능한 삶을 위한 실천 방안임을 안다.

평가과제 및 이해의 정도

과제의 특성과 상관없이 기준과 이해에 포함되어 있는 준거는 무엇인가?
학생의 작품이 그 기준이 의미하는 것을 증명하기 위하여 해야만 하는 작업은 어떤 특성을 가지고 있는가?

게시하는 홍보물을 보고 학생들이 학교 내에서 충분히 실천 가능하도록 호응을 얻는다.

수행과제 개관

나는 홍보물 제작자입니다. 교실과 학교 게시판에 부착할 수 있는 지속 가능한 소비자가 되기 위한 실천과제를 주제로 홍보물을 만들어야 합니다. 현재 우리 학교는 교실에서 나오는 쓰레기 분리수거와 에너지 절약이 되지 않아 자원이 낭비되고 있는 상황이므로 당신은 자원을 절약할 수 있도록 학교 내에서 실천을 이끄는 방안을 만들어 게시하시오.

수행과 결과물

지속 가능한 소비자가 되기 위한 홍보물 제작

평가 준거

평가 항목	개념의 이해	기능의 이해	
	지속 가능한 소비	학교에서의 실천 방안	사회 참여/의사결정
가중치	3	4	3
3	지속 가능한 소비의 의미를 이해하고, 국가나 개인의 지엽적인 문제로 여기지 않고 지속 가능한 삶을 위한 실천으로 이해함.	지속 가능한 소비의 실천 방안으로 주제에 맞고, 학교 내에서 실천 가능한 방안을 제시한 홍보물을 제작함.	모둠활동에서 모둠원 모두가 적극적으로 참여하고 의사결정 과정이 합리적임.
2	지속 가능한 소비의 의미를 이해하나, 국가나 개인의 문제로 생각하는 실천으로 이해함.	지속 가능한 소비의 실천 방안으로 주제에는 맞으나, 학교에서는 실천 가능하지 않은 방안을 제시한 홍보물을 제작함.	모둠활동에서 모둠원 모두가 적극적으로 참여하였지만 의사결정 과정에서 소수의 의견에 치우침.
1	지속 가능한 소비의 의미를 잘 이해하지 못하고 국가나 개인의 지엽적인 문제로 이해함.	지속 가능한 소비의 실천 방안을 주제에 부합하지 않게 제시한 홍보물을 제작함.	모둠활동에서 몇몇의 모둠원만이 참여하고 의사결정 과정에서 소수의 의견에 치우침.

3단계 - 학습 경험 계획하기

(3-A)교수-학습 경험 계획

교수-학습 경험(WHERETO)

1. 청소년 소비 행동에 대한 뉴스를 보고 핵심 이슈에 대해 논의(H)
2. 본질적 질문과 수행과제 안내하기(W)
3. 변화하는 소비 환경과 비합리적인 소비 행동에 대한 강의(E1)
4. 자신의 소비 행동 유형을 알아보고 개선할 수 있는 방법 찾아보기(T)
5. 합리적인 구매 의사결정을 위한 과정과 모의 상황에서의 의사결정 해 보기(E1, T)
6. 소비자 문제해결을 위한 방법에 대해 사례 알기(E1)
7. 소비자보호원 사이트 방문하기: 소비자 권리와 관련 피해 사례 검색하기(E1)
8. 소비자의 권리와 책임에 대한 강의와 자신의 사례를 공유하기(E1, T)
9. 지속 가능한 소비란? 읽고 자신의 생각 말하기(E1)
10. 제품의 탄소발자국 찾기
    : 제품에 표시된 탄소성적 표시 자료를 찾아보고 탄소발자국 표시가 필요한 이유에 대해 토의한다.(T)
11. 착한 소비, 윤리적 소비로 세상을 바꾸는 에코리더로 거듭나자
    : 생활 속의 실천과제 계획과 홍보물 만들기(R, E2)
12. 지속 가능한 소비에 대한 홍보물에 대한 동료 평가, 자기 평가(E2)
13. 단원 학습을 정리하면서 알게 된 점 등 자기 학습에 대한 학습일지 작성(E2)

3단계 - 학습 경험 계획하기(계속)

단원 학습 계획

1차시	2차시	3차시
1. 청소년 소비 행동에 대한 뉴스를 보고 핵심 이슈에 대해 논의(H) 2. 본질적 질문과 수행과제 안내하기(W) 3. 변화하는 소비 환경과 비합리적인 소비 행동에 대한 강의(E1) 4. 자신의 소비 행동 유형을 알아보고 개선할 수 있는 방법 찾아보기(T)	5. 합리적인 구매 의사결정을 위한 과정과 모의 상황에서의 의사결정해 보기 (E1, T)	6. 소비자 문제 해결을 위한 방법에 대해 사례 알기(E1) 7. 소비자보호원 사이트 방문하기: 소비자 권리와 관련 피해 사례 검색하기(E1)

4차시	5차시	6차시	7차시
8. 소비자의 권리와 책임에 대한 강의와 자신의 사례를 공유하기(E1, T)	9. 지속 가능한 소비란? 읽고 자신의 생각 말하기(E1) 10. 제품의 탄소발자국 찾기: 제품에 표시된 탄소성적 표시 자료를 찾아보고 탄소발자국 표시가 필요한 이유에 대해 토의한다.(T)	11. 착한 소비, 윤리적 소비로 세상을 바꾸는 에코리더로 거듭나자: 생활 속의 실천과제 계획과 홍보물 만들기 (R, E2)	12. 지속 가능한 소비에 대한 홍보물에 대한 동료 평가, 자기 평가(E2) 13. 단원 학습을 정리하면서 알게 된 점 등 자기 학습에 대한 학습일지 작성 (E2)

1) 기존 설계안 분석

가정과 사례를 6쪽 템플릿을 활용하여 개발하였다. 6쪽 템플릿의 경우, 1쪽은 단원 개관 페이지로 단원의 전반에 관한 내용 요약과 함께 단원의 설계 상태를 함께 나타내는 역할을 하고 있다. 본 설계안에서는 단원 설계 상태에 대한 내용이 누락되어 있어, 이를 추가하면 설계자뿐만 아니라 동료 교사와 설계안을 공유할 때도 유용하게 활용될 수 있다.

1단계의 이해는 이해의 여섯 측면을 고려하여 학생들이 학습을 통해서 진정으로 이해하는 것을 일반화된 진술문으로 작성해야 한다. 백워드 설계를 처음 적용하는 경우,

이해를 학생들이 한 차시에 학습해야 하는 수업 목표의 형태인 '~을 할 수 있다'로 진술하는 것을 자주 볼 수 있다. 예를 들어, '지속 가능한 소비를 위한 실천 방안을 마련할 수 있다.'는 수업 시간에 학생들에게 제시하는 학습 목표의 성격이 강하다. 학생들은 이러한 목표를 가지고 학습을 할 때, 지속 가능한 소비를 위한 실천 방안을 마련하면서 현실적으로 소비자가 소비를 할 때는 다양한 변인이 있으며 실천 방안 수립 시 이를 반영하여 계획을 세워야 한다는 것을 깨닫게 될 것이다. 즉, 학습 목표로 제시할 수 있는 진술문은 이해의 진술문이라고 보기 어렵다. 그 학습을 통해 학생들이 깨닫게 되는 것을 추론하여 이해의 진술문으로 제시해야 한다.

본질적 질문은 단원에서 2~5개 정도가 적합하다. 본질적 질문이 너무 많은 경우, 학생들의 지속적인 탐구를 자극하고 생성하기보다는 매 차시 수업 목표처럼 질문에 대한 답을 찾는 반복적인 형태의 학습이 이루어질 수 있기 때문이다. 따라서 본질적 질문에서 또 다른 질문이 파생될 수 있도록 구성하는 것이 적합하다.

기능의 측면에서 실천하기는 단순한 활동으로 여겨질 수 있다. 하지만 교과의 성격에 따라 이것이 중요한 기능이 될 수도 있다. 예를 들어, '발표하기'는 학습 과정에 학생들이 하는 활동이다. 하지만 국어과의 경우, 발표하기는 중요한 기능으로 작용한다. 가정과는 실천적 경험을 통해 학습자가 생활에서 당면하는 문제를 해결하고 자기주도적인 삶을 영위할 수 있도록 하는 실천 교과이다(교육부, 2011a). 이처럼 가정과의 특성과 성격을 살펴보았을 때 중요한 기능이 된다.

2단계에서는 수행과제가 곧 평가과제가 된다. 따라서 GRASPS를 활용하여 수행과제를 선정하고, 이를 바탕으로 수행과제 청사진에서 과제 개요를 시나리오 형태로 작성하면 된다. 때로는 수행과제와 평가과제를 별도로 생각하여 두 개의 평가과제를 제시하는 경우도 있는데, 이는 백워드 설계의 의도를 충분히 파악하지 못해서 나타나는 오류이다. 본 설계안은 수행과제를 더 구체화하여 평가과제로 적절히 발전되었음을 확인할 수 있다.

3단계에서는 수행과제를 중심으로 학습 경험이 선정 · 조직되어야 한다. 수행과제 해결을 위해 필수적인 지식이나 기능이 갖추어져 있어야 한다면 이를 수행과제보다 먼저 제시하는 것이 바람직하다. 이는 과학과, 수학과 등 계열성이 강한 교과를 설계할 때 고려된다. 현재 설계안에서는 3단계에서 수행과제를 해결하기 위해 각 활동이 응집되어 있는 것이 아니라 수행과제가 활동의 마지막 점검 단계에서 해결하기 위한 과제물의 형식으로 제시되는 듯이 보인다. 수행과제를 학습의 초기에 제시하여 학생들 스스로 지속 가능한 소비, 자원이 낭비되는 원인, 실천 방안 등을 탐구하고 종합적으로 수행과제에서 제시한 홍보물을 작성하는 형식으로 학습 경험을 계획하는 것이 적절할 것이다.

2) 설계안 수정

가정과 백워드 설계안 분석 결과를 반영하여 수정한 설계안은 다음과 같다.

단원 개관(Unit Cover Page)

단원명: 소비자의 책임　　학년: 중학교 1학년

교과/주제 영역: 책임 있는 소비　　수업 시수: 7차시

지도교사: ○○○

단원의 개요(교육과정 맥락과 단원 목표 포함)

현대 사회에서 소비 생활은 필수적인 활동이며, 대량 생산, 유통의 모든 단계에서 소비자 문제가 발생할 수 있다. 따라서 빠르게 변화하는 소비 환경의 변화를 알고 대처할 수 있는 역량을 기르는 것과 소비 생활에 서툰 청소년의 비합리적인 소비 행동을 알고 변화될 수 있도록 하고, 합리적인 구매 의사결정을 위한 방법과 소비자 문제 해결 방안을 모색할 수 있는 관리 능력을 기르는 것이 중요해지고 있다. 또한 건강한 소비 생활을 실천하기 위해 소비자의 권리와 책임, 지속 가능한 소비와의 관련성을 이해할 수 있도록 한다.

단원 설계 상태

☑ 완성된 템플릿 페이지-1 · 2 · 3 단계

☑ 각 수행과제를 위해 완성된 청사진

☑ 완성된 루브릭

☐ 학생과 교사의 유의 사항

☐ 자료 및 자원 목록

☐ 권고 사항

상황

☐ 동료 평가 ☐ 내용 평가 ☐ 현장 검사 ☐ 타당도

1단계 - 바라는 결과 확인하기

목표 설정

청소년기의 소비 특성 및 소비 환경을 이해하고, 자신의 소비 생활과 관련한 문제를 평가하여 해결할 수 있으며, 이러한 과정을 통하여 건강한 소비 생활을 실천할 수 있다.

단원 목표

(1) 청소년의 소비 특성과 소비 환경을 이해하고 합리적인 소비 행동을 실천할 수 있다.
(2) 합리적인 구매 의사결정을 적용하여 구매할 수 있다.
(3) 소비자 문제 해결을 위해 적극적으로 참여할 수 있다.
(4) 소비자의 책임과 권리를 알고, 책임 있는 소비자로 행동할 수 있다.
(5) 지속 가능한 소비 생활을 실천할 수 있다.

이해

- 현명한 소비를 위해서는 합리적인 구매 의사결정이 필요하다.
- 소비자 문제 해결을 위해 적극적인 참여가 필요하다.
- 소비자의 권리에는 반드시 소비자의 책임이 따른다.
- 지속 가능한 소비는 국가, 지역, 환경 등을 고려하여야 한다.

본질적 질문
- 청소년들은 왜 비합리적인 소비 행동을 할까?
- 소비자 문제가 발생하는 근본적인 원인은 무엇일까?
- 소비자의 권리와 책임은 왜 중요한가?
- 지속 가능한 소비는 왜 필요한가?

핵심 지식
- 소비 환경, 청소년의 비합리적 소비 행동
- 합리적인 구매 의사결정 과정
- 소비자 문제의 종류와 해결 방안
- 소비자의 8대 권리와 책임
- 윤리적 소비

기능
- 비합리적인 소비 행동을 개선할 수 있는 방법 탐색하기
- 합리적인 구매 의사결정하기
- 소비자의 권리와 책임에 대한 사례의 적용과 문제 해결 방안 탐색하기
- 지속 가능한 소비 방안을 찾아 실천하기

2단계 - 수용 가능한 증거 결정하기

수행과제

목표: 교실과 학교 게시판에 부착할 수 있는 지속 가능한 소비자가 되기 위한 실천과제를 주제로 홍보물을 만든다.

역할: 당신의 역할은 홍보물 제작자다.

대상: 홍보 대상은 우리학교 학생들이다.

상황: 교실에서 나오는 쓰레기 분리수거와 에너지 절약이 되지 않아 자원이 낭비되고 있는 상황이다.

수행: 자원을 절약할 수 있도록 하는 홍보물을 만들 것이다.

기준: 학교 내에서 실천을 이끄는 방안을 만들어 게시한다.

=> 수행과제는 학생들에게 시나리오 형태로 제시하는 것이 효과적이나 6쪽 템플릿의 경우, 수행과제 개관에서 시나리오를 작성하므로 시나리오로 제시하지 않아도 됨.

다른 증거

- 홍보물 만들기 계획서 작성
- 모둠 간의 수행 과정 관찰
  - 모둠원의 적극적인 참여
  - 합리적인 의사결정 과정
- 다양한 지속 가능한 소비의 예시를 찾아 홍보

학생 자기 평가와 반성

- 제작한 홍보물이 학생들에게 어떤 호응과 관심을 보이는지 평가하고 문제점을 개선하시오.

2단계 – 수용 가능한 증거 결정하기(계속)

수행과제 청사진

평가 목표

적용: 지속 가능한 소비를 이해하고 적용하기
관점: 지속 가능한 소비는 자신과 인류의 지속 가능한 삶을 위한 실천 방안임을 안다.

평가과제 및 이해의 정도

과제의 특성과 상관없이 기준과 이해에 포함되어 있는 준거는 무엇인가?
학생의 작품이 그 기준이 의미하는 것을 증명하기 위하여 해야만 하는 작업은 어떤 특성을 가지고 있는가?

게시하는 홍보물을 보고 학생들이 학교 내에서 충분히 실천 가능하도록 호응을 얻는다.

수행과제 개관

나는 홍보물 제작자입니다. 교실과 학교 게시판에 부착할 수 있는 지속 가능한 소비자가 되기 위한 실천과제를 주제로 홍보물을 만들어야 합니다. 현재 우리학교는 교실에서 나오는 쓰레기 분리수거와 에너지 절약이 되지 않아 자원이 낭비되고 있는 상황이므로 당신은 자원을 절약할 수 있도록 학교 내에서 실천을 이끄는 방안을 만들어 게시하시오.

수행과 결과물

지속 가능한 소비자가 되기 위한 홍보물 제작

평가 준거

평가 항목	개념의 이해	기능의 이해	
	지속 가능한 소비	학교에서의 실천 방안	사회참여/의사결정
가중치	30%	40%	30%
3	지속 가능한 소비의 의미를 이해하고, 국가나 개인의 지엽적인 문제로 여기지 않고 지속 가능한 삶을 위한 실천으로 이해함.	지속 가능한 소비의 실천 방안으로 주제에 맞고, 학교 내에서 실천 가능한 방안을 제시한 홍보물을 제작함.	모둠활동에서 모둠원 모두가 적극적으로 참여하고 의사결정 과정이 합리적임.
2	지속 가능한 소비의 의미를 이해하나, 국가나 개인의 문제로 생각하는 실천으로 이해함.	지속 가능한 소비의 실천 방안으로 주제에는 맞으나, 학교에서는 실천 가능하지 않은 방안을 제시한 홍보물을 제작함.	모둠활동에서 모둠원 모두가 적극적으로 참여하였지만 의사결정 과정에서 소수의 의견에 치우침.
1	지속 가능한 소비의 의미를 잘 이해하지 못하고 국가나 개인의 지엽적인 문제로 이해함.	지속 가능한 소비의 실천 방안을 주제에 부합하지 않게 제시한 홍보물을 제작함.	모둠활동에서 몇몇의 모둠원만이 참여하고 의사결정 과정에서 소수의 의견에 치우침.

3단계 - 학습 경험 계획하기

(3-A)교수-학습 경험 계획

교수-학습 경험(WHERETO)

1. 청소년 소비 행동에 대한 뉴스보고 핵심 이슈에 대해 논의(H, E1)
2. 청소년이 비합리적인 소비를 하는 이유와 합리적인 소비가 무엇인지에 대한 토의(R, E1)
3. 본질적 질문과 수행과제 안내하기(W, H)
4. 수행과제 해결을 위한 계획 세우기(E1, T)
   - 지속 가능한 소비, 사례, 지속 가능한 소비를 위한 소비자의 역할, 소비자 문제 발생과 해결, 수행과제에서 제시한 현재 학교 상황, 이로 인해 나타날 수 있는 문제점, 해결 방안 등 다양한 관점에서 조사 계획 세우기
5. 수행과제 해결하기(E1, R, T)
   - 자료 조사하기
   - 조사한 자료를 바탕으로 토의하여 정리하고 홍보물 제작 계획서 작성하기
   - 홍보물 제작하기 및 자기 평가하기
6. 학교 학생들에게 실천 방안에 제시된 홍보물을 가지고 홍보하며 실천 가능성을 점검받기(R, E2)
7. 단원 학습을 정리하면서 알게 된 점에 대해 이야기 나누기(R, E2)
8. 지속 가능한 소비에 대한 실천 의지 다지기(R)

3단계 - 학습 경험 계획하기(계속)

단원 학습 계획

1차시

1. 청소년 소비 행동에 대한 뉴스보고 핵심 이슈에 대해 논의(H, E1)
2. 청소년이 비합리적인 소비를 하는 이유와 합리적인 소비가 무엇인지에 대한 토의(R, E1)
3. 본질적 질문과 수행과제 안내하기(W, H)

2차시

4. 수행과제 해결을 위한 계획 세우기(E1, T)
   - 지속 가능한 소비, 사례, 지속 가능한 소비를 위한 소비자의 역할, 소비자 문제 발생과 해결, 수행과제에서 제시한 현재 학교 상황, 이로 인해 나타날 수 있는 문제점, 해결 방안 등 다양한 관점에서 조사 계획 세우기

3~5차시

5. 수행과제 해결하기(E1, R, T)
   - 자료 조사하기
   - 조사한 자료를 바탕으로 토의하여 정리하고 홍보물 제작 계획서 작성하기
   - 홍보물 제작하기 및 자기 평가하기

6차시

6. 학교 학생들에게 실천 방안에 제시된 홍보물을 가지고 홍보하며 실천 가능성을 점검받기(R, E2)

7차시

7. 단원 학습을 정리하면서 알게 된 점에 대해 이야기 나누기(R, E2)
8. 지속 가능한 소비에 대한 실천 의지 다지기(R)

4 과학과 사례

– 초등학교 3학년 식물의 생활 –

1단계 - 바라는 결과 확인하기

목표 설정

[4과03-01] 여러 가지 식물을 관찰하여 특징에 따라 식물을 분류할 수 있다.

[4과03-02] 다양한 환경에 서식하는 식물을 조사하여 식물의 생김새와 생활 방식이 환경과 관련되어 있음을 설명할 수 있다.

[4과03-03] 식물의 특징을 이용하여 일상생활에서 활용할 수 있는 생활용품을 설계하여 협력적으로 소통할 수 있다.

이해

- 식물의 생김새와 생활 방식이 환경과 관련되어 있다.
- 과학적인 분류 기준을 설정했을 때, 분류 결과가 타당하다.
- 생체 모방 기술은 우리의 삶을 편리하게 한다.

본질적 질문

- 식물의 생김새와 생활 방식은 사는 곳과 어떤 관련이 있을까?
- 우리는 식물에서 어떤 유용한 아이디어를 얻어 생활에 활용할 수 있을까?

핵심 지식

- 식물의 생김새
- 식물의 서식 환경과 생활 방식
- 과학적인 분류 기준의 조건

기능

- 여러 가지 식물 관찰하기
- 기준을 정해 식물 분류하기
- 과학적 추리하기

2단계 - 수용 가능한 증거 결정하기

수행과제

당신은 초등학생 발명가로 청소년 발명 페스티벌에 참가하기로 결심했다. 올해 발명 페스티벌의 주제는 식물로 선정되어 식물을 관찰하고 기준을 정해 분류하는 과정을 통해 식물과 환경의 관련성을 추리하고 이때 얻은 아이디어를 반영하여 생활에 활용할 수 있는 발명품 설계도를 제작해야 한다.

평가 준거

항목 / 등급	식물 관찰 (과정의 적절성)	식물 분류 (과정의 타당성)	식물과 환경과의 관련성 (내용의 논리성)	발명품 설계도 (효과의 유용성)
가중치	20%	20%	40%	20%
상	여러 감각기관과 도구를 매우 적절하게 사용하여 식물의 특징을 관찰함.	과학적인 분류 기준을 설정하여 분류 기준에 따라 매우 타당하게 식물을 분류함.	관찰한 결과(증거)를 활용하여 식물과 환경과의 관련성을 매우 논리적으로 제시함.	탐구 과정에서 얻은 아이디어를 반영한 발명품이 생활의 유용성이 매우 높음.
중	여러 감각기관과 도구를 적절하게 사용하여 식물의 특징을 관찰함.	과학적인 분류 기준을 설정하여 분류 기준에 따라 타당하게 식물을 분류함.	관찰한 결과(증거)를 식물과 환경과의 관련성을 제시함.	탐구 과정에서 얻은 아이디어를 반영한 발명품이 생활에 유용함.
하	일부 감각기관을 사용하고 도구를 사용이 적절하지 않아 식물을 관찰과정에 어려움이 있음.	과학적인 분류 기준을 설정하는 것에 어려움이 있어 분류 기준에 따라 식물을 분류하였으나 타당하지 않음.	관찰한 결과(증거)와 상관없이 식물과 환경과의 관련성을 논리적으로 제시하는 데 어려움이 있음.	탐구 과정에서 얻은 아이디어를 반영하였으나 발명품이 생활의 유용성은 낮음.

다른 증거

퀴즈: 식물을 관찰하는 방법, 분류 기준을 결정하는 방법
관찰: 분류 기준에 따라 식물 분류하기

3단계 - 학습 경험 계획하기

교수–학습 경험(WHERETO)

1. 자신이 좋아하는 식물에 대해 이야기 나누며 식물에 관심 가지기(H)
2. 본질적 질문을 학생들에게 제시하기(H, W)
3. 수행과제와 루브릭을 PPT 자료로 제시하고 학생들에게 안내하기(W)
4. 수행과제 해결을 위한 계획 수립하기(E1)
5. 여러 가지 식물을 채집하는 방법과 관찰하는 방법 확인하기, 퀴즈(E1, E2)
6. 과학적 분류 기준의 조건 탐구하기(E1)
7. 수행과제 해결에 필요한 식물 자료 채집, 조사하기(E1, T)
8. 식물 관찰하고 분류하기(E1, E2, T)
9. 식물과 환경과의 관련성 추리하기(R)
10. 탐구 과정에서 얻은 아이디어를 반영한 발명품 아이디어 도출하기(E1, T)
11. 발명품 설계도 작성하기(E1)
12. 발명품 설계도를 살펴보고 식물에서 얻은 유용한 아이디어가 잘 반영되었는지, 잘못된 부분 확인하고 수정하기(R)
13. 자기 평가 및 동료 평가하기(E2)
14. 교사는 마지막으로 본질적 질문에 답하는 방식으로 학생들의 표현 양식에 따라 일반화를 도출하기(E2, R)

3단계 - 학습 경험 계획하기(계속)

단원 학습 계획

월요일	화요일	수요일	목요일
〈1/9〉	〈2/9〉	〈3/9〉	〈4/9〉
1. 자신이 좋아하는 식물에 대해 이야기 나누며 식물에 관심 가지기(H) 2. 본질적 질문을 학생들에게 제시하기(H, W)	3. 수행과제와 루브릭을 PPT 자료로 제시하고 학생들에게 안내하기(W) 4. 수행과제 해결을 위한 계획 수립하기(E1)	5. 여러 가지 식물을 채집하는 방법과 관찰하는 방법 확인하기, 퀴즈(E1, E2) 6. 과학적 분류 기준의 조건 탐구하기(E1)	7. 수행과제 해결에 필요한 식물 자료 채집, 조사하기(E1, T)
〈5-6/9〉	〈7/9〉	〈8/9〉	〈9/9〉
8. 식물 관찰하고 분류하기(E1, E2, T)	9. 식물과 환경과의 관련성 추리하기(R)	10. 탐구 과정에서 얻은 아이디어를 반영한 발명품 아이디어 도출하기(E1, T) 11. 발명품 설계도 작성하기(E1)	12. 발명품 설계도를 살펴보고 수정하기(R) 13. 자기 평가 및 동료 평가하기(E2) 14. 교사는 마지막으로 본질적 질문에 답하는 방식으로 학생들의 표현 양식에 따라 일반화를 도출하기(E2, R)

5 사회과 사례

– 초등학교 4학년 지역문제 해결하기 –

1단계 - 바라는 결과 확인하기

목표 설정

[4사09-01] 생활 주변에서 찾을 수 있는 여러 가지 문제를 파악하고, 그 문제를 합리적으로 해결하는 능력을 기른다.

이해

- 민주적이고 합리적인 의사결정을 하면 더 많은 사람의 공감을 얻고 참여를 이끈다.
- 지역문제 해결에 주민들이 적극적이고 지속적으로 참여할 때 지역 주민의 삶은 더 나은 방향으로 변화된다.

본질적 질문

- 우리 지역의 변화는 어떻게 일어나는가?
- 내가 살고 있는 지역의 문제를 어떻게 해결할 수 있을까?

핵심 지식

- 다양한 지역문제
- 민주적 의사결정 방법

기능

- 지역문제 조사하기
- 지역문제 발생 원인 분석하기
- 지역문제 해결을 위한 정보 조사하기
- 민주적이고 합리적인 의사결정하기

2단계 - 수용 가능한 증거 결정하기

수행과제

새해를 맞이하여 시청에서는 주민 참여 정책을 공모하고 있다. 당신은 더 살기 좋은 지역을 만들기 위해서 당신이 속한 시민단체 회원들과 함께 주민 참여 정책 공모에 참여해야 한다. 주민 참여 정책 제안은 시민단체의 개인 활동 결과를 가지고 회원들과 함께 의논하여 최종 결정하게 된다. 당신은 개인 활동을 통해 수집한 자료를 바탕으로 지역문제와 그 문제의 발생 원인을 밝히고 지역문제를 해결하기 위한 대안을 제시해야 한다.
이후, 시민단체 회원들과 논의를 통해 의사결정을 하고 최종 정책 제안서를 작성해야 한다.

평가 준거

항목 / 등급	문제 발생 원인 (내용의 정확성)	문제해결 방안 제시 (효과의 적절성)	의사결정 과정 (과정의 협력도)
가중치	30%	30%	40%
상	조사한 자료를 해석하여 문제 발생 원인을 매우 정확하게 제시함.	조사한 자료를 근거로 매우 적절한 문제해결 방안을 제시함.	대화와 타협을 통해 적극적으로 의사결정 과정에 참여함.
중	조사한 자료를 해석하여 문제 발생 원인을 정확하게 제시함.	조사한 자료를 근거로 적절한 문제해결 방안을 제시함.	대화와 타협을 통해 의사결정 과정에 참여함.
하	조사한 자료를 해석하였으나 문제 발생 원인을 정확하게 제시하지 못함.	근거 없이 문제해결 방안을 제시하여 적절성이 낮음.	의사결정 과정에 참여하나 타인의 의견을 숙고하기보다 자기 주장만 내세움.

다른 증거

퀴즈: 지역문제의 정의
관찰: 조사한 자료를 분석하여 지역문제 발생 원인과 해결 방안 도출하기

3단계 – 학습 경험 계획하기

교수–학습 경험(WHERETO)

1. 주차 문제와 관련된 뉴스 영상을 제시하여 지역에서 발생하는 여러 가지 문제에 관심 가지기(H)
2. 지역문제의 개념에 대한 퀴즈 풀기(H, E2)
3. 본질적 질문을 학생들에게 제시하기(H, W)
4. 수행과제와 루브릭을 제시하고 학생들에게 안내하기(W)
5. 시민단체 개인 수행과제 해결을 위한 계획 수립하기(E1)
6. 수행과제 해결에 필요한 자료 조사하기(E1, T)
7. 조사한 자료를 분석하여 지역문제 발생 원인 밝히기(E1, T)
8. 지역문제 해결을 위한 정보를 조사하고 대안 제시하기(E1, T)
9. 시민단체 개인 수행과제 결과 확인하고 수정하기(R)
10. 시민단체 회원들과 의논하여 공모에 제출할 주민 참여 정책 결정하기(E1, T)
11. 정책 제안서 작성하기(E1)
12. 정책 제안서를 살펴보고 조사한 자료가 포함되었는지, 잘못된 부분 확인하고 수정하기(R)
13. 자기 평가 및 동료 평가하기(E2)
14. 교사는 마지막으로 본질적 질문에 답하는 방식으로 학생들의 표현 양식에 따라 일반화를 도출하기(E2, R)

3단계 - 학습 경험 계획하기(계속)

단원 학습 계획

월요일 〈1/9〉	화요일 〈2/9〉	수요일 〈3/9〉	목요일 〈4/9〉
1. 주차 문제와 관련된 뉴스 영상을 제시하여 지역에서 발생하는 여러 가지 문제에 관심 가지기(H) 2. 지역문제의 개념에 대한 퀴즈 풀기(H, E2)	3. 본질적 질문을 학생들에게 제시하기(H, W) 4. 수행과제와 루브릭을 제시하고 학생들에게 안내하기(W) 5. 시민단체 개인 수행과제 해결을 위한 계획 수립하기(E1)	6. 수행과제 해결에 필요한 자료 조사하기(E1, T)	7. 조사한 자료를 분석하여 지역문제 발생 원인 밝히기(E1, T)
〈5-6/9〉	〈7/9〉	〈8/9〉	〈9/9〉
8. 지역문제 해결을 위한 정보를 조사하고 대안 제시하기(E1, T) 9. 시민단체 개인 수행과제 결과 확인하고 수정하기(R)	10. 시민단체 회원들과 의논하여 공모에 제출할 주민 참여 정책 결정하기(E1, T) 11. 정책 제안서 작성하기(E1)	12. 정책 제안서를 살펴보고 조사한 자료가 포함되었는지, 잘못된 부분 확인하고 수정하기(R) 13. 자기 평가 및 동료 평가하기(E2)	14. 교사는 마지막으로 본질적 질문에 답하는 방식으로 학생들의 표현 양식에 따라 일반화를 도출하기(E2, R)

6 통합교과 사례

– 초등학교 1학년 학교 –

1단계 - 바라는 결과 확인하기

목표 설정

- [2바01-01] 학교 생활 습관과 학습 습관을 형성하여 안전하고 건강하게 생활한다.
- [2슬01-01] 학교 안팎의 모습과 생활을 탐색하며 안전한 학교 생활을 한다.
- [2즐01-01] 즐겁게 놀이하며, 건강하고 안전하게 생활한다.

이해

- 학교는 여러 사람이 함께 생활하는 곳이다.
- 학교에는 하는 일에 따라 적합한 장소가 있다.
- 규칙과 약속을 지키면 사람들과 사이좋게 지낼 수 있고 안전하게 생활할 수 있다.

본질적 질문

- 학교는 어떤 곳인가요?
- 학교에서 만날 수 있는 사람은 누구인가요?
- 학교에서 안전하게 지내려면 어떻게 해야 할까요?

핵심 지식

- 학교의 다양한 교실
- 학교의 여러 가지 시설물
- 학교에서 지켜야 할 규칙

기능

- 다양한 교실과 시설물 탐색하기
- 습관 형성하기
- 소통하기

2단계 - 수용 가능한 증거 결정하기

수행과제

너는 드디어 너와 가족들이 기다리던 초등학교에 입학하여 초등학생이 되었다. 부모님과 친척들은 학교의 모습과 학교에서 어떻게 생활해야 하는지 무척 궁금해하시고 네가 친구들과 사이좋게 지낼 수 있을지, 학교에서 안전하고 건강하게 생활할 수 있을지 매일 걱정하신다. 너는 학교의 여러 가지 장소와 시설물, 학교에서 만날 수 있는 사람들과 그들이 하는 일에 대해 조사하고 사람들과 안전하고 사이좋게 학교생활하는 방법을 부모님께 알려드려 부모님을 안심시켜 드려야 한다. 학교의 교실과 시설물, 각 장소에서 지켜야 할 규칙, 사람들과 안전하고 사이좋게 지내는 방법을 조사하여 부모님께 소개할 자료를 만들어 알려 드리고 실천해야 한다.

평가 준거

항목 등급	교실과 시설물 (내용의 정확성)	지켜야 할 규칙 (질의 완성도)	조사하기 (과정의 체계성)
가중치	20%	40%	40%
상	교실 및 시설물의 이름과 하는 일이 매우 정확함.	장소와 상황에 따라 지켜야 할 규칙을 구체적으로 완성함.	조사 과정의 절차를 지켜 매우 체계적으로 조사를 함.
중	교실 및 시설물의 이름과 하는 일이 정확함.	장소와 상황에 따라 지켜야 할 규칙을 완성함.	조사 과정의 절차를 지켜 체계적으로 조사를 함.
하	교실 및 시설물의 이름과 하는 일에 오류가 있음.	장소와 상황에 따라 지켜야 할 규칙을 일반적으로 완성함.	조사 과정의 절차를 일부 지켜 조사를 함.

다른 증거

구술: 학교에서 만날 수 있는 사람

연결형 퀴즈: 학교의 여러 장소와 사람들 및 그곳에서 하는 일

3단계 - 학습 경험 계획하기

교수-학습 경험(WHERETO)

1. 학교에 대해 궁금했던 점, 학교생활을 어떻게 하고 싶은지 이야기 나누기(H)
2. 학생들에게 본질적 질문 제시하기(W, H)
3. 수행과제 및 루브릭 제시하기(E1)
4. 수행과제 해결을 위한 계획 세우기(E1, T)
   (알아야 할 것, 해결 방법, 해결 순서 등)
5. 학교에 있는 여러 장소와 시설물 조사하기, 퀴즈(E1, T)
6. 학교의 여러 장소와 관련된 사람 조사하기 및 조사 결과 구술하기(E1, E2)
7. 사람들과 안전하고 사이좋게 지내기 위한 방안 탐구하기(E1, T)
   (장소와 상황에 따라 지켜야 할 규칙, 사람에 따라 지켜야 할 규칙 등)
8. 사람들과 안전하고 사이좋게 지내기 위한 방안 실천하기(E1, E2, T)
9. 탐구 결과를 바탕으로 학교생활 소개 자료 구상하기(E1, T)
10. 소개 자료를 만들고 오류가 없는지 확인 및 수정하기, 자기 평가 및 교사 평가(E1, E2, T)
11. 가족에게 소개하기 전 친구들에게 학교 생활 소개하기(E1)
12. 교사는 마지막으로 본질적 질문에 답하는 방식으로 학생들의 표현 양식에 따라 일반화를 도출하기(E2, R)

3단계 - 학습 경험 계획하기(계속)

단원 학습 계획

월요일	화요일	수요일	목요일
〈1/12〉	〈2/12〉	〈3-5/12〉	〈6/12〉
1. 학교에 대해 궁금했던 점, 학교생활을 어떻게 하고 싶은지 이야기 나누기(H) 2. 학생들에게 본질적 질문 제시하기(W, H)	3. 수행과제 및 루브릭 제시하기(E1) 4. 수행과제 해결을 위한 계획 세우기(E1, T) (알아야 할 것, 해결 방법, 해결 순서 등)	5. 학교에 있는 여러 장소와 시설물 조사하기, 퀴즈(E1, T) 6. 학교의 여러 장소와 관련된 사람 조사하기 및 조사 결과 구술하기(E1, E2)	7. 사람들과 안전하고 사이좋게 지내기 위한 방안 탐구하기(E1, T) (장소와 상황에 따라 지켜야 할 규칙, 사람에 따라 지켜야 할 규칙 등)
〈7-8/12〉	〈9-10/12〉	〈11/9〉	〈12/12〉
8. 사람들과 안전하고 사이좋게 지내기 위한 방안 실천하기(E1, E2, T)	9. 탐구 결과를 바탕으로 학교생활 소개 자료 구상하기(E1, T) 10. 소개자료 만들고 오류가 없는지 확인 및 수정하기, 자기 평가 및 교사 평가(E1, E2, T)	11. 가족에게 소개하기 전 친구들에게 학교생활 소개하기(E1)	12. 교사는 마지막으로 본질적 질문에 답하는 방식으로 학생들의 표현 양식에 따라 일반화를 도출하기(E2, R)

7 사회과 사례

– 중학교 일상생활과 법 –

1단계 - 바라는 결과 확인하기

목표 설정

[9사(일사)05-01] 법의 의미와 특징을 설명하고, 일상생활에서 접하는 법의 사례를 통해 법의 목적을 도출한다.

[9사(일사)05-02] 우리의 일상을 규율하는 다양한 법을 탐색하고, 국내외 사례를 통해 사회법이 필요한 이유에 대해 토의한다.

[9사(일사)05-03] 재판의 의미와 종류를 설명하고, 공정한 재판의 중요성에 대해 토의한다.

이해

- 일상을 규율하는 다양한 법은 개인과 공동체의 권리를 보호한다.
- 공정한 재판을 통해 분쟁을 해결하고 권리 보장을 실현할 수 있다.

본질적 질문

- 일상생활과 관련된 법의 종류와 특징은 무엇인가?
- 공정한 재판이 어떻게 분쟁을 해결하고 권리를 보호할 수 있는가?

핵심 지식

- 법의 종류와 의미, 특징
- 재판의 의미와 종류
- 공정한 재판이 이루어지 위한 요건

기능

- 조사하기
- 분석하기
- 의사결정하기

2단계 - 수용 가능한 증거 결정하기

수행과제

최근 일상생활 속에서 법적인 갈등 상황을 경험하는 사례가 늘고 있지만, 법적인 지식이 부족하거나 경제적인 어려움으로 인해 법률가의 조력을 받지 못하는 주민들이 늘고 있다. 이에 당신은 시민단체 소속의 변호사로서 무료로 지역 주민들의 어려움을 도와주고자 한다. 먼저 일상생활 속 법적 갈등 사례를 조사 및 분석하고, 관련 법과 적합한 재판을 선정한 후 구체적인 절차가 포함된 법률 자문 보고서를 작성해야 한다.

평가 준거

항목 / 점수	법적 문제 요약하기 (내용의 정확성)	법률 적용하기 (과정의 논리성)	재판 과정 제시하기 (질의 완성도)
가중치	20%	40%	40%
상	법적 갈등 사례의 원인, 영향, 문제점 등을 매우 정확하게 요약함.	법적 갈등 사례에 해당하는 법과 관련된 법률 조항을 탐색하고, 사례와 법률 조항의 관련성을 매우 논리적으로 설명함.	법적 갈등 사례에 적합한 재판의 유형과 절차를 구체적인 시나리오를 포함하여 제시함.
중	법적 갈등 사례의 원인, 영향, 문제점 등을 적절하게 요약함.	법적 갈등 사례에 해당하는 법과 관련된 법률 조항을 탐색하고, 사례와 법률 조항의 관련성을 논리적으로 설명함.	법적 갈등 사례에 적합한 재판의 유형과 절차를 시나리오를 포함하여 제시함.
하	법적 갈등 사례를 간략하게 제시함.	법적 갈등 사례에 해당하는 법과 관련된 법률 조항을 제시함.	법적 갈등 사례에 적합한 재판의 유형과 절차를 간략하게 제시함.

다른 증거

퀴즈: 법과 재판의 종류와 특징, 공정한 재판의 구성 요소
관찰: 재판 사례를 토대로 공정한 재판의의미와 중요성에 대해 토의하기

3단계 - 학습 경험 계획하기

교수–학습 경험(WHERETO)

1. 일상생활 속에서 만날 수 있는 법의 사례에 대해 이야기 나누기(H)
2. 본질적 질문을 학생들에게 제시하기(H, W)
3. 수행과제와 루브릭을 PPT 자료로 제시하고 학생들에게 안내하기(W)
4. 수행과제 해결을 위한 계획 수립하기(E1)
5. 법의 의미와 종류, 특징 파악하기, 퀴즈(E1, E2)
6. 재판의 의미와 종류, 특징 파악하기, 퀴즈(E1, E2)
7. 공정한 재판이 이루어지기 위한 필요한 요건 탐구하기(E1)
8. 법적 분쟁 사례를 탐색하고 관련 법률 조항 분석하기(E1, E2, T)
9. 법적 분쟁 사례에 적합한 재판 유형에 따른 절차 탐구하기(E1, E2)
10. 재판 절차에 바탕을 둔 재판 시나리오 작성하기(E1, E2, T)
11. 재판 시나리오를 발표하고 의견나누기(E2, R)
12. 재판 시나리오를 다시 살펴보고 오류 수정하기(R)
13. 자기 평가 및 동료 평가하기(E2)
14. 교사는 마지막으로 본질적 질문에 답하는 방식으로 학생들의 표현 양식에 따라 일반화를 도출하기(E2, R)

3단계 - 학습 경험 계획하기(계속)

단원 학습 계획

월요일	화요일	수요일	목요일
〈1/10〉	〈2/10〉	〈3-4/10〉	〈5-6/10〉
1. 일상생활 속에서 만날 수 있는 법의 사례에 대해 이야기 나누기(H) 2. 본질적 질문을 학생들에게 제시하기(H, W)	3. 수행과제와 루브릭을 PPT 자료로 제시하고 학생들에게 안내하기(W) 4. 수행과제 해결을 위한 계획 수립하기(E1)	5. 법의 의미와 종류, 특징 파악하기, 퀴즈(E1, E2) 6. 재판의 의미와 종류, 특징 파악하기, 퀴즈(E1, E2)	7. 공정한 재판이 이루어지기 위한 필요한 요건 탐구하기(E1) 8. 법적 분쟁 사례를 탐색하고 관련 법률 조항 분석하기(E1, E2, T)
〈7/10〉	〈8/10〉	〈9/10〉	〈10/10〉
9. 법적 분쟁 사례에 적합한 재판 유형에 따른 절차 탐구하기(E1, E2)	10. 재판 절차에 바탕을 둔 재판 시나리오 작성하기(E1, E2, T)	11. 재판 시나리오를 발표하고 의견나누기(E2, R) 12. 재판 시나리오를 다시 살펴보고 오류 수정하기(R)	13. 자기 평가 및 동료 평가하기(E2) 14. 교사는 마지막으로 본질적 질문에 답하는 방식으로 학생들의 표현 양식에 따라 일반화를 도출하기(E2, R)

8 사회(지리 영역) 사례

– 중학교 더불어 사는 세계 –

1단계 - 바라는 결과 확인하기

목표 설정

[9사(지리)12-01] 지도를 통해 지구상의 다양한 지리적 문제를 확인하고, 그 현황과 원인을 조사한다.
[9사(지리)12-02] 다양한 지표를 통해 지역별로 발전 수준이 어떻게 다른지 파악하고, 저개발 지역의 빈곤 문제를 해결하기 위한 노력을 조사한다.
[9사(지리)12-03] 지역 간 불평등을 완화하기 위한 국제 사회의 노력을 조사하고, 그 성과와 한계를 평가한다.

이해

- 지구촌의 다양한 지리적 문제는 한 지역의 문제가 아니라 인류 공통의 문제이다.
- 지속적인 국제적 연대와 협력은 지구촌의 다양한 지리적 문제를 해결한다.

본질적 질문

- 인류의 지속 가능한 삶을 위협하는 지구촌의 다양한 지리적 문제는 왜 발생할까?
- 인류는 지속 가능한 삶을 위해 어떻게 행동할 수 있을까?

핵심 지식

- 최근의 다양한 지리적 문제
- 지리적 문제 해결 및 지역간 불평등 완화 노력

기능

- 조사하기
- 자료 분석하기
- 평가하기
- 의사결정하기

2단계 - 수용 가능한 증거 결정하기

수행과제

최근 인류의 지속 가능한 삶을 위협하는 지구촌에 다양한 지리적 문제가 발생하고 있어 이를 해결하기 위한 국제 기구 회의가 대구에서 개최되며 너는 한국 대표로 회의에 참석하게 되었다. 너는 회의 참석자들이 지구촌의 지리적 문제 해결에 적극적으로 참여하도록 설득하기 위해 지역별 다양한 사례 조사와 자료 분석을 통해 지구촌의 지리적 문제의 원인과 현황을 파악하고 실천 가능한 문제 해결 방안을 제안해야 한다.

평가 준거

항목 / 등급	지리적 문제 파악 (내용의 정확성)	지리적 문제의 현황과 원인 (내용의 타당성)	지리적 문제 해결 방안 (효과의 적절성)
가중치	30%	30%	40%
상	지역별 지리적 문제를 다양한 시청각 자료(지도, 그래프, 통계 자료 등)를 분석하여 매우 정확하게 파악함.	지리적 문제와 관련된 자료를 조사하여 현황을 밝히고 원인을 매우 타당하게 제시함.	국제사회의 노력을 평가한 것을 근거로 지리적 문제를 해결하기 위해 매우 적절한 해결 방안을 제안함.
중	지역별 지리적 문제를 다양한 시청각 자료(지도, 그래프, 통계 자료 등)를 분석하여 정확하게 파악함.	지리적 문제와 관련된 자료를 조사하여 현황을 밝히고 원인을 매우 타당하게 제시함.	국제 사회의 노력을 평가한 것을 근거로 지리적 문제를 해결하기 위해 적절한 해결 방안을 제안함.
하	지역별 지리적 문제를 파악함.	지리적 문제와 관련된 자료를 조사하여 원인과 현황을 제시하였으나 타당성이 일부 결여됨.	지리적 문제를 해결하기 위해 적절성이 낮은 해결 방안을 제안함.

다른 증거

퀴즈: 국내 총생산, 국민 총소득, 인간 개발 지수의 개념
개방형 질문: 지역 간 불평등을 완화하기 위한 국제 사회의 노력

3단계 – 학습 경험 계획하기

교수 – 학습 경험(WHERETO)

1. 본질적 질문 제시하기(H, W)
2. 수행과제와 루브릭을 제시하고 학생들에게 안내하기(W)
3. 수행과제 해결을 위한 계획 수립하기(E1)
4. 다양한 시청각 자료를 분석하고 지역별 지리적 문제 파악하기(E1, T)
   –지도, 그래프, 통계 자료, 신문 기사 등
5. 지리적 문제의 현황과 원인 조사하여 제시하기(E1, R)
6. 다양한 지표 자료의 개념 탐구하기, 퀴즈(E2)
7. 지리적 문제가 국제 사회에 미치는 영향 논의하기(E1)
8. 지리적 문제 해결을 위한 그동안의 국제 사회의 노력 조사하기(E1, T)
   –지역 간 불평등 완화 노력, 저개발 지역의 빈곤 문제 포함
9. 개방형 질문을 통해 국제 사회의 노력 확인하기(E2)
10. 국제 사회의 노력 평가하기(E1, R)
11. 조사하고 분석한 자료를 통해 지구촌의 지리적 문제를 해결하기 위한 방안 탐구하기(E1, R)
12. 지구촌의 지리적 문제를 해결하기 위한 방안 제시하기(E1)
13. 자기 평가 및 동료 평가하기(E2)
14. 교사는 마지막으로 본질적 질문에 답하는 방식으로 학생들의 표현 양식에 따라 일반화를 도출하기(E2, R)

3단계 - 학습 경험 계획하기(계속)

단원 학습 계획

월요일	화요일	수요일	목요일
〈1/10〉	〈2/10〉	〈3-4/10〉	〈5/10〉
1. 본질적 질문 제시하기(H, W) 2. 수행과제와 루브릭을 제시하고 학생들에게 안내하기(W)	3. 수행과제 해결을 위한 계획 수립하기(E1) 4. 다양한 시청각 자료를 분석하고 지역별 지리적 문제 파악하기(E1, T)	5. 지리적 문제의 현황과 원인 조사하여 제시하기(E1, R) 6. 다양한 지표 자료의 개념 탐구하기, 퀴즈(E2)	7. 지리적 문제가 국제 사회에 미치는 영향 논의하기(E1)
〈6-7/10〉	〈8/10〉	〈9/10〉	〈10/10〉
8. 지리적 문제 해결을 위한 그동안의 국제 사회의 노력 조사하기(E1, T) 9. 개방형 질문을 통해 국제 사회의 노력 확인하기(E2) 10. 국제 사회의 노력 평가하기(E1, R)	11. 조사하고 분석한 자료를 통해 지구촌의 지리적 문제를 해결하기 위한 방안 탐구하기(E1, R)	12. 지구촌의 지리적 문제를 해결하기 위한 방안 제시하기(E1) 13. 자기 평가 및 동료 평가하기(E2)	14. 교사는 마지막으로 본질적 질문에 답하는 방식으로 학생들의 표현 양식에 따라 일반화를 도출하기(E2, R)

9 과학과 통합단원 사례

– 중학교 재해 · 재난과 안전 –

1단계 – 바라는 결과 확인하기

목표 설정

[9과16-01] 재해 · 재난 사례와 관련된 자료를 조사하고, 그 원인과 피해에 대해 과학적으로 분석할 수 있다.

[9과16-02] 과학적 원리를 이용하여 재해 · 재난에 대한 대처 방안을 세울 수 있다.

이해

- 과학적 분석을 통해 재해 · 재난의 발생 가능성을 예측하고 대처하면 피해가 줄어든다.

본질적 질문

- 재해 · 재난은 우리 생활에 어떤 영향을 미치는가?
- 우리는 재해 · 재난에 어떻게 대처할 수 있는가?

핵심 지식

- 재해 · 재난의 개념 및 유형
- 재해 · 재난의 발생 원인과 피해
- 재해·재난에 대한 대처 방안

기능

- 조사하기
- 과학적으로 분석하기
- 과학적 근거에 기초하여 의사결정하기

2단계 - 수용 가능한 증거 결정하기

수행과제

기상 재해, 지진, 감염성 질병 확산, 화학 물질 유출 등 다양한 재해 · 재난이 지속적으로 발생하고 있다. 당신은 재해 · 재난을 연구하는 과학자로 재해 · 재난 사례를 조사하고 과학적으로 분석하여 그 원인과 피해를 밝혀야 한다. 동시에 과학적 근거에 기초하여 국민들이 보고 쉽게 이해할 수 있도록 재해 · 재난에 대처할 수 있는 행동 요령을 안내하는 자료를 제작해야 한다.

평가 준거

항목 등급	재해 · 재난 사례 분석 (과정의 적절성)	재해 · 재난에 대한 대처 방안(내용의 타당성)	안내 자료 제작 (효과의 가독성)
가중치	45%	45%	10%
상	다양한 과학적 이해를 적용하여 재해 · 재난 사례의 원인을 종합적으로 파악하고 피해를 정확하게 분석함.	매우 타당한 과학적 근거에 기초하여 재해 · 재난에 대한 대처 방안을 제안함.	핵심적인 내용이 잘 전달될 수 있도록 간결하게 표현하여 가독성이 매우 높음.
중	과학적 이해를 적용하여 재해 · 재난 사례의 원인을 파악하고 피해를 정확하게 분석함.	타당한 과학적 근거에 기초하여 재해 · 재난에 대한 대처 방안을 제안함.	핵심적인 내용이 전달될 수 있도록 표현하여 가독성이 좋음.
하	과학적 이해에 기초하지 않고 재해 · 재난 사례의 원인과 피해를 분석함.	재해 · 재난에 대한 대처 방안을 제안하였으나 과학적 근거가 미흡함.	전달할 내용이 포함되어 있으나 가독성이 낮음.

다른 증거

퀴즈: 재해 · 재난의 개념
관찰: 재해 · 재난의 유형

3단계 – 학습 경험 계획하기

교수 – 학습 경험(WHERETO)

1. 최근 받은 안전 안내 문자에 대해 이야기 나누기(H)
2. 본질적 질문 제시하기(H, W)
3. 수행과제와 루브릭을 제시하고 학생들에게 안내하기(W)
4. 수행과제 해결을 위한 계획 수립하기(E1)
5. 재해 · 재난의 개념 및 유형 살펴보기(E1)
6. 퀴즈와 관찰을 통해 재해 · 재난의 개념 및 유형의 습득 상황 점검하기(E2)
7. 수행과제 해결을 위해 재해 · 재난 사례 조사하기(E1, T)
8. 다양한 과학적 이해를 활용하여 조사한 재해 · 재난 사례 분석하여 원인과 피해를 분석하기(E1, T)
9. 분석 결과를 점검하고 오류 발견 시 수정하기(R)
10. 과학적 근거에 기초하여 재해 · 재난에 대한 대처 방안 탐구하기(E1, T)
11. 친구들과 재해 · 재난에 대한 대처 방안에 대한 의견 나누고 최종 방안 결정하기(E2)
12. 국민들에게 제공할 대처 방안 안내 자료 계획하고 제작하기(E1, T)
13. 안내 자료 점검하고 수정하기(R)
14. 자기 평가 및 동료 평가하기(E2)
15. 교사는 마지막으로 본질적 질문에 답하는 방식으로 학생들의 표현 양식에 따라 일반화를 도출하기(E2, R)

3단계 - 학습 경험 계획하기(계속)

단원 학습 계획

월요일	화요일	목요일	금요일
〈1/10〉	〈2/10〉	〈3/10〉	〈4-5/10〉
1. 최근 받은 안전 안내 문자에 대해 이야기 나누기(H) 2. 본질적 질문 제시하기(H, W) 3. 수행과제와 루브릭을 제시하고 학생들에게 안내하기(W)	4. 수행과제 해결을 위한 계획 수립하기(E1) 5. 재해 · 재난의 개념 및 유형 살펴보기(E1) 6. 퀴즈와 관찰을 통해 재해 · 재난의 개념 및 유형의 습득 상황 점검하기(E2)	7. 수행과제 해결을 위해 재해 · 재난 사례 조사하기(E1, T)	8. 다양한 과학적 이해를 활용하여 조사한 재해 · 재난 사례 분석하여 원인과 피해를 분석하기(E1, T) 9. 분석 결과를 점검하고 오류 발견 시 수정하기(R)
〈6-7/10〉	〈8-9/10〉	〈10/10〉	
10. 과학적 근거에 기초하여 재해 · 재난에 대한 대처 방안 탐구하기(E1, T) 11. 친구들과 재해 · 재난에 대한 대처 방안에 대한 의견 나누고 최종 방안 결정하기(E2)	12. 국민들에게 제공할 대처 방안 안내 자료 계획하고 제작하기(E1, T) 13. 안내 자료 점검하고 수정하기(R)	14. 자기 평가 및 동료 평가하기(E2) 15. 교사는 마지막으로 본질적 질문에 답하는 방식으로 학생들의 표현 양식에 따라 일반화를 도출하기(E2, R)	

부록2

백워드 설계 템플릿 및 조직자 양식

1 템플릿 양식(1쪽)

1쪽 템플릿은 백워드 설계 과정을 가장 간결하게 나타내는 템플릿 형식이다.

1단계 - 바라는 결과 확인하기

목표 설정	
이해	본질적 질문
핵심 지식	기능

2단계 - 수용 가능한 증거 결정하기

수행과제	다른 증거

3단계 - 학습 경험 계획하기

학습활동(WHERETO)

2 템플릿 양식(2쪽)

2쪽 템플릿은 1쪽 템플릿에서 2단계의 평가 준거가 추가된 양식이다. 수행과제를 개발할 때 평가 준거인 루브릭을 함께 개발해야 하는데, 수행과제와 루브릭을 한 페이지에 보여 준다는 장점이 있다.

단원명:		교과:
주제:	학년:	설계자:

1단계 – 바라는 결과 확인하기

목표 설정

이해	본질적 질문

핵심 지식	기능

2단계 - 수용 가능한 증거 결정하기

수행과제

평가 준거

다른 증거

3단계 - 학습 경험 계획하기

학습활동(WHERETO)

3 템플릿 양식(6쪽)

6쪽 템플릿은 백워드 설계를 가장 구체적으로 구현하는 양식이다. 단원 개관 페이지와 단원 학습 계획을 수립할 수 있는 양식이 추가되어 있다. 특히 2단계에 평가과제 청사진 페이지가 추가되어 수행과제에 대한 설명과 산출이나 수행을 판단할 준거를 기록하여 평가 계획을 정교화할 수 있는 장점이 있다.

단원 개관

단원명: 학년:

교과/주제 영역: 수업 시수:

핵심어:

지도교사:

단원의 개요

단원 설계 상태

☐ 완성된 템플릿 페이지-1 · 2 · 3단계

☐ 각 수행과제를 위해 완성된 청사진 ☐ 완성된 루브릭

☐ 학생과 교사의 유의 사항 ☐ 자료 및 자원 목록

☐ 권고 사항

상황

☐ 동료 평가 ☐ 내용 평가 ☐ 현장 검사 ☐ 타당도

1단계 - 바라는 결과 확인하기

목표 설정

이해

본질적 질문

핵심 지식

기능

2단계 – 수용 가능한 증거 결정하기

수행과제

다른 증거

학생 자기 평가와 반성

2단계 - 수용 가능한 증거 결정하기(계속)

수행과제 청사진

평가 목표

평가과제 및 이해의 정도

수행과제 개관

수행과 결과물

평가 준거
- 효과
- 내용
- 질
- 과정

3단계 - 학습 경험 계획하기

교수-학습 경험 계획

교수-학습 경험(WHERETO)

3단계 - 학습 경험 계획하기(계속)

단원 학습 계획

요일 〈 / 〉	요일 〈 / 〉	요일 〈 / 〉	요일 〈 / 〉	요일 〈 / 〉

요일 〈 / 〉	요일 〈 / 〉	요일 〈 / 〉	요일 〈 / 〉	요일 〈 / 〉

요일 〈 / 〉	요일 〈 / 〉	요일 〈 / 〉	요일 〈 / 〉	요일 〈 / 〉

백워드 설계 로드맵

다음 그림은 백워드 설계 과정의 전반적인 과정을 로드맵의 형태로 제시한다. 각각의 상자는 백워드 설계 템플릿의 구성 요소를 나타내며, 타원형의 개념들은 설계 단계의 빅 아이디어를 나타낸다.

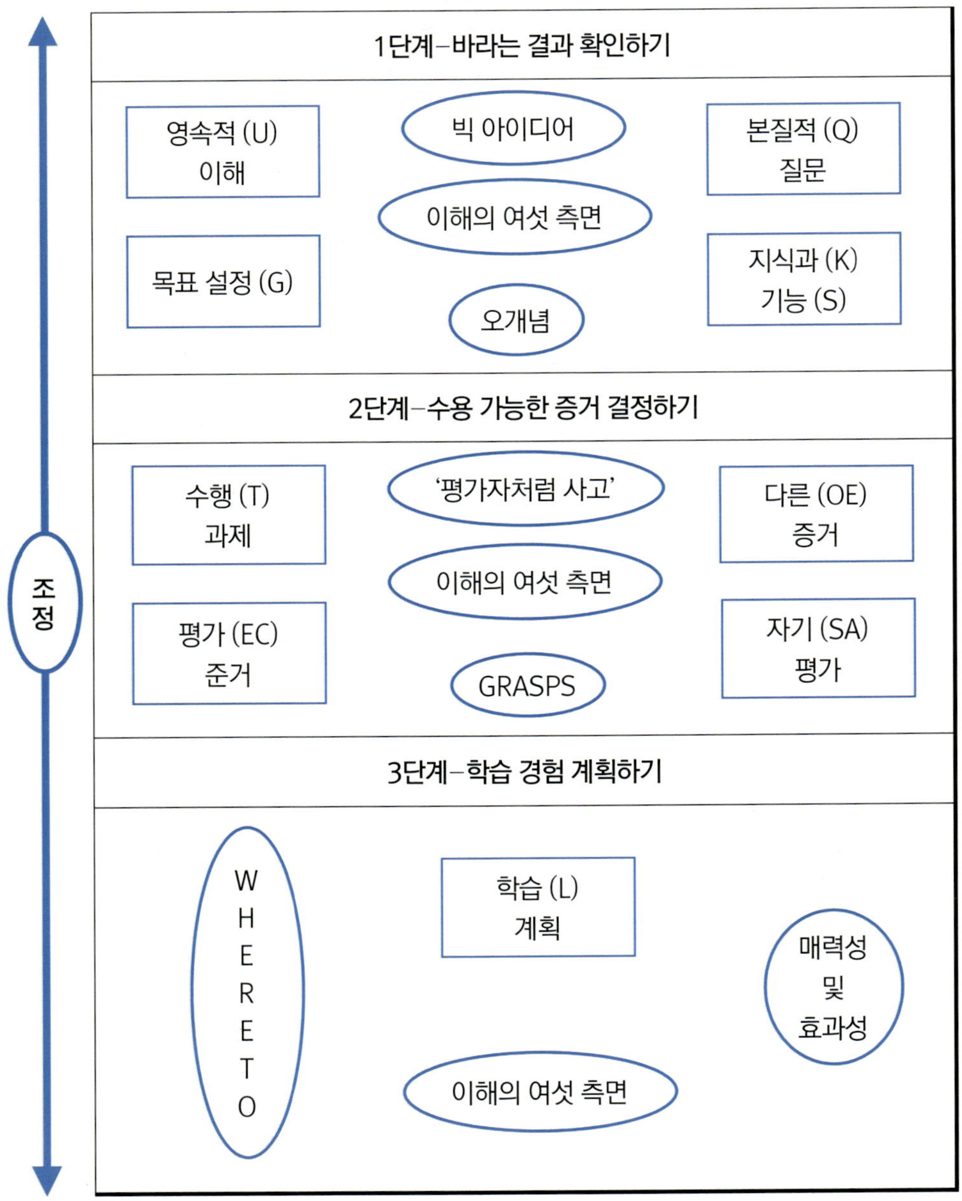

우선순위 명료화

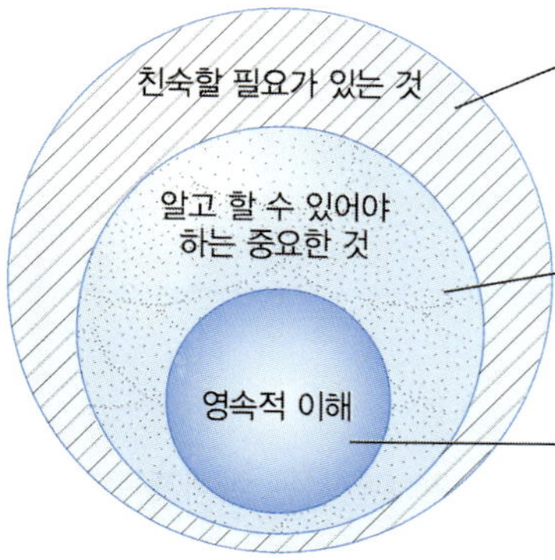

친숙할 필요가 있는 것

알고 할 수 있어야 하는 중요한 것

핵심 아이디어

이해

목표 풀이하기

목표 설정 G

↓ ↓

명사 및 형용사로 진술되거나 암시된 빅 아이디어

동사로 진술되거나 암시된 실세계 수행

↓ ↓

본질적 질문 Q

이해 U

수행과제 아이디어 T

본질적 질문 생성을 위한 조직자

주제와 빅 아이디어:

어떤 본질적 질문이 이 아이디어나 주제에 의해 제기되는가?
학생들이 그 아이디어나 주제에 대해 명확히 이해하길 바라는 것은 무엇인가?

왜 ________________을 공부하는가? 그래서 어떻다는 것인가?

무엇이 ______________________을 보편적으로 만드는가?

만일 _________관한 단원이 스토리라면, 그 스토리의 교훈은 무엇인가?

______________의 기능이나 과정에 함의된 빅 아이디어는 무엇인가?

______________을 강조하는 더 큰 개념, 이슈, 혹은 문제는 무엇인가?

__________을 이해하지 못했다면, 우리가 할 수 없었던 것은 무엇인가?

어떻게 ____________이 더 큰 세계에서 활용되고 적용되는가?

______________________에 관한 실세계의 통찰은 무엇인가?

________________________의 공부 가치는 무엇인가?

본질적 질문: Q

이해: U

이해의 여섯 측면에 기초한 본질적 질문 유발자

설명

누가________? 무엇을________? 언제________? 어떻게________? 왜________?

________________________________에 있어 주요 개념/아이디어는 무엇인가?

____의 예들은 무엇인가?

________________________의 특징/주요 요소는 무엇인가? 이것은 왜 그러한가?

________________________________을 어떻게 증명/확인/정당화할 수 있는가?

______________________ 이 어떻게 _________________과 연결되어 있는가?

만일 ____________________________________하다면 무슨 일이 일어나는가?

_______________________________에 관한 일반적인 잘못된 인식은 무엇인가?

해석

____의 의미는 무엇인가?

_______________에 관해 ____________________이 가리키는 것은 무엇인가?

____________________이 ________________과 얼마나 비슷한가?(유추/비유)

____________이 어떻게 나/우리와 관련되어 있는가? 왜 그런가? 왜 그것이 문제인가?

적용

어떻게 그리고 언제 우리가 이(지식/과정)_________________을 이용할 수 있는가?

_______________________________이 어떻게 더 큰 세계에 적용될 수 있는가?

우리는 ______________을 극복하기 위하여 ________을 어떻게 이용할 수 있는가?

관점

_______________________________________에 관한 다른 관점은 무엇인가?

이 견해가 _____________________________의 관점으로부터 어떻게 나왔는가?

_________________________이 어떻게 ______________와 비슷한가/다른가?

__________________________________에 대한 다른 가능한 반응은 무엇인가?

____의 강점과 약점은 무엇인가?

____의 한계는 무엇인가?

______________________의 증거는 무엇인가? 그 증거는 믿을 만한가? 충분한가?

(계속)

공감

___________________________의 입장이라면 어떻게 될까?

_________________에 관하여 _________는 어떻게 생각할까?

___________________에 관한 이해에 우리가 어떻게 도달할 수 있는가?

우리가 느끼도록/알도록 만들기 위해 노력하는 ___________것은 무엇인가?

자기지식

내가 ______________________________을 어떻게 아는가?

_______________________에 관한 나의 지식의 한계는 무엇인가?

__________________________에 관한 나의 맹점은 무엇인가?

내가 ____________________을 어떻게 가장 잘 보여 줄 수 있을까?

____(경험, 가정, 습관, 편견, 스타일)에 의해 만들어진 나의 _____에 관한 견해는 어떤가?

_______________________에 관한 나의 강점과 약점은 무엇인가?

평가를 브레인스토밍하기

학생들이 이해를 나타낼 가능한 방식을 생성하기 위해 이해의 여섯 측면을 활용하기

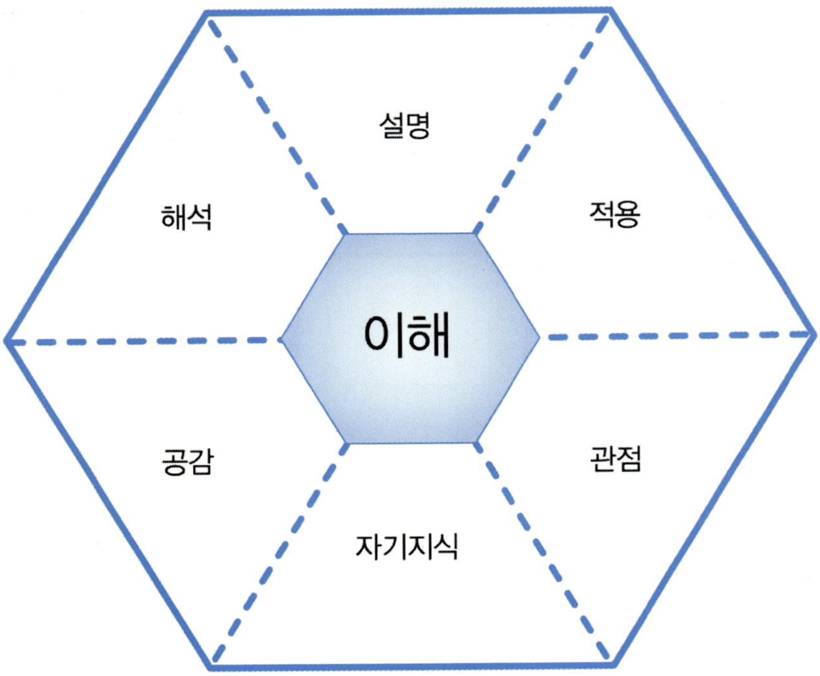

GRASPS를 활용하여 수행과제 구성하기

수행과제를 시나리오 형태로 구성할 때 활용할 수 있는 조직자이다. 각 요소에 해당하는 문장은 아이디어의 출발점으로 고려되며 빈칸을 모두 채워야 하는 것은 아니다.

목표
당신의 과제는 ____________________이다. 목표는 ____________________하는 것이다. 문제나 도전은 ____________________이다.
역할
당신은 ________________________이다. 당신은 ________________을/를 요구받았다. 당신의 일은 ____________________이다.
청중/대상
당신의 청중은 ____________________이다. 대상은 __________________________이다.
상황
당신 자신을 발견하는 맥락은 __________________이다. 도전은 _________________을/를 다루는 것을 포함한다.
수행
당신은 _______________하기 위해 _____________을/를 만들 것이다. 당신은 _______________하기 위해 _____________을/를 개발할 필요가 있다.
기준
당신의 수행은 ____________________할 필요가 있다. 당신의 작품은 ______________에 따라 판단될 것이다. 성공적인 결과는 ______________________할 것이다.

루브릭 구조

루브릭의 기본 구성 요소를 포함하고 있는 루브릭 구조이다. 분석적 루브릭을 작성하고자 할 때는 항목 부분에 평가 준거의 수만큼 칸을 나누어 작성할 수 있다. 등급도 3등급 혹은 5등급 등 설계자가 원하는 형태로 구분하여 작성하면 된다.

항목	
등급 / 가중치	

WHERETO 요소 활용하기

학습 경험을 선정할 때는 WHERETO 요소를 활용할 수 있다. 이 요소는 학습 경험 선정의 준거 역할을 하기도 하므로 누락된 요소가 없는지 반드시 확인해야 한다. 다만, O 요소는 학습 경험 배열을 통해 드러나므로 각 활동에는 나타나지 않는다.

요소	내용
W (학습 목표)	
H (동기 유발)	
E1 (경험 탐구)	
R (재사고)	
E2 (평가)	
T (개별화)	
O (조직화)	

이야기 구조 활용하기

3단계 학습 경험을 계획할 때, 내러티브 접근법을 활용하여 이야기 구조로 설계할 수 있다. 다음은 이야기 구조로 학습 경험을 계획할 때 활용할 수 있는 조직자다.

요소	관련 질문	내용
상황	• 이야기는 언제, 어디서 일어나는가?	
인물	• 주연과 조연은 누구인가?	
서두	• 학생들을 이야기 속으로 어떻게 끌어들일 것인가? (독자, 관찰자, 청취자 등)	
장애물 혹은 문제	• 해결되어야 할 문제는 무엇인가? • 극복해야 할 장애물은 무엇인가?	
극적 긴장	• 작용하고 있는 반대 세력은 무엇인가? (생각 혹은 인물 등)	
놀라움, 예기치 않은 진전	• 어떤 놀라움, 반전, 진전, 그리고 예상치 못한 전환이 설정될 것인가?	
해결 혹은 해답	• 장애물을 어떻게 극복할 것인가? • 그 문제는 어떻게 해결될 것인가? • 그 이야기는 어떻게 끝날 것인가? • 후속 이야기는 어떻게 될 것인가?	

동료 평가 검토지

3단계까지 설계가 모두 끝난 후, 동료 평가를 할 때 활용할 수 있는 검토지 양식이다.

설계 기준	검토 의견(강점)	피드백(약점)
설계는 얼마나 • 목표로 정한 내용의 빅 아이디어에 초점을 맞추는가? • 본질적 질문을 중심으로 빅 아이디어를 구성하는가?		
평가는 얼마나 바라는 결과를 타당하면서 신뢰할 수 있고 충분히 측정할 수 있는가?		
학습 계획은 얼마나 효과적이고 매력적인가?		
전체 단원은 얼마나 세 단계에서 조정된 모든 요소들을 포함하고 일관성이 있는가?		

백워드 설계에 대한 Q & A

〈Q1〉 백워드 설계란 무엇인가요?

기존의 단원 및 수업 설계 절차를 획기적으로 변경하여 마지막(최종 결과)을 염두에 두고 시작해서 그 마지막을 향해 설계하는 것으로 교육과정이나 단원을 설계하는 접근 방식을 말합니다. 이는 바라는 결과 확인하기 → 수용 가능한 증거 결정하기 → 학습 경험 계획하기의 세 단계를 거치게 됩니다.

〈Q2〉 백워드 설계는 특정 교과목에만 국한되나요?

백워드 설계는 특정한 교과목에만 사용 가능한 수업 모형이나 설계가 아니라, 수업에 있어서 목표를 중심으로 그 설계 절차를 획기적으로 변경한 것입니다. 따라서 목표가 이해할 가치가 있는 것이라면 모든 교과목에 적용 가능합니다. 또한 백워드 설계 과정은 개별 단원뿐만 아니라 학습 코스와 프로그램의 설계에도 응용할 수 있습니다.

〈Q3〉 제시된 설계 양식의 형식이나 절차를 그대로 따라야 하나요?

만약 정보가 필요하지 않다면 설계 템플릿의 모든 박스 안을 채우지 않아도 상관없습니다. 또한 교과목이나 단원 및 차시에 따라서 부차적인 지침과 내용은 설계 양식에 추가될 수 있습니다. 이 설계 양식은 단원 개발을 위한 모든 과정 자료를 제공하는 것이 아니라, 교육자들의 단원 설계를 돕기 위한 설계도구를 제공하는 것입니다. 따라서 지도하는 교사에 따라서 그 수업 목표 도달에 가장 효과적으로 융통성을 발휘하여 작성할 수 있습니다.

〈Q4〉 백워드 설계 양식은 누구의 입장에서 기술되어야 하나요?

백워드 설계 양식은 교사의 관점에서 작업을 구성한다는 것에 유의하여야 합니다. 학습자가 적어도 처음에는 설계 양식에 따라 조직된 목표, 이해, 본질적 질문을 반드시 이해할 필요는 없습니다. 3단계의 작업은 1단계에서 교사가 바라는 결과를 효과적이고 참여적인 학습, 즉 학습자에게 이해하기 쉬운 것으로 바꾸는 것입니다.

〈Q5〉 백워드 설계 템플릿의 가장 큰 장점은 무엇인가요?

평가(2단계), 학습활동(3단계)이 확인된 목표(1단계)와 결합되는 범위 내에서 신속하게 계열 상태를 확인할 수 있으며 교사나 지역에서 개발한 단원을 검토하기 위해 사용하는 데 유용합니다.

〈Q6〉 1단계를 개발할 때 반드시 순서를 따라야 하나요?

1단계를 설계하는 실제적인 과정을 살펴보면, 어떤 사람은 목표 설정에서 시작해서 이해 및 본질적 질문을 개발한 다음, 지식과 기능을 열거하는 순으로 설계합니다. 다른 사람은 목표에서 시작해서 지식과 기능을 먼저 개발한 다음, 이해와 본질적 질문을 고려합니다. 또 다른 사람은 본질적 질문을 개발하는 것으로 시작해서 다른 부분을 완성합니다. 하지만 어떤 순서로 설계하든지 1단계를 성공적으로 설계할 수 있습니다. 즉, 가장 중요한 것은 목표, 이해, 본질적 질문, 핵심 지식과 기능을 일관성 있게 설계하는 것이며 설계 순서는 융통성을 가지고 있습니다.

〈Q7〉 이해의 여섯 측면은 모두 포함되어야 하나요?

교과목의 성격이나 그 단원의 핵심 개념 및 수업 내용에 따라 이해의 여섯 측면이 모두 포함되지 않을 수도 있습니다. 설계하고자 하는 단원에 맞는 이해를 선정해야 합니다.

〈Q8〉 1단계에서 제시한 이해의 개수만큼 본질적 질문을 마련해야 하나요?

이해와 본질적 질문을 일대일로 대응시켜야 할 필요는 없지만, 그 둘 사이에 분명한 연결이 있어야 합니다. 본질적 질문은 빅 아이디어를 탐구하고 바라는 이해로 이끄는 관문입니다. 따라서 이해는 그 이해를 이끌 수 있는 관문인 본질적 질문으로 연결되는 것이 좋습니다.

〈Q9〉 기능과 관련되는 교과목도 백워드 설계를 활용하여 개발할 수 있나요?

외국어, 수학, 체육처럼 기능에 초점을 맞추는 교과목은 백워드 설계의 1단계를 개발하는 데 어려움을 호소하는 경우를 볼 수 있습니다. 하지만 빅 아이디어가 기능 영역의 기반이며 기능을 수행하는 학습자가 빅 아이디어를 이해하였을 경우, 그 기능을 더욱 잘 수행하는 것을 발견할 수 있습니다. 즉, 기반이 되는 개념(이 기능 혹은 전략은 무엇을 만드는가?), 목적(이 기능은 어떤 목적을 달성하는 데 도움이 되는가?), 전략의 활용(어떤 전략 혹은 전술을 활용하면 이 기능을 좀 더 효율적이고 효과적으로 학습하고 이해할 수 있는가?), 그리고 맥락(이 기능 혹은 전략은 언제 사용해야 하는가?)을 학습자들이 이해하도록 도와야 합니다. 따라서 기능과 관련된 교과목도 백워드 설계를 활용할 수 있습니다. 즉, 단순한 반복 훈련이 아니라 이해를 기반으로 기능을 가르쳤을 때 학생들은 다양한 상황에 더욱 융통성 있게 기능을 적용할 수 있습니다.

〈Q10〉 백워드 설계 과정 가운데 평가 단계(2단계)에서 기존의 전통적인 평가와 뚜렷하게 구분되는 부분은 어떤 것입니까?

기존에는 대체적으로 단지 교수(teaching) 마지막의 테스트 혹은 완결된 수행과제만을 언급하는 경우가 많았습니다. 백워드 설계에서 이해의 증거를 말할 때는 한 단원의 학습 혹은 코스 동안에 형식적이고 비형식적인 다양한 평가를 통해 모인 증거에 대해 언급하고 있습니다. 여기서 추구하는 수집된 증거는 학생의 자기 평가뿐만 아니라 관찰과 대화, 전통적인 퀴즈와 검사, 수행과제와 프로젝트를 포함하고 있습니다.

〈Q11〉 수행과제를 개발할 때 반드시 GRASPS를 활용해야 하나요?

백워드 설계의 기본적인 아이디어는 이해가 맥락화된 수행을 통해서 가장 잘 드러날 수 있다는 것이며, 백워드 설계의 2단계에는 학생들이 최상의 노력을 발휘하도록 가능한 한 그것들을 의미 있고 참되며 참여적으로 만드는 것이 중요합니다.

즉, 학생들은 맥락화된 수행과제를 통해 이해를 표현할 수 있을 것이며, GRASPS는 수행과제를 구성하는 데 도움이 되는 하나의 설계도구입니다. GRASPS는 실세계와 관련된 수행과제를 개발하는 기본 틀의 역할을 합니다. 하지만 수행과제를 개발할 때 반드시 GRASPS를 활용해야 하는 것은 아닙니다. 단, 수행과제는 1단계의 본질적 질문과 연계되어야 좋으며, 수행과제를 해결해 나가는 과정이 곧 수업이 되는 것입니다. 이것이 '과정 중심 평가'의 기본 취지이기도 합니다.

〈Q12〉 백워드 설계에서는 전통적인 검사들을 반대하는 입장인가요?

항상 그런 것만은 아닙니다. 대부분의 프로그램에서 전형적으로 발견되는 목표의 다양성에 기초하여, 교실 평가에서 더욱 적절한 다양성과 타당성을 확신하기 위해 다양한 방법을 활용하려고 합니다. 각각의 평가 형식의 장점과 단점을 더 잘 이해하고, 언제, 왜, 어떤 방법을 사용할 것인지를 판단하여 활용하여야 합니다.

〈Q13〉 배움 공동체, PBL, 하부르타 수업, 협동학습 등 지금까지 사용해 왔던 다양한 수업 모형을 백워드 설계에서도 활용 가능한가요?

백워드 설계의 3단계에서 특별한 수업의 접근 방법이나 모형을 제한하지 않습니다. 백워드 설계의 1단계에서는 명백한 내용(이해할 가치가 있는 중요한 빅 아이디어는 무엇인가? 어떤 본질적 질문이 탐구되어야 하는가? 어떤 단편적 지식과 기능이 필요한가? 등)과 2단계에서의 적절한 평가(어떤 학습의 증거가 필요한가? 학생들이 실제로 이해한 것을 어떻게 알 것인가? 등)를 설정하는 데 집중합니다.

1단계에서 설정한 이해를 달성하기 위한 가장 적합한 방법은 다양할 수 있습니다. 구체적인 교수-학습 방법은 학습 내용, 학습자의 특성 등 다양한 변수에 의해 영향을 받기 때문입니다. 따라서 한 가지 수업 모형으로 한정하지 않고 학생들이 바라는 결과에 도달하도록 돕기 위한 수업의 접근 방법이나 모형이 있는가, 그것이 참여와 중요한 아이디어의 효과적인 학습을 이끌 것인가에 대해 자문해 보고 '그렇다'면 어떠한 수업 모형이나 전략을 활용할 수 있습니다. 특히 수행과제 설계시에 학생들이 위의 학습 방법들을 적용할 수 있도록 염두에 두면서 수행과제를 만드는 것이 중요합니다.

〈Q14〉 설계 템플릿과 일반적으로 사용하는 교수-학습안과는 어떠한 차이가 있나요?

대부분의 교수-학습안의 경우 차시별로 학습 목표 및 교수-학습 활동, 자료, 유의점 등이 제시되어 있어서 한 차시의 수업을 진행할 때 효과적인 순서를 제시하여 체계적으로 수업을 진행할 수 있게 되어 있습니다.

반면, 설계 템플릿은 단원 개관을 시작으로 3단계의 과정에 따른 내용들이 단원 전체에 대한 윤곽을 잡고 체계적으로 제시하고 있어서 한 단원을 학생들의 이해 측면에서 어떤 방법으로 접근하고, 어떤 자료들이 필요하며, 평가 등에 대해서도 어떻게 계획을 세워야 하는지에 대해 좀 더 거시적인 안목으로 단원을 볼 수 있도록 되어 있습니다.

〈Q15〉 백워드 설계와 거꾸로 교실은 어떠한 차이가 있나요?

거꾸로 교실은 미국의 공대 강의실 수업에서, 특히 수학이나 과학 수업을 개선하기 위하여 출발한 것으로서, 주로 수업 전에 내용을 학생들이 학습하고 오도록 하는 방식입니다. 반면에 백워드 설계는 교과의 가치와 본질을 추구하는 이해 중심 수업 설계 방식입니다. 백워드 설계는 모든 교과에 적용이 가능하나, 거꾸로 교실은 내용의 위계가 분명하고 어려운 교과인 수학이나 과학에 한정하여 적용하는 방식입니다. 그런데 우리 한국의 경우에는 교실에서 잠자는 학생들을 깨우는 데 효과가 있어서 모든 교과에 적용하고자 하고 있습니다. 백워드 설계는 교과 수업의 본질을 추구하는 이해 중심 수업인 반면에, 거꾸로 교실은 박제화된 내용을 사전에 학습하는 것을 강조하는 방식입니다.

〈Q16〉 백워드 설계의 진정한 가치는 어디에 있나요?

백워드 설계는 새로운 단원 설계나 수업 설계 방식이기도 하지만 보다 중요한 점은 교과의 본질을 추구하는 수업을 가능하게 하는 데에 있습니다. 수학을 수학답게, 과학을 과학답게, 사회를 사회답게 가르치는 방식에 초점을 둡니다. 지금까지의 교실 수업이 교과의 본질이나 가치가 구현될 수 있는 방식에는 소홀히 다루어 왔다는 점에 주목합니다. 따라서 현재 많이 소개되는 새로운 수업 방법 중 하나라기보다는 보다 근본적인 교실 수업의 혁명을 추구하는 본질적인 수업 철학이라고 볼 수 있습니다. 이런 점에서 백워드 설계는 학문 중심 교육과정의 부활이라고 말할 수 있으며, 과거의 교육과정보다 학습자의 학습을 보다 적극적으로 고려하여 학교 교육의 본질을 복원하고자 하는 역사적 노력이라고 볼 수 있습니다.

부록3

백워드 설계를 활용한 교육과정 단원 구성 10단계 절차

다음에 제시하는 모형은 교사들이 바로 활용할 수 있는 단원이 수록된 성공적인 교육과정 설계 모형이다. 이 모형은 Liz Fayer와 Sally Walker가 2009년에 제안한 것이다. 그중에서 몇 가지만을 재구성하여 이 책에 부록으로 제시하고자 한다. 보다 구체적인 단원 구성의 사례는 김태일(2024)의 연구를 참고 바란다.

이하 부록은 학생들을 수업에 참여시키고 동시에 필수적인 교수 기준(required teaching standard)을 충족시키는 의미 있는 방식을 찾고자 하는 교사를 위한 것이다. 교사 검증을 거쳐서 10단계로 이루어진 모형인데, 학습을 안내하는 본질적 질문의 전개와 더불어 오랜 세월에 걸쳐 검증된 개념을 학생들이 발견하도록 단원을 만들 수 있도록 도와준다.

이 부록에는 각색하거나 짜깁기를 하여 바로 사용할 수 있는 두 개의 단원이 실려 있다. 여러분 스스로 즐겁고도 배움이 충만한 단원을 만들 수 있도록 창의적인 아이디어를 제공할 다양한 루브릭 양식, 총괄 평가 아이디어, 수업 구성 및 자원이 있다.

이 부록에는 간단하면서도 교사 검증을 거친 단원 템플릿, 전반적 과정(overall process), 교사 작업 페이지가 있는 10단계의 교사 검증 방법의 설명, 그리고 교사들이 창안한 선별된 두 개 단원이 수록되어 있다. 여러분은 여러분의 학생들을 위한 연구 기반의 단원을 간단하면서도 쉽게 만들기 위해 템플릿과 단원을 활용할 수 있고 수록되어 있는 단원을 있는 그대로 사용할 수도 있다.

학생들이 바라보는 과정(process)

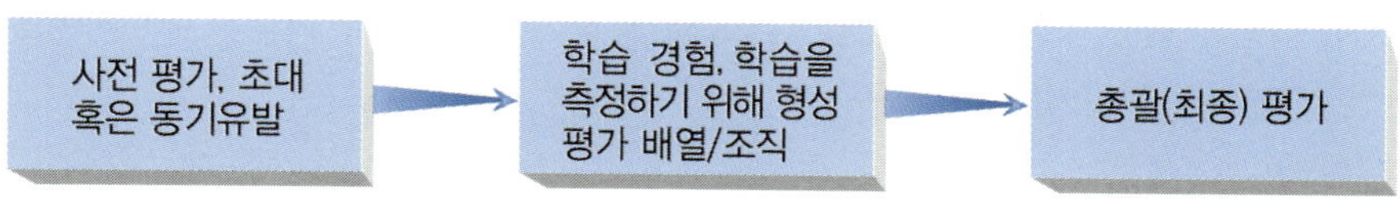

그러나 실제적으로는 교사 지식과 창의성을 활용하여 반대 방향으로 전개된다.

교사들이 바라보는 과정

포괄적인 우산 개념(overarching concept)을 결정하라

- 국가에서 규정한 성취기준을 사용하여

다음 질문에 답하라:

학생들이 배워야 할 심층적인 의미를 지닌 더 넓은 개념은 무엇인가?

↓

의도된 학습 목표를 측정하고, 매력적이며, 모든 학생들에게 도전의식을 북돋우면서도 그들을 지원하는, 차별화를 포함하는 총괄 평가를 개발하라

- 국가에서 규정한 성취기준을 사용하여

다음 질문에 답하라:

이 총괄 평가는 모든 학생들에게 관심과 도전 정신을 일으키면서도 단원 목표를 측정하고 있는가?

↓

학생들을 주제로 초대하여 관심을 끌고 흥미를 유발할 만한 학습 경험을 개발하라

- 국가에서 규정한 성취기준을 사용하여

다음 질문에 답하라:

이 학습 경험은 학생들의 흥미를 최고조에 도달하게 하면서도 그들의 배경지식을 이용하거나 발전시키는 것인가?

↓

초대에서부터 여러분이 이미 창안한 총괄 평가에 이르기까지 학생들의 학습을 조직/배열하는 학습 경험을 개발하라

- 국가에서 규정한 성취기준을 사용하여

  다음 두 가지 질문에 답하라:

  1. 이러한 학습 경험은 학생들에게 유목적적이고 의미 있는 방식으로 그들을 초대하여 최종 평가로 데려가는 것인가?
  2. 학생들이 학습 과정 중 어느 곳에 있는지 측정하여 그들에게 도전의식을 심어 주거나 지원하기 위해 조절할 수 있도록 형성 평가가 계획되어 있는가?

이 부록에서는 다음과 같은 과정을 거치며 단계적으로 여러분을 안내할 것이다. 그러는 동안 생각해 볼 몇 가지 중요한 사항을 제시하면 다음과 같다.

- 이 단원은 '교과나 학문의 핵심'에 있는 것이어서 학생들이 알아야 하는 중요하고도 필수적인가?
- 나는 학생들의 피상적 학습 대신 심층적 학습을 지원하면서 가능하면 그들이 많은 '개념을 발견'하도록 허용하는가?
- 나는 학생들에게 그들 삶에 있어서 '영속적인 가치'를 지닌 이해를 가르치고 있는가?

이 부록을 통하여 교사들이 재구성한 단원이 다음과 같은 기대를 충족하기를 바란다.

- 학생들의 학습을 향상시킬 것이다.
- 학생들의 어려운 개념에 대한 이해를 강화할 것이다.
- 수업 과정을 발견학습으로 바꿀 것이다.
- 학습에 대한 적극적인 참여와 흥미, 즐거움을 증진시킬 것이다.
- 비판적 사고를 증진시킬 것이다.
- 교육과정 성취기준을 검토하고 중시하게 될 것이다.

이 부록은 여러분이 일반학교 교사든지, 영재 지도교사든지 간에 학생들과 함께하는 설계 과정을 지원한다.

단원 구성의 전반적인 과정

단원 학습이 시작되기 전에 교사는 학습이 어디로 가고 그들이 선택하는 내용, 과정 그리고 결과가 학생들의 학습과 어떠한 관련이 있는지 알아 둘 필요가 있다. *학생들이 알아 두어야 할 것은 무엇인가? 무엇이 필수적이고 영속적인 것인가? 학생들은 어떻게 그것을 잘 학습할 것이며 학습은 어떻게 측정될 것인가?* 이런 질문에 답하기 위해서, 교사들은 학생들을 위한 매우 중요한 결정을 내리기 위해 어떻게 교육과정 성취기준, 교과서 혹은 다양한 자료들에 주목해야 하는가?

학생들이 21세기에 성공하는 데 필요한 것을 학습할 수 있도록 해 주는 확실한 한 가지 방법은 교육과정이나 단원 구성에서 총괄적 혹은 통합적 개념, 영속적 이해 그리고 본질적 질문을 결정하는 일이다. 간단히 말하면, 학생들은 교과목 내에서 보다 깊고 가장 지속적인 이해에 노출될 필요가 있으며, 학습 단원은 이러한 깊이 있는 개념을 평가하는 방법을 포함해야 한다. 이 과정에서는 많은 생각이 필요한데, 이는 여러분의 교사로서의 성공, 그리고 그보다 더 중요한 학생들의 지적 및 교육적 성장을 결정짓기 때문이다.

『설계를 통한 이해(Understanding by Design)』에서 Wiggins와 McTighe(1998; 2005)는 내용을 여과하는 4개의 렌즈를 논의하였다. 이러한 여과 장치에는 빅 아이디어, 교과 혹은 학문의 핵심, 심층적 학습 그리고 적극적인 참여가 포함된다. 단원 구성을 준비하는 교사들에게 이들 용어를 좀 더 이해하기 쉽도록 하기 위해서, 이 책은 설계 과정의 좀 더 개념적인 부분과 통합적 개념이나 총괄적 개념, 총괄 평가, 관심 환기 및 유발, 그리고 학습 순서와 같은 교사들에게 익숙한 구체적인 용어를 결부시키고 있다.

교사들이 차근차근 맞춰 가면서 단원 구성을 할 수 있는 전반적인 10단계 템플릿은 다음과 같다. 이 템플릿은 교사들이 스스로 검증해 가면서 활용 가능하다.

교사가 검증하는 설계 템플릿

단원 제목

총괄적 혹은 통합적 개념

총괄 평가 루브릭 설명 교육과정 성취기준

본질적 질문

단원 질문

동기 유발

학습 경험

- 학습 경험 1
- 학습 경험 2
- 학습 경험 3 등

사전 평가

형성 평가

(선택 사항) 기능(이것은 10단계에 속하지는 않지만 교사들이 추가할 필요성을 인식함)

정의적인 자기 평가

(선택 사항) 자료(이것은 10단계에 속하지는 않지만 교사들이 추가할 필요성을 인식함)

이 템플릿은 여러분이 원하는 대로 순서를 바꾸어 사용할 수 있다. 이것은 너무 부담스럽지 않으면서도 단원의 주요 요소를 아우르도록 설계되었다. 여러분은 여러분의 계획에 맞도록 이 요소를 덧붙이거나 빼거나 재배열하거나 혹은 변경할 수 있다. 예를 들어, 어떤 교사들은 영속적 이해 부분을 본질적 질문 위에 첨가하는데, 영속적 이해가 본질적 질문을 만드는 데 사용되기 때문이다. 만일 이것이 혹은 다른 변경 사항이 여러분의 학생들을 위한 유의미한 단원을 계획하는 데 도움을 준다면 그렇게 하라!

다음에 제시할 10단계 템플릿 내용은 다음과 같다.

- 1단계 단원의 초점 선택: 총괄적/통합적 개념
- 2단계 여러분 교과에서 가장 중요한 것이 무엇인지 이해하는 작업: 총괄 혹은 최종 평가
- 3단계 학생들이 배워야 할 중요한 사항, 즉 영속적 가치의 결정
- 4단계 단원을 지도하는 질문을 어떻게 작성할 것인가?: 본질적 질문/단원 질문
- 5단계 학생이 발견할 필요가 있는 것이 무엇인지 검토하라: 발견하기와 심층적 이해하기
- 6단계 어떻게 학생을 끌어들이는가: 초대/흥미 유발 그리고 학습 경험을 통한 참여
- 7단계 사전 평가와 형성 평가의 중요성: 학습 체크
- 8단계 추가 평가와 그 활용: 정의적 평가 또는 측정
- 9단계 차별화에 관한 몇 가지 주의점: 차별화는 단원 내내 적용될 수 있다.
- 10단계 반성적 질문

1단계 단원의 초점 선택: 총괄적/통합적 개념

단원 설계 과정을 시작하기 위해서 빅 아이디어는 총괄적 혹은 통합적 개념과 같은 좀 더 평가할 수 있는 용어로 이해될 수 있다. 이러한 용어는 유사하게 사용된다. 그러나 면밀히 살펴보면 총괄적이란 말은 우산이란 용어로 이해될 수 있고, 반면에 통합적이란 말은 '협력'을 내포하는 것 같다. 어떤 것이든지 간에 둘은 이 과정을 이해하는 데 강력한 방식이다. 어떤 사람은 이런 용어에 또 어떤 사람은 저런 용어에 이끌리고, 혹은 두 아이디어 양측의 견지에서 생각하고 싶어 할 수도 있다. 통합적 혹은 총괄적 개념은 '하루를 위한 주제'라기보다는 우리 학생들이 사회에서 성인으로 성숙해 감에 따라 학문에 관해 알고 비판적으로 사고하기를 바라는 넓은 개념(a big idea)이다.

단원 개발을 시작하기 위해서는 총괄적 혹은 통합적 개념으로 사고하라. 이는 즉각적으로 사고 과정을 넓혀 주고, 동시에 교사들에게 익숙한 용어를 도입한다. 대부분의 교사는 수학에서의 패턴, 과학에서의 체계, 사회에서의 권력, 그리고 언어과에서의 갈등과 같은 통합적 개념을 다루었다. 미술, 음악, 외국어와 같은 분야뿐만 아니라 4개의 주요 교과목(예: 과학, 수학, 사회, 언어과)에는 시간이 흐르면서 입증된 통합적 개념이 있다. 예를 들어, 어떤 단원에서는 '선과 악'의 총괄적 혹은 통합적 개념을 선택하였는데, 이는 학생들의 인생의 시기상 무척 유용하고 또한 그들의 관심을 이끌어 낼 것이다. '선과 악'의 개념은 삶과 문학 모두에서의 총괄적/통합적 개념 중 하나다. '선과 악'이라는 넓고 보편적인 개념을 선택함으로써 이는 학생들이 이해할 목표로 통합적 개념을 설정하여 학습 경험을 하는 동안 수업 안내를 돕는 초점이 된다.

교사가 단원을 위한 총괄적/통합적 개념을 잘 선택하기 위해서는 개념과 주제 사이의 차이점을 검토하는 것이 필요하다. 개념은 훨씬 넓고 간학문적인 경향이 있으며 더 깊이 확대된다. 주제는 단시 수업용이며 단지 하나의 교과를 다루는 경향이 있고 좀 더 구체적이다. 학생들이 좀 더 깊이 있는 수준으로 학습하는 데 효과적이기 위해서는 국가나 교육청 수준의 교육과정 성취기준에 맞추어 주제를 총괄적 혹은 통합적 개념의 맥락에서 가르쳐야 한다.

만일 국가 교육과정이 봄, 여름, 가을, 겨울을 가르치는 대신에 계절을 가르칠 것을 요구한다면, 변화란 총괄적 개념을 활용하여 이 주제를 확대시켜라. 이것은 내용에 주안점을 두면서도 주제의 상호연계성을 넓힐 것이다.

〈표 1〉 개념 그리고 주제

개념/비개념 도표

총괄적/포괄적 개념	주제
변화(Change)	계절(Seasons)
공동체(Community)	달라스(Dallas)
갈등(Conflict)	남북전쟁(Civil War)
탐험(Exploration)	마르코폴로(Marco Polo)
소멸(Extinction)	공룡(Dinosaurs)
패턴(Patterns)	10배수로 세기(Counting by 10s)
권력(Power)	히틀러(Hitler)
시스템(Systems)	심장(The Heart)
확률(Probability)	동전 앞/뒷면 던지기(Heads or tails Coin Toss)
자연의 균형(Nature in the Balance)	지구 온난화(Global Warming)
형식과 기능(Form and Function)	메뚜기 해부(Anatomy of a Grasshopper)
질서와 혼란(Order and Chaos)	타인과 일하고 노는 방법 (How to work and play with others)
이상향과 반이상향(Utopia and Dystopia)	로이스 로리의 기억전달자 *(The Giver by Lois Lowry)*
자유와 의무(Freedom and Responsibility)	헌법(The Constitution)
정체성 형성(Constructing Identities)	나의 사랑 곰인형(My Favorite Teddy Bear)
인간의 조건(The Human Condition)	다르푸르 대학살 사건(Darfur)
인간, 장소, 환경 (People, Places, Environments)	열대우림지역(The Rainforest)
세계적 유대(Global Connections)	인터넷(The Internet)
생산, 분배, 소비 (Production, Distribution, Consumption)	사과(Apples)

출처: 전미 사회과 협의회, 미국 국립 자원 협의회, 전미 영어 교사 협의회, 전미 수학 교사 협의회.

추상적이고 큰 개념을 구체적인 총괄적/통합적 개념으로 시도함으로써, 교사들은 교과목의 광대함이나 깊이를 이해할 수 있고 단원에 필요한 통합 요소를 결정할 수 있다. 어떤 특정 프로젝트에서는 잘 짜여진 '선과 악'의 개념을 선택하였다. 이러한 통합 요소는 교사들이 문학과 삶에 존재하는 큰 개념을 보다 깊이 있게 이해할 수 있는 단원에 초점을 맞출 수 있도록 돕는다. 이제 '선과 악'의 총괄적/통합적 개념을 담고 있는 템플릿을 살펴보자[그림 1].

> 교사 검증의 설계 템플릿
>
> 단원 제목: 라비린스의 미궁
>
> 총괄적 혹은 통합적 개념: 선과 악

[그림 1] 교사 검증 템플릿에 있는 어느 단원의 제목과 총괄적 개념

1단계의 작업

우리는 당신이 변화를 주거나 다른 단원에 재사용하거나 혹은 다른 일을 위해 잠시 단원에서 벗어날 필요가 있다면 어느 과정에 있었는지 즉시 기억할 수 있도록 여기에 포스트잇 사용을 권장한다.

단원 제목은 무엇인가?

나중에 필요하면 변경할 수 있도록 우측의 상자에 포스트잇을 붙이길 권장한다. 이것은 초점 있는 과정을 시작하도록 여러분을 도울 것이다.

당신이 '작업 중인' 제목

총괄적 및 포괄적 개념은 무엇인가?

〈표 1〉 혹은 다른 총괄적/포괄적 개념 자료를 활용하여 여러분의 우산이 될 "작업" 개념을 선택하라. 단원을 전개해 나감에 따라 통합적 개념은 변경할 수 있으나 그러한 개념을 가지고 시작해야 여러분의 사고에 초점을 맞출 수 있을 것이다(일회성 개념, 주제, 혹은 테마를 선택하지 않도록 주의하라).

당신이 '작업 중인' 총괄적/포괄적 개념

2단계 여러분 교과에서 가장 중요한 것이 무엇인지 이해하는 작업: 총괄 혹은 최종 평가

2단계는 교과의 핵심을 통해 선택된 내용을 걸러 내는 일이다(Wiggins & McTighe, 1988; 2005). 모든 교과에 있는 각각의 주제와 관련된 정보는 너무도 많아서 교사들은 이러한 모든 정보를 모아 학생들이 알고 이해하는 데 근본적이고 필수적인 것을 포함하는 꾸러미 하나로 만드는 전문가가 될 필요가 있다.

교사들은 교과의 핵심에 있는 것이 무엇인지를 찾아야 한다. 이 개념은 총괄 평가 혹은 최종 평가라는 견지에서 생각하면 더 쉽게 파악할 수 있다. 총괄 평가는 총체 혹은 단원의 모든 요소를 함께 묶는 과정이라고 볼 수 있다. 백워드 설계의 주요 전제는 단원의 최종 목표 혹은 기준에 도달하고 숙달하는 것이 무엇인지를 결정함으로써 시작한다. 총괄 평가는 이러한 구체적인 사항을 만드는 방식이다. 이때는 어떤 유형의 평가가 최종 결과를 통합하고 학습을 측정할 것인지 생각해 보면서 시작하라. 이것이 성공적인 단원과 무엇보다 중요한 학생들의 학습 결말에 이르는 열쇠다.

어떠한 평가 혹은 측정 도구가 학생들이 가장 중요한 정보를 학습했는지를 판단하기 위해 사용될 수 있는가? 교사는 어떻게 학생들이 알고 있는 것을 평가하며 그들이 이렇게 새로운 학습으로 무엇을 할 수 있는지 이해하도록 도울 수 있는가? 총괄 평가는 어떻게 선정되는가? 이러한 질문에 성공적인 총괄 평가의 세 가지 측면을 조심스럽게 고려해 봄으로써 답변할 수 있다.

첫 번째는 통합 과정(the corralling process)의 일부가 되는 데 필요한 지역 혹은 국가 수준의 교육과정 기준이다. 교사들은 이러한 기준을 사용하여 그들의 지역에서 학생들이 학습해야 할 주요 사항으로 여기는 것에 초점을 맞출 수 있다. 교사들이 기준으로부터 얻을 수 있는 것 중 상당수가 개념보다는 주제의 형태로 나타나지만 그들이 이러한 주제에 책임이 있기 때문에 교사들은 그 주제를 교과의 중요 개념으로 확대시켜 가르칠 수 있고 결과적으로 최종 평가에서 그것들을 측정할 수 있다.

두 번째 고려 사항은 총괄 평가의 적절성을 결정짓는 데 있어서 학생들의 연령을 고려하는 것이다. 학생들의 평가를 선택할 때 연령별 고려 사항에 유의할 필요가 있다. 만일 이러한 고려 사항이 무시된다면 학생들은 자료에 매료되지 않거나 매년 같은 유형의 프로젝트를 접하게 될 것이다. 따라서 학생들에게 재미없을 뿐 아니라 다양하면서도 연령별로 적합한 평가를 통해 얻는 중요한 학습 기회를 놓치게 될 것이다.

세 번째 고려 사항은 학생들의 관심과 선택이다. 교사들이 학생들의 조언과 관심사를 반영하고 자율성을 부여하는 것이다. 적절한 통제는 학생들이 가장 좋아하는 것이고 학생들로 하여금 일종의 통제력을 느끼도록 하는 가장 좋은 방법은 선택을 통해서다.

학습 단원을 창출하는 이 시점에서는 어떤 유형의 단원말 혹은 총괄 평가가 이러한 모든 요소를 망라하는지 결정하기 위해서 총괄적 개념, 기준, 연령, 적절성, 그리고 학생들의 관심사를 면밀히 살펴라. 성공을 위한 다양한 방법과 더불어 창의성을 첨가하라.

다음은 총괄 평가와 이에 상응하는 루브릭이다. 루브릭에 있는 준거의 세부 사항에 주목하라. 학생들이 더 명료한 기대 사항을 인식할수록 성공할 확률이 높아지기 때문에 루브릭의 세부 사항은 중요하다. 학생들은 프로젝트를 시작하기 전에 이 루브릭을 살피고, 프로젝트를 변경하고 요구 사항을 충족시키도록 조절하기 위한 '자기 평가' 도구로 사용해야 한다. 이러한 모든 방식에서 학생들의 성취를 위한 도구로 루브릭을 사용하게 되면 성공적인 학습자, 메타인지적 기능 그리고 학습애(a love of learning)를 구축하게 된다.

교사 검증의 설계 템플릿

단원 제목: 라비린스

총괄적 혹은 통합적 개념: 선과 악

총괄 평가:

학생들은 그룹별로 The House of Dies Drear를 학습한 이들만 답할 수 있는 수수께끼 형태로 단서를 제공하는 라비린스 게임을 만든다. 이 게임에는 최종 목적지, 다섯 개의 테트라미노 퍼즐, 규칙 및 게임 카드가 필요하다. 학생이 만든 수수께끼에는 교재의 총괄적/통합적 개념을 다루는 사람, 상황 그리고 환경을 포함시킬 필요가 있다.

선택:

1. 라비린스의 유형
2. 수수께끼
3. 규칙
4. 게임의 포맷
5. 학생이 만든 최종 루브릭

라비린스 루브릭(뒷쪽)

기준:

단원을 쓰기 전이나 중, 혹은 이후에 살펴보아야 하는 것이 성취기준이다. 이 기준으로 하여금 여러분의 창의성을 안내하도록 하라! 여러분의 단원에 적용 가능한 모든 기준을 첨가하라. 언어과, 수학 그리고 미술의 기준이 *라비린스의* 프로젝트에 적용된다.

[그림 2] 단원명, 통합적 개념, 총괄 평가가 있는 라비린스 단원의 템플릿

〈표 2〉 라비린스 루브릭

준거	4	3	2	1
내용의 정확성	복잡한 개념과 이를 뒷받침하는 관계를 담고 있는 꼼꼼한 정보 카드 구성	정보 카드와 수수께끼 및 정답에서 주제를 다루고 있으며, 사실과 세부 사항으로 이를 뒷받침함.	정보 카드와 수수께끼에 있는 내용이 합당하나 깊이와 세부 사항이 부족함.	게임을 위해 몇 가지 정보 카드를 만들었으나 정확하지 않고 정보가 부족함.
협동 작업	갈등이 해결되고 다른 사람들을 향한 격려가 입증됨.	서로 돕고 경청하며 양질의 작업을 위해 서로 공유함.	모둠 구성원의 일부에게서 적절한 협동과 노력이 보임.	모둠 구성원의 작업이 부적절하고 협동이 부족함.
창의성	독특한 발상이 입증됨, 창의적이고 독창적임.	향상된 발상이 보이나 보다 전형적인 게임 구성	독창적 발상이 거의 없는 전형적인 반응을 보임.	타인의 발상을 모방함, 소재가 독창적이지 못함.
규칙	규칙이 명확하고 상세하게 잘 정의되어 있음.	규칙은 명확하나 세부 사항이 요구됨.	규칙에 명확성이 결여되어 있음, 참가자들이 게임을 이해하는 데 어려움을 토로함.	규칙을 작성하지 않았고 불분명함, 게임을 이해하기 힘듦.
획득한 지식	참고 자료를 기반으로 깊이 있고 적절한 개념을 이해	주요 관념을 명확하게 이해함, 적절한 사실적 근거를 사용	제한된 핵심 관념, 주요 개념이 모호함.	개념과 관념에 대한 명확한 사고가 부족
매력도	시각적으로 매력적이며 기대 이상임.	매력적이고 깔끔함.	세부 사항에 좀 더 주의를 기울일 필요가 있음.	세심함과 깔끔한 정리가 결여됨 · 세부 사항이 누락됨.

2단계 설계 과정

당신이 '설계 중인' 제목

우리는 새로운 포스트잇을 여기에 붙이라고 제안한다. 마지막 부분을 읽은 후에 제목에 대한 생각이 변경되었는가 그대로인가?
당신이 설계하고 있는 총괄적 혹은 통합적 개념은 변경되었는가 그대로인가? 이곳에 추가하라.

당신이 '설계 중인' 총괄적/포괄적 개념

총괄 평가를 개발하기 위해서는 성취 기준을 확인하라. 성취 기준을 여기에 추가하라. 이것은 학생들을 위한 추가적인 학습 중점/목표에 도움이 될 것이다.

당신의 주/학교 기준

당신의 총괄 평가와 루브릭 혹은 측정도구를 위해, 당신은 단원 예시로 가서 평가의 사례를 점검하고 싶어질 수도 있다. 또한 이미 보유하고 있는 총괄 평가를 사용하거나 필요하다면 그것을 수정하고 싶어질 수도 있다.

당신이 이러한 평가도구를 개발함에 따라서 당신은 스스로에게 질문할 수 있다.

- 그것은 교과의 핵심을 반영하는가?
- 총괄 평가와 루브릭은 단원의 성취기준과 목표를 반영하는가?
- 그것은 모든 학생들에게 도전적인가?
- 그것은 추가적인 지원을 필요로 하는 학생들에게 융통성을 허락하는가?
- 그것은 매력적인가?

'설계 중인' 총괄 평가

'설계 중인' 루브릭 혹은 측정도구

좀 더 명확히 하기 위해 다음의 탐험 메뉴(the Exploration Menu)는 연령에 맞고 기준을 다루며 차별화 및 창의성을 제공한다. 이러한 학습 센터를 위한 평가는 [그림 3]에 나와 있다.

초등학교 학습 센터 메뉴: 탐험(Howard Gardner의 다중 지능 이론에 기초)

언어 센터	음악 센터	논리-수학 센터
탐험과 관련된 이야기, 백과사전, 책, 게임, 퍼즐 등	탐험 음악을 들으며 학생들은 음악을 듣고 마음에 떠오르는 것을 그림으로 그린다(음악은 기차, 배, 다른 도시나 주, 미국을 가로지르는 여행 등에 관한 것이다).	학생들은 여행, 지도, 그리고 거리 측정을 학습하기 위해서 지도, 모눈종이, 주 지도가 있는 자석보드, 컴퓨터 게임 등을 사용할 수 있다.
시각 및 공간 센터	**학생 창조 센터**	**신체 및 운동 감각 센터**
학생들은 탐험에 관한 비디오를 볼 것이다.	학생들은 탐험과 관련된 자료를 집에서 가지고 와서 이 학습 센터에서 공유한다.	학생들은 레고를 사용해서 기차, 배, 자동차 등을 만들 것이다.
대인관계 센터	**개인 고찰 센터**	**자연주의 센터**
학생들은 미국 전역, 세계 혹은 우주여행을 계획하기 위해서 대인관계 기술을 사용할 것이다. 한 그룹으로서 그들은 그들이 방문하고 탐험하고 싶어하는 5개의 장소를 결정할 것이다.	학생들은 탐험가들이 태어나 처음으로 새로운 곳을 보았을 때의 느낌에 관한 창의적인 저널을 쓰기 위해서 컴퓨터 혹은 연필 그리고 종이를 사용할 것이다.	학생들은 자연물 그림을 콜라주로 만들어 왜 탐험가들이 이러한 물체를 수집하였거나 사용했을 수도 있는지 설명하면서 학급 친구들에게 보여 준다.

[그림 3] 탐험가 학습 센터와 총괄 평가

총괄적 학생 성취 기록

이름:____________________

______나는 탐험가들이 새로운 지역을 처음 보았다는 것을 안다.
______나는 내가 탐험하고 싶은 곳을 5개 기술할 수 있다.
______나는 탐험가들이 수집한 자연물을 기술할 수 있다.
______나는 지도가 왜 중요한지를 안다.
______나는 지도상에서 길과 물을 식별할 수 있다.

내가 가장 좋아하는 작업은 ____________________ 이다.

왜냐하면 __________________이기 때문이다.

내가 학습한 가장 중요한 것은 ____________이다.

내가 학습한 가장 가치 있는 것은 ____________이다.

하나의 총괄 평가에서 다음을 포함하는 것은 무리일 수도 있다.

- 총괄적/통합적 개념
- 차별화(예: 성공, 선택 그리고/혹은 학생 관심사의 다양한 통로)
- 연령 적절성
- 기준
- 창의성
- 개념 및 정보 모두의 학습에 관한 측정

만일 한 번에 하나씩 수행된다면 그것은 성취될 수 있다. 또한 교사들이 학생들을 위해 보다 창의적이고 훌륭한 학습 자체가 되는 것은 재미있을 수 있다. 당신의 수업 분위기는 훨씬 긍정적이고 즐겁고 매력적인 것으로 변화될 것이며, 그 차이점에 놀라게 될 것이다.

3단계 학생들이 배워야 할 중요한 사항, 즉 영속적 가치의 결정

일단 교사들이 총괄적 혹은 통합적 개념을 갖추고 총괄 혹은 최종 평가를 통해 교과의 핵심을 향한 수업 목표를 겨냥하면 단원은 형태를 갖추기 시작한다. 이때는 다행스럽게도 교사들이 학생들을 위한 멋진 단원을 만들겠다는 생각에 더욱 사로잡히게 된다. 교사들은 성취기준에 근거한 안내자로서의 의사결정자이며 학생들은 교사들이 힘들게 설계한 단원의 수혜자가 될 것이다.

단원의 다음 부분은 *당신 단원이 속한 교과에서 영속적인 가치는 무엇인가*라는 질문과 씨름할 것이다. 교육자로서 우리 모두는 학생들이 이 분야에서 가장 중요한 것을 경험하기를 원한다. 이것은 우리 사회에서 교육받은 성인이 되어 가고 있는 학생들을 지원하는 근본적인 이해가 될 것이다.

교사들은 단원의 중점에 관하여 이렇게 중요한 결정을 어떻게 내리는가? 당신은 단원이 끝날 때 학생들이 얻는 지속적이고 중요한 것이 무엇인지를 어떻게 결정하는가? 이러한 질문은 비판적 사고를 필요로 하며 교과나 학문 분야에서 지속되어 온 것을 결정하기 위해 연구를 요구할 수도 있다. 지금까지 만약 내용이 이런 방식으로 검토된다면 지속되고 있는 그 무엇인가는 그 분야에 영향을 미쳤을 것이고, 과거 및 현재와 소통할 것이며 미래의 교과로 드러나게 될 것이다.

예를 들어, 어떤 책이 말하고자 하는 영속적인 가치는 이 책이 탐구하는 지속적인 메시지다. 이 메시지는 한 사회로서의 과거, 현재 그리고 미래와 소통한다. 이 책은 오랜 시간에 걸쳐 존속하는 많은 가치를 탐구한다. 특정 단원에서는 '선과 악'의 개념을 탐구한다. 이것은 우리 모두가 해결책을 찾아 고심하는 개념이다. 우리는 종종 우리가 사는 세계에서 계속되는 악에 관해 생각하고 그러한 선과 그러한 악이 동시에 이 세상이 어떻게 존재할 수 있는지 의아해한다. 이것은 영속적인 사고이며 그리하여 인간의 조건과 관련된다. 교육자로서 우리들은 이렇게 영속적인 이해를 문학, 프로젝트, 비디오 그리고 논쟁을 통해 탐구할 수 있으며 고로 우리 학생들이 우리 사회에서 중요시되는 여러 가치와 상호작용할 수 있는 기회를 부여하는 것이다.

이러한 과정에서 기준과 그것의 중요성을 잊지 않도록 하기 위해서 〈표 3〉은 기준이 주제와 어떻게 관련될 수 있는지, 그 주제가 어떻게 개념으로 확장될 수 있는지, 그리고 마지막으로 영속적인 이해가 어떻게 보일 수 있는지를 보여 준다.

〈표 3〉 기준으로부터 주제를 거쳐 영속적인 이해로의 흐름

성취기준	개념이 있는 주제	가능한 영속적 이해
지구의 흙, 물 그리고 대기 시스템의 자연적 순환(예: 암석의 순환, 물의 순환, 날씨 유형)을 식별하고 설명하라.	날씨와 물/시스템	시스템은 상관관계에 있다.
다양한 유기체가 그들의 환경에서 갖는 관계(예: 포식자/먹이, 기생 생물/숙주, 먹이사슬, 먹이그물)를 기술하라.	생태계/자연의 균형	자연에 있는 모든 것은 상호 관련되어 있다.
구매한 재화/용역의 양과 그 가격 사이의 관계를 설명하라.	거시경제학(공급과 수요)/생산, 분배 그리고 소비	역사적이고 지리적인 관점을 갖는 것은 우리 세계를 이해하는 것을 돕는다.
역사가들이 역사적인 해석(예: 생물학, 정치적 사건, 이슈 그리고 갈등)을 조직할 때 모형을 어떻게 사용하는지 기술하라.	헌법/개인, 집단 그리고 기관	전통은 신념, 가치 그리고 문화적 유산을 반영한다.
통화를 사용하여 덧셈, 뺄셈, 곱셈, 나눗셈 문제를 풀어라.	동전/측정	수 관계는 우리에게 우리 세계를 이해하는 수단을 제공한다.
자, 저울 그리고 다른 가능한 측정도구를 사용하여 길이, 부피, 그리고 무게/질량을 전통적 및 미터 단위로 측정하라.	고체와 액체/변화, 지속성 그리고 측정	측정은 실제 세계의 문제를 해결하는 데 사용될 수 있다.
작가가 언어구조, 단어 선택 그리고 작가의 관점을 전달하는 방식을 어떻게 사용하는지 식별하라.	소설 연구/진실	진실은 관점에 따라 달라질 수 있다.
문학 작업에서 주제, 배경, 줄거리 그리고 인물의 문학적 요소를 식별하라.	문학의 요소/변화	변화는 성장에 필수적이다.

많은 영속적인 이해는 다양한 내용 영역으로 확장될 수 있다. 이는 학습의 깊이와 복잡성을 더한다. 학생들이 연관 짓기를 통해 가장 잘 학습한다는 것은 연구를 통해 입증되었다. 시간이 경과되면서 더 깊어진 이해를 통해 관계는 자연스러워지고 쉽게 학습

으로 연장된다. 영속적 이해는 교사들에게 도전이 될 수 있다. 다음의 차트는 교사들에게 4개의 주요 교과에 있는 영속적인 이해의 예를 제공하기 위해 추가되었다. 또한 *영속적인 이해와 이와 관련된 내용 영역 및 주제*에는 사용자들에게 유익한 아이디어가 더 많이 담겨 있다. 그것들은 영속적인 이해와 구체적인 단원 예시 사이의 관계를 보여 준다.

다음에 제시되는 예시는 교과 내에서의 간학문적 단원, 공통 개념 및 단원, 그리고 반복되는 학습 경험이 들어 있는데, 이는 학생 학습을 향상시키기 위해 어떻게 이러한 연관 짓기가 행해지는지를 보여 준다.

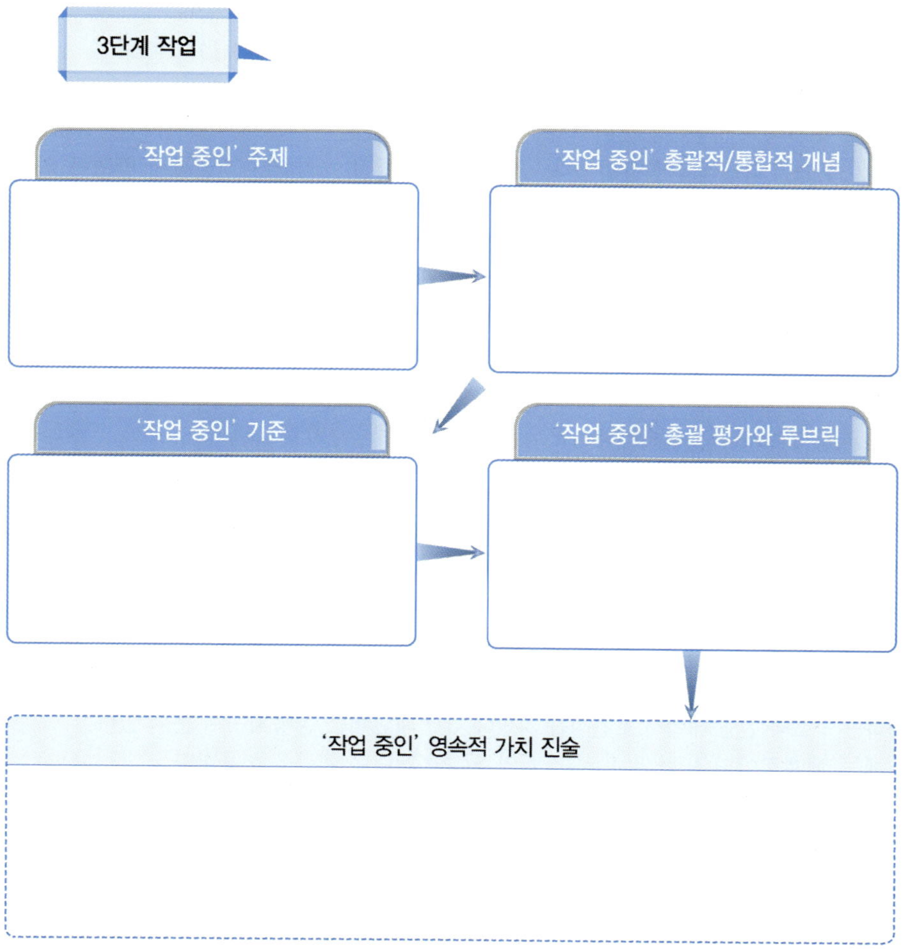

이 단계는 교사들이 검증한 템플릿의 일부는 아니지만 만일 다른 교사들처럼 당신의 설계 과정에 추가하고 싶다면 그렇게 해도 좋다! 이것을 가지고 설계하는 것은 어려울 수 있으나 일단 경험이 쌓이면 더 쉬워질 것이다.

영속적 이해	라비린스 단원 • 세상에는 설명할 수 없는 악덕이 있다. • 악덕이 늘 쉽게 인지되는 것은 아니다. • 모든 사람들은 선과 악을 접한다. • 모든 선량한 사람들은 왜 악덕이 존재하는지 의구심을 갖는다.
언어과 • 진실은 관점에 따라 달라질 수 있다. • 변화는 성장에 필수적이다. • 역사를 통하여 인간은 삶을 이해하기 위한 수단으로 스토리텔링을 활용하였다. • 영웅은 공통점을 가지고 있다. • 변화는 변화를 낳는다. • 변화는 불가피하다. • 갈등은 대립하는 세력으로 이루어진다. • 갈등은 자연적으로 발생하거나 인간이 일으킨다. • 갈등은 필요하거나 불필요하다. • 문화는 신화 속에서 공통점을 지닌다.	과학 • 시스템은 상호 관련되어 있다. • 이해관계는 우리 세계를 이해하는 데 필수적이다. • 과학적 호기심은 지금까지 발명을 위한 발판이 되었다. • 자연에 있는 모든 것은 서로 관련되어 있다. • 증거에 대한 합의는 수용을 가져온다. • 과학은 우리 세계를 이해하는 것을 돕는다. • 모형은 우리가 관찰할 수 없는 것을 이해하도록 돕는다(예: 거시/미시).
사회 • 역사적 관점을 갖는 것은 우리가 우리 세계를 이해하도록 돕는다. • 전통은 신념, 가치 그리고 문화적 유산을 반영한다. • 문화는 구조와 신념 내에서 보편성을 지닌다. • 경제는 체계적이며 또한/혹은 시스템의 일부다. • 탐험은 미지에 직면하는 것이다. • 탐험은 위험을 감수할 것을 요구한다. • 권력, 공백은 늘 채워진다. • 정치 체제는 보편적이다. • 진실은 관점에 따라 변한다. • 세계적 인식의 중요성은 점점 더해진다.	수학 • 숫자 관계는 우리의 세계를 이해하는 수단을 제공한다. • 측정은 우리 세계를 구성한다. • 우리 주변 세계는 형태로 이루어져 있다. • 패턴에는 반복되는 부분이 있다. • 패턴은 예측을 허용한다. • 패턴은 내적 질서를 지닌다. • 패턴은 우리가 우리 세계를 이해하도록 돕는다. • 데이터의 수학적 분석은 우리가 우리 주변 세계를 이해하도록 돕는다. • 측정은 실제 세계의 문제를 해결하기 위해 사용될 수 있다. • 확률은 결정에 영향을 미친다.

영속적 이해와 이와 관련된 내용 영역 및 주제

영속적 이해 1

진실은 관점에 따라 달라질 수 있다.

과목	내용
사회	❍ 간학문적 단원의 예: 미국 역사에 관한 간학문적 단원 ❍ 단원의 예: 미국 역사 ❍ 학습 경험: 양측의 정치 운동에서 나온 광고방송 활용하기 ➢ 정치 운동 ➢ 지리적인 지역 ➢ 문화에서 문화로 ➢ 주 ➢ 종교에서 종교로 ➢ 국가
언어과	❍ 간학문적 단원의 예: 미국 역사에 관한 간학문적 단원 ❍ 단원의 예: 언어 발달 ❍ 학습 경험: 서로 다른 시간대의 주요 문서 활용하기 ➢ 작가 ➢ 언어 ➢ 배경 ➢ 단어 ➢ 다른 시간대 ➢ 목소리 ➢ 등장인물에서 등장인물로 ➢ 전기 ➢ 책에서 책으로
수학	❍ 간학문적 단원의 예: 미국 역사에 관한 간학문적 단원 ❍ 단원의 예: 화폐(돈) ❍ 학습 경험: 2008~2009 긴급구제 위기에서의 월가와 메인가 ➢ 화폐/재원 ➢ 동일한 데이터 분석의 다른 유형 ➢ 경제학 ➢ 예측을 위해 사용되는 패턴
과학	❍ 간학문적 단원의 예: 미국 역사에 관한 간학문적 단원 ❍ 과학 단원의 예: 유전학 ❍ 학습 경험: 줄기세포 연구에 대한 찬반 논쟁 활용하기 ➢ 약물 ➢ 동일한 데이터 분석의 다른 유형 ➢ 장비/기계 ➢ 건강관리 ➢ 국제 협력 ➢ 모형 ➢ 그것에 관한 연구 및 신념 ➢ 증거의 타당성
미술	❍ 간학문적 단원의 예: 미국 역사에 관한 간학문적 단원 ❍ 단원의 예: 20세기의 미술 ❍ 학습 경험: 다양한 예술가들의 서로 다른 예술/예술 작품에 관한 관점 활용하기 ➢ 예술가 ➢ 배우 ➢ 음악가 ➢ 예술작품

영속적 이해 2

갈등은 대립하는 세력으로 이루어진다

과목	내용
사회	❍ 간학문적 단원의 예: 갈등에 관한 간학문적 단원 ❍ 단원의 예: 전쟁 ❍ 학습 경험: 학생들은 과거의 전쟁을 조사하고 그것을 통해 무엇을 배웠는지 결정한다. ➢ 문화 ➢ 종교 ➢ 정당 ➢ 선과 악 ➢ 법 ➢ 전쟁 ➢ 정부 기관 ➢ 정부 ➢ '좌파' vs. '우파' ➢ 규정과 규제 완화 ➢ 큰 정부 vs. 작은 정부 ➢ 자유 vs. 구속 ➢ 독재 vs. 민주주의 ➢ 통제와 균형 ➢ 외부 위탁 vs. 미국 내에서의 일자리 유지 ➢ 선거와 정치 운동 ➢ 정치적 논쟁
언어과	❍ 간학문적 단원의 예: 갈등에 관한 간학문적 단원 ❍ 단원의 예: 불량 조직(gang) 조사 ❍ 학습 경험: 학생들은 불량 조직(gang)에 대한 서적을 골라 그들에 대한 다양한 이야기를 기반으로 서로 다른 생각을 공유한다. ➢ 영웅과 악당 ➢ 선과 악 ➢ 논의 ➢ 주인공과 적대자 ➢ 과거와 현재; 과거 vs. 미래; 현재 vs. 미래 ➢ 자아 ➢ 자아와의 갈등(예: 무의식, 자아, 초자아) ➢ 사회와의 갈등 ➢ 대립하는 편: 불량 조직, 전쟁, 스포츠, 가족 등 ➢ 역할과의 갈등
수학	❍ 간학문적 단원의 예: 갈등에 관한 간학문적 단원 ❍ 단원의 예: 방정식 균형 맞추기 ❍ 학습 경험: 학생들은 수학적 균형을 만들기 위해서 조작기법을 활용할 것이다. ➢ 양수와 음수 ➢ 기하학적 디자인 ➢ 삼각법(삼각법에 의한 색깔 디자인) ➢ 벡터 ➢ 균형 방정식 ➢ 대수학

(계속)

과학	❍ 간학문적 단원의 예: 갈등에 관한 간학문적 단원 ❍ 단원의 예: 힘(예: 자기력) ❍ 학습 경험: 학생들은 자기력 안에 있다고 생각되는 것을 공유하기 위해 모형을 사용한다. ➢ 자석 ➢ (날씨)전선 ➢ 더위와 추위 ➢ 힘 ➢ 약물 사용, 남용 그리고 규제 ➢ 방정식, 등식 ➢ 오염/사업상 관심사 vs. 환경적 안전성 ➢ 멸종 위기에 처한 종 vs. 돈, 사업, 사람들
미술	❍ 간학문적 단원의 예: 갈등에 관한 간학문적 단원 ❍ 단원의 예: 연극 ❍ 학습 경험: 학생들은 대립하는 세력이 갈등으로 끝나는 연극을 만든다. ➢ 색상환의 보색 ➢ 흑과 백 ➢ 장조와 단조 ➢ 밝음과 어두움 ➢ 관점 ➢ 무대 ➢ 악당과 영웅 ➢ 큰 소리와 작은 소리

영속적 이해 3

시스템은 상호 연관되어 있다

과목	내용
사회	❍ 간학문적 단원의 예: 시스템 연계에 관한 간학문적 단원 ❍ 단원의 예: 세계적 유대 ❍ 학습 경험: 학생들은 경제와 관련하여 국가 간의 연계를 보여 주는 개념지도를 조사하여 만든다. ➢ 정부의 기관 ➢ 무역 ➢ 합법적 시스템 ➢ 세계의 경제 ➢ 각 국가에서의 주식 시장 ➢ 외부 위탁
언어과	❍ 간학문적 단원의 예: 시스템 연계에 관한 간학문적 단원 ❍ 단원의 예: 세계적 유대 ❍ 학습 경험: 학생들은 세계 언어 간의 연계를 보여 주는 개념지도를 조사하여 만든다. ➢ 언어 ➢ 문법 ➢ 인터넷 ➢ 문화적 연계: 신화, 주제, 시, 문화적 이야기와 동화

(계속)

수학	❍ 간학문적 단원의 예: 시스템 연계에 관한 간학문적 단원 ❍ 단원의 예: 세계적 유대 ❍ 학습 경험: 학생들은 시장을 포함하여 전 세계적인 수학적 시스템 간의 연계를 보여 주는 개념지도를 조사하여 만든다. ➢ 숫자를 기반으로 하는 시스템 ➢ 투자 ➢ 계산(셈하는 법) ➢ 신용과 빚 ➢ 돈(화폐) ➢ 주식 시장
과학	❍ 간학문적 단원의 예: 시스템 연계에 관한 간학문적 단원 ❍ 단원의 예: 세계적 유대 ❍ 학습 경험: 학생들은 세계적 에너지 시스템 간의 연계를 보여 주는 개념지도를 조사하여 만든다. ➢ 태양열 시스템 ➢ 에너지의 형태 ➢ 신체 시스템 ➢ 오염/사업상 관심사 vs. 환경적 안전성 ➢ 먹이사슬 ➢ 화학적 주기(예: 질소, 산소, 이산화탄소)
미술	❍ 간학문적 단원의 예: 시스템 연계에 관한 간학문적 단원 ❍ 단원의 예: 세계적 유대 ❍ 학습 경험: 학생들은 전 세계적인 뮤지컬과 문화 간의 연계를 보여 주는 개념지도를 조사하여 만든다. ➢ 밴드 ➢ 합창단 ➢ 교향악 ➢ 즉흥극 ➢ 관현악단 ➢ 연극 ➢ 뮤지컬

영속적 이해 4

적응은 생존을 허용한다

과목	내용
사회	❍ 간학문적 단원의 예: 소통과 협력에 관한 간학문적 단원 ❍ 단원의 예: 세계적 협력 ❍ 학습 경험: 학생들은 소통과 협력이 나토(NATO)에서 활용되는 방식에 관한 역할극을 만든다. ➢ 국가 ➢ 소통 ➢ 문화 ➢ 고용 ➢ 교통 ➢ 제조 ➢ 경제 ➢ 전쟁 ➢ 공동체 ➢ 상징 ➢ 박해

(계속)

<table>
<tr><td>언어과</td><td>○ 간학문적 단원의 예: 소통과 협력에 관한 간학문적 단원
○ 단원의 예: UN에서의 소통; 소통에서의 임무
○ 학습 경험: 학생들은 소통과 협력이 UN에서 활용되는 방식에 관한 역할극을 만든다.
➤ 언어의 변화 ➤ 편지 쓰기
➤ 이야기 ➤ 메시지 보내기
➤ 소통 ➤ 상징</td></tr>
<tr><td>수학</td><td>○ 간학문적 단원의 예: 소통과 협력에 관한 간학문적 단원
○ 단원의 예: 주식 거래에서의 소통
○ 학습 경험: 학생들은 소통과 협력이 주식 거래소에서 활용되는 방식에 관한 역할극을 만든다.
➤ 소수를 분수로 ➤ 땅의 측정과 농장의 소유
➤ 다양한 숫자 시스템 ➤ 소통
➤ 경제</td></tr>
<tr><td>과학</td><td>○ 간학문적 단원의 예: 소통과 협력에 관한 간학문적 단원
○ 단원의 예: 합의
○ 학습 경험: 학생들은 소통과 협력이 과학적 합의에서 활용되는 방식에 관한 역할극을 만든다.
➤ 기술(예: 녹색, 정화 등) ➤ 의학적 발전 및/혹은 의학적 연구
➤ 동물(인간도 마찬가지) ➤ 에너지
➤ 식물 ➤ 소통
➤ 협력</td></tr>
<tr><td>미술</td><td>○ 간학문적 단원의 예: 소통과 협력에 관한 간학문적 단원
○ 단원의 예: 세계 평화
○ 학습 경험: 학생들은 세계 평화를 지원하기 위해 예술가들이 소통과 협력을 사용한 방식에 관한 역할극을 만든다.
➤ 매체 ➤ 비디오, DVD
➤ 영화(무성영화에서 오늘날의 것까지)
➤ 텔레비전 ➤ 만화
➤ 극장
➤ 세계 평화를 위한 그룹 활동을 만들거나 이에 참여 또한/혹은 Habitat for Humanity (집 없는 사람들을 위해 집을 지어 주는 프로젝트)를 위한 주택 디자인</td></tr>
</table>

나만의 구체적인 내용 영역에서 활용할 영속적 이해

➢ 언어과

- ☐ 역사를 통해 인간은 삶을 이해하기 위한 수단으로 스토리텔링을 사용했다.
- ☐ 영웅은 공통점을 가지고 있다.
- ☐ 변화는 불가피하다.
- ☐ 갈등은 자연적으로 발생하거나 인간이 일으킨다.
- ☐ 갈등은 필요하거나 불필요하다.
- ☐ 문화는 신화 속에서 공통점을 지니고 있다.
- ☐ ______________________________

➢ 과학

- ☐ 증거에 관한 합의는 수용을 가져온다.
- ☐ 이해관계는 우리 세계를 이해하는 데 필수적이다.
- ☐ 과학적 호기심은 예부터 발명의 발판이 되고 있다.
- ☐ 자연에 있는 모든 것은 서로 관련되어 있다.
- ☐ 과학은 우리의 세계를 이해하도록 돕는다.
- ☐ 모형은 우리가 관찰할 수 없는 것(즉, 거시적/미시적인 것)을 이해하도록 돕는다.
- ☐ ______________________________

➢ 수학

- ☐ 숫자 관계는 우리의 세계를 이해하는 수단을 제공한다.
- ☐ 측정은 우리 세계를 구성한다.
- ☐ 우리 주변 세계는 형태로 이루어져 있다.
- ☐ 패턴은 반복되는 부분이 있다.

☐ 패턴은 내적 질서를 지닌다.

☐ 패턴은 우리 세계를 이해하는 데 도움을 준다.

☐ 데이터의 수학적 분석은 우리가 우리의 주변 세계를 이해하도록 돕는다.

☐ 측정은 실제 세계의 문제를 해결하는 데 사용될 수 있다.

☐ 확률은 결정에 영향을 미친다.

☐ ____

➢ 사회

☐ 역사적 관점을 갖는 것은 우리가 우리의 세계를 이해하도록 돕는다.

☐ 전통은 신념, 가치, 그리고 문화적 유산을 반영한다.

☐ 문화는 구조와 신념 내에서 보편성을 지닌다.

☐ 경제는 체계적이며 또한/혹은 시스템의 일부다.

☐ 탐험은 미지의 세계에 직면하는 것이다.

☐ 탐험은 위험을 감수할 것을 요구한다.

☐ 권력의 공백은 늘 채워진다.

☐ 정치 체제는 보편적이다.

☐ 세계적 인식의 중요성은 점점 더해진다.

☐ 사회는 보편적인 이유로 몰락 그리고/혹은 지속된다.

☐ ____

교사들이 자신들의 교과 내에서 지속적인 것을 더 깊이 탐구할수록, 교사들은 학생들을 그 학문 분야에서의 영속적인 이해로 더 잘 안내할 수 있을 것이다. 이 단계는 뒤이어 단원의 학습 순서에 도움을 주기 위해 작성된 본질적 질문이 따르기 때문에 매우 중요하다.

영속적인 가치/이해 ➡ 본질적 질문

4단계 단원을 지도하는 질문을 어떻게 작성할 것인가?: 본질적 질문/단원 질문

총괄적 개념, 최종 평가 그리고 영속적 이해를 심도 있게 검토·선정한 후, 교사는 학생의 언어에 맞게 질문을 개발하기 위한 준비를 한다. 이러한 본질적 질문은 3단계에서 토론한 영속적 이해에 대해 학생들이 교실과 연계되고 학습을 이끌 수 있는, 비판적인 생각을 반영해야 한다. 일단 영속적 가치가 결정되면, 지식은 본질적 질문을 작성하는 데 사용된다.

본질적 질문을 만들면, 본질적 질문의 목록은 학생들이 쉽게 접할 수 있는 곳에 위치해야 한다. 질문의 순서는 단원의 학습 경험의 순서를 나타낼 것이다. 본질적 질문에 관해 교사가 학생과의 연계성과 중요성에 대해 토론할 때, 학생의 흥미를 증가시키는 데 일조한다. 질문은 단원에서 다룬 것을 참고할 수 있다. 단원 안에서 사실상 질문이 발생했을 때, 질문을 다시 참조하는 것은 학생들을 위해 부가적인 의미를 더해 줄 수 있다. 본질적 질문은 다음의 요건을 필요로 한다.

- 영속적인 이해로부터 정교화된 것으로서 학문의 과거, 현재, 미래로서 중요하다.
- 총괄적인 개념의 우산 아래에 위치한다.
- 단원이 전개되는 방식을 기술한다.
- 개방형 질문이다.
- 학생의 흥미를 유발하고 지적 자극을 줄 수 있어야 한다.
- 필요한 경우, 기준을 다룬다.

이러한 질문에 함축되어 있는 학습의 중요성은 학생들에게 명확히 할 필요가 있으며 영속적 이해를 반영해야 한다. 질문들은 중요시되는 성취기준의 개념을 반영해야 하며, 교사가 처음으로 단원을 선택할 때 통합하는 개념 또한 반영해야 한다.

본질적 질문은 영속적 이해력을 반영한다.

영속적 이해(EU) **본질적 질문(EQ)**	라비린스 단원 EU: 세계에는 설명할 수 없는 악이 있다. EQ: 왜 우리는 때때로 설명할 수 없는 악에 직면하는가? EQ: 왜 세계에는 악이 존재하는가?
언어과 EU: 진실은 관점에 따라 달라질 수 있다. EQ: 진실은 무엇인가? EU: 갈등은 필요하거나 불필요하다. EQ: 갈등이 필요한 경우는? 갈등이 불필요한 경우는?	과학 EU: 시스템은 상호 연관되어 있다. EQ: 어떻게 지구의 시스템은 연결되어 있는가? EU: 증거에 대한 합의는 수용을 가져온다. EQ: 왜 과학적 주장을 하기 위해 증거가 중요한가?
사회 EU: 역사를 이해하고 역사적인 관점을 가지는 것이 중요하다. EQ: 어떻게 우리가 역사를 이해함으로써 실수를 반복하지 않을 수 있을까? EU: 세계는 더욱 지구촌 사회가 되고 있다. EQ: 우리가 살고 있는 지구촌 사회를 이해하는 것이 왜 중요한가?	수학 EU: 숫자 관계는 우리의 세계를 이해하는 수단을 제공한다. EQ: 어떤 숫자의 관계가 세계 이해를 도울까? EU: 수학은 패턴을 가진다. EQ: 어떤 패턴으로 '보는 것'이 우리 주변의 세계를 이해하는 데 도움이 되나?

앞의 표를 보고, 교사는 만들 수 있는 영속적 이해와 성취기준에 관해 생각해야 한다. 그리고 묻는다. "연구의 분야나 혹은 삶에서 계속적으로 등장하는 주제와 관계된 영속적인 질문은 무엇인가?"

교사가 단원을 설계할 때 종종 묻는 질문은 "한 단원에 질문은 몇 개가 되어야 하는가?"이다. 단원에서 본질적 질문의 수는 특별히 정해진 것이 없다. 단원 자체가 질문의 수에 영향을 준다.

4단계 설계 과정

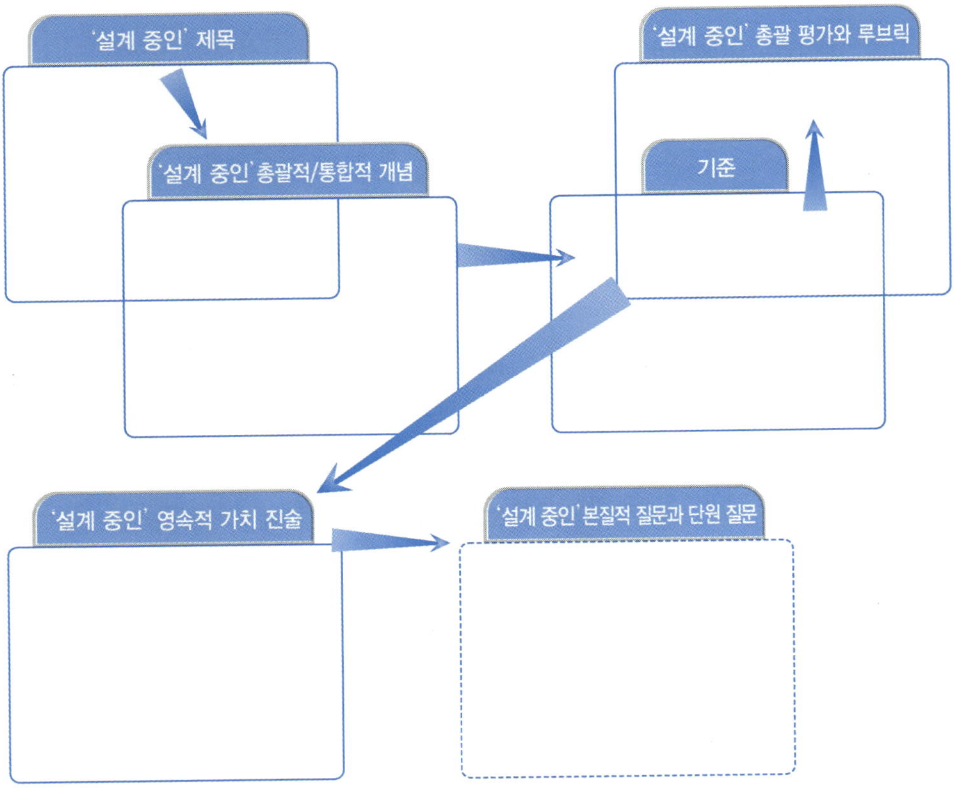

5단계 학생이 발견할 필요가 있는 것이 무엇인지 검토하라: 발견하기와 심층적 이해하기

이 단계는 발견과 심층적 학습을 가능하게 해 주는 학습 경험의 계열을 작성하는 것에 대해서 생각해 보는 단계다. '말하기'나 강의 방법이 더 효과적일 수는 있으나 Wiggins와 McTighe(1998)에 따르면, 학습은 활동적인 과정이다. 학생들은 그들이 가능한 조사하고 탐색하고 창조하고 판단하고 결론을 도출할 때, 관계를 만들고, 질문하고 그리고 중요한 질문에 답을 찾을 때, 가장 잘 학습한다. 수동적으로 강의를 듣거나 받아쓰고, 요리 비법 같은 지시를 따르는 것은 효과적인 학습 방법이 아니다. 질문과 상황을 나타내는 과정 그리고 학생들이 결론에 도달하도록 혹은 그들 스스로 정보를 발견하도록 두는 것은 의미를 창조해 내고, 삶에 컨텐츠를 가져온다. 시간이 걸리긴 하지만 학생들의 학습은 오래 지속된다.

교사에 의해 답을 구하기보다는 학습은 학생들에게 비판적으로 생각하고 반성하고 직접 협력할 수 있는 기회를 주는 것이 좋다. 이런 방식을 통하여 정보가 장기기억으로 저장된다. 장기기억으로 정보를 전이하는 것이 중요하다. 그 이유는 우리가 장기기억은 '우선하는 지식이 우리의 학습 대부분을 구성하기 위해 사용된다.'라는 것을 깨달았을 때 분명해진다.

발견, 탐구 또는 심층적 이해를 통하여 얻을 수 있는 학습의 몇 가지 예는 다음과 같다.

요리책 과학을 탐구로 전환하기

- 어떻게 지구 변화를 측정하는지 증명하기 위한 실험을 설계할 수 있을까?
- 어떻게 우리는 빛의 이동을 밝혀낼 수 있을까?
- 어떻게 연구할 자료를 수집하고 날씨 측정도구를 만들어 날씨를 예측할 수 있을까?

사회와 언어과 강의를 학습과 연계한 프로젝트로 전환하기

- 주요한 사실을 분석하고 읽기를 통하여 중요한 역사적 사실에 관한 철학 이해하기
- 주식 교환과 경제에 관하여 학습하기 위하여 주식을 연구하고 조직하기
- 다른 주제와 마찬가지로 탐구의 다른 면을 학생들이 발견하도록 학습 센터를 사용하기
- 특정 소설을 읽고, 독자의 관점을 형성하고 개혁하는 연설을 검토하기. 작가가 이 주제를 위해 어떤 기술을 사용하였는가? 학생들이 자신만의 관점을 가지고 진실이 변화하는 짧은 이야기를 써 보게 한다.
- 어떤 소설을 읽고, 학생들이 하나는 소설에 주요 인물들을 표상해 내는 것이고, 다른 하나는 자신들 스스로를 나타내는 것으로 이해해 본다. 그러고 나서 학생들은 스스로의 삶과 소설 속 인물들의 삶에서 변화된 것이 어떤 것인지 유사점과 차이점을 비교하고 대조해 본다.
- 문화와 전 세계 인식의 중요한 개념을 학생들이 발견하도록 학습 센터를 사용한다.
- 학생들이 공부하는 주제에 관련하여 중요한 역사적인 사실들을 발견할 수 있는 박물관 전시를 만들게 한다.

(계속)

수학 암기를 실제적인 삶에 의미가 있는 진정한 학습으로 전환하기

- 이길 확률이 50%인 게임을 가지고 축제를 만들듯이 자신만의 가설적 정의를 만들기
- 측정 올림픽을 만들기
- 학생들이 돈과 일상적으로 접할 수 있는 물건의 가치를 알게 하기 위하여 교실을 가게로 바꾸기

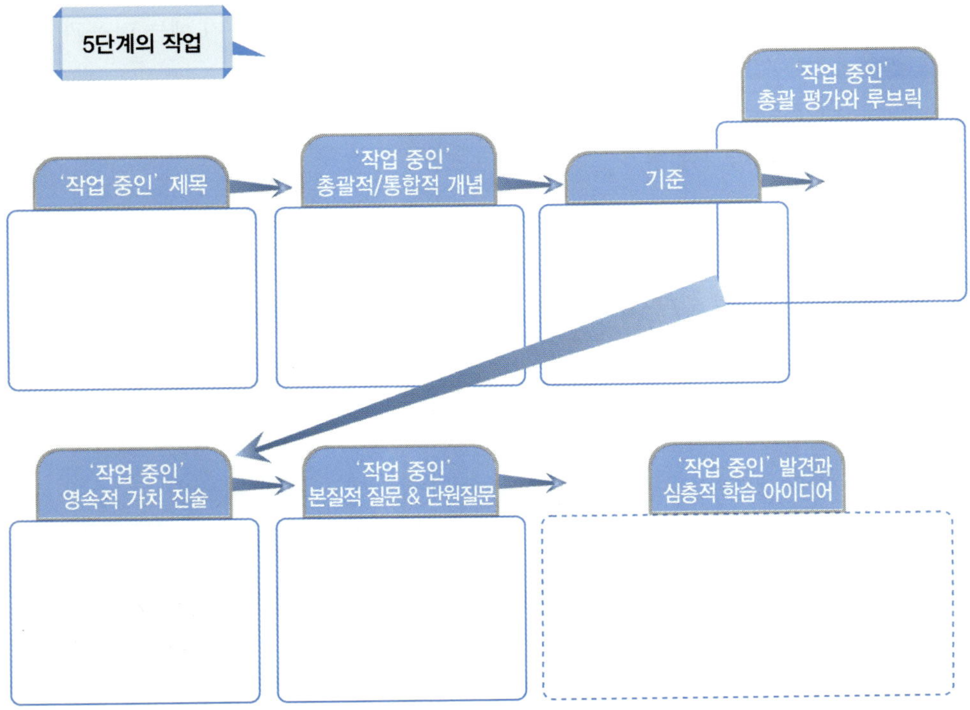

학생이 발견하고 심층적으로
학습할 필요가 있는 것은 무엇인가?

6단계 어떻게 학생을 끌어들이는가: 초대/흥미 유발 그리고 학습 경험을 통한 참여

학습, 몰입, 그리고 능동적인 학습을 발견하는 것은 모두 함께 연결되어 있다. 교사는 단원을 발견과 대화, 실제적인 프로젝트, 문제, 또는 질문으로 묶을 수 있고, 능동적인 학습자들로 채울 수 있어야 한다.

능동적인 학습자들의 특징을 잘 살피고, 교실에서 능동적인 학습자들이 많아질 수 있도록 노력해야 한다.

능동적 학습 vs 수동적 학습

능동적 학습	수동적 학습
실천	무신경한 듣기
실제 활동	지시 따르기
흥미 몰두	요리책 활동
비판적 사고	사실 중심
메타인지 또는 사고에 관해 생각	암기
대화 학습	받아 적기
실제적 산물	행동으로 움직이기
계획	다른 사람들이 학습 결정을 함.
조사	사고 없는 반성
창조	표면적 학습
개념 간의 상호 관계	정보에 대한 낮은 기억
협력	교사 중심 교실
지식의 구성	교사 지시적
동기	'빈 용기' 로서의 학생
학생에게 전환되는 학습 책임감	강의
문제 해결	비실제적인 산물
문제 중심 학습	과제 중심
선택	낮은 수준의 질문
학생들은 다음 질문에 답할 수 있음.	학급은 중요한 개념의 이해를 역류하거나 삼킴
– '무엇을 배우는가?' 그리고 '왜 그것에 관해 배우는가?'	학생은 그들이 무엇을 배우고 왜 배우는지 모름
	교사는 모든 학습의 선택을 함.
학생 중심 교실	

학생이 내용에 몰두해 있을 때, 그들은 수동적인 학습 환경에서 보다 내용에 관해 생각하고, 상호작용하며 심화 단계로 내면화한다. 어떻게 우리는 학생을 몰두시킬 수 있는가? 학습의 조력자로서 이제 교사의 일은 모든 학습 단원의 부분을 토론하고 더욱 주의 깊게 살펴보아야 한다. 또는 초대 혹은 '관심 유발이나 환기'에서 총괄 평가로 학생들을 이끌 수 있는가? 학습으로의 초대는 학생들에게 '관심 유발이나 환기' 또는 다른 말로, 학생들의 흥미를 북돋우는 학습 경험을 제공한다. 초대의 선택은 이러한 학생 질문과 연결될 필요가 있다.

"왜 나는 이것을 공부하고 싶은가?" 또는
"이것이 나와 내 삶에 미치는 영향은 무엇인가?"

예를 들어, 6학년 학생을 위한 효과적인 초대의 예는 라비린스 비디오 시청이다. 이 초대는 흥미와 미로, 수수께끼 그리고 줄거리를 쉽게 이해하는 데 초점을 맞춘다. 그래서 학생들은 학습으로 '초대되었는지'조차 알지 못한다. 이러한 초대는 단원을 통일성 있게 이끌도록 하며, 학생들은 단원이 시작되었음을 알지 못한다. 그들은 주제에 몰두하고 초점을 맞추게 된다. 매력적인 학습 경험을 선택할 때 학생들의 나이를 고려할 필요가 있다. 이 단원에서 목표 청중인 중학생은 옳고 그름, 환상, 미스터리 그리고 장애물 극복을 통해 그들의 삶에 흥미를 가진다.

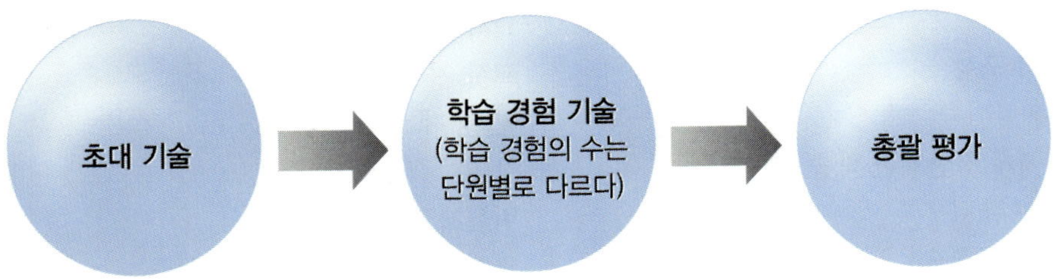

6단계의 작업

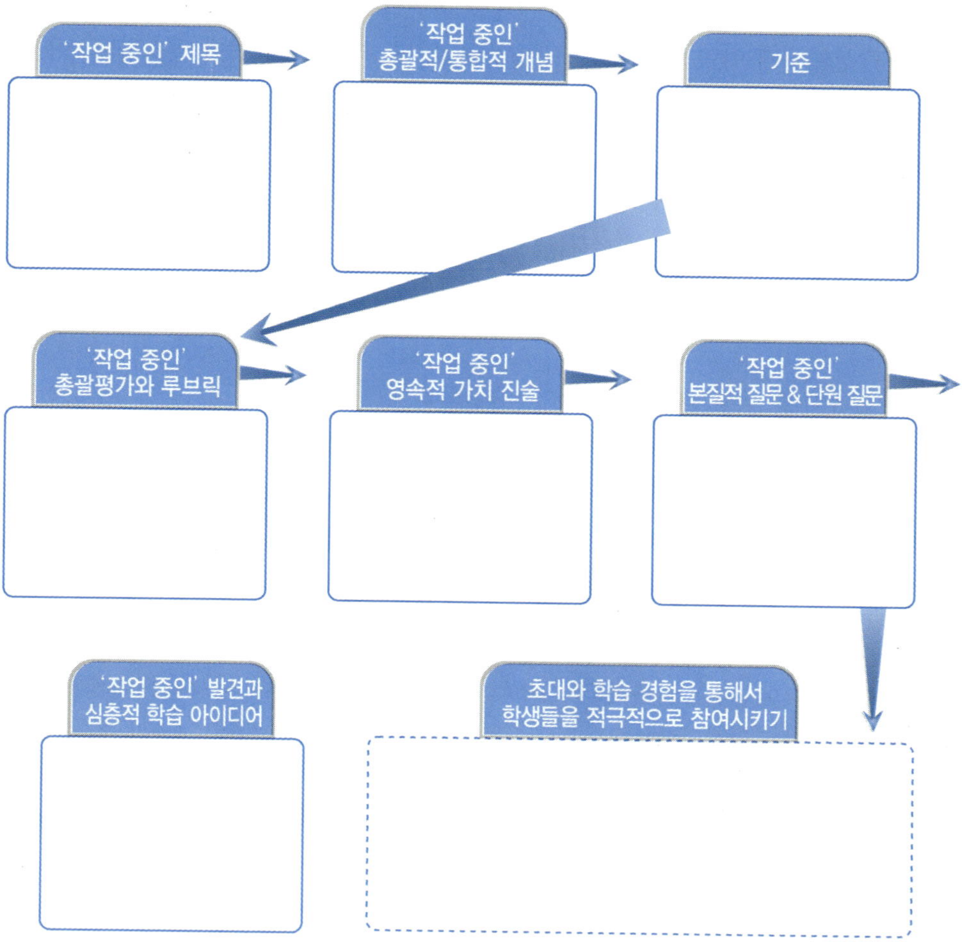
'작업 중인' 제목
'작업 중인' 총괄적/통합적 개념
기준
'작업 중인' 총괄평가와 루브릭
'작업 중인' 영속적 가치 진술
'작업 중인' 본질적 질문 & 단원 질문
'작업 중인' 발견과 심층적 학습 아이디어
초대와 학습 경험을 통해서 학생들을 적극적으로 참여시키기

7단계 사전 평가와 형성 평가의 중요성: 학습 체크!

사전 평가와 형성 평가의 중요성은 아무리 강조해도 지나치지 않다. 사전 평가는 교사들이 학생들에게 이미 알고 있는 것이 무엇인지를 깨닫게 하는 데 필요하다. 이 중요한 지식은 교사가 단원의 시작부터 올바른 학습에 관한 결정을 내리기 위해 도움을 준다. 이것은 각기 다른 교육, 기능의 제거 및 추가 그리고 학습 경험의 순서까지 지시한다. 만약 교육 목표가 각각의 학생에게 매일 도전하게 한다면, 학생이 이미 알고 있는 그리고 할 수 있는 학습을 고려한다면, 교사가 교육과정에서 쓸데없는 교수-학습의 과잉을 피하게 할 것이다. 새로 학습하는 것에 더 많은 시간을 가질 수 있게 말이다.

사전 평가의 중요한 측면은 다음을 포함한다.

- 단원의 처음 부분에 발생하나, 단원이 시작하기 전에 반드시 들어가야 하는 것은 아니다.
- 교사의 학습 선택과 다양한 지시를 이끌 수 있다.
- 흥미 있거나 학습 경험이거나 단원의 부분이 되어야 한다.
- 학생이 이미 알고 있는 것과 그들이 알아야 할 것이 무엇인지를 교사가 결정하는 데 도움이 되는 정보의 종류를 산출해 내기 위하여 단원이 시작하기 전에 사려 깊게 생성되어야 하며, 신중하게 구성되어야 한다.
- 다양한 종류의 학습 경험을 많이 사용하고 시험 형식의 평가가 되어서는 안 된다.

형성 평가의 중요한 측면은 다음을 포함한다.

- 학생이 학습하는 것이 무엇인지에 관한 적절한 정보를 단원 안에서 접목시켜야 한다. 그렇게 하여 다음의 교수를 이끈다.
- 형성 평가는 교사 학습 선택과 다양한 교수를 이끌 수 있어야 한다.
- 학생에 의해 강압적으로 분리되는 것이 아니라, 학습 경험으로 단원의 부분을 이루어야 한다.
- 신중하게 학생으로부터 수집될 수 있는 정보의 종류가 무엇인지, 그리고 어떻게 수집될 수 있는지를 미리 알 필요가 있다.

각 교과에서의 형성평가의 예는 다음과 같다.

- 과학에서 실험 설계 아이디어가 될 수 있다.
- 언어과에서 개념 지도가 될 수 있다.
- 동전, 산수, 측정 등을 사용한 수학의 중심이 될 수 있다.
- 사회에서 토론 카드가 될 수 있다.
- 미술에서 비례척도가 될 수 있다.
- 음악에서 짧은 공연이 될 수 있다.
- 외국어 시간에 인형극을 위한 대본이 될 수 있다.

이 단계에서 고려할 사항은 다음과 같다.

- 사전 평가는 어디에 있는가?
- 형성 평가는 어디에 있는가?
- 그들은 단원의 어느 부분에 포함될까?

7단계 작업

이 지점에서는 일정한 계열과 흐름에 따라 초대/관심 유발, 그리고 학습 경험을 의미있게 작성한다.
일단 작성하고 나면 그것을 평가하기 위한 적절한 위치가 어디인지를 파악해라.
사전 평가는 초기에 이루어질 필요가 있으며 형성 평가는 이후 수업을 지도하는 데 중요한 요인이 된다.

- 사전 평가는 어디인가?
- 형성 평가는 어디인가?
- 형성 평가는 단원의 일부로 포함되어 있는가?

사전 평가

형성 평가

8단계 추가 평가와 그 활용: 정의적 평가 또는 측정

학생들에게 매우 도움이 되면서 구체적인 목적에 사용되는 평가의 종류가 몇 개 더 있다. 당신은 다음과 같은 평가를 할 수 있다.

- 학생의 메타인지(예: 누군가의 학습 과정의 이해와 인식)를 지지하라.
- 긍정적인 교실 분위기를 조성하라.
- 자기 유도를 조성하라.
- 스스로의 능력 안에 자기효능감이나 믿음을 지지하라. 이러한 추가 평가를 사용해서 다음과 같이 함으로써 학생들을 성공으로 인도하라.
  - 학생들이 교실에서 무엇이 중요한지를 알게 함.
  - '안전'과 긍정적인 교실 분위기를 조성함.
  - 협력 활동을 통해 기대되는 효과가 무엇인지 학습하게 함.
  - 학습 태도를 안내하고 강화함.
  - 어떻게 성공하는지에 대한 인식을 증진함.

정의적 영역의 평가 루브릭의 사례는 다음과 같다.

〈표 4〉 정의적 영역의 평가 루브릭

5=훌륭함 4=매우 잘함 3=보통 2=개선을 요함 1=문제 심각

준거	1	2	3	4	5
1. 모둠 안에서 다른 사람과 잘 협동함.	비협조적이고 다른 조원을 방해함.	협조적이나 방해하거나 훼방을 놓음.	다른 사람 방해 없이 협력하고 공유함.	협력하고 소속감 있음.	협력적이며 지시를 유지하며 다른 이를 북돋움.
2. 프로젝트 수행에 중요한 기여도/참여도	부적절한 행동과 산만함.	온전하게 참여하지 않으며 결함 있음.	일부만 적절히 참여함.	프로젝트에 옳은 기여를 함.	지속적으로 깊이 있는 이해로 프로젝트에 참여

(계속)

3. 프로젝트 동안 집중도	집중하지 못함.	제한된 집중, 개선 필요	대체로 집중	즉각적이진 않지만 주요 시간에 집중유지	지속적으로 집중, 스스로 동기 부여
4. 적절한 태도로 정보 공유	정보 공유 없음.	정보 공유를 위해 설득 필요	제한된 정보 공유	적절한 태도로 정보 토론	모든 시간 동안 적절한 태도로 정보를 설명
5. 존경 어린 태도로 다른 사람의 생각을 듣기	다른 사람의 생각에 관하여 지속적으로 불량한 태도로 거부당하거나 주의 집중하지 않음.	종종 방해하거나 다른 사람의 생각을 방해	협력적이나 주의를 유지할 필요가 있음.	다른 사람의 생각을 듣고 공유함.	다른 사람의 생각을 듣고, 그들을 고무시킴.
6. 다른 그룹을 지지	다른 그룹을 방해함.	다른 사람들을 방해함.	협력적이나 시간에 방해받음.	다른 사람들과 공유하고 귀 기울임.	다른 사람들을 고무시키고 필요할 때 그들에게 조언을 줌.
7. 프로젝트의 높은 수준을 보여 줌.	거의 또는 전혀 입증된 지식이 없음.	기본 사실을 나타냄, 모두 정확한 것이 아님.	주요 생각을 뒷받침할 수 있는 정보를 나타냄.	다양성과 교구 사용 단계 모두 연구를 설명함.	깊은 지식과 생각을 뒷받침할 수 있는 자원을 가지고 설명함.
8. 학생의 최고의 노력을 보여줌.	조금의 노력이 보임.	많은 오류; 지속적 보조가 필요한	신속하게 수정함.	독립적으로 몇 개의 오류가 있으나 완성할 수 있음.	기술적으로 수행하고 오류 없이 독립적으로 해결함.

9단계 차별화에 관한 몇 가지 주의점: 차별화는 단원 내내 적용될 수 있다

단원이 일단 마무리되면, 반드시 학생의 성공과 연관되는 사항을 짚어 볼 필요가 있다. 차별화는 교사가 모든 학생의 필요를 충족할 수 있는 학습 경험을 조정하는 것이다.

차별화 수업(DI)은 선택, 수업의 수준, 다양한 평가들, 학생의 흥미 호소, 여러 단계의 읽기 자료, 자원의 다양한 종류 등으로 나눌 수 있다. DI는 또한 선택 가능한 지시적 방법을 포함한다. 이러한 방식들은 모든 학생이 그들에게 적절하게 차등화된 수준에 맞는 단원과 부합되어야 한다. 학생들이 차별화 수업을 요구할 때, 교사는 사전 평가와 형성 평가를 통행 수집한 정보를 활용하여 차별화 유형을 선택한다.

우리가 단원의 다른 부분들을 자세히 들여다볼 때, 그 부분들은 내용을 포함하고 있어야 한다. 깊이, 복잡성, 그리고 보조를 맞추고, 총괄 평가와 형성 평가 모두를 다양화 시킴으로써 단원의 차별화를 두어야 한다. 그리고 학생이 성공적인 수행을 위해 필요한 질문, 수준별 차별화, 학습 센터를 통해 단원 설계시에 학습 경험에 차이를 두어야 한다.

학생 성공이 궁극적으로 지향하는 목표라는 생각을 가지고 가르치는 것은 훌륭한 교실 분위기를 조성하고 좀 더 긍정적인 학습 경험을 만들 수 있다.

10단계 반성적 질문

교사가 완성된 단원을 아래와 같이 복습하거나 중요한 질문을 물어볼 때 쓸 수 있다.

- 총괄 평가가 학습자들의 참여와 몰두에 적절한가?
- 총괄 평가는 어떤 기준을 가지고 측정되는가?
- 계열이 '학문의 핵심 아이디어에 있는 것'이 무엇인지 제시하고 처방할 수 있는가?
- 영속적인 이해가 발견되는가?
- 모든 학생에게 적당한 차별화가 주어지는가?
- 단원이 주요 개념과 전체적 생각을 지지하는가?
- 총괄 평가가 나이에 맞게 적절한가?
- 모든 평가가 단원과 관계가 있는가?

교사는 다시 되돌아가 생각하고, 계획하고, 방식 등을 수정해야 할 필요가 있을지도 모른다. 교육과정은 항상 진행 중인 일이라는 것을 기억하라.

이상 부록의 주요 생각을 복습해 보자.

- 하나의 학문에서 잘 짜인 개념을 활용하여 빅 아이디어의 개념을 단원의 총괄적이고 통합적인 개념으로 묶자.
- 목표가 되는 성취기준을 앞부분에 제시하면서 학문의 핵심을 총괄 평가에 묶자. 이 닻이 처음부터 끝까지 단원을 안내할 수 있어야 한다.
- 심층적 이해의 개념적 아이디어를 한 단원의 구체적인 학습 경험과 묶자.
- 영속적인 이해가 하나의 학문에서 시간의 검증을 견뎌 낸 아이디어라는 점을 알고, 세계에 대한 이해에 깊이 붙박혀 있다는 점을 알아야 한다.
- 하나의 학문에서 근본적이고 주요한 것으로부터 순차적으로 본질적 질문을 만들자. 그리고 학생이 알아들을 수 있는 말로 단원 학습이 전개되는 동안 게시되어야 한다.
- 참여와 몰두의 아이디어를 초대와 관련짓고, 나타나게 될 학생의 참여 수준을 결정하기 위하여 단원을 재방문한다.
- 심층적 이해와 참여 몰두의 관점에서 학습 경험을 들여다보라.
- 학생이 필요로 할 때마다 차별화 수업을 추가하라. 그리고 학생의 학습 요구에 따라 필요하면 조정해라.
- 수업과 차별화 수업을 견인하기 위하여 평가를 활용하라.
- 학생의 성공적 학습을 위해 평가와 학습의 도구로서 루브릭을 사용하고, 루브릭을 명확하고 구체적이며 학생이 스스로 평가할 수 있는 기준으로 만들어라.
- 긍정적이고 수용 가능하며 모든 학생이 안전하고 학습을 기대할 수 있는 교실 분위기를 조성하라.

단원 구성을 위한 전반적 단계

- □ '설계 중인' 단원명과 통합적이고 총괄적인 개념을 선택하기
- □ 학습을 측정하기 위하여 최종 평가 혹은 총괄 평가와 루브릭을 만들기
- □ 영속적인 가치가 무엇인지 결정하기
- □ 본질적 질문(EQ)과 단원 질문(UQ)을 만들기
- □ 학생이 무엇을 발견할 수 있고 심층적으로 이해할 수 있는지를 결정하기
- □ 관심 끌기와 몰두를 염두에 두면서 초대와 다른 학습 경험을 만들기
- □ 사전 평가와 형성 평가를 체크하고 추가하기(이 평가들이 단원 속에 있어야 최상이다.)
- □ 학생을 성공으로 인도하기 위하여 정의적인 측정과 평가를 추가하기
- □ 도전하고 학생의 학습 요구를 지원하기 위하여 차별화 수업을 추가하기
- □ 당신의 교육과정 단원과 수업을 수정하고 정련화하기 위하여 반성적 질문을 사용하기

교사 투입의 A, B, C & 10단계 유목적적 설계: 성공적인 단원 계획

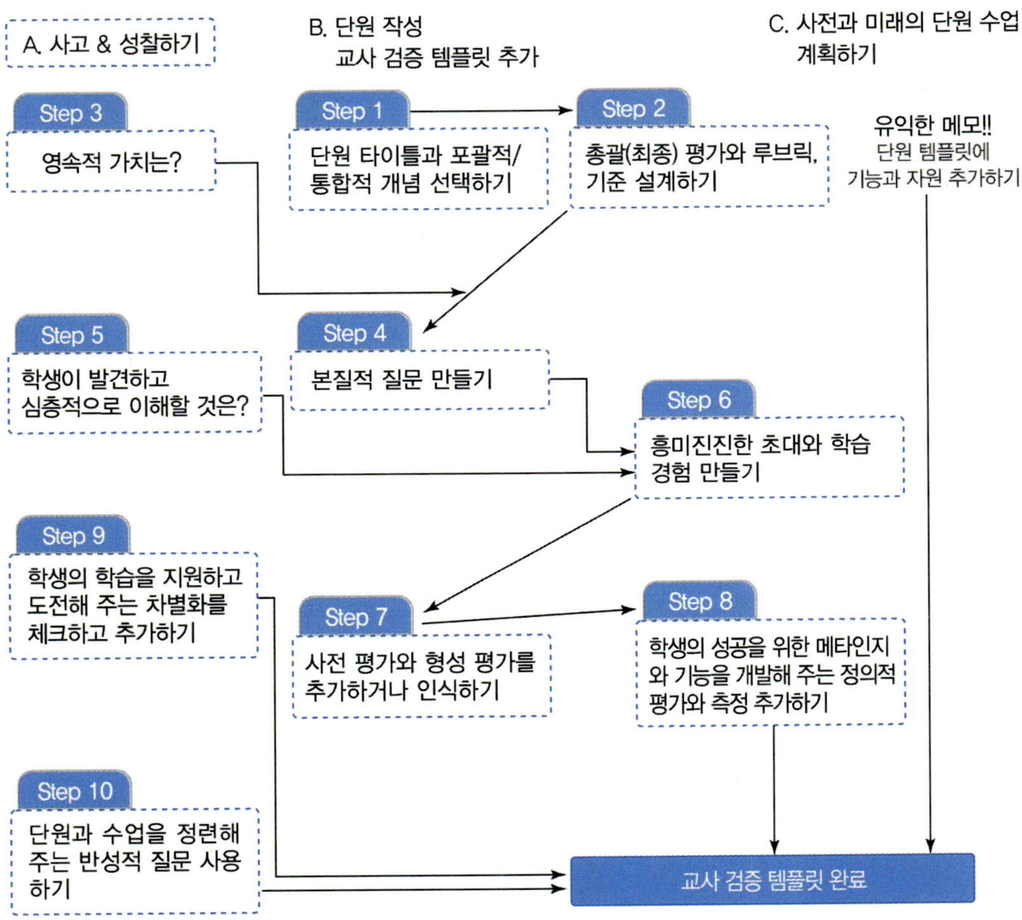

■ 작성된 단원의 사례

측정 단원

교과: 수학

수준: 초등

통합적 혹은 총괄적 개념: 혼란으로부터의 질서/측정

총괄 평가

학습 센터: Tic–Tac–Toe(틱–택–토) 메뉴/Bloom의 분류학

학생의 선택: 학생들은 다음의 6개 학습 센터 선택 사항에서 세 가지를 선택한다.

1. 1, 5, 10단위 배수로 다른 양을 더하며 동전 세기
   지식: 이런 수학 문제가 어떻게 작용하는지 기술하라.
2. 100달러에서 1, 5, 10, 20달러 단위로 빼기
   이해: 수학 문제를 설명하라.
3. 곱셈과 나눗셈을 사용하여 돈을 가지고 규칙을 만들라/가장 큰 것부터 작은 것까지 동전을 배열하라.
   적용: 학생들은 수학 규칙 찾기 문제를 푼다.
4. 레모네이드 판매대
   분석: 학생들은 레모네이드를 사기 위해 돈이 얼마나 필요한지 계산한다.
   심화:
   a. 레모네이드 가판대를 만들기 위해서는 레모네이드 외에 무엇이 필요한가?
   b. 간접비를 빼고 이윤을 남기기 위해서는 레모네이드 한 잔당 얼마를 받아야 하나?
5. 식료품과 계산기가 있는 상점
   종합: 식품 가격이 붙어 있는 식료품 가게 진열대를 만들어라.

심화:

a. 만일 용돈을 가지고 있다면 원하는 것을 바로 살 수 있는가? 상점에서 원하는 물건을 사기 위해 용돈을 모으려면 몇 주가 소요되는가? 사고 싶은 상품 목록을 만들어라.

b. 학급 상점: 학생들은 수업의 일부분으로 상점에 몰두한다.

6. 수 세기 책: 학생들은 수 세기(counting) 책을 읽고(혹은 읽어야 하고) 수학 문제와 돈과 관련된 이야기를 한다.

평가: 학생들은 이야기에 필요한 동전으로 수학 문제를 선택한다.

평가 기술(Assessment Description)

이 경우, 학생들이 자신의 학습을 평가하기 위해서 수학 성취 기록(Math Record of Achievement)을 사용한다. 최종 수학 평가 기록 체크리스트는 학습 센터가 완료되면 받는다. 각 학습 센터는 조작 가능한 평가가 있어서 학생들에게 읽어 주고 필요하다면 성인이 표기할 수 있다. 이것은 센터 작업이 완료된 후에 학생들이 알고 있는 바를 판단하기 위해 질문 형식으로 사용된다.

최종 수학 성취 기록

날짜: ____________________ 학생 이름: ____________________

__________ 나는 1센트, 5센트, 10센트 그리고 25센트를 식별할 수 있다.
__________ 나는 각 동전의 액면가를 안다.
__________ 나는 동전을 이해하면서 셀 수 있다.
__________ 나는 동전을 사용해서 덧셈을 할 수 있다.
__________ 나는 동전을 사용해서 뺄셈을 할 수 있다.
__________ 나는 주어진 돈의 액수에 맞도록 동전 묶음을 만들 수 있다.
__________ 나는 물건을 사기 위해서 돈을 사용한다는 것을 안다.
__________ 나는 물건을 사기 위해서 어떻게 돈을 사용하는지를 안다.
__________ 나는 동전을 사용해서 다양한 방식으로 50센트를 만들 수 있다.

(계속)

나는 동전을 가지고 다음과 같은 좀 더 다른 일을 할 수 있다.

- 곱하기
- 나누기
- 규칙 만들기
- 문화적 차이점을 설명하기

내가 이 주제를 가지고 가장 재미있게 수행한 것은 ______________________ 이다.

왜냐하면 ____.

기준

단원을 개발하기 전, 중, 후에 살펴보아야 하는 것이 성취기준(standards)이다. 기준으로 하여금 여러분의 창의성을 안내하도록 하라! 여러분의 단원에 적용 가능한 모든 기준을 추가하라. 수학 단원을 개발하기 위해서는 수학과 성취기준을 활용하라.

본질적 질문

- 원하는 것은 무엇인가?
- 필요한 것은 무엇인가?
- 사람들은 자신이 원하거나 필요로 하는 것을 어떻게 획득하는가?

단원 질문

- 사물의 가치를 측정하기 위해 돈을 어떻게 사용하는가?
- 돈이란 무엇인가?
- 돈은 왜 가치를 지니는가?
- 돈은 나의 생활 속에서 어떻게 사용되는가?
- 우리 생활 속에서 돈은 왜 중요한가?

초대 혹은 동기와 흥미 유발

학생들 각 그룹은 동전이 든 가방과 미니 금전등록기를 받는다. 학생들은 모둠 구성원들과 함께 동전을 등록기에 넣는 가장 좋은 방식에 대해 의논한다. 그러고 나서 그들이 결정한 방식대로 동전을 등록기에 넣고 학급 친구들에게 보여 준다. 학생들은 학급 전체가 돈을 등록기에 넣는 최고의 방식으로 적용할 수 있는 '규칙' 혹은 협의를 논의한다. 이 '규칙'은 게시판에 붙여 놓는다. 이렇게 하여 학생들은 자신들이 돈, 측정, 그리고 수학에 관한 '규칙'을 만들 수 있음을 '본다.' 이것은 자기효능감(self-efficacy)을 만들어 낸다. 이는 사전 평가로 사용될 것이다. 사전 평가라는 소제목 아래에 있는 학습의 측정을 보라.

학습 경험

학습 경험 1~4(다음의 차트 배열을 보라.)

학생들은 종이 동전을 만들기 위해 차트를 만든다. 학생들은 동전과 수 세기에 대한 배경지식을 바탕으로 자신들의 차트 배열을 선택할 수 있다. 이런 선택은 학생들이 이 주제를 알고 이해하는 것과 관련하여 그들이 어디에 있는지를 결정하는 사전 평가로, 초대를 사용하여 교사뿐만 아니라 학생 선택을 기반으로 한다.

차트 배열 1

1. 학생들은 동전과 유사한 그리고 유사하지 않은 것을 분류하여 붙인다.
2. 학생들은 동전의 액면가가 적은 것부터 큰 것의 순서대로 배열하고 그 가격을 동전 옆에 쓴다.
3. 학생들은 규칙을 만들어 큰 소리로 동전을 센다.
4. 덧셈 빈칸을 채운다(동전을 사용한 간단한 덧셈).

차트 배열 2

1. 학생들은 동전의 액면가가 적은 것부터 큰 것의 순서대로 배열하고 그 가격을 동전 옆에 쓴다.
2. 학생들은 규칙을 만들어 큰 소리로 동전을 센다.

3. 덧셈 빈칸을 채운다.
4. 학생들은 동전을 가지고 덧셈 문제를 만든다.

차트 배열 3

1. 학생들은 규칙을 만들어 큰 소리로 동전을 센다.
2. 덧셈 빈칸을 채운다.
3. 학생들은 동전을 가지고 덧셈 문제를 만든다.
4. 뺄셈 빈칸을 채운다.

차트 배열 4

1. 덧셈 빈칸을 채운다.
2. 학생들은 동전을 가지고 덧셈 문제를 만든다.
3. 뺄셈 빈칸을 채운다.
4. 학생들은 동전을 가지고 뺄셈 문제를 만든다.

   주의: 학생들은 필요시 서로 다른 '차트 배열'로 이동할 수 있다.

학습 경험 5

65센트를 만드는 방법을 몇 가지나 알고 있는가? 26센트는? 33센트는?

심화:

학생들은 다른 문화권을 조사해서 돈으로 사용되는 것에는 어떤 것이 있는지 어떤 화폐를 사용하는지 알아본다.

사전 평가

- 초대 동안의 일화
- 교사는 학생 모두의 이름이 적힌 체크리스트를 가지고 있다.
- 체크리스트의 내용은 다음과 같다.

– 이전에 동전을 가지고 학습해 본 적이 있다.
– 동전은 각기 다르다는 것을 안다.
– 어떤 동전이 가격이 높은지를 안다.
– 동전의 액면가를 안다.

학생들의 관찰과 학생들의 학습 매체를 기반으로 하여 학생 이름 옆에 +s 혹은 −s가 붙는다.

형성 평가

- 형성 평가는 성취기준에 기반을 둔다. 기준을 다루는 학습 경험이 있을 때에는 교사가 이를 형성 평가로 사용할 수 있다.
- 학습 경험 1: 교사는 학생들이 동전과 그 가치를 알고 있는지 평가한다.
- 이러한 평가를 기반으로 교사는 학생들을 위한 지도 방법을 달리한다.
- 수행 평가에 대한 학생들의 능력에 따라 학생들은 모둠으로 나뉘고 확대되거나 혹은 기능이 추가될 수 있다.

기능

- 동전 알기
- 수 세는 법 알기
- 새로운 상황에 확대된 지식
- 소통하기
- 선택하기

정의적 자기 평가

- 학생들에게 웃는 얼굴과 일벌레를 가지고 다음의 문장을 완성하도록 한다. 웃는 얼굴은 학생들이 이미 하고 있는 일이고, 일벌레는 학생 자신이 좀 더 열심히 할 필요가 있다고 느끼는 것이다.
  - 나는 수학 프로젝트를 열심히 했다.
  - 나는 같은 그룹에 있는 친구들에게 친절했다.
  - 나는 같은 그룹에 있는 친구들을 도왔다.

자료

- 수학과 목표와 주의 성취기준
- 수학 설명과 평가

- 학생들의 요구 시 보여 준 교사-창안의 템플릿. 이는 특별한 도움이 필요한 학생들에게 사용될 수 있다.
  예: 동전을 사용해서 5센트, 10센트, 25센트, 50센트, 1달러를 만들 수 있는 모든 방법

통합 주제

영양
문화

시를 통한 문화 발견 혹은 사람들의 목소리를 듣기

교과: 사회과와 언어과

수준: 중학교

통합적 혹은 총괄적 개념: 문화적 이해

단원 요약

이것은 학생들이 시, 미술, 그리고 구두 스토리텔링을 통해 동남아시아, 서남아시아, 아프리카, 그리고 중세 시대의 역사적 문화를 탐험하는 1년 동안의 통합 단원이다. 학생들은 이러한 문화의 핵심에 있는 것을 발견하는 방식으로 연극을 하고 글을 쓰며 시를 해석하는 법을 배운다. 첫 번째 단원은 모든 학생이 그들의 작업을 공유하고 발표하는 것에 대해 '안전함'을 느낄 수 있도록 안정된 분위기를 만드는 방법을 다룬다. 이런 분위기에서 학생들은 편안함을 느껴 정확한 음색(tone)과 동작으로 시를 발표하고 학급 동료들과 시를 해석하며 또한 그들과 함께 시를 쓰는 작업을 할 수 있다. 이것은 성공적인 학급 프로젝트와 깊이 있는 학습을 가능케 할 것이다.

총괄 평가

다음의 문화 각각에 대한 네 개의 단원과 네 개의 최종 평가가 있다. 동남아시아, 서남아시아, 아프리카 그리고 중세 문화가 그것이다.

각 단원은 시집 포트폴리오를 필요로 하는데, 학생들은 여기에다 사회 단원(the social studies unit) 동안에 각각의 작품을 만드는 데 들어간 모든 초고, 편집, 반성적 사고를 포함해 자신들이 창작한 시를 기록한다. 이것은 각 단원이 끝날 때마다 채점을 하며 학년 말에는 전체적인 최종 점수가 나온다.

매 단원마다 학생들은 연구하는 과정으로부터 시집, 단편집, 미술 및 음악에 반응한 반성 일지를 기록한다. 여기에는 문화 이해에 관한 사전 및 사후 반성(pre and post reflection)이 담겨 있다.

매 단원이 끝나면 학생들은 구두 평가를 위해 자신들의 시를 발표하는데, 이때에는 시의 형태와 왜 그 시를 선택했는지에 대한 설명과 더불어 세대를 맞추기 위해 적절한 음색과 동작을 사용한다. 학년말에는 학생들이 시 낭송회(Poetry Jam)—녹화하여 각 학생에게 배부하는 행사—에서 발표하고 싶은 시를 선택한다.

이 시를 사용하여 학생들은 문자 형식으로 된 시와 병행하여 자신들이 이해한 시의 상징적인 의미를 나타내기 위해 그림이나 디자인을 고안한다. 이러한 최종 산물은 학급문집이나 시낭송 DVD를 만드는 데 사용된다.

평가 기술

이 단원은 루브릭 대신에 다음에 나오는 두 개의 체크리스트를 사용한다.

포트폴리오 체크리스트
(영역/시대)

4–매우 우수 3–우수 2–보통 1–노력 필요 0–해당 없음

최소 네 편의 시가 있다.	4	3	2	1	0
편집 시 단어 선택에 유의하였다.	4	3	2	1	0
시가 문화에 대한 인간의 경험을 진정으로 이해했음을 보여 준다.	4	3	2	1	0
시의 구성이 시대와 일치한다.	4	3	2	1	0
마지막 시에 반성이 포함되어 있다.	4	3	2	1	0

반성 일지 체크리스트

4–매우 우수 3–우수 2–보통 1–노력 필요 0–해당 없음

저널에 연구한 문화에 대한 사전/사후 반성이 들어 있다.	4	3	2	1	0
연구한 시집/미술/문학에 대한 사려 깊은 반응이 들어 있다.	4	3	2	1	0
의문점, 성찰, 재미있는 생각이 담겨 있다.	4	3	2	1	0
이해에 있어서 성장했음이 보인다. (상징주의 포함하여)	4	3	2	1	0

기준

단원을 개발하기 전, 중, 후에 살펴보아야 하는 것이 성취기준이다. 기준으로 하여금 여러분의 창의성을 안내하도록 하라! 여러분의 단원에 적용 가능한 모든 기준을 추가하라. 사회과와 언어과의 주 기준은 사람들의 목소리 단원(the Voice of the Poeple Unit)에 적절하다.

본질적 질문

- 시는 삶/문화의 목소리로 어떻게 작용하는가?
- 시는 어떻게 관점을 넓히는가?
- 시의 주제는 어떻게 시간, 역사 그리고 문화를 대표하는가?

단원 질문

- 색깔, 모양 그리고 그림은 특정 문화에서 어떻게 상징적으로 사용되는가?
- 문화의 핵심은 시/문학/노래 그리고 구비 기록물/예술에서 어떻게 드러나는가?
- 시의 구두 해석은 어떻게 이해를 불러일으키는가?

초대 혹은 동기와 흥미 유발

안내 질문: 미술, 음악 그리고 단편 이야기에서 형식(pattern)은 무엇인가? 이러한 형식은 연구하고 있는 문화와 어떤 관련이 있는가?

사회 교과에서 연구 중인 문화 시대부터 학급 전체가 시를 읽는다. 교사는 지리적 그리고/혹은 문화적 주요 표현에 관한 읽기 후에 토론에 초점을 맞춘다. 학생들은 이러한 단어를 기반으로 문화에 관해 자신들의 생각을 반성 일지에 적는다. 학생들이 이러한 반성을 공유하게 되면 학급 토론이 시작된다.

교사가 문화적으로 적절한 음악을 연주하는 언어 기술 그리고/혹은 사회 교과는 특정한 시대부터의 예술을 보여 주며 학생들로 하여금 이렇게 복합적인 매체를 통해 문화를 곰곰이 생각해 보도록 한다.

이런 일지 쓰기는 시전 평가로 활용된다.

학습 경험

(서남아시아: 4~5주)

학습 경험 1

학생들은 일본, 중국, 한국 그리고 몽골을 바탕으로 네 개의 그룹으로 나뉜다. 각 그룹은 해당 국가의 시/문학/미술 작품 몇 가지를 받는다.

학습 경험 2

앞의 자료를 활용하여 학생들은 그들이 연구하는 사람들에게 중요한 것은 무엇이었는지/무엇인지 생각하여 기록한다. 학생들은 일지에 연구 자료에 있는 증거를 제시하여 자신들의 생각을 입증해야 한다. 또한 자신들이 답변하고 싶은 질문 그리고 학습한 것과 흥미로운 발견에 관한 논평도 기록한다. 글자뿐만 아니라 이미지도 이해를 위한 원천이 되기 때문에 글뿐만 아니라 그림도 포함될 수 있다. 학생들에게 일지는 사고(thoughts), 정보 그리고 아이디어를 조직하는 데 사용될 수 있음을 언급한다.

학습 경험 3

학생들은 자신들의 시대와 나라에 주어진 소설을 읽고 주인공이 되어 주인공의 삶과 관련된 시를 쓴다. 시대와 나라의 형식에 맞게(예: 일본의 전통 단시 Haiku) 네 편의 시를 쓴다. 학생들은 시 포트폴리오에 작업하고 있는 모든 시를 기록한다.

학습 경험 4

학생들은 자신이 가장 좋아하는 시를 선택하고 등장인물의 목소리와 음색을 표현하는 시를 만들기 위해 자신 스스로 또는 짝(peer)이 편집한다. 학생들은 학급에서 자신의 시를 공연하고 왜 그러한 주제와 형식을 선택했는지 설명하는 짧은 글을 쓴다. 그 설명문은 시 포트폴리오에 수록된다. 이런 과정 동안에 학생들은 본인이 짝의 편집자로서 얼마나 효과적이라고 느꼈는지까지 스스로를 평가하기 위해 짝과 함께 작업한다. 이런 반성은 일지에 기록하고 학생들의 초기 성찰을 확대하고 메타인지를 강화하기 위해 학생/교사 회담하는 동안 교사와 공유한다.

학습 경험 5

학생들은 자신들의 시를 학급에 소개하고 그 후에는 구두 해석(oral interpretation)이 어떻게 시의 의미를 지원하는지에 관한 이해를 보여 주는 구두 발표(oral presentation)를 한다. 학생들은 시 발표를 위해 어떠한 매체라도 선택할 수 있다(예: 드라마 같은 해석, 뮤지컬 같은 해석, 비디오 발표, 파워포인트 혹은 뉴스).

학습 경험 6

학생들은 자신들의 시와 함께 그 시대와 나라의 색깔/모양/기호를 사용해서 그림이나 음악을 만들 수 있다.

형성 평가

- 학생들은 질문에 답하는 화이트보드에 이 그림을 제시한다.
  - 어떤 색깔, 모양 혹은 기호를 선택했는가?
  - 그러한 선택을 지원하는 증거는 무엇인가?

이런 식으로 교사는 학생들이 적절한 연관을 지었는지 판단할 수 있다.

학습 경험 7

학생들은 다음의 질문에 관해 반성 일지에 답한다.
당신이 연구한 나라의 사람들에게 가장 중요한 것에 관한 알게 된 것은 무엇인가?

학습 경험 8

학생들은 초고뿐만 아니라 최종 형태의 시가 담겨 있는 시 포트폴리오와 반성 일지를 평가받기 위해 제출한다. 또한 최종 발표 혹은 시 낭송회(Poetry JAM) 전에 학급 토론에서 자신들의 생각을 피력한다.

사전 평가

- 앞에 제시한 '초대 혹은 흥미 유발'을 참고하라.

형성 평가

- 반성 일지
- 학습 경험 6

기능

- 제시(Presenting)
- 소통(Communicating)
- 협동(Collaboration)
- 작문(Writing)
- 연구(Researching)
- 중요도 판단(Determining Importance)
- 연관(Relating)
- 반성(Reflecting)

정의적 자기 평가

- 학습 경험 4를 보라: 동료 및 학생/ 교사 회담
  (그 밖의 자기 평가에는 학습 경험 4의 자기 편집과 두 개의 체크리스트가 있다.)

자료

- 소설:
  The Samurai's Tale, Erik C. & Haugaard
  Examination, Malcolm J. Bosse
  The Kite Rider, Geraldine McCaughrean
  A Single Shard, Linda Sue Park
  Ties that Bind, Philip Margolin
  Red Scarf Girl: A Memoir of the Cultural Revolution Ji-li Jiang
  The Sign of the Chrysanthemum, Katherine Paterson & Peter Landa
  Website for Southwest Asia art and music
  Calligraphy and Art Supplies
  Textbook(*Eastern World*, Hold Rinehard and Winston, 2007)
  Supplemental text material

■ 단원 설계 사례[1)]

독도를 전 세계에 알려요

교과: 사회

수준: 초등학교 6학년

포괄적 개념: 국제적인 영토 갈등에 대한 대응과 태도

총괄 평가

[모든 나라 지도의 일본해가 동해가 될 때까지]

여러분은 사이버 민간 외교관 역할을 하는 VANK에 소속되어 있습니다. 당신은 인터넷 검색을 하다가 외국의 지도에서 동해가 East Sea가 아닌 Sea of Japan(일본해)으로 적혀 있는 것을 보고 독도 문제가 떠올랐습니다. 그 국가의 사람들이 동해를 'Sea of Japan'으로 본 후 바다 중간에 있는 '독도'에 대한 국제적인 영토 갈등 상황 이야기를 듣게 된다면 '독도'를 한국 영토가 아닌 일본 영토라고 알게 될까 봐 걱정이 되었습니다.

여러분은 외국 지도 제작 회사에 이메일을 보내 동해를 일본해(Sea of Japan)가 아닌 동해(East Sea)로 표기하는 것을 요구하고자 합니다. 이때 독도가 한국 영토임을 알리는 자료도 같이 보내 설득력을 높여야 합니다. 여러분은 이번 단원에서 학습한 내용을 바탕으로 정확하고 적절한 지리적, 역사적 근거를 조사해야 합니다. 일본의 주장에 반박하는 자료를 포함하면 당신의 주장에 더욱 힘이 실릴 것입니다. 그리고 독도의 다양한 가치를 정리하여 일본해(Sea of Japan)이라고 적는 것이 한국에 큰 손해를 끼칠 수 있음을 알리는 것도 좋은 방법입니다. 여러분은 VANK에 소속된 팀이기 때문에 힘을 모아야 합니다. 팀원과 적극적으로 의사소통하며 독도가 한국 영토라는 홍보 자료를 만들어 봅시다.

---

1) 단원 설계 사례는 김태일(2024)의 석사학위논문 74~83쪽의 내용을 발췌해 작성함.

목표(G)	당신의 과제는 다른 나라의 지도 제작 회사를 설득하는 것입니다.
역할(R)	당신은 사이버 민간 외교관 역할을 하는 VANK의 일원입니다.
대상(A)	대상은 동해(East Sea)를 일본해(Sea of Japan)로 적은 다른 나라의 지도 제작 회사입니다.
상황(S)	당신은 동해(East Sea)를 일본해(Sea of Japan)로 적은 다른 나라의 지도 제작 회사에게 독도가 한국 땅임을 알리는 자료를 보내며 동해(East Sea)로 표기를 바꾸기를 바란다고 이메일을 보낼 예정입니다.
수행(P)	당신은 독도가 한국 땅이므로 해당 국가의 국민들이 오해하지 않도록 지도에 일본해가 아닌 동해라고 적어야 함을 알리는 홍보 자료를 제작할 것입니다.
기준(S)	당신의 수행은 구체적인 지리적, 역사적 근거를 활용해야 합니다. 근거가 일본의 주장을 반박하는 자료라면 당신의 주장에 힘이 실릴 것입니다. 그리고 독도의 가치를 따져 일본해라고 적는 것이 대한민국에 어떤 손해를 끼칠 수 있는지를 알리는 방법도 있습니다.

루브릭

준거	3	2	1	0
조사 자료의 신뢰성	주장과 근거에 사용된 조사 자료가 매우 구체적이고 출처가 명확하며 신뢰롭다.	주장과 근거에 사용된 조사 자료가 구체적이고 출처가 있다.	주장과 근거에 사용된 조사 자료가 간략하고 출처가 불분명하다.	주장과 근거에 대한 조사 자료를 제시하지 못하거나 자료가 명확하게 사실이 아니다.
근거의 적절성	일본의 주장과 함께 지리적, 역사적 근거를 들어 명확히 반박하여 독도가 한국 영토임을 자세히 뒷받침한다.	지리적, 역사적 근거가 독도에 대한 사실과 대한민국의 입장을 자세히 뒷받침한다.	지리적, 역사적 근거가 독도에 대한 사실과 대한민국의 입장을 간략하게나마 뒷받침한다.	지리적, 역사적 근거를 제시하지 못하거나 근거가 엉뚱하여 알리고자 하는 내용과 맞지 않는다.
독도의 중요성 인식	독도의 어업적, 군사적, 학술적, 경제적, 상징적 가치 등을 복합적으로 이해하여 구체적으로 진술한다.	독도의 어업적, 군사적, 학술적, 경제적, 상징적 가치 등을 몇 가지를 이해하여 진술한다.	독도의 어업적, 군사적, 학술적, 경제적, 상징적 가치 등을 이해하여 간략하게 진술한다.	독도가 가치로운 이유를 진술하지 못하거나 사실이 아닌 가치로 진술한다.

(계속)

모둠원과의 협력	적극적으로 모둠원과 의사소통하려는 의지를 가지고 상황에 맞는 적절한 방법으로 의견을 공유한다.	모둠원과 의사소통하는 방법을 알고 모둠원과 의사소통을 하며 의견을 공유한다.	모둠원과 과제 수행에 필요한 약간의 의사소통을 하며 자신이 맡은 역할을 수행한다.	모둠원과의 의사소통을 어려워하며 자신의 의견만 고집하거나, 자신의 의견을 전혀 제시하지 않았다.

성취기준 진술

[6사01-02]	독도의 지리적 특성과 독도에 대한 역사 기록을 바탕으로 영토로서 독도의 중요성을 이해한다.
해설	독도의 위치, 지형, 기후, 동식물 등의 지리적 특성을 파악하고 독도에 대한 역사 기록을 탐구하여 영토 주권 의식을 기르도록 설정한 것이다. 이를 바탕으로 영토로서 독도의 가치를 인식하고 위상을 확인하는 데 주안점을 둔다.

본질적 질문

- 모든 국가는 무엇을 위해 외교 활동을 하는가?
- 국제적인 영토 갈등에 대응하는 방법은 어떠한가?
- 우리의 소중한 영토를 지키기 위하여 어떻게 힘을 모을 수 있는가?

단원 질문

- 독도는 어떠한 가치가 있는 섬인가?
- 독도는 대한민국이 실효 지배를 하고 있는데 왜 일본 영토라고 주장할까?
- 독도가 일본 영토라고 하는 주장과 근거에 대하여 어떻게 반박할 수 있는가?
- 독도가 대한민국 영토인 근거는 무엇인가?
- 세계인에게 독도가 대한민국 땅임을 알릴 수 있는 방법은 무엇인가?

동기 유발 [1차시]

총괄평가에 대한 내러티브를 제시하고 전 세계 사람들이 사용하는 생성형 AI에 '독도는 누구의 땅인가?'에 대해 질문하여 답을 확인한다. 이 과정에서 '독도'의 현재 국제적인 영토 갈등 상황과 심각성을 깨닫도록 한다.

1. 총괄평가에 대한 내러티브를 제시하여 현재 상황을 깨닫게 한다.

> 독도는 누구의 영토인가? 당연히 대한민국의 영토인가? 대한민국 사람에게 독도는 당연히 대한민국의 영토일 것이다. 그럼 일본 사람에게 물어본다면? 일본 사람들은 현재 독도가 일본의 영토라고 배우고 있다. 그러니 일본의 영토라고 답하는 사람이 많을 것이다. 아무리 우겨도 독도는 대한민국 경찰이 지키고 있고 그 사실은 변하지 않을 것이라고 생각하는가?
>
> 대한민국 사람도 일본 사람도 아닌 외국인에게 물어본다면 어떻게 대답할까? 대부분 독도를 둘러싼 대한민국과 일본의 갈등을 잘 모를 것이다. 하지만 갈등에 대한 이야기를 듣고 자신의 나라에 있는 세계 지도에 동해(East Sea)가 일본해(Sea of Japan)라고 적혀 있는 것을 본 사람들은 어떻게 생각할까? 과연 우리는 영원히 독도를 지켜 낼 수 있을까?

2. 생성형 AI인 ChatGPT를 이용하여 한국, 일본어, 영어로 '독도는 누구의 땅인가요?'를 질문하고 그 답을 읽어 보며 외국인이 ChatGPT의 대답을 확인하였을 때 어떠한 생각이나 느낌을 가지게 될지 의견을 나눈다.
3. 본질적 질문을 안내하고 교실에 게시한다.

학습 경험 [2~11차시]

[학습 경험 1]

(2차시) 현재 독도는 어떤 상황일까?

> 일본 교과서 왜곡 뉴스를 시청한다. 일본 교과서에 '독도가 일본 땅'이라고 한다. 일본 교과서에서는 독도가 어떻게 표현되어 있을까? 살펴보았더니, 동해 지도가 여러 색과 선으로 표현되어 있다. 이것은 무엇을 의미하고 왜 중요하게 다루는 것일까?

1. 일본 교과서에 실린 동해와 독도 지도에서 독도를 찾아본다. 그리고 일본 주변의 짙은 푸른색 바다는 무엇을 의미하는지 생각해 본다. 배타적 경제 수역의 의미를 알아본다.
2. 교사가 제시한 지도에서 대한민국과 일본 사이의 짙은 색 바다 영역, 하얀선, 빨간선이 무엇인지 추측해 본다. 짙은 색 바다 영역은 한일어업협정으로 맺은 중간 수역, 하얀선은 한국이 주장하는 한국의 배타적 경제수역, 빨간선은 일본이 주장하는 한국의 배타적 경제수역을 의미하고 일본의 주장은 독도가 일본 영토로 독도와 울릉도 사이에 선을 그은 것임을 정리한다.
3. 형성 평가 및 정의적 평가: (서술형 평가) EXIT TICKET을 작성한다.

[학습 경험 2]

(3~4차시) 왜 일본은 돌섬인 독도를 가지고 싶을까?

> 지난 시간 '배타적 경제 수역'에 대하여 알게 되면서 독도는 단지 돌섬 하나를 의미하는 것이 아닌 그 주변을 바다까지 의미하는 것임을 알았다. 독도와 동해는 얼마나 가치 있는 장소인 걸까?

1. 모둠별로 교사가 제시하는 미션에 대하여 조사한다.
   - 동해에 흐르는 바닷물의 특징과 어떠한 수산물이 잡힐까?
   - '불타는 얼음'이 있을까? 있다면 그것은 무엇일까?
   - 마실 수 있는 바닷물이 있을까? 있다면 그것은 무엇일까?
   - 1905년 러일전쟁이 일어났을 때 왜 일본은 독도를 일본 영토로 만들었을까?
   - 울릉도 독도해양연구기지는 무엇을 연구할까?
2. 형성 평가: (서술형 평가) 조사한 자료를 발표하고 발표를 듣는 사람들은 새로운 질문을 만든다. 새로운 질문은 정리한 뒤 단원이 끝날 때까지 게시되며 앞으로의 조사 활동에 활용한다.
3. 형성 평가 및 정의적 평가: (서술형 평가) EXIT TICKET을 작성한다.
   ★ 차별화: 제시된 자료의 파악이 어려운 경우 단서, 추가 자료를 제시한다.

[학습 경험 3]

(5~6차시) 일본이 독도를 일본 영토라고 말하는 근거는 무엇일까?

> 지난 시간 독도와 동해의 가치에 대해 조사하였다. 이 중요한 독도와 동해는 한국의 소중한 영토와 영해인데, 일본 교과서에서는 어떤 근거로 일본 영토라고 주장하는 걸까?

1. 일본이 독도를 일본 영토라고 말하는 근거를 살펴본다.
   - '거기는 원래 무인도였고 주인도 없는 땅이어서 우리(일본)가 점령한 거야!'
   - '거기는 우리(일본)의 조상들이 어업을 하던 일본 고유의 영토야!'
   - '대한민국이 독립할 때 샌프란시스코 조약에서 제주도, 울릉도, 거문도는 돌려줬지만 독도는 돌려준다고 한 적이 없어!'
   - '만약 독도가 진짜 한국 영토라고 생각하면 국제사법재판소에서 평화롭게 가려보자고!'
2. 교사가 제시하는 자료를 위의 주장들을 반박할 수 있는 근거로 연관 지어 보고, 교사가 제시한 자료 이외의 추가 자료를 찾아본다.
3. 형성 평가 및 정의적 평가: (서술형 평가) EXIT TICKET을 작성한다.

   ★ 차별화: 제시된 자료의 파악이 어려운 경우 단서, 추가 자료를 제시한다.

[학습 경험 4]

(7~8차시) 독도가 대한민국 영토인 근거는 무엇일까?

> 일본이 제시하는 근거와 그에 대한 반박 자료를 다양한 자료를 연결하고 추가 자료를 찾아보았다. 그 외에 대한민국 영토인 다양한 근거들을 찾아 세계 사람들에게 알릴 내용을 정리해 보자.

1. 교사가 제시한 근거 자료 이외의 독도가 대한민국 영토인 근거를 조사한다.
   - 지리적인 근거
   - 옛 기록 속에 담긴 근거
   - 옛 지도 속에 담긴 근거

독도를 지킨 조상님들의 이야기

* 경상북도 교육청 사이버독도학교 활용

★ 차별화: 학습 초기 K-W-L 차트를 사용하여 이미 아는 것(Know), 알고 싶은 것(Want), 앞 차시 학습에서 반성하고 배운 것(Lenarned)을 확인하고 근거를 정리하는 과정에서 개별적인 도움을 준다.

2. 형성 평가: (서술형 평가) 독도가 대한민국 영토인 근거를 정리한다.
3. 형성 평가 및 정의적 평가: EXIT TICKET을 작성한다.

[학습 경험 5]

(9~10차시) 세계인에게 독도가 대한민국 땅임을 알릴 수 있는 방법은 무엇인가?

1차시 총괄평가에 대한 내러티브에서 제시한 바와 같이 동해가 일본해로 표기되어 동해에 있는 독도도 일본의 영토로 오해를 사는 경우가 발생해서는 안 된다. 동해는 한국의 영해요, 한 중간에 있는 섬 독도는 한국의 영토이다. 외국인들이 동해를 일본해로 잘못 알지 않도록, 독도를 일본의 섬으로 잘못 알지 않도록 전세계 사람들에게 독도와 동해를 바로 알도록 자료를 만들어 보자.

1. 총괄 평가 문항을 파악한다.
2. (산출물 평가, 관찰 평가) 학습 경험1, 2, 3, 4를 바탕으로 총괄 평가를 수행한다.
3. [총괄 평가: 모든 나라 지도의 일본해가 동해가 될 때까지]

★ 차별화: 총괄평가 결과물의 형태에는 제한을 두지 않는다. 컴퓨터 홍보물, 일반 홍보물, 영상 등 학습자가 자유롭게 정하도록 한다.

[학습 경험 6]

(11차시) 독도가 대한민국 영토라는 사실을 알려봅시다.

1. 총괄 평가 산출물을 친구들에게 발표한다.
2. 정의적 평가: 발표를 들으며 동료 평가, 발표 후 자기 평가를 실시한다.

사전 평가

답이 '독도'인 '독도 수수께끼'를 5문장으로 작성하여 '독도'에 대하여 가진 사전 지식, 이미지, 관념 등을 확인한다.

형성 평가

1. 모든 학습 경험 후 단원 질문에 대하여 자신이 찾은 답을 작은 포스트잇 안에 한 문장 정도로 요약하여 적는 EXIT TICKET 활동을 한다.
2. 학습 경험 2를 학습 후 다른 모둠의 발표를 듣고 만든 새로운 질문을 만든다.
3. 학습 경험 4를 학습 후 대한민국 영토인 근거 정리 자료를 만든다.

(선택) 기능

- 지도에서 위치 및 정보 파악하기
- (디지털) 인터넷으로 정보 조사하기
- 많은 수의 정보를 비판적으로 생각하여 필요한 정보 선별하기
- 주장에 대한 근거 세우기
- 상대방의 주장을 비판적으로 듣고 논리적인 반박하기
- (디지털) 자신의 생각을 디지털 도구를 활용하여 시각화하기
- 모둠원과 역할 분배하고 협력적으로 의사소통하기

정의적 평가

1. 각 학습 경험 후 EXIT TICKET에 웃는 이모티콘, 무표정 이모티콘, 우는 이모티콘 중

하나를 그려 학습에 적극적으로 참여하였는지, 모둠원과 적극적으로 의사소통하였는지 종합적으로 제시한다. 그리고 이모티콘 옆에 학습 과정 중 잘한 점이나, 아쉬운 점을 간단하게 작성한다.

2. 총괄 평가 산출물 발표 후 모둠에서의 협력 정도를 루브릭을 기준으로 자기평가한다.

(선택) 자료

- 사전 평가: 독도 수수께끼 만들기 학습지
- 동기 유발: East Sea가 Sea of Japan가 표기된 다른 나라의 세계 지도, 도쿄 올림픽 때 독도를 일본 영토로 표시한 일본 지도
- 학습 경험 1: 일본 교과서 속 동해와 독도 지도, 현재 중간수역과 일본과 한국이 각각 주장하는 배타적 경제 수역이 표시된 지도
- 학습 경험 2: 동해 지도, 가스하이드레이트 사진, 해양심층수 위치와 제품 사진, 독도 방공레이더 기지 사진, 울릉도 독도해양연구기지 사진
- 학습 경험 3: 대한제국칙령 제41호, 삼국사기, 세종실록지리지, 심흥택 보고서, 평화선라인, 맥아더라인, 국제사법재판소가 하는 일, 안용복 이야기, 태정관지령
- 학습 경험 4: 컴퓨터
- 학습 경험 5: 컴퓨터 등 학생의 요구에 맞는 자료

부록4 교사를 위한 본질적 질문 만들기와 활용 방법

※ 이하의 내용은 McTighe & Wiggins(2013)의 내용을 재구성한 것임을 밝힘.

〈표 1〉 수업 질문의 네 가지 유형의 예

내용 또는 토픽	흥미 유발 질문(HQ)	유도(lead) 질문(LQ)	안내(guide) 질문(GQ)	본질적 질문(EQ)
영양	당신이 먹는 것이 여드름을 예방할 수 있는가?	음식군에는 어떤 종류의 음식이 있나?	균형 잡힌 식단은 무엇인가?	무엇을 먹어야 하는가?
소설 『호밀밭의 파수꾼』 연구	광적인 행동을 하는 청소년을 알고 있는가? 왜 그런 행동을 하는가?	언제 어디를 배경으로 소설이 진행되는가?	Holden은 정상인가? (Note: 주인공은 정신병원에서 이야기하고 있다.)	이야기를 영원하게 만드는 것은 무엇인가? 어떤 "진실"을 허구에서 배울 수 있는가?
음계	부모님은 너의 음악을 좋아하는가?	C 장조의 음계는 무엇인가?	왜 작곡가는 단음계의 대조로 장음계를 사용하는가?	"소음"과 음악을 구별하는 것은 무엇인가? 무엇이 음악적 취향에 영향을 주는가(예: 문화, 나이)?
헌법 / 권리 장전	당신은 "정당방위" 법에 동의하는가?	헌법 수정 제2조는 무엇인가?	판례에 따르면 헌법 수정 제2조는 정당방위법을 지지하는가?	오래되고 구시대적이라면 어떤 헌법 원칙은 영속적이어야 하고 어떤 것은 수정되어야 하는가(예: 한때 오직 백인 남성만을 '사람'으로 간주하였다)? 개인적 자유과 공공의 선의 균형은 어디인가? 헌법 수정 제4조나 권리 장전의 어떤 부분이 구식인가?
심리학 / 인간 행동	아동이 그룹에 속해 있을 때 때때로 어리석게 행동하는 이유는 무엇인가?	스키너는 누구인가? 행동주의는 무엇인가?	행동주의, 게슈탈트심리학, 프로이트심리학의 공통점과 차이점은 무엇인가?	사람들은 왜 그렇게 행동하는가?

〈표 2〉 본질적 질문을 생성하기 위한 성취기준 풀어내기

영어 / 로스엔젤레스 모범 기준, 읽기-핵심 아이디어와 세부 아이디어	관련된 본질적 질문
1. 글을 자세히 읽고 그 글이 의도하는 것이 무엇인지 결정하고, 그것으로부터 논리적인 추론을 해라; 글에서 나타난 결론을 지지하기 위해 쓰거나 말할 때 세부적인 글의 증거를 말하라.	• 글의 내용을 바탕으로 어떤 논리적인 추론을 내릴 수 있나? • 글의 어떤 세부적인 증거나 내 생각을 지지하는가?
2. 주요 내용이나 글의 주제를 결정하고 그 전개를 분석해라; 세부 내용과 아이디어를 들어 핵심을 요약하라.	• 글에 전반적으로 흐르는 빅 아이디어는 무엇인가? • 그 아이디어는 어떻게 전개되는가? • 어떤 세부 내용이 빅 아이디어에 대한 내 논거를 지지하는가?
수학 내용 기준	**관련된 본질적 질문**
1. 함께 놓기와 더하는 것으로 더하기를 이해하고, 떼어내기와 줄이는 것으로 빼기를 이해하라.	• 어떤 전체가 이 부분으로부터 만들어질 수 있는가? • 뭐가 남았는가? • 무엇이 빠져야 하는가?
2. 함수를 정의하고 평가하고 비교하라. 양 사이의 관계를 만들기 위해 함수를 사용하라.	• 함수적인 관계가 있는가(모호한 자료에 관하여)?
수학 실행 기준	**관련된 본질적 질문**
1. 문제를 이해하고 문제를 푸는 데 끈질기게 노력하라.	• 무엇이 문제를 해결하는 데 효과적인가? • 내가 막혔을 때 무엇을 해야 하는가?
2. 전략적으로 적절한 도구를 사용하라.	• 만약 효율성과 효과성이 목표라면 여기에서 사용하기에 가장 적절한 방법 그리고/혹은 도구는 무엇인가? • 어떤 도구들이 작업을 더 효율적이고 확실하게 하는 데 도울 수 있는가?
차세대 과학 기준	**관련된 본질적 질문**
1. 힘이 물체의 모양과 방향을 결정한다는 조사를 계획하고 수행하라.	• 이것은 왜 이런 방식으로 움직이는가? • 이것은 왜 이런 모양인가? • 어떤 분명한 힘이 그런 효과를 야기했나?

출처: CCSS, © 저작권 2010. National Governors Association Center for Best Practices and Council of Chief State School Officers. 판권소유.

〈표 3〉 영양을 주제로 개념 분류에서 본질적 질문까지

개념 분류	예	본질적 질문
개념	비만	이상적 몸무게는 무엇인가?
주제	균형 잡힌 식단	무엇을 먹어야 하는가?
이론	식단은 수명에 영향을 끼친다.	내 식단은 내 삶에 어떤 영향을 끼치나?
정책	정부는 당음료와 알코올음료에 세금을 부과하거나 금지한다.	정부는 사람들이 먹고 마시는 것에 대해 규제해야 하는가?
이슈 / 논쟁	종합 비타민과 유전적으로 조작된 작물의 가치	'자연적인' 것이 더 나은가?
가정	하루에 세 끼가 최선인가?	우리는 얼마나, 그리고 얼마나 자주 먹어야 하는가?
관점	American Egg Board: '우수한 식용 계란' American Heart Association: '콜레스테롤 조절'	식이 문제에서 우리는 누구를 믿을 수 있는가?

〈표 4〉 바라는 이해에서 도출된 본질적 질문

바라는 이해	가능한 본질적 질문
다양한 문화에서 위대한 문학은 영속적인 주제를 탐구하고 인간 상황의 반복적인 측면을 폭로한다.	• 어떻게(얼마나) 다른 장소와 시간의 이야기가 지금 시대의 우리에 관한 것일 수 있는가?
통계적인 분석과 전시는 종종 데이터에서 패턴을 드러내고, 이는 우리가 어느 정도 자신감을 가지고 예측할 수 있게 해 준다.	• 미래를 예측할 수 있는가? • 다음에는 무슨 일이 일어날까? 어떻게 확신할 수 있는가?
인간은 언어와 비언어적인 메시지를 동시에 처리한다. 너의 의사소통은 언어와 비언어적인 메시지가 일치할 때 더 효과적으로 일어난다.	• 무엇이 훌륭한 연설가를 만드는가? • 훌륭한 연설가는 비언어적 메시지를 어떻게 사용하는가?
진정한 우정은 행복할 때가 아니라 힘들 때 나타난다.	• 누가 '진정한 친구'이며, 당신은 이를 어떻게 알 수 있는가?
효과적인 설득자는 청중의 필요, 흥미, 경험에 맞는 기술을 사용한다. 그들은 또한 반대를 예측하고 반격한다.	• 어떻게 나는 더 설득적일 수 있을까?

〈표 5〉 포괄적 본질적 질문에서 제한적 본질적 질문 도출하기

주제	포괄적 본질적 질문	제한적 본질적 질문
문학	• 무엇이 훌륭한 이야기를 만드는가? • 효과적인 작가들은 어떻게 독자를 끌어들이고 유지하는가?	추리 소설 단원 • 추리 소설 장르의 특징은 무엇인가? • 훌륭한 추리 소설 작가들은 어떻게 독자를 끌어들이고 유지하는가?
공민학 / 정부	• 우리는 어떻게 그리고 왜 정부 권력을 감시하고 균형을 유지하나?	미국 헌법 단원 • 헌법은 어떤 방식으로 정부의 권력 남용을 제한하고 있는가?
시각적 예술	• 예술은 어떤 방식으로 문화를 반영할 뿐 아니라 형성하는가? • 예술가는 그들의 생각을 표현하기 위해 어떻게 가장 현명하게 도구, 기법, 재료를 선택하는가?	가면 단원 • 가면과 가면의 사용은 문화의 무엇을 드러내는가? • 다른 문화에서 마스크를 제작할 때 어떤 도구, 기술, 재료가 사용되었나?
과학	• 유기체의 구조는 어떻게 그것이 환경에서 살아남도록 하는가?	곤충 단원 • 곤충의 구조와 행동은 어떻게 그들을 생존할 수 있게 하는가?
사회	• 사람은 왜 이주하는가?	이민 단원 • 오늘날 세계 이주의 요인인 무엇인가?
수학	• 공리가 게임의 규칙과 같다면, 최고의 게임을 위해 우리는 어느 것을 사용해야 하고, 언제 그 규칙을 바꾸어야 하는가? • 무엇이 임의와 필요 · 중요를 구별 짓는가?	평행선 공리 단원 • 공리는 이렇게 복잡해야 하는가? • 이 공리는 얼마나 중요한가? 무엇이 이것을 중요하게 하는가?

〈표 6〉 오개념과 관련된 본질적 질문

오개념	가능한 본질적 질문
만약 활자화 되었다면(책이나, 신문, 혹은 위키피디아에서), 그것은 진실임에 틀림없다.	• 우리는 읽는 것 중에서 무엇을 믿어야 할지 어떻게 아는가?
등호(=)는 네가 답을 찾았음을 의미한다.	• 이 가치들은 동등한가? • 문제와 해결책을 단순화할 수 있는 등식이 있는가?
과학적인 방법은 단순히 시행과 착오다.	• 통제가 필요한 핵심 변인은 무엇인가? • 무엇이 효율적이고 효과적인 조사인가? • 우리는 어떻게 과학적 주장의 타당도를 검증할 수 있는가?

(계속)

당신이 능력을 가지고 태어났거나(그리기, 노래 부르기, 좋은 손과 눈의 협응과 같은) 그렇지 않다. 만약 당신이 타고난 재능이 없다면 포기하는 게 나은가?	• 무엇은 좋은 예술가를 훌륭하게 만드는가? • 천재는 90퍼센트의 끈기와 10퍼센트의 영감으로 이루어진다는 말은 얼마나 사실인가(토머스 에디슨의 말 중에서)? • 우리는 어떻게 예술적 수행을 강화할 수 있을까? • 수행을 어떻게 향상시킬 수 있을까?

〈표 7〉 이해의 여섯 측면에 기반한 질문 유발자, 동사, 본질적 질문

이해의 측면과 질문유발자	단서 동사	본질적 질문 예시
설명		
어떻게 ____는 일어났나? 왜? 무엇이 ________를 야기시켰나? _________의 영향은 무엇인가? 우리는 _____ 를 어떻게 증명/확증/타당화 하는가? _____는 어떻게 _____와 관련 있는가? 우리는 어떻게 다른 사람에게 ______를 이해시키나?	• 연결하다 • 나타내다 • 도출하다 • 기술하다 • 설계하다 • 전시하다 • 표현하다 • 추론하다 • 지시하다 • 정당화하다 • 실례를 제공하다(model) • 증명하다 • 보여하다 • 종합하다 • 교수하다	무엇이 9·11 테러의 원인과 결과인가?
해석		
_____의 의미/함의는 무엇인가? _____는 _____의 무엇에 대한 것을 드러냈는가? 어떻게 _____는 나와 / 우리와 관련있는가? 그래서? 그것은 왜 중요한가?	• 유추하다 • 비평하다 • 설명하다 • 의미를 만든다 • 이해하도록 만든다 • 비유를 제공하다 • 행간을 읽는다 • 표현하다 • 이야기를 말하다 • 번역하다	그들은 왜 우리를 증오하는가? (아니면 '증오'는 올바른 단어인가?)

(계속)

적용		
우리는 _____를 어떻게, 그리고 언제 사용하는가? _____는 어떻게 더 큰 세상에서 적용되는가? _____는 어떻게 우리가 _____하도록 도울 수 있나? 다음에는 무슨 일이 일어날까?	• 적용하다 • 건설하다/구성하다 • 창조하다/발명하다 • 오류를 검출하여 제공하다 • 설계하다 • 수행하다 • 생산하다 • 제안하다 • 해결하다 • 검사하다 • 사용하다	무엇이 또 다른 9·11 테러를 막을 수 있을까?(아니면 우리는 막을 수 있을까?)
관점		
_____에 대한 다른 관점은 무엇인가? 이것은 _____의 관점으로 어떻게 보일 수 있을까? _____는 얼마나 _____와 유사한가/다른가? 이것은 누구의 이야기인가?	• 분석하다 • 논쟁하다 • 비교하다 • 대조하다 • 비평하다 • 평가하다 • 추론하다	9·11 테러에 대한 지하디스트의 이야기는 무엇인가?
공감		
_____의 입장이라면 어떨까? 당신이 ____라면 어떤 기분일까? _____는 _____에 대해 어떻게 느낄까? _____는 우리가 느끼도록/보도록 무엇을 시도했나?	• ~처럼 된다 • ~에게 마음을 연다 • 믿는다 • 고려하다 • 상상하다 • 관련짓는다 • 역할극을 해 본다 • 가장하다	무엇이 자살 폭탄 테러범을 동기부여하는가?
자기지식		
내가 진정으로 아는 것은 무엇인가? 어떻게 나는 그것을 아는가? _____에 대한 나의 지식의 한계는 무엇인가? 나의 "맹점"은 어디인가? _____에서 나의 강점과 약점은 무엇인가? _____에 대한 내 관점은 나의(경험, 습관, 편견, 문화 등)에 의해 어떻게 형성되었나?	• 인식하다(be aware of) • 알아차리다(realize) • 인지하다(recognize) • 반성하다 • 자기 평가하다	9·11 테러는 나와 내 삶을 어떤 식으로 변화시켰나?

〈표 8〉 기능, 전략과 관련된 본질적 질문

주제	기능	전략	관련된 본질적 질문
읽기	익숙하지 않은 단어를 "소리 내어 말하라."	단어의 의미를 이해하기 위해 문맥적인 단서를 사용하라.	• 작가가 말하고자 하는 것은 무엇인가? • 나는 이 단어가 의미하는 것을 어떻게 추론하거나 찾아낼 수 있는가?
쓰기	다섯 문단의 에세이 구조를 따라라.	너의 제안에 대한 단어 선택과 청중을 매치하라.	• 나는 어떻게 독자로부터 내 목표를 최상으로 성취할 수 있는가?
수학	분수를 나누어라; 역분하고 곱하라.	문제 해결 • 등가적 표현을 단순화하라. • 결과로부터 역으로 작업하라.	• 어떻게 나는 모르는 것을 아는 것으로 바꿀 수 있나? • 가장 흥미로운 최종 형태는 무엇인가?
시각예술 / 그래픽 디자인	보색을 선택하기 위해 색상환을 사용하라.	네가 감상자에게 불러일으키고 싶은 기분을 강화하기 위해 색상을 사용하라.	• 나는 감상자가 느끼도록 무엇을 시도하고 있는가? • 나는 어떻게 그것을 최상으로 표현할 수 있는가?
목공	띠톱을 사용할 때 적절한 기술을 적용하라.	두 번 측정하고, 한 번에 잘라라.	• 나는 어떻게 최상으로 시간, 돈, 에너지를 절약할 수 있는가?
기악과 건반	악기 연주 시 자동화를 얻기 위해 연습하라.	연습을 가장 효과적으로 하려면, 너는 분명한 목표를 가지고 계속적으로 수행을 점검하고, 피드백을 구하고 이에 주의를 기울이고, 필요한 조정을 하여야 한다.	• 만약 연습이 완벽함을 가져온다면, 무엇인 완벽한 연습인가?

〈표 9〉 본질적 질문 수정하기

원질문	원질문에 대한 논평	수정된 질문	수정 질문에 대한 논평
비문학이란 무엇인가?	이것은 모호하지 않게 대답할 수 있는 정의적인 질문이다.	어디까지를 비문학 작가라고 허용할 수 있나?	이 질문은 역사적이면서도 현대적인 흥미로운 회색지대를 탐구한다.
이 식단은 얼마나 정부의 영양 가이드라인과 일치하는가?	질문이 어느 정도 분석과 평가를 요구하지만 "정확하게" 대답할 수 있다.	우리는 무엇을 먹어야 하는가?	이것은 잠재적으로 많은 탐구와 논쟁을 불러일으킬 수 있는 좀 더 개방적인 질문이다.
열대우림의 파괴로 어떤 이익을 얻을 수 있는가?	질문이 어느 정도 정보수집과 분석을 요구하지만 그것은 목록화된다.	어느 정도가 열대우림으로 인한 손실이 혜택을 상회할 수 있나?	이 질문은 탐구를 확장하고 심화시키며 더 정교한 분석을 요구한다; 찬성과 반대의 목록에서 논쟁과 더 심층적인 탐구를 촉진시킬 것이다.
우리 공동체에서 누가 스페인어를 사용하는가?	질문이 목록에 대한 비문제적 질문의 요구다(비록 어느 정도 탐구가 요구될지 모르지만)	당신은 영어로만 말하면서 얼마나 잘 공동체에서 생활할 수 있을까?	이 질문은 더 넓은 분석과 관점의 이동을 요구하는 더 자극적인 질문이다.
너의 대답은 정확한가?	이 질문은 직접적인 대답을 요구한다.	당신의 대답은 이 상황에서 적절하게 정확한가?	이 질문은 더 개방적이고 문맥이 정확성의 적절성 정도를 어떻게 결정하는지 알려 줄 수 있다.
무엇이 인상주의를 특징짓는가?	이 질문은 특징에 대해 예상되는 답이 있는 유도 질문이다.	예술가들은 왜 그리고 어떻게 전통을 파괴하는가? 효과는 무엇인가?	이 질문은 예술적 경향과 학습자 일반화의 실험을 요구한다.
어떤 운동이 건강을 향상시키는가?	이 질문은 조사를 필요로 하지만 단답을 요구하는 유도 질문이다.	"고통 없이 얻는 것도 없다." 이에 동의하는가?	이 질문은 토론과 논쟁으로 이어질 수 있는 좀 더 자극적인 질문이다.

■ 본질적 질문 실행을 위한 4단계

우리는 성공적인 본질적 질문을 사용하기 위해서는 어떤 일이 일어나야 하는지를 기술할 수 있다. 그러면, 4단계의 과정을 살펴보자.

1단계: 탐구를 야기하도록 설계된 질문을 소개하기

목표: 사고를 자극하고 학생과 단원이나 코스의 내용 두 측면에서 모두 연관성이 있고, 삶과 연관성이 있는 텍스트, 연구 프로젝트, 연구실, 문제, 이슈 혹은 모의실험을 통해 탐구할 수 있도록 본질적 질문을 만들어라.

2단계: 다양한 반응을 끌어내고 그런 반응에 대해 질문하기

목표: 질문에 대한 그럴듯하지만 완벽하지 않은 최대의 답을 이끌어 내기 위해 필요하다면 질문 기법과 규약을 사용하라. 또한 다양한 학생의 대답 속에 차이를 볼 수 있다는 측면과, 질문 용어 속에 내재한 모호성 때문에 차이를 나타낼 수 있다는 측면에서 원질문을 조사하라.

3단계: 새로운 관점 소개하고 탐색하기

목표: 의도적으로 탐구를 확장시키거나 지금까지 내려진 잠정적인 결론에 질문을 제기하도록 설계된 탐구할 새로운 글, 자료 혹은 현상을 가져오라. 이전의 대답에 대한 새로운 답을 끌어내고 비교하라. 새로운 대답은 조사에 대한 가능한 연관성과 비일관성을 찾는다.

4단계: 잠정적인 결론에 도달하기

목표: 학생들이 그들의 발견과 새로운 통찰, 지속적인(혹은 새롭게 생겨난) 질문을 내용과 절차에 대한 잠정적인 이해를 통해 일반화하도록 요구하라.

■ 본질적 질문 실행을 위한 8단계 과정

본질적 질문에 대한 더 섬세한 실행은 8단계로 기술되어질 수 있다. (1) 수업 전 교수 계획과 설계, (2) 최초의 본질적 질문 제시, (3) 다양한 학생 반응 이끌어 내기, (4) 이런 반응 조사하기(그리고 질문 그 자체 조사하기), (5) 질문에 대한 새로운 정보와 관점 소개하기, (6) 산출물이나 수행으로 표현된 심층적이고 지속적인 탐구, (7) 잠정적인 결론, (8) 개개 학생 탐구와 대답에 대한 평가.

1단계: 수업 전 계획 및 설계하기
목표: 본질적 질문을 고려할 때, 확장적이고 심층적인 탐구를 사용하기 위해 관련성이 있지만 다양한 글, 문제 경험들을 수집해라.

2단계: 최초의 본질적 질문 제시
목표: 최초의 수업 시작이나 질문과 관련된 초기 탐구 후에 관련성 있는 본질적 질문을 제시하라.

3단계: 다양한 학생 반응 끌어내기
목표: 학생들이 많은 가능한 대답들이 있을 수 있고, 선택된 자원이 매우 종종 의견의 차이를 가져올 수 있다는 것을 이해하도록 만들어라.

4단계: 반응을 조사하기(질문 그 자체를 조사하기)
목표: 학생의 반응에 대해 질문해라, 모든 반응을 고려할 때 비일관성과 의견 불일치를 지적하라, 학생들이 더 깊은 탐구의 방향과 방법을 제시하도록 이끌어라, 질문 자체가 반응 측면에서 다시 고려되고 분석되도록 만들어라.

5단계: 새로운 정보와 질문의 관점 소개하기
목표: 의도적으로 탐구를 확장시키거나 지금까지 내려진 잠정적인 결론에 질문을 제기하도록 설계된 탐구할 새로운 글, 자료 혹은 현상을 가져오라.

6단계: 산출물이나 수행으로 표현된 심층적이고 지속적인 탐구
목표: 학생들은 개별적이거나, 소그룹이나, 반 전체로 본질적 질문을 탐구하고, 공유되고 분석된 심층적인 조사와 토론을 통해 가장 좋은 반응을 탐구하라.

7단계: 잠정적 결론

목표: 수업은 내용과 절차의 두 측면에 대한 발견, 새로운 통찰, 기존의(혹은 새로운) 질문을 요약한다.

8단계: 개별 학생 탐구와 대답의 평가

목표: 개개의 학생들은 질문에 대한 그들의 현재의 대답을 증거와 논리뿐 아니라 반증거와 반논쟁도 언급하며 공식적으로 설명해야 한다.

■ 본질적 질문을 학생에게 친숙하게 만들기

교육자(특히, 학생을 가르치는)가 본질적 질문을 구성하기 시작할 때, 그들은 종종 "본질적 질문이 학생의 언어로 만들어져야 하는가? 아니면 성인이 생각하는 방식으로 언급되어야 하는가?"에 대해 질문한다. 질문에 대한 우리의 응답은 예이다. 즉, 두 측면 모두 있어야 한다!

〈표 10〉 문제 상황, 지시자 그리고 문제 해결 제안

문제 상황: 협력적 탐구 목표의 불확실성
교사 관련 지시자(indicators) 교사는 마치 질문의 의미, 대화의 본질, 탐구의 가치가 학습자에게 분명해야 한다고 행동하고 이야기한다. • 단지 질문을 제시하고 묻는 것만으로도 학생들이 그 절차를 실행하는 데 충분하다는 것을 믿는다. • 학생이 반응하지 않거나 피상적인 대답을 제공할 때 좌절감을 느낀다. • 대답이나 다양한 관점에 대한 보충의 결핍에 의해 실망감을 느낀다.
학생 관련 지시자 학생은 질문에 대한 하나의 정답이 있거나, 개방형 질문에 대한 대답은 어떤 것도 괜찮다고 생각한다. • 응답은 즉각적이고 유창하다. • 발화자는 말한 것에 대해 명확히 하거나 보충할 필요를 느끼지 않는다. • 응답은 종종 주제를 벗어나거나, 초점이 흐리거나 무작위이다. • 학생들은 그들에 대답을 타당화하도록 요구받는 것에 당혹감을 느낀다.
제안 • 본질적 질문에 대한 탐구와 토론을 위한 제안, 규칙, 규약을 검토하라. • 학생들이 참여의 양이 아니라 질이 훨씬 더 중요하다는 것을 알도록 주지시키라.

(계속)

- 두 개나 세 개의 다른 대답이 타당한 해석을 모두 제공할지도 모른다는 것을 분명히 하라.
- 만약 필요하다면 다른 사람에 의해 제안된 아이디어를 정교화하거나 연관시키는 대답을 강조하고 칭찬하라.
- 학생들이 너무 빨리 받아들일지도 모르는 대답 속의 가능성 있는 약점이나 검증되지 않은 가설을 확인하라.
- 효과적인 반응의 특징을 상기시키며 다음 토론을 시작하라.

문제 상황: 두려움

교사 관련 지시자

교사는 통제와 권위의 상실을 두려워한다.

- 교사는 전체적으로 토론을 지시한다(그것은 반응 모델과 더 흡사하다).
- 교사는 단지 가장 유능한 학생을 지목한다.
- 교사는 잠정적이거나 목표에 벗어난 학생들의 대답을 걱정하거나 힘들어한다.
- 교사는 눈에 띄게 초조하거나 불편해한다.

학생 관련 지시자

학생들은 튀거나 어리석어 보이는 것을 두려워한다.

- 어떤 학생은 지목을 피하기 위해 아래를 보거나 시선을 피한다.
- 얼굴 표현이나 긴장된 웃음은 두려움과 걱정을 표시한다.
- 학생은 수업 중에는 조용하지만 수업 전이나 후에 주제에 관한 이야기는 많이 한다.
- 학생들은 "어리석게 들릴지도 모르지만 ……"이라는 말로 입을 연다.

제안

- 코치처럼 생각하라. 학생들이 '경기하는 것'을 보고 다음을 위해 메모하라.
- 생각할 시간을 주고 학습자가 지목되었을 때 대답할 것을 쓸 수 있도록 지도하라.
- 처음에는 둘이나 세 그룹의 아이디어를 공유하라. 그러고 나서 하나의 응답을 기다려라.
- 부끄러움이 많거나 조용한 학생들이 대답할 수 있도록 준비시켜라.
- 교사(그리고 학생)은 활동의 본질, 활동이 작용하는 방법, 얼마나 다른 종류의 통제가 요구되는지 더 잘 이해하기 위해 모범 토론 비디오를 시청할지도 모른다.

문제 상황: 침묵과 모호성에 대한 불편함

교사 관련 지시자

교사는 침묵과 모호함에 대해 두드러지게 불편해한다.

- 기다리는 시간을 제공하지 않는다.
- 침묵에 의해 괴로워하는 것처럼 보이고 행동한다.
- 학생의 질문에 자신이 계속 대답하려고 하고 학생의 대답을 평가한다.
- 만약 학생이 단지 찾고자 한다면 본질적 질문에 대한 분명한 대답이 있다고 제안한다.

(계속)

학생 관련 지시자

학생은 침묵과 모호함에 대해 두드러지게 불편해한다.

- 학생은 다음 단계를 위해 교사를 바라본다.
- 학생은 교실이 조용할 때 안절부절못하며 불안해 보인다.
- 학생들은 "제발 그냥 말해 주세요, 네?"라고 애원한다.
- 학생들은 대답 뒤에 교사의 확답을 바란다(예: 이게 맞나요?).
- 학생은 교사가 질문에 대답하도록 요구한다.

제안

- 어떤 연령대의 누구라도 개방형 질문에 대한 토론을 할 때 불편함을 느낀다는 것을 시범으로 보여 주기 위해 소리 내어 생각하기, 소리 내어 느낌 말하기 활동을 하라.
- 학생들이 토론 수업 전과 중간에 무엇을 느꼈는지 쓰도록 요구하라. 그들의 반응을 토론하고 패턴을 찾아봐라.
- 무대 공포증이나 모호함의 불편함에 대한 간단한 읽기 자료를 제공하고 토론하라.
- 학생들에게 위함을 감수하고 도전하는 중요성을 강조하는 프로토콜, 규칙, 루브릭을 상기시키라.

문제 상황: 내용에 너무 집중함

교사 관련 지시자

교사는 진도 빼기를 걱정한다.

- 교사는 본질적 질문을 단순히 수사적 장치로 취급하거나 주제에 대한 직접적 교수를 하는 데 흥미를 유발하는 장치로 생각한다.
- 토론이 잘되어 간다 싶으면 이를 자른다(예: "다음에 우리가 배울 것은 ……").

학생 관련 지시자

학생은 과도하게 내용 습득과 평가에 집중되어 있다.

- 학생은 뭐가 성적에 반영되고 시험에 나올지에 대해 걱정한다.
- 학생은 끊임없이 교사의 도움을 구한다(예: "알아야 될 게 뭔지 그냥 말해 주세요, 네?").

제안

- 목표가 단순히 사실을 찾는 것이 아니라 정보와 다른 관점에서 일반화 하는 것이라고 분명히 하라.
- 데이터에 의해 사실과 의견, 자료와 추론 사이의 차이점을 분명히 하라.

문제 상황: 너무 수렴적이고 제한적인 본질적 질문과 대답

교사 관련 지시자

교사는 질문하고 코멘트가 따라온다.

- 질문은 최상의 정답이 있다.
- 교사는 자신이 더 선호하는 대답을 찾는 데 너무 열중한다.
- 교사는 "무엇, 언제, 어떻게 ~했니?"라는 질문을 많이 한다.
- "왜?"라는 질문은 찾아볼 수 있는 사실적 대답을 가지고 있다.

(계속)

학생 관련 지시자

학생은 깊게 생각하기보다 정답을 말하고, 추측하고 발견하려고 한다.

- 학생은 끼어들어서 자신의 대답이 문제를 해결한 것 같은 톤을 사용한다.
- 한번 대답이 주어지면 학생들을 사고를 멈춘다.

제안

- "왜?"와 "만약 ~라면?"이라는 질문을 더 많이 던져라.
- 학생이 정말 좋은 대답을 했더라도, "이것을 바라보는 다른 관점이 있을까? 다른 가능한 대답이 있을까?"라는 질문을 하라.
- 학생들이 "예전에는 ~라고 생각했는데, 지금은 ……"이라는 단서에 반응하도록 요구하라.

문제 상황: 너무 확장적이고 범위가 넓은 본질적 질문과 대답

교사 관련 지시자

교사 질문은 애매모호하거나 초점이 없다. 만족스러운 결론을 가져오기에 너무 포괄적이다.

- 여기에서 아이디어는 무엇인가?
- 그 자료가 의미하는 것은 무엇인가?

학생 관련 지시자

학생들은 질문의 목적을 알아채지 못하거나 어떻게 대답해야 할지 모른다.

- 학생들은 눈을 외면하고 불편해한다.
- 얼굴의 표정이 학생들이 당황해하는 것을 보여 준다.
- 학생은 묻는다. "뭘 묻는 거예요?"
- 학생들은 단어 찾기에 고심한다(학생들이 참여하려고 노력하지만).

제안

- 더 단순한 용어로 질문을 재진술하거나 재구조화하라.
- 질문의 더 상세한 모습을 강조하라. 예를 들면, 만약 " 좋은 작문은 무엇인가?"라는 질문은 어떤 유용한 대답도 만들어 내지 못한다. 대신에 "좋은 읽기와 훌륭한 책 사이의 차이점은 무엇이니?"라고 물으라.

문제 상황: 너무 공격적

교사 관련 지시자

교사의 질문하기와 조사하기가 학생들에게 과도하게 공격적이고 위협적이다.

- "도대체 넌 왜 그렇게 대답하니?"
- "어떻게 너는 그런 식으로 생각할 수 있니?"
- "네가 그런 대답을 하게 만든 게 뭐니?"

학생 관련 지시자

학생은 이기거나, 정확한 대답을 하기 위해 위장하거나 노력한다.

- "말도 안 돼요."
- "증명해 봐요."
- "내 답이 왜 정답이고 당신 것이 왜 틀린지 말해 줄게요."

(계속)

제안

- 이상적인 코멘트보다 못한 대답에 대해 적절할 행동과 적절하지 않은 행동을 보여 준다.
- 가볍게 학생들에게 하키의 벌칙 상자나 농구의 파울에 대해 상기시킨다. 파울을 목록화하고 토론에서 "파울" 동작에 대해 이야기한다. TV의 토크쇼나 라디오의 예를 보고 듣는다.
- 사람들에게 수행 코드와 토론이 논쟁과 어떻게 다른지 상기시킨다.
- 토론에서 개별 등급 뿐 아니라 그룹 등급도 부여한다.
- 만약 당신이 확실히 적절하지 못한 말을 했을 때는 사과한다.

문제 상황: 너무 멋지고 친절함

교사 관련 지시자

교사는 학생의 대답을 캐묻거나 비평하지 않는다.

- "흥미로운 생각이네, 케이트."
- "이야기해 줘서 고마워, 조."
- "좋은데."(왜 좋은지 언급하지 않고)

학생 관련 지시자

학생은 동료나 교사의 의견에 반박할 의지가 없어 보인다.

- 학생은 확실히 정확하지 않고, 문제가 있고, 논쟁적이고, 비일반적인 논평에도 침묵한다.
- 만약 학생의 대답이 어떤 식으로든 반박된다면, 그들은 불안해하고, 화내고 당황스러워한다.

제안

- 대답에 대해 질문하는 것이 위협하거나 공격하는 것이 아니라고 학생들을 안심시켜라.
- "나는 네가 ~라고 이야기하는 것을 이해한다." "그런 흥미로운 생각의 책의 어느 부분에서 지지되어졌을까?" "잘 모르겠는데, 네 생각(아이디어, 논쟁)을 설명해 줄 수 있니?"와 같은 후속 질문을 사용하라.
- 악마의 변호인 놀이를 하라(아마 어색한 분위기를 깨기 위해 플라스틱으로 만든 악마의 쇠스랑도 사용할 수 있다).
- 모르는 척하라. 예를 들어, "네가 말하는 것을 잘 모르겠어, 조. 너의 논리를 이해할 수 있도록 도와줄래?" "내가 멍청이임에 틀림없어. 글에서 그게 안 보이네. 좀 도와줄래?"

문제 상황: 의견의 차이가 거의 없음

교사 관련 지시자

대답의 다양성이 없다.

- 학생이 다른 관점에서 본질적 질문을 생각하도록 장려하지 않는다.

학생 관련 지시자

학생은 본질적 질문에 대한 다양한 대답을 제공하지 않는다.

- 학생은 글이나 완성된 과제를 읽지 않았을 수도 있다.
- 학생은 문학적 접근을 취하거나 정답을 찾고 들을 수도 있다.
- 학생 논평은 어떤 것이 책에 있다면 그것은 진실임에 틀림없다는 것을 제안한다. 학생은 이슈가 흑이나 백 양자택일이라고 생각하며 명백하지 않고 어중간한 것을 불편해한다.

(계속)

제안

- 지적이고 많이 아는 사람들도 중요한 문제에 대해 동의하지 않을 수 있다는 것을 보여 주기 위해 서평, 사설, 상충하는 기사들을 가져온다.
- 공식적인 논쟁을 설정하고 왜 해야 하는지 설명한다.

문제 상황: 장악

교사 관련 지시자

교사가 너무 많이 말한다.

- 학생에게 질문한 것을 대답한다.
- 자신의 의견을 말하면서 모든 대답에 반응한다.

학생 관련 지시자

다른 학생들은 더 조용하고 수동적인 반면 한 명이나 소수 학생이 너무 많이 말한다.

- 어떤 학생은 자신이 수업을 장악하고 있다는 것을 자각하지 못하거나 무시한다.
- 어떤 학생은 포괄적이고 자신감에 찬 일반화를 한다.

제안

- 주도적인 학생들에게 몇 분 동안 메모를 작성하게 하거나 누가 무엇을 말했고 대답의 본질에 관한 대화록을 작성하는 절차 관찰자 역을 맡긴다.
- 수업을 두 그룹으로 나눠서, 한 그룹에 주도 성향의 학생을 놓고 다른 그룹이 토론하는 동안 관찰자가 돼서 메모를 작성하도록 하라; 그러고 나서 역할을 바꾸어라.
- 한 그룹에 주도 성향의 학생을 놓고, 학생들에게 확실히 모든 관점과 아이디어를 고려하는 것이 많은 다양한 관점을 얻을 수 있는 데 유익하다는 것을 상기시켜라.

문제 상황: 무감각하고 무례하며 미성숙한 논평과 어조

교사 관련 지시자

교사는 사람이나 대답을 깎아내린다.

- 교사는 빈정거린다.
- 교사는 학생이 말할 때 눈동자를 굴린다.
- 학생이나 학생의 대답에 대해 모욕적인 논평을 한다.

학생 관련 지시자

학생은 비꼬거나 사람이나 적절한 대답을 깎아내린다.

제안

- 만약 교사가 무례한 언행을 했다면, 교사는 즉각적으로 사과하고 학생들에게 대화의 규칙을 상기시켜야 한다. 혹은 교사는 그것을 교수할 수 있는 순간으로 만들 수 있다. "내가 방금 한 행동이 뭐지, 그리고 그것은 얼마나 절차에 도움이 되지 않았니?"
- 만약 학생이 무례한 말을 하거나 생각 없이 행동했다면 짧지만 확실히 그런 행동은 용납될 수 없다고 모든 학생이 그런 행동을 인식하고 규제하도록 요구하라.
- 몸짓이 무시나 무례함을 가진 조급함을 보이는 학생을 찾아서 물으라. "표정이 안 좋네. 왜 그런지 설명해 줄래?"

〈표 11〉 학습 목표와 관련된 교수역할과 전략

학습 목표	교수 역할과 전략
습득 이 목표는 학습자가 사실적인 정보와 기초적인 기술을 습득하도록 돕는 것이다.	직접적 교수 이 역할에서 교사의 주요 책임은 필요하다면 차별화하면서 학습자가 목표한 지식과 기술을 습득할 수 있도록 명확한 교수로 전달한다. 전략은 다음을 포함한다. • 대화적 평가 • 강의 • 상위 조직자 • 그래픽 조직자 • 질의(수렴적인) • 시연하기/모델링 • 절차 안내 • 안내된 연습 • 피드백, 수정
의미 형성하기 이 목표는 학습자가 빅 아이디어와 절차의 의미를 구성하도록 돕는 것이다(즉, 이해에 도달하도록).	촉진적 교수 교사의 역할은 필요하다면 차별화하면서 학습자가 적극적으로 정보를 처리하도록 장려하고, 복잡한 문제, 글, 프로젝트, 사례, 모의실험에서 그들의 탐구를 안내하는 것이다. 전략은 다음을 포함한다. • 유추 • 그래픽 조직자 • 질의(확산적인)와 끈질기게 묻기 • 개념 획득 • 탐구 중심의 접근 • 소크라테스적인 세미나 • 상호적 교수 • 형성적(계속적) 평가 • 재사고와 단서에 대한 반성
전이 이 목표는 학습자의 능력이 새로운 상황에서 학습이 자동적이고 효과적으로 전이되도록 지지하는 것이다.	코칭 교사의 역할은 분명한 수행 목표를 설정하고 점점 더 복잡한 상황 속에서 수행하는(독립적인 실습을) 계속적인 기회를 감독하고, 모형을 제공하고, 계속적인 피드백(가능한 한 개별화하여)을 제공하는 것이다. 교사는 또한 필요하다면 '적시에 교수'(직접적 교수)를 한다. 전략은 다음을 포함한다. • 수행의 맥락에서 상세한 피드백을 제공하는 계속적인 평가 • 회의 • 자기 평가와 반성의 촉진

〈표 12〉 8개의 통제 가능한 수업 문화 요소

문화 요소	문화에 대해 질문하는 것을 지지하는 상황	문화에 대해 질문하는 것을 저지하는 상황
1. 학습 목표의 본질	학생들은 다양한 종류의 학습 목표를 인지하고, 특히 개방적 질문의 탐구가 내용 습득의 목표와 다르다는 것을 (그러나 내용 습득만큼 중요하다는 것을) 인식한다.	학생은 (교사 행동으로 인한 강화로) 학습의 목표가 단순히 내용 지식의 숙달이라고 믿는다. 학생은 교사 질문은 답을 쫓고 있고, 그런 면에서 탐구와 토론은 지적 활동과 상관없이 방해물이고 실제적인 목표와 관련이 없다고 믿는다.
2. 질문, 교사, 학생의 역할	교사와 학생의 역할은 명백하게 본질적 질문으로 집단 탐구를 지지하도록 정의된다. 적극적인 지적 활동과 의미 구성이 학생에게 기대된다. 본질적 질문은 기준의 역할을 하고 대답은 다시 질문된다.	교사는 전문가로 여겨지고 학생은 의지를 가진 지식의 수취인으로 기대된다. 질문은 소재에 대한 학생의 이해를 확인하기 위해 사용되고 대답은 정답이거나 오답이다.
3. 명백한 규약과 행동 규칙	질문하기 및 대답하기의 적절한 행동에 관한 명백한 규약과 행동 규칙이 있다. 모든 학습자는 참여하고 수업에 기여하며 모든 기여는 존중받는다.	탐구와 토론에 참여하는 방법이나 교사의 질문과 학생의 대답에 반응하는 방법에 대한 명백한 규약과 행동 규칙이 없다. 교사는 일상적으로 자원하는 학생을 호명하고, 따라서 학생 수동성과 자유가 암묵적으로 허용된다.
4. 안전하고 지지하는 환경	교사는 지적으로 위험을 감수하거나 아이디어에 대한 도전을 허용하는 안전하고 지원하는 분위기를 조성하고 시연한다. 부적절한 행동(예: 깎아내리기 같은)은 확실하지만 기술적으로 다루어진다.	교사는 학생들이 안전함을 느끼고 지적 위험을 감수하고자 하는 데 필요한 분위기를 시연하거나 강화하는 데 실패한다. 수업에 기여한 학생은 어리석거나 부절적한 느낌을 받을지도 모른다.
5. 공간과 물리적 자원의 활용	본질적 질문이 두드러지게 게시되어 있거나 시각적이고 정기적으로 언급된다. 교실 가구와 공간의 사용은 의도적으로 자유롭게 이어지고, 참여를 권장하고 존중하는 대화를 지지하도록 조직되어 있다.	가구의 배열이 수업 중에 누구나 서로를 볼 수 있는 것을 방해한다. 교사와 학생 둘 모두 그룹 탐구를 지원하기 위해 이를 재배열하지 않는다. 그래서 지속적인 토론이 약화된다.

(계속)

6. 교실 안과 밖에서의 시간 사용	시간은 분명히 본질적 질문에 대한 공식적 탐구에 할당된다. 교실 밖 과제는 질문에 관련된 탐구를 기반으로 한 프로젝트 그리고 문제를 포함한다.	시간은 탐구나 심층적인 토론에 확실히 할당되지 않는다. 교사는 수업 시간을 주로 직접적이거나 말로 이루어지는 수업을 통해 내용 자료를 제공하는 데 사용된다. 숙제는 복습, 연습 혹은 습득을 위한 읽기로만 한정된다.
7. 텍스트와 다른 학습 자원의 사용	텍스트와 다른 보조 자료는 탐구를 발전시키기 위해 선택된다. 교사는 교재와 관련된 자원이 본질적 질문에 대한 탐구를 이끌도록 그 역할을 제한하는 것을 분명히 한다.	교재는 보조 자료라기보다 교수요목으로 다루어진다. 교사는 마치 탐구보다 진도 빼기를 더 중요하게 여기는 것처럼 교재를 순차적으로 다룬다.
8. 평가 실행	누가적인 평가와 관련된 루브릭이 본질적 질문을 반영한다. 개방적 평가 과제는 전통적인 측정이 중요한 지식과 기능을 평가하는 데 사용된 반면 끈질기고 비판적인 사고를 존중한다.	누가적인 평가와 관련된 루브릭과 성적은 내용 지식과 기능의 숙달에 초점이 맞춰진다. 학생은 빨리 '중요한 것은' 기억과 인지라는 것을 알아챈다.

부록5 이해 기반 설계(UbD)[1]를 위한 기저 이론과 연구 기반[2]

1 개요

이해 기반 설계(UbD)는 성취기준 중심의 교육과정 개발, 수업 설계, 평가 및 전문성 개발을 통해 학생의 성취를 향상시키기 위한 틀이다. 교육자 Grant Wiggins와 Jay McTighe가 개발하고 교육과정 개발 및 장학 위원회(ASCD)가 내놓은 '이해 기반 설계'는 다음과 같은 핵심 원칙을 기반으로 한다.

1. 교육의 주된 목적은 학생들의 이해 능력을 개발하고 심화시키는 데에 있다.
2. 학생들이 이해한 증거는 학생들이 지식과 기능을 실제 맥락에서 사용할 때 드러난다.
3. 효과적인 교육과정 개발은 '백워드 설계'라고 불리는 3단계의 설계 과정을 반영한다. 이 과정은 명확한 우선순위가 없고 목적이 분명하지 않다고 비판받는 '교과서 진도 나가기'와 '활동 중심'이라는 두 가지 문제를 피하는 데 도움이 된다.
4. 가장 흔히 저지르는 설계 실수와 실망스러운 결과를 피하기 위해, 그리고 질 관리를 위해 설계 기준에 기반을 둔 교육과정과 평가 설계의 정기적인 검토가 필요하다. 교사가 해야 할 핵심적인 일 중 하나는 지속적인 개선을 위한 끊임없는 실행 연구이다. 학생과 학교의 성과 향상은 교육과정과 수업을 조정한 후에 정기적으로 결과(성취 데이터와 학생의 결과)를 검토함으로써 달성된다.
5. 교사는 학생들이 설명하고, 해석하고, 적용하고, 관점을 전환하고, 공감하며 자기 평가할 수 있는 기회를 제공한다. 이 여섯 가지 측면은 학생들이 자신들의 이해를 드러내는 개념적 렌즈를 제공한다.
6. 교사, 학교 그리고 지역사회는 '더 현명하게 일하기'를 통해, 즉 학습 단원을 협력적으

---

1) UbD(Understanding by Design)는 설계를 통해서 학습자의 이해력을 개발하는 것을 말하며, 이 경우 설계는 주로 백워드 설계 방식을 지칭함. 광의로 해석하면, 이해 중심 교육과정 설계를 의미하기도 함.

2) 본 원자료는 ASCD(2003) 자료(A Summary of Underlying Theory and Research Base for Understanding by Design)에 근거했으며, 한글 원고는 경북대학교 나강예, 유제순 교수의 작업에 기초함.

로 설계, 공유, 비평하기 위해 기술 공학과 다른 접근 방법들을 사용함으로써 상호 혜택을 누린다.

실제로, 이해 기반 설계는 3단계의 '백워드로 계획하기'라는 교육과정 설계 과정을 제안하는데, 이는 보조 루브릭이 포함된 일련의 설계 기준들, 교사가 자신들의 수업과 평가를 설계, 편집, 비평, 동료 평가, 검토, 공유 및 개선하는 데 도움이 되는 포괄적인 교육 패키지이다. 보조 자료에는 이해 기반 설계(Wiggins & McTighe, 1998) 원본이 포함되는데, 이는 핸드북, 학습 가이드, 3단계 비디오 시리즈, 단원 설계 CD뿐만 아니라 이해 기반 설계의 심층적인 정보를 제공하는 것이다. 그 웹 사이트(http://www.ubdexchange.org)는 학교와 지역사회(학군) 수준에서 더 효과적이고 효율적으로 사용할 수 있는 지능형 도구를 제공하고, 교육계에 만연한 소외 문제에 대한 대응 방안을 제공해 준다. 이 사이트는 검색 가능한 교육과정 설계, 전자 설계도구와 템플릿, 그리고 온라인 동료 평가와 전문가 검토 계획의 데이터베이스를 제공한다. 이러한 것들은 교육자들이 자신들의 일에 더 몰두하게 하고, 매력을 느끼게 만들며, 일관성 있고 효과적으로 소임을 수행할 수 있도록 하는 일련의 강력한 자료들을 제공한다.

2 이해 기반 설계의 연구 기반

최근 제정된 연방 법령인 낙오 아동 방지법(NCLB)은 대부분의 아동이 학습할 수 있도록 입증된, 연구-기반 프로그램의 사용을 강조한다. 그러나 책임감 있는 교육자들은 교육 프로그램과 관례들을 사용하기 전에, 항상 그것들에 대한 기초적인 연구 기반을 조사해 왔다. 이와 관련하여 UbD에 대한 두 가지의 적절한 핵심 질문이 제기된다.

- UbD의 기저에 놓여 있는 연구 기반은 무엇인가?
- UbD가 적절히 사용되었을 때, 그것이 학생들의 성취를 높일 것인지 어떻게 알 수 있는가?

이러한 질문에 응답함에 있어서, UbD가 기능 또는 규정된 교수활동의 명확한 '스코프와 시퀀스'를 가진 프로그램이 아니기 때문에, 현재로서는 그것들이 학생의 성취도에 미치는 영향에 대한 직접적이고 인과적인 증거를 제공하는 것이 불가능하다는 것을 인식하는 것이 중요하다. 그러나 UbD의 원리와 실행은 인지심리학 연구에 기초한 현대의 학습관을 반영하고 있으며, 학생 성취도에 영향을 미치는 요인에 대한 상세한 연구에 의해 타당성이 입증되고 있다. UbD에 대한 연구 기반을 제공하는 많은 자료는 다음과 같이 요약된다.

3 인지심리학의 연구 결과

UbD의 틀은 인지심리학의 연구에 의해 지지된다. 이러한 발견의 결과들은, 학습 인지에 관한 지난 30년간의 연구를 요약한 국가연구회의의 최근 간행물인 『How People Learn: Brain, Mind, Experience and School』(Bransford, Brown, & Cocking, 2002)에 정리되어 있다. 이 책은 학습의 과정에 대한 새로운 개념을 제공하고, 핵심 교과들의 이해와 기능이 어떻게 가장 효과적으로 습득되는지를 설명한다. 연구로부터 얻은 통찰은 5가지 영역으로 분류된다. (1) 기억과 지식의 구조, (2) 문제 해결과 추론의 분석, (3) 기초 능력, (4) 메타인지 과정과 자기조절 능력, (5) 문화적 경험과 지역사회 참여 등이다.

UbD와 관련된 주요 연구 결과는 다음과 같다.

- 효과적인 학습에 대한 관점은 부지런한 훈련과 연습의 이점에 집중하는 것에서 학생들의 이해와 지식의 적용에 집중하는 것으로 옮겨 갔다.
- 학습은 광범위하게 적용되도록 일반화된 원칙을 따라야 한다. 기계적으로 암기한 지식은 거의 전이되지 않는다. 전이는 학습자가 새로운 맥락에서 문제에 적용될 수 있는 기본 개념과 원리를 알고 이해할 때 일어날 가능성이 높다. 이해를 통한 학습이 단순히 텍스트나 강의를 통해 정보를 암기하는 것보다 전이를 촉진할 가능성이 더 크다.
- 전문가들은 우선 문제들에 대한 이해를 발달시키기 위해 노력하고 있으며, 이것은 종종 핵심 개념이나 빅 아이디어 측면에서 사고하는 것을 포함한다. 초보자의 지식은 빅 아이디어를 중심으로 구성될 가능성이 훨씬 더 적다. 초보자들은 직관적으로 올바른 공식과 가벼운 답변을 찾음으로써 문제에 접근할 가능성이 더 많다.
- 전문 지식에 대한 연구에 따르면, 해당 영역의 많은 주제를 피상적으로 다루는 것은 학생들의 미래 학습과 학업을 대비할 역량을 개발하는 데 도움이 되지 않는 방법일 수 있

다. 지식의 폭을 강조하는 교육과정은 깊이 있게 배울 시간이 충분하지 않기 때문에, 지식의 효과적인 조직을 방해할 수도 있다. '폭 1마일, 깊이 1센티미터'인 교육과정은 연결된 지식보다는 분절된 지식을 개발하게 할 위험이 있다.

- 피드백은 학습의 기본이지만, 교실에서는 피드백의 기회가 부족한 경우가 많다. 학생들은 검사와 에세이에서 등급을 받지만, 이는 프로젝트의 마지막에 실시하는 총괄 평가이다. 필요한 것은 형성 평가인데, 이것은 학생들에게 그들의 생각과 이해의 질을 수정하고 개선할 기회를 주는 것이다.
- 많은 평가가 단지 명제적(사실적) 지식만을 평가하고, 학생들이 언제, 어디서, 왜 그러한 지식을 사용해야 하는지는 결코 묻지 않는다. 이해를 통한 학습의 목표를 고려했을 때, 평가와 피드백은 단지 사실이나 절차에 대한 기억에 집중할 것이 아니라 이해에 집중해야 한다.
- 전문성을 갖춘 교사들은 그들이 가르치는 교과의 구조를 알고 있으며, 이것은 학생들에게 줄 과제, 학생의 성취를 측정하기 위해 사용하는 평가, 그리고 교실 생활에서 주고받는 질문들을 안내하는 인지적 로드맵을 제공한다. 교수 활동이 단지 일련의 일반적인 방법들로 구성된다고 생각하는 것은 오개념이다. 훌륭한 교사는 어떤 교과목이든 가르칠 수 있고 내용 지식 하나만으로도 충분하다.

4 UbD와 관련된 성취에 관한 연구

1) 진정한 교수에 대한 연구

1990년대 중반, Newmann 등(1996)은 초등학교, 중학교, 고등학교 수준의 학교 재구조화에 대한 연구를 수행하였다. 이 야심에 찬 연구는 24개의 재구조화된 학교들이 수학과 사회과에서 진정한 학문적 성취를 얼마나 잘 가져왔는지, 그리고 높은 수준의 학문적 수행을 한 학교가 낮은 수준에서 측정된 학교들보다 성취도를 크게 증가시켰는지를 측정하였다. 진정한 교수와 수행은 고차적 사고, 심층적인 지식의 접근, 교실 너머 세상과의 연결을 포함하는 일련의 기준들에 의해 측정되었다. 각 학교에서 선정된 학급들은 한 학년 동안 네 번 관찰되었다. 연구원들은 504개의 수업을 관찰하고 234개의 평가과제를 분석하였으며, 학생들의 학업을 분석하였다.

높은 수준과 낮은 수준의 수행 능력을 가진 교실에 있는 유사한 학생들을 비교하였고, 그 결과는 놀라웠다. 즉, 높은 수준의 참된 교육을 받은 학생들은 그들의 성취가 높고 낮음에 상관없이 실질적으로 도움을 받았다. 또 다른 중요한 발견은 보통 성취도가 낮은 학생들이 진정한 교수와 수행 전략 그리고 평가를 활용할 때, 성취도가 좋은 학생과 낮은 학생 사이의 불평등이 크게 감소했다는 점이다.

이 연구는 모든 학생에게, 특히 성적이 낮은 학생에게 진정한 교수와 평가가 학업성취도 향상에 도움이 된다는 강력한 증거를 제공한다. 이 연구는 UbD 접근을 지지하며, 심층적인 지식과 이해, 능동적이고 반성적인 교수-학습에 초점을 둔 진정한 교수와 수행 평가를 활용할 것을 강조한다.

2) 시카고 공립 학교 성취에 대한 연구

학생의 학업 성취에 영향을 미치는 요인에 대한 두 가지 최근 연구는 시카고 학교 연구 컨소시엄을 통해 시카고 공립 학교에서 수행되었다. 첫 번째 연구에서, Smith 등(2001)은 초등학교에서 나타나는 다양한 교수-학습 형태들 간의 연관성에 집중하였다. 2~8학년 100,000명 이상의 학생과 384개 시카고 초등학교의 5,000명 이상의 교사가 설문조사에 참여하였다. 그 결과는 교사들의 수업 접근 방식의 특성이 학생들이 읽기와 수학에서 얼마나 많이 배우는지에 영향을 미친다는 강력한 경험적 지지를 제공한다. 보다 구체적으로, 이 연구에서는 상호작용적인 교수법이 두 과목 모두에서 더 많은 학습과 관련이 있다는 분명하고 일관된 증거를 발견하였다.

Smith 등(2001: 12)은 다음과 같이 상호작용적 수업의 특징을 설명하였다.

> 교사의 역할은 주로 안내자나 코치이다. 교사들은 교수의 형태로, 학생들이 질문하고 문제 해결을 위한 전략을 개발하고 서로서로 의사소통하는 등의 상황을 만든다. 학생들은 종종 어떻게 그들이 결과에 도달했는지에 대하여 설명해야 한다. 교사들은 보통 설명과 확장적인 글쓰기를 요구하는 토론, 프로젝트 혹은 검사를 통해 학생들이 가진 지식의 숙달 정도를 평가한다. 내용의 숙달 정도 외에도, 답을 개발하는 과정은 학생들 학업의 질을 평가하는 데 중요한 것으로 여겨진다.
>
> 상호작용을 중시하는 교실에서, 학생들은 서로서로 그리고 교사와 대화하고, 때로는 논쟁을 통해 아이디어와 답에 대하여 토론한다. 학생들은 주어진 주제에 대하여 새로운 혹은 보다 심층적인 이해를 하기 위해 자료의 해석이나 적용에 힘쓴다. 이러한 과제들을 완성하기까지는 며칠이 걸리기도 한다. 상호작용이 활성화되어 있는 교실의 학생들은 종종 교사가 설계한 단원에서 공부하고 싶은 질문들이나 주제들을 선택하도록 독려된다(p. 12).

학생의 성취를 강화하기 위해 사용하는 이러한 유형의 수업은 학생의 이해를 개발하고 평가하기 위해 UbD가 옹호하는 방법과 유사하다.

Smith, Lee, Newmann은 그 결과를 다음과 같이 요약하고 있다.

> 상호작용적 교수의 긍정적 효과는 읽기와 수학에 있어서 학생들의 기초적인 기능 습득에 해롭다는 두려움을 완화시켜야 한다는 점이다. 반대로, 이 연구 결과는 성취도가 낮고 경제적으로 불리한 학생들에게는 강의식 방법과 복습을 강조하는 것이 최선이라는 가정에 중대한 의문을 불러일으킨다. 우리의 결과는 정확히 그 반대임을 시사한다. 즉, 기초 기능을 숙달시키기 위해서는 상호작용적 수업은 증가되어야 하고 그리고 강의식 교수와 복습의 활용은 조정해야 한다(p. 33).

관련 연구(Newmann, Bryk, & Nagaoka, 2001)는 수업과제의 성격과 표준화된 검사의 성과에 대한 관계를 조사하였다. 연구자들은 무작위로 선정된 학교에서 3년 동안 3학년, 6학년, 8학년의 글쓰기와 수학 과제물을 체계적으로 수집하고 분석하였다. 또한, 그들은 다양한 과제에 의해 만들어진 학생들의 과제를 평가하였다. 마지막으로, 연구자들은 수업과제의 성격, 학생이 수행한 과제의 질, 그리고 표준화된 검사의 점수 사이의 상관관계를 조사하였다.

과제물은 '참된' 지적 활동이 필요한 정도에 따라 등급이 매겨졌으며, 연구자들은 이를 다음과 같이 기술하고 있다.

> 참된 지적 활동은 단지 사실과 절차를 일상적으로 사용하는 것이 아니라 지식과 기능의 본래의 적용을 포함한다. 또한 특정 문제의 세부 사항에 대한 탐구를 수반하며, 학교에서의 성공을 넘어서는 의미나 가치가 있는 결과나 프레젠테이션으로 귀결된다. 우리는 학교 너머의 가치를 지니고 있는 담론, 결과 혹은 성과를 산출하기 위해, 탐구를 통해, 지식을 구성하는 참된 지적 활동의 분명한 특징을 요약한다(pp. 14–15).

이 연구의 결론은 다음과 같다.

> 더 도전적인 지적 작업이 필요한 과제를 받은 학생들은 읽기와 수학에서 아이오와주 기초 기능 검사에서 평균보다 더 많은 성취를 보였고, 일리노이주의 목표 평가의 읽기, 수학, 글쓰기에서 더 높은 성과를 보여 주었다. 일부 예상과는 달리, 우리는 매우 불리한 일부 시

카고 교실에서 높은 수준의 과제를 찾았고, 이 수업에 참여한 모든 학생이 그러한 수업에 노출되어 혜택을 받는다는 것을 발견하였다. 따라서 우리는, 보다 진정한 지적 작업을 요구하는 과제가 실제로 기존의 검사에서 학생들의 점수를 향상시킨다는 결론을 내린다(p. 29).

시카고 관련 연구는 이러한 발견을 확인해 준다. 전체 연구 보고서는 온라인으로 볼 수 있다(http://www.consortiumchicago.org/publications/ 참조).

UbD의 원리와 실행에 익숙한 교육자는 이와 유사한 점을 즉시 인식하게 될 것이다. 학생들의 성취도를 높이기 위해 만들어진 수업 방법은 UbD 설계 모형에서 교수의 기본적인 요소들이다. 연구자들의 '진정한' 지적 작업에 대한 개념에서와 같이, UbD 수업 접근법은 학생들이 잘 정련된 탐구를 통해 의미를 구성할 것을 요구한다. 이해에 대한 평가는 학생들이 '진정한' 상황에서 학습을 적용하고 그들의 수행을 설명하거나 정당화해야 한다고 촉구한다.

3) 제3차 수학, 과학 성취도 국제 비교 연구

1995년에 실시된 제3차 수학, 과학 성취도 국제 비교 연구(TIMSS)는 42개국의 세 개 학년(4, 8, 12) 학생들의 수학과 과학 성취도를 검사했으며, 지금까지 실시된 수학과 과학 연구 중 가장 크고 포괄적이며 정밀한 평가였다. TIMSS의 결과는 잘 알려졌지만, 대부분의 다른 선진국(Martin, Mullis, Gregory, & Hoyle, 2000)의 학생들은 미국의 학생들을 능가했는데—그러나 공개가 덜 된 TIMSS의 연구 결과는 통찰력을 제공한다. 비디오테이프, 설문조사, 검사 데이터를 활용한 미국, 일본, 독일의 교실 수업에 대한 면밀한 분석에서, 연구자들은 이해를 위한 교수의 이점을 최대화하는 데 있어 주목할 만한 증거를 제시한다. 예를 들어, TIMSS 검사와 수업 연구의 데이터는 일본이 수학에서 더 적은 주제를 가르치지만, 학생들은 더 나은 결과를 얻는다는 것을 분명히 보여 준다. 일본 교사들은 많은 별개의 기능을 '다루려' 하기보다는, 그들의 주된 목표가 학생들의 개념적 이해를 발전시키는 것이라고 말한다. 그들은 피상적 수업에 비해 심층적 수업을 강조한다. 즉, 교과서의 개별 주제나 페이지 측면에서는 더 적게 다루지만, 그들은 학생들이 규칙과 이론을 도출하고 설명함으로써 더 깊은 이해를 이끌어 내는 문제 기반의 학습을 강조한다(Stigler & Hiebert, 1999). 이러한 접근은 UbD에서 교육과정의 '심층적 교수-학습'을 기술하고 있는 것을 반영한다.

일본과 미국의 교사들 간의 수업의 차이 외에도, 연구자들은 두 나라의 교육적 접근법들 사이의 또 다른 중요한 차이점에 주목한다. 일본인들은 수업 연구(Lesson Study)라고 알려진 과정을 활용하는데, 교사들이 학생들의 성과를 향상시키기 위해 정기적으로 소규모 팀을 이루어 수업을 개발하고, 가르쳐 보고, 정련하는 일을 한다. 그들은 다른 교사들이 효과적인 교수와 학습에 대한 통찰력으로부터 이익을 얻을 수 있도록 지역 '수업 박람회'에서 그들의 실행 연구와 부수적인 수업 설계의 결과를 공유한다. 협력적으로 단원과 차시를 설계하고, 정련하며, 지역적으로 공유하는 과정은 UbD 설계 기준에 기반한 UbD 동료 검토의 과정과 유사하다.

요약하면, 검사 점수가 높은 국가는 피상적 교수-학습이나 기계적인 암기 학습보다는 이해를 촉진하는 교수-학습 전략을 활용한다. 일본은 또한 교사 성과를 지속적으로 향상시키는 협력적인 설계와 검토 과정을 활용한다. 이 중요한 연구에 대한 추가 정보는 TIMSS 웹 사이트(http://nces.ed.gov/timss/)에서 찾을 수 있다.

4) 전문계 고등학교

전문계 고등학교(Southern Regional Education Board, 1992)는 학문적 교육과 직업 교육을 통합하기 위한 국가 공인 프로그램으로, UbD의 근본적인 원리들에 기반을 두고 있다.

① "학생들이 분석적으로 사고하고, 추론하고, 판단하며, 반대되는 관점과의 균형을 이루도록 하는 도전적인 교육과정." 그러한 교육과정은 "학생들이 지식을 사용하여 문제를 해결하도록 장려하고, 학문적이고 기술적인 내용과 과정을 사용하여 직장과 지역사회에서의 전형적인 업무를 완수하도록 독려한다. 그리고 정보와 아이디어로부터 새로운 의미와 이해를 구축한다."

② 이해를 위한 교수는 "학생들이 문제를 해결하고, 산출물을 만들고, 성과를 내거나, 그리고 주제, 개념, 또는 아이디어의 분석을 통해 종합하는 보고서를 작성"함으로써 그들의 지식을 검사하는 도전적인 상황을 만든다.

③ 의미 있는 맥락에서 가르치는 것은 "학문을 중요한 실세계의 문제에 적용하는 방법"을 제공하고, 학생들이 "학습에서 의미와 목적을 볼 수 있도록" 도와준다.

④ 학습에 대한 평가가 "학생들이 새로운 지식과 기능에 대한 그들의 이해를 입증해야 하는 분명하게 명시된 기준에 기초하도록 명확한 성취기준을 설정한다. 이런 유형의

평가에서 학생들은 자신의 지식을 사용하여 직업 분야에서 마주친 문제와 유사한 문제를 해결한다. 그리고 그들은 교사와 동료들에게 그들의 이해를 전달한다"(Bottoms & Sharpe, 1996: 20−24).

국립 직업교육 연구센터가 수행한 연구는 이러한 원리들을 구체화한 고등학교 프로그램의 효과를 확인하였다. 예컨대, 2년 동안 진행한 한 연구에 따르면, 전문계 고등학교는 수학, 과학, 읽기 분야에서 전문계 고등학교 성취 목표를 달성한 상위 학급 학생들의 비율과 전문계 고등학교 권장 학습 프로그램을 완료한 상위 학급 학생들의 비율을 크게 증가시켰다(Frome, 2001).

AIR(American Institute for Research)은 실효성을 입증할 수 있는 증거에 기초하여 '포괄적 학교 개혁 운동'의 프로그램을 평가하였다. 전문계 고등학교는 AIR 연구에서 높은 등급을 받은 세 개의 프로그램 중 하나였다(Coalition for Evidence-Based Policy, 1992).

5) 수학 교육과정에 대한 연구

1989년, 전국 수학 교사 협의회(NCTM)는 수학 공식과 절차를 암기하는 학습에 대하여 강조하던 것을 줄이고 수학의 개념적 이해에 대한 강조를 증가시키는 수학을 위한 일련의 기준을 발표하였다. 그 이후에 이 접근법에 기초한 많은 새로운 자료가 개발되었다. 대부분의 새로운 교육과정은 지난 6년 이내에 실행되었고, 연구는 이제 막 이 접근법의 효과를 입증하기 시작하였다.

Senk와 Thompson(2003: 127)은 NCTM 접근 방식을 따르는 "이해 기반" 수학 교육과정의 13개 연구의 결과를 요약하였다. 이 연구의 많은 부분이 아직 예비 단계에 있지만, 그 결과는 매우 의미가 있다. 예를 들어, 초등학교에서 '조사(Investigations)'라는 프로그램을 사용한 아동에 대한 연구는 "단어 문제, 단어 문제에 포함된 더 복잡한 계산, 작동 방법 설명과 관련된 문제 등과 관련하여 다른 교육과정보다 더 잘 수행되었다"

중학교 데이터는 다음과 같은 결과를 보여 준다.

학생 성과에 대한 종적 자료는 상당히 인상적이다. CMP 장(연결된 수학 교육과정)에서, 저자들은 6~8학년 CMP 자료를 사용하는 학교인 R에서 CMP가 아닌 학생들에 대한 CMP 학생들의 BA 검사 결과의 상당히 누적된 이점을 보고한다. 마찬가지로, MiC(맥락 속에서

> 의 수학) 장에 표시된 데이터는 새로운 기준 참조 검사의 8학년 샘플과 비교하여 4년 동안 MiC 교육과정으로 공부한 아이오와주 Ames의 8학년 학생들의 우수한 성과를 보여 준다. 그들의 성취는 비일상적인 문제 해결뿐만 아니라 수학 기능 분야에서도 인정받고 있다 (Senk & Thompson, 2003: 288−289).

마지막으로, 고등학교 수학 개혁 프로그램인 Core−Plus 수학 프로젝트, 수학 연결, 대화형 수학 프로그램, SIMMS 통합 수학, 그리고 시카고 대학교 수학 프로젝트를 활용한 일련의 연구들은, 개혁 교육과정이 고등학교 수학 성취에 긍정적인 영향을 줄 수 있다는 압도적인 증거를 제시한다. 이러한 교육과정을 경험하는 학생들은 전통적인 내용을 더 잘 배우는 것이 아니라, 전통적인 내용에 뒤처지지 않으면서 다른 기능과 이해력을 개발하게 된다. 이들 평가는 교육과정 자료의 영향에 대하여 그 어느 때보다 더 확실한 과학적 증거를 제시한다(Senk & Thompson, 2003: 468).

초, 중, 고등학교 수준의 이러한 연구는 이해 기반 교육과정과 수행 기반 교육과정으로의 이동을 뒷받침한다. 또한, 그 교육과정을 통해 배우는 학생들은 전통적인 평가뿐만 아니라 새롭고 신기한 상황에 대한 적용, 문제 해결 기능, 핵심 개념과 원리의 기본 이해와 같은 영역에서 이러한 유형의 교육과정을 사용하지 않는 학생들을 훨씬 능가한다는 것을 입증한다.

6) 기술공학에 관한 연구

Wenglinsky(1998)는 다양한 기술공학의 사용과 수학에서의 성취 사이의 관계에 대한 연구를 수행하였다. 1996년 전국 교육 성취도 평가(NAEP)에 대한 성취 데이터는 수학 공부를 위한 컴퓨터 사용 빈도와 학교에서 컴퓨터의 교육적 사용 유형을 포함한 조사 데이터와 상관관계가 있었다. Wenglinsky는 사회경제적 지위, 학급 규모, 교사 자격과 같은 변수를 고려한 후 NAEP 검사 점수와 지식의 응용을 촉진하는 수학적 프로젝트, 문제 및 시뮬레이션에 초점을 맞춘 기술공학 사용 사이에 중요한 성취 관계를 발견하였다. 놀랍게도, 훈련과 연습을 위해 8학년에서 컴퓨터를 사용하는 것은 학생들의 성취와 부정적인 관련이 있는 것으로 밝혀졌다.

> 연구 결과, 컴퓨터를 고차적 사고 기능을 위해 사용했을 때 학생들은 더 좋은 성과를 냈

다. 컴퓨터를 훈련과 연습으로 사용하는 것은, 즉 낮은 수준의 기능은 학생들의 성취도와 부정적인 관계가 있다. 이 연구는 교사들이 수업의 다른 곳에서 배운 고차적 기능을 적용하기 위한 컴퓨터의 활용에 집중해야 한다고 제안한다. 컴퓨터는 비기술적인 구성요소들을 포함하는 원활한 수업 망의 구성요소가 되어야 한다. 예를 들어, 교사들은 새로운 주제를 소개하고 일반적인 수업과 강의를 통해 학생들에게 기본 정보를 전달한 다음에, 컴퓨터뿐만 아니라 다른 매체(책, 현장 학습 등)가 다룰 수 있는 프로젝트와 문제를 할당할 수 있다 (Wenglinsky, 1998: 29, 33–34).

이 연구는 학습과 학습 평가에 대한 UbD 접근방식을 지원한다. 즉, 지식과 기능은, 학생들이 '빅 아이디어'를 이해하고 그들의 지식을 진정한 문제에 사려 깊게 적용하도록 돕는 맥락에서 학습된다. 우리는 UbD의 원리를 적용하는 것이 국가나 주 검사에서 더 높은 수준의 성취를 가져올 수 있다고 주장하며, 이 데이터는 이러한 주장을 뒷받침한다.

7) 수업의 실제에 관한 연구

수업에 대한 많은 연구가 학생들의 성취도를 향상시키기 위한 특정한 전략의 효과를 확인시켜 주었다. UbD에서 강조된 구체적인 교수 전략은 다음과 같이 요약할 수 있다.

- 선행 조직자 　학생들은 매일 많은 낯선 자료들을 접하게 된다. 교사들이 학생들에게 새로운 자료의 조직적이고 구조적인 패턴을 강조하기 위해, 그리고 그것이 이미 학습된 다른 자료와 어떻게 관련이 있는지를 나타내기 위해 시간을 투자한다면, 학생들은 이들 자료로부터 의미를 구성하는 데 도움을 받을 수 있다. 그러한 조력의 한 가지 수단이 선행 조직자—많은 내용을 학습하기 전에 제공되는 짧은 언어적 정보와 시각적 정보를 활용하는 것이다. 선행 조직자의 의도는 학생들에게 내용이 아닌 맥락, 구체적인 내용이 아닌 개념적 틀을 제시하는 것이다. 선행 조직자는 학생들이 이전 지식에서 배워야 할 것을 연결하는 가교로 묘사되어 왔다. 선행 조직자는 학생들로 하여금 이미 마음에 가지고 있는 일반적인 조직 패턴들과 관련성들을 환기하게 할 수 있다.
  선행 조직자는 항상 내용과 학습자에게 맞게 활용된다. 선행 조직자는 문서 텍스트로 제시되거나, 그래픽 형식을 취하거나, 시청각 지원을 활용하거나, 구두(요약 또는 질문 등)로 제시될 수 있다. 연구(Weil & Murphy, 1982)에 따르면, 이 모든 것이 효과적인 것으로 나타났다. 예컨대, Stone(1983)은 메타 분석 기법을 활용하여 수행된 112개의 연구 결과를 조사하였다. 전반적으로, 선행 조직자들은 모든 학년에서 학습을 향상시키고 자료에 대한 기억을 증진시키는 것으로 나타났지만, 낮은 능력을 가진 학생들에게 가장 큰 이점을 주는 경향이 있었다. 이러한 학생들은 일반적으로 조직 단서를 가장 많이 필요로 하고 스스로 생성할 수 있는 능력이 가장 적기 때문에, 이것은 놀라운 일이 아니다.

UbD는 선행 조직자를 여러 방식으로 통합한다. 1단계에서 교사들은 '본질적 질문'을 사용하여 내용의 '빅 아이디어'를 체계화한다. 이것은 코스 또는 단원을 시작할 때 학생들에게 제시되며, 단원 전체에 걸쳐서 학습을 안내한다. 3단계에서, 교사는 학생들에게 그들의 이해를 평가하는 데 사용될 필수 수행에 대해 말한다. 예상된 수행과 그에 수반되는 평가 기준에 대한 지식은 선행 조직자 역할을 하며, 학습의 목적을 제시하고, 관련 지식과 기능에 수업의 초점을 맞추게 한다.

- **고차적 질문** 고차적 질문은 학생들이 단순한 회상을 넘어서 더 정교한 사고를 요구하는 질문으로 광범위하게 정의될 수 있다. Redfield와 Roussau(1981)의 18가지 실험에 대한 메타 분석에 의하면, 수업에서 고차적 질문을 주로 활용하는 것이 사실을 회상하고 사고 기능을 적용하는 검사에서 긍정적인 결과를 가져왔다. Andre(1979)의 연구에서, 연구자들은 학생들이 검사의 몇 단락마다 제시되는 고차적 질문에 효과적으로 응답하는지 조사하였다. 그 결과, 고차적 질문을 하는 것이 사실 수준의 질문을 하는 것보다 학생들의 학습을 더욱 촉진한다는 점을 밝혀냈다. Pressley 등(1992)은 학생들에게 수업 활동 전에 고차적 수준의 질문에 대하여 설명의 방식으로 응답을 요구하는 것이 사전 지식을 활성화하고 주의를 집중시켜 더 나은 학습 결과를 가져온다는 것을 보여 주었다. 그러나 높은 인지 수준의 질문 효과가 입증되었음에도 불구하고, 연구자들은 대부분의 교실 수업에서 하는 질문이 본질적으로 사실 수준의 질문이라는 점을 밝히고 있다. 교사의 질문에 대하여 탐구한 Gall(1984)의 연구도 교실 수업에서 교사가 하는 질문의 약 20%만이 단순한 사실적인 회상 이상을 요구하는 질문이라고 보고하고 있다. Goodlad(1984)는 교실에서 토론을 하는 경우에, 그 토론의 약 1% 정도만 학생들이 자신의 의견을 내고 추론을 할 수 있는 기회가 부여된다고 하였다.

  질문에 대한 이들 연구는 UbD 설계 모형에 직접 적용된다. 1단계에서 교사는 내용의 중요한 아이디어와 관련된 '본질적 질문'을 확인하거나 개발해야 한다. 이러한 개방형 질문은 학습을 향상시키는, 고차원적 사고에 학생들을 참여시킨다. 2단계에서 학생들은 '진정한' 수행 평가과제를 통해 자신의 지식과 기능을 적용하고, 그들이 추론한 것을 설명함으로써 자신의 이해 정도를 입증하도록 요구받는다. 3단계에서 교사는 이해의 여섯 가지 측면을 기반으로 고차적 질문을 제기하도록 권장된다.

• **피드백** 연구에 따르면, 교사가 사용할 수 있는 가장 효과적인 전략 중 하나는 학생들이 얼마나 잘하고 있는지에 대한 피드백을 제공하는 것이다. Hattie(1992)는 거의 8,000 건의 연구 결과를 분석한 후에, 성취를 강화시키는 가장 강력한 수단이 피드백이라고 결론을 내렸다. Marzano 등(2001)은 피드백에 대한 연구 결과를 종합하여 다음과 같은 지침을 제공하였다.

1. 피드백은 본질적으로 '수정'이라는 성격을 지녀야 한다. 학생들이 무엇을 수정해야 하고, 수정하지 않아도 되는가에 대한 설명과 함께 제공되어야 한다.
2. 피드백은 시의적절해야 한다. 평가 직후에 학습을 강화하기 위해 실시한다.
3. 피드백은 준거를 가지고 구체적으로 해야 한다. 목표로 삼고 있는 특정 지식 또는 기능과 관련하여 학생들에게 자신의 위치를 알려 주어야 한다. 연구에 따르면, 준거 참조 피드백이 규준 참조 피드백보다 학생의 학습에 더 강력한 영향을 미친다.
4. 학생들은 자신의 진행 상황을 모니터링함으로써 피드백을 효과적으로 제공받을 수 있다.

UbD는 학습자와 교사 모두에게 피드백 사용을 강조한다. 이러한 피드백을 제공하는 기본 도구는, 2단계에서 학생의 성과를 평가하는 데 사용되는 루브릭이다. 교사는 평가 또는 과제를 수행하기 전에 학생들에게 루브릭을 제시하여 수행 목표를 볼 수 있도록 조언한다. 그런 다음에 교사는 루브릭의 준거를 활용하여, 등급을 매기고 점수를 부여하는 차원이 아니라, 학생의 강점과 약점에 대한 구체적인 피드백을 제공한다. 3단계의 WHERETO 프레임 워크는 피드백을 위한 평가의 시행을 강조하고, 학생들이 수정, 연습, 재고(R)하는 기회를 제공한다. 학생들은 구체적인 준거(E)에 따라 수행을 자기 평가함으로써, 교사가 자신의 수행을 어떻게 해야 할지를 알려 주는 것을 기다리지 않고 그 수행을 어떻게 개선해야 할지를 알게 된다.

• **관련 전략** Marzano 등(2001)은 여러 유형의 수업 전략이 학생 성취에 상당한 영향을 미친다는 것을 보여주기 위해 많은 연구 결과를 분석해서 제시하였다. 몇몇 전략들은 학생들이 연결을 만들고, 지식을 개념화하고, 지식과 아이디어를 설명하고 새로운 상황에 적용하는 데 명시 적으로 도움을 준다. 다음의 전략들은 모두 UbD에서 권장하며 학생들의 지식에 대한 이해와 활용 능력을 향상시킨다.

1. 유사점과 차이점의 식별하기
2. '비언어적 표현', 즉 주로 그래픽 조직자, 모형, 마음의 그림, 예술적 표현, 운동감각 활동을 활용하기
3. 시스템 분석, 문제 해결, 역사 조사, 발명 그리고 실험을 통해 가설을 생성하고 검사하기
4. 학생들에게 자신의 생각을 설명하도록 요구하기

8) 고등교육

고등교육 연구에서도 유사한 결과가 나온다. NSSE(National Survey of Student Engagement)는 매년 학부생들로부터 직접 정보를 수집하고, 대학은 학생의 학습을 개선하는 데 그 정보를 활용할 수 있다. NSSE(2001)는 연구 결과가 대학에서 바라는 결과와 관련이 있음을 보여 주는 효과적인 다섯 가지 범주 교육의 실제를 확인하였다. 이들 다섯 개의 NSSE '벤치마크' 가운데 세 개는 UbD의 원칙과 일치한다.

학문적인 도전의 수준 지적이고 창의적인 일에 도전하는 것은 학생들의 학습과 대학 질에 있어 핵심이다. 대학들은 학문적 노력의 중요성을 강조하고 학생들의 수행에 대한 높은 기대를 설정함으로써 높은 수준의 학생 성취를 촉진한다.

적극적이고 협력적인 학습 학생들은 그들의 교육에 깊이 관여할 때 더 많은 것을 배우고, 그들이 배우고 있는 것에 대해 생각하고 다른 상황에서 적용하도록 요구받는다. 다른 사람들과 함께 문제를 해결하거나 어려운 자료를 마스터하는 것은 학생들로 하여금 대학 시절과 대학 졸업 후에 매일 직면하게 될 혼란스러우면서도 대본이 없는 문제들을 다룰 수 있도록 준비하게 해 준다.

풍부한 교육 경험 강의실 안팎의 보충 학습의 기회는 인턴십, 지역사회 봉사, 상급 학생의 최고 성취 과정과 같은 학술 프로그램을 강화하여 지식을 통합하고 적용할 수 있는 기회를 제공한다.

예컨대, 텍사스와 버지니아에 있는 기관들은 UbD 모형을 활용하여 기준들을 가지고 사회과의 틀과 그 예시를 만들었다.[3]

9) 향후의 연구

현재까지 UbD의 유효성에 대한 공식적인 연구는 수행되지 않았지만, 사용자들은 교실과 학교 수준에서 다양한 수준의 비공식적 연구를 수행하고 있다. 실제로, 선진적인 사용자들은 지속적인 성취 문제를 중심으로 지역 차원의 실행 연구를 수행하도록 장려를 받고 있다. 그렇기는 하지만 보다 공식적이고 과학적인 연구가 필요하다.

1998년 가을에 UbD 프로그램의 원저인 『Understanding by Design』이 출판된 이후, 이 책은 사용자들의 피드백으로 인하여 상당히 진화해 왔다. 공식적인 연구를 더 일찍 시작하는 것은 시기상조였지만, 이제 ASCD에서 UbD의 자료들과 그 과정들이 안정적이기 때문에 공식적이고 독립적인 연구 연구를 진행할 계획을 가지고 있다.

5 UbD의 실행

수많은 학교, 지역, 지역의 서비스 기관, 대학 그리고 기타 교육기관에서 UbD 틀의 효과를 인식하고 이를 업무에 활용한다. UbD의 다양한 사용 예를 다음과 같이 간략히 설명하고자 한다.

1) 프로그램 및 프로젝트

- 평화 봉사단은 국제 교육과정 개발(예: 전 세계 학교)과 평화 봉사단 자원 봉사자를 위한 일반 교육을 안내하는 프레임 워크로 UbD를 채택하였다.
- 케네디 센터의 CETA(Changing Education Through the Arts) 프로그램은 예술의 융합을 특징으로 하는 간학문적 단원을 설계하기 위한 학교와 지역의 교육과정 프로젝트를 조정한다. 결과는 UbD 틀을 기반으로 하며, UbD 웹 사이트를 통해 공유된다 (http://www.ubdexchange.org 참조).
- 워싱턴주는 Bill and Melinda Gates 재단의 자금 지원을 받아 교육과정 및 평가의 설계에 대한 교사 리더 교육의 초석으로서 UbD 틀을 사용하고 있다. 지난 3년 동안 3,000

---

3) http://socialstudies.tea.tx.us/downloads/toolkits/curriculumassessment-instruction.htm(텍사스) 참조
http://www.pen.k12.va.us/VDOE/Instruction/History/guide(버지니아) 참조.

명 이상의 교사가 체계적인 주 전체 교육에 참여해 왔다.

- IB(International Baccalaureate) 프로그램은 UbD 틀을 활용하여, 전 세계적으로 사용되는 교육과정인 PYP(Primary Years Program)의 템플릿을 재설계하였다.
- 국립 과학 재단이 지원하는 중학교 과학, 수학 교육과정 프로젝트는 설계 형식으로 UbD를 선택하였다 .
- 버지니아 교육부는 k-12의 사회과를 위한 교육과정 학습 기준을 정의하기 위해 UbD의 1단계 형식을 채택하였다. 이 문서에서는 사회과 기준과 관련된 이해, 본질적 질문, 지식, 기능을 정의하고 있다. http://www.pen.k12.va.us/VDOE/Instruction/sol에서 이 K-12 시퀀스를 볼 수 있다.
- 캘리포니아주 리더십 아카데미(CSLA)는 포괄적인 주 전체 리더십 훈련 교육과정을 수정하기 위한 틀로서 UbD를 사용하였다.
- 공영 방송공사는 Annenberg 재단과 협력하여 여덟 개로 구성된 비디오테이프 시리즈인 〈모든 교실에서의 예술〉을 제작하였다.
- 프로그램 5와 6, '다중 예술 교육과정 설계' 및 '교육과정 설계에서 평가의 역할'은 예술 교육과정과 평가의 개발을 위한 UbD 사용을 설명한다.
- 인텔의 '미래의 교사' 프로그램은 UbD를 전국 교사 교육 프로그램에 포함시키고 있다.
- 텍사스 사회과 센터는 UbD를 교육과정 프레임 워크로 채택하고, 주 전역에 보급을 위해 모델이 되는 단원들을 개발하였다. 정보는 http://socialstudies.tea.state.tx.us/downloads/toolkits/index.htm에서 확인할 수 있다.
- 하와이주는 UbD 웹 사이트에서 교사들이 회원 자격을 획득할 수 있도록 하여 교육과정을 계획하는 데 UbD를 활용하도록 장려하였다.

2) 학교 및 지역

많은 학교와 지역에서는 교육과정, 평가, 직원의 개발, 교사의 관찰, 그리고 학교의 개선을 안내하기 위해 UbD를 체계적인 방법으로 사용하고 있다. 아래의 몇 가지 예는 다양한 환경에서 UbD의 적용을 반영하고 있다.

- 버지니아주에서 큰 도시에 속하는 Norfolk는 UbD를 활용한 다년간의 교육과정과 직원 개발을 위한 계획에 참여하고 있다. 이 과정에는, (1) 영속적인 이해와 본질적 질문을 비롯하여 모든 체계적인 교육과정 프레임 워크의 개정이 포함되어 있다. (2) 또한 후속 코칭, 스터디 그룹, 실행 연구와 함께 모든 초등학교, 중학교, 고등학교 현장에서

의 다년간의 전문성 개발을 포함하고 있다. (3) 이 과정에는 교육과정 전문가와 슈퍼바이저를 위한 지속적인 전문성 개발도 들어 있다. (4) 그리고 특별한 사람들과 함께 일하는 직원들의 광범위한 과업이 포함되어 있으며, 여기에는 지역의 개별화 교육 계획의 템플릿에 대한 UbD 수정 제안과 함께, 영재교육과 특수교육을 포함하고 있다. (5) 이와 더불어, 이 과정에는 일련의 시연 사이트와 임의로 제어되는 실험 평가 모형을 활용하여, 학생과 직원의 수행에 UbD가 어떤 영향을 미치는지를 알아보기 위한 종합적 평가 계획을 담고 있다.

- 머틀 비치(Myrtle Beach) 근처에 있는, 경제적이고 인종적으로 다양한 학군인 사우스 캐롤라이나주의 조지타운에서는 UbD를 학교의 개선과 학생의 성취 책무성을 지원하는 촉매제로서 활용해 왔다. 조지타운의 실행 과정에는, (1) UbD의 학습 원칙과 단원 개발에 대한 모든 학교 현장의 직원들의 포괄적인 훈련이 포함된다. 그리고, (2) 학생 친화적인 영속적 이해와 본질적 질문을 포함하여, 주에서 검사한 모든 내용(영어, 수학, 과학, 사회과 등)의 교육과정 재구성이 포함된다. (3) 관리자와 중앙 부처의 직원을 위한 지속적인 전문성 개발이 들어 있으며, 교사 관찰과 평가를 위한 UbD 기반의 코칭 전략이 강조된다. (4) 지역의 학생 성취 결과에 대한 모니터링의 일환으로 UbD 2단계의 평가 원칙의 적극적인 통합이 포함된다.
- 텍사스주에 있는 Laredo 인디펜던트 스쿨 지역은 미국과 멕시코 국경에 위치해 있으며, 라틴 아메리카계 학생들이 주로 거주하고 있다. Laredo는 교직원 평가와 학생 성취에 대하여 주 수준에서 규정한 책무를 충족하기 위해 UbD를 활용하고 있다. 이 지역에서는 여러 유형의 평가를 통해 학생들의 진보 정도를 모니터링하고, 단지 지식의 회상이 아닌 이해를 위한 교수의 활용을 위해, UbD와 주의 권고 사항 간의 강력한 정렬(alignment)을 인정하고 있다. 새로운 텍사스 필수 지식 및 기능(Texas Essential Knowledge and Skills: TEKS) 검사 프로그램이 실행됨에 따라, Laredo는 (1) UbD를 활용하여, 모든 TEKS 관련의 내용 영역에 대한 영속적인 이해와 본질적 질문의 통합을 포함하여, 깊은 이해를 가르치기 위한 주의 기준을 분석하는 교직원을 교육을 하고 있다. (2) 모든 학생들, 특히 제2언어로서의 영어 학습자들을 위해 높은 기준을 반영하는 단원과 차시를 개발하는 교육도 하고 있다. (3) 또한 이해의 여섯 가지 측면과 관련된 학생의 행동을 관찰하는 교육을 전개하고 있다.
- 뉴욕의 작은 교외 지역인 Nanuet에서는 주의 기준과 지역의 기준의 정합성을 확보하고, '빅 아이디어'에 초점을 맞출 뿐만 아니라 학생의 수행에 대한 평가를 보장하기 위해, UbD의 3 단계를 중심으로 K-12 학년의 교육과정 매핑을 하고 있다. 교육과정 매핑은 교사가 코스와 단원을 개발하는 것을 안내하고, 교과목의 영역 간에, 그리고 학년 간의 연결을 촉진하며, 시퀀스와 스코프를 선명하게 하여 간극과 반복을 제거하게 해

준다.

- 코네티컷주 이스트 하트퍼드에 있는 Two Rivers 마그넷 학교는 모든 교실의 교육과정의 중심이 될 중점 과업과 '빅 아이디어'를 개발하기 위해 UbD의 원리를 활용하였다. 교육과정은 UbD 템플릿을 사용하여 개발될 것이고, 교육과정 단원이 주의 내용 기준과 마그넷 학교의 사명에 맞춰 정렬될 것이다.
- 조지아주 애틀랜타에 있는 Howard 학교는 다양한 학습 스타일을 가진 학생들에게 서비스를 제공하는 진보적면서도 독자성이 강한 학교이다. 이 학교의 프로그램은 학생들이 통합적인 역할을 하는 예술을 통해 진정한 학습 경험을 하고, 의미를 구성한다는 신념에 기반을 두고 있다. UbD에 의해 명시적인 안내를 받는, Howard 학교의 교육과정은 '영속적인 이해'와 '본질적 질문'을 중심으로 개발된 코스와 학습 단원이 포함된다. 평가는 학생들이 이해를 입증하기 위해 지식과 기능을 적용하는 수행 과제에 기반한다. 교사들은 학생들의 학습 요구를 수용하기 위해 탐구 중심의 수업 방법과 개별화 교수법을 이용한다.

3) 지역의 협력

지역 봉사 기관과 교육 컨소시엄은 UbD를 활용하여 협업 교육과정 개발과 교직원 개발 프로젝트를 추진해 왔다. 그 사례는 다음과 같다.

- SIA(Standards in Action) 프로젝트는 캘리포니아주 샌디에이고 카운티 교육구와 샌디에이고 카운티 교육청(SDCOE) 간의 협력 프로젝트로서, 42개 학구와 590개의 공립학교, 그리고 470,000명 이상의 학생에게 서비스를 제공한다. 교사 리더들은 SDCOE 내용 전문가들과 함께 팀 내에서 영어, 언어, 과학, 수학 등의 분야의 UbD 단원을 설계하고 검토하며, 웹을 통해 공유한다. 자세한 정보는 http://www.sdcoe.k12.ca.us/sia/welcome.html.에서 볼 수 있다.
- 펜실베이니아주 Bucks 카운티에 있는 지역 서비스 기관에서는 13개 학구의 교사들과 관리자들을 위한 교육과정 개발 교육을 관장한다. 세 개 지역에서 교육과정 개발 작업을 위해 UbD의 전체 또는 일부를 채택해 왔다. 두 지역에서는 교수 인력과 행정 인력의 전부 또는 일부를 대상으로 UbD 교육을 실시하였으며, 모든 K-12의 교과 영역에서 교육과정과 수업을 재설계하기 위해 UbD의 기본 전제 및 가정을 활용하고 있다. 한 지역은 K-12 사회과 프로그램을 광범위하게 수정하였으며, K-12 과학 교육과정을 재설계하는 과정에 있다. 몇몇 다른 지역에서도 교육과정과 수업의 실제를 조정하

기 위해 UbD를 활용하여 교육을 실시해 오고 있고, 그것을 활용하여 교육과정과 수업을 조정하는 과정에 있다.

- 코네티컷주 Hartford 교육 위원회는 교사들과 관리자들을 위한 UbD 교육과정과 인력 개발 프로젝트를 조정한다. 현재 코네티컷주의 169개 지역 가운데 25%가 이 교육 위원회가 후원하는 UbD 교육에 참여하고 있다. UbD 교육과정 단원들은 코네티컷주의 기준들을 중심으로 공동으로 설계되고, 참여하고 있는 지역에 보급된다.
- Geraldine R. Dodge 재단이 자금을 지원하는 뉴저지주 교육과정 계획(New Jersey Curriculum Initiative; NJCI)은 14개의 공립 교육구와 5개의 사립 학교를 위해 UbD 교육을 실시하고 협업적인 교육과정 개발을 지원한다. 개발된 교육과정은 UbD 웹 사이트에서 모든 NJCI 구성원들이 액세스할 수 있으며, 학교 기반의 실행 연구 프로젝트의 결과도 마찬가지이다.
- 펜실베이니아주의 Harrisburg에 있는 CAIU(Capital Area Intermediate Unit)는 중학교와 고등학교 수준에서 미국 역사에 대한 보다 엄격하고 매력적인 수업을 지원하기 위해 국가 역사 보조금을 받았다. 프로젝트에 참가하는 사람들은 UbD 템플릿을 사용하여 교육과정 단원들을 설계한 다음에 UbD 웹 사이트를 통해 그것들을 공유하고 검토한다.

4) 고등교육

- 『Understanding by Design』은 150개 이상의 교원양성 대학교에서 학부와 대학원 수준의 교육과정과 평가 방법을 다루는 코스의 기본 텍스트로서 사용된다.
- Ewing에 있는 주립 대학인 뉴저지 대학은 학과별 교육과정을 매핑하기 위해, 그리고 코스와 실러버스를 설계하기 위해 UbD의 '백워드 설계'를 활용하고 있다.

6 추가 정보

- 『Understanding by Design』은 전 세계적으로 255,000부 이상 출간되었다.
- 55,000부 이상의 UbD 핸드북이 사용 중이다.
- 수만 명의 교사들과 관리자들이 UbD 교육을 받았다.
- 28,000명 이상의 교육자들이 UbD 웹 사이트를 액세스해 왔다.
- 『Understanding by Design』과 『Understanding by Design Handbook』은 교육출판

무역협회인 EdPress로부터 매년 교육출판 우수 공로상을 수상하였다.

- 두 개의 주요 자선 단체인 Pew Charitable Trusts 재단과 Geraldine R. Dodge 재단이 UbD 실행을 지원해 오고 있다.

부록6 내러티브 기반 백워드 설계[1]

1 의미 생성을 위한 내러티브

1) 내러티브의 개념

내러티브라는 용어는 그 개념이 한 가지로 확정되지 않고 다양한 의미로 사용되고 있다. 박민정(2006)은 다양한 학자들이 정의한 내러티브의 의미를 분석하여 내러티브가 무엇인지 한마디로 정의 내리기는 어려우며 일련의 이야기가 내러티브를 구성한다는 점에서 많은 학자가 내러티브와 이야기를 혼용해서 사용한다고 하였다. 이처럼 일반적으로 내러티브는 이야기, 이야기하기라는 의미를 지니고 있다. 하지만 단순한 이야기나 일상적인 이야기와는 구분된다. 내러티브는 사건들을 나열하는 것을 넘어서 자신의 경험을 토대로 사건을 재구성하여 의미를 생성하는 특징을 가지고 있다.

내러티브는 다양한 의미를 지니고 있으나 크게 세 가지 측면으로 구분할 수 있다(강현석, 2016). 첫째, 이야기, 이야기하기로서의 내러티브다. 내러티브는 서사체를 말하며 시간적 연쇄로 구성된 일련의 사건을 의미한다. Polkinghorne(1998)도 이야기를 내러티브의 산물로 보았으며, 일련의 사건들이 시간과 장소에 따라 단순히 나열하는 연대기와는 다르며 내러티브는 완결된 이야기 형태로 조직하여 개별적인 사건에 의미를 부여하는 구조로 이루어진다고 하였다(박민정, 2006).

둘째, 의미 구성 방식으로의 내러티브다. 내러티브는 단순한 이야기나 이야기하기를 넘어 이야기를 구성하는 인지작용으로 의미를 구성하는 사고 양식이다. 이야기를 구성하는 사건과 사건 사이의 관련성을 통해 의미를 구성할 수 있다. Bruner는 패러다임 사고와 비교하여 내러티브 사고의 특징을 제안하였다(강현석 외 역, 2011; 강현석 외 역, 2014). 내러티브 사고는 지식에 대한 생성적 본질을 인식하는 것으로 인간의 삶의 세계를 다루고 있으며 그들의 삶의 요구를 반영하여 세계를 해석하고 이해하는 것을 추구

---

1) 이 글의 1~3은 이지은(2016). 백워드 설계와 내러티브의 관련성 탐색. 내러티브와 교육연구, 4(2) 77-98의 일부를 발췌 및 보완하여 제시한 것임.

한다.

셋째, 경험 구조화, 소통 과정의 내러티브다. 내러티브는 삶의 경험을 이야기하고 다시 이야기하는 과정을 통해 경험은 재구성되며 이 과정 속에서 특정한 방식으로 구조화된다. 또한 내러티브는 대화로서의 가치를 가지고 있는데, 상대방과 이야기를 하는 과정을 통해 자신의 경험이 구조화되기도 하지만 상대방의 이야기를 듣는 과정을 통해서 서로 의사소통을 할 수도 있다.

즉, 내러티브는 이야기, 이야기 구성하기, 의미를 구성하는 사고 양식, 경험을 구조화하는 인식의 틀, 의사소통의 주요 수단이라는 개념을 동시에 포함하고 있다.

2) 내러티브의 역할

내러티브는 앞 절에서 살펴본 것처럼 다양한 의미를 내포하고 있다. 따라서 내러티브가 지니고 있는 역할도 다양한 측면에서 논의가 가능하다. 강현석(2016)과 박민정(2006)의 연구에서는 내러티브의 역할을 제시하고 있다. 각 역할에 대해 구체적으로 살펴보고자 한다.

첫째, 내러티브는 기억하기 위한 구조를 제공한다. 내러티브를 활용하여 경험을 구조화시킬 수 있다. 경험이 구조화되었다는 것은 각각의 사건 사이의 관련성을 파악하여 조직했다는 것을 의미한다. Bruner가 이야기했듯이 경험이 구조화되었을 때는 망각이 쉽게 되지 않고 더 잘 기억할 수 있다.

둘째, 내러티브는 간접적으로 경험하게 하고 자신의 삶을 반성하여 자아를 구성하게 한다. 인간은 선천적으로 이야기하기를 좋아한다. 삶 속에서 타인과 이야기를 주고받기도 하고 이야기를 즐겨 읽기도 한다. 이야기를 나누는 과정 속에서 타인의 삶을 간접적으로 경험하기도 하고 학생들은 이야기 속의 인물의 이야기를 통해 그들의 삶을 경험하고 그 속에서 나의 삶을 돌아보게 된다. 이러한 과정을 통해 보다 발전된 자아를 형성한다.

셋째, 내러티브는 의미를 구성하게 한다. 내러티브는 의미 구성 방식의 수단으로 활용할 수 있다. 자신의 경험을 이야기하기 위해 사고하고 말하는 과정에서 경험이 지니는 의미가 더욱 명확해질 수 있다. 경험의 의미는 반성하고 성찰하는 과정에서 생성되기 때문이다. 또한 타인과 대화하는 과정에서 상호작용으로 인해 의미가 구성될 수 있다. 특히 어린아이들이 부모나 교사와 대화를 할 때 의미 구성의 문제가 중요하게 작용한다.

넷째, 유의미한 맥락에서 학습을 촉진한다. 단편적인 사실적 지식을 전달하는 수업에서는 학생들은 왜 학습하는지 그 이유를 파악하지 못하고 학습 동기가 형성되지 않고, 결국 학습의 실패로 이어질 수 있다. 하지만 내러티브를 활용하여 교육 내용에 유의미한 맥락을 제공할 수 있다. 맥락 속에서 학습을 하면 학생들은 내가 배우는 지식이 어떻게 활용되는지를 깨닫게 되고 필요성을 깨닫는 순간, 학습 동기가 향상되고 적극적으로 참여할 수 있게 될 것이다.

이러한 역할 외, 이야기는 학생들의 발달단계와 지적 수준에 맞게 구성할 수 있기 때문에 개인차를 조정해 주며 공동체에 생활에 필요한 능력과 태도를 길러 주기도 한다.

3) 교육에서 내러티브의 역할

내러티브가 지니고 있는 특성으로 인해 교육에서도 다양한 방법으로 내러티브를 활용할 수 있다. 교육에서는 주로 이야기와 이야기하기의 측면이 활용된다.

첫째, 내러티브를 수업의 소재로 활용할 수 있다. 내러티브가 이야기라는 차원으로 볼 때, 이야기는 수업 장면에서 다양하게 사용된다. 학습과 관련되는 이야기를 수업 초기에 제시하여 학생들의 학습 동기를 유발할 수 있다. 또한 학습과정 속에서 다양한 정보를 제공해 주는 정보원으로 이야기를 활용할 수 있다. 최근에는 교과서에 더 읽을거리 등의 코너를 통해 이야기를 제공하는 교과도 있다. 이 측면에서는 내러티브가 학생들이 읽을 이야기라는 소극적인 역할을 한다.

둘째, 수업에 직접 작용하여 의미를 구성하는 역할을 할 수 있다. 교과의 핵심 개념에 해당하는 어려운 개념을 학습하는 과정에서 학습할 개념과 관련되는 이야기를 제공한다면 수업 속에서 이야기는 수업에 직접 작용하게 되고, 결국 학생들이 교과의 핵심 개념이 무엇인지에 대한 의미를 구성하는 데 중요한 역할을 하게 된다. 즉, 수업에 직접 작용하는 내러티브는 교육과정 운영에서 강력한 도구가 될 수 있다(강현석, 2012). 학생들은 내러티브를 통해 의미를 구성하는 과정에서 해석적 · 순환적 과정을 거치면 최종적으로는 학습 내용의 구조를 내면화한다(강현석 외, 2013). 즉, 학생들 스스로 사고과정을 거쳐 의미를 구성한 개념은 쉽게 망각되지 않고 내면화되어 오래 기억될 것이다.

셋째, 수업 내용을 전달하고 생성하는 역할을 할 수 있다. 교실의 수업 상황을 생각해 보면, 수업은 이야기를 통해서 이루어진다는 것을 발견할 수 있다. 교사와 학생 간의 이야기, 학생과 학생 간의 이야기 등 서로 다른 대상들과의 대화를 통해 학습이 진행된다. 어떠한 내용의 이야기가 이루어지느냐에 따라 수업 내용의 전달에 그치는 소극적인 역할을 할 수도 있고 대화를 통해 의사소통이 활발하게 이루어지며, 더 나아가 지식을 생성하는 역할을 할 수도 있다.

즉, 내러티브가 교육 상황에서 유용한 가치를 지니고 있는 것은 분명한 현실이며 학습은 내러티브적으로 진행될 수밖에 없다. Bigge(1999: 142)도 학습 경험과 기회를 적절하게 조직하는 문제는 내러티브를 중심으로 이루어질 수밖에 없다고 하였다(강현석, 2012에서 재인용). 학습은 내러티브를 통해 의미를 만들어 가는 과정이기 때문이다. 다만, 내러티브가 지니고 있는 이야기라는 소재적 의미에 그치지 않고 사고과정, 의사소통의 도구로 활용하기 위한 방안 모색이 필요하다.

2 백워드 설계와 내러티브의 관련성

학교교육의 목표는 수많은 지식의 전달이 아니라 학생들의 이해(의미 구성 및 학습의 전이 능력)를 발달시키는 것이다. 더 나아가, 그러한 이해로부터 도출되는 사고 습관을 개발하는 것이다(강현석 외, 2016). 이처럼 학습의 목적을 학생들의 이해에 두기 위한 교육과정 설계 방법으로 백워드 설계가 있다.

백워드 설계에서 의미하는 이해의 핵심은 추론을 통한 의미 구성과 전이 능력이다. 학생들은 문제를 해결하기 위해 스스로 탐색하고 자료를 조사하고 분석하는 등 적극적으로 참여하여 습득한 지식을 능동적으로 사용할 때 이해가 증가하게 된다. 즉, 학생들이 스스로 지식을 구성할 때 이해에 효과적으로 도달할 수 있다. 이러한 이해를 증명할 수 있는 방법은 전이를 통해 새로운 상황에 학습을 적용하는 것이다. 따라서 백워드 설계에서는 학습 상황을 교과서 지식에 한정하지 않으며 실생활과의 관련을 통해 삶과 학습의 연관성을 통해 학습의 가치를 깨닫도록 하는 데 있다.

내러티브는 이야기와 이야기하기, 의미 구성 방식, 경험을 구조화하는 인식의 틀인 개념을 가지고 있다. 하지만 각각의 개념을 종합해 보면, 결국 이야기를 하는 것도 이야기하는 사람의 사고과정을 통해 재구성되는 것이며, 결국 경험은 사고과정을 통해 의미를 구성하게 된다. 이러한 과정이 반복적이고 지속적으로 이루어지면서 내러티브는 경험을 구조화하는 틀로 작용하게 된다. 따라서 내러티브의 가장 중요한 속성은 의미 구성이라고 할 수 있다. 내러티브는 원리 중심적 사고에 비해 삶의 경험을 이해하고 경험에 의미를 부여하는 구성주의적 입장이라고 볼 수 있다.

백워드 설계의 목적인 이해와 내러티브의 특성을 비교해 보면, 이 둘 모두 의미 구성 과정을 중요하게 여긴다는 공통점이 있음을 확인할 수 있다. 내러티브적 사고 양식을 구체화한 Bruner는 의미의 교섭 가능성과 의미의 소통 가능성을 보증하는 것이 의미의 문화적 상황성이라고 하며 세계를 소통 가능한 방식으로 조직하고 이해하기 위한 도구를 제공하는 것이 문화라고 하였다(강현석 외 역, 2014). 학생들의 학습은 항상 상황, 즉 문화 속에서 이루어지며 교사가 교수-학습 과정을 잘 계획하면 학생과 교사, 혹은 학생과 학생 간에 효과적인 상호작용이 발생할 수 있다. 또한 학습의 과정에서 내러티브를 수업에 직접 작용하여 의미를 구성하는 이야기로 활용한다면 학생들의 심층적인 이해는 더욱 효과적으로 도달하게 될 것이다.

따라서 백워드 설계 과정에서 내러티브를 설계 전략으로 활용한다면 학생들의 의미 구성이 활발하게 발생할 수 있도록 도와줄 수 있을 것이다. Wiggins와 McTighe(2005)도 교육과정 설계자는 학생들이 흥미를 가지고 학습활동에 몰두하여 진정한 학생이 일어날 수 있도록 학습 경험을 계획해야 하는데, 일반적으로 설계자는 직선적인 접근법을 많이 사용하는 문제점을 지적하였다. 이런 문제점의 해결 방안으로 단순한 교과서의 논리가 아니라 학습의 논리를 반영해야 하며 내러티브 접근법을 활용하여 이야기 구조로 설계할 수 있다고 언급하였다. 하지만 그들의 저서에 이야기 구조에 대한 부분이 상세하게 드러나지 않고 있어 아이디어 수준에 머물고 있다. 따라서 백워드 설계에서 내러티브를 적용할 때, 이야기와 이야기 구조를 활용하는 부분에 초점을 두는 방안을 모색해 볼 필요가 있다.

3 백워드 설계에서 내러티브 적용 방안

1) 목표 설정하기 측면

백워드 설계의 목표는 전이, 의미, 습득의 3가지 유형으로 구성된다. 전이 목표는 장기적인 목표로 학생이 이해한 것을 생활 속 상황에서 효과적으로 사용하도록 하는 것이다. 의미 목표는 이해와 본질적 질문으로 구성되는데, 이해는 학생들이 학습의 과정을 통해 깨달아야 하는 핵심 아이디어며, 본질적 질문은 탐구의 출발점이 되는 질문이다. 마지막으로 습득 목표는 지식과 기능으로, 이는 의미 목표와 더 나아가 전이 목표를 위한 기본 요소다.

백워드 설계에서 목표를 설정할 때 교육과정과 관련이 되는 의미 목표를 타당하게 구성하는 것이 매우 중요하다. 타당한 이해가 구성되었을 때, 학생의 삶 속으로 전이가 가능하기 때문이다. 이해는 일반화된 지식의 형태로 추론을 통해 구성된다. 내러티브는 경험을 구조화하는 인식의 틀이라는 의미를 지니고 있으므로 이러한 내러티브의 특성은 이해 구성 시 유의미하게 작동될 수 있다. 특히 백워드 설계에서는 이해를 설명, 해석, 적용, 관점, 공감, 자기지식의 측면으로 구분하여 제시하고 있다. 이해의 여섯 측면은 내러티브를 통해 학생들이 경험을 구조화한 결과로 내러티브적 인식의 표현이라고 할 수 있다. 따라서 이해를 진술할 때 학생들이 단원의 학습과정에서 경험한 것을 어떤 구조화 과정을 거쳐 내러티브적 인식을 구성하게 될지 추론하여 그 결과를 일반화된 문장으로 작성할 수 있다. 물론, 이해의 여섯 측면 중 해석은 강력한 이야기 구성과 관련이 되며 맥락적이고 특수한 성격을 지닌 의미 있는 해석으로 내러티브와 직접적인 관련성이 있다.

본질적 질문을 개발할 때도 내러티브를 적용할 수 있다. 본질적 질문은 학생들이 탐구를 시작할 때 사용하는 질문으로 질문을 해결한 결과는 이해와 닿아 있어야 한다. 즉, 본질적 질문은 학생들에게 탐구를 시작하게 하는 역할 외에도 단원의 목표를 명확하게 해 주는 역할도 동시에 한다. 이러한 본질적 질문의 역할로 인해 유의미한 맥락을 제공하는 내러티브와 학생들의 내러티브를 고려하여 본질적 질문을 개발하는 것이 필요하다. 본질적 질문이 학생들의 경험과 밀접하게 연결된다면 학생들은 학습의 과정에 몰입하게 되고 자신의 내러티브를 적극적으로 활용하여 효과적인 탐구를 진행하게 될 것이다. 따라서 설계자는 본질적 질문을 개발하고 난 이후, 학생들이 탐구를 통해 본질적 질문을 해결해 가는 사고 과정을 떠올려 보며 의미를 구성할 수 있는지 점검하는 과정도 필요하다.

2) 수행과제 측면

백워드 설계에서 이해는 다양한 맥락에서 수행을 통해 드러난다. 학생들은 학습과정에서 수행을 통해 복잡한 아이디어와 탐구 양식의 습득이 가능하기 때문이다(김경자 외,

2011). 수행과제는 실제 세계의 목표, 도전과 가능성에 대한 실제적인 맥락을 고려하여 개발되어야 한다. 따라서 수행과제는 학생의 지식과 기능이 실제 세계 상황 속에서 평가되는 방법을 보여 줄 수 있는 시나리오를 통해 설정되며 복잡하고 의미 있는 목표를 가진 구체적 상황을 포함시켜야 한다.

Wiggins와 McTighe(2005)는 수행과제를 개발할 때 GRASPS 요소를 활용하여 시나리오 방식으로 설계하도록 제안한다. 시나리오 방식은 곧 이야기 형태로 과제를 개발하라는 의미다. 교수-학습 상황에서 이야기 구조는 학생들이 이야기의 한 부분이 되어 이야기를 통해 문제를 이해하고 그 속에 몰입하여 참여하도록 하는 역할을 한다. 또한 이야기는 학습과정에서 원리, 기능, 가치, 감정 등을 담고 있는 맥락을 제공하며, 더불어 학생들의 삶의 장면에서 다른 사람들과 함께 참여하고 협동하고 협력할 수 있게 하는 기능을 한다(정옥년, 2014). 이렇듯 학생들은 수행과제를 해결하는 과정 속에서 자신이 이해한 것을 드러내기 때문에 시나리오 형태의 수행과제는 이해 여부를 평가하는 데 적합한 과제 개발 방식이다.

백워드에서 제시하는 시나리오 형태는 학습자들이 실생활에 적용할 수 있는 상황(S)에서 목표(G)를 가지고 구체적인 대상 혹은 청중(A)을 고려하여 특정한 역할(R)을 맡아서 준거(S)에 따라 수행(P)을 하는 형식이다. 이와 같은 수행과제를 설계할 때 내러티브가 활발하게 일어날 수 있도록 내러티브적인 요소를 수행과제에 반영하는 과정이 필요하다. 내러티브는 상상력과 해석의 재구성을 통해 학생의 이해 능력과 양식을 다양화하고 학생의 의미 형성 기제로서 중요한 역할을 수행하기 때문이다.

내러티브는 사건과 사건 사이의 관련성을 통해 의미를 구성하는 의미 구성 방식으로 작용할 수 있다. 따라서 백워드 설계에서도 추론의 사고 과정을 중요하게 여기므로 수행과제를 해결할 때 다양한 지식과 기능을 사용하여야만 가능하도록 구성할 필요가 있다. 또한 한 번의 해결 과정을 거치면 모든 문제가 해결되는 단순한 형태가 아니라 최종 수행과제를 해결하기 위해 여러 번의 수행과제 해결의 과정이 필요하도록 복잡하게 구성할 필요가 있다.

내러티브는 유의미한 맥락을 제공하여 학습 동기와 참여도를 높이는 역할을 할 수 있으므로 수행과제를 개발할 때는, 특히 실생활과 밀접한 상황과 대상을 고려할 필요가 있다. 일반적으로 학교에서 학생들에게 제공하는 과제는 실생활을 고려했다고는 하지만 학생이 겪을 수 없는 경험, 학습한 지식의 실생활에서 활용되지 않는 경우 등이 제시되어 오히려 동기를 저하시키기도 한다. 따라서 내러티브를 활용하여 현실에서 있음직한, 학생들이 겪음 직한 상황에서 수행과제 시나리오를 구성하도록 해야 한다.

마지막으로, 학생들이 수행과제를 해결해 나가는 내러티브 사고 과정을 떠올려 보면서 개발한 수행과제를 점검하는 과정이 필요하다. 수행과제를 해결하는 과정이 자연스럽게 연결되어 학습 내용을 쉽게 이해하고 기억할 수 있는지, 이야기하고 다시 이야기하는 과정으로 구성되어 학생이 경험을 재구성할 수 있는지, 상호 의사소통하는 기회가 마련되어 반성할 기회가 주어지는지 등을 점검해서, 그러한 과정이 부족하다면 수행과제를 수정해야 한다.

즉, Dewey의 경험의 개념과도 관련되는 경험의 상황, 연속성, 상호작용의 의미로 내러티브의 전략을 활용하여 수행과제를 구성해야 한다. 인간 경험은 상호작용을 통해 개인적이며 사회적인 의미를 지니고 과거 · 현재 · 미래와 연관되며 특정한 공간과 관련되어 있기 때문이다. 즉, 학생은 다양한 사람, 장소, 공간의 관계 속에서 경험을 구성하므로 학생의 경험은 맥락 속에서 전이될 때 이해의 모습을 가장 잘 드러낸다.

3) 학습 경험 계획하기 측면

백워드 설계의 3단계는 1, 2단계에서 설정한 이해에 도달하도록 하기 위해 시퀀스를 고려하여 학습 경험을 계획하는 단계다. 이 단계에는 수행과제를 수행하는 과정이 곧 학습의 과정이 되도록 학습 경험을 계획하는 것이 가장 중요하다.

Wiggins와 McTighe(2005)는 WHRERTO의 요소를 제시하기도 했지만 학습 경험을 설계할 때, 교사는 직선적 접근 방법에서 벗어나 내러티브 논리를 적용하여 이야기 구조를 활용할 수 있다고 하였다. Bruner도 내러티브를 우리의 경험과 지식을 조직하거나 의사소통과 학습과정에서 가장 보편적이면서도 강력한 형식 중 하나라고 하였다(강현석 외 역, 2014). 이런 측면에서 교수-학습 과정도 내러티브적으로 진행될 수 있으며, 결국 학습은 내러티브를 통해 의미를 생성하는 과정이라고 할 수 있다.

학생들에게 이야기를 적용하기 위해서는 이야기 자체가 매력적이어야 하고 학생들과 친근한 것이어야 한다. 강현석 등(2013)은 Bruner의 정의를 토대로 이야기로서의 내러티브의 구성 요소를 인물, 줄거리, 입장으로 제시하고 있다. 이러한 요소를 토대로 매력적인 이야기 구조를 제공하면 학생들의 몰입을 이끌어 낼 수 있다. 반면, 이야기가 일관성이 없거나 혼란스러우면 오히려 학생의 흥미를 유발하지 못하게 된다. 따라서 이야기를 구성하는 방식이 매우 중요하다. 백워드 설계에서는 학습 경험을 계획할 때 이야기 구조를 활용하기 위한 요소와 내용을 〈표 1〉과 같이 제시하였다.

〈표 1〉 이야기 구조의 요소 및 내용

요소	내용
상황	‣ 이야기는 언제, 어디서 일어나는가?
인물	‣ 주요 등장인물과 보조 등장인물은 누구인가?
서두	‣ 학생들이 어떻게 이야기에 흥미를 가지게 만들 것인가?
장애물 혹은 문제	‣ 해결되어야 할 문제는 무엇인가? ‣ 극복해야 할 장애물은 무엇인가?
극적 긴장	‣ 작용하고 있는 대립되는 힘(생각 혹은 인물 등)은 무엇인가?
놀라움과 예기치 않은 진전	‣ 어떤 놀라움, 아이러니, 반전 그리고 예기치 못한 전개가 포함될 것인가?
해결 혹은 해답	‣ 장애물은 어떻게 극복할 것인가? ‣ 그 문제는 어떻게 해결될 것인가? ‣ 그 이야기는 어떻게 끝날 것인가? ‣ 후속 이야기는 어떻게 될 것인가?

* 출처: McTighe, J. & Wiggins, G.(1999). *The understanding by design: Handbook*, p. 231.

〈표 1〉과 같이 백워드 설계에서는 이야기 구조로 학습 경험을 계획할 수 있다고 제안하고 있다. 이야기 구조의 요소와 내용을 자세히 살펴보면 2단계에서 개발한 수행과제를 해결하는 과정과 매우 유사함을 확인할 수 있다. 이는 백워드 설계 3단계는 수행과제를 해결하는 것이 곧 학습의 중점 과정이기 때문이다. 학생들이 수행과제를 해결하는 경험에서 이야기를 활용하면 통합적인 학습이 이루어질 수 있으며 동시에 학생들의 관심, 견해 등이 반영되며 다양성을 반영할 수 있다. 더불어 수행과제 해결에서 그치지 않고 학생들이 의미를 구성하고 과제를 수행하는 과정에서 도달한 이해를 내면화하기 위한 방안으로 내러티브를 활용하면 유용할 것이다.

또한 이야기에 따라 학습자들의 관심이 달라질 수 있고 이야기가 지나치게 흥미에 치우치다 보면 학습 목표에서 벗어날 수 있기 때문에, 이야기를 구조를 활용하여 학습 경험을 선정하고 난 이후에도 WHERETO의 요소를 활용하여 점검하는 과정이 반드시 필요하다. 이야기를 말한다는 것은 최초의 경험을 그대로 기술하는 것이 아니라 특정한 방식으로 경험의 구조를 만드는 것이다. 따라서 학생들이 이해를 내면화할 수 있도록 백워드 설계에서 제시한 이야기 구조와 스토리텔링을 통한 반성적 성찰 학습의 절차를 통합할 필요가 있다.

스토리텔링을 활용한 반성적 성찰 학습은 5단계로 이루어진다(강현석 외 역, 2015). 첫째, 스토리 발견하기다. 이 단계는 스토리텔링 학습에서 왜 이야기를 하는지 발견하는 단계다. 백워드 설계에서는 상황, 인물, 서두와 관련된다. 둘째, 스토리텔링하기다. 이 단계는 내용을 조직하는 것에 초점을 맞추는 단계로 어떤 맥락인지를 확인하는 단계다. 이는 장애물 혹은 문제와 관련된다. 셋째, 스토리 확장하기다. 이 단계는 사건이나 문제에 대한 의미 만들기가 일어나는 단계로, 학생들은 중요한 질문을 확인하고 확장하며 새로운 학습을 자신의 인지 구조 속에 동화시킨다. 이 단계에서는 극적 긴장, 놀람, 해결과 관련된다. 넷째, 스토리 처리하기다. 이 단계는 반성적 대화를 통해 문제를 다양한 시각에서 살펴보면서 유의미한 학습을 하는 과정이다. 이는 해결 혹은 해답과 관련된다. 마지막으로, 스토리 재구성하기다. 이 과정은 백워드 설계에 없는 단계이나 내러티브의 속성을 가장 잘 나타나는 단계이다. 이 단계에서는 자신이 문제를 파악하고 해결한 전 과정을 살펴보면서 도출한 해결 방안을 평가해 본다. 이러한 재사고 과정을 통해 이해는 심화되고 학생들의 삶과 더욱 밀접하게 관련된다.

즉, 백워드 설계에서 제시한 이야기 구조의 요소가 내러티브를 반영한 스토리텔링을 활용한 반성적 성찰 학습과 통합될 때, 학생들은 자연스럽게 수행과제를 해결하게 된다. 또한 그 과정에서 학생들은 학습의 기쁨을 느끼고 다시 한번 재사고 과정을 통해 학습한 내용의 이해를 내면화하고 삶 속에서 밀접하게 전이하게 될 것이다.

4 내러티브 기반 백워드 설계의 사례

이 절에서는 김수영과 강현석(2022)이 개발한 내러티브 기반 백워드 설계의 중학교 지리과 사례를 중심으로 살펴보고자 한다.

다음에 제시되는 템플릿은 중학교 지리과 한 단원을 백워드 설계 절차로 구성한 것에 내러티브를 반영한 것이다. 중학교 3학년 사회 '환경 문제와 지속 가능한 환경' 단원으로 [9사(지리)10-01], [9사(지리)10-02], [9사(지리)10-03]을 활용하였다.

본 단원은 개인, 지역, 지구적 차원이라는 다양한 공간 스케일에서 발생하는 환경 문제를 기후 변화와 관련지어 학습한다. 특히 기후 변화의 원인과 지역에 미치는 영향을 다양한 내러티브 자료를 통해 학습하고 환경 문제를 해결하고 지속 가능한 발전을 모색한다. 이때 다양한 공간 스케일 측면에서 개인적 노력, 국가적 노력, 국제적 노력을 고려해 본다. 이를 통해 환경 이슈를 둘러싼 문제를 비판적으로 분석해 보며 환경 문제에 대한 적극적이고 지속적인 관심과 참여하는 태도에 초점을 둔다.

1단계는 단원 학습 목표 설정하기다. 교과 목표를 내러티브 중심으로 재구성할 수 있다. 첫째, 성취기준을 바탕으로 지리적 상상력의 발달 측면에서 전이 목표를 설정하였다. 특히 이해의 여섯 가지 측면을 고려하여 설계하였다. 둘째, 학생이 이 단원을 학습하는 과정 전체를 통해 내러티브를 경험할 수 있도록 이해와 본질적 질문을 구성한다. 학습자의 개인적 경험을 공유하고 공감할 수 있도록 한다. 본질적 질문을 통해 학습자는 내러티브를 어떻게 활용할 수 있는지 고민하게 되며 심층적 이해를 획득할 수 있는 질문으로 작성하였다. 셋째, 습득의 지식과 기능에서 내러티브를 경험할 수 있는 요소를 추출하였다.

2단계 단원 평가 계획이다. 수용 가능한 증거를 결정하는 단계로 GRASPS 전략을 활용한 설계안이다. 첫째, 수행과제를 통해 환경 문제의 경우 지역적 · 국가적 · 국제적 측면에서 다양하게 살펴볼 수 있다. 지리적 공간 스케일 사이에서 먼저 기후 변화에 대한 이해를 시작으로 하여 주변 생활 속에서 경험할 수 있는 환경 문제를 해결할 수 있는 수행과제다. 둘째, 환경 문제를 탐색하는 과정에서 내러티브 소재를 사례로 찾아볼 수 있으며 학생들과 소통하는 과정에서 내러티브 의사소통을 기대해 볼 수 있다. 셋째, 2단계는 총괄 평가를 실시하는 단계로 학생의 결과물과 수행을 평가하기 위한 루브릭을 설정한다. 넷째, 환경 문제를 해결하기 위한 실제적인 방법을 내러티브 기획안 만들기를 통해 자신의 의견을 일반화하여 도출할 수 있다. 일반적인 사실 위주의 기획안이 아닌 학습 경험을 이야기 구조와 같은 학생의 내러티브가 반영될 수 있는 산출물을 작성한다. 다섯째, 자기 평가와 반성을 통해 어떤 내러티브를 활용하고 경험했는지 되돌아볼 수 있다.

3단계 학습 경험 계획하기다. 교수-학습 방법에서 구체적인 내러티브 재구성 방안을 제시할 수 있다. 첫째, 내러티브를 소재로 활용하는 것을 넘어서 학습 경험 전체를 큰 이야기 구조로 계획할 수 있다. 둘째, 이야기 구조를 활용하여 학습 경험과 수업을 계열화하였다. 특히 계열화된 이야기 구조에는 WHRERTO 요소를 고려하여 설계하였다. 내러티브 기반 백워드 설계의 단원 개발 사례는 〈표 2〉와 같다.

〈표 2〉 내러티브 기반 백워드 설계의 지리과 사례

<table>
<tr><th colspan="3">1단계 - 단원 학습목표</th></tr>
<tr><th rowspan="7">목표 설정</th><th colspan="2">전이</th></tr>
<tr><td colspan="2">• 다양한 공간 스케일에서 발생하는 환경 문제를 지속 가능성의 관점과 자신의 생활 경험에서 해결책을 모색한다.</td></tr>
<tr><th colspan="2">의미</th></tr>
<tr><td>이해(자신의 경험 고려)
• 기후 변화는 원인에 따라 지역별 변화가 나타난다.
• 환경 문제로 인한 산업의 이전은 지역적 불평등을 가져온다.</td><td>본질적 질문
• 우리 삶 속에서 기후 변화는 어떤 변화를 초래하는가?
• 생활 속 환경 문제를 해결하기 위해서 어떻게 참여할 수 있을까?</td></tr>
<tr><th colspan="2">습득</th></tr>
<tr><td>핵심 지식
• 기후 변화
• 환경 문제와 산업 이전
• 생활 속 환경 이슈</td><td>기능
• 조사하기
• 의미 도출하기
• 비판적 분석하기</td></tr>
</table>

(목표 설정)
[9사(지리)10-01] 전 지구적인 차원에서 발생하는 기후 변화의 원인과 그에 따른 지역 변화를 조사하고, 이를 해결하기 위한 지역적 · 국제적 노력을 평가한다.
[9사(지리)10-02] 환경 문제를 유발하는 산업이 다른 국가로 이전한 사례를 조사하고, 해당 지역 환경에 미친 영향을 분석한다.
[9사(지리)10-03] 생활 속의 환경 이슈를 둘러싼 다양한 의견을 비교하고, 환경 이슈에 대한 자신의 의견을 제시한다.

<table>
<tr><th colspan="2">2단계 - 단원 평가 계획</th></tr>
<tr><th>평가 준거</th><th>평가 증거</th></tr>
<tr><td>• 내용의 정확성
• 효과의 타당성
• 질의 적합성</td><td>〈지속 가능한 우리 학교 환경 만들기〉
당신은 중학교 3학년 학생이며 우리가 생활하고 있는 지역에서 우리 학교에 재학 중이다. 우리 중학교에서는 쓰레기, 전기 에너지, 음식물 등 생활환경 속의 환경 문제가 발생하고 있다. 우리 학교에서 발생하는 환경문제를 조사해 보고 이를 반영하여 이를 해결하기 위한 실천 방법을 제시할 수 있다. 특히 제시 방법은 우리 학교 학생들의 의견을 요구 조사하여 학교에 적용해 볼 수 있는 내러티브 기획안을 작성한다. 따라서 학교생활에서 발생하는 환경문제는 지역적 · 국제적으로 어떤 노력을 하고 있는지 탐색해 보고 사례를 중심으로 환경 문제에 지속적으로 관심을 갖고 해결에 적극적으로 참여할 수 있다.</td></tr>
</table>

(계속)

항목 점수	기후 변화에 대한 파악(내용의 정확성)	문제 해결을 위한 설계(효과의 타당성)	내러티브 산출물 (질의 적합성)
상	기후 변화의 원인과 지역에 미치는 영향에 대한 사례를 정확하게 분석함.	환경 문제 해결을 위한 요구 조사, 분석, 해결 방안 도출을 위한 설계를 정확하게 할 수 있음.	생활 환경 속에서 발생하는 환경 문제를 해결하기 위한 이론적·실천적 측면의 기획안을 적합하게 작성함.
중	기후 변화의 원인, 지역에 미치는 영향의 사례를 대개 정확하게 작성함.	환경 문제 해결을 위한 설계 과정에서 1-2가지 오류가 있음.	생활 환경 속에서 발생하는 환경 문제를 해결하기 위한 이론적·실천적 측면의 기획안을 작성함.
하	기후 변화의 원인과 지역에 미치는 사례를 작성하였으나 부정확함.	환경 문제를 해결 하기 위한 설계가 불가능함.	생활 환경 속에서 발생하는 환경 문제를 해결하기 위한 이론적·실천적 측면의 기획안이 실효적이지 않음.

• 정확성 • 타당성	**다른 증거** • 퀴즈: 기후 변화의 원인과 변화 양상 • 관찰: 환경 문제에 대한 의사 결정 과정을 관찰하기, 원인에 따른 환경 변화 사례 분류하기
자기평가와 반성	학교생활에서 경험할 수 있는 다양한 환경 문제를 어떻게 수집했는지 그 학습 과정을 되돌아보며 자신만의 내러티브 경험을 구성한다.

3단계 – 학습 경험 계획하기

사전평가

- 우리 지역, 가정, 학교 등에서 경험할 수 있는 환경 문제를 이야기, 기사 등의 내러티브 요소를 활용하여 수집해 본다. 그리고 원인에 따라 사례를 브레인스토밍한다.

내러티브 활용

- 교수-학습 방법 측면에서 내러티브 형식으로 재구성한다. 특히 각 주제마다 관련된 환경 이슈 문제에 대한 이야기, 기사, 방송, 문학 작품 등의 소재와 인식 수단으로 활용한다.
- 학습활동을 하나의 스토리 과정으로 구성하여 단원 전체를 내러티브를 경험할 수 있다.

(계속)

	학습활동	과정 모니터링
상황	• 본질적 질문을 통해 내러티브를 경험할 수 있도록 제시하기(W, H) • 수행과제와 평가 준거를 안내하고 수행과제 해결 계획 수립하기(W, E1) • 학교생활 속에서 관찰, 경험할 수 있는 환경 문제를 탐구하기(H, E1) • 환경 문제가 발생하는 원인을 조사하여 사례를 공유하기(E1)	• 기후 변화를 설명하는 문학 작품, 기사, 문헌, 수필 등을 통해 내러티브 소재와 내용으로 활용한다.
인물	• 본인이 속한 모둠이 주연이 되어 학급 내, 다른 반 학급 친구들에게 환경 문제에 대한 의견을 청취하기(E1, R) • 본인이 주연인 동시에 다른 모둠의 입장에서는 주연이 되어 다양한 의견을 공유해 보기(E1)	• 환경 문제에 대한 이야기를 내러티브 변형의 과정을 거쳐 해석한다.
서두	• 각 모둠에서 선정한 환경 문제의 원인을 기후 변화 측면에서 잘 나타내는 이야기 속으로 끌어들이기(H, E1, R)	• 내러티브 구조 속에서 환경 문제에 대한 자신의 생각을 지리적으로 의사소통할 수 있도록 구성한다.
장애물 혹은 문제	• 해결되어야 할 문제를 설계하기(E1, R) • 문제를 해결하기 위한 방안에 대해 찬성/반대 의견으로 구분해 보기(E1)	• 문제 해결을 위한 설계 방법 들을 모둠별 또는 개별화한다.
극적 긴장	• 해결 방안에서 작용하고 있는 딜레마와 반대 의견에 대한 자신의 생각과 모둠의 생각을 정리하기(R, T)	• 실제적인 의사소통 상황을 경험할 수 있도록 구성한다.
놀람, 예기치 않은 진전	• 학교에서 발생하는 환경 문제는 '학생들의 적극적인 관심과 참여의 부재'라는 사실을 추론하기(E1, R) • 예기치 못한 전환을 설정하기(E1, R)	• 예기치 못한 상황을 구성한다.
해결 혹은 해답	• 환경 문제 해결을 설명할 수 있는 자료 제시하기(E1, T) • 환경 문제의 원인과 영향을 알게 되었으며 우리 생활에서 환경 문제를 최소화할 수 있는 방안을 알릴 수 있는 내러티브 기획안 형식으로 일반화 도출하기(E2, R) • 학습 과정을 통한 반성(자기 평가) 및 동료 평가(E2, R)	• 루브릭에 비추어 스스로 점검해 본다.

백워드 설계는 교육과정을 설계하는 방식으로, 설계 과정을 통해 개발한 설계안은 최종적으로는 수업을 통해서 제대로 실행될 때, 설계의 목적을 달성할 수 있다. 백워드 설계의 목적인 이해와 내러티브의 특성을 비교해 보면 모두 의미 구성의 과정을 중요하게 여긴다는 공통점이 있다. 즉, 백워드 설계의 각 단계에서 내러티브를 설계 전략으로 활용하면 학습의 과정에서 학생들의 의미 구성이 활발하게 일어날 수 있도록 도와줄 수 있다. 따라서 백워드 설계의 목표 설정하기, 수행과제 개발하기, 학습 경험 계획하기 단계에서 내러티브 요소를 반영하여 설계하는 것이 일차적으로 중요하다. 이후, 실행의 과정에서는 내러티브가 직접적으로 작용하여 수업 내용을 전달하고 생성하며 학생들이 적극적으로 의사소통 및 사고하여 교과의 핵심 개념과 의미를 구성하도록 지원해야 한다.

부록7

유용한 자료

백워드 설계의 저자 중 한 사람인 McTighe가 운영하는 사이트인 jaymctighe.com과 ASCD 홈페이지에서 백워드 설계와 관련된 유용한 자료를 찾아볼 수 있다. 특히 jaymctighe.com에는 ASCD에 탑재된 자료도 쉽게 볼 수 있도록 링크가 되어 있어 자료를 찾기 편리하다.

이 사이트의 Resources 메뉴에는 관련 웹 사이트, 다운로드, 동영상, 논문의 하위 메뉴로 구성되어 있으며 관련 자료가 탑재되어 있다. 다음은 각 메뉴에 대한 간단한 소개다.

1 Resources 메뉴 소개

1) 웹 사이트(Websites)

이 메뉴에는 McTighe가 소개하는 백워드 설계 관련 사이트, 본질적 질문 사이트 프로젝트 기반 학습(Project-Based Learning) 관련 사이트, 교과(수학, 사회, 외국어)와 관련한 백워드 설계 사이트가 소개되어 있다.

하위 메뉴	내용
백워드 설계 관련 사이트	‣ McTiche가 소개하는 백워드 설계 사례 안내 – 의사결정 수준별 교육과정 사이트 – 백워드 설계 단계별 사이트
본질적 질문	‣ 본질적 질문에 관해 설명하는 동영상 자료 안내 – 본질적 질문과 학습 구조 – Wiggins와 McTighe가 본질적 질문을 설명하는 동영상 – 사례 인터뷰
프로젝트 기반 학습 관련 사이트	‣ 백워드 설계를 적용한 프로젝트 기반 학습을 지원하는 사이트 안내
교과 관련 사이트	‣ 수학, 과학과 STEM, 사회, 외국어 교과에서 백워드 설계를 적용한 관련 사이트 안내

2) 다운로드(Downloads)

이 메뉴에서는 백워드 설계 템플릿, 본질적 질문, 평가에 대한 자료를 다운로드할 수 있다.

하위 메뉴	내용
백워드 설계도구	▸ 백워드 설계 템플릿 다운 – 백워드 설계 템플릿 1.0 버전 – 백워드 설계 템플릿 2.0 버전 – Schooling by Design 템플릿
본질적 질문	▸ 교과별 본질적 질문 사례 다운 – 수학, 사회, 과학, 예술, 건강, 외국어, ICT 등 교과 관련 본질적 질문의 사례 – 뉴저지주의 교과별 성취기준에 따른 본질적 질문과 이해 사례
평가	▸ 평가와 관련한 자료 다운 – 평가와 관련한 용어 안내 – 평가 체크리스트 – 평가 설계 시 유용한 조직자

3) 동영상(Videos)

이 메뉴에서는 백워드 설계의 저자인 Wiggins와 McTighe가 백워드 설계에 대해 소개하는 동영상이 탑재되어 있으며 Perkins 등 학자들의 이해에 대해 소개하는 동영상도 볼 수 있다.

4) 논문(Articles)

이 메뉴에서는 백워드 설계와 관련하여 McTighe가 쓴 43편의 글을 볼 수 있으며 그 외 백워드 설계와 관련한 유용한 논문, 글, 자료를 확인할 수 있다.

2 백워드 설계와 관련된 웹 사이트 소개

아래 소개하는 웹 사이트는 McTighe가 jaymctighe.com의 Resources 메뉴에서 제공한 것이다.

1) 주 교육과정

- Massachusetts
  http://www.doe.mass.edu/candi/model/default.html

- New Jersey
  http://www.nj.gov/education/aps/njscp/Phase1allAreas.pdf

- Pennsylvania
  http://www.pdesas.org/module/sas/curriculumframework/

2) 학교구 교육과정

- New Canaan, CT
  http://www2.newcanaan.k12.ct.us/education/components/scrapbook/default.php?sectiondetailid=30172&;

- Oakland ISD, MI
  http://oaklandk12-public.rubiconatlas.org/Atlas/Browse/View/Default

- Nanuet Union School District, NY
  https://nufsd-public.rubiconatlas.org/Atlas/Public/View/Default

- Weathersfield, CT
  http://www.wethersfield.k12.ct.us/Staff_info/curriculum/curriculum_instruc.htm

3) 백워드 설계 1단계

(1) 직업교육: 소비자, 가족, 생활 기술

- http://www.nj.gov/education/aps/njscp/Phase1allAreas.pdf#page=24

(2) 건강 / 체육

- http://www.nj.gov/education/aps/njscp/Phase1allAreas.pdf#page=3
- http://www.cdc.gov/healthyyouth/hecat/

(3) 영어 / 언어

- http://www.greece.k12.ny.us/academics.cfm?subpage=923
- http://www.scarsdaleschools.org/Page/570
- http://www.projectaero.org/aero_standards/ELA/AERO-ELA-Framework.pdf
- http://www.nj.gov/education/aps/njscp/Phase1allAreas.pdf#page=7
- http://media.collegeboard.com/digitalServices/pdf/springboard/SB_ELA_High_School_Levels_At_A_Glance_2010_10-7-2010.pdf

(4) 수학

- https://www.georgiastandards.org/Common-Core/Pages/Math-K-5.aspx
- http://www.nj.gov/education/aps/njscp/Phase1allAreas.pdf#page=10
- http://www.wallingford.k12.ct.us/uploaded/Curriculum/MATH_K-12/Math_K_12_Enduring_Understandings_and_Essential_Questions.pdf
  http://www.nsa.gov/academia/early_opportunities/math_edu_partnership/collected_learning/high_school/index.shtml

(5) 과학

- http://www.project2061.org/publications/atlas/default.htm

- http://www.sde.ct.gov/sde/cwp/view.asp?a=2618&q=320890
- http://www.nj.gov/education/aps/njscp/Phase1allAreas.pdf#page=13
- http://media.collegeboard.com/digitalServices/pdf/ap/10b_2727_AP_Biology_CF_WEB_110128.pdf

(6) 사회

- http://www.greececsd.org/academics.cfm?subpage=923
- http://www.socialstudieshelp.com/Amer_History_Syallbus.htm
- http://www.nj.gov/education/aps/njscp/Phase1allAreas.pdf#page=17
- https://resourcesforhistoryteachers.wikispaces.com/AP+World+History
- http://www.binghamton.edu/nys-ss/index.html
- http://worldhistoryforusall.sdsu.edu/shared/themes.php
- http://www.wallingford.k12.ct.us/uploaded/Curriculum/SOCIAL_STUDIES_K-12/SS_EUs_Sept_09.pdf

(7) 시각 예술/행위 예술

- http://shar.es/LCgMz
- http://www.nj.gov/education/aps/njscp/Phase1allAreas.pdf#page=1

(8) STEM/기술

- http://www.nj.gov/education/aps/njscp/Phase1allAreas.pdf#page=13
- http://www.nj.gov/education/aps/njscp/Phase1allAreas.pdf#page=22
- https://ldc.org/sample-curricula#Science

(9) 연극/ 드라마

- http://tedb.byu.edu/

(10) 외국어

- http://www.nj.gov/education/aps/njscp/Phase1allAreas.pdf#page=21
- http://www.state.nj.us/education/aps/cccs/wl/frameworks/wlo/

4) 백워드 설계 2단계

(1) 직업/경제 및 마케팅

- http://www.edu.gov.on.ca/eng/curriculum/secondary/business.html

(2) 건강/체육

- http://www.k12.wa.us/HealthFitness/Assessments.aspx
- http://www.edu.gov.on.ca/eng/curriculum/secondary/health.html
- http://web.archive.org/web/20131005075935/http://www.isbe.state.il.us/ils/pdh/capd.htm

(3) 영어/언어

- http://www.literacydesigncollaborative.org/resources/
- http://www.edu.gov.on.ca/eng/curriculum/secondary/english.html
- http://www.qcsd.org/Page/376
- http://www.greececsd.org/academics.cfm?subpage=1369
- http://www.exemplars.com/resources/rubrics/assessment.php
- https://theliteracycookbook.wordpress.com/2014/09/05/parcc-update-new-writing-rubrics/

(4) 수학

- http://www.ck12.org/
- http://www.exemplars.com/

- http://map.mathshell.org/materials/index.php
- http://www.edu.gov.on.ca/eng/curriculum/secondary/math.html
- http://balancedassessment.concord.org/
- http://map.mathshell.org/materials/tasks.php
- https://www.georgiastandards.org/Common-Core/Pages/Math-K-5.aspx
- https://www.georgiastandards.org/Common-Core/Pages/Math-6-8.aspx
- https://www.georgiastandards.org/Common-Core/Pages/Math-9-12.aspx
- http://standardstoolkit.k12.hi.us/common-core/mathematics/mathematics-assessments/

(5) 과학

- http://pals.sri.com/
- http://www.nextgenscience.org/classroom-sample-assessment-tasks
- http://www.sde.ct.gov/sde/cwp/view.asp?a=2618&q=320890
- http://www.exemplars.com/assets/files/sci_contin.pdf
- http://www.edu.gov.on.ca/eng/curriculum/secondary/teched.html
- http://www.literacydesigncollaborative.org/wp-content/uploads/2012/07/Educurious-Draft-LDC-Science-Templates-June15-final-1.pdf

(6) 사회

- http://www.k12.wa.us/SocialStudies/Assessments/default.aspx
- http://www.k12.wa.us/assessment/SocialStudiesArtsHealthFitness.aspx
- http://www.greece.k12.ny.us/academics.cfm?subpage=1369
- http://www.historyteacher.net/rubric.htm
- http://teacherweb.com/PA/DallasHighSchool/gilroy/DocumentBasedQuestionRubric.doc

(7) 시각 예술/행위 예술

- http://www.k12.wa.us/Arts/PerformanceAssessments/default.aspx
- http://www.edu.gov.on.ca/eng/curriculum/secondary/arts.html
- http://michiganassessmentconsortium.org/maeia

(8) 연극/ 드라마

- http://tedb.byu.edu/

(9) 외국어

- http://flenj.org/CAPS/toas.shtml
- http://www.carla.umn.edu/assessment/vac/CreateUnit/e_1.html
- http://tinyurl.com/hfj9rnv
- http://www.wsfcs.k12.nc.us/Page/350
- http://www.fcps.edu/is/worldlanguages/pals/

(10) 루브릭

- http://performanceassessment.org/performance/prubrics.html
- http://www.qcsd.org/Page/371
- http://course1.winona.edu/shatfield/air/rubrics.htm
- http://www.schrockguide.net/assessment-and-rubrics.html
- http://p21.org/storage/documents/p21-stateimp_assessment.pdf

참고문헌

강남희(2019). 백워드설계에 기반한 IB DP 지리 세계시민교육 단원 개발. 경북대학교 대학원 석사학위논문.

강현석(2006). 교육과정 설계에서 두 가지 과실을 피하는 길. 한국교육과정 평가원 웹진 e KICE.

강현석(2011). 현대 교육과정 탐구. 서울: 학지사.

강현석(2012). 내러티브에 기반한 교육과정 설계 원리 탐구. 교육철학, 48, 183-215.

강현석(2016). 인문·사회과학의 새로운 연구방법론: 내러티브학 탐구. 서울: 한국문화사.

강현석, 강이철, 권대훈, 박영무, 이원희, 조영남, 주동범, 최호성 역(2005). 교육과정 수업 평가를 위한 새로운 분류학: Bloom 교육목표분류학의 개정. 서울: 아카데미프레스.

강현석, 권대훈, 박영무, 이원희, 조영남, 주동범, 이지은 역(2012). 새로운 교육목표분류학. 서울: 원미사.

강현석, 소경희, 조덕주, 김경자, 서경혜, 최진영, 이원희, 장사형, 박창언 역(2009). 21세기를 위한 최신 교사교육론. 서울: 학이당.

강현석, 유제순, 온정덕, 이지은 역(2015). 백워드 단원 설계와 개발: 기본 모듈(Ⅱ). 경기: 교육과학사.

강현석, 유제순, 조인숙, 이지은 역(2013). 백워드 단원 설계와 개발: 기본 모듈(Ⅰ). 경기: 교육과학사.

강현석, 이원희, 박영무, 최호성, 박창언, 경북대학교 교육과정 연구팀 역(2008a). 거꾸로 생각하는 교육과정 개발: 교사 연수를 위한 워크북. 서울: 학지사.

강현석, 이원희, 박영무, 최호성, 박창언, 경북대학교 교육과정 연구팀 역(2008b). 거꾸로 생각하는 교육과정 개발: 핸드북. 서울: 학지사.

강현석, 이원희, 허영식, 이자현, 유제순, 최윤경 역(2008c). 거꾸로 생각하는 교육과정 개발: 교과의 진정한 이해를 목적으로. 서울: 학지사.

강현석, 이원희, 조영남, 유제순, 신재한, 이지은 역(2015). 신 교육목표분류학 탐구: 교육목표 설계와 평가. 경기: 교육과학사.

강현석, 이지은(2013). 백워드 교육과정 설계 2.0 버전의 적용 가능성 탐색. 교육과정연구, 31(3), 153-172.

강현석, 이지은(2021). 뇌신경과학 기반의 백워드 설계 방안과 사례 개발: UbD가 뇌신경과학을 만나다. 창의력교육연구, 21(1), 37-59.

강현석, 이지은, 강용운, 김우철, 황은비, 백수진, 이지은(2018). IB 교육과정-수업-평가 패러다임의 대구 초·중·고 활용 방안 탐구. 대구: 대구광역시교육연구정보원.

강현석, 조인숙(2013). 브루너의 내러티브 이론에 따른 교육과정 개발 방향의 탐색. 초등교육연구, 26(3), 187-213.

강현석, 이지은, 배은미(2019). 최신 백워드 교육과정과 수업설계의 미래. 경기: 교육과학사.

강현석, 이지은, 정수경 역(2016). 백워드 설계와 수업 전문성. 서울: 학지사.

강현석, 허영식, 유제순, 온정덕, 이지은, 정수경(2015). 백워드로 시작하는 창의적인 학교교육과정 설계. 서울: 학지사.

교육부(2009). 초·중등학교 교육과정.

교육부(2011). 교육과학기술부 고시 제 2011-361호 실과(기술·가정) 교육과정.

교육부(2011). 교육과학기술부 고시 제 2011-361호 체육과 교육과정.

교육부(2015). 2015 개정 교육과정 질의·응답 자료.

교육부, 한국교육과정 평가원(2014). 창의인성교육을 위한 학생 평가 어떻게 할까요?

교육부(2022a). 교육부 고시 제2022-33호 초·중등학교 교육과정 총론.

교육부(2022b). 2022 개정 교육과정 초등학교 총론 해설.

교육부(2022c). 교육부 고시 제2022-33호[별책9] 과학과 교육과정.

교육부(2022d). 교육부 고시 제2022-33호[별책7] 사회과 교육과정.

교육부(2024). 초등학교 교사용 지도서: 바른 생활, 슬기로운 생활, 즐거운 생활 1-1. 서울: 지학사.

교육을바꾸는사람들(2019). 왜 세계는 IB에 주목하는가 국제바칼로레아의 모든 것. 서울: 교육을바꾸는사람들.

김경자, 온정덕(2011). 이해 중심 교육과정. 서울: 교육아카데미.

김명희(2001). 이해를 위한 교수모형(TfU)의 적용에 관한 연구. 교육과정연구, 19(1), 283-308.

김선미(2008). 이해를 위한 교수법에 기초한 유아 요리 프로그램이 과학적 탐구 능력에 미치는 영향: 내러티브 탐구 방법을 중심으로. 한양대학교 대학원 석사학위논문.

김수영, 강현석(2021). 백워드 설계와 IB 교육과정 통합 방안: 지리과 사례를 중심으로. 한국교육학회 연차학술대회자료집.

김수영, 이지은(2021). 이해 중심의 수업 혁신을 위한 백워드 설계와 IB 교육과정의 통합 방안 연구. 교육혁신연구, 31(3), 385-408.

김수영, 강현석(2022). 내러티브와 백워드 설계 통합 기반 이해중심 교육과정 설계 방안 탐구. 내러티브와 교육연구, 10(2), 205-230.

김영식, 박대권(2012). 백워드 교육모형의 체육과 적용 가능성 탐색. 학습자 중심교과교육연구, 12(3), 67-89.

김영천(2007). 현장 교사를 위한 교육평가. 서울: 문음사.

김태일(2024). 백워드 설계를 기반으로 한 초등학교 지역화 주제 단원 구성: Fayer & Walker의 모형을 중심으로. 경북대학교 교육대학원 석사학위논문.

류영규(2018). 미래역량 강화를 위한 IB 교육과정의 부산교육 적용 방안. 부산: 부산광역시교육연구정보원 교육정책연구소.

박민정(2006). 내러티브와 교육과정 연구. 김영천(편). After Tyler: 교육과정 이론화 1970년-2000년. (pp. 287-316) 서울: 문음사.

박일수(2012). 백워드 설계 모형의 수학과 적용 가능성 탐색: 초등학교 6학년 비율그래프 단원을 중심으로. 교육과정연구. 30(4), 109-137.

박지현(2022). 초등학교 교사의 IB PYP 교육과정 실행 경험에 관한 참여적 실행연구. 경북대학교 대학원 박사학위논문.

백승주(2000). 이해를 위한 교수모형(Teaching for Understanding)을 적용한 초등학교 말하기 교육과정의 평가도구 개발. 한양대학교 대학원 석사학위논문.

백지연(2016). 백워드 설계 모형 2.0 버전에 기반한 중학교 도덕과 단원 개발 및 적용. 경북대학교 대학원 석사학위논문.

백지연, 강현석(2017). 백워드 설계 2.0 버전에 의한 중학교 도덕과 단원 개발 및 적용. 중등교육 연구, 65(1), 25-64.

변영계, 김영환, 손미(2007). 교육방법 및 교육공학(3판). 서울: 학지사.

손민호, 조현영, 진동섭, 김기홍, 박진희, 송슬기, 유은지(2018). 고교 단계 IB AP 교육과정 적용방안연구. 세종: 교육부.

신경애, 이지은, 강현석(2021). 왜 지금 국제 바칼로레아(IB)인가? 교육혁신과 국가 미래. 파주: 교육과학사.

신종호, 박종효, 최지영, 김민성 역(2009). 학습과학 뇌, 마음, 경험 그리고 교육. 서울: 학지사.

염철현(2005). 미국 초·중등교육개혁법 고찰. 비교교육연구, 15(3), 57-78.

온정덕, 윤지영 역(2019). 생각하는 교실을 위한 개념 기반 교육과정 및 수업. 서울: 학지사.

이경섭(1999). 교육과정 쟁점 연구. 서울: 교육과학사.

이경숙, 유태명(2015). 백워드 디자인(Backward Design)에 기초한 소비 단원의 수업 모듈 개발. 한국가정과교육학회, 27(2), 95-119.

이미라(2005). 4MAT 모형을 활용한 시조 창작 지도 방안. 경북대학교 석사학위논문.

이신동, 조형정, 장선영, 정종원(2012). 알기쉬운 교육방법 및 교육공학. 경기: 양서원.

이지은(2011). 백워드 설계모형을 적용한 이해 중심 교육과정 개발. 경북대학교 대학원 박사학위논문.

이지은, 강현석(2010). 백워드 설계의 초등 수업 적용 가능성 탐색. 초등교육연구, 23(2), 383-409.

이지은, 강현석(2014). 영재 수업에서 백워드 설계의 적용: 5학년 수학과를 중심으로. 영재와 영재교육, 13(1), 129-154.

이지은(2016). 백워드 설계와 내러티브의 관련성 탐색. 내러티브와 교육연구, 4(2), 77-98.

이지은(2019). 초등학교 통합교과 실행 개선을 위한 교육과정 설계 방안 연구. 내러티브와 교육연구, 7(1), 223-245.

이지은, 강현석(2019). IB 교육과정 시스템의 교육적 아이디어 탐구: 백워드 설계와의 관련성. 한국교육학회 연차학술대회자료집.

이지현(2019). IB 교육과정 시스템의 특징과 교육과정적 의의 탐구. 경북대학교 대학원 석사학위논문.

임유나, 김선은, 안서현(2018). 국제공인 유·초등학교 교육과정(IB PYP)의 특징과 시사점 탐색. 교육과정연구, 36(2), 25-54.

장경원(2016a). 문제 중심 학습(PBL) 경험하기. 2016 초·중등 문제 중심 학습 수업역량강화 직무연수. 대구광역시교육연수원, 11-38.

장경원(2016b). 교육과정 재구성을 통한 문제 중심수업(PBL) 설계와 평가. 2016 중등 교육과정 전문가 양성 직무연수. 대구광역시교육연수원, 190-231.

장인한, 강현석(2009). KDB 중심 간학문적 통합단원의 구성. 교육과정연구, 27(4), 99-122.

조재식(2005). 백워드(backward) 교육과정 설계 모형의 고찰. 교육과정연구, 23(1), 63-94.

최나영(2007). 4MAT system을 활용한 과학수업이 초등학생의 과학학습에 미치는 효과. 서울교육대학교 교육대학원 석사학위논문.

최선영, 강호감(2003). 4MAT System 학습방법이 초등학생의 창의력, 과학과, 학업성취도 및 과학관련태도에 미치는 효과. 초등과학교육, 22(2) 156-162.

최욱, 박인우, 변호승, 양영선, 왕경수, 이상수, 이인숙, 임철일, 정현미 역(2005). 교수설계 이론과 모형. 서울: 아카데미프레스.

함정식(2018). [토론2] IB 교육과정 접근과 적용 실제 탐색. 한국교육과정평가원 IB(International Baccalaureate) 교육과정 현황과 쟁점 탐색 세미나 자료집. 진천: 한국교육과정평가원.

Andre, T. (1979). Does answering higher-level questions while reading facilitate productive learning? *Review of Educational Research, 49*, 280-318.

Adler, M. (1984). *The Paideia program: An educational syllabus.* New York: Macmillan.

Anderson, L. W., & Krathwohl, D. R. (Eds.) (2001). *A Taxonomy for learning, teaching and assessing.* New York: Longman.

Anderson, J. R., Reder, K. M., & Cocking, R. C. (1996). Situated learning and education. *Educational Researcher, 25*(4), 5-11.

Arter, J., & McTighe, J. (2001). *Scoring rubrics in the classroom: Using performance criteria for assessing and improving student performance.* Thousand Oaks, CA: Corwin Press.

Barrows, H. (1988). *The tutorial process.* Springfield IL: Southern Illinois University Press.

Barrows, H. (1996). *Problem-based learning in Medicine and beyond: A brief overview.* CA: Jossey-Bass Publishers.

Barrows, H., & Myers, A. (1993). *Problem based learning in secondary school.* Springfield IL: Southern Illinois University Press.

Barrows, H., & Tamblyn, R. (1980). *Problem-ased learning: An approach to medical education.* New York: Springer.

Bloom, B. S. (Ed.) (1956). *Taxonomy of*

educational objectives: classification of educational goals. Handbook I: Cognitive domain. New York: Longman, Green & Co.

Bloom, B., Madaus, G., & Hastings, J. T. (1981). *Education to improve learning.* New York: McGraw Hill.

Bottoms, G., & Sharpe, D. (1996). *Teaching for understanding through integration of academic and technical integration.* Atlanta, GA: Southern Regional Education Board.

Bransford, J., Brown, A., & Cooking, R. (Eds.) (2000). *How people learn: Brain, mind, experience, and school.* Washington, DC: Nation Research Council.

Bransford, J., Brown, A., & Cocking, R. (Eds.). (2001). *How people learn: Brain, mind, experience, and school.* Washington, DC: National Research Council.

Bruner, J. S. (1960). *The process of education.* Cambridge, MA: Harvard University Press.

Bruner, J. S. (1966). *Toward a theory of instruction.* Cambridge, MA: Harvard University Press.

Bruner, J. S. (1973). *The relevance of education.* Cambridge, MA: Harvard University Press.

Bruner, J. S.(1986). *Actual Minds, Possible Worlds.* Cambridge, Mass.: Harvard Univ. Press.

Bruner, J. S. (1990). *Acts of meaning.* Cambridge, MA: Harvard University Press.

Bruner, J. S. (1996). *The culture of education.* Cambridge, MA: Harvard University Press.

Coalition for Evidence-Based Policy. (1992, November). *Bringing evidence-driven progress to education: A recommended strategy for the U.S. Department of Education.* Washington, DC: Author.

Dewey, J. (1916). *Democracy and education: An introduction to the philosophy of education.* New York : Macmillan.

Dewey, J. (1933). *How we think: A reassessment of the relation of reflective thinking to the educative process.* Boston: Henry Holt.

Drake, S. M. (2007). *Creating standards-based integrated curriculum* (2nd ed.). California: Corwin Press.

Drake, S. M., & Burns, R. C. (2004). *Meeting standards through integrated curriculum.* Alexandria, VA: Association for Supervision and Curriculum Development.

Eisner, E. (1993). Reshaping assessment in education: Some criteria in search of practice. Journal of Curriculum Studies, 25(3), 219-233.

Fayer, L., & Walker, S. (2009). Constructing curriculum units using backward design. Pieces of Learning.

Frome, P. (2001). *High Schools That Work: Findings from the 1996 and 1998 assessments.* Triangle Park, NC: Research Triangle Institute.

Furst, E. J. (1994). *Bloom's Taxonomy: Philosophical and educational issues.* NSSE. Chicago: University of Chicago Press.

Gall, M. (1984). Synthesis of research on teacher questioning. *Educational Leadership, 42*(3), 40-46.

Gardner, H. (1991). *The unschooled mind: How children think and how school should teach.* New York: Basic Book.

Goodlad, J. (1984). *A place called school.* New York: McGraw-Hill.

Hattie, J. (1992). Measuring the effects of schooling. *Australian Journal of Education, 36*(2), 99-136.

Kendall, J. S. (2000). Topics: A road map to standards. *NASSP Bulletin, 84*(620), 37-48.

Kolb, D. A., Irwin, M. R., & James, M. M. (1979). *Dimensions of learning teacher's manual* (2nd ed.). Alexandria, VA: ASCD.

Martin, M., Mullis, I., Gregory, K., Hoyle, C., & Shen, C. (2000). *Effective schools in science and mathematics: IEA's Third International Mathematics and Science Study.* Boston: International Study Center, Lynch School of Education, Boston College.

Marzano, R., & Pickering, D. (1997). *Dimension of learning teacher's manual* (2nd ed.). Alexandria, VA: ASCD.

Marzano, R., Pickering, D., & Pollock, J. (2001). *Classroom instruction that works: Research-based strategies for increasing student achievement.* Alexandria, VA: Association for Supervision and Curriculum Development.

McCarthy, B. (1980). *4 Mat System: Teaching to learning styles with right-left mode techniques.* About Learning Inc.

McDrury, J., & Alterio, M.(2003). *Learning through Storytelling in Higher Education: Using Reflection & Experience to Improve Learning.* Routledge Press.

McTighe, J., & Wiggins, G.(1999). *The understanding by design: Handbook.* Alexandria, VA: Association for Supervision and Curriculum Development.

McTighe, J., & Sief, E. (2003). *A summary of underlying theory and research base for understanding by design.* Association for Supervision and Curriculum Development.

McTighe, J., & Wiggins, G. (2004). *Understanding by design: Professional development workbook.* Alexandria, VA: Association for Supervision and Curriculum Development.

McTighe, J., & Wiggins, G. (2013). *Essential questions: Opening doors to student understanding.* Alexandria: ASCD.

National Center for Research in Vocational Education. (2000). *High Schools That Work and whole school reform: Raising academic achievement of vocational completers through the reform of school practice.* Berkeley, CA: University of California at Berkeley.

Newmann, F. et al. (1996) *Authentic achievement: Restructuring schools for intellectual quality.* San Francisco: Jossey-Bass Publishers.

Newmann, F., Bryk, A., & Nagaoka, J. (2001). *Authentic intellectual work and standardized tests: Conflict or coexistence?* Chicago: Consortium on Chicago School Research.

Perkins, D. N., & Unger, C. (1994). A new look in representation for mathematics and science learning. *Instructional science, 22*(1), 1-37.

Pressley, M. (1984). Synthesis of research on teacher questioning. *Educational Leadership, 42*(3), 40-46.

Pressley, M. et. al. (1992). Encouraging mindful use of prior knowledge: Attempting to construct explanatory answers facilitates learning. *Educational Psychologist, 27*(1), 91-109.

Redfield, D. L., & Rousseau, E. W. (1981). A meta-analysis of experimental research on teacher questioning behavior. *Review of Educational Research, 51*, 237-245.

Senk, S., & Thompson, D. (2003). *Standards-ased school mathematics curricula: What are they? What do students learn?* Mahwah, NJ: Lawrence Erlbaum Associates, Inc.

Schwartz, D. L., Bransford, J. D., & Sears, D. (2006). Efficiency and innovation in transfer. In J. Mestre (Ed.), *Transfer of learning: Research and perspective.* CT: Information Age Publishing.

Smith, J., Lee, V., & Newmann, F. (2001). *Instruction and achievement in Chicago elementary schools.* Chicago: Consortium on Chicago School Research.

Southern Regional Education Board. (1992).

Making high schools work. Atlanta, GA: Author.

Stigler, J., & Hiebert, J. (1999). *The teaching gap*. New York: The Free Press.

Stone, C. L. (1983). A meta-analysis of advance organizer studies. *Journal of Experimental Education*, *54*, 194–199.

The National Survey of Student Engagement. (2001). *Improving the college experience: Using effective educational practices*. Bloomington, IN.

Tyler, R. W. (1949). *Basic principles of Curriculum and instruction*. Chicago, IL: University of Chicago Press.

Torp, L., & Sage, S. (2002). *Problems as possibilities: Problem-based learning for K–16 education* (2nd ed.). Alexandria, VA: ASCD.

Wenglinsky, H. (1998). *Does It Compute? The Relationship between Educational Technology and Student Achievement in Mathematics*. New Jersey: Educational Testing Service.

Weil, M. L., & Murphy, J. (1982). Instructional Processes. In H. E. Mitzel (Ed.), *Encyclopedia of educational research*. NY: The Free Press.

Wiggins, G. (1998). *Educative assessment: Designing assessments to inform and improve performance*. San Francisco: Jossey-Bass.

Wiggins, G., & McTighe, J.(1998). *Understanding by design*. Alexandria, VA: Association for Supervision and Curriculum Development.

Wiggins, G., & McTighe, J. (1998). *Understanding by design* (1st ed.) Alexandria: ASCD.

Wiggins, G., & McTighe, J. (2005). *Understanding by design* (2nd ed.). Alexandria, VA: Association for Supervision and Curriculum Development.

Wiggins, G., & McTighe, J. (2007). *Schooling by design: Mission, action, and achievement*. Alexandria, VA: Association for Supervision and Curriculum Development.

Wiggins, G., & McTighe, J. (2011). *The Understanding by design guide to creating high- quality units*. Alexandria, VA: ASCD.

Wiggins, G., & McTighe, J. (2011). *The understanding by design guide to creating high- quality units*. Alexandria, VA: Association for Supervision and Curriculum Development.

Wiggins, G., & McTighe, J. (2012). *The Understanding by design guide to advanced concepts and reviewing units*. Alexandria, VA: ASCD.

Wolfinger, D. M., & Stockard, J. W. Jr. (1997). *Elementary methods: An Integrated Curriculum*. New York: Longman.

찾아보기

인 명

내 용

저자 소개

강현석(Kang, Hyeon-Suk)

경북대학교 교육학과 졸업
경북대학교 대학원 교육학 석, 박사
University of Wisconsin-Madison Post-Doc. Fellow
한국대학교육협의회 선임연구원 역임
(전) 한국내러티브교육학회 회장
한국교육과정학회 회장 및 한국교육학회 부회장
(현) 경북대학교 사범대학 교육학과 교수
한국국제바칼로레아(IB)교육학회 회장

〈역서〉
백워드 설계와 수업 전문성(공역, 학지사, 2016)
백워드로 시작하는 창의적인 학교교육과정 설계(공역, 학지사, 2015)
최신 교육과정 개발론(공역, 학지사, 2014)
거꾸로 생각하는 교육과정 개발(공역, 학지사, 2008)

이지은(Yi, Ji-Eun)

대구교육대학교 교육대학원 교육학 석사
경북대학교 대학원 교육학 박사
경북대학교 강사
(현) 대구운암초등학교 수석교사

〈저서 및 역서〉
한국 교실 수업 혁명을 위한 신교육목표분류학의 이론과 실천(공저, 교육과학사, 2024)
백워드 설계와 수업 전문성(공역, 학지사, 2016)
백워드 설계모형을 적용한 이해 중심 교육과정 개발(경북대, 2011)

유제순(Yoo, Je-Soon)

청주교육대학교 초등교육과 졸업
경북대학교 대학원 교육학 박사
청주교육대학교 부설초등학교 교사 역임
(현) 청주교육대학교 교육학과 교수
청주교육대학교 교육대학원장
한국내러티브교육학회 부회장

〈역서〉
백워드로 시작하는 창의적인 학교교육과정 설계(공역, 학지사, 2015)
백워드 단원 설계와 개발: 기본 모듈 II(공역, 교육과학사, 2015)
백워드 단원 설계와 개발: 기본 모듈 I(공역, 교육과학사, 2013)
거꾸로 생각하는 교육과정 개발(공역, 학지사, 2008)

이해 중심 교육과정을 위한

백워드 설계의 이론과 실천: 교실 혁명 (3판)

Backward Design (3rd ed.)

2016년 8월 30일 1판 1쇄 발행
2019년 8월 30일 1판 6쇄 발행
2021년 3월 1일 2판 1쇄 발행
2022년 9월 20일 2판 3쇄 발행
2026년 1월 15일 3판 1쇄 발행

지은이 • 강현석 · 이지은 · 유제순

펴낸이 • 김진환
펴낸곳 • (주) 학지사
04031 서울특별시 마포구 양화로 15길 20 마인드월드빌딩
대표전화 • 02)330-5114 팩스 • 02)324-2345
등록번호 • 제313-2006-000265호

홈페이지 • http://www.hakjisa.co.kr
페이스북 • https://www.facebook.com/hakjisa

ISBN 978-89-997-3601-8 93370

정가 33,000원